SPECTACLES ET PERFORMANCES ARTISTIQUES À ROME (1644-1740)

UNE ANALYSE HISTORIQUE À PARTIR DES ARCHIVES FAMILIALES DE L'ARISTOCRATIE

SPETTACOLI E "PERFORMANCE" ARTISTICHE A ROMA (1644-1740)

ANALISI STORICA ATTRAVERSO GLI ARCHIVI DELLE FAMIGLIE ARISTOCRATICHE

COLLECTION DE L'ÉCOLE FRANÇAISE DE ROME
585

SPECTACLES ET PERFORMANCES ARTISTIQUES À ROME (1644-1740)

UNE ANALYSE HISTORIQUE À PARTIR DES ARCHIVES FAMILIALES DE L'ARISTOCRATIE

SPETTACOLI E "PERFORMANCE" ARTISTICHE A ROMA (1644-1740)

ANALISI STORICA ATTRAVERSO GLI ARCHIVI DELLE FAMIGLIE ARISTOCRATICHE

sous la direction d'Anne-Madeleine GOULET,
José María DOMÍNGUEZ et Élodie ORIOL

ÉCOLE FRANÇAISE DE ROME
2021

This book has received funding from the European research Council (ERC) under the European Union's Horizon 2020 research and innovation programme (grant agreement nr. 681415)

Spectacles et performances artistiques à Rome (1644-1740) :
une analyse historique à partir des archives familiales de l'aristocratie =
Spettacoli e "performance" artistiche a Roma (1644-1740) :
analisi storica attraverso gli archivi delle famiglie aristocratiche /
sous la direction de Anne-Madeleine Goulet, José María Domínguez et Élodie Oriol.
Rome : École française de Rome, 2021
(Collection de l'École française de Rome, 0223-5099 ; 585)
ISBN 978-2-7283-1489-8 (br.)
ISBN 978-2-7283-1490-4 (EPub)

Disponible sur Internet : <https://books.openedition.org/efr/16344> ©2021
DOI : 10.4000/books.efr.16344

1. Arts du spectacle -- Rome (Italie) -- 17e siècle
2. Arts du spectacle -- Rome (Italie) -- 18e siècle
3. Art de performance -- Rome (Italie) -- 17e siècle
4. Art de performance -- Rome (Italie) -- 18e siècle
5. Noblesse -- Loisirs -- Rome (Italie) -- 17e siècle
6. Noblesse -- Loisirs -- Rome (Italie) -- 18e siècle
7. Archives familiales -- Rome (Italie) -- 17e siècle
8. Archives familiales -- Rome (Italie) -- 18e siècle

I. Goulet, Anne-Madeleine, 1974-
II. Domínguez, José María, 1981-
III. Oriol, Élodie, 1985-

CIP – *Bibliothèque de l'École française de Rome*

ISSN 0223-5099
ISBN 978-2-7283-1489-8

À la mémoire de Christian Biet (1952-2020),
avec toute notre gratitude

ANNE-MADELEINE GOULET, JOSÉ MARÍA DOMÍNGUEZ
ET ÉLODIE ORIOL

AVANT-PROPOS

Ce livre, dont l'écriture est achevée depuis décembre 2019, expose une partie des résultats obtenus au cours des recherches menées dans le cadre du programme PerformArt (www.performart-roma.eu), dirigé par Anne-Madeleine Goulet de 2016 à 2021, coordonné par Michela Berti et financé par l'*European Research Council* (ERC) au sein du programme d'innovation et de recherche de l'Union Européenne *Horizon 2020* (*grant agreement* n° 68415). Intitulé « Promoting, Patronising and Practising the Arts in Roman Aristocratic Families (1644-1740). The Contribution of Roman Families' Archives to the History of Performing Arts », ce programme de recherche souhaite apporter une contribution à l'histoire des arts du spectacle à Rome à partir des archives des familles de la haute aristocratie entre 1644 et 1740, afin d'approfondir le rôle des arts dans la vie quotidienne des élites, d'éclaircir les conditions et les motivations de leur mécénat et d'évaluer l'importance des arts dans les processus de construction identitaire de ces grandes familles.

Le présent ouvrage, qui rassemble des contributions d'historiens, d'historiens de la musique et de la danse, de spécialistes en études théâtrales, d'archivistes et d'une spécialiste des systèmes d'information documentaire, est le résultat de trois rencontres, qui ont eu lieu respectivement le 28 février et le 5 juin 2018 à l'École Française de Rome, ainsi que les 25 et 26 octobre de cette même année à l'Université de La Rioja, à Logroño, en Espagne. Les textes qui suivent ont largement bénéficié des apports de la discussion qui a eu lieu à ces occasions. Nous exprimons notre reconnaissance la plus vive aux membres du comité scientifique, universitaires et chercheurs, qui ont accepté de participer à l'élaboration de notre problématique : Christian Biet (Université de Paris Nanterre), qui est disparu de manière brutale le 13 juillet 2020 et à la mémoire duquel nous dédions cet ouvrage, Jean Boutier (École des hautes études en sciences sociales), Juan José Carreras (*Universidad de Zaragoza*), Dinko Fabris (*Università della Basilicata*, Potenza-Matera), Charlotte Guichard (CNRS), Guy Spielmann (*Georgetown University*, Washington) et Mélanie Traversier (Université de Lille 3, Institut universitaire de France). À l'Université de La Rioja, les échanges très nourris avec Andrea Bombi (*Universitat de València*), Teresa Cascudo, Miguel Ángel Marín, Pilar Ramos ainsi que Pablo L. Rodríguez, tous quatre professeurs à l'*Universidad de La Rioja*, avec José Máximo Leza (*Universidad de Salamanca*) et Andrea Sommer-Mathis (*Österreichische Akademie der Wissenschaften, Institut für Kulturwissenschaften und Theatergeschichte*), ainsi qu'avec Juan José Carreras et Guy Spielmann qui s'étaient de nouveau joints à nous, ont été extrêmement fructueux.

L'enquête s'est déroulée principalement dans les archives des familles Aldobrandini, Borghèse, Caetani, Chigi, Colonna, Lante della Rovere, Orsini, Ottoboni, Pamphilj, Ruspoli et Vaini, ainsi que dans celles d'institutions telles que l'*Accademia dell'Arcadia*, l'*Archivio del Sovrano Ordine di Malta* et l'*Archivio del Collegio Nazareno*. Pour l'aide inestimable que chacun, à des titres divers, nous a apportée, nous souhaitons remercier nommément, à Rome tout d'abord, Stefano Vitali (alors à la *Direzione Generale per gli Archivi*), Mauro Tosti-Croce et Monica Grossi (*Soprintendenza archivistica e bibliografica del Lazio*), Paolo Buonora, Michele Di Sivo et Orietta Verdi (*Archivio di Stato di Roma*), Mariarosaria Senofonte, Elisabetta Mori et Cristina Falcucci (*Archivio Storico Capitolino*), Caterina Fiorani (*Fondazione Camillo Caetani*), Fra' Emmanuel Rousseau (Conservateur des Archives et Bibliothèque magistrales de l'Ordre Souverain de Malte) et Fr. Gerardo Vicente Leyva Bohórquez, Sch. P. (*Fondazione Collegio Nazareno*); dans la Cité du Vatican, Marco Buonocore, Isabella Aurora et Luigi Cacciaglia (*Archivio della Biblioteca Apostolica Vaticana, Sezione Archivi*), Monseigneur Sergio Pagano (*Archivio Apostolico Vaticano*); à Frascati, le prince Camillo Aldobrandini et Antonella Fabriani Rojas (*Archivio Aldobrandini*, Frascati); à Subiaco enfin, Elia Mariano et Don Romano O.S.B. (*Biblioteca statale del Monumento nazionale di Santa Scolastica*). Nous remercions chaleureusement l'ensemble du personnel de ces institutions qui nous ont accueillis et ont toujours cherché à nous faciliter la tâche.

Nos remerciements vont également à Lorenzo Bianconi (*Università di Bologna*) et à Rémy Campos (Haute École de Musique de Genève – Conservatoire national de musique et de danse de Paris) pour leur aide bibliographique et les remarques éclairantes qu'ils ont bien voulu formuler sur notre introduction, ainsi qu'à François-Charles Uginet, dont la connaissance intime des archives romaines et la familiarité avec l'aristocratie d'hier et d'aujourd'hui nous ont servi de guides à plus d'une reprise. En mai 2019 la rencontre avec Roberto Ciancarelli (*Sapienza Università di Roma*), qui a partagé avec une grande générosité son expérience et ses connaissances, a permis d'amorcer un dialogue scientifique très stimulant, dont la postface de ce livre porte l'empreinte : qu'il en soit ici vivement remercié.

Le volume a aussi bénéficié des réflexions nourries qui ont eu lieu lors des neuf séances du séminaire de recherche du programme PerformArt, lesquelles se sont tenues de 2017 à 2019 principalement à l'École française de Rome. Ces séances étaient destinées à affirmer notre appareil conceptuel en échangeant avec des spécialistes de tous horizons, pas nécessairement spécialistes de Rome ni même de notre période d'étude. Nous souhaitons exprimer à ceux-ci toute notre gratitude, en particulier à Carlo Travaglini, Keti Lelo et Giuseppe Stemperini (*Centro per lo studio di Roma* [CROMA] - *Università di Roma 3*) et à Anna Lucarelli (*Biblioteca centrale nazionale di Firenze*) pour leurs remarques constructives sur le traitement informatique de nos données.

Nous tenons enfin à manifester notre reconnaissance la plus vive à l'ensemble de l'équipe PerformArt, une équipe très motivée, et, en particulier, à Michela Berti, Alexandra Nigito et Chiara Pelliccia pour la révision des textes en italien, à Orsetta Baroncelli pour son exper-tise archivistique, à Barbara Nestola pour ses conseils linguistiques et à Francine Gewiss pour l'aide indispensable et très efficace qu'elle nous a apportée tout au long du projet et, plus particulièrement en ce qui concerne cet ouvrage, pour l'obtention des autorisations de crédits photographiques. Alexandra Nigito a aussi réalisé les trois index qui enrichissent notre volume. Ce livre doit beaucoup à la relecture extrêmement minutieuse des textes et à la vérification de la cohérence générale des normes qu'Aldo Roma a effectuées en dernière instance. Ses compétences éditoriales ont été également précieuses dans la mise au point du manuscrit.

Avant de clore ces lignes, nous désirons adresser nos remercie-ments les plus chaleureux d'une part à François-Joseph Ruggiu, di-recteur de l'Institut des sciences humaines et sociales du CNRS, et à Marie Gaille, directrice adjointe scientifique, pour l'intérêt qu'ils ont manifesté à l'égard du programme PerformArt, ainsi qu'au personnel du Centre d'études supérieures de la Renaissance de Tours (UMR 7323 du CNRS), en particulier à son directeur, Benoist Pierre, et au responsable de l'antenne financière, Hervé Landuré, dont le sérieux et l'inventivité nous auront permis de toujours trouver des solutions concrètes afin que la recherche scientifique puisse s'exercer dans les meilleures conditions possibles, et à Sandrine Vicente; à l'École française de Rome d'autre part, à Catherine Virlouvet, qui en fut directrice de 2011 à 2019, à Brigitte Marin, qui dirige actuellement cette institution et qui nous a dispensé de précieux conseils, à Fabrice Jesné, directeur de la section Études modernes et contemporaines, qui a accompagné de manière enthousiaste et efficace l'ensemble du projet, au personnel de la bibliothèque de l'École au palais Farnèse et plus précisément à son directeur, Clément Pieyre, pour nous avoir constamment soutenus, à Marie Zago et à Valentina Cuozzo pour leurs conseils en matière de communication, et enfin au personnel des services comptables, financiers et administratifs, en particulier à Monique Zimmermann, Pascale Garcia, Francine Gewiss et Hélène Franchi, sans lesquelles le projet n'aurait tout simplement pas pu se faire. À Franco Bruni enfin nous savons gré d'avoir assuré la fabrication de notre livre dans le respect des normes éditoriales de l'École, et à Richard Figuier d'en avoir accompagné la réalisation de manière très stimulante au sein des publications de l'EFR.

Les directeurs de la publication
Paris, Rome et Tolède, le 14 décembre 2020

AVERTISSEMENT

Le présent ouvrage repose sur un corpus documentaire en grande partie décrit dans la base de données PerformArt, une base structurée et développée sous le logiciel 4D par la société Teluric, à Bordeaux. Au terme du projet PerformArt, l'ensemble des données pertinentes de cette base sera mis à la disposition du grand public dans le cadre d'un site Web dynamique, qui sera consultable en italien, en français et en anglais. Les chapitres du livre contiennent dès à présent des renvois aux fiches de la base par le biais de permaliens. Le nom de l'auteur d'une fiche n'est précisé que lorsque cette dernière a été réalisée par une personne différente de l'auteur de la contribution.

TABLE DES ABRÉVIATIONS PRINCIPALES

b. = busta
ba. = baiocco
c. = carta / cc. = carte
dx = destro
fasc. = fascicolo
f. = folio(s)
jr. = *junior*
n. = nota
n° = numero
n.n. = non numerato
r = *recto*
sc. = scudo
s.n. = senza numerazione
sottofasc. = sottofascicolo
sq. = *sequiturque*
sr. = *senior*
ss. / SS. = santi
sx = sinistro
v = *verso*

INTRODUZIONE

ANNE-MADELEINE GOULET,
AVEC LA COLLABORATION DE JOSÉ MARÍA DOMÍNGUEZ
ET D'ÉLODIE ORIOL

POUR UNE ANALYSE HISTORIQUE DES SPECTACLES À ROME (1644-1740). ÉLÉMENTS DE RÉFLEXION

LA CONFIGURATION SINGULIÈRE DE ROME

Au XVIIe et au XVIIIe siècle, la ville de Rome présentait un visage très particulier dans l'espace européen : centre de l'Église catholique, avec, à son sommet, un Souverain Pontife qui exerçait un pouvoir à la fois temporel et spirituel[1], elle était également la capitale des États pontificaux tout en étant une cité dont les propriétés foncières, la vie politique, l'économie et les rapports sociaux étaient depuis longtemps dominés par une vingtaine de grandes familles[2]. La noblesse romaine était constituée des vieilles familles féodales installées à Rome, tels les Orsini et les Colonna, qui jouaient un rôle à la cour pontificale, mais aussi des familles qui devaient leur position à un titre pontifical, de prince ou de duc, acquis à partir de la fin du XVIe siècle, ou à la présence d'un cardinal parmi leurs membres, et enfin de la noblesse urbaine ou « civique », moins ouverte à la pratique du mécénat mais qui représentait une portion importante de la noblesse romaine[3]. Les historiens des arts à Rome, en particulier ceux qui se sont intéressés aux spectacles, ont surtout concentré leurs recherches sur le rôle des artistes à la cour pontificale et dans des institutions comme les églises ou les théâtres publics. Pourtant les événements théâtraux, musicaux et chorégraphiques qu'organisaient les familles aristocratiques dans leurs palais urbains et dans leurs villas de villégiature étaient loin d'être marginaux dans la vie culturelle romaine de l'époque. Ils occupaient tout au contraire une place décisive dans l'agenda social de ces familles et servaient à marquer ouvertement leur positionnement politique.

[1] Prodi 1982.
[2] Ciucci 2002.
[3] Nussdorfer 1992 ; Canepari 2017 ; Visceglia 2016.

La présente étude porte sur un moment spécifique de l'histoire des spectacles à Rome, quand le monde des arts vivants n'était pas encore dominé par les formes institutionnalisées du spectacle ou du concert, qu'il s'agît des théâtres, des opéras ou des sociétés de concert. L'analyse ne prend pas en compte le pontificat d'Urbain VIII (1623-1644), qui a déjà fait l'objet d'études nombreuses du point de vue des arts du spectacle[4]. Elle débute en 1644, lors de l'avènement d'Innocent X, pape issu de la famille des Pamphilj. Le premier XVIIe siècle avait vu la montée en puissance de familles nouvelles, lesquelles devaient l'origine ou le développement de leur fortune au népotisme[5]. Notre étude débute dans le contexte du « petit népotisme », terme qui désigne la façon dont le souverain pontife profitait de sa fonction pour favoriser ses parents en leur conférant des revenus par le biais de charges, de privilèges et d'honneurs, par opposition au « grand népotisme » des papes de la Renaissance, lesquels n'hésitaient pas à attribuer à leurs parents de véritables fiefs par aliénation du patrimoine de Saint-Pierre.

Suite aux excès du pontificat d'Urbain VIII Barberini, Innocent XI Odescalchi (1676-1689), favorable à la branche rigoriste du clergé, les *zelanti*, engagea des réformes qui conduisirent le souverain pontife et sa famille à abandonner le népotisme et le faste mondain. Ainsi le pape s'opposa à ce que son neveu, don Livio Odescalchi, fût créé cardinal[6]. Le 22 juin 1692, une bulle promulguée par Innocent XII Pignatelli (1691-1700), qui interdisait au pontife d'enrichir ses proches, venait mettre un terme au népotisme institutionnalisé. Malgré cette césure, il fallut attendre plusieurs décennies pour que l'interdiction fût vraiment suivie d'effets. Ce ne fut qu'en 1740, avec la mort du cardinal mécène Pietro Ottoboni, petit-neveu d'Alexandre VIII Ottoboni (1689-1691), que se termina l'époque du népotisme et des grandes familles papales, une époque que l'on a pu qualifier de « lungo Seicento »[7].

La période que nous considérons se termine en 1740, à l'avènement de Benoît XIV Lambertini, à un moment où l'on constate que Rome n'est plus le lieu où se résolvaient les conflits internationaux. Après les décennies tumultueuses marquées par la politique agressive de Louis XIV[8], puis par la guerre de succession d'Espagne (1701-1714)[9], le pape avait cessé de jouer un rôle politique sur la scène

---

[4] Voir en particulier Hammond 1994, 1998 et 2010; Mochi Onori – Schütze – Solinas 2007.

[5] Laurain-Portemer 1973, p. 487-488.

[6] Voir Tabacchi 1998.

[7] Angiolini 2003.

[8] Neveu 1973.

[9] Sur cet épisode crucial de l'histoire européenne, voire mondiale puisque

européenne. Dans sa grande majorité, l'historiographie consacrée à la vie artistique à Rome a voulu voir, elle aussi, dans les premières décennies du XVIIIᵉ siècle une période de déclin – le départ de Händel (1708), la mort de Pasquini (1710) et celle de Corelli (1713) auraient notamment entraîné une décadence sur le plan musical[10]. Pourtant le mécénat continuait d'être attractif et dynamique, à travers l'action de figures telles que Benedetto Pamphilj († 1730)[11] ou Pietro Ottoboni[12]. La présence de musiciens européens ou originaires d'autres États de la péninsule italienne attestait aussi la renommée de la cité pontificale en tant que lieu de formation[13]. L'offre musicale continuait d'être foisonnante[14], notamment en matière de production d'opéras[15], comme en témoignent les écrits des voyageurs de l'époque, qu'ils viennent du reste de la péninsule italienne ou d'autres régions d'Europe.

Notre enquête bénéficie d'un climat historiographique très stimulant : depuis les années 1980, les travaux consacrés aux noblesses italiennes ont adjoint à l'histoire des comportements économiques et des choix politiques la prise en compte des pratiques sociales, étudiées dans une perspective qui confine à l'anthropologie[16]. Un second tournant s'est produit à la fin des années 1990 : une série d'études, envisageant la pluralité des institutions et des patronages qui animaient la ville, proposaient une vision dynamique de la cité et insistaient sur le polycentrisme culturel qui y prévalait, lequel empêchait le contrôle unique de l'autorité pontificale et offrait des espaces de liberté et de création[17]. Ainsi que le résume Jean Boutier, «les cours cardinalices, les innombrables collèges et couvents ou les palais aristocratiques» transformèrent progressivement «une ville présentée comme un lieu de contrôle et de stérilisation intellectuelle en un espace d'expérimentation et d'innovation, au point de devenir, dans le second XVIIᵉ siècle, une des capitales européennes de la science»[18].

---

l'argent qui provenait des colonies y joua un grand rôle, voir Dickinson – Hitchcock 1996 et, plus récemment Albareda 2010; sur le rôle que joua le pape durant le conflit, voir Martín Marcos 2011. Voir aussi les références citées dans la n. 64.

[10] Cagli 1985b, p. 19.
[11] Nigito 2008.
[12] Chirico 2018a.
[13] Oriol 2012 et 2014.
[14] Fagiolo dell'Arco 1997.
[15] Piperno 1992; Roberti 1900-1901.
[16] Boutier – Marin 1998; Angiolini 1998.
[17] Signorotto – Visceglia 1998; Romano 2008.
[18] Boutier 2019, p. 421.

Ainsi l'aristocratie se trouvait placée au cœur de la vie artistique et intellectuelle, ce qui faisait d'elle une protagoniste essentielle du polycentrisme culturel romain. Dans cette configuration[19], les cours respectives des grandes familles[20], que personne, à notre connaissance, n'a encore tenté de comparer entre elles, constituaient de véritables foyers artistiques, ce qui entraînait une circulation des artistes comme des œuvres[21], et elles s'inscrivaient dans une constellation complexe, où chaque entité devait tenir compte des autres.

UNE DYNAMIQUE DE COMPÉTITION

Envisager de manière séparée le mécénat des familles aristocratiques romaines, alors que le mécénat individuel ne prenait son sens que dans le rapport qu'il entretenait avec celui des autres familles, serait une erreur de méthode. Les liens qui unissaient ces familles étaient multiples, qu'il s'agisse de liens matrimoniaux, d'amitié ou d'affaires, lesquels venaient resserrer les relations, ou de rapports d'inimitié forte – on se souviendra des propos peu amènes de Maria Mancini dans ses *Mémoires* lorsqu'elle évoque l'aristocratie romaine « où la dissimulation et la haine entre familles règnent plus souverainement qu'à pas une autre cour »[22]. Des dissensions pouvaient aussi surgir au sein d'une même fratrie[23], ou d'une génération à l'autre[24]. Chaque fois que l'on accueillait un membre étranger, le plus souvent par l'intermédiaire d'une union matrimoniale, le réseau de relations sociales s'élargissait et parfois se modifiait. Ce monde, traversé par

---

[19] Nous empruntons la notion de « configuration » à Norbert Elias, qui y voit « la figure globale toujours changeante que forment les joueurs ; elle inclut non seulement leur intellect, mais toute leur personne, les actions et les relations réciproques. [...] Cette configuration forme un ensemble de tensions » (Elias 1981, p. 157). Voir aussi Le Roy Ladurie 1976, p. 21-35 : en soulignant la fluidité qui existe à l'intérieur de la société des courtisans, l'auteur montre comment, dans la configuration de la cour, il n'y a ni acteur, ni spectateur, chacun étant les deux à la fois.

[20] À côté de la cour pontificale, princes et cardinaux tenaient également une cour (Fragnito 1994) – nous employons ici le terme de « cour » dans le sens que Commendone lui conférait en 1554 dans son *Discorso sopra la corte di Roma*, c'est-à-dire « la casa di un signore che abbia conveniente famiglia e officiali ». L'ensemble de ces cours, joint à la cour pontificale, formait la « cour romaine ».

[21] Sur l'intérêt épistémologique de la notion de « foyer » pour l'étude des arts du spectacle de l'Ancien Régime, voir Goulet – Campos 2019.

[22] Mancini – Mancini 1987, p. 147-148.

[23] Borello 2016.

[24] L'historiographie récente des choix artistiques effectués par la cour de France au XVIIᵉ siècle met particulièrement l'accent sur la dimension générationnelle. Voir Prest – Rowlands 2016, « Introduction », p. 17.

des alliances et des conflits, sur le plan personnel comme sur le plan politique, s'appuyait sur des dynamiques curiales, dont les confrontations entre groupes concurrentiels, forment, sans contredit, l'un des principaux ressorts[25]. Il favorisait le développement d'un esprit de compétition, voire d'opposition, mais parfois aussi d'imitation et de collaboration lorsque les familles étaient alliées. Il fallait un événement au moins aussi important que la libération de Vienne assiégée par les Ottomans en 1683 pour déclencher un flot unanime de célébrations, à Rome comme dans l'Europe entière[26].

Une rapide consultation des catalogues de sources liées aux spectacles suffit à démontrer l'importance que ces spectacles occupaient dans la vie culturelle des familles, qu'il s'agît d'opéras, de pastorales, de cantates, de sérénades, de comédies d'improvisation, de comédies régulières, de spectacles de marionnettes ou encore de prouesses d'acrobates[27]. De toute évidence, au cours de la seconde moitié du XVIIe siècle, une véritable passion pour le théâtre s'était emparée des élites romaines, une passion dont Cesare Molinari attribue l'origine à l'autorisation demandée à Alexandre VII Chigi (pape de 1655 à 1667) par Christine de Suède, à son arrivée à Rome, pour que puissent être données des représentations toute l'année, y compris en dehors du carnaval[28].

Aux initiatives des représentants des grandes familles nobles et des cardinaux s'ajoutaient celles des ambassadeurs des différentes nations européennes, dont l'arrivée à Rome avait été généralement préparée avec beaucoup de soin et qui, une fois sur place, se conformaient aux pratiques de représentation locales imprégnées d'une même culture vocale, musicale et narrative[29]. Le cosmopolitisme qui régnait dans la ville explique ainsi le rôle important que purent y jouer le théâtre français et le théâtre espagnol : chez les Colonna, pro-espagnols, on représentait des comédies dans la langue de Cervantès[30], tandis que chez les Orsini, de tradition francophile, on appréciait des comédies dans la langue de Molière[31]. Deux figures singulières méritent aussi d'être ici mentionnées : la reine Christine de Suède et Marie-Casimire de Pologne, toutes deux exilées à Rome

---

[25] Voir Boutier 2019, p. 420.

[26] Voir Sommer-Mathis 2015.

[27] Cairo – Quilici 1981 ; Franchi 1988 et 1997 ; Sartori 1990-1994 ; Fagiolo dell'Arco 1997.

[28] Molinari 1968, p. 107.

[29] Voir par exemple Berti 2012. Sur les relations entre musique et diplomatie dans l'Europe de l'Ancien Régime, voir Ahrendt – Ferraguto – Mahiet 2014.

[30] Antonucci – Tedesco 2016.

[31] Goulet 2015, p. 393-394.

et conscientes du rôle essentiel que pouvaient jouer les spectacles dans un univers où la dimension symbolique occupait une telle place[32]. Tout ce qui comptait à Rome devait entrer dans la ronde et organiser des réjouissances à un moment ou à un autre, au point qu'il est possible d'identifier un cérémonial précis des réjouissances qu'organisait la noblesse locale dans ses palais[33] : à l'arrivée des carrosses qui s'avançaient en procession, provoquant un véritable ballet de voitures que pouvait admirer le peuple massé sur les bas-côtés, succédait l'entrée des invités, qui gravissaient les marches du grand escalier des palais, éclairé pour l'occasion par des torches tenues par les laquais, avant de pénétrer dans le grand salon. Quel que fût le spectacle qui avait été préparé, il était ponctué d'entractes durant lesquels on distribuait rafraîchissements, sorbets et fruits confits[34]. L'événement que constituait le spectacle jouait un rôle public et social dans la mesure où il intégrait la création dans un rituel collectif.

Les fêtes et les spectacles qui se déroulaient dans les propriétés de l'aristocratie romaine à Rome et aux alentours reposaient sur une dialectique de l'étalage et du secret : tout comme les grandes familles princières françaises à la même époque[35], ces familles réunissaient une assemblée triée sur le volet, des *happy few* qui, seuls, pouvaient accéder au spectacle, mais, dans le même temps, elles faisaient savoir que l'événement allait avoir lieu ou qu'il venait de se dérouler. Concernant les divertissements organisés dans les lieux de villégiature[36] – les remparts de la ville ne constituaient pas une barrière pour la société de cour, qui étendait ses pratiques aux fiefs qu'elle possédait –, le phénomène était encore accentué par la distance.

Au prix d'une débauche prodigieuse de moyens matériels et financiers, les familles aristocratiques rivalisaient pour monter des

---

[32] Voir *infra*, n. 110.

[33] Sur la notion de cérémonial, voir Visceglia – Brice 1997.

[34] Ces propos s'inspirent de Barbier 2016, p. 214. Voir aussi dans le présent ouvrage la contribution de Chiara Pelliccia, *"La clemenza d'Augusto" (Roma, 1697). "Performance", politica e patronage per l'ultima stagione secentesca del Tordinona*, p. 337-351.

[35] Goulet – Campos 2019, p. 11-13.

[36] Voir Béguin 2003 : à propos des événements mondains organisés par les Condés au château de Chantilly, K. Béguin souligne le paradoxe qui existait entre la célébration de la retraite liée à la villégiature et la recherche manifeste de la publicité que l'on tentait de faire aux divertissements qui y avaient lieu, notamment par le biais des dédicaces et la commande d'éloges en vers. Dans le cas de Rome, il serait très intéressant d'étudier la circulation, au sein de la ville et au-delà, de l'information mondaine en tenant compte de la question des enjeux éthiques de la simulation et de la dissimulation. À ce sujet voir Nigro 1993.

spectacles toujours nouveaux[37]. La contrainte qu'il y avait à trouver sans cesse du neuf entraînait l'engagement d'artistes et d'artisans nombreux, qui finissaient par se spécialiser et créer ainsi un véritable marché du spectacle. Ces épisodes mondains étaient en lien avec des événements dynastiques ou des circonstances importantes au sein des familles, comme une naissance, un mariage, un décès, ou tout simplement l'acquisition d'un nouveau titre. Il ne s'agissait pas de dépenser *davantage* que ses pairs, mais d'être celui qui dépensait *le plus*. C'est dans cette recherche du superlatif, au-delà de toute comparaison possible, que résidait la magnificence aristocratique, portée au plus haut degré. Ainsi que le récapitulent Joanna Norman, Elaine Tierney et Nigel Llewellyn : aux yeux des commanditaires,

> loin d'être un pur divertissement, le théâtre était un lieu de contrôle absolu, un espace sévèrement ordonné pour la réalisation d'une œuvre d'art totale, dans laquelle l'ensemble des éléments étaient soigneusement employés pour engager l'assistance à participer à des événements-spectacles hautement politisés, au service de buts réels de politique culturelle et de diplomatie. Dans un monde où les alliances politiques ne cessaient de se faire et de se défaire, le théâtre offrait aux élites dirigeantes un moyen d'affirmer leur identité propre et de construire leur image face au monde extérieur et pour la postérité, à travers les événements théâtraux eux-mêmes ainsi que par le souvenir et la transmission que permettait l'imprimerie[38].

---

[37] Sur la nouveauté comme critère de valeur des choses, qui, par-delà les spectacles, marqua profondément la frange aisée de la société à Paris comme à Rome, suscitant une dynamique de consommation ostentatoire, une croissance économique et un changement profond dans les modes de consommation ainsi que de nouveaux comportements et de nouvelles habitudes, voir Roche 1997. Pour un exemple contemporain, on citera la lettre que le duc de Medinaceli envoya à Pompeo Azzolino le 2 août 1692 : « Ce soir a eu lieu la répétition de la sérénade de Ballarino ; *elle est de valeur, mais déjà ancienne,* car il l'a chantée à Bologne ; aussi les paroles ne sont-elles pas adaptées à la circonstance, mais on la jouera tout de même, et Rome dira qu'il s'agit d'un souvenir de la passion du duc de Mantoue pour la Giorgina » (« Háse probado esta noche la serenata de Ballarino ; *es buena pero vieja* pues él la cantó en Bolonia con que las palabras no son al propósito pero tanto se hará y Roma dirá es un recuerdo del duque de Mantua a la Señora Ángela [Giorgina] de su pasión por ella » [Domínguez 2013a, p. 192]).

[38] Norman – Tierney – Llewellyn 2009, p. 144: « Far from mere entertainment, however, the theater served as an arena of absolute control, a rigidly ordered space for the performance of a *Gesamtkunstwerk* in which these elements were carefully employed to manipulate audiences into participating in highly politicized dramatic events serving real aims of cultural politics and diplomacy. In a world of constantly shifting political alliances, the theater provided ruling élites with a means of fashioning their own identity and presenting themselves to the outside world and posterity, both through the theatrical events themselves and through their recording and transmission in print ». Voir aussi Savage 1998.

Les objectifs de ces spectacles, où les nobles n'hésitaient pas à s'impliquer eux-mêmes – que l'on songe par exemple aux nombreux livrets qu'écrivirent un Giulio Rospigliosi, un Flavio Orsini ou un Pietro Ottoboni –, étaient donc multiples : outre la recherche de divertissement, on poursuivait des buts politiques et diplomatiques, on affirmait ou réaffirmait les éléments-clefs de l'identité familiale[39] et on participait à la construction de la mémoire du lignage, avec un souhait très marqué de passer à la postérité, ces logiques diverses pouvant naturellement s'additionner[40]. Par-delà le plaisir et le délassement qu'ils pouvaient engendrer, ces spectacles étaient des actes vitaux. Comme ils étaient profondément imbriqués dans les productions et les modes de divertissement, ceux qui les promouvaient détenaient la capacité de modeler le réel et d'imposer un ordre socio-politique par le biais d'engagements esthétiques. Grâce à eux la solidarité du groupe au sein duquel était produit le spectacle se trouvait confortée, tandis que la légitimité des gouvernants de ce groupe se voyait confirmée. L'exercice était toutefois périlleux puisque, dans le jeu des factions, la dynamique des paris sur l'avenir politique occupait une grande place.

Le succès que connaissait, à l'époque, la métaphore de Rome comme « grand théâtre du monde »[41], où chacun serait tenu de jouer son rôle, ne doit pas être source de confusion pour notre étude[42] : notre perspective concerne strictement les arts du spectacle, lesquels, pour reprendre la définition commode que propose Olivier Spina, recouvrent toute production artistique supposant une mise en scène préalablement organisée par des acteurs sociaux, économiques ou politiques, cette mise en scène s'adressant simultanément à un groupe d'individus[43]. En conséquence ces arts englobent tout aussi bien une

---

[39] Il ne faudrait pas penser que, dans la société d'Ancien Régime, les rôles sociaux étaient fixés une fois pour toutes : chaque famille n'avait de cesse de conforter sa position sociale et de réaffirmer sa place dans la hiérarchie au sein de l'ordre politique de la cité. À ce sujet voir Kandare 2012.

[40] Barbier 2016, p. 39.

[41] Voir par exemple les propos du cardinal Bentivoglio, où il recourt à la métaphore de la scène de théâtre pour décrire la cour pontificale : « Vengo hora *alla scena generale della Corte*. Fa in essa il prime parti il Sacro Collegio de' Cardinali. Quindi segue l'ordine della Prelatura, e poi l'altre persone inferiori de' Corteggiani » (Bentivoglio 1648, p. 52, cité dans Domínguez 2019, p. 231, n. 26).

[42] Sur cette question, voir l'étude de référence : Maravall 2002, p. 309-355, et en part. p. 320. Voir aussi Burke 2012, p. 17 et 21 : l'auteur rappelle que l'idée de la vie comme théâtre, et du monde comme une scène, trouve son origine dans la Grèce ancienne, et note l'augmentation, à l'époque qui nous intéresse, de l'usage de la métaphore théâtrale.

[43] Voir Spina 2011, p. 96-97, et Spina 2013, p. 27. On lira avec profit la section de l'introduction de cet ouvrage intitulée « Le "spectacle", objet d'histoire » (p. 27-31).

représentation théâtrale, une mise en scène d'opéra, l'interprétation d'une cantate, que des numéros d'acrobates – nous excluons en revanche de notre terrain d'enquête les messes, les joutes sportives, les cérémonies... Quoique les arts soient traditionnellement étudiés de manière séparée, il faut bien avoir conscience que la co-existence du théâtre, de la musique et de la danse, qui atteste un mécénat extrêmement diversifié, caractérisait l'univers culturel de la plupart des grandes familles romaines.

L'inflation du nombre de spectacles : une conséquence de la baisse d'influence politique ?

Au travers de ces événements proprement *spectaculaires*, qui paraissaient dépasser les forces de la nature et réaliser de véritables prouesses techniques, qui cherchait-on à éblouir? Assurément les membres des autres familles, la curie romaine et, plus largement, les autres nations représentées au sein de la cour pontificale. Habitée par un sentiment partagé d'admiration mêlé de surprise, l'assistance était sidérée, éblouie, au sens propre, par la débauche de lumière qui nimbait ces spectacles[44]. On peut légitimement s'interroger sur les origines de cet engouement pour les spectacles. Durant la guerre de Trente Ans, l'influence politique et militaire de Rome avait lentement diminué au profit de la France et de l'Espagne, une évolution que la paix de Westphalie en 1648, puis celle des Pyrénées en 1659 avaient entérinée. Pendant les décennies suivantes les grandes familles cherchèrent à maintenir leur prépondérance sur le plan culturel: palais et villas de villégiature, mais aussi *casini* et *vigne* – autant d'espaces symboliques en perpétuelle construction – servirent de terrain d'expérimentation pour des spectacles magnifiques, qui attiraient l'attention de toute l'Europe, au point que l'on a pu traiter l'Urbs de «capitale européenne de la performance»[45]. En organisant des spectacles, les grandes familles exerçaient un rôle social et, ce faisant, en retiraient un certain pouvoir, qui venait renforcer leur

---

[44] Chaouche – Vialleton 2017. À ce sujet on signalera le projet de recherche que développe actuellement Sylvaine Guyot (Université de Harvard), intitulé *Les Scénographies de l'éblouissement. Théâtralités et adhésion au XVIIe siècle*. Partant du constat que les arts de la France dite «classique» cherchent tous à éblouir, c'est-à-dire à provoquer l'admiration immédiate et unanime du public, elle étudie la place que cette fonction des arts occupe dans les discours et les représentations de l'époque.

[45] Gillgren – Snickare 2012, p. 5 («performative capital of Europe»).

position locale et régionale[46]. Dans cette opération politique indispensable à leur affirmation, le passé des familles se trouvait exalté et, en quelque sorte, consolidé dans le présent. Ainsi que le rappelle Peter Burke, ces spectacles agissaient comme une «compensation symbolique pour la perte de pouvoir politique et militaire»[47]. Les nobles prenaient acte du déclin de la culture héroïque et guerrière qui avait marqué les générations précédentes et étaient à la recherche de moyens nouveaux pour affirmer leur identité – d'où les innombrables mascarades, tournois et jeux d'armes dont était friande l'aristocratie romaine, qui y voyait une façon de redonner vie aux idéaux chevaleresques par la mise en scène de comportements martiaux stylisés[48].

Que le théâtre ait pris cette importance au sein des pratiques aristocratiques de l'époque ne doit pas surprendre. Exercice inscrit dans le continuum des pratiques sociales, il offrait un moment de rassemblement, qui permettait que s'établisse une connivence entre les êtres en présence[49]. On relira avec profit dans cette perspective l'article «Spectacle» du chevalier de Jaucourt (1704-1779), qui parut dans la première édition de l'*Encyclopédie*, en 1751. Pour lui, les spectacles sont des «représentations publiques imaginées pour amuser, pour plaire, pour toucher, pour émouvoir, pour tenir l'âme occupée, agitée et quelquefois déchirée». Après avoir rappelé que l'homme est né spectateur et avoir mis l'accent sur la vue comme sens privilégié, Jaucourt distinguait deux sortes de spectacles : ceux qui montrent la force du corps et la souplesse des membres, et ceux où l'on voit les ressources du génie et les ressorts des passions. La deuxième catégorie qui, dans son esprit, correspondait à des spectacles d'imitation, *lie les citoyens par la compassion et l'humanité*. Considérer les spectacles qui marquaient les pratiques de sociabilité de l'aristocratie romaine comme des instruments de médiation, au service d'un art de la paix, ouvre de nouvelles perspectives[50].

---

[46] Sur la relation entre spectacles et pouvoirs à l'époque, voir Dufourcet – Mazouer – Surgers 2011.

[47] Burke 2012, p. 20 («symbolic compensation for the loss of political and military power»).

[48] Carandini 1997, p. 40.

[49] Biet 2013a, p. 81 n. 2 : à la suite de Foucauld, l'auteur entend le théâtre comme un «dispositif», c'est-à-dire «un lieu-lien situé dans l'hétérogénéité de la cité et qui, possiblement, permettrait de fournir un endroit réglé, cadré, pour que la cité se retrouve».

[50] Le thème de la paix occupe d'ailleurs une place très significative dans le théâtre et dans les œuvres musicales de l'époque. Voir Clarke 2011 ; Pelliccia 2018.

Une histoire des spectacles en pointillé

Comment comprendre que Rome, malgré toute la richesse de la production spectaculaire que nous venons de mentionner, n'ait pas bénéficié, à l'époque, d'une image de capitale musicale et théâtrale ? «Roma capitale invisibile del teatro del Seicento», pour reprendre le titre évocateur d'un dossier de Roberto Ciancarelli[51]... Plusieurs raisons peuvent être avancées pour comprendre la ténacité de ce déficit d'image. Dans le domaine musical, la réputation dont jouissait le répertoire sacré romain éclipsa manifestement tout le reste de la production[52]. L'histoire des spectacles à Rome a pâti en outre du manque de continuité dynastique et des politiques toujours changeantes en matière de spectacle, chaque pape offrant un apport artistique et musical très différent de celui de ses prédécesseurs. Il suffit d'évoquer conjointement Innocent XI Odescalchi (1676-1689), qu'Ademollo qualifiait d'«Attila des théâtres romains»,[53] et Alexandre VIII Ottoboni (1689-1691) qui lui succéda – c'est en effet sous le règne de ce dernier que reprirent spectacles et concerts, et que l'on assista à la réouverture du Tordinona en 1690, avec la représentation de la *Statira* d'Alessandro Scarlatti, puis de *Colombo ovvero l'India scoperta* de Bernardo Pasquini, deux œuvres composées sur des livrets de Pietro Ottoboni[54].

Le fait que le pape ne puisse être le commanditaire d'un lieu dévoué aux divertissements profanes cantonnait donc la représentation des opéras aux salles de spectacle privées. À cause de la défiance du pouvoir religieux, les premiers théâtres publics, le Tordinona, le Capranica ou l'Alibert – toutes salles qui ont aujourd'hui disparu –, ouvrirent fort tard, par comparaison avec le reste de la péninsule et ils ne pouvaient rivaliser avec les grandes salles européennes de l'époque. Il fallut attendre 1732 et les débuts du théâtre Argentina, financé par le duc Giuseppe Sforza Cesarini, pour que Rome se dotât réellement d'une salle qui pût soutenir la comparaison par exemple avec le théâtre des Grimani à San Giovanni Grisostomo à Venise ou avec le théâtre San Bartolomeo de Naples, qui bénéficia d'une saison théâtrale fixe jusqu'à sa destruction en 1737, lors de la construction du San Carlo[55].

---

[51] Ciancarelli 2012. Voir aussi Barbier 2016, p. 220-229.

[52] Voir *infra*, § *Des approches disciplinaires distinctes*.

[53] Ademollo 1888, p. 147 ; Barbier 2016, p. 225.

[54] Voir la contribution de Barbara Nestola dans le présent ouvrage, *I ruoli femminili per Bartolomeo Montalcino in due opere romane di Alessandro Scarlatti. Indagine sulla relazione tra repertorio e interprete*, p. 405-418.

[55] Sur les rapports de rivalité entre Rome et Venise sur le plan musical, voir Saunders 1985, p. 272-274 et, pour les années 1720 : Strohm 1995, p. 268-269.

Mais les théâtres proliférèrent au sein des palais, d'abord au palais Barberini, puis au palais Pamphilj, au palais Colonna, au palais Orsini, à celui de la Cancelleria (Ottoboni)... Il reste très difficile de déterminer les périodes exactes d'ouverture des théâtres à Rome au XVIIIe siècle. Il fallut d'ailleurs attendre le cours du XVIIIe siècle pour que le contrôle sur le calendrier des spectacles s'assouplisse[56].

Le fait que, sur les scènes publiques, les rôles féminins aient été tenus par des hommes, explique aussi pour une bonne part les jugements sévères que les voyageurs portaient sur le théâtre et la musique de Rome. Les propos acerbes du baron de Pöllnitz à l'égard du théâtre Alibert, le seul pourtant à trouver grâce à ses yeux, sont bien connus :

> Les Femmes sont des Hommes travestis, par le scrupule, si j'ose le dire, ridicule qu'on a ici de ne point vouloir que les Femmes paroissent sur les Théatres : *cela fait que l'Opéra de Rome est toujours fort inférieur aux autres Opéra d'Italie*. Il n'y a peut-être rien de plus ridicule que de voir de ces demi-Hommes faire les Femmes; ils n'ont ni air ni grace : cependant on les applaudit ici, comme les meilleures Actrices le sont ailleurs[57].

Pour la danse, l'illusion provoquée par les interprètes masculins était des plus incertaines. Dans le cadre du théâtre parlé, la plupart des voyageurs peinait encore davantage à souscrire au travestissement, car les voix mâles ne pouvaient faire illusion, à la différence de celle des castrats dans l'opéra. Il n'y a guère que Goethe qui, dans son essai *Frauenrollen auf dem Römischen Theater durch Männer gespielt*, semble avoir apprécié le phénomène, probablement parce qu'il y voyait la poursuite de l'usage des anciens Romains[58].

À partir de la fin du XVIe siècle, une coutume, manifestement motivée par les impératifs moraux de la religion catholique et appelée à perdurer jusqu'à la fin du XVIIIe siècle, s'était mise en place à Rome, selon laquelle on évitait que les femmes ne montent sur scène[59]. Cette coutume caractérisait-elle aussi les spectacles montés

[56] Voir De Angelis 1951, p. 35 ; Pastura Ruggiero 1994.
[57] Pöllnitz 1734, p. 224.
[58] Essai publié dans *Der Teutsche Merkur* en novembre 1788. Voir Goethe 1896 ; De Dominicis 1923, p. 81-82 ; Hov 2001, p. 72-75.
[59] De Dominicis 1923, en particulier la section intitulée « Il divieto misogino », p. 74-82 ; Hov 2001. Giulia De Dominicis et, à sa suite, Live Hov, ont montré comment l'historiographie a mal interprété l'édit promulgué en 1588 par Sixte V, par lequel il permettait à la compagnie des *Desiosi* de donner des représentations publiques : cet édit n'interdisait pas aux femmes de monter sur scène mais visait à empêcher ces dernières d'*assister aux spectacles* de la compagnie. Nous remercions vivement Lorenzo Bianconi de nous avoir indiqué la bibliographie sur le sujet.

dans les *sale maestre* des palais ou dans les villas de villégiature de l'aristocratie romaine[60]? Apparemment ce n'était pas le cas, ainsi que l'affirme sans détour Giulia De Dominicis : « dans les théâtres privés il était permis aux femmes de réciter comme de chanter publiquement au clavecin ou, pour le dire de manière moderne, dans l'orchestre »[61]. Toutefois, dans les années 1670, les libertés que prit Christine de Suède et, à sa suite, d'autres personnalités de la ville, eurent pour conséquence qu'Innocent XI imposa en 1675 la fermeture du théâtre Tordinona, laquelle dura jusqu'à la fin de son règne (1689). Quoique personne n'ait trouvé trace du document, le pape, en 1676, aurait ensuite exigé que les femmes ne montent plus sur scène, ce qui fait dire à Live Hov, que, dans le contexte général d'interdiction des spectacles publics, cette proscription devait concerner aussi les théâtres privés des familles nobles[62].

Un épisode permet toutefois de proposer une vision plus nuancée des choses : au mois de janvier 1685, la duchesse de Bracciano avait demandé au pape l'autorisation de monter, au palais Orsini, situé au sud de la place Navone, une comédie en français, qui devait être jouée par ses demoiselles. Il s'agissait du *Tartuffe* de Molière. Voici ce que nous apprennent les *avvisi* de l'époque :

> La duchesse de Bracciano ayant demandé l'autorisation au pape de faire jouer par ses demoiselles, dans son palais, une comédie en langue française, sa sainteté fit la louange de sa modestie, *pas seulement pour l'autorisation qu'il n'était pas nécessaire de demander, mais en soulignant que toutes les dames de Rome devraient prendre exemple sur sa prudence*[63].

---

[60] Voir, dans cet ouvrage, les contributions déjà citées de Barbara Nestola et de Chiara Pelliccia (n. 54 et 34)

[61] De Dominicis 1923, p. 76: «nei teatri privati era permesso alle donne di recitare, come era anche loro permesso di cantare pubblicamente al cembalo, o, come oggi si direbbe, in orchestra».

[62] Hov 2001, p. 69. Si l'on en croit Giorgio Morelli, dans l'étude qu'il consacre à Angela Maddalena Voglia, dite la Giorgina, une chanteuse de grand talent qui défraya la chronique en particulier dans les années 1686-1688, l'interdiction émise par Innocent XI serait à mettre en relation avec l'irritation du souverain pontife lorsqu'il apprit que, parmi les prétendants de la jeune femme, figurait un membre éminent du Sacré Collège, derrière lequel il faut sans doute voir le cardinal Flavio Chigi (voir Morelli G. 1975, p. 162). La proscription d'Innocent XI serait donc postérieure d'une dizaine d'années à la date avancée par Live Hov.

[63] Staffieri 1990, p. 62, n° 23 : «La duchessa di Bracciano havendo chiesta licenza al Papa di fare nel suo palazzo una comedia in lingua francese dalle sue damigelle Sua Santità fece encomio intorno la sua modestia non solo per la licenza, che non occorreva dimandarla, mà che tutte le dame romane dovrebbero pigliare esempio dalla sua prudenza».

En louant la «prudence» de la duchesse, le pape soulignait l'aptitude de cette dernière à régler sa conduite de façon à éviter les conséquences d'une action qui aurait pu se révéler fâcheuse sur le plan moral. Solliciter l'autorisation n'était donc pas une obligation, mais cet acte prévoyant permettait de se prémunir vis-à-vis de situations malencontreuses. En 1685 les demoiselles de la duchesse de Bracciano purent jouer le *Tartuffe* de Molière dans l'appartement de leur maîtresse de manière tout à fait licite.

Quoi qu'il en soit, le fait qu'une très grande partie de la production de spectacles et de concerts à Rome se soit déroulée à l'écart, dans le cadre préservé des demeures de l'aristocratie, explique, au moins pour une part, que leur importance ait été occultée et que leur histoire reste encore largement à écrire.

DES APPROCHES DISCIPLINAIRES DISTINCTES

Le domaine de recherche le plus proche de la perspective adoptée dans le présent ouvrage est assurément celui qui concerne le mécénat musical et qui regroupe des initiatives dans plusieurs champs disciplinaires. Nous mentionnerons ici celles qui se sont révélées déterminantes pour lancer notre réflexion, en gardant à l'esprit que chaque discipline suit une tradition historiographique spécifique, qui pose des questionnements et se fixe des objectifs qui lui sont propres. Les résultats issus de ces divers courants de réflexion ont été accueillis de manière inégale par les musicologues[64].

---

[64] Parmi les contributions les plus pertinentes pour notre propos on citera celles que les historiens modernistes ont consacrées au cérémonial, à la Guerre de Succession d'Espagne (Ferrero 1994; Signorotto – Visceglia 1998; Visceglia 2001; Masini 2005; Martín Marcos 2011) ou encore à l'histoire des relations internationales, suite à ce que l'on a appelé le *diplomatic twitch* (Reynolds 2006), lequel repose sur une prise en compte accrue du contexte et des comportements culturels. À ces études s'ajoutent celles des historiens de la pensée (Quondam 1968 e 1973; pour les musicologues, les recherches d'Amedeo Quondam sur Gravina sont précieuses: voir La Via 2007) et de la culture (Ago 2006; Gozzano 2015), dont l'approche ne se différencie pas toujours clairement de celle de l'histoire politique *tout court*, de celles des historiens d'art (depuis Haskell 1963 à Montanari 1997, en passant par Griseri 1981) et, enfin, de celles des historiens de la «fête baroque» (Boiteux 1992; Fagiolo dell'Arco – Carandini 1977 – 1978; Fagiolo – Madonna 1985). D'autres disciplines, comme les études italiennes (De Bellis 2007; Tatti 2003, et la nouvelle série de la revue *Atti e memorie dell'Arcadia* dirigée par Pietro Petterutti Pellegrini) et les études théâtrales (Zorzi 1985; Ciancarelli 2008 e 2012), ont ouvert des voies parallèles à celles de la recherche en arts du spectacle.

Études sur la musique

Parmi les recherches sur le mécénat à Rome à l'époque moderne, celles qui concernent plus spécifiquement l'art musical offrent un panorama complexe. Les histoires de la musique rédigées au XVIIe et du XVIIIe siècle ont identifié la musique à Rome au style de Palestrina[65] et ont associé la ville à l'image d'un centre de formation pour les chanteurs[66]. Une telle vision contribua à forger la représentation de la musique à Rome comme instrument de la Contre-Réforme, au sein de laquelle se développèrent une activité éditoriale intense de musique liturgique et profane[67] ainsi qu'un véritable culte d'une part pour la musique instrumentale, avec Frescobaldi et Corelli en tête, et d'autre part pour les genres sacrés et dévotionnels comme les laudes, les madrigaux spirituels ou encore l'oratorio, un genre lié à la figure de Saint Philippe Neri. La Rome du début du XVIIIe siècle aurait cédé le pas devant Venise et Naples, qui apparaissaient alors comme des centres de production musicale visiblement plus actifs. Sa vie musicale aurait été moins riche et moins dynamique que celle du siècle précédent[68]. Telle est du moins l'image qui, pendant longtemps, a dominé l'historiographie[69].

De manière plus nuancée, des études récentes ont souligné, quant à elles, la recomposition que subit le paysage musical au cours du XVIIIe siècle[70]. Le développement de formes musicales nouvelles, tels que les *opere buffe* ou les *intermezzi comici*, aurait contribué à redéfinir la réputation de Rome, où la musique sacrée, qui constituait l'un des fondements de la tradition musicale de la ville, n'était désormais plus l'unique élément d'attractivité de la cité dans le domaine musical. En parallèle, l'activité des théâtres ouverts

[65] Bianconi 1991, p. 116-117. Pour une synthèse à jour de la vie et de l'œuvre de Palestrina comme « simbolo della *Roma resurgens* dopo il sacco del 1527 » et du renouvellement urbanistique, voir Della Sciucca 2018.

[66] Adami 1711 ; sur le rôle d'Andrea Adami et d'Antimo Liberati sur la construction de la place de Palestrina dans l'histoire de la musique à Rome, voir Morelli A. 1991 et 2008a, p. 130-131.

[67] Sur ce thème, voir Rostirolla 1985 ; Barbieri 1995 ; O'Regan 2011. Voir aussi les instruments de recherche publiés par Saverio Franchi, en collaboration avec Orietta Sartori (1994-2002, 2006).

[68] Cagli 1985b, p. 19 ; Heartz 2003, p. 172.

[69] Cagli 1985b, p. 19 : « Così la musica sacra, nella quale Roma ancora nel secolo precedente [il Seicento] aveva avuto largo primato, si ridurrà ben presto ad una produzione modesta e ad un livello non comparabile a quello di altre capitali della musica. Né miglior vita artistica vi sarà nel teatro musicale... Venezia e Napoli saranno gli indiscussi poli di attrazione della vita musicale del Settecento ».

[70] Oriol 2014 (introduction). À ce sujet, voir également Antolini 2011.

au public prit progressivement de l'ampleur[71]. La tolérance sensi-
blement plus grande que manifesta l'autorité pontificale vis-à-vis de
l'activité théâtrale romaine au cours du XVIIIe siècle « permit aux
théâtres d'atteindre la stabilité et une continuité au niveau de leurs
activités et, à la ville, de devenir un centre important de production
et de "consommation" d'opéras »[72].

Outre le fait qu'elles ont attiré l'attention sur l'opéra, ces études
modifièrent également la perpective en mettant en lumière combien
le mécénat musical, malgré la disparition de mécènes prestigieux
tels que les cardinaux Pietro Ottoboni ou Benedetto Pamphilj, resta
vigoureux dans la seconde moitié du XVIIIe siècle[73]. À Rome, les
musiciens cherchaient toujours à obtenir la protection des familles
aristocratiques influentes et à se faire engager par ces dernières, de
manière ponctuelle ou définitive.

Études théâtrales

La vision de Rome qu'offrait l'historiographie musicale traditionnelle ne correspondait toutefois pas à l'image que proposaient
d'autres disciplines, telle l'histoire du théâtre que développa, à la fin
du XIXe siècle, Alessandro Ademollo, un historien d'origine florentine, à partir de documents d'archives qui ne sont pas uniquement
conservés à Rome. Pour les musicologues actuels, son ouvrage,
publié en 1888, fait toujours référence. Plus récemment, Roberto
Ciancarelli, dans son ouvrage *Sistemi teatrali nel Seicento*, offrait une
image beaucoup plus nuancée de Rome :

> À Rome, à la fin du XVIe siècle, dans un contexte profondément
> marqué par la Contre-Réforme, se profilent une transformation radi-
> cale du système de la commande artistique et une refonte du projet
> relatif au spectacle : la cour papale est contrainte d'abandonner sa
> politique traditionnelle de centralisation du spectacle et de céder la
> primauté du patronage de la fête. C'est précisément ce renoncement,
> visible dans la restructuration de la zone du Belvédère voulue par
> Sixte V, qui annonce un nouveau système d'organisation : derrière
> le patrimoine théâtral dispersé de la Rome de Sixte V se cachent la
> figure du pontife et sa stratégie de refonte éclairée et de réglementa-
> tion du spectacle, désormais proche du scénario du "Grand Théâtre du
> monde" caractéristique de la Rome baroque[74].

---

[71] Voir Sinibaldi 1991.

[72] Piperno 1992, p. 42.

[73] Sur le mécénat musical à la fin du XVIIIe siècle, voir notamment Antolini
2011.

[74] Ciancarelli 2008, p. 19 : « A Roma, alla fine del Cinquecento, in uno scenario

Dans les années 1990, les contributions de spécialistes d'études théâtrales comme Silvia Carandini et Elena Tamburini, pour le XVIIᵉ siècle, et Roberto Tessari, pour le XVIIIᵉ siècle[75], sont venues enrichir considérablement l'histoire du théâtre italien à l'époque moderne. Pour la ville de Rome, certaines études ont été conduites, de manière transversale, sur plusieurs théâtres[76], tandis que d'autres concernent les institutions considérées individuellement : l'Alibert[77], le Capranica[78], le Tordinona[79] et, pour la fin de la période qui nous intéresse, l'Argentina[80]. Les rares visions d'ensemble, comme celle que présente le récent ouvrage d'Elsa Rizzi et de Simonetta Zanzottera, *Teatri di Roma* (2016), sont précieuses pour les études en arts du spectacle. Si les musicologues ont prolongé ces recherches[81], leur propos ne portait pas spécifiquement sur la question de la musique à Rome : ils se sont intéressés à des compositeurs ou à des chanteurs tels qu'Alessandro Stradella[82], Alessandro Scarlatti[83] ou encore Farinelli[84]. Quant aux propositions fortes qui ont été avancées par des spécialistes d'études théâtrales – on peut penser au titulaire de la première chaire d'Histoire des arts du spectacle en Italie, Ludovico Zorzi, qui a parlé par exemple de « crise du mélodrame » à propos de l'Académie de l'Arcadie –, ce sont surtout les historiens de l'architecture qui s'y sont jusqu'à présent intéressés[85].

profondamente segnato dalla Controriforma, si delineano i profili di una radicale trasformazione del sistema della committenza e di una rifondazione del progetto festivo: la corte pontificia è costretta ad abbandonare la propria tradizionale politica di accentramento dello spettacolo e a cedere il primato della committenza della festa. È proprio questa rinuncia, sancita da Sisto V con la ristrutturazione dell'Arena del Belvedere, a preannunciare un nuovo sistema organizzativo: dietro al disperso patrimonio teatrale della Roma sistina si cela la figura del Pontefice, la sua illuminata strategia di rifondazione e regolamentazione dello spettacolo che si consegna ormai all'imminente scenario del "Gran Teatro del Mondo" della Roma barocca ».

[75] Carandini 1997; Tamburini 1997, 2009 et 2012; Tessari 1995.

[76] Pastura Ruggiero 1989 e 1994.

[77] Amadei 1936; Rava 1943; De Angelis 1951; Cerocchi 1991.

[78] Cannizzo 1990.

[79] Cametti 1938; Rotondi 1987.

[80] Sinibaldi 1994; Rinaldi 1978.

[81] Della Seta 1980; Antolini – Gialdroni 1996; Franchi 1997 : XLVII-LVIII.

[82] Gianturco 1996 (sur le Tordinona).

[83] Lindgren 1985; Strohm 1997 (sur le Capranica).

[84] Corp 2005 (lequel, bien que ce ne soit pas le thème central de sa recherche, contextualise l'activité du théâtre Argentina et celle du *teatro delle Dame*).

[85] Zorzi 1985; des concepts similaires ont en revanche été développés par les historiens de l'architecture, tel Benedetti (1997) qui parle de « sdrammatizzazione fontaniana del barocco » (p. 94), soulignant ainsi, lui aussi, l'existence d'une crise du mélodrame à l'époque de la première Arcadie. Pour une présentation des

Études sur la danse

Dans le domaine des études chorégraphiques, si quelques travaux fondateurs ont déjà labouré le terrain et proposé de nombreuses pistes d'investigation[86], la recherche historique sur la danse à Rome aux XVIIe et XVIIIe siècles n'en est toujours qu'à ses débuts. La très grande difficulté de l'entreprise réside dans l'absence de sources proprement chorégraphiques, ce qui a poussé récemment les chercheurs à aller chercher les informations soit dans l'histoire sociale des interprètes[87], soit dans l'histoire de la musique[88]. Intitulé *Danza e coreografia nella Roma aristocratica tra Sei e Settecento. Tecniche e stili coreografici attraverso la documentazione del Seminario Romano e degli archivi familiari*[89], le doctorat que réalise actuellement Gloria Giordano devrait donc contribuer à combler une véritable lacune de la recherche.

Évolution dans la recherche sur la musique et prise en compte du mécénat

En 2012, Arnaldo Morelli a montré comment les recherches conduites entre 1940 et 1980 sur la musique sacrée à Rome se fondaient sur des « catégories historiques préétablies », sans qu'elles prennent en compte « Rome même, dans sa réalité politique et sociale spécifique », ce qui a pu conduire à une vision déformée et partielle de l'histoire musicale de la ville[90]. Une telle vision, dont A. Morelli regrette la persistance, a longtemps opposé progrès musical et conservatisme, à savoir l'opéra d'un côté et la musique sacrée de l'autre. Elle accorde la primauté à la fonction religieuse de la ville de Rome, en omettant de la considérer aussi « comme le siège politique de la plus importante cour italienne de l'État moderne »[91].

---

recherches de ces deux auteurs : Fernández-Santos 2010, p. 228 e 237, n. 73. Pour une analyse de la musique de Corelli à la lumière des études sur l'architecture et les transformations de Rome sous Clément XI Albani, voir Piperno 2015.

[86] Murata 1981 ; Mori 1986 ; Sparti 1996 et 2015 ; Sardoni 1986 et 1996 ; Kuzmick Hansell 1988.

[87] Oriol 2015.

[88] Lombardi 1991 ; Panzanaro 2017.

[89] Doctorat commencé en novembre 2018 à l'université de Tours, sous la direction d'Anne-Madeleine Goulet (CNRS), en co-direction avec Alessandro Pontremoli (Université de Turin).

[90] Morelli A. 2012a, p. 1-3.

[91] Morelli A. 2012a, p. 2.

En fait, après la seconde guerre mondiale et jusque dans les années 1980, ce furent la mise en cause du concept d'«école»[92] et les travaux de chercheurs sensibles à l'interdisciplinarité et attentifs notamment aux apports de l'histoire de l'art et des études théâtrales, qui conduisirent aux contributions musicologiques les plus décisives[93]. On s'écarta alors de l'étude de la musique sacrée pour étudier, d'une manière très neuve, les opéras commandités par les Barberini : la production musicale était désormais envisagée dans le contexte de la consolidation d'un opéra «panitalien»[94] et de la dramaturgie musicale. La partition n'était plus la seule source exploitable; les documents d'archives occupaient le centre de la scène – des documents tellement nombreux qu'ils découragèrent les premières tentatives d'établissement d'une chronologie de l'opéra à Rome[95]. L'examen des productions de la famille Barberini dans les années 1630, proposé par Lorenzo Bianconi et Thomas Walker, remonte à 1976, mais leur article ne fut publié qu'en 1984. Ces deux auteurs mettaient sur le même plan des documents comptables, les *giustificazioni*, et les sources habituellement utilisées pour l'histoire de la musique, tels que partitions et livrets. Ils citaient également les travaux d'historiens de l'art, en premier lieu Francis Haskell, aux côtés de ceux des musicologues et des spécialistes d'études théâtrales. Le recours aux documents d'archives pour l'étude des productions musicales entraîna un déplacement des centres d'intérêt et permit, entre autres, de mesurer le rôle du public, envisagé comme un élément actif à prendre en considération. Cette orientation se distinguait nettement de la perspective biographique d'Hans Joachim Marx, le spécialiste allemand de Händel, quoiqu'il ait lui aussi utilisé, de manière pion-

---

[92] Voir Bianconi 1991, §19, p. 183 : «il concetto stesso di scuola – che implica una trasmissione diretta di competenza da maestro ad allievo – è senz'altro valido per la pittura o, in musica, per la polifonia vocale o per il canto solistico, ma si rivela inadeguato e fuorviante di fronte a produzioni artistiche economicamente assai più complesse e basate sulla divisione del lavoro, come l'architettura o, a maggior ragione, l'opera in musica». Sur le mythe de l'existence d'une école napolitaine, voir Degrada 1987, Fabris 2019, p. 19.

[93] Lindgren 1972 ; Murata 1975 ; Bianconi – Walker 1984.

[94] Bianconi – Walker 1975 ; voir aussi Bianconi 1991, p. 206 : l'auteur souligne le développement d'un «"système" opératique à l'échelle nationale».

[95] Ce n'est pas un hasard si la chronologie des «music-dramatic performances at Rome in the Seicento» annoncée par L. Lindgren, M. Murata, L. Bianconi et T. Walker dans *Analecta musicologica*, sur la base du modèle des Weaver pour Florence (Bianconi – Walker 1984, p. 251, n. 109), ne fut jamais publiée, du fait essentiellement de l'ampleur des sources documentaires sur Rome. Il faut également noter qu'au même moment paraissait la première édition de la *Storia della musica* de la SIdiM, qui renonça, quant à elle, à utiliser les partitions.

nière, le même type de sources, en particulier les *giustificazioni*[96]. De nos jours, le mécénat des Barberini continue de susciter l'intérêt des chercheurs, que l'on songe aux travaux de Daolmi (2004, 2006) ou à la récente thèse de doctorat d'Aldo Roma (2016, *cf.* Roma 2020).

Dans les années 1980 et 1990 les musicologues prirent en considération les recherches d'Haskell (1963) sur le mécénat artistique à Rome. Mais, plus encore que les théories de l'historien d'art, ce fut l'ouvrage que Lina Montalto (1955) consacra au cardinal Pamphilj, grand mécène en matière de musique, qui fut déterminant. Il fallut attendre encore quelque trente années pour que soit publiée la monographie de F. Hammond sur les Barberini (1994), c'est-à-dire l'étude la plus proche des théories développées par Haskell. Cet ouvrage se faisait l'écho des nombreuses discussions sur le mécénat qui s'étaient développées dans le monde anglo-saxon au cours des années 1980. En 1987, Howard Mayer Brown, qui s'inspirait lui aussi de la méthodologie de Haskell, avait repris les critiques de Joseph Kerman sur les ouvrages de Iain Fenlon (1980-1982) et de Lewis Lockwood (1984) à propos de Mantoue et Ferrare. Évoquant la « croix des études sur le patronage » (*crux of patronage studies*), il soulignait la difficulté – mais aussi l'intérêt – qu'il y a à « démontrer la relation entre une pièce (ou un genre) en particulier et la société qui l'a fait naître »[97].

Par sa connaissance fine et précise des sources d'archives, F. Haskell se distinguait des historiens d'art de l'époque, surtout tournés vers la critique des œuvres. Au lieu de présenter le mécène comme un héros ou, dans une perspective toute romantique, de le considérer lui-même comme un artiste, Haskell mettait plutôt l'accent sur le *milieu* artistique. Ce positionnement inspira certainement les recherches musicologiques qui suivirent, comme celles de Jean Lionnet, dont on reparlera plus avant. Haskell a malheureusement arrêté son étude avec les années 1680, laissant de fait un vide chronologique jusqu'au début de la tradition métastasienne dans les années 1720, un vide aujourd'hui comblé, mais en partie seulement, par les historiens de l'art spécialistes de la diplomatie culturelle (Fernández-Santos 2010, 2014, Anselmi 2014), du libertinage (Frascarelli 2016a et 2016b), mais aussi du marché de l'art, sur lequel nous reviendrons.

---

[96] Bianconi – Walker 1984, p. 220-221. Parmi les publications de Marx figurent un article sur le cardinal Ottoboni (1968), partiellement traduit en italien dans Annibaldi 1993, p. 85-107, et un autre sur le cardinal Pamphilj (1983).

[97] Brown 1987, p. 10 (« demonstrating the relationship between an individual piece (or a particular genre) and the society that caused it to come into being »). Voir aussi Annibaldi 1993. Pour un résumé de la polémique, voir Annibaldi 1999 (compte rendu de Hill 1997).

Cette lacune contribue à expliquer la difficulté qu'il y a à périodiser l'histoire du mécénat musical romain, lequel s'épanouit encore à la fin du XVIIe siècle grâce au pontificat d'Alexandre VIII Ottoboni. Le choix d'Haskell de conclure son étude entre 1677 et 1690 est lié à l'histoire du collectionnisme. Ce fut dans ces années-là en effet que l'on assista à un transfert : le rôle du collectionneur d'art, capable d'unir richesse, intelligence et goût de manière à influencer le développement des arts, commença à être tenu par le critique d'art, et non plus par des mécènes, comme cela avait été le cas sous Urbain VIII[98]. Au même moment naissait l'Académie de l'Arcadie, avec son programme de rénovation élaboré en réaction au goût hispanisant, centré essentiellement sur la littérature.

Après les ouvrages publiés dans les années 1980 sur le mécénat à Mantoue (Fenlon 1980) et Ferrare (Lockwood 1984), on se serait attendu à ce que fût lancée une entreprise similaire pour Rome, qui aurait repris notamment les thèses d'Haskell – seul l'ouvrage de Hammond devait relever, en partie, le défi. En fait ce furent les idées de Claudio Annibaldi, étrangères à toute vision idéaliste des relations entre le prince et l'artiste, qui prévalurent. Ainsi que l'explique A. Morelli (2012, p. 9-10), C. Annibaldi établit une distinction entre le mécénat institutionnel ou conventionnel, et le mécénat humaniste, capable de symboliser «le statut du commanditaire à partir de sa sensibilité artistique»[99]. Bien qu'il ne se limite pas au cas de la Rome baroque, C. Annibaldi a repris et élargi les réflexions développées dans plusieurs contributions sur le mécénat à Rome, qui portaient sur la fonction de la musique dans des académies comme l'Arcadie[100], ou dans des familles aristocratiques comme les Borghèse[101].

Au sein de ce panorama, il faut souligner les premières contributions de Jean Lionnet, un chercheur français qui s'est penché sur le mécénat de cardinaux-neveux comme Flavio Chigi (1980) et Scipione Borghèse (1993). Intéressé autant par la musique sacrée que par la musique produite dans un cadre privé, et sans doute marqué par le travail de description méthodique des manuscrits musicaux du fonds Chigi de la Bibliothèque Apostolique Vaticane qu'il réalisait pour le

---

[98] Pour un résumé efficace des principaux arguments utilisés par Haskell afin de montrer le rôle-clef que joua pour la musique la figure du mécène dans la Rome de cette époque, voir Fernández-Santos 2014, p. 206-207.

[99] Voir également la critique de Morelli sur Annibaldi (Morelli A. 2012a, p. 9-10), qui avait été déjà exposée de manière plus approfondie dans Morelli A. 1997b, p. 387-388.

[100] Della Seta 1982a ; Piperno 1982.

[101] Della Seta 1982b et 1983. Pour un éclairage sur le mécénat musical des Borghèse au XVIIe siècle, voir Morelli A. 2011.

RISM, J. Lionnet entreprit une recherche de longue haleine dans les archives. Les résultats de son enquête très éclectique inspirèrent plusieurs générations de chercheurs et de musiciens[102].

À la fin des années 1990, John Walter Hill, dans la monographie qu'il consacra à Alessandro Peretti Damasceni (1571-1623), cardinal de Montalto et petit-neveu du pape Sixte V (1997), proposa, quant à lui, un modèle alternatif dans lequel il développait une théorie fondée sur l'existence de cercles concentriques autour de la figure du mécène, tous connectés les uns avec les autres et qui regroupaient des relations d'ordre personnel et des relations plus officielles. Ce modèle est à la base de l'étude du couple que formaient Lorenzo Onofrio Colonna et Maria Mancini, réalisée par Valeria De Lucca (2009 et 2020) : le cas des Colonna et l'intérêt que ces derniers manifestèrent pour l'opéra vénitien, conduisirent V. De Lucca à affiner le modèle de Hill en distinguant notamment le *patronage of music* du *patronage of theatre* : le concept de *patronage* romain tel que Hill l'avait développé se révélait inadapté aux dynamiques de production du théâtre public d'opéra, qui ne pouvaient se réduire à un rapport bilatéral entre un protecteur et un musicien. On notera que les comptes rendus des travaux respectifs de Hammond et de Hill considèrent le fait d'envisager le mécène de manière isolée comme une erreur de mé-thode. Dans son analyse de l'ouvrage de Hammond, Noel O'Regan, reprenant certaines thèses d'Annibaldi, a rappelé l'importance d'une vision d'ensemble (le *Roman context*) pour comprendre le caractère exceptionnel ou non du mécénat des Barberini dans le domaine de la musique religieuse[103].

Les spécialistes de Händel ont donné une impulsion vigoureuse à l'étude du mécénat musical à Rome au début du XVIIIe siècle. Cet intérêt porté à un seul musicien a amené à négliger la question, plus ample, de la périodisation, et, de nouveau, freiné la construction d'une vision d'ensemble. Le développement de l'historiographie sur Händel est assez complexe : aux études d'Emilia Zanetti (1960) qui, la première, identifia le rôle-clef joué par le cardinal Médicis[104],

---

[102] Morelli A. 2012a, p. 4-5 ; Giron-Panel – Goulet 2012, p. XII ; Lionnet 2018.

[103] Pour O'Regan (1996), la perspective comparée est fondamentale : « To be truly informative, such an anthropological approach still needs comparative indi-cators » ; voir aussi sa conclusion – encore qu'il faille être conscient que l'auteur est ici très marqué par la distinction entre musique sacrée et musique profane : « there is a danger of seeing everything composed in Rome during the reign of a particular pope as having been patronized by him and his family, whereas much would have happened in any case, whoever occupied the papal throne » (p. 601). La critique du modèle proposé par Hill est présentée dans Annibaldi 1999.

[104] Pagano 2015, p. 296.

un mécène florentin, dans l'insertion de Händel à Rome, succédèrent les travaux de Reinhard Strohm (1974), ceux de Hans Joachim Marx (1983), puis ceux, décisifs, d'Ursula Kirkendale (1964, 2003, volume de synthèse en 2017), jusqu'au volume de Nino Pirrotta et d'Agostino Ziino (1987), aux colloques organisés en 2007 pour fêter le tricentenaire du séjour de Händel à Rome (Gialdroni 2009, Ehrmann-Herfort – Schnettger 2010) et aux contributions plus récentes de Saverio Franchi (2012) et de Juliane Riepe (2013). Les chercheurs se sont également intéressés à d'autres compositeurs particulièrement actifs à Rome à la même période que Händel, tels P. A. Locatelli[105], B. Pasquini (Morelli 2016) et A. Scarlatti[106]. Pasquini comme Scarlatti furent deux exceptions notoires à la règle qui voulait « qu'en contexte curial le musicien professionnel fût considéré au même niveau que les cuisiniers ou les échansons »[107]. Tout aussi remarquable fut le cas de Corelli, davantage étudié par les spécialistes de la musique du XVIIIe siècle que par ceux du XVIIe siècle[108]. D'autres grandes figures du monde musical de l'époque ont retenu l'attention, qu'il s'agisse du cardinal Ottoboni, dont le mécénat a généré une documentation exceptionnelle – qui vient seulement de faire l'objet d'une thèse de doctorat rédigée par Teresa Chirico[109] –, de Christine de Suède, de Marie-Casimire de Pologne ou encore des prétendants au trône des Stuarts[110].

En dehors du genre de l'opéra, le cas de Rome a suscité peu d'études transversales[111]. De toute évidence, le fait de conduire

---

[105] Voir Dunning 1995, qui contient un long article de S. La Via sur le mécénat du cardinal Ottoboni au XVIIIe siècle.

[106] Griffin 1983 ; Della Libera 2011b et 2018 ; Morelli A. 2017b.

[107] Bianconi 1991, p. 96 : « Corelli, Pasquini, Scarlatti a Roma, sono l'eccezione piuttosto che la regola : una regola che in àmbito cortese colloca il musicista professionista al rango dei cuochi o dei coppieri (alla tavola del principe, suonando o cantando, egli del resto assiste) [...] ».

[108] Pour un renouveau documentaire sur Corelli, voir Della Libera 1995, 2015 et Domínguez 2013b.

[109] Voir Chirico 2018a. Pour une bibliographie sur le mécénat d'Ottoboni, voir Chirico 2018b, p. 137, n. 2.

[110] On attend aujourd'hui encore une monographie d'ensemble pour Christine de Suède à Rome comme pour Ottoboni ; voir Morelli A. 1997b ; *Cristina di Svezia e la musica* 1998 ; Zilli 2013, et, bien que le propos soit centré sur la période suédoise, Fogelberg Rota 2018. Sur la reine de Pologne, voir les contributions de Markuszewska dans la bibliographie générale. Pour les Stuarts, en plus de Corp 2001 et Clark 2003, voir les références indiquées par Diana Blichmann dans ce volume, *Effetti scenografici e macchine spettacolari nelle "performance" pubbliche nella Roma del primo Settecento*, p. 239-279.

[111] On consultera avec intérêt la thèse de Tcharos (2002) et la monographie qui en est issue (2011), laquelle trouve un écho dans le volume très récent de Smith 2019.

l'analyse en fonction des différents genres musicaux constitue un obstacle réel à toute vision d'ensemble. L'historiographie continue de considérer sphère sacrée et sphère profane comme deux catégories distinctes. C'est ce qu'indiquait d'ailleurs le bilan historiographique sur la musique à Rome réalisé brillamment par A. Morelli en 2012, lequel, tout en précisant que l'ensemble de ces études ne concernait la musique à Rome que de manière partielle, prenait en compte la recherche biographique sur des compositeurs spécifiques et celle sur les genres musicaux comme l'opéra, l'oratorio et le *concerto grosso*, envisagés « en dehors de la sphère sacrée »[112]. Pourtant, les avancées ne manquent pas. La distinction qu'établit F. Piperno entre sonates « in stile da chiesa » et sonates « in stile da camera »[113], ou le concept d'« oratorio di palazzo » proposé par A. Morelli[114], visent à dépasser des catégories historiographiques qui remontent aux origines de la tradition académique de la *Musikwissenschaft*. De la même manière, la tentative d'un Noel O'Regan qui souhaitait établir une carte générale des charges et des emplois des musiciens présents dans toutes les institutions romaines, attire l'attention des chercheurs sur les différentes facettes d'un monde musical composé autant des métiers du théâtre d'opéra que de ceux qui relevaient du cadre domestique[115]. On retrouve une pareille perspective dans des recherches qui observent un découpage chronologique plus proche du nôtre, telles les études d'histoire sociale de la musique de Giancarlo Rostirolla (1994, 1996) et d'Élodie Oriol (2014), ainsi que celles d'organologie de Patrizio Barbieri (1989, 2006) ou de Renato Meucci (1994).

L'apport des archives

L'intérêt que la musicologie internationale porta au mécénat à partir des années 1980 eut pour effet de placer les sources d'archives au centre de la recherche sur la musique à Rome. L'ouvrage *La musica a Roma attraverso le fonti d'archivio*, publié en 1994 (la même année que le volume de Frederick Hammond), mais regroupant des contributions qui avaient été discutées lors d'un colloque international en juin 1992, constitue un moment crucial dans l'historiographie. Il suffit de lire les propos introductifs de Nino Pirrotta (p. 1-4) pour comprendre le tournant méthodologique qu'a entraîné cette rencontre et situer l'origine des recherches remarquables que le musicologue lança à partir des archives romaines et qu'il dirigea depuis les

---

[112] Morelli A. 2012a, p. 6-7.
[113] Piperno 2017.
[114] Pour un résumé de la perspective, voir Morelli A. 2018, p. 185-186.
[115] O'Regan 2006, p. 72, cité dans Morelli A. 2012a, p. 8.

États-Unis[116]. Un ouvrage tout aussi fondamental, fondé sur une longue recherche d'archives, était paru quelques années plus tôt : il s'agit de celui que Gloria Staffieri a consacré aux informations de nature musicale que conservent les *Avvisi Marescotti*. Cette étude repose sur une enquête comparable à celle qu'Arnaldo Morelli a conduite sur le *Diario* de Carlo Cartari[117]. C'est également entre 1990 et 1994 que Claudio Sartori publia son catalogue des livrets d'opéra imprimés, un projet qui toutefois remontait à un premier travail conduit dans le cadre du Répertoire International des Sources Musicales (RISM), dont Sartori, à la création en 1952, avait été l'un des directeurs. Le RISM fut aussi à l'origine de l'*Istituto di Bibliografia Musicale di Roma* (IBIMUS), créé dans les années 1970[118] afin de conduire un travail de repérage et d'inventaire des sources, fondamental pour la recherche, et qui, à l'heure actuelle, n'est pas encore terminé. Parmi les entreprises de catalogage de sources utiles pour la recherche en arts du spectacle, on signalera le catalogue des archives des *Scuole Pie* de San Pantaleo qu'Enrico Careri a réalisé en 1987, ainsi que celui des manuscrits musicaux du fonds Barberini de la Bibliothèque Apostolique Vaticane que Lowell Lindgren et Margaret Murata ont achevé en 2018.

En réaction probable contre les thèses d'Haskell, le concept de *patronage* est quasi absent du volume collectif publié par Peter Gillgren et Marten Snickare, *Performativity and Performance in Baroque Rome* (2012)[119]. Le souhait d'examiner les relations entre performance et performativité à travers divers points de vue et dans des domaines aussi variés que l'architecture, les Beaux-Arts, la musique, le théâtre et la danse s'est révélé assurément fécond. Toutefois la volonté de ne pas définir les termes du débat, que les instigateurs de l'ouvrage affichent d'emblée, fait que le lecteur peine à comprendre comment les définitions diverses adoptées par les uns et par les autres peuvent entrer en dialogue[120].

La même année parurent les résultats du projet *Musici*[121], qui s'était proposé d'étudier les musiciens européens venus à Venise,

---

[116] Culley 1970; Lindgren 1972.

[117] Morelli A. 1994.

[118] Carrer – Gentili-Tedeschi 2017; https://ibimus.eu/.

[119] Le terme est employé dans deux articles : Kandare 2012 et Warwick 2012.

[120] Il est étrange de constater que le rapport entre les œuvres d'art étudiées et la société qui les a produites a parfois été négligé. C'est le cas par exemple de l'article de David Carrier, qui suit une perspective théorique propre au XXᵉ et au XXIᵉ siècle, ainsi que l'explique l'auteur : « I wanted to see how thinking about the Baroque as performative changed the way I saw this art » (Carrier 2012, p. 227).

[121] Voir le projet ANR-DFG intitulé *Musicisti europei a Venezia, Roma*

à Rome et à Naples entre 1650 et 1750 du point de vue des échanges culturels et de l'identité des nations. L'équipe, qui souhaitait confronter plusieurs traditions historiographiques, rassemblait des chercheurs allemands, français, italiens et espagnols. En s'appuyant sur une étude de la circulation de la musique et des musiciens, des réseaux diplomatiques et des liens inter-personnels, et en recourant à des concepts tels que ceux de transfert culturel et d'histoire croisée[122], le projet fut à l'avant-garde du renouveau des études sur le mécénat en Italie entre XVIIe et XVIIIe siècle[123]. Plus récemment, l'intérêt que les musicologues ont porté aux études de *performance practice*[124] a permis de développer, au sein des études sur Rome, un discours interdisciplinaire attentif aux lieux d'exécution de la musique[125]. De la même façon l'accent mis sur les transferts culturels a enrichi la grille de lecture de nouveaux questionnements[126]. Ce faisant, la musicologie et d'autres disciplines, en particulier l'histoire de l'art[127], se sont trouvé des points de convergence solides à

---

e Napoli (1650-1750): musica, identità delle nazioni e scambi culturali, dirigé par A.-M. Goulet et G. zur Nieden et financé conjointement par l'*Agence Nationale de la Recherche* et la *Deutsche Forschungsgemeinschaft*. Les principaux résultats de ce projet sont présentés dans Giron-Panel – Goulet 2012 et Goulet – Zur Nieden 2015, ainsi que dans une base de données en ligne http://www.musici.eu/index.php?id=93&no_cache=1.

[122] Sur la méthodologie relative aux transferts culturels, voir Espagne 2007. Sur le concept d'*histoire croisée*, voir Werner – Zimmerman 2003. Michael Werner et Bénédicte Zimmerman ont développé une approche dans laquelle les influences culturelles sont toujours réciproques : ils recommandent une étude approfondie des cadres de référence à identifier pour les transferts culturels afin d'observer les échanges dans toute leur complexité et de définir des identités nationales. Pour l'application du concept au contexte italien de l'époque qui nous intéresse, voir Andretta 2015.

[123] Sur les rapports que Rome entretenait avec les autres villes et la circulation de la musique et des musiciens, voir De Lucca 2011 ; Van der Linden 2011 et Pelliccia 2016. Sur le mécénat des ambassadeurs et sur la diplomatie informelle à Rome, voir Tedesco 2007 ; Stein 2007 et 2015 ; Goulet 2012b, 2014 et 2015 ; Berti 2012 ; Domínguez 2013a, p. 57-96 et 185-216, ainsi que Fernandes 2019.

[124] Bassani 2012 ; Morelli A. 2012b ; Nigito 2016. Sur le même thème, voir les contributions antérieures de Lionnet 1987 ; Spitzer 1991 ; O'Regan 1995.

[125] Morelli A. 2017a ; Goulet 2018. Pour avoir le point de vue des spécialistes d'histoire théâtrale, voir également Rizzi – Zanzottera 2016.

[126] Voir les analyses proposées par Franchi 2009.

[127] On pense à la collaboration récente établie entre le projet Roma communis patria. *Die Nationalkirchen in Rom zwischen Mittelalter und Neuzeit* de la *Biblioteca Hertziana* (dont les publications sont accessibles ici : https://www.biblhertz.it/de/roma-communis-patria) et le projet *Le modèle musical des églises nationales à Rome à l'époque baroque* (2013-2015), dont le principal résultat est l'ouvrage Berti – Corswarem 2019a ; voir également Berti – Corswarem 2016.

travers l'approche économique et les analyses du marché de l'art[128]. Les études fondées sur des méthodes plus traditionnelles, liées à une approche philologique et documentaire[129], se sont poursuivies : le mécénat des grands personnages[130] a été envisagé à partir de concepts nouveaux, tel celui de mécénat collectif[131] ; des thématiques totalement neuves pour la Rome de l'époque, tel le mécénat féminin[132], ou encore une approche qui tienne compte du milieu, et non plus seulement du mécène ou du grand artiste[133], ont été développées. Concernant les genres musicaux, quoique l'étude sur la sérénade fasse toujours partie des objets de recherche[134], c'est surtout à la cantate que les musicologues ont consacré leurs efforts, suscitant la création de catalogues en ligne actualisés[135] et la publication d'études critiques des partitions des compositeurs, particulièrement actifs à Rome, qui permirent au genre de s'épanouir au milieu du XVIIe siècle[136].

Performance et événement-spectacle : une proposition méthodologique

Le corpus de manifestations artistiques que nous étudions dans cet ouvrage englobe des personnes et des collectivités, des lieux (qui sont des cadres privilégiés, mais qui ne sont pas forcément des théâtres *bâtis*), des objets (utilisés pendant la manifestation artistique et ensuite, au cours du processus de mémorialisation de l'événement), des gestes et des mouvements, des œuvres théâtrales, musicales et chorégraphiques, un laps de temps et un système d'interactions spécifiques qui reposait sur un jeu de co-présence d'acteurs et de spectateurs, dans l'espace et dans le temps, et donc de co-production d'un événement. De toute évidence, le concept de performance dont il va être question maintenant est un outil efficace pour tenir compte

---

[128] Lorizzo 2010 ; Cavazzini 2018 et 2019.

[129] Dubowy 2014 ; Micheletti 2015 ; Pelliccia 2015b ; Badolato 2016, 2018 ; Amendola 2017 ; Stangalino 2019.

[130] Outre les recherches de Teresa Chirico sur Ottoboni, déjà mentionnées, voir Nigito 2013 ; Pelliccia 2015a ; De Lucca 2020.

[131] De Lucca 2011.

[132] Goulet 2012b.

[133] Goulet 2017.

[134] Stein 2007 ; Pelliccia 2020.

[135] Voir notamment le projet Archivio della Cantata italiana, CLORI, http://cantataitaliana.it, malheureusement en suspens depuis quelques années. Voir également les contributions de Gialdroni et de Morelli dans Over 2016.

[136] Jeanneret 2009 ; Morelli A. 2009 et 2018, p. 182 ; Giovani 2017.

de tous ces éléments et observer de façon historicisée et pratique le processus spectaculaire.

Une histoire du terme « performance » et de son utilisation en sciences humaines : quelques jalons

La définition que le *Dictionnaire de l'Académie française* offre du terme « performance » fournit un bon point de départ[137] :

> Performance, nom féminin, XIXᵉ siècle, emprunté, par l'intermédiaire de l'anglais *performance*, 'résultat d'un cheval de course', de l'ancien français performance, 'accomplissement, exécution', lui-même dérivé du latin *performare*, 'former entièrement'.

Cette définition contient les deux sens principaux que le mot recouvre : la performance, dans son sens étymologique, désigne « ce qui donne forme à », donc par extension, l'exécution, la mise en œuvre, l'accomplissement. Comme le résume Giovanni Lista, « le terme *performance* désigne ainsi une action qui se déroule à l'intérieur d'une forme »[138]. Cette signification se prolonge dans un deuxième sens, celui d'exploit, quand la mise en œuvre est réussie.

En italien, il n'existe pas d'équivalent au terme français de « performance »[139]. On parle d'*esecuzione*, d'*interpretazione* ou encore de *rappresentazione*. Pour désigner la réussite sportive ou l'exploit, on recourt au terme de *prestazione* ou, plus communément, au mot anglais *performance*.

Le terme anglais de « performance », qui, outre le sens d'accomplissement et d'exécution d'un acte, désigne aussi un événement artistique, a été adopté dans d'autres langues sous l'effet de « l'internationalisation de la recherche académique »[140]. De ce sens dérive celui qui prévaut aujourd'hui dans le domaine de l'art contemporain, où la performance désigne un « événement artistique associant diverses formes d'expression et dont le déroulement en présence

---

[137] Neuvième édition du *Dictionnaire de l'Académie française*, consultable en ligne (http://atilf.atilf.fr/academie9.htm).

[138] Lista 2012, p. 92.

[139] Pour une étude de la réception du concept de performance en Italie, voir la contribution d'Aldo Roma dans le présent ouvrage, *La storiografia del teatro in Italia e il concetto di "performance"*, p. 61-67.

[140] Charansonnet 2013, p. 20. On notera avec intérêt qu'en France les *performance studies*, que Christian Biet a largement contribué à introduire dans le monde académique, n'intéressent pas les seuls spécialistes d'études théâtrales, mais qu'elles ont aussi ouvert des pistes de recherche extrêmement riches pour les études médiévales.

d'un public constitue l'œuvre elle-même »[141]. Il s'agit là de la performance des performeurs (comédiens, danseurs, chanteurs, récitants,
plasticiens…), laquelle, poussée à l'extrême, a donné lieu au mouvement de plasticiens qui, dans les années 1960, prirent la décision
de rompre avec l'art comme système de représentation – donc de
supprimer la mimésis –, une des figures-phares de ce mouvement
étant l'artiste serbe Marina Abramović, qui décide de n'être plus que
celle qui se montre : elle n'est que Marina Abramović[142].

Dans le domaine des sciences humaines, le terme de « performance » est utilisé depuis environ soixante-dix ans, dans des directions très différentes dont voici quelques exemples[143]. Il a d'abord
acquis un sens dans le domaine linguistique, sous l'impulsion d'une
conférence donnée en 1955 à Harvard par John Langshaw Austin
et publiée sous le titre de *How to do things with words* (1962), un
ouvrage traduit en français, de manière assez libre, par *Quand dire,
c'est faire* (1970) et, littéralement, en italien, par *Come fare cose con
le parole* (1987). Certains énoncés, dits performatifs, sont des paroles
efficaces, qui équivalent à des actes. Le sacrement du mariage, « Je
vous déclare mari et femme », constitue un exemple bien connu de
la performativité du langage. La performativité recouvre donc l'enjeu
de la performance, c'est-à-dire ce qu'elle accomplit. En 1956 le sociologue Erving Goffman fonda, quant à lui, l'ensemble de son modèle
de comportement social sur la métaphore du théâtre[144] : il avait tenté
d'analyser les interactions quotidiennes à partir des notions d'« acteur », de « scène », de « rôle » ou encore de « coulisse », propres à la
représentation théâtrale. Dans les années 1970, suite à la rencontre
de Victor Turner, un anthropologue spécialisé dans les rituels afri-
cains[145], Richard Schechner, un spécialiste d'études théâtrales, également praticien, entamait une recherche de longue haleine sur les
liens entre théâtre et rituel, et finissait par englober dans son étude
toutes les « activités performatives de l'homme »[146], c'est-à-dire tous
les comportements sociaux organisés : théâtre, rituel, jeux, sports…,
contribuant ainsi à ce que l'on a nommé le « tournant performatif »[147].

---

[141] Entrée « Performance » du *Dictionnaire de l'Académie française*.

[142] Voir la contribution de Christine Jeanneret dans le présent ouvrage,
Performance et performativité, p. 51-60.

[143] Voir les contributions respectives de Chr. Jeanneret et d'A. Roma déjà citées
(n. 142 et n. 139).

[144] Goffman 1956. Voir aussi Nizet – Rigaux 2014, section intitulée « La
métaphore théâtrale », p. 19-34.

[145] Voir Turner 1968 et 1969.

[146] Schechner 1966.

[147] Pour une réflexion sur l'importance du tournant performatif dans l'étude
de l'Italie du XVIIᵉ siècle, voir Burke 2012.

À la manière d'un rituel, chaque performance est une action qui transforme l'identité sociale, culturelle, voire politique, de celui qui y participe, qu'il soit regardé ou qu'il regarde. L'étudier, c'est donc s'intéresser au moment de la représentation, mais également à la transformation qu'il suppose. Pour notre analyse, nous retiendrons la distinction très utile que R. Schechner établit entre, d'une part, le fait d'exister pour un corps ou pour une chose (*being*) et l'activité de ce corps ou de cette chose (*doing*), et, d'autre part le fait que cette activité soit consciente et organisée (*showing doing*)[148]. La performance désigne le faire, mais aussi le fait de montrer que l'on fait.

La performance : une notion qui libère un espace interprétatif

Unique et non réitérable par définition[149], la performance appartient au régime de l'éphémère, que l'on active le sens étymologique du terme, « qui ne dure qu'un jour », ou son sens élargi de « ce qui est momentané ». Parce que les représentations des spectacles du passé ne sont plus accessibles à l'observation directe, qu'elles ont irrémédiablement disparu dans le moment de leur exécution et que les sources anciennes ne nous fournissent qu'un témoignage très parcellaire, devrions-nous pour autant renoncer à écrire leur histoire ? Cette difficulté, propre à tout historien, est accrue dans le cas des arts du spectacle, mais aussi des Beaux-Arts, parce que tous ces arts recouvrent des formes plurielles d'expérience. Ils comportent également une dimension esthétique, qui engage notre perception d'aujourd'hui et qui rend la démarche historique particulièrement risquée.

On pourra aussi nous objecter que la notion de performance, apparue au cours du XIXe siècle, n'est pas un concept qu'utilisait la société de l'époque baroque. Pour autant, pouvions-nous nous en dispenser ? La notion en fait libère un espace interprétatif où peuvent s'articuler notre approche documentaire, nos perspectives d'analyse et le récit historique que nous souhaitons proposer. Recourir à ce concept analytique et dynamique, susceptible d'engendrer de nouveaux questionnements et donc de produire de nouvelles connaissances sur les arts du spectacle à Rome, nous est apparu en quelque sorte comme un principe méthodologique de précaution, qui est, à plusieurs titres, opératoire pour notre recherche et qui permet d'éviter certains écueils. Au lieu de considérer un produit : le spectacle, nous nous proposons de concentrer notre attention

---

[148] Schechner 2002. Voir l'édition des textes de Richard Schechner établie par Anne Cuisset et Marie Pecorari sous la direction de Christian Biet (dans Schechner 2008, en particulier p. 8).

[149] Fischer-Lichte 2014a.

sur l'analyse d'un processus, lequel englobe autant le processus de production que la dimension esthétique. Au lieu de nous intéresser seulement aux acteurs, nous portons notre attention sur toutes les personnes ayant participé à l'événement, qu'il s'agisse des regardants ou des regardés. Au lieu de travailler sur une mise en scène, nous nous intéressons à une production.

Les conditions sociales et matérielles des spectacles

Pour être interprétées correctement, les performances artistiques que nous étudions nécessitent d'être envisagées dans le cadre des modalités historiquement déterminées au sein desquelles elles ad-viennent[150]. Ainsi que le rappelait déjà Georg Simmel, tout dispositif de spectacle est une forme historiquement située[151]. En omettant de considérer le contexte social dans lequel advenaient nos événe-ments-spectacles, le cadre de la concurrence à l'intérieur de la ville ou la forme que prenaient les relations économiques et monétaires entre les individus, on risquerait de manquer le ou les sens de la mise en œuvre de ces dispositifs et, finalement, de « n'examiner que des formes de spectacles désactivées »[152]. Les théâtres de Rome ou les lieux de spectacle dispersés dans la campagne romaine, dans les vil-las de villégiature et les principaux *feodi* des familles aristocratiques n'étaient pas seulement un cadre, ou un décor, mais un ensemble de données matérielles et sociales qui infléchissaient la nature de la performance et qui méritent, aujourd'hui, d'être envisagées en tant que telles si l'on veut préserver toute la complexité – ce que Ian Hodder nomme *entanglement*[153] – des manifestations artistiques[154].

Pour prendre un exemple emprunté à une aire géographique dif-férente, songeons à la représentation de la comédie-ballet de Molière,

---

[150] Voir, dans le présent ouvrage, les contributions de Guy Spielmann, *La fête baroque, archétype du macro-événement-spectacle*, p. 101-113, et d'Émilie Corswarem, *Musique et agentivité. De la création de nouveaux espaces dans la ville : le cas des fêtes dynastiques de l'Espagne et de l'Empire à Rome*, p. 133-146, et plus précisément les lignes que cette dernière consacre à la notion de « contexte perfor-matif ».

[151] Voir Pedler – Cheyronnaud 2018. Cet ouvrage, consacré à *La Forme spec-tacle*, cherche à « explorer les frontières de ce qui "fait spectacle" » (Pedler 2018, p. 11). C'est une perspective très différente de la nôtre, mais les réflexions liminaire (Pedler) et conclusive (Cheyronnaud) du livre sont très utiles pour notre propos.

[152] Pedler 2018, p. 10.

[153] Hodder 2012.

[154] Voir dans le présent ouvrage la contribution de Cristina Fernandes, *Eventi-spettacolo nella cerchia di André de Melo e Castro, ambasciatore porto-ghese a Roma (1718-1728). Aspetti materiali, sociali e politici della "performance"*, p. 353-375, et celle de Chiara Pelliccia (déjà citée, n. 34).

La Princesse d'Élide, le 8 mai 1664 dans les jardins du château de Versailles, qui n'était alors qu'un palais en construction, à l'occasion de la première grande fête donnée par Louis XIV : les somptueuses réjouissances des *Plaisirs de l'île enchantée*. Pour saisir les enjeux de la pièce, il est capital de la situer dans la globalité de l'événement, en rappelant la succession des divertissements, du carrousel au feu d'artifice, de la course de bague au ballet, des collations à la loterie, en passant bien entendu par le théâtre et la musique. La pièce n'était finalement qu'un des moments de la fête et elle prenait sens dans le processus global destiné à illustrer la célébration du jeune roi qui prenait le pouvoir. « Fête de la dépense »[155], pour reprendre l'expression de Roger Chartier à propos de *Georges Dandin*, une autre comédie-ballet de Molière : les grandes dépenses qu'avait nécessitées l'enchaînement des régals pouvaient être interprétées elles-mêmes comme une véritable performance[156].

Au-delà de l'œuvre, par-delà la scène

Utiliser la performance comme outil méthodologique permet de ne pas restreindre l'analyse à celle de l'œuvre, qu'il s'agisse d'un texte ou d'une partition, même si, comme le faisait remarquer Ferdinando Taviani, ces textes sont « ce qui a davantage subsisté »[157] : si les résidus de spectacle que sont les livrets et les partitions ont eu *la chance*, du fait des pratiques de conservation, d'être mieux préservés que les costumes, les objets scéniques, ou encore les canevas ou les rôles (« parti scannate »), cela ne signifie pas qu'ils ont plus de *valeur*. Envisager les spectacles sous l'angle de la performance permet de prendre en considération tout ce qui échappe à l'attention si on réfléchit uniquement sur le texte ou sur la partition : son, acoustique, effets

---

[155] Chartier 1994, p. 291.

[156] L'entreprise de Roger Chartier, synthétisée dans son article *Georges Dandin, ou le social en représentation*, est une référence fondamentale pour notre démarche. Souhaitant proposer une « lecture historique » de *George Dandin*, Chartier a mêlé quatre pistes d'analyse. Il a travaillé sur l'écart entre le texte de la comédie et les autres textes à partir duquel celui-ci s'est construit ; sur l'écart entre les situations exploitées dans la comédie et celles du monde social dont elles s'inspirent ; sur les formes à travers lesquelles le texte est donné, et enfin sur les différentes réceptions de la comédie. « Il s'agit donc de contrôler, à partir de séries documentaires multiples et dans une durée courte, comment le texte de la comédie pouvait mobiliser chez ses spectateurs ou ses lecteurs un savoir social nourri par l'actualité et adossé aux manières de percevoir et juger les mécanismes producteurs des hiérarchies et des mobilités » (Chartier 1994, p. 283).

[157] Taviani 1995, p. 24 : « ciò che più rimane ».

spéciaux[158], odeur, température, gestes…, mais aussi intentions des personnes et environnement des choses[159]. On est ainsi en mesure de traiter l'hétérogène et le disparate, ce qui se révèle particulièrement utile dans notre situation, où nous devons faire de l'histoire à partir de documents parfois très lacunaires.

Cet outil qu'est la performance permet aussi d'éviter de penser que la scène est au centre. Elle implique la prise en compte de la réception par l'assistance, c'est-à-dire par les personnes effectivement présentes. À l'époque, la scène n'est pas forcément le lieu le plus éclairé du théâtre, ni le seul point de convergence des regards : on vient aussi pour être vu, voire entendu[160]. Nulle surprise dans ce contexte à ce que les *avvisi* romains se fassent aussi fréquemment l'écho des conflits qui pouvaient éclater entre les spectateurs, davantage que de ce qui se déroulait réellement sur la scène[161].

Envisagée comme une création collective, la performance invite à prendre en compte *tous* les acteurs impliqués dans l'événement artistique : acteurs, auteurs, praticiens, assistance, c'est-à-dire des corps, des voix, des mouvements et des gestes formant un ensemble complexe[162]. Allant à l'encontre de l'opposition mécanique classique entre émetteurs et récepteurs, elle permet d'éviter de réduire les spectateurs à de simples récepteurs passifs. L'ordonnateur de l'événement

---

[158] À cet égard on signalera le récent dossier thématique de la *Revue d'histoire du théâtre* (Bouhaïk-Gironès – Spina – Traversier 2018), et en particulier le texte introductif rédigé par Mélanie Traversier (p. 5-14). Voir également Zammar 2014 et, dans le présent ouvrage, les contributions de Diana Blichmann, *Effetti scenografici e macchine spettacolari nelle "performance" pubbliche nella Roma del primo Settecento*, p. 239-279, et de Teresa Chirico, «*Balconi dorati per i musici*». *La prassi rappresentativa dell'oratorio alla corte del cardinale Pietro Ottoboni tra il 1690 e il 1708*, p. 151-165.

[159] Pearson 2013, p. 239. Voir aussi Jacques Cheyronnaud qui envisage la performance, entendue comme une série de «pratiques scéniques organisées», «comme la matérialité et la corporéité dans l'effectuation d'une action, par exemple musicienne, dans la dynamique même des déploiements (disposition et orientation spatiale, postures, gestes, etc.) et des acheminements, par exemple vocaux, instrumentaux ("déclamer", "chanter", "jouer", etc.) de protagonistes, devant des "regardants" – observateurs et/ou contemplateurs» (Cheyronnaud 2018, p. 196 n. 4).

[160] Biet 2013b.

[161] Voir la contribution de Giulia Veneziano dans le présent ouvrage : *Ricostruire un teatro. Studio intorno all'"Artaserse" di Leonardo Vinci (Alibert 1730): aspettative e messinscena di uno spettacolo per il pubblico cosmopolita romano*, p. 187-200. Sur l'indiscipline des Romains au théâtre, voir Barbier 2016, p. 239.

[162] Voir la contribution d'Huub van der Linden dans le présent ouvrage : *Arie e cantanti tra continuità e cambiamenti. Pistocchi e la stagione 1693 del Teatro Tordinona*, p. 383-404.

spectaculaire, qu'il s'agisse du *corago*[163] ou du commanditaire ou, en termes modernes, du metteur en scène ou du producteur, affirme qu'il crée un événement[164]; ce faisant, il place ses invités dans l'état de récepteurs actifs, ce qui signifie, dans le contexte romain de l'époque, que ces derniers vont certes prendre du plaisir, mais aussi qu'ils vont juger de la qualité, de la grandeur et de la magnificence de l'événement. Ils participent en réalité à la construction du sens de l'événement[165]. Si les spectateurs reçoivent et jugent, ils deviennent partie prenante de la création. Le fait théâtral est alors saisi en tant que relation : le spectacle devient co-production entre un auditoire et des performeurs, il possède une dimension performative intrinsèque[166]. Ainsi que le résument P. Gillgren et M. Snickare, « c'est la situation théâtrale, comme un tout, qui est au centre de l'attention, pas le texte dramatique »[167].

Cette réflexion engage à réfléchir aux diverses modalités d'attention[168]. C'est pourquoi, au terme de « public » qui, à l'époque, n'a pas son sens actuel[169], ou à celui d'« audience », qui ne renvoyait qu'à l'assemblée de ceux qui écoutent, nous préférons celui d'« assistance », que le *Dictionnaire de l'Académie française* (1694) définit comme une « compagnie, assemblée en quelque lieu ». La définition du « spectateur » que donne ce même *Dictionnaire de l'Académie* en 1694 ne fait

---

[163] Sur cette notion-clef, voir *Corago* 1983. Dans le présent ouvrage, voir la contribution déjà citée de Barbara Nestola (n. 54), dans laquelle Ottoboni apparaît comme un véritable *corago*.

[164] Goffman 1956 et 1972.

[165] Voir la troisième partie de Gillgren – Snickare 2012, « Performativity and Interpretation », p. 137-216.

[166] Biet 2013b.

[167] Gillgren – Snickare 2012, p. 7 (« it is the theatrical situation as a whole that is at the center of attention, not the dramatic text »). Cette idée était déjà exprimée chez Guy Debord : « Le spectacle n'est pas un ensemble d'images, mais un rapport social entre des personnes, médiatisé par des images » (Debord 1992, cité dans Cheyronnaud 2018, p. 204, n. 21).

[168] Voir Spielmann 2013. Notre propos rejoint *in fine* le positionnement théorique de Guy Spielmann, lequel, s'interrogeant sur les conditions de possibilité d'une science du spectacle, appelle de ses vœux une véritable phénoménologie de l'événement, impliquant une dialectique scopique (du grec *skopein*, observer, examiner) qui nécessite de considérer conjointement et dans une relation dynamique ceux qui agissent (*performing*) et ceux qui regardent (*spectating*), tout en tenant compte du cadre spatio-temporel précis dans lequel l'événement advient. On trouve une perspective comparable dans Cheyronnaud 2018, p. 200-201, même si l'historien ne connaît apparemment pas les travaux de l'historien des spectacles qu'est Guy Spielmann.

[169] Dans le *Dictionnaire de l'Académie française* de 1694, le public, en tant que substantif, recouvre « tout le peuple en général », tandis que la locution adverbiale « en public » signifie « en présence de tout le monde, à la veuë de tout le monde ».

intervenir ni le sens de la vue, ni celui de l'ouïe, ni la question de l'attention. Le spectateur est « *Celuy qui est present* à un spectacle, comme la comedie, l'opera, un carousel, une course de bague, &. ». Il faut attendre la version de 1762 de ce même dictionnaire pour qu'intervienne la question de l'attention, c'est-à-dire de l'application de l'esprit à quelque chose : le spectateur se dit alors «figurément de celui qui n'agit point, qui n'a point de part dans une affaire, & *qui a seulement attention à ce qui s'y passe* »[170].

La mémorialisation de l'événement

Qu'est-ce qui transforme un spectacle en événement mémorable ? On sait que la performance s'inscrit davantage dans le temps que dans la matière[171]. La construction de la mémoire s'opère à un double niveau : d'abord dans l'esprit des personnes qui ont assisté à l'événement et qui ont pu être impressionnées, submergées par des émotions[172] ; ensuite par le biais de documents, qu'il s'agisse de relations de fête ou de documents iconographiques. Selon Stéphane Van Damme, « la relation de fête est un art curial, elle médiatise la cérémonie urbaine, elle fait travailler la mémoire, et *immortalise l'éphémère* »[173]. On ajoutera aussi qu'elle vise à donner un sens global à l'événement et qu'elle transforme le spectacle en matériau discursif[174]. Quant aux images, qui sont des sources importantes pour la construction historique à cause des informations et des significations qu'elles transmettent, elles sont des instruments de fixation de l'événement, au même titre que les textes des relations de fête[175].

---

[170] On remarquera qu'en italien, la dimension de l'attention est présente dans la définition que le *Vocabolario degli Accademici della Crusca* propose du *spettatore* dès la troisième édition (1691) : le spectateur est celui qui assiste au spectacle, et généralement pour voir ce qui se passe (« che assiste a spettacolo, e generalmente a veder che che sia »).

[171] Voir Bortoletti – Sacchi 2018, dont l'ouvrage a pour but de préciser les moyens par lesquels l'art éphémère du théâtre parvient à durer par-delà le temps spécifique de l'événement.

[172] Sur les effets émotionnels de la performance, voir Fischer-Lichte 2012.

[173] Van Damme 1995, p. 7.

[174] Il convient de prendre ces textes pour ce qu'ils sont, à savoir des témoignages hautement ritualisés, véritable performance sur la performance (Burke 2012, p. 20). Sur la notion de fête imprimée, valable pour différentes régions de l'Europe de l'époque, voir Sanz Ayán 2009, p. 264, qui parle de «festa a stampa», et Bolduc 2016.

[175] Voir Maravall 2002, annexe intitulée *Objetivos sociopolíticos del empleo de medios visuales*, p. 499-524, et en part. p. 501 : « El Barroco [...] fue una cultura de la imagen sensible. Al parafrasear un fragmento de la *Poética* de Aristóteles, un autor tan intelectualizado como Racine, enunciando las partes necesarias de la tragedia, junto a la "decoration", incluirá "tout ce qui est pour les yeux" ». Sur

Il convient donc de les étudier en tant que médiations éditoriales, reposant sur une rhétorique singulière, tout en considérant aussi le dialogue effectif que ces documents pouvaient instaurer entre émetteurs et récepteurs[176].

L'événement-spectacle

Jusqu'ici nous avons eu recours indifféremment au terme de spectacle, de divertissement, d'événement afin de désigner un corpus qui, en réalité, comprend une très grande diversité de formes et de formats scéniques. Pour désigner cette masse d'activités très variées[177], le concept d'«événement-spectacle», tel que l'a théorisé Guy Spielman, apparaît particulièrement pertinent. Il s'agit d'une

> séquence d'actions de nature communicative, accomplies dans un temps et un lieu donnés, selon des modalités fixées à l'avance (performance), et intersubjectivement perçue comme ayant une unité par au moins un individu qui les accomplit (le performeur) et au moins un autre qui y assiste (le spectateur), chacun étant conscient de son rôle dans ce processus[178].

Ce concept permet d'échapper à la nomenclature générique sur laquelle s'appuie l'histoire de la musique (opéra, cantate, oratorio…) et l'histoire du théâtre (comédie, tragédie…)[179]. Le choix de conduire l'analyse au travers de l'événement, et non selon une approche par genre, n'empêche pas, au niveau micro-historique, d'établir des dis-

---

l'utilisation de documents visuels comme sources pour l'étude de la performance, voir Heck 1999; voir aussi le projet de recherche coordonné par Ralph Dekoninck, Maarten Delbeke, Annick Delfosse et Koen Vermeir, *Cultures du Spectacle baroque entre Italie et anciens Pays-Bas*.

[176] Marin 1981 et 1993. Voir la contribution déjà citée d'Émilie Corswarem (n. 150).

[177] Certains chercheurs, à propos d'autres réalités géographiques, se sont, eux aussi, interrogés sur la façon de désigner les performances de toutes sortes qui avaient pour point commun l'usage de la musique. Voir par exemple Robert L. et Norma W. Weaver, qui préconisent de regrouper ces performances sous le terme générique de *festa* mais qui, dans le titre même de leur ouvrage, conservent la variété des dénominations rencontrées (voir Weaver – Weaver 1978). À l'inverse, Eleanor Selfridge-Field choisit, quant à elle, de conserver une dénomination générique, celle d'opéra, tout en précisant qu'elle englobe d'autres genres (voir Selfridge-Field 2007).

[178] Spielmann 2013, p. 199.

[179] Voir Spielmann 2013. Nous préférons la notion d'événement-spectacle à celles, moins larges, de *moment* (voir Pedler – Cheyronnaud 2018, p. 203) ou de *séance* (voir Biet 2013a).

tinctions et de définir la situation particulière de chaque spectacle[180]. L'étude doit également prendre en compte la culture matérielle liée aux événements-spectacles (livrets, pièces de théâtre...) – il s'agit de considérer les textes qui nous sont parvenus *à la fois* comme des documents et des œuvres[181]. Ainsi que l'écrivait déjà Ferdinando Taviani en 1990, avec l'art de la formule qui lui était propre :

> le spectacle-sous-forme-d'événement (ou, mieux encore, sous-forme-de-temps) et le spectacle-sous-forme-de-livre sont les deux facettes – relativement indépendantes et parallèles – d'une même culture productive[182].

Cette distinction très éclairante invite à présent à réfléchir au type de traces que les événements-spectacles du passé ont laissées[183].

Le croisement des sources : un impératif méthodologique

Le chercheur a parfois la chance de tomber sur un témoignage d'époque qui fournit des informations sur la façon dont l'interprétation était jugée par l'assistance et sur les émotions que celle-ci pouvait ressentir. L'exemple du récit de la représentation de l'opéra de Stefano Landi, *Il Sant'Alessio*, en 1631, laissé par Jean-Jacques Bouchard, un libre-penseur français qui fut secrétaire du cardinal Francesco Barberini, est bien connu[184] : description du décor, évaluation de la qualité des voix et des talents scéniques des interprètes, description des réactions de l'assistance, et en particulier des cardinaux présents,

---

[180] Voir la contribution de Michela Berti dans le présent ouvrage, *Definire l'"evento performativo". Riflessioni sulle fonti da due casi della famiglia Vaini a Roma (1712 e 1725)*, p. 115-131. À partir de l'étude du cas de la famille Vaini, l'auteur s'interroge sur les rapports entre événement et performance dans le domaine des arts du spectacle.

[181] En Italie l'histoire du théâtre s'est longtemps réduite à l'histoire de la littérature dramatique. Lorsque les études théâtrales se sont intéressées au spectacle et au processus de création, le risque fut grand de voir le texte réduit à un statut de *document*, en négligeant son statut de *monument*, voir Taviani 1993.

[182] Taviani 1990, p. 121 : «lo spettacolo-in-forma-di-evento (o meglio: in-forma-di-tempo) e lo spettacolo-in-forma-di-libro sono le due diverse facce – relativamente indipendenti e parallele – d'una stessa cultura produttiva».

[183] Les contributions d'Alexandra Nigito et de Sara Elisa Stangalino à la présente étude fournissent de bons exemples de la diversité des sources : la première s'appuie sur une étude des parties séparées des pièces musicales romaines du XVIIe et du XVIIIe siècle afin d'identifier ensembles instrumentaux et musiciens, tandis que la seconde place l'activité du dramaturge au centre de son analyse.

[184] Bouchard 1632, p. 151-152. Voir aussi Biet 2019, section intitulée «Une représentation du *Sant'Alessio* à Rome (1632), une séance très particulière», p. 214-217.

émoustillés par la beauté et le talent des jeunes chanteurs, appréciation de la richesse des costumes. Un autre exemple, emprunté à notre période d'étude, est fourni par un document qu'a publié Louise Stein : le récit très personnel que fit Joseph Alfonso Guerra y Villegas, un noble espagnol de second rang qui voyagea en Italie en 1680 et 1681, de la représentation d'un opéra de Pasquini, *Il Lisimaco*. Il assista à cette représentation, en 1681 au *Teatro della Pace*, grâce à l'entremise de la duchesse de Sermoneta, Leonor de Moscoso y Sandoval, qu'il avait probablement connue alors qu'elle était dame de compagnie de la reine Marie-Anne d'Autriche à Madrid. L'*hidalgo*, qui partit à la fin du premier acte, vraisemblablement parce qu'il ne comprenait pas l'italien[185], fut surpris par le choix d'un sujet historique, ébloui par l'excellence des costumes, les nombreux changements de décors, l'importance de l'orchestre, qui lui sembla talentueux, ce que venaient confirmer les cris de louange de l'assistance ; il soulignait enfin l'efficacité de l'éclairage, placé aux endroits opportuns.

De tels témoignages sont toutefois des exceptions. La plupart du temps, les représentations n'ont laissé que des traces, des vestiges – Guy Spielmann parle, lui, de « scories » –, qu'il incombe au chercheur de repérer et qui peuvent servir de point de départ à une analyse invitant aussi à un effort personnel de représentation[186]. S'étonnera-t-on de la consommation subitement très abondante d'huile d'amande douce par les petits pages de la famille Orsini à l'automne 1682, consignée dans les livres de comptes de la famille ? On pourra y voir un indice des répétitions de danse intensives auxquelles ces jeunes gens étaient alors soumis en vue des représentations de l'opéra *L'Arsate* prévues pour le mois de février suivant. L'acquisition d'huile d'amande douce, laquelle ne relève en aucune manière du spectacle *stricto sensu*, est un élément matériel significatif, qui révèle les massages que nécessitait le surcroît d'efforts corporels auxquels les petits danseurs de la maison étaient alors soumis[187]. Les comptes qui en font état sont des sources qui ne visent en rien à garder la mémoire des représentations de *L'Arsate*, mais, pour le chercheur, ils constituent une information précieuse qui mérite d'être interprétée : les pages étaient-ils des danseurs inexpérimentés ou, plus simplement, souffraient-ils du rythme de travail intense auquel ils étaient soumis ?

Il faut, on le voit, établir une distinction entre les sources qui, intentionnellement, visent à garder le souvenir d'une performance passée, par exemple une lettre ou une relation de spectacle, et celles

---

[185] Voir Stein 2015, p. 234-235.
[186] Sur cette question, voir Zammar 2017.
[187] Goulet 2014.

qui attestent une performance de manière non-intentionnelle, tel un compte d'artisan qui indique le travail pour lequel celui-ci est rémunéré[188]. Dans le premier cas il importe de garder à l'esprit que ces sources, loin de rapporter une quelconque vérité de l'événeret, fournissent une vision construite a posteriori et dont il importe de déceler le soubassement[189].

Notre enquête a dû faire feu de tout bois. Adopter le point de vue de la performance conduit à croiser les sources, à éviter de les lire isolément, à systématiquement les contextualiser afin d'en proposer une interprétation plus approfondie. Une telle entreprise impliquait aussi de réfléchir au contexte de production des documents ainsi qu'aux mécanismes de classement et de conservation qui prévalaient à l'époque. Les documents d'archives sur lesquels s'appuie notre étude sont des entités révélatrices des pratiques sociales et des dynamiques de communication au XVIIe et au XVIIIe siècle, comme les pratiques notariales et les échanges épistolaires[190]. Si la lecture des livrets et des partitions, qui constituent les sources privilégiées de l'historiographie de la musique et des spectacles, bien évidemment s'imposait, il a fallu l'accompagner d'une enquête de longue haleine dans les archives familiales romaines, qui se sont révélées d'une richesse extraordinaire. Les sources comptables, administratives, épistolaires, voire journalistiques, qu'elles contiennent, ont été complétées lorsque c'était nécessaire et possible, par la lecture des *avvisi* et des archives notariées.

Classement et analyse des données de la performance

L'ensemble de notre enquête s'est appuyé sur un système de conservation de l'information qui, s'il ne peut «mettre en fiches» la performance, permet tout du moins de répertorier, de décrire,

---

[188] Voir, dans le présent ouvrage, la contribution déjà citée de Michela Berti (n. 180). Dans cette catégorie on peut faire entrer aussi la copie de cantates, de drames ou d'oratorios en parties séparées, assurément destinées à l'interprétation. Alexandra Nigito (Ex partibus totum. *Le "parti cavate" come specchio della vita musicale romana tra Sei e Settecento*, p. 281-314) montre comment ces parties séparées nous sont parvenues par pur hasard, car il était rare qu'on les conservât, à la différence de celles du répertoire sacré, destinées à être réutilisées.

[189] Sur ces questions, voir par exemple la contribution de Gloria Giordano, *Frammenti performativi nel "movementscape" della Roma tra Sei e Settecento. La formazione non professionale*, p. 207-222 et celle de Christine Jeanneret, *Un triomphe gastronomique. Banquet et performance dans le jardin de Flavio Chigi en 1668*, p. 319-336.

[190] Voir la contribution d'Orsetta Baroncelli dans le présent ouvrage, *Operare come archivista in un archivio della nobiltà romana nel Seicento*, p. 69-83.

d'analyser et de mettre en relation les unes avec les autres les traces qu'elle a laissées[191]. La base de données relationnelle que nous avons constituée[192] répertorie les données récoltées à partir de la bibliographie secondaire et surtout de l'exploration directe des archives familiales. Elle contient des transcriptions de documents d'archives, des informations sur des *realia*[193], des documents iconographiques, des personnes, des collectivités, des œuvres littéraires et musicales[194], des lieux et des événements, ainsi que la bibliographie afférente à chacune de ces données particulières. Tous ces éléments sont mis en relation, de manière à ce que l'on puisse retrouver aisément toutes les informations sur les événements-spectacles, pris séparément ou considérés dans une chaîne d'événements – un macro-événement, comme un carnaval par exemple, regroupe plusieurs micro-événements –, mais aussi rassembler l'ensemble des informations disponibles pour une personne, une institution ou n'importe quel élément de la structure d'ensemble[195]. Dans cette enquête, qui repose sur une critique systématique des sources, les sources textuelles sont mises sur le même plan que les sources comptables ou iconographiques, chaque type de source apportant un éclairage singulier sur l'événement. Notre outil informatique permet d'instaurer des séries d'événements, ce qui permet de combler en partie les lacunes de la connaissance que l'utilisation de la performance comme outil méthodologique a mises en évidence.

---

[191] On notera avec intérêt que le père Ménestrier, l'un des premiers historiens des fêtes, fasciné par les traces du passé, en «quête du document historique sous toutes ses formes», s'est, lui aussi, livré à un «rassemblement ordonné de tous les vestiges du passé» (voir Van Damme 1995, p. 10). Pour faire face à un passé morcelé et lacunaire, il mettait les sources en concurrence, les regroupait et constituait des dossiers de rédaction. Finalement, ce qu'apporte l'outil informatique aujourd'hui, c'est la mise en relation systématique des données, qui permet de porter un regard analytique sur les documents dans leur ensemble.

[192] Sur cet outil, voir Goulet 2020.

[193] Objets ayant une réalité matérielle, qu'ils soient parvenus jusqu'à nous aujourd'hui ou non : instruments de musique, armes, tissus, vêtements, bijoux, collections de livres, de peintures, de statues, etc.

[194] Au sein de notre démarche, l'analyse conjointe, d'une part, des événements-spectacles, considérés dans leur dimension discursive et non discursive, et, d'autre part, des œuvres littéraires, musicales et chorégraphiques, est un parti-pris méthodologique capital. *Cf.* n. 188.

[195] La base de données PerformArt s'accompagne de la création d'un thésaurus hiérarchisé, lequel permet d'augmenter grandement la précision des recherches dans la plus grande partie des entités de la base. Voir la contribution de Manuela Grillo dans le présent ouvrage, *La costruzione di un thesaurus per la "performance"*, p. 85-95.

Le modèle spectaculaire romain

Que l'on retrouve le même type de documentation dans pratiquement toutes les archives des grandes familles de l'époque comme dans celles des institutions d'éducation qu'étaient les collèges[196] témoigne du fait que l'économie de la production des spectacles imposait une rationalisation de l'organisation des événements-spectacles – ce qui n'ôte rien à la diversité ni à la spécificité de ces derniers. Cette homogénéité documentaire est une invitation à considérer des chaînes d'événements-spectacles, afin de comparer les événements entre eux, de les classer, de les replacer au sein du continuum social et de saisir leur interdépendance[197]. Un même événement-spectacle pouvait contenir des événements emboîtés, liés en conséquence par un rapport de contiguïté[198]. On doit mesurer le processus de l'événement spectaculaire, c'est-à-dire *ce qui se construit en se déroulant*. Ces chaînes d'événements, à Rome, témoignent de la logique de concurrence qui animait les grandes familles : tout événement-spectacle instaurait, au moment de sa manifestation, une relation asymétrique entre celui qui organisait et recevait chez lui, et l'assistance conviée. Seule l'organisation d'un événement au moins «équivalent» était susceptible de rétablir la symétrie dans l'échange.

Pour déterminer s'il existait un modèle d'organisation spectaculaire à Rome, il convient d'inscrire dans le temps long les événements-spectacles organisés par la noblesse : entre jouissance de l'instant et construction de la mémoire, ces événements, en constante interaction, prenaient sens par rapport à ceux qui les avaient précédés, mais aussi les uns par rapport aux autres[199]. Chaque manifes-

---

[196] On retrouve en effet les mêmes sortes de documents dans les contributions au présent ouvrage de Valeria De Lucca, *«Un nobilissimo e sottilissimo ingegno». Tracce di balli nelle opere del Teatro Colonna (1683-1688)*, p. 223-237, et dans celles, déjà citées, de Barbara Nestola et de Chiara Pelliccia (n. 54 et 34). Pour les collèges, voir la contribution d'Aldo Roma, *«Per allevare li giovani nel timor di Dio e nelle lettere». Arti performative, educazione e controllo al Collegio Nazareno di Roma nel primo Seicento*, p. 167-185.

[197] Y avait-il synchronisation ? Il serait intéressant de déterminer si les familles nobles se coordonnaient ou si chacune établissait son calendrier festif en fonction uniquement de ses exigences propres.

[198] Voir Pedler 2018, p. 7.

[199] Cette réflexion rejoint celle qu'ont développée Bram van Oostveldt et Stijn Bussels sur les traces que laisse la performance et sur le type de mémoire qu'elle crée (Bussels – Van Oostveldt 2019, p. 316). Soucieux d'envisager la performance en dehors du paradigme "présentiste" qui considère l'éphémérité comme un critère intrinsèque de la performance (voir par exemple Phelan 1993, p. 148), ils affirment que la performance «peut tout aussi bien constituer le lieu de l'affirmation d'une continuité» (p. 298). En s'appuyant sur le concept de *restored behavior*, élaboré

tation constituait un précédent pour celle qui la suivait et pouvait donc être lue à la façon d'un palimpseste. Lorsque Flavio Chigi, en 1668, organisa un banquet dans son *casino alle Quattro Fontane*, près de la *piazza del Viminale*, il se souvenait, selon toute vraisemblance, des divertissements auxquels il avait pu assister lors de sa légation à la cour de France, quatre ans plus tôt[200]. Il importe donc d'intégrer dans un cadre historique précis les événements-spectacles dont nous nous occupons, de chercher à constamment en préserver une vision d'ensemble et d'observer comment s'opéraient ajustements et adaptations.

À côté des pratiques de mécénat individuel, la période considérée voit le développement d'un mécénat collectif, qui permettait une capacité créatrice encore plus grande. Il serait très intéressant, dans le futur, de réfléchir à l'articulation entre ces deux types de pratique, en confrontant notamment le cas de Rome à celui d'autres villes de la péninsule, par exemple Florence, où le mécénat collectif trouva à s'exprimer dans des dizaines d'académies théâtrales[201], Naples, où les formes de sociabilité à travers lesquelles la noblesse manifestait son intérêt pour le théâtre et pour la musique évoluèrent singulièrement au cours du XVIIIe siècle[202], ou encore Venise, où le mécénat avait pris un visage différent par le biais de la direction collective des hôpitaux, un phénomène caractéristique ensuite au sein de la direction des théâtres de la Sérénissime[203].

LE CAHIER DES CHARGES

Il est encore trop tôt pour proposer une synthèse sur la vie spectaculaire romaine et ses changements au cours du siècle qui

---

par Richard Schechner (Schechner 2002, p. 45), qu'ils traduisent par « comportement rétabli », au sens de comportement vécu deux fois, ils montrent, à partir de l'exemple des Joyeuses Entrées de la ville d'Anvers, au XVIe siècle, que ces cérémonies inaugurales organisées lors de la première visite d'un souverain portent en elles la mémoire d'événements précédents et que leurs effets dépassent le simple cadre de l'événement temporaire.

[200] Voir, dans le présent ouvrage, la contribution déjà citée de Christine Jeanneret (n. 189).

[201] Nous renvoyons ici au premier volume du *Dizionario storico delle accademie toscane*, consacré à Florence (1530-1800), que préparent actuellement Jean Boutier et Maria Pia Paoli en collaboration avec le *Centro Internazionale di Studi sul Seicento*, dirigé par Lucinda Spera. Dans l'état présent du recensement, ce travail dénombre environ cent cinquante académies, dont une cinquantaine eut des activités théâtrales.

[202] Voir Napoli 1992 ; Traversier 2009.

[203] Giron-Panel 2015.

sépare l'avènement d'Innocent X de celui de Benoît XIV. Dans une démarche exploratoire, à partir de l'étude des archives d'un nombre significatif de familles romaines et en envisageant, sous l'angle de la performance, les événements-spectacles qui sont documentés dans ces fonds, les auteurs du présent ouvrage se sont donné pour objectif de mieux cerner les événements-spectacles de la période considérée. La large gamme de configurations spectaculaires que nous avons repérées nécessitait des approches disciplinaires variées afin qu'il soit possible d'en appréhender les fonctionnements. Nous n'avons pas limité l'enquête à la question de la fabrique du spectacle, mais nous avons toujours cherché à mesurer, à partir d'une grille de questions communes, l'efficacité des événements pris en compte.

Le cahier des charges mis à la disposition des rédacteurs du présent ouvrage comprenait plusieurs volets de recommandations méthodologiques et de questions. Un premier groupe portait sur les sources de l'enquête en archives et rappelait qu'il importe de toujours distinguer soigneusement les sources qui, intentionnellement, visent à garder le souvenir d'une performance passée, de celles qui attestent une performance de manière non-intentionnelle. Textes et partitions sont à considérer comme des parties intégrantes du matériau de la performance, mais sans qu'on leur accorde nécessairement la première place dans l'étude.

Un deuxième groupe de remarques concernait les aspects sociaux et matériels de la performance : on devait s'attacher à contextualiser chaque événement-spectacle de la manière la plus fine possible, en tenant compte de la configuration spécifique de la société de cour dans laquelle il s'inscrivait, et à documenter les aspects matériels de la performance, qu'il s'agisse de sa réalisation pratique, du décor, des machines et des exploits techniques que celles-là supposaient, des costumes ou des accessoires. Que sait-on des techniciens du spectacle de l'époque ? Dans quelle mesure ce personnel possédait-il un savoir-technique spécifique ? De quelle manière collaborait-il avec les commanditaires des manifestations ? Il fallait aussi repérer toutes les indications sur la corporéité des acteurs (voix, déplacements, gestes...).

Un troisième ensemble soulevait la question des interactions au sein des événements-spectacles : il convenait de localiser et de décrire les instances de production des événements-spectacles, en prenant en compte les réactions de l'assistance physiquement présente lors de leur déroulement, mais aussi celles d'un public plus large, virtuel en quelque sorte, celui qui avait eu connaissance du spectacle par l'intermédiaire des *avvisi* ou d'un compte rendu. Les réactions des spectateurs et des spectatrices étaient-elles semblables ? Il était intéressant notamment d'étudier du point de vue de la différenciation des sexes les discours de ceux qui regardent – comme, du reste, de ceux qui sont regardés. Il s'agissait aussi de réunir tous les éléments dont on dispose pour connaître les interactions qui avaient lieu entre les artistes et l'assistance.

Un quatrième bloc de questions touchait à la temporalité des événements considérés : en séquençant ces événements, de manière à questionner l'agencement de leurs parties ainsi que leur sens global, on pouvait s'interroger sur leur date de commencement, sur la durée, puis l'achèvement du processus. Est-il possible de déterminer l'impact qu'eurent ces événements ? Cet impact correspondait-il aux attentes de leurs organisateurs, autrement dit effets voulus et effets obtenus coïncidaient-ils ?

Un cinquième volet enjoignait de considérer l'espace de la performance en tant qu'espace de relations, sociales, amicales ou politiques, afin de déterminer quels étaient les enjeux des événements en matière d'identité sociale et de pouvoir politique. Dans cette perspective il est intéressant de traquer les signes de la conscience que les commanditaires pouvaient avoir des événements, voire de leurs éventuelles interventions sur la conception même des œuvres qui étaient interprétées.

In fine, en repérant des séries (chronologiques, génériques, thématiques et documentaires) au sein des événements-spectacles étudiés, parvient-on à dégager des règles normatives communes, des conventions d'ordre matériel, comme l'équipement et les ressources mobilisées, et d'ordre esthétique comme la durée d'une œuvre, son genre ou encore ses modes d'exécution ? Certaines productions proposaient-elles des solutions originales ou toutes se fondaient-elles dans un moule identique, lequel dessinerait alors les contours d'un modèle spectaculaire romain ?

PRIMA PARTE

APPROCCI STORIOGRAFICI,
TRASMISSIONE DELLE FONTI
E PROSPETTIVE METODOLOGICHE

INTRODUCTION

Cette première section réunit les contributions de spécialistes issus de différents champs disciplinaires. Une musicologue (Christine Jeanneret) propose d'abord une mise au point historiographique sur le concept de performance, tandis qu'un historien du théâtre (Aldo Roma) replace plus spécifiquement l'usage de ce concept dans la tradition des études théâtrales en Italie depuis la fin du XIXᵉ siècle. Ces perspectives viennent compléter et approfondir les pages consacrées, dans notre introduction générale, à la performance comme proposition méthodologique et permettent de situer notre démarche par rapport aux *performance studies*.

Entreprendre une étude des spectacles dans la Rome du XVIIᵉ et du XVIIIᵉ siècle nécessitait de repérer les traces que les performances du passé ont laissées et d'établir ensuite une manière rationnelle de les analyser. Les auteurs du livre n'ont pas limité leur enquête à la lecture des pièces de théâtre, des livrets et des partitions qui, depuis des décennies, constituent le matériau de prédilection des historiens de la musique et des spectacles. En tirant profit de la richesse considérable des archives des familles romaines, ils ont puisé dans les documents comptables, administratifs et épistolaires, ainsi que dans d'autres sources complémentaires tels que les *avvisi*, la presse périodique ou encore les archives notariées.

C'est pourquoi il a paru intéressant d'élucider le contexte dans lequel ces sources ont été produites, en enquêtant notamment, quoiqu'il soit souvent malaisé d'identifier ces personnages, sur les archivistes qui étaient au service des familles aristocratiques. Qu'ils soient guidés ou non par les aristocrates qui recouraient à leurs services, ces hommes de l'ombre opéraient des choix cruciaux, décidant de conserver certains documents et d'en éliminer d'autres. Il leur incombait aussi de réaliser les instruments qui permettent de se repérer dans les fonds, tels les inventaires et leurs index, les *rubricelle*. Ils jouaient donc un rôle-clef dans le processus de construction de l'histoire et de la mémoire des familles. Une recherche de longue haleine conduite dans les archives familiales romaines par Orsetta Baroncelli, elle-même archiviste, a permis une réflexion sur la formation de ces archivistes, sur leur réseau professionnel et les tâches qui leur incombaient.

Une fois le matériau repéré et analysé à la lumière des connaissances acquises sur les conditions de production des archives, il fallait rassembler toutes les informations, les ordonner et mettre en place un langage commun et partagé. C'est ce qu'a permis d'abord l'établissement d'une base de données, renseignée et utilisée de façon collective par les auteurs de ce livre, puis d'un thésaurus hiérarchisé permettant d'augmenter la précision des recherches dans les entités de la base. Manuela Grillo, spécialiste des systèmes d'information documentaire, expose la façon dont l'arborescence de notre thésaurus a été construite et les difficultés inhérentes à l'établissement de descripteurs susceptibles de rendre compte de la spécificité des réalités du passé.

CHRISTINE JEANNERET

PERFORMANCE ET PERFORMATIVITÉ

En 1975 dans la galerie Krinzinger à Innsbruck, l'artiste serbe Marina Abramović soumit son corps à diverses transgressions corporelles, ingérant un litre de miel, un litre de vin et s'infligeant des blessures au rasoir sur le bas-ventre. Puis elle se fouetta et finalement se coucha sur une croix de glace, gelant son dos, alors que son corps brûlait par en-dessus. Le public ne put supporter cette exploration des limites physiques et mentales, intervint et l'arracha à la croix. Cette performance, intitulée *Lips of Thomas*, constitue un moment-clef pour les arts performatifs et les études de la performance, notamment par l'usage extrême du corps comme medium et l'inévitable implication du public. Dans son autobiographie, en mentionnant une des performances de *Rhythm 10* à la villa Borghese de Rome en 1973[1] – une version extrême du jeu du couteau – Marina Abramović décrit ainsi la relation entre elle et les spectateurs :

> Es war, als würde ein elektrischer Strom durch meinen Körper fliessen, als wären das Publikum und ich eins geworden. Ein einziger Organismus. Das Gefühl der Gefahr im Raum hatte die Zuschauer und mich in diesem Moment vereint : wir waren hier und jetzt und nirgendwo anders[2].

Depuis lors, la notion de performance est devenue un concept puissant mais également confus dans les disciplines humanistes. Radicalement interdisciplinaires, les études des arts de la performance incluent désormais les disciplines du spectacle, la philosophie, la linguistique, l'anthropologie, la sociologie et les études de genre. Leurs objets vont du théâtre aux cérémonies, des rituels politiques ou religieux au sport, en passant par la vie quotidienne, les spectacles et les divertissements au sens large. Il s'agit ici de présenter brièvement les principaux concepts sur lesquels reposent les études des arts de la performance ainsi qu'un état de la question bibliographique en nous concentrant essentiellement, mais pas uniquement, sur les recherches issues du monde anglo-saxon.

---

[1] La première eut lieu à Édimbourg la même année.
[2] Abramović 2016, p. 83.

PERFORMANCE : THÉÂTRE ET MUSIQUE

On a longtemps réduit l'objet des études théâtrales et de la musico-logie au texte écrit : le drame dans le cas du théâtre, la partition dans le cas de la musique. Au contraire, la performance, pour la définir de façon lapidaire et par la *via negativa*, est tout ce qui n'est pas écrit : la physicalité, les mouvements, l'interaction avec le public, la tempora-lité, l'éphémère, le fait de ne pouvoir être réitéré. Comme l'annonce le titre de son ouvrage, *Text and act : Essays on music and performance*, Richard Taruskin affirme que la performance « est un acte et ne peut pas être réduite à un texte »[3]. On considère que les études de la perfor-mance sont nées dans les années 1960 aux États-Unis. Mais comme l'a démontré Erika Fischer-Lichte, le tournant performatif – même s'il ne portait pas encore ce nom – remonte au début du XXe siècle, en parti-culier sous l'impulsion des études théâtrales allemandes[4]. Influencé par la réforme théâtrale du metteur en scène Max Reinhardt, le fonda-teur des études théâtrales allemandes Max Herrmann affirme d'une part que c'est la performance (*Aufführung*), et non pas la littérature, qui constitue le théâtre et, d'autre part, que l'interactivité entre public et acteurs constitue l'une des conditions de la performance[5]. Aux États-Unis, dans les années 1940, Alois Nagler, un historien du théâtre d'origine autrichienne, inspiré par les théories de Herrmann, avait développé une approche de recherche qui mettait en relief la matéria-lité du théâtre, notamment par l'étude historique des scénographies et des costumes. Bien qu'il ne s'agît pas de performance proprement dite, ses études mettaient en évidence les conditions matérielles et la production de la performance[6].

En 1967, Richard Schechner fonda et dirigea la troupe expérimen-tale de théâtre, *The Performance Group*, qui devint *The Wooster Group* en 1980, sous la direction d'Elizabeth LeCompte. Les expérimenta-tions de la troupe, qualifiée de théâtre de l'environnement (*environ-mental theater*), encouragèrent l'immersion du public dans la perfor-mance et les contacts physiques entre public et acteurs, en supprimant la traditionnelle séparation entre la scène et les spectateurs[7]. Le labo-ratoire pratique de la troupe donna naissance aux premiers textes de Schechner sur la performance et finalement les études de la perfor-mance apparurent sous ce nom dans les années 1960 à New York University, c'est-à-dire dans une faculté résolument interdisciplinaire

---

[3] Taruskin 1995.
[4] Fischer-Lichte 2008, p. 30 et 35.
[5] Herrmann 1914, p. 118.
[6] Nagler 1952 et 1959.
[7] Fischer-Lichte 2008, p. 22.

puisque cette institution, outre les historiens du théâtre, comprend également des anthropologues, des sociologues et des spécialistes des arts du spectacle (musique, danse et théâtre)[8]. Désormais, l'acte de performance n'était plus seulement artistique et esthétique : il incluait les aspects sociaux, culturels, ainsi que les questions d'identité et de rituel qui lui sont liées.

PERFORMATIVITÉ

La performance ne peut être évoquée sans recourir à un concept voisin, celui de performativité. John L. Austin employa le terme « performatif » pour la première fois dans une conférence à Harvard en 1955, qui sera publiée comme monographie sous le titre *How to Do Things With Words* en 1962[9]. Le philosophe du langage anglais l'utilise dans un sens bien précis, qui ne concerne que les actes de langages (*speech acts*). Il distingue le langage descriptif fait d'énoncés constatifs (*constative language*), qui peuvent être évalués en termes de vrai ou faux, de l'énoncé performatif (*performative language*) qui possède la capacité d'agir, de faire une action, de transformer le monde. Dans ce sens, parler devient un acte social. Les exemples les plus célèbres d'actes de langages sont des actes institutionnels, tels la cérémonie de mariage ou un juge prononçant un verdict. Le fait de prononcer un couple mari et femme ou de condamner un accusé à la prison à perpétuité va littéralement changer la vie des protagonistes. Dans ce cas, dire ne consiste pas uniquement à prononcer des paroles, mais dire c'est faire.

Durant les années 1990 avec l'émergence des études culturelles, Judith Butler allait étendre la notion de performativité au domaine du corps[10]. La culture, le théâtre et la musique seraient désormais interprétés comme une performance et non plus comme un texte. Avant Butler, les théoriciennes féministes telles Simone de Beauvoir, Julia Kristeva, Luce Irigaray ou Monique Wittig considéraient le sexe comme un facteur biologique, alors que le genre était vu comme une construction sociale : on naissait mâle ou femelle, mais on devenait un homme ou une femme. Judith Butler, elle, questionne autant les notions de sexe que celle de genre et établit le concept de performativité du genre, en opposition avec la conception essentialiste du genre. Née au XIXe siècle, cette conception considère les hommes et les

---

[8] Schechner 1968, 1973a, 1988, 2002 et Carlson 2008.
[9] Austin 1962.
[10] Butler 1990 et 1993.

femmes comme étant fondamentalement différents pour des raisons
biologiques impliquant également des qualités morales. Elle se subs-
tituait à l'ancienne conception galénique d'un modèle sexuel unique
dans lequel hommes et femmes sont positionnés sur un continuum
allant de la perfection (l'homme) à l'imperfection (la femme)[11]. Selon
cette perspective, le sexe, tout comme le genre, est une construction
sociale et culturelle. La norme est le désir masculin hétérosexuel qui
a créé une identité féminine établie par la répétition d'actes corporels
stylisés – ce que Michel Foucault qualifie de discours régulateurs ou
de techniques disciplinaires. La performance du genre crée le genre,
chaque individu fonctionne comme un acteur de ce genre. En outre,
le genre est performatif, car les actes corporels expriment le genre
et constituent l'illusion d'une identité de genre stable. Judith Butler
revendique la subversion des catégories de genre par la performance
ainsi que l'idée d'une identité flexible et libre, qu'elle nomme « gender
trouble » ou, si l'on suit la traduction française – malheureuse – du
titre de son ouvrage, le « trouble dans le genre ».

THÉORIE(S) DE LA PERFORMANCE

Pour en revenir aux arts du spectacle, l'historien du théâtre
américain Marvin Carlson, dont les travaux portaient sur la politique
identitaire et la culture de la performance[12], fut parmi les premiers
à tâcher de définir une théorie de la performance dans le théâtre et
la vie quotidienne en établissant des connexions entre performance,
postmodernisme et poststructuralisme. Considérant la sémiotique du
théâtre, il lit les signes – le texte dramatique – comme une source de
codes pour la performance. En 2000, l'historien du théâtre suédois,
Willmar Sauter publia *The theatrical event : Dynamics of performance
and perception*, un ouvrage dans lequel il étudie la communication
entre spectateurs et acteurs, ce qu'il appelle « l'événement théâtral »[13].
La rencontre entre le public et l'artiste se caractérise par son dynamisme au niveau émotionnel, artistique et symbolique. Sauter offre
des outils analytiques qui permettent d'étudier l'engagement du
public et l'interaction entre l'événement performatif et son contexte.
Sur la base d'exemples qui vont des drames suédois de la Renaissance
aux pièces d'August Strindberg, en passant par les performances de
Dario Fo et de Robert Lepage, il développe l'idée d'une culture du

[11] Laqueur 1990.
[12] Carlson 1996.
[13] Sauter 2000.

jeu – en opposition à une culture écrite –, ainsi que les notions de
communication théâtrale et de théâtralité. En 2003, un ouvrage fut
entièrement consacré à ce dernier point, *Theatricality : theatre and
performance theory*[14]. Dans une brillante introduction, les éditeurs du
volume examinent la notion de théâtralité et son émule, la performativité, en étudiant l'inflation du recours à ces deux termes et en
fustigeant la confusion qui est née de leur usage. Théâtralité et performativité ont été utilisées pour désigner des pratiques et des situations
tellement différentes que ces termes ont perdu de leur pertinence. La
métaphore du *theatrum mundi* a conduit à utiliser les deux notions
pour désigner toutes sortes de formes d'activités sociales, au risque
de faire perdre tout sens à ces deux termes, voire de susciter des idées
contradictoires. Les éditeurs suggèrent d'adopter une approche déter-
minée par les pratiques (du théâtre ou du rituel, par exemple), plutôt
que de recourir à des définitions floues et anachroniques. La collection d'essais présentés dans le volume offre des cas concrets issus de
cultures, de périodes et de lieux différents (celui du drame médiéval
espagnol, de l'opéra chinois classique, du théâtre de Bertolt Brecht
ou des notions de théâtralité et d'anti-théâtralité à Londres durant la
Renaissance) et prouve la validité de l'approche qu'ils préconisent.

Mais la part du lion d'une théorie de la performance revient à l'historienne du théâtre allemande Erika Fischer-Lichte, laquelle analysa
le tournant performatif à la loupe et établit un appareil analytique
et terminologique dépassant les catégories traditionnelles de l'œuvre
d'art, de leur production et leur réception[15]. Prenant comme point
de départ la terminologie de Max Herrmann, elle établit une théorie
esthétique basée sur l'expérience, les événements et les sensations, sur
les procédés plutôt que les productions. Selon Erika Fischer-Lichte,
la performance en tant que pratique artistique dissout les frontières
entre la vie et l'art, entre l'*embodiment* et la signification, ainsi qu'entre
la présence et la représentation. Elle met en lumière l'usage des corps,
qui ne se cantonnent plus simplement à représenter ou jouer les actes
de manger ou de souffrir, par exemple, mais qui mangent et souffrent
véritablement sur scène, ce qui rappelle la performance fondatrice de
Marina Abramović qui provoquait la réaction des spectateurs, active-
ment engagés dans la performance. L'historienne du théâtre affirme
que les arts performatifs sont indissociables du moment concret de
leur performance, cette dernière devant être vécue et expérimentée
(*erlebt und erfahren*). En tant que telle, la performance est définie
selon trois axes : en premier lieu, elle est unique et ne peut être répétée

[14] Davis – Postlewait 2003.
[15] Fischer-Lichte 2008 et 2014a.

(*Einmaligkeit und Unwiederholbarkeit*); en second lieu, la co-présence physique des spectateurs et des acteurs dans le même espace est une condition de base de la performance; en dernier lieu la répétition – nécessairement stylisée – d'une même performance finit par engendrer une identité spécifique.

Enfin on signalera l'ouvrage des historiens de l'art suédois, Peter Gillgren et Mårten Snickare entièrement consacré à la performance et à la performativité dans la ville de Rome, objet d'étude du présent ouvrage, et durant la période qui nous intéresse[16]. Dédiés avant tout à la culture visuelle, mais abordant également la musique, le théâtre et divers rituels propres à la cour papale, les essais de ce recueil collectif reposent tous sur l'idée de la performativité en tant que procédé par lequel l'œuvre ou l'artiste façonnent l'identité du spectateur de même que le regard de ce dernier à son tour les façonne. Abordant entre autres l'étiquette des diplomates étrangers, l'instrumentalisation de la reine Christine de Suède après son abdication, la performance de la musique sacrée, les peintures du Caravage ou les mouvements des corps durant les processions, les chapitres mettent en lumière l'aspect dynamique, rituel et corporel des performances étudiées.

Musique et performance

Le chef d'orchestre Leopold Stokowski affirmait au sujet de la partition : « We call it music, but that is not music; that is only paper »[17]. Cette citation met en évidence le décalage qui existe entre la performance de la musique et sa codification écrite dans la partition. La musique est faite de temporalité de façon encore plus essentielle que le théâtre puisque le tempo et le rythme sont des facteurs sémantiques dans la production de la musique, art de l'éphémère par excellence. Mais, tout comme les autres arts du spectacle, la musicologie a longtemps considéré que son objet d'étude était l'œuvre et que l'œuvre était le texte. Lydia Goehr, dans son ouvrage novateur paru en 1992, dans lequel elle aborde les notions de composition, de performance, de codes sociaux et institutionnels ainsi que l'histoire de la réception, questionne de façon provocante cette idée en affirmant que le concept d'œuvre n'existe pas avant le XIXe siècle[18]. Elle met en lumière le fait que la performance, à l'opposé de la partition qui, elle, est fixe, est un processus, dynamique et variable. La performance implique des négo-

---

[16] Gillgren – Snickare 2012.
[17] Interview avec Glenn Gould, *Canadian broadcasting corporation radio*, 1970.
[18] Goehr 1992.

ciations entre l'écrit, les interprètes et le public, et relève donc d'une pratique sociale et culturelle.

Richard Taruskin, avec la virulence qui le caractérise, publia une collection d'essais en 1995 qui ébranlèrent fortement les tenants de la musicologie traditionnelle[19]. Considérant la performance comme un acte, ainsi que nous l'avons vu plus haut, il y dénonce le « fétichisme du texte », l'exaltation de la partition ainsi que la négligence de la performance qu'une telle primauté entraîne. Il considère que la performance historiquement informée (HIP, soit la pratique de la musique ancienne avec des instruments anciens et selon les conventions de l'époque) est une attitude moderne – influencée par Stravinsky et par le modernisme du XXe siècle – et anachronique envers la partition. Il récuse les prémisses sur lesquelles se fonde une démarche qui utilise l'histoire pour justifier une approche résolument contemporaine. Par conséquent l'auteur exhorte musiciens et musicologues à se détacher du texte et revendique une performance véritablement historique – et non pas historiquement informée –, spécifiquement lorsqu'elle implique des déviations face aux documents écrits, en dénonçant le respect excessif du texte musical. Il prône une attitude postmoderne et postautoritaire dans la pratique de la musique ancienne, exprimant haut et clair ses réticences face à la figure autoritaire du compositeur au XIXe et au XXe siècle. Grâce à son ton provocateur et à ses opinions tranchantes, Richard Taruskin eut le mérite de provoquer une réflexion sur des aspects fondamentaux liés à la performance, notamment le fait – indéniable – que la performance prétendument historique est tout sauf historique. Dans son compte rendu du volume, John Butt, bien qu'il partage les opinions essentielles du musicologue russe, met très justement le doigt sur une contradiction importante[20]. À l'affirmation de Richard Taruskin selon laquelle « the art works of the past, even as they are purportedly restored to their pristine sonic condition, are concomitantly devalued, de-canonized, not quite taken seriously, reduced to sensuous play »[21], Butt répond que c'est le postmodernisme plutôt que la performance de la musique ancienne qui est ici remis en question. La controverse suscitée par Richard Taruskin aura eu le mérite de susciter de nombreuses réflexions explorant les contradictions qui existent entre les buts et les méthodes dans la performance de la musique ancienne[22].

[19] Taruskin 1995.
[20] Butt 1996, *cf.* également Butt 2002.
[21] Taruskin 1995, p. 138.
[22] Bowens 1999, Talbot 2000, Butt 2002, Haynes 2007, Danuser 2009, Lawson – Stowell 1999 et 2012, Leech-Wilkinson 2012, Cook 2013 (pour ce dernier, voir en particulier le chapitre *Plato's Curse*).

DIRECTIONS FUTURES

Le tournant performatif semble dernièrement quelque peu s'es-souffler, victime de son propre succès. L'amplitude des domaines auquel il s'applique désormais provoque une confusion qui rend prati-quement impossible toute tentative de définition précise du terme. Quelques directions de recherche prometteuses, issues des théories de la performance, émergent toutefois dans le monde anglo-saxon, liées notamment à l'idée du faire (*making*) comme épistémologie, ainsi qu'à la recherche basée sur la pratique (*practice-based research*) et à la recherche incarnée (*embodied research*).

L'anthropologue anglais Tim Ingold a développé des méthodes de recherche novatrices en repensant la culture matérielle, non plus considérée comme un objet d'étude mais comme une interaction. Il critique la tendance qu'ont les anthropologues à considérer l'art avant tout en tant qu'objet, en ignorant les processus créatifs et les inte-ractions humaines qui mènent à la création et à la réception d'un objet d'art. Dans sa perspective, l'objet d'art n'est plus seulement un objet à voir mais un objet à faire[23]. Le « faire » produit de la connais-sance : « thinking through making and learning by doing »[24]. Il met l'accent sur la pratique et explore les manières dont les êtres humains interagissent avec leurs environnements et changent en fonction de cette interaction. Connectant l'anthropologie avec l'archéologie, l'art et l'architecture, il étudie dans son ouvrage comment fabriquer des haches, contruire des édifices, faire de la vannerie selon des traditions ancestrales. Il y considère les gestes et les corps en tant que perfor-mances non verbales. L'accent mis sur le corps lui permet de dépasser le langage pour envisager les mouvements, les formes et l'endurance. Surprenant, provocateur et résolument innnovateur, Tim Ingold apporte une nouvelle forme de réflexion qui peut bénéficier à toutes les siences humaines, et particulièrement aux arts du spectacle.

À Columbia University, l'historienne Pamela Smith dirige un projet novateur intitulé *The Making and Knowing Project : Intersections of Craft Making and Scientific Knowing*[25]. Partant du constat que la révo-lution scientifique fut conduite principalement par des artisans talen-tueux – à une époque où « faire » était « savoir » –, ce projet vise à étudier les interactions entre le faire artistique et la connaissance scientifique. Un fossé institutionnel sépare désormais les deux domaines, un fossé que le projet se propose de combler en revendiquant une approche qui

---

[23] Ingold 2013 et 2015.
[24] Ingold 2013, p. IX et 52.
[25] Smith [sans date].

unit les sciences et les humanités, de même que la pratique artisanale et la connaissance scientifique. Un manuscrit français énigmatique du XVIe siècle, *Recueil de recettes et secrets concernant l'art du mouleur, de l'artificier et du peintre*, forme la base du projet[26]. Similaire à bon nombre de livres de secrets de la même période, il contient la description des techniques d'ouvrages de céramique, de métal et de peinture. Les marges du volume sont emplies des commentaires de l'auteur, qui se réfère à sa propre pratique, avec des illustrations, des descriptions de ses expérimentations et des différents matériaux et processus employés. Témoin d'une culture et de pratiques, ce manuscrit atteste non seulement de techniques artistiques, mais d'une attitude plus générale face à l'expérimentation, aux matériaux, à la production et à la consommation de biens matériels. Dans le cadre du projet, il est prévu d'une part de réaliser une édition critique (digitale et multi-média) du volume, en parallèle avec des ateliers qui recréent les outils et les techniques de production des objets décrits dans le manuscrit. La fabrication et la reconstruction des objets sont conçues comme une épistémologie – cette approche s'apparente sans conteste à celle de la performance historiquement informée dans le cadre des arts du spectacle.

Ben Spatz, un acteur et historien du théâtre américain, étudie quant à lui la connaissance issue de pratiques du corps[27]. À Spinoza qui demandait : « que peut faire un corps ? », Ben Spatz répond que les techniques corporelles sont, en elles-même, une connaissance. Même si sa prose frise parfois le galimatias postmoderne et rend l'ouvrage difficile à lire, l'auteur a le mérite de proposer une théorie de l'*embodied research* ainsi qu'une philosophie de la performance et de la pratique. Convoquant Marcel Mauss, Michel Foucault, Gilles Deleuze, Félix Guattari ainsi que Nick Crossley, et navigant entre la phéno-ménologie, les sciences cognitives, la danse et les études de genre, il considère les pratiques du corps dans la vie quotidienne et dans les techniques spécialistes corporelles (telles que la danse ou le yoga par exemple) comme un ensemble de sites qui nous permettent de saisir – dans le sens littéral du terme – et « d'empoigner » le monde.

En guise de conclusion, mentionnons un rebondissement inat-tendu dans le monde de la performance. En 2012, Marina Abramović annonça la création du *Marina Abramović Institute for the Preservation of Performance Art (MAI)*, une archive vivante dont la mission est la création, l'hébergement et la conservation de toutes les formes d'art immatériel (performance, danse, théâtre, film, vidéo, opéra et

[26] F-Pn (manuscrits), Ms. Fr. 640.
[27] Spatz 2015.

musique), et qui suppose des collaborations dans les champs scientifiques, technologiques et éducationnels[28]. Le musée est pensé comme un laboratoire, dans lequel les visiteurs seront entraînés à la « méthode Abramović », une technique qui vise à estomper la séparation entre artistes et public en transformant les spectateurs en acteurs. Lors de la présentation publique du projet, l'artiste serbe affirmait : « To me, when you die, you cannot leave anything physical – it does not make any sense ; but an idea can last for a long time »[29]. Le musée aurait dû être l'incarnation de cette idée et constituer l'héritage laissé par l'artiste. Toutefois, en 2017, Marina Abramović renonça à ce musée pour des questions financières. Un musée, par définition, est un objet matériel et physique bien concret. Nous avons vu que la définition de base de la performance est qu'elle est unique et qu'elle ne peut être réitérée, ce qui implique par là-même l'impossibilité de la conserver. Vouloir préserver ce qui ne peut pas l'être relève de l'utopie et correspond à un démantèlement de l'idée qui est à la base de la performance. Ce faisant, Marina Abramović nie le fait d'être « ici et maintenant et nulle part ailleurs », contrairement à ce qu'elle disait elle-même dans son autobiographie.

---

[28] Steinhauer 2012.
[29] Steinhauer 2012.

ALDO ROMA

LA STORIOGRAFIA DEL TEATRO IN ITALIA E IL CONCETTO DI "PERFORMANCE"

«Con una immagine sintetica, direi che in Italia qualche colpo è stato battuto, ma la risonanza ottenuta è stata tutto sommato piuttosto flebile»:[1] in questi termini Fabrizio Deriu introduce le sue riflessioni intorno alla (s)fortuna dei cosiddetti *Performance Studies* di matrice anglosassone nella teatrologia italiana – due tradizioni di studi che, com'è noto, nonostante i punti di contatto e le possibili convergenze metodologiche, hanno storie e specificità proprie. È per l'appunto dalla storia e dalle specificità degli studi teatrali italiani che conviene ripartire per comprendere le ragioni della complicata ricezione in Italia delle teorie e dei concetti epistemologici alla base dei *performance studies*. Per questioni di spazio non farò riferimento allo sviluppo di singole "scuole", che pure si sono sviluppate nei maggiori atenei italiani seguendo certe predilezioni in ordine di tematiche e/o metodologie di ricerca, ma darò conto degli snodi fondamentali che hanno portato all'odierna definizione delle discipline dello spettacolo.

Tradizionalmente si sostiene che, a livello accademico, la nascita della storia del teatro e, più in generale, delle discipline dello spetta-colo abbia in sostanza coinciso con il superamento, verso la metà del

---

[1] Deriu 2018, p. 193. Il contributo è stato presentato nel convegno promosso dalla Consulta Universitaria per il Teatro svoltosi nel 2015 all'Università di Torino, intorno al tema *Thinking the theatre. New theatrology and performance studies* (gli atti sono in Guccini – Petrini 2018). Benché abbia avuto certamente un respiro internazionale – complice anche la presenza di *key-note speakers* del calibro di Khalide Amine, Christopher Balme, Josette Féral, Erika Fischer-Lichte, Bonnie Marranca e Maria Shevtsova –, quel convegno, incentrato sul confronto tra nuova teatrologia e *performance studies*, ha rappresentato di fatto l'occasione per fare il punto sulla situazione delle discipline dello spettacolo soprattutto in Italia. Retroterra fertile di tali osservazioni, e motore dell'intero convegno, era un cruciale articolo di Marco De Marinis, *New theatrology and performance studies. Starting points towards a dialogue*, apparso su *The Drama Review* nel 2011, in cui lo studioso, ripercorrendo le fasi della sua teorizzazione e in rapporto agli studi di matrice anglosassone, definisce la nuova teatrologia (o «*neue Theaterwissenschaft*; new theatre studies»), il suo oggetto di studio e il modo di guardare a esso. Oltre a De Marinis 2011, in cui si rielabora l'introduzione alla seconda edizione del suo *Capire il teatro* (*cf.* De Marinis 2008, p. 13-24), si veda anche De Marinis 2014a.

Novecento, della centralità del testo drammatico quale documento principe nello studio delle culture teatrali. L'"egemonia" della letteratura drammatica era chiaramente legata a questioni circostanziate, per le quali l'elemento testuale è, anche se solo per certi versi, il meno precario e più duraturo tra i materiali dell'evento spettacolare.

Le prime sistemazioni della materia che portarono alla nascita della storia del teatro si ebbero, com'è noto, negl'importanti studi della scuola storica di stampo positivista – valgano su tutti quelli di Alessandro Ademollo (1826-1891), Alessandro D'Ancona (1835-1914), Ernesto Monaci (1844-1918), Pio Rajna (1847-1930), Angelo Solerti (1865-1907), Filippo Clementi (?-1949), Vincenzo De Bartholomaeis (1867-1953), Bruno Brunelli (1885-1958) –, che ebbero il merito di aver allargato il campo d'indagine oltre i confini delle opere rappresentate, e di aver cominciato a prendere in considerazione tipologie documentali altre rispetto ai testi letterari. Ademollo, ad esempio, per il suo volume sul Carnevale romano ricavò notizie dai diari del cerimoniere Giovanni Burcardo (Johannes Burckard, 1450 ca.-1506), del cronista Sebastiano di Branca Tedallini (1485-1517), dell'erudito Giacinto Gigli (1594-1671), del governatore di Roma e futuro cardinale Giambattista Spada (1597-1675) e da quello a stampa del Chracas (1716-1894), da vari avvisi di Roma, da editti e bandi.[2] Per descrivere gli eventi di spettacolo nella Mantova dei Gonzaga del pieno Cinquecento, D'Ancona basò le proprie considerazioni non solo sulla letteratura drammatica, ma anche e soprattutto sulle serie di carteggi dei duchi conservati all'Archivio di Stato della città.[3] D'altro canto, questi studi mostrano spesso di aver adottato, nella loro impostazione storiografica, un criterio evoluzionistico, il quale portava a rintracciare, nei fenomeni spettacolari, uno sviluppo delle forme dal più semplice e generale al più complesso e definito. Ad esempio, trattando delle veglie fiorentine di metà Cinquecento, Solerti si sforza di tessere le fila della storia ricercando, tra gli elementi formali della danza di corte, possibili premesse in forme spettacolari "precedenti" – sostiene infatti che i «balletti [...] derivano [...] dalle mascherate» e che, *dopo* l'introduzione dell'«armeggiare figurato nei così detti *abbattimenti*», «da ultimo vediamo apparire il *balletto a cavallo*» – oppure, nel vaglio dei libretti per musica di primo Seicento, ha l'esigenza di ricondurli alle categorie "classiche" dei generi letterari:

> Quelli che più comunemente si chiamano primi melodrammi, cioè le composizioni del Rinuccini, dello Striggio, del Chiabrera, del Vitali,

---

[2] Ademollo 1883.
[3] D'Ancona 1891, vol. 2, p. 398-429.

non sono per la forma letteraria che favole pastorali, del tipo più semplice e originale dell'*Aminta*, che non di quella più complesso, che poi prevalse, a imitazione del *Pastor Fido*. I melodrammi di poco posteriori e più complessi, del Campeggi, del Salvadori, del Tronsarelli e di altri, che in genere mantengono la denominazione di tragedia, non si spogliano interamente dell'influsso della pastorale, ma derivano dalla tragedia secondo il tipo metrico della *Canace*.[4]

Il medesimo atteggiamento è rintracciato da Raimondo Guarino nell'impostazione del volume *Le origini del teatro italiano* (1955) di Paolo Toschi (1893-1974), che prova a identificare, tracciando continuità e discontinuità, un processo evolutivo in base al quale i fenomeni culturali sarebbero diventati nel tempo più definiti e complessi – ovvero "più colti". Guarino sottolinea, infine, come una simile impostazione sarebbe stata superata, qualche decennio dopo, con l'introduzione di nuove categorie:

> Il senso dello spettacolo quattrocentesco si individuava intorno alla frattura, alla degenerazione segnata dall'acculturazione delle forme rappresentative nel teatro di corte, nel concretizzarsi delle enunciazioni degli umanisti. [...] È stata la scomposizione analitica della festa di corte, dei suoi aspetti spettacolari e del senso che vi assume l'idea di teatro a determinare la revisione di questo processo. [...] La festa di corte non è né il termine di un processo di meccanica aggregazione, né il luogo originario di associazione e di modellizzazione di forme espressive. È una delle combinazioni possibili, la più riconoscibile perché la più documentata e perché riferibile a un quadro di moventi organizzativi relativamente omogeneo, di tensioni, valori e forme che presume di racchiudere in una sintesi eccellente, ma che convivono o esistono separatamente, in realtà eterogenee e più vaste, e realizzando sintesi meno visibili ma altrettanto significative per il valore e la funzione delle forme espressive.[5]

A cavallo tra le due guerre mondiali, in alcuni centri universitari italiani maturò la generazione di storici e critici letterari di stampo idealistico – a Milano l'italianista Mario Apollonio (1901-1971), a Roma il francesista Giovanni Macchia (1912-2001), a Torino l'italianista Giovanni Getto (1913-2002) – che di fatto fondarono la storia del teatro come un'articolazione della storia delle letterature europee. All'allargamento di prospettiva sostenuto da questi studiosi, seguirono due esperienze fondamentali.

[4] Solerti 1904-1905, vol. 1, p. 26, 150. Il riferimento è alla *Canace* di Sperone Speroni, pubblicata a Venezia nel 1546.
[5] Guarino 1988, p. 11-12.

La prima, negli anni Cinquanta, fu la monumentale impresa editoriale in 12 volumi dell'*Enciclopedia dello Spettacolo*, concepita a partire dal 1945 da Silvio d'Amico (1887-1955), che la diresse fino alla sua morte – senza però riuscire a vedere la pubblicazione del volume III. L'opera, come dichiarato fin dal titolo, intendeva spostare i termini del discorso impiegando la parola *spettacolo*, con cui, anche nel gergo burocratico ministeriale, si stavano ridisegnando confini nuovi al settore disciplinare.[6]

Un secondo impulso venne, fra gli anni Sessanta e Settanta, dal lavoro di studiosi come Ludovico Zorzi (1928-1983) – il primo in Italia a essere titolare di una cattedra di Storia dello spettacolo –, Cesare Molinari (1935-), Ferruccio Marotti (1939-), Fabrizio Cruciani (1942-1992), Claudio Meldolesi (1942-2009), Ferdinando Taviani (1942-2020), che hanno saputo sviluppare approcci teorici interdisciplinari e annodare i saperi storici con le nuove conoscenze provenienti dalle scienze umane e sociali e dalla pratica teatrale contemporanea.[7] Come bene riassume Roberto Alonge nella sua introduzione alla *Storia del teatro moderno e contemporaneo*, questa generazione

> si è definita e si è compattata sulla parola d'ordine del *teatro materiale*, sulla scoperta che la storia del teatro deve essere essenzialmente ricognizione delle *condizioni materiali* del teatro, fatto di attori in carne ed ossa, con le loro esistenze difficili di perenni nomadi, con i loro amori irregolari, le gioie e le sofferenze di persone costrette a fare i conti quotidianamente con gli incassi del botteghino e con la miseria delle scenografie e delle attrezzature di palcoscenico.[8]

Negli stessi anni, soprattutto in seguito alle contaminazioni epistemologiche con l'antropologia culturale, si avviò una timida riflessione critica sui nascenti *performance studies* anglosassoni, le cui teorie in Italia circolarono fin da subito, senza innescare, però, una vera e propria discussione.[9] Quello che è considerato il manifesto dei *Performance Studies*, *6 axioms for Environmental Theatre* (1968)

---

[6] Nel paragrafo di presentazione della *Struttura dell'Enciclopedia* si specificava l'oggetto di studio affrontato dall'opera: «Poiché per spettacolo intendiamo ogni rappresentazione che si svolga dinanzi a un pubblico con la coscienza di attuare una finzione, sono oggetto dell'*Enciclopedia dello Spettacolo*: il teatro drammatico e musicale in tutte le loro forme (dramma, opera, operetta, danza, balletto, varietà, rivista, teatro dei fantocci) [...]» (*Enciclopedia dello Spettacolo*, vol. 1, p. XVII-XVIII: XVII).

[7] De Marinis 2011, p. 65, Ferraresi 2019.

[8] Alonge 2000, p. XX.

[9] Per un'estesa trattazione della ricezione dei *performance studies* in Italia si rimanda a Deriu 2018 e alla bibliografia ivi compendiata.

di Richard Schechner, fu tradotto in italiano già nell'anno della sua apparizione.[10] Nel 1973, Valentina Valentini pubblicò un saggio sulle esperienze e le sperimentazioni di Schechner, il quale nel frattempo presentava il suo volume *Environmental Theater* e il numero monografico di *The drama review* dedicato a *Performance and the Social Sciences*.[11] In quest'ultimo, e in particolare nel fondamentale saggio *Drama, script, theatre and performance*, egli propose un primo abbozzo delle sue teorie: lo scritto fu subito pubblicato in italiano nella rivista *Terzo Programma* ma, vuoi per una sostanziale incompatibilità tra l'impostazione delle sue idee e quella degli studi italiani, vuoi per gli effettivi travisamenti della traduzione, la sua ricezione fu scarsa. Analoghi furono i casi delle raccolte di scritti di Schechner *La teoria della performance: 1970-1983* (1984), a cura di Valentini, e *Magnitudini della performance* (1999), a cura di Deriu, il quale nel 1988 aveva dedicato il volume *Il paradigma teatrale. Teoria della performance e scienze sociali* alle relazioni tra le idee di Schechner e il pensiero del sociologo Erving Goffman e dell'antropologo Victor Turner.

Nonostante la limitata presa dei *performance studies* nel dibattito teorico, una trasformazione negli studi teatrologici italiani si ebbe proprio in seguito all'incrocio con le discipline – sociologia e antropologia – che avevano fornito il *background* alle riflessioni di Schechner.[12] Ciò si rileva soprattutto, a partire dalla metà degli anni Ottanta, tra le pagine della rivista *Teatro e Storia*, fondata nel 1984 dai succitati Cruciani, Meldolesi e Taviani, insieme a Eugenia Casini Ropa (1939-), Franco Ruffini (1939-), Nicola Savarese (1945-) e Daniele Seragnoli (1948-). Alcuni di essi, in quegli anni, avevano seguito il lavoro del regista e teorico del teatro Eugenio Barba (1936-) – fondatore e direttore dell'Odin Teatret e dell'International School of Theatre Anthropology (ISTA, 1979) di Holstebro, in Danimarca – e in *Teatro e Storia* avevano cominciato a discutere e problematizzare le metodologie proposte dalla nascente antropologia teatrale, una disciplina che non studia lo spettacolo nei suoi aspetti formali o nelle sue "ricadute" socioculturali, ma indaga l'essere umano e i principî psico-fisici che ne regolano il funzionamento in una situazione di rappresentazione, al di là dei confini culturali, delle forme artistiche e di qualunque intenzionalità espressiva.[13] Il cambio di paradigma che

---

[10] Schechner 1968.

[11] Valentini 1973, Schechner 1973a e 1973b.

[12] È lo stesso Schechner (1989) a dichiarare i suoi modelli negli scienziati sociali Gregory Bateson, Erving Goffman, Victor Turner, Roger Caillois, John Langshaw Austin. Su questo, si rimanda anche a Deriu 2016.

[13] Sull'antropologia teatrale, oltre agli scritti di Barba (1981, 1993 e 2009), si vedano soprattutto Ruffini 1986 e Savarese 1996.

ha coinvolto gli studi teatrologici italiani ha riguardato non solo il modo di guardare al teatro, quanto l'oggetto stesso dell'indagine: lo studio dello spettacolo in quanto prodotto di una creazione artistica ha lasciato il posto all'esplorazione delle dinamiche dei processi creativi che plasmano il fatto teatrale.

Secondo Deriu, «La teoria della performance [...], per le fonti di cui si nutre e per le modalità di conoscenza che sollecita, appare non facilmente conciliabile con posizioni culturali ben più solidamente affermate nella tradizione umanistica italiana»;[14] in effetti, come sottolinea De Marinis, i *performance studies* sono stati avvertiti come «troppo vaghi metodologicamente, con un oggetto troppo ampio e indefinito e, soprattutto, con un rapporto poco chiaro, non risolto, nei confronti della dimensione storica e della conoscenza storiografica».[15] Eppure, a ben guardare – ed è stato lo stesso De Marinis a rilevarlo –, l'attenzione ai processi più che ai prodotti è una delle premesse cardine «che la nuova teatrologia ha condiviso negli anni» con i *performance studies*, ma lo ha fatto «in maniera del tutto indipendente».[16]

Negli studi teatrologici europei, e soprattutto in quelli italiani, il concetto di *performance* sembra aver cominciato ad attecchire solo in anni recenti, peraltro talvolta senza un impiego metodologico consapevole e fondato. A scorrere, poi, la bibliografia inerente all'arco cronologico preso in esame nel presente libro, se ne riscontra addirittura una pressoché totale assenza. La riflessione sul concetto di *performance* che abbiamo intrapreso nell'ambito del progetto PerformArt,[17] interdisciplinare per statuto, ci ha orientato, più o meno consapevolmente, a svolgere le nostre ricerche individuali sulle arti performative nella Roma barocca lungo percorsi contraddistinti più da sconfinamenti che barriere disciplinari.[18] Un insieme di itinerari che

---

[14] Deriu 1999, p. II. *Cf.* anche De Marinis 2008, p. 21 *sq.*

[15] De Marinis 2008, p. 23; in De Marinis 2011, p. 73, si aggiunge «[...] risking radical relativism and excessive subjectivity (and, anyway, let us not overlook the demystificatory power and the possibility of original rereadings brought on by the overlapping of poststructuralism, deconstructionism, postcolonial studies, gender studies...)». Il giudizio sull'indefinitezza dell'oggetto di studio risiede nella teoria di Schechner, secondo il quale il teatro è solo uno dei comportamenti performativi dell'uomo, incluso nello "spettro ampio" di azioni tra cui il rito, il gioco, lo sport, l'intrattenimento, le arti performative, i ruoli sociali, professionali, di genere, di etnia, di classe, ma anche i media e internet. *Cf.* Schechner 2013, p. 170 *sq.*; *cf.* anche in questa pubblicazione il contributo di Guy Spielmann, *La fête baroque, archétype du macro-événement-spectacle*, p. 101-113, che denuncia nei *performance studies* l'assenza di un oggetto preciso.

[16] De Marinis 2008, p. 23; *cf.* anche Deriu 2018, p. 202-204.

[17] http://performart-roma.eu (2 settembre 2019).

[18] Mango 2018.

abbiamo provato a battere, districandoci tra i documenti d'archivio, con un costante strabismo: un occhio all'*hic et nunc* dei fenomeni che abbiamo incontrato, ovvero al loro contesto storico-sociale, un occhio alle arti performative – per dirla con Schechner – in quanto «practices, events, and behaviors, not as "objects" or "things"».[19]

[19] Schechner 2013, p. 2.

ORSETTA BARONCELLI

OPERARE COME ARCHIVISTA IN UN ARCHIVIO DELLA NOBILTÀ ROMANA NEL SEICENTO*

INTRODUZIONE

Oggetto di questo contributo sono gli individui che prestarono servizio negli archivi della *open élite* romana durante il XVII secolo[1]. Facendo luce sugli operatori d'archivio e sul loro lavoro, mi auguro di contribuire – seppur in minima parte – a facilitare una più ampia comprensione delle fonti che è solito compulsare chi consulta un fondo familiare. Ritengo infatti che comprendere più a fondo il modo in cui questi documenti sono stati prodotti, organizzati e conservati – quindi più in generale entrare nella "fabbrica" degli archivi di famiglia – contribuisca a dischiuderne maggiormente non solo il senso, ma anche la funzione. Il lavoro di un archivista – ieri come oggi – non è semplicemente quello di descrivere gli atti in un inventario: questo rappresenta solo la fase finale del suo lavoro. Prima di arrivare alla redazione di uno strumento di corredo come un inventario, egli deve infatti affrontare altre sfide non meno ardue. Egli deve, ad esempio, compiere una selezione tra i documenti che si conservano in un fondo di famiglia, stabilendo quali conservare e quali scartare, e questo può condizionare in maniera anche significativa il modo in cui la memoria di quella famiglia verrà in seguito ricostruita.

---

* Come nel titolo, così più avanti nel corso di questo contributo viene utilizzato per comodità il termine "archivista" nella consapevolezza della problematicità con cui esso può essere applicato agli individui fatti oggetto della presente ricerca. Ritengo infatti non del tutto appropriato trattare queste figure (spesso eclettiche, come vedremo, e il più delle volte non equiparabili tra loro per preparazione e spessore culturale) come facenti parte di un corpo professionale ben definito e riconosciuto come tale anche dai contemporanei. Se infatti uno dei caratteri distintivi di una professione è la specializzazione, ci si deve necessariamente chiedere se siano esistiti o meno in passato (e, se sì, a partire da quale epoca) degli "specialisti degli archivi" che tali considerassero sé stessi e, soprattutto, tali fossero riconosciuti dalla società in cui operarono. Ebbene, a questa domanda credo non si possa rispondere positivamente fino a tempi molto recenti (e anche oggi con non poche eccezioni).

[1] La definizione pregnante della nobiltà romana come una *open élite* a sottolineare il suo «carattere largamente aperto [...] sia nella componente urbana che feudale» si deve a M. A. Visceglia (*cf.* Visceglia 2001, p. XIII).

Alla luce di queste considerazioni, appare almeno in parte chiarita la centralità del ruolo dell'archivista, sia di quello contemporaneo che di quello attivo nel XVII secolo la cui identità – come si vedrà a breve – è tutt'altro che chiara, come quella, più in generale, degli addetti agli archivi di antico regime. Infatti, non sono stati fin qui numerosi gli studi in tal senso[2]. E anche nelle poche occasioni in cui gli studiosi hanno spostato il *focus* delle loro ricerche dalle vicissitudini dei complessi documentari agli uomini che a questi si applicarono, molto spesso si sono limitati a discorrere dei soli notai: figure professionali ben note e certo non estranee al mondo degli archivi, ma alle quali sarebbe scorretto ridurre il variegato universo di coloro che lavorarono negli archivi di antico regime[3]. Anzi, come ho avuto modo di verificare limitatamente all'area e all'epoca fatte oggetto della mia attenzione, pare si possa affermare che l'apporto dei notai alla gestione degli archivi di famiglia non sia stato poi così significativo[4].

Presento, dunque, qui di seguito i dati che è stato possibile rinvenire nel corso di questa ricerca[5] – non numerossissimi rispetto alla mole di documenti consultati – ma che credo possano già contribuire a definire meglio i tratti salienti degli addetti agli archivi di famiglia romani limitatamente all'area e all'arco cronologico di nostro interesse.

---

[2] Tra questi, vanno segnalati i contributi di De Vivo – Guidi – Silvestri 2015 e la raccolta di studi in De Vivo – Guidi – Silvestri 2016.

[3] *Cf.* per esempio il lavoro, per altri versi pregevole e innovativo, di Massimo Scandola (Scandola 2016).

[4] Si noterà, infatti, che tra gli archivisti censiti in questo lavoro solo due, Dionisio Gallo e Scipione Amati, risultano essere in possesso di tale qualifica (notaio il primo, e protonotaio il secondo).

[5] Durante il 2009 – nell'ambito del progetto di inventariazione del fondo Giustiniani di Roma, conservato presso l'Archivio di Stato di Roma – partecipai assieme a Piero Scatizzi e a Francesca Conticello al rinvenimento del contratto di Cesare Giuseppe Bianchi, al servizio del principe Vincenzo Giustiniani perlomeno tra il 1717 e il 1729 (Scatizzi 2011, p. V, n. 19). Durante le successive esperienze negli archivi di diverse famiglie romane – tra le quali i Lante della Rovere, gli Orsini, i Barberini, i Colonna, i Ruspoli e i Marescotti – e anche grazie alla collaborazione con Anne-Madeleine Goulet che affianco dal 2011 nelle sue ricerche sulla storia del teatro, della danza e della musica, e dal 2016 ad oggi come archivista del progetto *PerformArt*, ho avuto modo di rinvenire documenti che mi hanno permesso di elaborare un ampio repertorio prosopografico degli archivisti attivi per le famiglie nobiliari romane tra XVII e XVIII secolo, che solo in parte è confluito in questo lavoro. Tra i risultati più incoraggianti c'è stata l'individuazione, nella corrispondenza di Flavio Orsini, delle lettere che il duca si scambiava con il suo archivista Giovanni Battista Grigioni.

GLI ARCHIVISTI DI FAMIGLIA: UN'IDENTITÀ ANCORA DA DELINEARE

Va detto, in via del tutto preliminare, che per l'intero corso del XVII secolo si ignora al momento persino il nome di molti tra coloro che prestarono il proprio servizio presso gli archivi delle famiglie patrizie romane. A testimonianza dei loro interventi sulle carte restano infatti soltanto gli inventari da essi compilati, che gli archivi di famiglia conservano perlopiù in forma anonima. È il caso, per esempio, del *Repertorio delle scritture dell'Archivio* della famiglia Orsini, compilato dopo la morte del duca Virginio (1615)[6]; e dell'*Inventario di scritture del cardinal Ludovisi* (vale a dire, Ludovico Ludovisi) che fu redatto certamente dopo il 23 luglio 1623, data dell'ultimo documento registratovi[7].

In molti casi, pur persistendo il carattere adespota di tali inventari, è possibile formulare ipotesi più o meno fondate su chi ne sia stato l'autore: è il caso, per esempio, dell'inventario della famiglia Altieri, compilato molto probabilmente da Carlo Cartari, avvocato concistoriale, vice-prefetto, poi prefetto dell'Archivio di Castel Sant'Angelo, verso la fine del secolo (e comunque dopo il 1671)[8]. Stessa cosa si può dire di Antonio Corte, di cui poco si sa, se non che fu un sacerdote originario di Vercelli, il quale prestò servizio nell'archivio di famiglia per Ippolito Lante della Rovere, perlomeno tra il 1678 e il 1679.[9] Come si desume da una fede che Corte rilasciò nel 1696 a Simone de Comitibus, notaio capitolino[10], è stato infatti possibile attribuire a lui un inventario adespota di scritture articolato in due parti: il "Repertorio maggiore de' contratti e cose perpetue nell'archivio dell'illustrissimo et eccellentissimo signor duca Ippolito Lanti della Rovere" e il "Repertorio minore" collegato al precedente[11]. Come ultimo caso si propone quello del *Libro*, ossia inventario, delle scritture della famiglia Caetani conservate a Sermoneta, compilato nel

---

[6] Mori 2016, p. 181-182.

[7] Venditti 2008, vol. 2, p. 336, b. 320.

[8] Piccialuti 1994, p. 346. Su Carlo Cartari si veda, più in generale, Petrucci 1977. Nella b. 275 conservata in I-Ras nel fondo Cartari-Febei, serie V si conserva la prima parte del catalogo e delle lettere relativi alla biblioteca dei principi Altieri.

[9] I-Ras, LdR, b. 916 (pagamenti del 29 settembre 1678 e del 23 aprile 1679; schede PerformArt D-009-752-244 e D-009-642-246).

[10] I-Ras, LdR, b. 457, fasc. relativo al 22 marzo 1696 (scheda PerformArt D-007-562-275).

[11] I-Ras, LdR, b. 696. Questo inventario, e più in generale l'archivio della famiglia Lante della Rovere, costituiscono l'oggetto del dottorato di Letizia Leli: *Le donne della famiglia Lante della Rovere. Il contributo femminile alla formazione degli archivi familiari, cf.* Leli 2020.

1645[12]. In quell'anno il duca Francesco IV poteva contare sull'aiuto di due persone per la gestione del suo archivio: Dionisio Gallo, originario di Ferentillo (attualmente in Umbria), castellano, notaio e fiscalista, che sembra si occupasse in prevalenza dell'archivio corrente[13]; e don Giovanni Cola Alicorni, abate di Sant'Angelo, con il quale il duca scambiò alcune lettere – su una delle quali si tornerà in seguito – relative alle modalità da seguire nell'ordinamento dell'archivio[14].

Per fortuna altri inventari riportano in modo esplicito il nome del loro autore, come quello redatto da Ludovico Marinelli, auditore generale e consigliere in materia di giustizia e di affari legali, che operò nel 1647 nell'archivio di Paolo Giordano II Orsini[15].

Tra gli stipendiati di Casa Orsini ai quali fu affidata la gestione corrente dell'archivio si conoscono i nomi di Alessandro Samminiati, figlio del fiorentino Francesco, depositario generale del duca Virginio Orsini (1572-1615) e camerlengo dello Stato di Bracciano, al quale fu assegnata già dalla fine del Cinquecento la custodia dell'archivio ivi esistente, tra le cui carte egli svolgeva ricerche su richiesta[16]; e quello di Giovanni Battista Grigioni, arciprete di Bracciano, segretario del cardinal Virginio Orsini già nel 1670[17], e in seguito archivista del fratello Flavio, ruolo in cui nel 1696 sovraintese al trasferimento dell'archivio suddetto a Roma[18].

Come si è visto, in tre casi, Alicorni, Corte e Grigioni, si tratta di religiosi; in altri tre, Gallo, Marinelli e Samminiati si è in presenza di laici che avevano conquistato la fiducia del capofamiglia durante lo svolgimento di altre mansioni e che perciò, più che archivisti *tout court*, si potrebbero definire professionisti prestati agli archivi. D'altra parte, che il processo di reclutamento di questo personale, più che sul possesso di precise competenze professionali, si basasse sul rapporto fiduciario che univa il prescelto al signore di turno, non deve sorprendere. Si tratta infatti di un fenomeno che rispecchia nell'ambito

---

[12] I-Rcaetani, Misc. 135/480 dove alla c. 1r si legge: "1645. Nel presente libro si notaranno le scritture che sono nel archivio di Sermoneta spettanti all'eccellentissima casa Caetana".

[13] Caetani 1925, p. XIV e Fiorani 2010, p. XX, n. 4. Sulla figura di Gallo è in corso da parte di chi scrive una ricerca sistematica nella corrispondenza di Francesco IV Caetani.

[14] *Cf. infra*, p. 81.

[15] Mori 2016, p. 182. L'inventario è segnalato in un repertorio di epoca successiva e non è stato ritrovato. Di Giovanni Battista Roffeni, attivo per i Colonna nel corso del XVII secolo, si sa solamente che fu autore di un ordinamento dell'archivio, *cf.* Attanasio 1994, p. 370.

[16] Mori 2016, p. 178, 180.

[17] I-Rasc, Archivio Orsini, III serie, b. 524.

[18] Mori 2016, p. 183.

familiare quanto accadeva comunemente negli stessi anni a livello pubblico, nelle signorie come nello Stato Pontificio[19].

Mentre sugli archivisti citati fin qui si posseggono informazioni piuttosto limitate, di altri si sa per fortuna molto di più. È questo il caso di Scipione Amati, a cui Filippo Colonna assegnò nel 1634-35 l'incarico di redigere un inventario dell'archivio di famiglia. Originario di Trivigliano, località compresa nel principato di Paliano, dominio colonnese, nel 1609 l'Amati aveva conseguito un dottorato *in utroque iure*, come si desume dal frontespizio della sua *Paraentesis*, opera pubblicata a Roma proprio in quell'anno[20]. Nel 1614 viveva a Madrid, al seguito di Vittoria Colonna, quando il re Filippo III gli propose di fungere da interprete di lingua spagnola e italiana per gli ambasciatori giapponesi che erano giunti in Spagna, diretti a Roma per rendere omaggio a Paolo V (la relazione di questo viaggio fu data alle stampe nel 1615 col titolo di *Historia del regno di Voxu del Giapone, dell'antichità, nobiltà e valore del suo re Idate Masamune*)[21]. Nel 1634 l'Amati era protonotario apostolico, come si desume dalla *Censura al Maestro di Camera di Francesco Sestini*, pubblicata a Liegi in quell'anno[22]. È in questo periodo che, coadiuvato dal nipote Cosmo Bontempi, egli iniziò a lavorare per Filippo Colonna alla compilazione del citato inventario delle scritture di famiglia, che concluse l'anno successivo[23]. Redasse poi, senza probabilmente pubblicarle, le *Memorie degli Archivi di Paliano*, che purtroppo non è possibile al momento datare con maggior precisione, ma a cui egli stesso fece esplicito riferimento nel *Laconismo Politico* del 1648 come ad un'impresa attestante la propria devozione nei confronti di Filippo[24].

Presentati in tal modo i pochi dati faticosamente raccolti sull'identità di alcuni tra coloro che operarono negli archivi nobiliari romani, si passa ora al cuore della presente trattazione nella quale si cercherà di rispondere alle seguenti domande. Quale era la formazione di un archivista dell'epoca? Si trattava esclusivamente di una formazione teorica, o questa veniva completata da un'esperienza pratica di affiancamento ad altri colleghi che già operavano sul campo? In che misura

---

[19] De Vivo – Guidi – Silvestri 2016, p. 292 e Visceglia 2018, p. 928 (in relazione al passaggio di Felice Contelori dalla famiglia pontificia alla prefettura della Biblioteca Vaticana).

[20] Amati 1609.

[21] [Boncompagni Ludovisi] 1904, p. 461.

[22] Amati 1634.

[23] I-SUss A. C., sez. 0, serie 6, b. 2. http://www.sa-lazio.beniculturali.it/MW/mediaArchive/Pdf/01INVENTARIOGENERALE.pdf, p. 16, n. 3.

[24] *Bibliografia Romana* 1880, p. 10. Il riferimento alle *Memorie* è in Amati 1648, c. 5*v*.

un archivista contribuiva al processo di costruzione della memoria della famiglia nobiliare promosso dagli esponenti dell'aristocrazia romana nel corso del Seicento? I committenti di un inventario e la comunità professionale di appartenenza di un archivista esercitavano un'influenza sul suo lavoro? Se sì, quale?

La formazione degli archivisti di famiglia: la teoria

Si parte dunque dal primo punto: quali competenze avrebbe dovuto possedere un aspirante archivista chiamato a svolgere il proprio lavoro nell'archivio di una famiglia nobile romana del Seicento[25]? Baldassarre Bonifacio in un celebre trattato, uno dei primi ad essere dedicato interamente agli archivi e sul quale si tornerà a breve, nel capitolo VIII intitolato *De archivorum ministris* auspicava che gli archivi, come le biblioteche, fossero affidati a *periti accuratique viri*, i soli che con *cura atque diligentia* avrebbero avuto agio di contrastare la minaccia che il tempo inesorabilmente portava alle testimonianze scritte del passato[26]. In cosa consisteva dunque questa perizia, ovvero quali erano le competenze che sarebbe stato auspicabile reperire in un archivista del tempo?

Anzitutto, la conoscenza della lingua latina, perlomeno del *latinum grossum*, cioè del latino dell'uso documentario (il più delle volte vicino al volgare e per la scelta dei vocaboli e per la struttura della frase)[27], andava di fatto considerata indispensabile per chiunque si accingesse ad operare in archivio. A questo si sarebbe dovuta unire una generale cultura storica, che, stante l'assenza a quel tempo di regolari corsi di studio in tale ambito, va considerata (nei soggetti che tale cultura mostrano di possedere) il frutto di una personale propen-

[25] Duchein – il quale, mettendo in contrasto la figura del bibliotecario e quella dell'archivista, pone l'accento sulle competenze amministrative, piuttosto che culturali, ovvero umanistiche del secondo – descrive in questi termini la formazione degli archivisti europei delle origini: «They received some practical training in reading old scripts and understanding old documents, but they were not historians» (Duchein 1992, p. 20). Questa affermazione, certamente troppo netta, va senz'altro ridimensionata nella sua portata generalizzante.

[26] Sandri 1950, p. 110.

[27] L'uso di un *latinum grossum, pro laicis amicum* era prescritto, già verso la metà del XV secolo, ai consiglieri del parlamento di Parigi per la redazione dei documenti loro affidati (*cf.* Verger 1999, p. 22-23). Quanto si sa circa la padronanza del latino tra gli archivisti attivi presso istituzioni pubbliche conferma l'idea che, almeno su questo punto, una buona preparazione fosse la regola: Contelori conosceva perlomeno il latino e il greco (Visceglia 2018, p. 926 parla in generale di «lingue classiche»); Confalonieri, oltre alla conoscenza di queste due lingue, aggiungeva certamente anche quella dell'ebraico (Foa 1982, p. 778).

sione del singolo archivista, oltre che del suo quotidiano contatto con i documenti del passato[28]. Il possesso, poi, di qualche nozione di diritto privato era necessario per potersi districare nella congerie delle fattispecie negoziali presenti nelle serie degli *istrumenta* – ossia dei documenti notarili – immancabili in ogni archivio, anche gentilizio[29]. Competenze di diritto canonico non sarebbero poi state sconvenienti per affrontare nel migliore dei modi la schedatura della documentazione di natura ecclesiastica, sempre presente e cospicua negli archivi nobiliari romani, sia a causa dei rapporti che queste famiglie intrattenevano con le gerarchie della Chiesa a vari livelli (dal Papa al rettore della cappella di famiglia); sia perché molto spesso esse stesse annoveravano fra i propri membri alti esponenti di quelle gerarchie[30]. Quando, infine, ci si fosse trovati in presenza di documentazione d'ambito economico, sarebbe risultato di una certa utilità il possesso di nozioni di contabilità più articolate rispetto a quelle elementari impartite dalle scuole d'abaco o da quelle dei padri scolopi (presso le quali, come si sa, si dispensavano rudimenti di aritmetica ai fanciulli)[31].

Alla luce delle considerazioni sopra riportate, dei lavori eseguiti dagli archivisti (come inventari, repertori, storie documentarie ecc.) e delle poche informazioni realmente in nostro possesso circa la loro formazione, si può ipotizzare che almeno alcuni di essi fossero in possesso di un buon livello d'istruzione, quando non addirittura di una formazione di grado universitario (forse non a caso, sarà proprio in tale ambito che in Italia, a partire dalla seconda metà del XVIII secolo, troverà spazio l'insegnamento di discipline "di settore" come l'archivistica e la paleografia[32]). Di due di questi archivisti si sa infatti che si addottorarono in diritto civile e canonico: Scipione Amati, come detto attivo per i Colonna, era *doctor utriusque iuris*[33]; Carlo Cartari, molto probabilmente a servizio degli Altieri, ottenne il medesimo titolo nel 1633[34]. Lo stesso si può dire di altri loro colleghi,

[28] È il caso, per esempio, di Giacomo Grimaldi di cui si parlerà in seguito.
[29] Per una panoramica generale delle tipologie di documenti conservati in un archivio di famiglia *cf.* Casanova 1928, p. 232 – 233.
[30] Gualdo 1981, p. 150 e Pagano 1993, p. 196.
[31] Pelliccia 1985, p. 329-334. Quello sopra delineato è il profilo "ideale" della formazione di un archivista: si è tuttavia ben coscienti della distanza che, di frequente, venne a crearsi nella pratica tra le istanze astratte della scienza e la realtà della pratica quotidiana.
[32] Cencetti 1955, p. 79, dove si fa cenno alla prima cattedra universitaria istituita presso l'Università di Bologna nel 1765.
[33] A questo riguardo *cf.* anche Scatizzi 2000, p. 42.
[34] Petrucci 1977, p. 783 e Filippini 2010, p. 9.

attivi in quegli stessi anni negli archivi "pubblici" romani[35]. È il caso, per esempio, di Michele Lonigo, primo archivista del nuovo Archivio Vaticano[36], che conseguì i gradi accademici in teologia e *in utroque iure*[37]; e di Felice Contelori, prefetto dello stesso Archivio dal 1630 al 1644, che ottenne lo stesso titolo prima del 1616[38].

A questo punto occorre chiedersi dove, nella Roma del tempo, era possibile conseguire le competenze funzionali allo svolgimento del lavoro d'archivio? Numerose erano di fatto le istituzioni destinate ad impartire ai giovani una qualche preparazione nei diversi ambiti dello scibile del tempo. Innanzi tutto, va ricordato lo *Studium Urbis*, sebbene questo stesse vivendo all'epoca un periodo di forte declino, dovuto in buona parte alla concorrenza delle scuole di matrice religiosa[39]. Tra queste si può annoverare il Collegio Clementino, che tuttavia non dovrebbe aver avuto alcun ruolo nella formazione degli individui qui presi in esame, in quanto destinato in prevalenza agli studenti di estrazione nobiliare e che imponeva rette molto onerose[40]; così come trascurabile dovette essere anche l'apporto alla formazione degli archivisti dei diversi Collegi "nazionali" (come il Collegio Greco[41], il Germanico-Ungarico, l'Inglese, l'Irlandese ecc.), dato che per loro natura essi erano destinati ad accogliere studenti stranieri. Gli archivisti che intrapresero la carriera religiosa potrebbero aver seguito le lezioni del Seminario Romano o quelle del Collegio Pontificio (potrebbe essere il caso dei già citati Grigioni, Alicorni e Corte, senonché quest'ultimo, essendo originario di Vercelli, potrebbe

---

[35] L'espressione "archivio pubblico" viene qui impiegata al solo scopo di distinguere i complessi documentari di pertinenza familiare da quelli sottoposti al controllo di una pubblica autorità, pur consapevoli della discrepanza esistente, tanto nella teoria quanto nella pratica, tra le odierne nozioni di "pubblico" e di "privato" e quelle vigenti in antico regime. E. Lodolini, per attestare la fluidità che tali nozioni ebbero nel periodo che qui ci interessa, cita una sentenza della Sacra Rota romana del 1682, la quale lo porta ad affermare che: «un archivio può essere pubblico e conferire pubblica fede ai documenti che ne fanno parte nei confronti di alcuni soggetti e privato nei confronti di altri. Questa situazione si verificava abbastanza di frequente nel Medio evo e nell'Età moderna: la qualifica "pubblica" dell'archivio era di solito limitata ai "sudditi" dell'archivio stesso, cioè a coloro i quali risiedevano nella circoscrizione territoriale dell'autorità che aveva costituito l'archivio» (Lodolini 1997, p. 26-27).

[36] Bignami Odier 1973, p. 104.

[37] Maiorino 2005, p. 727.

[38] Petrucci 1983, p. 336 e Visceglia 2018, p. 924-925, n. 7.

[39] Di Simone 1980, p. 19. È in corso presso l'Archivio di Stato di Roma la schedatura degli studenti stranieri che studiarono presso lo *Studium Urbis*, per la quale *cf.* Adorni – Onori – Venzo 2018.

[40] Montalto 1939.

[41] Tsirpanlis 1983.

non essersi formato nell'Urbe). Per tutti gli altri rimanevano aperte le porte del Collegio Romano[42], dove certamente studiarono almeno due archivisti del tempo: Felice Contelori all'inizio del secondo decennio del Seicento[43] e Giovanni Battista Confalonieri[44].

Infine, tra gli strumenti di formazione teorica più specifici non si può tralasciare il fatto che già nel Seicento gli archivisti potevano contare su una trattatistica di settore già piuttosto sviluppata[45]. In questo secolo, infatti, furono date alle stampe alcune importanti opere dedicate in modo specifico alla tenuta e alla gestione degli archivi. Tra quelle pubblicate in Italia – è probabile che gli archivisti attivi sulla piazza romana abbiano avuto più facile accesso a queste, anziché alle trattazioni, invero di per sé più numerose, comparse negli stessi anni in lingua tedesca[46] – ci si limiterà a ricordare il già citato *De archivis liber singularis* di Baldassarre Bonifacio, pubblicato a Venezia nel 1632[47], e la *Methodus archivorum, seu modus eadem texendi ac disponendi* di Nicolò Giussani, libro edito a Milano nel 1664[48].

LA FORMAZIONE DEGLI ARCHIVISTI DI FAMIGLIA: LA PRATICA

A completare la formazione teorica dell'operatore d'archivio contribuiva indubbiamente il suo apprendistato.

Cartari, dopo essere stato investito della vice-prefettura dell'*Archivum Arcis* nel 1638 (all'epoca guidata dal prefetto Confalonieri), fu avviato alle convenzioni archivistiche da numerosi suoi colleghi, in particolare da Felice Contelori[49], al quale mostrava i "sommari" del nuovo indice dell'Archivio man mano che veniva compilandoli[50]. Che l'apprendimento delle pratiche d'archivio avvenisse spesso successivamente all'assegnazione degli incarichi, trova riscontro anche in ambito ecclesiastico. Sembra essere questo, per esempio, il caso di Giacomo Grimaldi, mansionario in San Pietro che, conoscendo il latino ed essendo in possesso di una buona grafia, a partire dall'ultimo decennio del XVI secolo fu posto in archivio dai canonici della basilica. Qui, come riporta un diarista suo contemporaneo, egli

---

[42] Sulla presenza di stranieri anche presso il Collegio Romano *cf.* Broggio 2002.
[43] Visceglia 2018, p. 926.
[44] Foa 1982, p. 778 e Visceglia 2018, p. 926.
[45] Per un inquadramento generale sulla trattatistica dell'epoca *cf.* Sandri 1961.
[46] Brenneke 1968, p. 69-77.
[47] Sandri 1950.
[48] Sandri 1956-1957.
[49] Filippini 2010, p. 95-116 (capitolo dedicato all'*Apprendistato*).
[50] Filippini 2007, p. 778, n. 45 e p. 779, n. 46.

ebbe occasione di farsi tanto più, sì nel sapere legere littere scabrose
e antiche, e anco nell'esercitarsi nelle storie, e con questo mise assai
ordine in tutte le scritture dell'archivio che per prima stavano molto
confuse, e questo lo fece con fare libri grandi per ordine di alfabeto
e di ripertorii in maniera tale, che in un tratto si può trovare qual si
voglia minima scrittura[51].

Dunque già nella Roma del XVII secolo, la pratica archivistica
s'imparava "sul campo", trasmessa direttamente da archivista ad
archivista attraverso un processo di trasmissione di saperi tecni-
co-pratici che non si interrompeva con la fine del tirocinio, ma prose-
guiva per tutta la carriera. Tale fenomeno è ben noto per altri ambiti.
Ciò, infatti, è quanto accadeva tra i notai romani, per i quali non era
previsto un *formal training*, una formazione standardizzata. Questi
dovevano tuttavia dimostrare di conoscere l'*ars notariae* e le sezioni
degli statuti della città rilevanti per la loro professione, competenze
che gli venivano trasmesse o da un membro della propria famiglia, o
da altri notai più esperti[52]. Lo stesso si può dire per i computisti attivi
per le famiglie nobili, altre figure centrali nella formazione e nella
conservazione degli archivi gentilizi, che si formavano all'interno
della computisteria del signore nella quale di frequente entravano
come aiuto-computista o come secondo computista[53].
La trasmissione delle competenze professionali e spesso anche il
lavoro in collaborazione è attestato a Roma almeno in altri tre casi, di
cui uno pertinente al XVII secolo, e gli altri due al secolo successivo.
In tutte le evenienze si tratta non solo di un rapporto tra colleghi, ma
addirittura parentale. Scipione Amati, infatti, fu affiancato nel suo
lavoro a servizio dei Colonna dal nipote Cosmo Bontempi; il sopracitato Cesare Giuseppe Bianchi, succedette al cognato Carlo Bordone nel
1728, anno della morte di quest'ultimo, portando a termine la compilazione dell'inventario e del catasto del monastero di Santa Cecilia
in Trastevere[54]; la gestione dell'archivio della Camera Capitolina fu
trasmessa da Francesco Maria Magni al figlio Filippo nel 1760, e da
costui al nipote Francesco nel 1797[55].

[51] Citato in Rezza – Stocchi 2008, p. 19.
[52] Nussdorfer 2018, p. 37.
[53] Su questo argomento *cf. The computista & the archivista: two key figures in
the management of Roman family archives in the seventeenth & eighteenth centuries* con il quale contribuirò alla pubblicazione finale del programma PerformArt,
dedicata alla magnificenza (Goulet – Berti, in corso di pubblicazione).
[54] Marino 1985, p. 10 e 20, n. 17.
[55] Scano 1988, p. 387.

Archivisti, genealogisti, scrittori di storia

Nel processo di costruzione e ri-costruzione della memoria gli archivisti dell'epoca venivano sovente affiancati da altre figure, come quelle dei genealogisti e degli scrittori di *historiae*[56].

Ai genealogisti ricorrevano infatti le famiglie aristocratiche romane in diverse occasioni: per esempio, quando dovevano provare i loro gradi di nobiltà in vista di un'ascesa nella scala sociale; oppure, quando un loro esponente desiderava entrare a far parte di qualche ordine cavalleresco[57]. Alcuni di costoro furono autori di quelle che Roberto Bizzocchi ha efficacemente definito come «genealogie incredibili», per la cui elaborazione i documenti d'archivio erano di fatto null'altro che un espediente per dare una patina di verosimiglianza a ricostruzioni di pura fantasia (di frequente vi si riportavano le origini della famiglia all'epoca romana, quando non addirittura a quella omerica o veterotestamentaria)[58].

La tangenza tra il lavoro dell'archivista e quello dello scrittore di *historiae* è a tutti nota: esistettero storici "prestati" all'archivistica, come Alessandro Canobbio (1530 c. – 1608 c.), attivo in numerosi archivi pubblici e privati di Verona[59]; certi inventari vennero compilati alcuni anni prima o dopo genealogie o ricostruzioni storiche. Non è a caso che Francesco Leonini, procuratore fiscale della Fabbrica di San Pietro a Camerino, abbia curato tra il 1650 e il 1651 l'ordinamento dell'archivio petrino e che, due anni più tardi, venne pubblicata una storia del Tribunale di questa istituzione per opera di Andrea Ghetti, avvocato ed economo-archivista della stessa Fabbrica[60]. Il già citato inventario del 1645 dell'archivio Caetani segue di pochi anni la compilazione *Dell'origine dell'antichissima e nobilissima Casa Caetani, con li suoi Stati che possiede* che risale al 1642[61].

Vi furono, infine, figure poliedriche che, oltre al ruolo di archivisti, svolsero contemporaneamente quello di genealogisti e di storici: così capitò al già citato Antonio Corte che, come si è già ricordato, tra

[56] Per una panoramica sui cronisti che accedevano agli archivi pubblici *cf.* Casanova 1928, p. 354-357 (*Cronisti e studiosi*).

[57] Polverini Fosi 1994.

[58] Bizzocchi 1995. Parzialmente diverso è il caso di quei genealogisti toscani che elaborarono genealogie "artefatte", rese verosimili come al solito in virtù della loro base documentaria, che però veniva in seguito manipolata mediante interpolazioni, o anche tramite il danneggiamento puro e semplice dei documenti (macchie d'inchiostro, strappi, raschiature), *cf.* Arrighi – Insabato 2000, p. 1105 e *sq.*

[59] Sancassini 1956.

[60] Di Sante 2015, p. 21-47, in particolare p. 27.

[61] Armando 2004, p. 143

il 1678 e il 1679 riordinò per Ippolito Lante della Rovere l'archivio di famiglia. A quel lavoro affiancò infatti la stesura di «un'opera archiviale concernente la genealogia della nobilissima famiglia Lante della Rovere et il stato de' suoi beni e tutto ciò risguardava cose notabili e di splendore»[62]. Il lavoro di ri-costruzione della memoria della famiglia Lante della Rovere non dovette apparire concluso al figlio di Ippolito, il principe Antonio, che proseguì in quella direzione. Nel 1687 Antonio – divenuto principe di Belmonte da due anni[63] – ampliò l'ambito delle ricerche sulla propria famiglia agli archivi pisani, incaricando di questo l'abate Alfonso Lante[64], che rinvenne alcuni documenti relativi alle dignità acquisite a Pisa da Ceo e Bacciomeo Lante[65], all'investitura del marchesato di Massa, ceduto a Pietro Lante il 14 ottobre 1399 da parte del re Venceslao, e allo stemma di Pietro Lante[66].

LE ASPETTATIVE NEI CONFRONTI DEGLI ARCHIVISTI

Si passa ora a ricostruire le aspettative che gravavano sul lavoro degli archivisti. Per quelli attivi presso istituzioni pubbliche si dispone di fonti sufficientemente eloquenti, come ad esempio il "regolamento interno" della Biblioteca e dell'Archivio Vaticani – all'epoca ancora congiunti – elaborato nel 1616 dall'allora cardinale bibliotecario Scipione Borghese, in cui si legge:

> Li Prefetti dell'Archivio disponghino le scritture con ordine conveniente, faccino gli indici; et non ammettino nessuno a veder dette scritture senza mandato preciso, diretto al primo Custode[67].

In queste parole sono espresse in nuce le principali funzioni affidate ad un archivista di un'istituzione ancora oggi: la conservazione, il mantenimento dell'ordine, la valorizzazione, la compilazione di

---

[62] I-Ras, LdR, b. 457, fasc. relativo al 22 marzo 1696 (scheda PerformArt D-007-562-275).

[63] I-Ras, LdR, b. 310, copia del breve del 19 dicembre 1685 con cui Innocenzo XI eresse a principato Rocca Sinibalda.

[64] Goulet 2012a, p. 82, n. 38.

[65] I-Ras, LdR, b. 601, lettera del 16 giugno 1687 inviata da Pisa dal cavalier Guglielmo Rau ad Antonio Lante della Rovere.

[66] I-Ras, LdR, b. 601, lettera del 4 agosto 1687 inviata da Pisa dall'abate Alfonso Lante ad Antonio Lante della Rovere. Sulla concessione dell'imperatore cf. Ragone 2004, p. 641.

[67] Casanova 1928, p. 364, n. 1.

inventari, e l'accessibilità. Ma l'archivista a servizio di una famiglia gentilizia svolgeva tutte queste funzioni?

Di certo uno dei compiti imprescindibili di un archivista, allora come oggi, era quello di compilare gli strumenti indispensabili al reperimento dei documenti. Ma come procedeva? Godeva di autonomia nell'impostare il proprio lavoro? Oppure doveva attenersi alle indicazioni, più o meno stringenti, che in proposito gli venivano dal committente? Una lettera inviata il 9 luglio 1644 dal duca Francesco IV Caetani al sopracitato don Giovanni Cola Alicorni, per quanto possa costituire un caso isolato, offre qualche spunto di riflessione. Ebbene, rispondendo ad una precedente missiva inviatagli dall'archivista, Francesco respingeva i criteri di inventariazione che questi gli aveva proposto, adducendo a ragione di ciò che si trattava di un procedimento «troppo lungo». Lo invitava, dunque, in una prima fase a raggruppare le scritture («fare li mucchi delle scritture») per luoghi (Sermoneta, Cisterna, San Felice, Bassiano ecc.). Solo dopo aver ultimato questo lavoro, Alicorni avrebbe avuto agio di rivedere i documenti e procedere nell'attribuire ai documenti una numerazione da riportarsi nell'inventario, con specifica della data cronica e del regesto, «così – chiosava il duca – caminarete più presto, e più chiaro»[68].

Fino a tal punto, dunque, si potevano spingere i condizionamenti esercitati dai committenti sugli archivisti in materia di ordinamento, ai quali questi ultimi difficilmente si sarebbero potuti sottrarre. In altri casi, tuttavia, all'archivista era lasciata una certa autonomia decisionale, cosa che rendeva possibile, almeno per i più intraprendenti, rompere gli schemi e introdurre un'innovazione che, col tempo e l'adozione da parte dei colleghi, avrebbe acquistato seguito, fino a divenire a sua volta norma. Per illustrare questa evenienza si addurrà un esempio che si colloca molto al di là del nostro arco cronologico (risale, infatti, al tardo XVIII secolo), ma che, trattandosi di una rottura netta con pratiche molto antiche e comunemente condivise, merita la nostra attenzione. Esso concerne un cambiamento nelle modalità di redazione delle rubricelle degli inventari (una sorta di indice) ed ebbe fra i suoi precursori il già citato Filippo Magni. Questi, come già accennato, lavorò non solo per l'Archivio della Camera Capitolina, ma anche a servizio del marchese Francesco Patrizi, per il quale realizzò un inventario terminato nel 1794. L'innovazione introdotta dal Magni riguarda il modo in cui i nomi di persona venivano registrati fino ad allora nelle rubricelle. Era pratica comune tra gli archivisti, infatti, quella di rubricare le persone in ordine alfabetico per nome di battesimo (se si cercava, per esempio, il principe Vincenzo Giustiniani, non

---

[68] Fiorani 2010, p. XIX.

lo si sarebbe mai reperito sotto la lettera G, ma sotto la V). Magni, invece, nell'introduzione all'inventario dei Patrizi osservò come gli era sembrato opportuno, dato che con il trascorrere del tempo i nomi di battesimo venivano facilmente dimenticati, «nel seguente indice per ordine alfabetico camminare con li cognomi e denominazione delle persone che sono occorse notarsi in esso»[69].

Per concludere, si porteranno tre esempi di come gli archivisti potessero disattendere le aspettative della comunità e dei committenti. Francesco Prignani, archivista e maestro di casa della famiglia Maccarani, nel 1754 effettuò il primo intervento sulle carte di famiglia: invece di ordinare le carte per materie e poi procedere alla redazione di un inventario – secondo la pratica corrente – mantenne il disordine originario e redasse un semplice elenco delle carte[70]. L'incapacità di mantenere aggiornato e in ordine un archivio trova riscontro anche nell'operato di alcuni archivisti a servizio di istituzioni pubbliche: Giovanni Battista Confalonieri, prefetto dell'archivio di Castel Sant'Angelo, e Giuseppe Balduini, sotto-archivista del Capitolo di San Pietro. Nel primo caso il tradimento delle aspettative è stigmatizzato dal suo collega Carlo Cartari, che riporta come il prefetto dell'Archivio Segreto, Felice Contelori, gli avesse confidato che «il signor Confalonieri ha confuse le scritture, non mettendole nelle casse, e tra le materie proporzionate»[71]. Nel secondo caso il disordine portò addirittura al licenziamento del responsabile: il Balduini, infatti, fu esonerato dal suo incarico dai canonici di San Pietro nel 1703 perché non aveva mantenuto l'ordine *semper servari solitum* nell'archivio nel disporre e registrare le scritture[72].

CONCLUSIONI

Nelle pagine che precedono si è tentato di delineare la figura degli operatori d'archivio a servizio delle famiglie nobiliari romane nel Seicento. Nonostante le evidenti difficoltà create dalla carenza di adeguati studi prosopografici sul personale degli archivi in età moderna, auspico che il testo che qui si presenta possa aver contribuito a mostrare le potenzialità che questo tipo di ricerche presenta

---

[69] V-CVaav, Indice 725. Magni aveva in realtà già adottato questa innovazione nella indicizzazione dei nomi nel 1782, quando il cardinale vicario Marcantonio Colonna gli aveva assegnato la compilazione del rubricellone degli atti della segreteria del Tribunale del Vicariato, oggi conservato presso I-Rvic.

[70] Mori 1996, p. 64.

[71] Filippini 2010, p. 99.

[72] Rezza – Stocchi 2008, p. 20.

per la storia sociale dell'archivistica. Mi auguro che ulteriori ricerche possano contribuire in futuro a precisare meglio i molti aspetti di questa storia che permangono tuttora ignoti. Ritengo, infatti, che una più esatta cognizione delle aspettative di quanti si trovarono a governare gli archivi prima di noi, e delle capacità, incapacità, condizionamenti e aspirazioni di coloro che tali aspettative furono chiamati a realizzare, possa aiutarci a trasmettere in modo più consapevole ed efficace questa preziosa eredità alle generazioni future.

MANUELA GRILLO

LA COSTRUZIONE DI UN THESAURUS PER LA "PERFORMANCE"

L'enorme mole di dati generata da un progetto di ricerca interdisciplinare necessita di un Knowledge Organization Systems (KOS)[1] che faciliti il reperimento delle informazioni contenute nelle migliaia di documenti scandagliati. La gestione di informazioni strutturate – ovvero di database contenenti migliaia di records e numerose tabelle di relazione tra i records – richiede padronanza delle tecniche di *information retrieval*[2] e disponibilità di buoni strumenti di KOS, come i thesauri, per proporre un'interpretazione *user-centered*, focalizzando l'attenzione sui modi interpretativi e testuali con cui gli utenti descriveranno, tratteranno e cercheranno le informazioni di loro interesse.[3]

LOGICA E CARATTERISTICHE DI UN THESAURUS

Quando parliamo di thesaurus ci riferiamo ad un dizionario di termini controllati che collega tutti i termini in una struttura ad

---

[1] L'espressione è genericamente usata per indicare authority files, thesauri, schemi di classificazione, mappe topiche, ontologie etc. Per una prima introduzione alla *knowledge organization* si veda Gnoli – Marino – Rosati 2006.

[2] D'ora in poi IR, è la tecnologia alla base dell'interrogazione dei database. Per un approccio introduttivo, di taglio manualistico, al complesso campo della scienza dell'informazione e dell'IR, si veda Salarelli 2012. Nell'ultimo decennio la centralità dei documenti multimediali e dei nuovi mezzi offerti dalle tecnologie digitali ha favorito la creazione di basi dati multimediali, per cui i princìpi e le metodologie dell'IR si sono evoluti in nuove strategie di ricerca dell'informazione MMIR (MultiMedia Information Retrieval); sull'argomento Raieli – Innocenti 2005.

[3] L'impatto che i vocabolari controllati hanno sull'IR viene ampiamente analizzato negli standard BSI e ANSI/NISO (si veda in seguito n. 10). In particolare, lo standard americano rivolge un'attenzione specifica nei confronti degli utenti, con considerazioni sull'usabilità degli strumenti normalizzati e con l'analisi delle varie tipologie di fruitori che potrebbero interagire con le interfacce dei vocabolari (occasionali, esperti, professionisti del settore etc.); per ogni tipologia di utente vengono fornite soluzioni ad hoc che permettano e facilitino un completo ed efficace uso del sistema. Uno studio metodologico per l'analisi delle modalità con cui l'utente interagisce con le informazioni in González-Teruel 2018.

albero, stabilendo tra loro delle relazioni.[4] Ciò che differenzia un thesaurus da un vocabolario controllato – ovvero da una semplice lista di termini scelti – è la presenza delle relazioni che costruiscono la struttura semantica, o struttura ad albero, che è costituita da tre relazioni esplicite:

1) relazione gerarchica: relazione fondamentale basata sui livelli di sovraordinamento o sottordinamento, dove il termine sovraordinato rappresenta una classe o un insieme e i relativi termini subordinati si riferiscono ai suoi membri o alle sue parti. Le sigle che identificano questa relazione sono BT (Broader Term), prefisso al termine sovraordinato, e NT (Narrower Term), prefisso al termine subordinato (es.: Teatro futurista BT Teatro, Teatro NT Teatro futurista);[5]

2) relazione associativa: correlazione fra termini che non sono equivalenti (o sinonimi) e che non possono essere strutturati in una gerarchia in cui un termine sia subordinato all'altro, ma che tuttavia sono mentalmente associati. Il legame tra essi è esplicitato nel thesaurus per suggerire termini alternativi e una nuvola semantica utile per il recupero. La sigla che identifica questa relazione è RT (Related Term), prefisso al termine correlato (es.: Teatro RT Compagnie teatrali e viceversa).

3) relazione di equivalenza: relazione tra termini preferiti e non preferiti. Si ha quando due o più termini sono considerati riferiti allo stesso concetto, quindi sinonimi. Le sigle che identificano questa relazione sono USE prefisso al termine preferito, UF (Use for) prefisso al termine non preferito (es.: Bambini UF Fanciulli, Fanciulli USE Bambini).

Nei thesauri la relazione di equivalenza ha un ruolo fondamentale perché la ricerca nei database sia efficace: si ha un unico termine preferenziale tra sinonimi o quasi sinonimi e dai sinonimi più diffusi di esso sono forniti gli opportuni rinvii al termine preferito.

Ciò è necessario perché i termini del thesaurus sono termini tratti dal linguaggio naturale, rappresentano dei concetti, ma – diversamente da quanto accade nel linguaggio naturale – i termini sono con i concetti in relazioni biunivoche formalizzate, ovvero ad ogni termine corrisponde un concetto e quel concetto è rappresentato da quel solo

---

[4] La definizione di thesaurus e la codificazione delle relazioni fondamentali sono fornite dalla ISO 2788 (ISO 1986). Sull'argomento, nella pur abbondante letteratura scientifica di matrice anglosassone dedicata ai thesauri, è punto di riferimento Broughton 2006; in lingua italiana si ricorda Cavaleri 2013.

[5] I termini di indicizzazione riportati a titolo di esempio, nell'intero contributo, sono sottolineati dalla lettera maiuscola e tratti dal *Nuovo Soggettario*. Sono contrassegnati da (*) i termini proposti da PerformArt ed accettati dal *Nuovo Soggettario* in seguito all'istituzione della collaborazione tra i due progetti (vedi paragrafo successivo e n. 8).

termine. Utile ad esemplificare è il termine Cinema, che nel linguaggio naturale ha diverse valenze: la prima è l'arte e il complesso di attività che concorrono alla realizzazione dello spettacolo cinematografico, la seconda è la tecnica per la ripresa di immagini fotografiche in rapida successione, infine è il luogo in cui vengono proiettati pubblicamente i prodotti del cinema.

In un thesaurus questa valenza polisemica è inaccettabile, perché genererebbe ambiguità in fase di utilizzo: è quindi necessario prevedere tre diversi termini descrittori per le tre accezioni del termine. Per rappresentare la portata semantica che il vocabolo Cinema ha nel linguaggio naturale, avremo quindi bisogno di tre descrittori all'interno del linguaggio controllato di un thesaurus: Cinema per l'arte, Cinematografia per la tecnica, Sale cinematografiche per i luoghi, con una rete di relazioni tra i tre descrittori, così che si possa facilmente passare da uno all'altro, individuando la sfera di significato che più è necessaria a soddisfare il bisogno informativo.

Per facilitare il corretto uso dei descrittori, essi sono all'occorrenza corredati da una *scope note*, o nota d'ambito, che si usa per distinguere termini che hanno significati sovrapposti nel linguaggio naturale, per restringere o espandere il significato di un termine o per fornire indicazioni sull'uso del termine: non si tratta di una nota di definizione, ma di un chiarimento rispetto a quale sia il significato con cui il termine viene acquisito all'interno del thesaurus.

Nascita e sviluppo del thesaurus PerformArt

Sorta l'esigenza di avere uno strumento che facilitasse il recupero delle informazioni contenute nelle schede del database PerformArt,[6] si è scelto di partire da un thesaurus già esistente:[7] l'analisi degli strumenti a disposizione ha evidenziato come opportuno il thesaurus del

[6] D'ora in poi la sezione thesaurus del database PerformArt sarà identificata da TP. L'allestimento di un thesaurus per la descrizione semantica dei documenti era stato previsto sin dall'avvio del progetto; il cantiere è divenuto concretamente operativo grazie alle iniziative di Michela Berti, coordinatrice delle attività scientifiche, ricercatrice e amministratrice del database del progetto, e Marco Cavietti, membro dell'équipe di ricerca, ai quali è stata affiancata chi scrive, in veste di esperta di allestimenti tesaurali. Ad oggi il TP è incrementato dal lavoro di Michela Berti e Manuela Grillo.
[7] Questa scelta riflette l'orientamento – della ricerca in genere, ma anche delle stesse politiche dell'Unione Europea – all'*open data*, alla condivisione della conoscenza, al riuso dei dati; si vedano sull'argomento Cassella 2013 e Gruppo di studio AIB CILW 2017. Una esaustiva introduzione al tema *linked open data* in Guerrini – Possemato 2015.

Nuovo Soggettario,[8] il sistema di indicizzazione semantica elaborato dalla Biblioteca nazionale centrale di Firenze a partire dal 2006, che include, appunto, un thesaurus generalista, con termini di vari domini disciplinari.[9]

Si tratta di uno strumento conforme a normative e standard formulati a livello internazionale,[10] innovativo, flessibile, integrabile con le risorse elettroniche, interoperabile.[11] Il thesaurus NS, in continua evoluzione, è un progetto aperto a collaborazioni perché è ospitale, modulabile e facilmente integrabile: la sua natura generalista non entra affatto in conflitto con i contesti documentari altamente specifici e settorialmente specializzati, perché può accogliere interi rami strutturali di termini di specifici domini disciplinari.[12] In considerazione del tipo di materiale documentario su cui PerformArt indaga, la modularità è una caratteristica fondamentale, perché assicura anche la possibilità di gestire insieme descrittori che rappresentano concetti moderni e concetti antichi in un unico sistema di indicizzazione, senza che ciò vada ad inficiare la sua coerenza concettuale. La difficoltà di coniugare strumenti indicizzatori moderni e le esigenze dei documenti antichi risiede nell'universo semantico in cui questi ultimi si collocano: si tratta spesso di un universo semantico molto diverso da quello solitamente rappresentato negli schemi concettuali dei moderni sistemi di indicizzazione, nei quali i contenuti

---

[8] D'ora in poi NS. Nella primavera del 2018 è stato siglato un accordo tra Biblioteca nazionale centrale di Firenze e Progetto PerformArt con l'intento di usufruire del thesaurus NS per l'elaborazione del TP e di implementare il NS nel campo specifico delle arti performative. Notizie della collaborazione in Grillo 2019 e in Goulet 2019a.

[9] Al momento il thesaurus NS è costituito da più di 60 mila termini ed è disponibile all'indirizzo <http://thes.bncf.firenze.sbn.it/>. La guida all'uso è disponibile a stampa: BNCF 2006.

[10] Come standard di riferimento su thesauri e IR si sono più recentemente aggiunti alla ISO 2788 sopracitata: ANSI/NISO Z39.19-2005 (ANSI – NISO 2005); BS 8723-1:2005 (BSI 2005a); BS 8723-2:2005 (BSI 2005b); BS 8723-3:2007 (BSI 2007a); BS 8723-4:2007 (BSI 2007b); BS 8723-5:2008 (BSI 2008). Una buona analisi delle principali novità introdotte dagli standards BSI e ANSI/NISO rispetto alla ISO 2788 in Calvitti – Viti 2009. Interessante sottolineare l'attenzione riservata da questi standard al *displaying* dei thesauri: in particolare, nello standard americano un intero capitolo è dedicato all'argomento, soffermando l'attenzione sull'illustrazione delle caratteristiche necessarie per una corretta ed efficace visualizzazione (rappresentazione delle relazioni tra i termini e le scelte tipografiche adottate, specifici tipi di visualizzazioni adottabili etc.).

[11] Si intende per interoperabilità la possibilità di realizzare un colloquio, semantico e tecnico, tra vocabolari controllati. Lo standard di riferimento è la ISO 25964 (ISO 2013).

[12] Particolarmente significativi sull'interazione tra *Nuovo Soggettario* e ricerche scientifiche di dominio Lucarelli 2010 e 2017.

dei documenti antichi difficilmente trovano un corrispettivo, poiché è lo stesso lessico utilizzato che spesso non corrisponde ai termini indicizzatori correnti. Per esemplificare, non si può indicizzare con il termine Tasse un documento seicentesco che parla di gabelle, né con Registi una lettera in cui si faccia riferimento ai coreghi. Il rischio di anacronismo viene risolto nel *Nuovo Soggettario* con l'uso di opportune etichette di nodo, ovvero espressioni, poste tra parentesi quadre, che non sono termini di indicizzazione ma servono a raggruppare i termini secondo una certa caratteristica:[13] tra i termini NT di un certo termine è possibile individuare un principio classificatorio, una determinata caratteristica che viene espressa nell'etichetta di nodo, così che l'etichetta raggruppi tutti i termini che possiedono quella data caratteristica. Nel NS, ad esempio, il termine Musica ha come NT, tra gli altri, Musica africana, Musica latino-americana, Musica orientale, Musica futurista, Musica verista, Musica popolare, Musica per l'infanzia: si tratta di termini che esprimono con la loro aggettivazione vari tipi di caratteristiche (nel caso di Musica futurista e Musica verista si tratta della corrente o del movimento artistico, nel caso di Musica africana e Musica latino-americana l'aggettivazione esprime il luogo di composizione). I vari NT di Musica vengono quindi raggruppati attraverso delle etichette di nodo che individuano alcuni principi classificatori. L'etichetta di nodo [Musica secondo il luogo di composizione] raggruppa la Musica africana, la Musica orientale e quella latino-americana; l'altra etichetta [Musica secondo le correnti e i movimenti artistici] è BT di Musica futurista e Musica verista, così che non sono mescolati termini di diversa sfera semantica e, al momento della ricerca, l'utente non sarà distratto da decine di NT del termine Musica, ma troverà vicini termini affini.

È quindi grazie alle etichette di nodo che è possibile inserire concetti relativi al passato, senza cortocircuito logico dettato dalla presenza di termini contemporanei accanto a termini che esprimono concetti antichi. Nel NS abbiamo l'etichetta di nodo [Organizzazioni del mondo del lavoro] che vede tra i suoi termini sottoordinati Agenzie per il lavoro, Centri per l'impiego, Collettivi operai, Consigli di fabbrica; le Corporazioni medievali, altro termine logicamente sottoordinato, è stato separato dai termini che esprimono concetti moderni attraverso l'etichetta di nodo [Organizzazioni del mondo del lavoro del passato], che ha per termine sovraordinato [Organizzazioni del mondo del lavoro]. Allo stesso modo l'etichetta di nodo [Persone nelle attività ricreative e sportive] ha tra i suoi NT Animatori, Bagnanti,

---

[13] Sulle etichette di nodo Grillo 2007; sull'uso delle etichette di nodo per raccordare concetti antichi e concetti moderni Grillo 2015.

Cubisti, Fan, Majorette, termini che avrebbero creato una sorta di cortocircuito temporale accanto a Gladiatori e Giullari, termini per i quali è stata quindi creata l'etichetta di nodo [Persone nelle attività ricreative e sportive del passato], che ha come BT [Persone nelle attività ricreative e sportive].

Al momento sono già presenti numerose etichette di nodo nel database del NS per raggruppare descrittori che esprimono concetti relativi al passato, quindi non si tratta che di implementare all'occorrenza ciò che è già esistente.[14]

Dal punto di vista metodologico, si possono individuare tre principali tipologie di concetti da raccordare a termini che esprimono concetti moderni:

1) concetti relativi a realtà che non esistono più: questo caso si presenta soprattutto quando si ha a che fare con istituti giuridici o categorie sociali ed è, appunto, risolvibile con l'introduzione di apposite etichette di nodo [... del passato];[15]

2) concetti relativi a realtà che esistono ancora con altro nome: è un'evenienza che si può risolvere con un uso accurato della *scope note;*[16]

3) concetti relativi a realtà di incerta identificazione: ci si può attestare al BT ideale della voce che risulterebbe incomprensibile.[17]

SCELTE METODOLOGICHE, TECNICHE ED ESEMPI DI SVILUPPO DEL TP

Uno dei maggiori vantaggi di avere come base di sviluppo uno strumento autorevole è innegabilmente quello di avere a disposizione un gran numero di descrittori già strutturati, inseriti in un impianto gerarchico già validato. Inoltre quanto stabilito per lo sviluppo del NS ha semplificato alcune scelte metodologiche, fondamentali nella creazione della nuvola thesaurale che avremo attorno ad ogni singolo descrittore nella fase d'uso del thesaurus: prima tra tutte la scelta della poligerarchia, ovvero della condizione di un certo termine di avere due

---

[14] Al momento, per la prima fase di sviluppo del TP è stato necessario inserire una sola etichetta di nodo [... del passato] rispetto a quelle già presenti in *Nuovo Soggettario*, ovvero [Persone nelle attività economiche varie del passato] (*).

[15] Un esempio è il termine Maestri di casa BT [Persone nelle attività economiche varie del passato].

[16] Un esempio è il termine Messinscena, ben distinto dal termine contemporaneo Regia con l'uso di una chiara nota d'ambito, o *scope note*, che ne evidenzi l'ambito d'uso.

[17] Il caso non si è ancora presentato nello sviluppo del TP. Un esempio potrebbe essere il termine generico Febbri, che sarebbe scartato a favore del termine che è logicamente il suo termine gerarchicamente sovraordinato, ovvero Malattie contagiose.

BT, due termini sovraordinati. Ad esempio, il descrittore Libretti ha BT Documenti musicali e BT l'etichetta di nodo [Letteratura drammatica secondo specifiche forme], perché i libretti appartengono sia al sovrinsieme dei documenti musicali che a quello dei generi letterari, esattamente nella stessa misura. Nel NS la poligerarchia è quindi ammessa, ma è una poligerarchia temperata, ossia applicata con moderazione, con particolari cautele: per controllare la corretta formazione della poligerarchia, ad un termine potenzialmente poligerarchico si applicano una serie di verifiche, sottoponendo poi ciascuna gerarchia a dei test logici.[18] La verifica dell'opportunità di inserire una poligerachia parte dal capire se – sulla base delle definizioni fornite dai repertori riguardo ad un determinato termine – c'è una prevalenza di una delle due gerarchie ammissibili; se si realizza questo caso, non c'è poligerarchia, vince la gerarchia prevalente e l'altro potenziale BT viene trasformato in un RT (con relazione associativa e non gerarchica). Significativo l'esempio di Maestri di musica, descrittore che avrebbe come potenziali BT sia Musicisti che Insegnanti; tuttavia, secondo le definizioni fornite dai repertori, i maestri di musica sono prioritariamente dei musicisti di professione diplomati al conservatorio, quindi viene scelto come BT Musicisti, perché si tratta di una relazione prevalente, e il descrittore Insegnanti diventa RT. Analogamente i Maestri di danza (*) hanno BT Danzatori e RT Insegnanti.

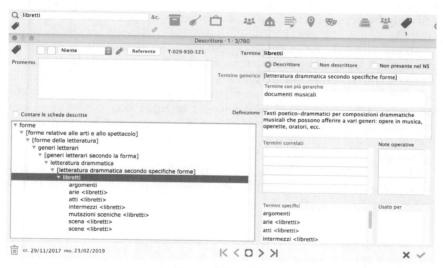

Fig. 1 – [Libretti].

<hr />

[18] Sull'argomento BNCF 2006, p. 76-79.

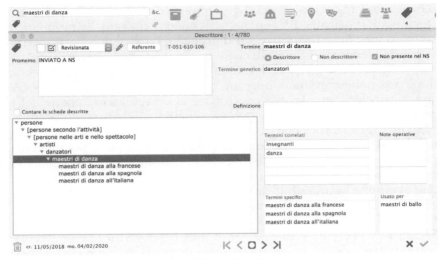

Fig. 2 – [Maestri di danza].

La scelta di una poligerarchia temperata trova la sua ragione nella preoccupazione di non complicare la nuvola thesaurale[19] dei termini potenzialmente poligerarchici: se un termine ha più di un BT, esso è inserito in più rami gerarchici e gli si sovrappongono più nuvole semantiche, comportando una confusione inopportuna in fase di ricerca.

Fondamentale nello sviluppo del TP è la tecnica della disambiguazione,[20] impiegata per distinguere i differenti significati di uno stesso termine. Considerato che la ricchezza del linguaggio naturale (ove un termine può avere numerose valenze semantiche) si riflette sul linguaggio di indicizzazione (ove i termini non possono essere ambigui ed ogni termine deve essere in un rapporto biunivoco con il concetto che rappresenta), il linguaggio documentale prevede una soluzione che azzeri la sovrapposizione semantica.

Esistono varie modalità di disambiguazione, tra le quali la più diffusa è far seguire il termine ambiguo da una qualificazione tra

---

[19] L'espressione si riferisce alla comune modalità di visualizzazione dei thesauri, in cui il termine di partenza è al centro di una "nuvola" ed ha attorno gli altri termini con cui ha relazioni di BT, NT, RT, USE, UF. La nuvola thesaurale del lemma Maestri di danza, appena citato come esempio, sarà costituita dai termini Danzatori (BT), Insegnanti (RT), Danza (RT), Maestri di ballo (UF).

[20] Sull'argomento BNCF 2006, p. 64-66.

parentesi uncinate (solitamente il BT del termine), costituendo un'unità inscindibile, cioè un unico termine di indicizzazione.

Tuttavia poiché le disambiguazioni, nel caso di costruzioni di stringhe di soggetto per indicizzare il contenuto di un documento, possono essere d'ostacolo alla comprensione dell'intera stringa, vengono privilegiate le scelte tecniche e formali che riducono al minimo il ricorso alla disambiguazione: in primo luogo, in un gruppo di omografi si possono disambiguare tutti i termini tranne uno. Ad esempio la follia, in quanto danza, avrà necessità di disambiguazione rispetto alla follia, in quanto alterazione delle facoltà mentali, ed avremo quindi rispettivamente i termini di indicizzazione Follia <Danza> (*) e Follia;[21] il termine Prove <Spettacoli> (*) è disambiguato rispetto a Prove, inteso come documenti atti a dimostrare la verità di un'affermazione o l'esistenza di un fatto giuridico; il termine Litanie, preghiere della liturgia cattolica, è distinto da Litanie <Canti liturgici> (*), canti e musiche che accompagnano quelle stesse preghiere.[22]

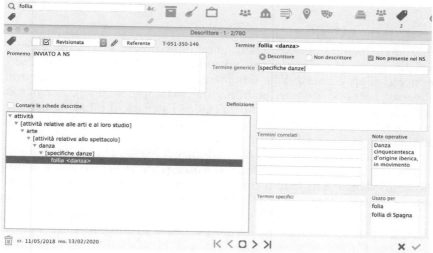

Fig. 3 – [Follia <danza>].

[21] La scelta del termine da non disambiguare avviene secondo i seguenti criteri, in ordine di priorità: 1) l'omografo che non risultava disambiguato negli strumenti nazionali di indicizzazione precedenti al NS; 2) l'omografo il cui significato è dato come principale nei dizionari di riferimento; 3) l'omografo che è utilizzato per indicizzare il maggior numero di documenti; 4) il primo in ordine di tempo usato nella Bibliografia Nazionale Italiana o nel catalogo del Servizio Bibliotecario Nazionale. *Cf.* BNCF 2006, p. 64-65.

[22] Diversamente dagli esempi precedenti, i due termini sono collegati da una *scope note*, che può essere corredata di una nota di orientamento rinviante a

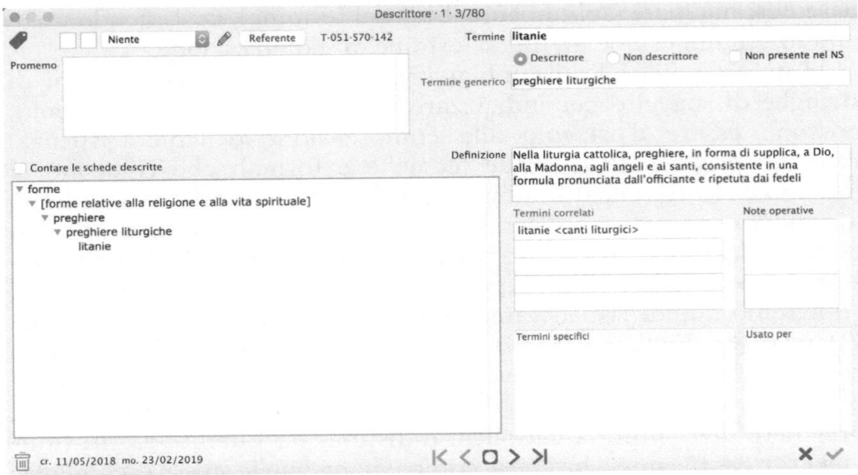

Fig. 4 – [Litanie <canti liturgici>].

È inoltre raccomandabile non ricorrere alla disambiguazione quando le forme singolare e plurale rendono possibile la compresenza nel thesaurus del singolare e del plurale di uno stesso lemma, se i concetti rappresentati dalle due forme appartengono a due categorie diverse, secondo quanto stabilito dal principio dello scostamento categoriale:[23] il singolare Scultura indica l'attività, il plurale Sculture indica gli oggetti; il singolare Volta (*) indica la danza, il plurale Volte indica le coperture ad arco di un edificio.

Consideriamo l'esempio della Bourrée, sia danza che componimento musicale: in PerformArt il termine ricorrerà certo con il significato di danza e di forma musicale, ma alcuni documenti trattano anche di esecuzioni musicali di bourrée, nonché di partiture. Di quali e quante disambiguazioni c'è necessità? Bourrée (*) rappresenta la danza, lo scostamento categoriale permette di introdurre il plurale Bourrées (*) per le forme musicali; per gli altri due significati da precisare, essi sono riferibili a termini con significato generico, che hanno cioè molti campi di applicazione, pertanto il compito di precisare il senso del termine è assolto dalle relazioni espresse nella combi-

termini con significato alternativo, come in questo caso; Litanie ha *scope note*: «Nella liturgia cattolica, preghiere, in forma di supplica, a Dio, alla Madonna, agli angeli e ai santi, consistente in una formula pronunciata dall'officiante e ripetuta dai fedeli. Per il significato di canti e musiche che accompagnano le omonime preghiere, anche in processioni, etc., usare Litanie <Canti liturgici>».

[23] BNCF 2006, p. 63.

nazione dei termini descrittori: per il concetto di bourrés eseguite non c'è necessità di disambiguazione, perché il senso è espresso dalla combinazione "Bourrées – Esecuzione musicale", così come, per le partiture di bourrées, da "Bourrées – Partiture".

Il NS è in effetti un vero e proprio linguaggio di indicizzazione: semplificando, i termini del thesaurus sono i vocaboli della lingua documentale, che possono essere combinati tra loro attraverso le regole sintattiche. Quindi gli aspetti danza e forma musicale danno luogo a diversi termini di indicizzazione, mentre l'esecuzione musicale e gli spartiti possono risolversi sul piano sintattico, attraverso la combinazione con altri descrittori. Questo permette peraltro, in fase di ricerca, di recuperare, ad esempio, tutte le esecuzioni musicali, non solo di Bourrées, ma anche di tutte le altre forme musicali contenute nel database PerformArt.

Fattori di criticità

Al di là dell'impianto terminologico, la difficoltà da sciogliere, per rendere TP davvero utile per una efficace IR, è stata stabilire una politica di uso dei descrittori che fosse condivisa da tutta l'équipe di ricerca che implementa il database. *In primis*, infatti, l'uso di un thesaurus ha senso se tutte le schede che lo richiedono sono dotate di descrittori: se l'uso fosse incostante, il risultato non potrebbe essere che deludente.

È poi necessario standardizzare il livello di dettaglio nell'attribuzione dei descrittori: le gerarchie dei termini possono essere perfettamente coerenti, ma se l'uso a livello di dettaglio della descrizione fosse difforme, il risultato sarebbe mediocre. Un esempio: nel caso di conti che parlano dei costi degli abiti di scena, ove sono dettagliati i costi di pizzi, fettucce e stoffe, se non venisse stabilita a monte una politica di uso dei descrittori il risultato sarebbe assolutamente difforme. Un ricercatore potrebbe inserire "Abiti di scena", un altro, magari più scrupoloso, inserirebbe "Pizzi", "Fettucce" e "Stoffe", un terzo, nell'indecisione, sceglierebbe sia "Abiti di scena" che tutti i termini più specifici. Da sottolineare che, se è vero che è fondamentale il costante ed omogeneo livello di dettaglio utilizzato, non esiste un livello corretto aprioristicamente, piuttosto sono le esigenze del nostro progetto a stabilirlo.

La nostra sfida è quindi di costruire un buon sistema in cui vengano codificati i concetti della *performance*, auspicandoci che il database abbia il più ampio uso, non limitato agli specialisti del settore, ma di interesse per gli storici, per gli storici della lingua, per gli storici dell'economia. Ciò che ci si auspica è quindi poter parlare una lingua comune senza perdere la specificità del linguaggio di ricerca.

Seconda parte

SPETTACOLI, EVENTI E "PERFORMANCE": CONSIDERAZIONI METODOLOGICHE

INTRODUCTION

Il est impossible de réduire l'interprétation d'un événement artistique, qu'il s'agisse d'un spectacle théâtral, d'un opéra ou d'un ballet, à l'étude de la partition musicale, du livret ou de l'œuvre littéraire qui en constituent le point de départ. En partant de ce constat, notre deuxième section s'articule autour de plusieurs propositions méthodologiques. L'étude de l'événement dans son entièreté implique de considérer conjointement l'action de ceux qui performent ainsi que celle de ceux qui regardent et écoutent dans le contexte historique et social où ce spectacle intervient. Le concept d'"événement-spectacle", que l'on peut définir comme « la conjonction d'un agir performatif et d'un agir spectatif, dans un lieu donné, pendant un laps de temps donné », permet une approche nouvelle, où les spectacles sont appréhendés dans leur dimension d'interaction sociale (Guy Spielmann). Une telle démarche offre en outre des clefs de lecture précieuses pour comprendre le phénomène des fêtes de cour, dans lesquelles s'inscrit un grand nombre des spectacles que nous étudions.

Mais comment retracer l'histoire de tels événements lorsque les sources sont rares et incomplètes, et dans quels types de documents trouve-t-on des informations pertinentes (Michela Berti)? Une deuxième proposition terminologique, celle d'"événement performatif", permet de cerner la spécificité des spectacles, qui, pour être extraordinaires, ne sont en rien le fruit du hasard, mais généralement le résultat d'un long processus de préparation. La réflexion est menée à partir du cas de la famille Vaini, arrivée à Rome dans le premier quart du XVIIe siècle. Une fois le concept d'événement replacé dans son historiographie mouvementée, le lecteur est invité à réfléchir à la nature des sources qui nous sont parvenues, que ces dernières visent, intentionnellement, à conserver le souvenir d'une performance passée ou qu'elles attestent une performance de manière non délibérée comme c'est le cas pour les documents comptables par exemple. Le paramètre archivistique s'impose à l'historien du spectacle, qui, à défaut de pouvoir reconstruire avec précision ce qui s'est déroulé sur la scène, peut toutefois espérer documenter les événements performatifs en croisant systématiquement tous les documents qu'il aura repérés.

L'étude d'une série de fêtes dynastiques et politiques liées au protectorat que le cardinal Girolamo Colonna exerçait pour l'Empire et l'Espagne (1644-1664) met en évidence la capacité que détiennent la musique et le son d'agir sur les individus et sur les espaces où ils résonnent (Émilie Corswarem). Cette troisième perspective, qui recourt à ce que les Anglo-saxons, à la suite de l'anthropologue Alfred Gell, nomment *agency*, l'agentivité, invite à considérer les spectacles en rapport étroit avec le contexte de leur déroulement et à dégager l'effet des forces agissantes. Elle montre comment le déploiement d'une fête, y compris dans sa dimension sonore, venait marquer l'espace urbain en dessinant un parcours qui unissait palais, rues et places dans le cadre d'une même célébration. Au sein du dispositif global, la musique détenait un pouvoir d'action, au même titre que les allégories visuelles, les lumières et les odeurs.

GUY SPIELMANN

LA FÊTE BAROQUE, ARCHÉTYPE
DU MACRO-ÉVÉNEMENT-SPECTACLE

L'étude de la fête aristocratique à l'Âge Baroque pose d'emblée un double problème de généricité et de champ disciplinaire. Si le mot et la chose semblent familiers, la "fête" se présente sous forme d'un agrégat de manifestations fort diverses, hétéroclites même – bals, processions, promenades, banquets, représentations théâtrales, tournois, feux d'artifices, etc. – que l'on prétend néanmoins saisir comme un tout unitaire. Il en va de même de "la cour", trop rapidement ramenée au seul modèle de celle de Louis XIV à Versailles. À tout le moins, la diversité de la fête curiale baroque réclame une approche interdisci-plinaire, qui ne résoudra pourtant pas la question épistémologique de la disciplinarité, puisque, de ce point de vue, l'étude du phénomène a le plus souvent procédé par extension à partir d'un point d'ori-gine situé dans une discipline particulière : l'histoire socio-politique, les arts du spectacle, l'histoire de l'architecture et des bâtiments (et celle des jardins qui s'y rattachent), mais aussi l'«histoire des choses banales» selon la formule de Daniel Roche[1] : vêtements, denrées de bouche, bougies et toute une infinité d'objets et de produits utilisés. Par où donc commencer l'enquête, et comment faire en sorte de tenir compte équitablement des considérations qui sont au cœur de chaque domaine scientifique, autant que de la diversité du milieu curial ?

Jusqu'ici, paradoxalement, la fête représentait à la fois un objet de fascination pour tous et une forme marginale dans toutes les disci-plines. Pour les historiens, la fête manque de profondeur, ou en tout cas ne présente pas une fonctionnalité claire sur le plan politique, contrairement à l'entrée, par exemple, avec laquelle elle partage pour-tant nombre de points communs ; il existe donc de vastes projets de recherche dévolus aux entrées, avec colloques et publications à la clé, mais relativement peu sur les fêtes. Pour ceux qui travaillent sur les arts du spectacle, la centralité du théâtre est telle que l'on ne dispose pas d'outils conceptuels adéquats pour rendre compte de la plupart des manifestations qui constituent une fête ; et l'on ne dépasse alors guère l'analyse selon laquelle tout y est peu ou prou "théâtralisé", ce

---

[1] Roche 1997.

qui n'explique rien. Pour les spécialistes d'architecture et de jardin, la fête n'est jamais qu'un épiphénomène que l'éphémère distingue du bâti et du planté, relativement pérennes. Par conséquent, les travaux consacrés aux fêtes soit se contentent d'un survol impressionniste, soit accumulent à partir de sources d'archive (parfois très abondantes) une masse de détails qui ne se traduisent pas forcément par une explication concluante sur la fonction et la signifiance de ce que l'on décrit. Même les exceptions, tel le formidable *Theatre festivals of the Medici* de Nagler[2], ne parviennent pas à se détacher tout à fait du principe de la "politique théâtralisée" qui n'est pas satisfaisant sur au moins un point – crucial : tandis que le théâtre implique la fiction et l'illusion, y compris lorsqu'il met en scène des personnages historiques (César, Le Cid, Richard III...), la fête est une manifestation inscrite dans le réel, où figurent de véritables acteurs politiques, tout en ayant recours ponctuellement à des éléments de fiction.

En choisissant de mettre la performance au cœur de la réflexion, le projet PerformArt ambitionne manifestement de dépasser les limites de ces visées traditionnelles[3]. De plus, en se focalisant sur un corpus certes déjà étudié, mais encore insuffisamment exploité, les fêtes romaines entre 1644 et 1740 (voir les travaux de Maurizio Fagiolo dell'Arco, Silvia Carandini et Martine Boiteux[4]), il ouvre de nouvelles perspectives sur le divertissement aristocratique, mais aussi sur la nature même de "la cour", au-delà du modèle jadis (im)posé par Norbert Elias[5]. Ce modèle à vocation universelle était en fait fondé presque exclusivement sur l'exemple louis-quatorzien, et demandait donc à être relativisé[6]; l'univers curial de la Rome baroque, par sa spécificité[7], se prête parfaitement à cette révision. Pour bien asseoir cette démarche novatrice à plusieurs titres, il importait au préalable de soigneusement définir ce concept opératoire de "performance" qui, en dépit de la vogue qu'il a suscitée dans les humanités et les sciences sociales – le *performative turn* décrit par Burke[8] – reste souvent bien flou. J'ai moi-même expliqué comment les *performance studies* anglo-saxonnes, alors à leur apogée, vers la fin des années 80, avaient explicitement renoncé à une définition stable et unique, ouvrant ainsi la

---

[2] Nagler 1964.

[3] Pour une présentation du projet PerformArt, voir l'avant-propos du présent ouvrage.

[4] Fagiolo dell'Arco – Carandini 1977-1978, Fagiolo dell'Arco 1994 et 1997, Boiteux 1977 et 2010.

[5] Elias 1969.

[6] Brice 2009.

[7] Ago 1997.

[8] Burke 2005.

voie à toutes les dérives, chacun se sentant libre de donner au terme de "performance" (et "performeur", "performatif", "performativité", etc.) le sens qui lui semblait convenir[9]. Or, une approche véritablement scientifique exige des concepts clairs et univoques : afin que celui de "performance" prenne une valeur opératoire, il faut qu'il comble une lacune, et pas seulement qu'il introduise un terme nouveau pour désigner ce que l'on connaissait déjà. Cela se vérifie uniquement si l'on replace la performance dans le cadre plus large du spectacle, dont elle est une composante ; mais il se trouve justement que la fête aristocratique à l'Âge Baroque constitue un excellent cas de figure pour comprendre ce qu'est le spectacle, et le rôle essentiel qu'il joue dans le fonctionnement des sociétés.

Du texte à l'événement :
UN TOURNANT ÉPISTÉMOLOGIQUE ET MÉTHODOLOGIQUE

Les bals, les promenades, les banquets, les représentations théâtrales constituaient l'ordinaire de la vie de cour à l'aube des temps modernes. Dans ce quotidien pourtant fait de luxe, de pompe et de divertissements en tous genres, la fête apporte une rupture[10], par le niveau exceptionnel des moyens et les efforts déployés, par les sommes englouties ; mais on s'efforçait d'en souligner encore le caractère hors du commun en mettant l'accent sur l'éphémère de telles manifestations : on y voit des costumes qui ne seront portés qu'une fois, des structures édifiées pour la circonstance qui seront démantelées ensuite, voire littéralement détruites lors de la fête (une forteresse ottomane prise d'assaut, le palais d'une magicienne qui s'écroule dans les flammes). Impossible ne pas saisir qu'il s'agit d'un événement, au sens strict du terme : quelque chose qui se déroule dans un laps de temps et un lieu définis, et qui ne se renouvellera pas.

L'étude du spectacle a longtemps souffert de raisonner à partir d'abstractions ("le théâtre", "l'opéra", "la fête") tout en étudiant, sur le plan concret, un corpus essentiellement textuel : "le théâtre classique" ou l'"opéra baroque" se ramenaient ainsi à un ensemble de textes – textes dramatiques pour l'un, partitions (et, très secondairement, livrets) pour l'autre – soumis à des analyses philologiques et musicologiques où les réalités scéniques ne fournissaient au mieux qu'un complément traité sur le mode anecdotique. En d'autres termes, on jugeait que les circonstances exactes dans lesquelles furent joués, par

---

[9] Spielmann 2013.
[10] Boucher 2003.

exemple, *Le Cid*, *Tartuffe*, *Phèdre*, *Atys* ou *Les Indes galantes* peuvent à la rigueur apporter un éclairage secondaire sur leur signification et leur signifiance (dans l'histoire littéraire et/ou musicale), sans pour autant remplacer le sujet d'étude, qui est le texte (le texte dramatique, le livret, la partition) – les variations entre différents états du texte, parfois considérables, étant également gommées. Ainsi l'on étudie le *Tartuffe* de Molière en tant que chose-en-soi, alors qu'on sait que lorsque la pièce fut créée à Versailles en mai 1664, dans le cadre d'une fête d'ailleurs, elle ne comprenait que trois actes; qu'elle fut aussitôt interdite, et que la version en cinq actes, dont Molière pensait qu'elle serait plus acceptable, fut également censurée au bout de deux séances lorsqu'elle fut donnée à Paris en août 1665[11]. Lorsque aucun incident notable ne vient émailler les représentations, en revanche, on tend à oublier que "la pièce" fut, d'abord et avant tout, une série de séances devant un public, c'est-à-dire une série d'événements.

Soyons clair : il n'est nullement question de substituer l'étude de l'événement – ontologiquement ponctuel – à celle de la "longue durée", ni même d'ailleurs de les opposer l'un à l'autre, mais bien de déterminer un objet d'étude qui puisse être soumis à une analyse phénoménologique. Par nature, les phénomènes "de longue durée" n'ont pas de contours nets, ni de bornes chronologiques évidentes, ce qui rend malaisée une saisie de l'objet et induit donc une démarche généralisatrice sujette à caution sur le plan méthodologique. La question fondamentale "Qu'étudie-t-on au juste ?" nous force à prendre conscience de la nature véritable de notre objet, quitte à reconnaître qu'il s'agit d'un objet indéterminé, ce qui est acceptable dans la mesure où l'on adopte un positionnement "quantique" au sens de la physique, qui revient à poser l'indécidabilité comme principe opératoire. Est-ce nécessaire ? En réalité, l'opposition de contrariété entre l'"événement" et la "longue durée" n'est qu'un artefact de l'historiographie (française notamment) à la suite d'un *aggiornamento* quant à sa focalisation excessive sur l'"événement historique" au sens d'événement exceptionnel, impliquant des personnages importants et/ou signalant un "moment signifiant" dans le continuum historique, établi sur des bases forcément subjectives : c'est là le "péché événementiel" récusé par Braudel[12]. À partir du moment où l'on s'en tient à une définition neutre de l'événement – ce qui arrive, ce qui se passe –, force est de constater que la "longue durée" chère à l'école des *Annales* n'est jamais qu'une série d'événements comme la ligne est constituée d'une série de points.

---

[11] Voir Biet 2013a.
[12] Braudel 1958.

Dans le cas de la fête aristocratique, au moins, le caractère exceptionnel de l'événement n'est pas contestable puisque c'est sa raison d'être ; dans le cadre d'une stratégie "politique" au sens large, donner une fête revient à se distinguer pour marquer les esprits. Bien sûr, il apparaît assez rapidement au chercheur que, malgré cette volonté de singularisation, les manifestations festives en milieu curial sur la durée de l'Âge Baroque présentent de nombreux points communs, qui tiennent d'abord à la disponibilité matérielle des instruments et des produits utilisés, et ensuite à des convergences esthétiques propres au milieu nobiliaire : le recours à la mythologie gréco-romaine pour ce qui est de la symbolique, l'appétence pour les allégories, mais aussi la persistance du référent nostalgique de la chevalerie, qui se traduit autant par des exercices martiaux (courses de bague et de tête, *sbarre*, naumachies, simulations de batailles) que par la mobilisation de figures tirées des épopées médiévales, ou plutôt de leur récriture par l'Arioste (*Orlando Furioso*, 1532) et le Tasse (*Gerusalemme liberata*, 1581). Il n'en reste pas moins que chaque organisateur, à chaque occasion, eut le souci de se singulariser, en fonction de ses moyens techniques et financiers, mais aussi de ses goûts et de particularités locales. Jamais les généralités que l'on peut égrener sur "la fête curiale baroque" n'oblitèreront la singularité de chaque manifestation.

La "festa teatrale", piste séduisante mais dangereuse

Longtemps, les historiens ont abordé les fêtes par le biais du théâtre, pour au moins deux raisons : toutes possèdent une dimension théâtrale, non seulement parce qu'on y joue forcément des œuvres dramatiques (comédies, tragédies, opéras, pastorales...), mais aussi parce qu'on y emploie des moyens scénographiques pour des composantes qui ne sont pas intrinsèquement dramatiques : les banquets, les joutes et autres exercices guerriers, les bals, les feux d'artifices peuvent être "mis en scène" ou "chorégraphiés" – ou donner l'impression de l'être. Le danger pour le chercheur réside alors dans la tentation de prendre au pied de la lettre ce qui n'est réellement qu'une métaphore ; s'il est normal que chaque composante d'une fête ait été soigneusement préparée et orchestrée, on ne peut pas l'assimiler à du théâtre, sauf à entretenir une confusion préjudiciable à la démarche scientifique.

Cette dérive, très courante (et qui ne reflète pas forcément la mauvaise foi), s'explique d'abord par le prestige culturel de l'art dramatique en Europe du XVIe au XXe siècle, qui a conduit à un renversement de perspective. En 1972, *Les Plaisirs de l'Isle enchantée* était encore présenté comme une annexe à l'œuvre de Molière dans l'édition

de référence de ses comédies[13], comme si ces réjouissances fastueuses
ayant duré toute une semaine méritaient qu'on s'y intérese seulement à cause de *Tartuffe*, de *La Princesse d'Élide* et du *Mariage forcé*,
pièces jouées à cette occasion. Or, il suffit de lire les diverses relations,
officielles[14] ou non, pour relativiser l'importance de ces pièces dans
l'ensemble des manifestations proposées par Louis XIV à quelque
six cents invités. De telles distorsions ne sont pas propres au théâtre
parlé : en 1598, les noces du grand duc Ferdinando de' Medici et de
Christine de Lorraine à Florence donnèrent lieu à plusieurs semaines
d'activités festives de toutes sortes, dont un étonnant match de foot-
ball avant la lettre (*calcio*) entre deux équipes de cinquante hommes.
Parmi ces divertissements, une pastorale dramatique, *La Pellegrina*
d'un certain Girolamo Bargagli, et surtout les six intermèdes lyriques
(*intermezzi*) dont elle était lardée. Loin de constituer de simples inter-
ludes musicaux, ces *intermezzi* formaient un ensemble cohérent, et
surtout servaient de prototype à une forme en devenir, le *dramma
per musica*. Ils étaient en effet dirigés par le comte Bardi da Venio,
celui-là même qui avait constitué un groupe de recherche afin d'éla-
borer un genre nouveau, et pas moins de sept compositeurs avaient
travaillé sur la partition (dont Bardi lui-même, Jacopo Peri et Emilio
de' Cavalieri) et cinq librettistes, dont Ottavio Rinuccini ; les costumes
étaient de Bernardo Buontalenti. Le spectacle était agrémenté d'entrées en gloire et d'effets à machine. On imagine sans peine que ces
intermezzi éclipsèrent la pastorale, et il semble logique que les musicologues y aient identifié une des toutes premières réalisations de ce
qu'on nomme aujourd'hui "opéra". Toutefois, le reste du programme
suggère que les gens de l'époque auraient eu du mal à percevoir le
caractère historique de cette performance, tout comme les convives
des *Plaisirs de l'Isle enchantée* auraient eu bien du mal à imaginer que
l'amuseur Molière deviendrait une figure centrale de la littérature et
de la culture françaises. Pour eux, ni *Tartuffe* ni *La Princesse d'Élide* ne
furent les moments forts de la fête.

L'étude événementielle envisage au contraire l'ensemble de la fête,
tel qu'il fut conçu et perçu à l'époque, ce qui a pour vertu de rétablir
l'équilibre entre les diverses composantes, surtout lorsque celles-ci
n'ont plus de nos jours d'actualité possible : on joue très régulière-
ment *Tartuffe*, mais on verrait mal le chef de l'État se costumer pour
participer à une joute (ou à un quelconque exercice du même acabit).
Ce détail permet de souligner l'impossibilité de ramener le spectacle
au théâtre, ainsi que cela se fait encore trop souvent, comme si le

---

[13] Molière 1972, t. 1.
[14] *Plaisirs de l'isle enchantée* 1664.

second n'était que l'amplification du premier. En fait, la relation opère en sens inverse : le théâtre est une forme spécifique de spectacle, qui se caractérise par sa dimension fictionnelle et par la représentation. Pour bien saisir ce rapport, il faut au préalable concevoir le spectacle comme un phénomène social qui n'implique ni la fiction, ni la représentation, et où la performance prend tout son sens.

PERFORMANCE ET SPECTACLE

Le terme de "performance" figure depuis deux décennies parmi les plus galvaudés dans le discours des humanités, où le "tournant performatif" dont rendait compte Burke s'est accompagné d'une dilution croissante du concept[15]. Dès la fin des années 1980, dans le domaine anglo-saxon, les adeptes des *performance studies* en étaient arrivés à un tel degré de désaccord quant au sens à donner à "performance" qu'ils décidèrent d'un commun accord que tout un chacun pouvait la définir à sa guise[16]. Or, comment fonder une démarche scientifique sur un concept opératoire malléable au gré des chercheurs qui l'utilisent ? Commençons donc par présumer qu'un concept vaut par sa singularité, de manière positive – ce qu'il signifie – autant qu'*a contrario* – ce qui l'oppose à d'autres concepts. En anglais, *performing* est un mode de l'action humaine qui implique d'abord la conscience d'agir, et partant une attention portée à ce que l'on fait, qui dépasse le simple "faire" : un acte médical, une cérémonie civile ou religieuse, mais aussi un rôle de théâtre ou une chorégraphie en relèvent, au contraire par exemple de la lessive, de courses et de bien d'autres activités qui ne réclament pas le même niveau de concentration. L'exigence des tâches à accomplir demande souvent un protocole établi à l'avance, parfois selon des dispositions très précises qui doivent être suivies scrupuleusement ; mais l'on peut dire qu'il y a performance dès que l'on agit avec la conscience d'agir.

Dans l'expérience commune, cette conscience procède d'abord de la présence d'autrui : on agit d'une manière particulière parce qu'on se sait observé, et qu'on souhaite donner une certaine impression. La toute première définition véritablement satisfaisante, avancée par le sociologue Erving Goffman dans son ouvrage fondateur *The Presentation of Self in Everyday Life* (1956), qualifie de performance « toute activité par un individu donné dans une occasion donnée, qui

---

[15] Burke 2005, p. 35 ; il parle de l'« "over-extension" of the central notion of performance ».

[16] Sous prétexte qu'il s'agissait d'un « concept contesté » ; voir Spielmann 2013, p. 193.

sert à influencer d'une manière quelconque les autres participants »[17] ;
pour lui, toute interaction sociale suppose une performance. Une vingtaine d'années plus tard, l'un des fondateurs des *performance studies*,
Richard Schechner, trouva la formule aussi efficace que gnomique :
showing doing – "montrer faire"[18]. L'une des plus grandes faiblesses
de la *performance theory*, outre son refus de finalement définir son
objet, réside dans sa négligence de celui/celle dont la présence (indispensable) et l'attention (variable) rend possible la performance : le
spectateur. Même si par la suite, de manière compensatoire, se sont
développées des *spectator* (ou *audience*) *studies*, l'"activité spectative"
(*spectating*) n'a jamais été adéquatement intégrée.

Le modèle que je propose reprend les principaux acquis de la
performance theory, tout en offrant des solutions aux diverses lacunes
que j'ai résumées ci-dessus. Le point de départ, c'est donc un concept
a minima de performance en tant que mode de l'agir[19] : un agir qui
n'a rien d'exceptionnel ni de spécial, mais qui se distingue du simple
"faire" par la conscience d'agir, induite par la conviction qu'il faut
suivre un protocole prédéterminé ou prescrit : cas du chirurgien qui
opère, mais aussi d'une personne affectée de troubles obsessionnels
compulsifs qui ne peut s'empêcher d'accomplir certains actes de
manière ritualisée. Mais une telle démarche autotélique ne comporte
aucune dimension sociale, et c'est donc surtout la présence d'autrui,
à qui le "faire" s'adresse, qui détermine la performance (ainsi que le
concevait déjà Goffman).

Cela n'implique ni la fiction, ni la représentation (j'y reviendrai),
encore moins l'excès ou même l'exception. Un politicien qui fait un
discours, une enseignante qui donne un cours, une avocate qui plaide,
un prêtre qui dit la messe, un marchand forain qui débite son boni-
ment "performent" – comme bien sûr un comédien, une danseuse, un
clown, une acrobate qui se produisent en scène. Ceux et celles qui les
regardent et les écoutent répondent par une forme d'agir, tout aussi
conscient : chacun des deux partenaires est à la fois conscient de son
agir propre, et de celui de l'autre. Il est crucial de concevoir ce phénomène – le spectacle – comme une relation de complémentarité.

Cette relation induit la co-présence : performeurs et spectateurs
ne peuvent interagir que s'ils se trouvent ensemble : on ne peut donc

---

[17] Goffman 1959, p. 15 : « A "performance" may be defined as all the activity of
a given participant on a given occasion which serves to influence in any way any
of the other participants ».

[18] Schechner 1998.

[19] J'utilise "agir" plutôt qu'"action" pour éviter tout effet de réification ; en
anglais, on parlera ainsi de *performing* et de *spectating* pour exprimer qu'il s'agit
de processus, ressource verbale que n'offre pas le français.

pas dire qu'un politicien qui ferait un discours devant des caméras de télévision, qu'une enseignante qui enregistrerait une conférence sous forme de podcast performent, car aucune interaction avec leur public n'est possible "en direct". Nous avons ainsi dégagé un objet scientifique défini, l'"événement-spectacle" ; en effet, ce qui est passible d'analyse et d'étude n'est ni une chose ni une abstraction, mais un événement, "quelque chose qui s'est passé". On pourra l'exprimer par la formule suivante : "L'événement-spectacle est constitué par la conjonction d'un agir performatif et d'un agir spectatif, dans un lieu donné, pendant un laps de temps donné". Soit, en anglais :

$$SE = \frac{performing \ U \ spectating}{time \ / \ space}$$

LE SPECTACLE DE LA FÊTE DE COUR

La fête curiale baroque constitue un point de départ utile pour comprendre la performance dans la mesure où elle répond clairement à deux objectifs : l'un de divertissement, pour lequel la dimension esthétique constitue une valeur en soi, l'autre de communication politique, pour lequel c'est la transmission du message qui prime. Dans cette version du programme de tout théâtre "classique", *placere* et *docere*, la seconde composante passe au premier plan, et la démarche pédagogique se teinte fortement d'apologétique à la gloire du prince ou de la puissance organisatrice. Dès lors, on voit mieux que les enjeux de la performance ne se résument pas à une quelconque excellence artistique puisque la fête impliquait autant des professionnels que des amateurs, les courtisans – voire les dirigeants eux-mêmes ; que leurs qualités de danseur, de chanteur et de comédien fussent très variables importait relativement peu. Il fallait surtout tenir son rôle (de noble, de courtisan, de souverain), c'est-à-dire justement "performer", le brio n'étant qu'une valeur ajoutée, certes appréciable, mais non définitoire.

Un second élément utile dans l'intervention de ces personnages officiels, c'est que la performance obvie était leur lot quotidien. Dans un système politique absolutiste, en effet, le statut du courtisan, du noble et du souverain se définit par la nécessité de performer devant le public, à tout moment, son propre *front* – au sens neutre que Goffman donne à ce terme, c'est-à-dire ce que l'individu donne à percevoir à autrui, sans qu'il soit question de fiction, ni même de représentation. Lorsque sous l'Ancien Régime un noble – ou, a fortiori, le roi – apparaît en public, il performe comme tout un chacun, mais cette performance fonde son statut même : plus qu'un état, la noblesse est une condition qui exige une apparence, un comportement, des gestes spécifiques et surtout perceptibles et intelligibles[20].

Performer, ce n'est donc pas "jouer un rôle" au sens commun qui implique la fiction : c'est traduire en actes une compétence à l'attention d'un public présent, qui écoute et regarde. La noblesse est une essence qui ne prend réellement corps que dans une manière d'agir, de se présenter aux autres et d'interagir avec eux. Performer, ce n'est pas non plus "jouer un rôle" au sens commun, ce qui implique représentation (*mimesis*), c'est-à-dire qu'une entité est donnée pour une autre dans le cadre de la communication. Un tableau comme *Paysage avec Orphée et Eurydice* de Poussin n'est pas à proprement parler un paysage ; il représente un paysage au moyen de pigments déposés sur une surface (toile, bois, etc.). *Cinna* de Corneille représente un épisode de l'histoire romaine avec les moyens du théâtre. En revanche, un noble en public performe sa "qualité" de manière présentationnelle : son habit, ses gestes, ses mots réalisent l'état de noblesse, mais ils ne représentent rien. C'est seulement lorsqu'il joue un rôle au sens littéral (dans un ballet, un carrousel, un opéra…) que le noble performe de manière représentationnelle.

Louis II de Bourbon-Condé, entre 1621 et 1646, apparut en public en tant que "duc d'Enghien" puis, de 1646 à 1686, en tant que "prince de Condé" ; son cousin Louis Dieudonné de Bourbon, en tant que "Dauphin de France" (1635-1643), puis "Louis XIV" (1643-1715). Ces titres désignent non pas des personnages de fiction, mais un "front", une identité performative. Lorsque Louis II de Bourbon-Condé caracola à la tête d'un des quadrilles du carrousel de 1662 en tant que général turc, il s'agissait d'une performance représentationnelle, sans être fictionnelle : non seulement il existait des généraux turcs, mais « [s]a mine guerrière s'accommodait fort bien à la fierté de l'habillement »[21] ; le vainqueur de Rocroi était un parfait *analogon* du farouche guerrier ottoman. En revanche, lors de la première journée des *Plaisirs de l'Isle enchantée* en 1664, Louis XIV participa aux exercices martiaux en tant que chevalier médiéval imaginaire : Roger, personnage de l'*Orlando furioso*. Il s'agissait donc d'une performance à la fois représentationnelle et fictionnelle.

De ce point de vue, la particularité de la fête curiale consiste à faire coexister performance présentationnelle et représentationnelle de manière à entretenir une certaine ambiguïté qui sert le discours politique : car un noble du XVIIe siècle qui joue le rôle d'un héros (de l'antiquité ou d'une épopée médiévale) aspire à se faire reconnaître

---

[20] Voir Leferme-Falguières 2007, Canova-Green 2018, Perez 2018.
[21] Perrault 1670, p. 7.

comme fonctionnellement équivalent à ce personnage, ce qui n'est évidemment pas le cas d'un comédien professionnel. Si ce dernier ne s'écarte qu'à son détriment de l'injonction formulée par Rotrou dans *Le Véritable Saint Genest* (II, 2) – « Il s'agit d'imiter, et non de devenir » –, le noble au contraire imitait le héros légendaire pour en devenir un lui-même ; qu'il eût accompli de véritables exploits sur un théâtre d'opérations, comme le Grand Condé, ne le dispensait nullement de devoir se prêter à une performance représentationnelle. Pour Louis XIV, le rapport est inversé : dans le carrousel de 1662, n'ayant pourtant encore aucune expérience militaire, il mena le quadrille des Romains en tant qu'empereur ; quelques années plus tard, quand il déclencha la Guerre de Dévolution (1668), puis alla se doter d'une aura martiale en envahissant la Hollande (1672), il se fit représenter en costume d'empereur romain[22]. Dans le premier cas il jouait un rôle ; dans le second, il était devenu un héros – ou du moins la propagande officielle le désigna comme tel – pour qui le référent romain, tout en restant mélioratif, n'était plus un *simulacrum*. Il finirait même par s'en débarrasser tout à fait : en 1693, sur un tableau de Mignard, d'une composition analogue à celui qu'il avait peint vingt ans plus tôt[23], Louis Le Grand porte l'attirail militaire de son époque.

La performance est donc un mode du faire qui permet de fonder un mode de l'être : bien avant que ce principe ne soit explicité par la philosophie existentialiste dans les années 40[24], il était déjà à l'œuvre dans les cours européennes de la première modernité. Ce que l'on montre peut être tout à fait banal : le noble qui agit noblement ne fait pas forcément quelque chose d'exceptionnel mais il réalise par là sa noblesse aux yeux de son entourage. On sait qu'en France sous l'Ancien Régime il était possible de "vivre noblement", autrement dit de performer la noblesse sans être "de qualité" ; mais un véritable aristocrate n'en était pas moins obligé d'assurer la même performance, sous peine d'opprobre, voire de dérogeance. Étudier le milieu de la cour à l'Âge Baroque nous empêche ainsi d'oublier que dans la plupart des contextes d'interaction sociale, chaque participant peut être amené à performer, y compris lorsqu'il semble cantonné à la fonction spectative. Les théoriciens contemporains, sous l'influence déformante du théâtre, ont souvent exagéré ce qui sépare performeur et spectateur :

---

[22] *Louis XIV en empereur romain devant sa tente* (mai 1668), F-Pn (manuscrits), Ms. Fr. 7892 ; Pierre Mignard, *Portrait équestre de Louis XIV couronné par la Victoire, devant une vue de la ville de Maastricht* (1673), Château de Versailles.

[23] Pierre Mignard, *Louis XIV couronné par la Victoire, devant Namur* (1692), Château de Versailles, MV 2032.

[24] Dans la parabole du garçon de café qui « joue avec sa condition pour la *réaliser* » (Sartre 1976).

> Je définirais volontiers le spectacle, après quelques autres, comme une action déroulée à distance, et dont je suis exclu. [...] Le dispositif suppose ainsi une double clôture : de la scène limitée par la rampe [...] d'un public placé en vis-à-vis et lui-même retranché dans son for intérieur. Appelons *coupure sémiotique* cette division spectaculaire, matérialisée au théâtre par la rampe[25].

Cette "coupure" présentée comme absolue se trouve mise en cause dès lors qu'on considère le théâtre des XVIIe et XVIIIe siècles, où les gens de la haute société allaient pour se montrer autant que pour voir ce qui se passait en scène. Dans une fête curiale, la distinction performeur/spectateur se trouvait estompée de manière encore plus manifeste, puisqu'un certain nombre de ceux qui étaient à un moment donné spectateurs pouvaient être appelés à intervenir dans une performance représentationnelle, voire fictionnelle : le procédé était systématique dans le *masque* britannique[26], variante du ballet de cour où l'entourage du roi, qui dans un premier temps assistait à une performance exécutée par des professionnels, montait à son tour sur scène pour s'y produire lors de la phase des *revels*. Les monarques n'étaient pas les derniers à participer : l'une des images les plus connues de l'empereur Léopold I le montre emplumé et revêtu d'un rutilant habit rouge vif, dans le rôle du berger Acis pour une *favola in musica* jouée à ses propres noces en 1667, *La Galatea*[27] ; quant à Louis XIV, il fit en 1653 son entrée en politique, à la conclusion de la Fronde, sous le costume du soleil levant dans le final du *Ballet de la Nuit*.

Le dispositif et le déroulement des *Plaisirs de l'Isle enchantée* illustrent parfaitement la complexité de tels événements-spectacles. Lors des trois premières journées, la fête consista en une série de performances basées sur les chants VI, VII et VIII de l'*Orlando furioso*, où la magicienne Alcine retient dans son île le chevalier Roger et ses compagnons. Louis XIV s'était évidemment réservé le premier rôle, celui de Roger, secondé par le duc de Saint-Aignan, qui jouait Guidon le sauvage, et le duc de Noailles en Ogier le Danois. Les gravures d'Israël Silvestre illustrant le livret de la fête montrent, au premier plan, les silhouettes des spectateurs ; au centre, on distingue celles des cinq membres de la famille royale et, pour la première journée, la place vide de Louis, qui participe au carrousel ainsi qu'aux courses de bague et de tête – sur les vues ultérieures, on constate qu'il a regagné

---

[25] Bougnoux 1996, p. 15.

[26] Sur le masque, voir Curran 2009 ; Butler 2008 ; Shohet 2010.

[27] Jan Thomas, *Kaiser Leopold I. (1640-1705) im Theaterkostüm, in ganzer Figur* [*L'empereur Leopold I en costume de scène, portrait en pied*] (1667), Vienne, Kunsthistorisches Museum, Gemäldegalerie, 9135.

sa place : de performeur, il est devenu spectateur. Cette première journée se conclut par une collation, mais outre la famille royale, seules trente dames de la cour eurent le privilège de s'y faire servir, tandis que le reste des invités les regardait manger[28], autre forme de spectacle. Pendant toute la durée de la fête, les modalités varient : tout ce qui s'y passe (en public du moins) relève de la performance, mais certains participants sont tour à tour performeurs et spectateurs, et leurs performances sont parfois présentationnelles, parfois représentationnelles, fictionnelles ou non (les dames de la cour ne jouent aucun rôle, par exemple). Même s'ils n'étaient que spectateurs, les invités de marque – une cinquantaine – furent installés de manière à pouvoir eux-mêmes être observés par les centaines d'autres convives relégués à un deuxième cercle. On trouve ici la parfaite illustration de la fluidité des fonctions performatives et spectatives qui, pour être complémentaires, n'en sont pas pour autant mutuellement exclusives.

En se donnant pour objectif de saisir la fête de cour d'un point de vue performatif, on réinvente une démarche longtemps axée sur l'exploitation des archives pour elles-mêmes, mais dont la finalité est désormais d'expliquer "ce qui s'est passé" – un événement. D'un autre côté, le corpus festif permet de mieux cerner la complexité de l'événement-spectacle, trop fréquemment assimilé à la seule performance théâtrale. Une fête constitue certes un objet de recherche unitaire, mais elle comporte toujours une pluralité d'éléments : elle représente un macro-événement composé de micro-événements (bals, banquets, exercices martiaux, feux d'artifice, parades, etc.) dont le sens et la valeur tiennent à celui de l'ensemble. Si l'approche événementielle laisse entrevoir une compréhension entièrement renouvelée du spectacle en tant que phénomène indispensable au fonctionnement de toute société, l'étude de la fête aristocratique à l'Âge Baroque fournit un modèle idéal de macro-événement à la croisée du politique, de l'économique, du social et de l'expression artistique.

---

[28] Voir la contribution de Christine Jeanneret dans le présent ouvrage, *Un triomphe gastronomique. Banquet et performance dans le jardin de Flavio Chigi en 1668*, p. 319-336.

MICHELA BERTI

DEFINIRE L'"EVENTO PERFORMATIVO"

RIFLESSIONI SULLE FONTI DA DUE CASI DELLA FAMIGLIA VAINI A ROMA (1712 E 1725)*

> Ma tutti questi accenni a una previsione di ciò che accadde, tanto da parte dei francesi che da parte dei russi, ora vengono messi fuori soltanto perché l'evento li ha giustificati. Se l'evento non si fosse prodotto, questi accenni sarebbero stati dimenticati, come ora sono dimenticate quelle migliaia e milioni di accenni e supposizioni contraddittorie che allora avevano corso, ma che risultarono senza fondamento e perciò sono state dimenticate.
>
> Lev Tolstoj, *Guerra e pace* (1865-69; trad. it., Torino, 2014), t. 2, p. 801

Gli eventi performativi[1] nella Roma sei e settecentesca non erano esclusiva delle famiglie della grande nobiltà. Erano anzi uno dei modi attraverso i quali le altre famiglie, di recente arrivo a Roma o di nobiltà meno elevata, ambivano alla scalata di rango. Prendere in considerazione anche questo tipo di famiglie è dunque indispensabile nello scopo della ricostruzione di un panorama performativo della città. Da qui l'esigenza di concentrare gli studi su una famiglia non ampiamente studiata, come i Vaini,[2] che si distinse per l'organizzazione di spettacoli, serenate etc.

Le difficoltà che si incontrano spostando lo sguardo su famiglie "minori" sono ben diverse da quelle che si hanno nello studio della grande nobiltà. Il primo e fondamentale problema è quello del rinve-

* Desidero ringraziare vivamente i curatori di questo volume, Anne-Madeleine Goulet, José María Dominguez ed Élodie Oriol, così come Jean Boutier, per i loro preziosissimi consigli nel corso della stesura di questo saggio.

[1] Con "evento performativo" si intenderà qui quell'evento o fatto (culturale) che prevede della "performance", così come si intende nella bibliografia di studi teatrali (*cf.* Borgia 2006, p. 55 e 136; Bigliazzi 2002, p. 31 e *sq.*) o biblioteconomica (*cf.* Vasco Rocca 2002, p. 113). La definizione è altresì diffusa negli studi filosofici, ma con un'accezione completamente diversa: *cf.* Meazza 2008, p. 18 e *sq.*; Meazza 2014, p. 211.

[2] Il mio personale interesse nasce negli anni della tesi di dottorato, durante i quali, studiando la vita musicale dell'ambasciata francese a Roma, ripetutamente mi sono imbattuta in eventi performativi organizzati da e per la famiglia Vaini.

nimento delle fonti. A differenza di altre famiglie studiate nell'ambito del progetto PerformArt, l'archivio della famiglia Vaini è solo in parte conservato; le fonti sono disperse in vari fondi archivistici, e il loro reperimento non è né agevole né, a volte, utile allo scopo.

Se da una parte la dispersione delle fonti necessarie a ricostruire nel dettaglio l'attività performativa legata a questa famiglia costituisce indubbiamente un grande limite alla ricerca storica, d'altra parte offre l'espediente per diverse considerazioni di natura metodologica.

Innanzitutto, una simile situazione ci obbliga a chiederci attraverso quante e quali fonti sia possibile ricostruire una *performance* o un "evento performativo". La natura delle fonti rinvenute ci costringe a soffermarci sulle differenze e a operare una distinzione tra questi due concetti: sarà infatti possibile parlare di *performance* – e, a maggior ragione, proporre una ricostruzione di questa – solamente in presenza di fonti che consentano di ricostruire quel particolare momento dell'"evento performativo" in cui uno o più individui si esibiscono coscientemente alla presenza di altri individui in un dato luogo e un dato momento.[3] L'assenza di queste fonti non impedisce però di ricostruire, o perlomeno attestare, l'"evento performativo", il quale possiamo dire costituisca la cornice della *performance* stessa, ma non quest'ultima. Negli studi sulle arti performative, non si può prescindere da questo concetto, utilizzato sin dal titolo nei recenti lavori di Willmar Sauter, Christian Biet, Guy Spielmann.[4] In un contesto come il progetto PerformArt, che posiziona al centro della propria indagine l'"evento performativo" e ambisce a ricostruire nel dettaglio le *performances* svolte durante alcuni di questi eventi, una riflessione *ad hoc* appare dunque fondamentale.

Questo saggio metterà innanzitutto in discussione il concetto stesso di "evento performativo"; per fare ciò, non è stato possibile esimerci da un confronto con il più ampio concetto di "evento", largamente affrontato da storici e filosofi soprattutto nel XX secolo. Prenderà poi in considerazione due eventi performativi organizzati dalla famiglia Vaini, mostrando come sia la natura delle fonti rinvenute a indirizzare il lavoro dello storico delle arti performative.

---

[3] La definizione del concetto di *performance* resta tuttora molto dibattuta; seguendo le indicazioni tracciate da Guy Spielmann nel suo saggio in questo volume, p. 101-113, utilizzo questo concetto come strumento metodologico che permette un approccio più ampio rispetto a quello di "spettacolo".

[4] *Cf.* Sauter 2000, Biet 2013c e Spielmann 2013.

L'"EVENTO PERFORMATIVO"
ALLA PROVA DI UNA LETTURA STORIOGRAFICA DELL'"EVENTO"

Spostare l'attenzione dalla *performance* all'"evento performativo" permette di inserire la riflessione nell'ampio e lungo dibattito che tanto gli storici generalisti quanto i filosofi portano avanti sul concetto di "evento"; ciò consente di analizzare l'"evento performativo" utilizzando delle categorie che non appartengono al campo degli studi delle arti performative.

Una maggiore attenzione all'"evento performativo", invece che alle sue fonti, era già stata data, per esempio, da Saverio Franchi nel suo imprescindibile lavoro *Drammaturgia romana*, dove, nell'introduzione al secondo volume dedicato al XVIII secolo, per giustificare lo spostamento di attenzione dal libretto alla rappresentazione, l'autore scrive: «[...] il precipuo oggetto di studio, che nel volume dedicato al Seicento era costituito dal fenomeno editoriale, è qui divenuto l'evento della rappresentazione o esecuzione musicale di fronte a un pubblico, evento al quale in quest'epoca si subordinava funzionalmente la pubblicazione della stragrande maggioranza dei libretti».[5] Ciò che lo studioso ci invita a fare è spostare l'attenzione da una fonte specifica e "volontaria"[6] come il libretto, all'"evento", la cui ricostruzione è possibile grazie a un complesso reticolo di fonti di diversa natura. D'altronde, Christian Biet sostiene che l'apparizione dei *performance studies* in Francia si deve allo spostamento dell'attenzione dal testo verso l'"evento".[7]

L'ambizione di mettere in relazione il concetto di "evento performativo" con il più ampio concetto di "evento" risponde all'auspicio dello storico François Dosse, che sottolineava nel 2010 l'opportunità di mettere la nozione di "evento" alla prova di diverse discipline per misurarne la fecondità potenziale e il suo valore euristico.[8]

L'"evento" è stato oggetto di continue attenzioni tanto di storici quanto di filosofi nel corso del XX secolo; un quadro dello sviluppo delle riflessioni permetterà di contestualizzare l'evoluzione del concetto, approfondendo a un tempo la sua applicazione e il suo uso in un ambito di studio specifico come quello delle arti performative.

Innanzitutto sarà utile soffermarsi brevemente sull'etimologia della parola, individuando connessioni e discrepanze tra le principali lingue europee. Nella lingua italiana corrente, la parola "evento" porta

---

[5] Franchi 1988, vol. 2, p. CXVIII.
[6] Sulla definizione di fonti *volontarie* e *involontarie* si veda più avanti.
[7] Biet 2013c, p. 22. Su questa distinzione si vedranno con profitto anche gli studi di Ferdinando Taviani citati nell'introduzione di questo volume, p. 34 e 39.
[8] Dosse 2010, p. 1.

con sé un significato di eccezionalità, di straordinarietà, designando un fatto che emerge dal quotidiano, che si distingue dagli altri, degno di emergere dal flusso dei fatti che si susseguono; deriva dal verbo latino *evenire*, verbo composto dal prefisso *ĕx-'fuori'* e dal verbo *'venire'*, di cui è participio passato (venire-venuto; evenire-evenuto= evento). L'even(u)to è qualcosa che è "venuto da fuori", qualcosa cioè che si distingue o si discosta dalla normalità. In questo senso, la parola ritrova il suo significato originale marcando una differenza con l'*accadimento=qualcosa che càpita* (dal verbo latino cado, -is, cecidi, casum, càdere) oppure con l'*avvenimento=qualcosa che si avvicina* (dal verbo latino composto ad-venio, da cui deriva anche "avvento") perché in questi due termini non c'è il significato di qualcosa che emerge. Lo slittamento semantico è riconducibile al passaggio del termine dalla sua forma verbale alla sua forma sostantivale. Divenendo sostantivo, l'"evento" non è più relegabile al solo passato, ma si tratta di qualcosa che può manifestarsi anche nel futuro, e addirittura qualcosa che può essere organizzato. Per la lingua italiana l'"evento" è dunque qualcosa che accade e che, accadendo, si manifesta in una maniera distinguibile.[9] La stessa accezione è verificabile nella lingua inglese dove l'"evento" è definito «A thing that happens or takes place, especially one of importance».[10]

Nella lingua francese è invece assente la dimensione di eccezionalità; un *événement* è una cosa accaduta o che accade, quasi completamente scevra da ogni connotazione di straordinarietà. Forse è alla luce di questo fatto che sia proprio la scuola francese degli *Annales* a scagliarsi contro la "storia evenemenziale",[11] ovvero la storia raccontata ed esplorata come successione di "eventi", a favore della storia intesa come *longue durée*, «vale a dire come narrazione complessa, omogenea e unitaria nella sua struttura e priva di vere e proprie rotture».[12]

Oltre al significato etimologico, scivoloso nelle diverse lingue, ciò che rende pressoché impossibile dare una definizione univoca del concetto è l'ampiezza dello spettro dei significati assunti dal termine nel tempo e la loro stratificazione – dal fatto inatteso e dirompente, all'avvenimento organizzato; dall'evento come forma di causalità,

---

[9] Desidero ringraziare la dott.ssa Giulietta Stirati per la sua puntuale consulenza sull'etimologia latina dei termini considerati.

[10] Definizione in *Oxford Dictionary*. Si veda come esempio l'*incipit* del volume Žižek 2014, che elenca una serie di fatti di natura disparata percepiti come "eventi": uno tsunami, una foto scandalistica di Britney Spears, la cacciata di un dittatore etc.

[11] La definizione si deve a François Simiand, *cf.* Braudel 2001, p. 40.

[12] Di Martino 2013, p. 11.

ai fatti, positivi o negativi, che accadono agli esseri umani (lieto evento, triste evento etc.).[13]

Il concetto è stato dunque messo al centro di una *querelle* avanzata dalla scuola degli *Annales*, i cui fondatori, Marc Bloch e Lucien Febvre, condannarono la *storia evenemenziale* secondo due diverse prospettive: la prima, quella di una storia politica, diplomatica e militare che veniva scritta basandosi su eventi accaduti in precise date, riducendo i fenomeni storici e la loro evoluzione a una successione discontinua di giornate evenemenziali riunite in una catena artificiale. A questa storia evenemenziale superficiale, i due storici opponevano una storia delle strutture, in particolare strutture economiche e sociali, una storia irriducibile alle date, ma che aveva uno spessore più o meno lungo di durata.[14] Braudel parlava nel 1958 di un «peccato evenemenziale»,[15] e formulò la concezione della *longue durée*, una concezione dell'evoluzione storica a ritmo lento, contrapposta al ritmo medio della "congiuntura", e soprattutto al ritmo rapido dell'"evento", che emerge nella sua straordinarietà.

Per lo storico delle arti performative, la prospettiva degli *annalisti* comporta una discussione profonda della metodologia di lavoro; in questa disciplina la prima indispensabile tappa è infatti l'individuazione degli eventi che si svolsero in un determinato tempo e luogo, senza i quali nessuna struttura sociale legata alle arti performative potrebbe essere individuata e, quindi, studiata. Nello studio delle famiglie aristocratiche romane del XVII e XVIII secolo, la rarefazione degli eventi performativi rispetto alla quotidianità di una famiglia nobile rende arduo poter parlare in termini di "struttura". Per una famiglia nobile l'"evento performativo" era qualcosa che esulava dalla normalità, qualcosa che "usciva" dalla quotidiana gestione di risorse, luoghi e tempi. Una "struttura" può essere individuata rivolgendo lo sguardo a un gruppo sociale più ampio di una sola famiglia nobile; questo renderà possibile individuare un sistema di produzione di eventi performativi che può essere paragonabile alla struttura sociale il cui studio è auspicato da Bloch e Febvre. Ricostruire la *longue durée* nelle arti performative è un esercizio che passa necessariamente dall'"evento", dalla sua individuazione e ricostruzione.

Lo storico delle arti performative si sentirà quindi più vicino alla seconda prospettiva espressa da Marc Bloch: il problema non era di espellere l'"evento", ma di rimetterlo al suo posto e di spiegarlo secondo il suo rapporto con la "struttura" e la "congiuntura".

---

[13] Dosse 2010, p. 2-3.
[14] Le Goff 1999, p. 3.
[15] Braudel 1958, p. 735.

Il reinserimento dell'"evento" nella problematica storica ha origine in questa concezione. Secondo lo storico francese, l'"evento" è necessario alla spiegazione storica globale anche se appartiene a un tempo corto differente dai ritmi temporali della storia e della storiografia; la sua natura e la sua efficacia possono essere comprese in relazione agli altri ritmi della storia.[16] È questa la cornice ideale nella quale trova spazio lo storico delle arti performative con la propria inevitabile visione della storia scandita per "eventi". Una volta individuato l'"evento performativo", compito dello storico è di reinserirlo nella *longue durée*, nella macrostoria, contestualizzandolo sia in relazione agli altri eventi performativi, sia in relazione ad altri fatti storici, per fornire di quell'evento una lettura a differenti strati e su molteplici livelli.

La seconda prospettiva espressa da Marc Bloch, meno intransigente rispetto alla totale chiusura di Febvre e Braudel, lasciava tuttavia la porta della storiografia aperta al ritorno del concetto, che infatti si riaffacciò negli scritti degli storici a partire dagli anni 1970. Il «ritorno dell'evento» si materializzò secondo diverse proposte per arrivare a una reintroduzione piena e legittima del concetto nell'analisi storica.[17]

Per il campo delle arti performative appare particolarmente interessante la proposta formulata da Pierre Nora,[18] che lega l'importanza dell'"evento" a una struttura particolare, storicamente datata, della produzione, della circolazione e della ricezione dell'informazione. Pierre Nora propone di vedere in quello che chiamava «l'événement-monstre» una produzione specifica dei mass media. Per lui non si trattava di disegnare uno statuto storiografico dell'*événement* in generale, ma di identificare una figura storica della comunicazione sociale.[19] Si vedrà l'utilità di questa lettura grazie agli esempi di eventi performativi organizzati dalla famiglia Vaini, che presuppongono anche una riflessione sulla natura delle fonti.

Se fin qui gli spunti tratti dagli studi storici sul concetto di "evento" sono stati molto fecondi per analizzare l'"evento performa-

---

[16] Le Goff 1999, p. 3. Sul concetto di "efficacia", si veda il contributo di Émilie Corswarem in questo stesso volume, *Musique et agentivité. De la création de nouveaux espaces dans la ville : le cas des fêtes dynastiques de l'Espagne et de l'Empire à Rome*, p. 133-146.

[17] Per un'esauriente panoramica di queste proposte si veda Revel 2001.

[18] In Italia gli studi di Pierre Nora arrivarono nel 1981; significativamente, la prima traduzione del suo saggio titolava *Il ritorno dell'avvenimento* allo scopo di rendere in italiano il francese *événement* privo di connotazioni di straordinarietà, a dimostrazione dell'ambiguità di fondo che il concetto porta con sé. *Cf.* Nora 1981, p. 139-158.

[19] Revel 2001, p. 102-103.

tivo", è altresì indispensabile tracciare delle differenze tra il lavoro dello storico e quello dello storico delle arti performative. Le particolarità di questa disciplina rendono infatti indispensabile una metodologia di lavoro che si ispiri, ma allo stesso tempo si discosti da quella degli storici, in virtù della centralità dell'analisi dell'"evento", da cui lo storico delle arti performative non può prescindere.

Va innanzitutto ricordato che, nella storiografia, uno dei modi per distinguere il "fatto" dall'"evento" è classificare quest'ultimo come qualcosa di eccezionale e di conseguenza imprevedibile;[20] gli eventi performativi sono sì qualcosa di eccezionale, ma non sono imprevedibili, sono anzi allestiti con notevole cura. La "straordinarietà" nelle arti performative è qualcosa a cui si ambisce, che richiede un notevole sforzo organizzativo e un'attenta pianificazione. Se, secondo Braudel, l'"evento" è «come le lucciole che bucano la notte senza schiarirla», facendo vedere solamente «un'agitazione di superfice»,[21] dobbiamo chiederci come si pone lo storico delle arti performative di fronte a queste lucciole. Dovremo riconoscere che sì, gli eventi performativi sono come lucciole se considerati nella cornice della storia di una famiglia; sono «elementi perturbatori»,[22] se l'ambizione è quella di ricostruire una "struttura", di sottolineare le permanenze, di analizzare l'ordinarietà in luogo della straordinarietà. Per esemplificare la differenza di prospettiva, basterà ricordare che Braudel inseriva le rappresentazioni teatrali tra i «fatti mediocri della vita di ogni giorno», insieme ad incendi, disastri ferroviari, il prezzo del grano, un delitto.[23] La presa di distanza dello storico delle arti performative da questa concezione si rende quindi chiaramente necessaria, ribadendo la centralità della ricostruzione dell'"evento performativo" e, laddove possibile, anche della *performance* stessa, sia ciò fatto nella prospettiva di una ricostruzione strutturale o meno.

Il preliminare e indispensabile lavoro di rinvenimento delle fonti attestanti l'"evento performativo" è quindi il primo, necessario passo da compiere, sia nell'ottica della ricostruzione della *performance* e/o dell'"evento performativo", sia allo scopo di mettere questi ultimi in relazione con altri fatti storici, con l'obiettivo di ricostruire una "struttura".

---

[20] Romano 2010, vol. 6, p. 3874.
[21] Revel 2001, p. 98.
[22] Dosse 2010, p. 4.
[23] Braudel 2001, p. 41

"Eventi performativi" legati alla famiglia Vaini

Non esistono finora degli studi dedicati alla famiglia Vaini;[24] in questo contesto, sarà sufficiente dire che era una famiglia ghibellina di Imola arrivata a Roma nel primo quarto del XVII secolo.[25] Nel 1697, Guido Vaini (1648-1720), figlio primogenito di Domenico (1609?-1664?) e Margherita Mignanelli (1628?-post 1694),[26] ottenne il titolo di principe di Cantalupo, rilevando dalla famiglia Cesi i feudi di Selci, Gavignano e Cantalupo.[27] Sia Guido che suo figlio Girolamo, erede del titolo principesco paterno, furono insigniti dell'ordine di Cavaliere di Santo Spirito dal re di Francia, rispettivamente nel 1698 e nel 1737. Morto Girolamo senza prole nel 1744, la sua eredità, comprendente l'archivio di famiglia, passò alla sorella Angela che, dal dicembre 1705, era sposata con Ludovico Lante Montefeltro della Rovere.[28] Per questo una parte dell'archivio della famiglia Vaini è ora compresa nell'archivio Lante, conservato presso l'Archivio di Stato di Roma.

Nonostante il nucleo Vaini conservato nel fondo Lante non sia scarno, la particolarità – rispetto al contesto degli archivi romani di famiglie aristocratiche – risiede nell'estrema discontinuità cronologica della documentazione contabile, che attesta nel dettaglio alcuni periodi della storia della famiglia, lasciandone altri nell'ombra.[29] Chi ha dimestichezza con la ricerca archivistica finalizzata alla ricostruzione di un "evento performativo" sa che questo tipo di documenti sono le principali fonti a cui rivolgersi. La loro mancanza crea quindi per lo storico delle arti performative un vuoto non altrimenti colmabile.

Un altro importante ostacolo è rappresentato dalla scarsità di carteggi personali: la corrispondenza conservata nel fondo Lante è

[24] Nel suo vasto lavoro sulle famiglie romane, Teodoro Amayden (1586-1656) inserisce una nota biografica della famiglia Vaini; cf. Amayden 1967, p. 221-222. Il lavoro fu composto da Amayden probabilmente in tarda età, cf. Bertini 1967, p. 3n. Nell'opera *Famiglie celebri italiane* del conte Pompeo Litta (1819) la famiglia non viene invece menzionata, nonostante un'antica parentela. Uno studio dettagliato del ramo romano della famiglia è in preparazione a mia cura.

[25] Nel 1622, Domenico Vaini, figlio di Guido, è registrato tra i convittori del Seminario Romano, cf. I-Rarsi, b. 241: scheda PerformArt D-009-462-214.

[26] Per le date di nascita e di morte di Margherita Mignanelli, cf. I-Rvic, Parrocchia di San Marcello, Stati delle Anime, b. 1689-1711 (vol. 7), c. 75v in scheda PerformArt D-004-952-296.

[27] Tosi 1968, p. 153.

[28] Figlio di Antonio Lante Montefeltro della Rovere, II duca di Bomarzo e di sua moglie, la nobildonna francese Louise-Angélique de La Trémoille.

[29] Desidero ringraziare la Dott.ssa Orsetta Baroncelli per il suo costante e competente sostegno nelle ricerche archivistiche svolte per questo e futuri lavori dedicati ai Vaini.

infatti per lo più finanziaria o istituzionale;[30] in questo tipo di carteggi non è possibile rinvenire notizie sugli spettacoli, un tipo di argomento affrontato generalmente nelle corrispondenze private.

Alla luce di queste considerazioni, non si avranno difficoltà a comprendere quanto la ricostruzione delle *performances* degli spettacoli organizzati da e per i Vaini risulti al momento un'impresa ardua per le limitazioni imposte dalla scarsità di documenti che è stato possibile rinvenire finora.

Tra gli undici eventi performativi legati alla famiglia Vaini nell'arco cronologico compreso tra il 1695 e il 1737 finora individuati,[31] ne sono stati selezionati due, ritenuti significativi alla luce delle fonti da cui vengono attestati, per il tipo di evento performativo in questione e per il membro della famiglia Vaini coinvolto.

Il primo caso di studio è la serenata fatta eseguire dal principe Guido Vaini per celebrare il giorno di S. Luigi Re di Francia.

Fonti diplomatiche, diaristiche ed epistolari ci informano dell'esecuzione di una serenata eseguita il 25 agosto 1712 sulla piazza antistante il palazzo della famiglia Vaini, a piazza Mignanelli. La notizia è riportata in un avviso conservato presso la Biblioteca Corsiniana di Roma, con ogni evidenza poi inviato in Francia:[32]

> ...la sera il S.r principe Vaini fece fare una Serenata avanti il di lui Palazzo [palazzo Mignanelli in piazza di Spagna] tutto illuminato e adornato, la di cui composizione rappresentava la Fama e il Tevere sopra la nascita del Xmo [*scil.* del Re Cristianissimo] raccontando che nel tempo di Scipione Africano filavano le Parche la vita di così grandi eroi che le loro meravigliose attioni alludevano essere di quelli il Rè Luigi, ma quello che dilettava il popolo infinito fù un eco che si formava sopra una torre d'esso palazzo da due Cantatrici le quali replicavano li Viva, terminando poscia con una sinfonia, che compì tutti gli applausi.[33]

In maniera più dettagliata ne parla una lettera inviata da Filippo Silva al principe Giovanni Andrea III Doria Landi, più generosa di particolari relativi all'esecuzione:

---

[30] *Cf.* per esempio I-Ras, LdR, b. 606 (1710-1719).

[31] Si tratta di drammi per musica, un'opera sacra scenica, diverse serate di conversazioni, componimenti poetici in musica, una commedia in prosa, una cantata e una serenata. Le produzioni spettacolari legate ai Vaini verranno analizate più nel dettaglio in un successivo studio, che apparirà nel volume *Noble magnificence. Cultures of the performing arts in Rome, 1644-1740*, *cf.* Goulet – Berti in corso di pubblicazione.

[32] Parigi, *Archives des Affaires étrangères*, Correspondance, Rome, in-fol., t. 391, f. 259, *Mémoire sur la Cour de Rome*. Citato in Guidoboni 2014, p. 15.

[33] I-Rli, 35.A.21, c. 68*v*. Citato in Franchi 1997, vol. 2, p. 90n.

Giovedì mattina Festa di S. Luiggi Rè di Francia il Sacro Collegio fu a tenere la solita Capella nella Chiesa di detto Santo della Nazione Francese essendo assistito alla Messa cantata con bellissima Musica, e varietà d'Instromenti, anco di Trombe, e Tamburri sul Coro de' Musici, e tanto nel primo quanto nel 2° Vespro furono fatte sinfonie molto allegre; la sera di detto giorno il Signor Principe Vaini del partito Francese, e che ha il Cordon Bleu avanti il suo Palazzo in Piazza di Spagna fece fare una bellissima serenata, e vi cantarono i migliori soprani con un'eco di Cantarine dall'altra parte in lontananza, che replicava Viva, viva Luiggi; vi fu gran concorso di Nobiltà, e popolo, che pur gridò Viva, ed alle finestre di detto Palazzo erano diversi Signori e specialmente i Signori Cardinali Ottoboni, Gualtieri, e della Tremoille, e Monsignor Molines Ministro in questa Corte del Re Filippo fece illuminare con quantità di Torcie il Palazzo solita residenza de' Signori Ambasciatori di Spagna. Alla sudetta Capella non mancò alcuno de' Signori Cardinali, che al smontar di Carozza erano ricevuti con varii Signori Francesi da detto Monsignor Molines.[34]

Ma è dalla corrispondenza del direttore dell'Académie de France à Rome che conosciamo i nomi del compositore e del librettista della serenata:

M. le Prince Vaïni a fait une feste, le jour de St Louis, devant son Palais, qui a esté fort applaudie. Les vers, qui estoient tous à la gloire du Roy, sont de la composition de l'Avocat Sapi, gendre du Cavalier Maratto, et la musique du fameux Scarlati. La façade étoit bien ornée, et l'on y distribuoit des raffraichissements, jusqu'à ceux qui étoient dans des carosses sur la Place. Monseigneur Molinès, qui occupe le Palais d'Espagne vis à vis Vayni, fit illuminer son Palais et donner abondance de raffaichissemens, et l'on entendit, par toute la Place, crier à haute vois: « Vive à toujours le grand Louis ».[35]

Mentre non desta dubbi l'attribuzione del testo del libretto al pastore arcade Giovanbattista Felice Zappi, definito come genero del «Cavalier Maratto» in quanto marito della figlia Faustina, restano ombre sull'attribuzione a Scarlatti. Thomas Griffin ipotizza si tratti di Domenico, ma la mancanza di documenti a sostegno di questa ipotesi suggerisce una più saggia prudenza, considerando che in quegli stessi anni il padre Alessandro Scarlatti, seppur oramai stabilmente resi-

---

[34] Nigito 2012, p. 203.
[35] Montaiglon 1893, p. 142-43, n° 1644. Lettera di Charles-François Poerson al Duca d'Antin, direttore dei *Bâtiments du Roi*. Lettera citata in Griffin 1983, p. 640-643.

dente a Napoli, continuava a ricevere numerose commissioni da parte di nobili e prelati romani.[36]

Nonostante l'evidente rilevanza di tale commissione da parte di Guido Vaini a Scarlatti e a Giovanbattista Felice Zappi, la dispersione delle fonti archivistiche non consente, per ora, di entrare a conoscenza non solo dell'identità del compositore, ma neanche di maggiori dettagli relativi alla preparazione, all'esecuzione e messinscena della serenata scarlattiana; le numerose ricerche condotte non hanno finora portato a reperire né il libretto né la partitura.

Le notizie date dalle fonti citate ci permettono tuttavia di avere un'immagine della *performance* che si svolse in piazza Mignanelli illuminata dalle torce accese dai due palazzi prospicienti, Palazzo Mignanelli e il palazzo dell'ambasciata di Spagna. Nella piazza erano presenti delle carrozze dalle quali la nobiltà assisteva alla rappresentazione, oltre che dalle finestre dei palazzi stessi. Tutte le fonti sono concordi nel sottolineare le allusioni, più o meno esplicite, alla gloria del Re di Francia, così nel testo come nella musica. Dal punto di vista performativo, l'elemento di maggiore interesse appare l'effetto di eco creato da due cantanti poste «in lontananza» «sopra una torre d'esso palazzo [Mignanelli]», che ripetevano i cori di gloria al re Luigi XIV eseguiti dai «migliori soprani», creando un effetto «che dilettava il popolo infinito».

A causa della mancanza di documenti, non siamo a conoscenza di numero e nomi degli interpreti. È in queste lacune che si avverte maggiormente la mancanza, e conseguentemente si può esaltare l'importanza, dei documenti contabili riportanti i dettagli dei pagamenti alle persone che contribuirono alla realizzazione dell'evento.

Le fonti riportate ci consentono invece di approfondire altri elementi; è per esempio molto interessante soffermarsi sulla figura di Felice Zappi, per ciò che implica la commissione del libretto a una tale figura nello studio della rete culturale di cui si circondarono i Vaini. Innanzitutto, vale la pena sottolineare la comune origine che legava i Vaini allo Zappi: quest'ultimo era infatti nato a Imola nel 1667.[37] Il poeta fu accademico degli Infecondi[38] e tra i quattordici fondatori dell'Accademia dell'Arcadia, nel 1690, dove assunse il nome di Tirsi Leucasio.[39] Fu proprio in Arcadia che Zappi conobbe Faustina Maratti, entrata in Arcadia nel 1704 con il nome di Aglaura Cidonia. Figlia del pittore Carlo Maratti, i due si sposarono nel 1705. Un mandato

---

[36] *Cf.* Domínguez 2018.
[37] Asor Rosa 1968, p. 84.
[38] Zappi – Maratti 1770, p. 4.
[39] Veneziani 2007.

di Guido Vaini del 1697 attesta un pagamento di 190 scudi a Carlo Maratti «per il prezzo d'un quadro di Guido».[40] Potrebbe trattarsi di uno fra i tanti ritratti ancora senza un nome del pittore marchigiano. Questo documento ne sarebbe la prima attestazione, e auspico possa giovare alle ricerche dei colleghi storici dell'arte. D'altro canto, potrebbe invece indicare il pagamento effettuato dai Vaini a Maratti per aver gestito l'acquisto «d'un quadro di Guido» Reni, conosciuto solamente con il nome di battesimo nell'ambiente del collezionismo.[41]

Il documento del 1697 è di estremo interesse non solo per gli storici dell'arte, ma anche perché permette di mettere in relazione la commissione del libretto a Felice Zappi con una rete di servizi preesistente, a cui i Vaini si rivolgevano almeno da 15 anni. Rete che sembra nel frattempo sovrapporsi a quella arcadica, la cui vicinanza con i Vaini è testimoniata anche da un documento del 1710 da cui si apprende che il priore Antonio Maria Vaini, fratello di Guido, avrebbe dovuto donare un terreno sul Gianicolo agli arcadi per ospitare le loro *ragunanze*.[42]

Da questo esempio emerge chiaramente che l'"evento performativo" è, come diceva Bloch riferendosi all'"evento", necessario alla spiegazione storica globale e l'efficacia di una sua analisi viene compresa quando viene messo in relazione agli altri ritmi della storia. Pur essendo il materiale documentale limitato, le informazioni tratte dall'avviso e dalle lettere permettono allo storico di ricostruire il contesto dell'evento performativo: la motivazione alla base della commissione della serenata; i rapporti della famiglia Vaini con la corona francese; la rete di relazioni che la famiglia Vaini intesseva con la nobiltà romana da un lato, e con l'ambiente artistico dall'altro. L'elenco delle personalità presenti tra il pubblico dà una chiara visione del posizionamento filofrancese della famiglia Vaini nello scacchiere politico romano nel contesto della Guerra di successione spagnola: sono infatti presenti il cardinale Ottoboni, protettore della corona di Francia dal 1709;[43] il cardinale Filippo Antonio Gualtieri, nunzio apostolico in Francia dal 1700 al 1706, nominato nel 1701 vescovo di Imola,[44] circostanza che potrebbe anch'essa essere alla base della vicinanza con la famiglia Vaini. Erano inoltre presenti il cardinale francese Joseph-Emmanuel

---

[40] *Cf.* I-Ras, LdR, b. 263, fasc. mandati dell'eredità, c. 194: scheda PerformArt D-003-642-214.

[41] Desidero ringraziare la Dott.ssa Isabella Cecchini per il suggerimento.

[42] Desidero ringraziare la Dott.ssa Sarah Malfatti per la segnalazione del documento conservato presso I-Ra, Fondo Arcadia, ms. 17, cc. 301r e *sq.*: scheda PerformArt D-116-500-162.

[43] Matitti 2013.

[44] Giordano S. 2003.

de la Trémoille *chargé des affaires* di Francia a Roma;[45] e Monsignor Molines, auditore di Rota per la Spagna ma sostenitore della causa francese, che partecipò attivamente alla realizzazione della serata, facendo illuminare il proprio palazzo e ricevendo, insieme «a varij signori francesi» i cardinali che arrivavano alla chiesa di S. Luigi per assistere alla cappella.

Le fonti analizzate in questo caso rientrano nella tipologia delle fonti volontarie:[46] le due lettere, scritte coscientemente per dare notizia dell'evento performativo svolto, e un avviso, un documento concepito espressamente per tramandare la memoria di un fatto avvenuto.

Il secondo evento performativo selezionato risale al 12 febbraio 1725 quando, nel palazzo Vaini (Mignanelli), venne recitata una commedia; abbiamo questa informazione grazie al conto di Biagio Benadusi, capomastro falegname, che venne pagato per «il teatro eretto nel palazzo dell'illustrissimo et eccellentissimo signore prencipe [Girolamo] Vaini per la comedia di lunedì sera 12 febbraro 1725». Il conto[47] registra anche alcune spese fatte la sera stessa della recita della commedia, elemento che ci conferma che la rappresentazione ebbe luogo. Questo documento contabile è, al momento, l'unica traccia esistente dell'esecuzione di questa commedia. Stupisce la mancanza di qualunque altro tipo di fonte: nonostante le ricerche svolte nei cataloghi delle principali biblioteche italiane, non è stato finora rinvenuto alcun libretto di commedia stampata a Roma nel 1725 e negli anni limitrofi; parimenti, non vi è alcuna notizia riportata dal *Diario Ordinario* né nel *Diario di Roma* di Francesco Valesio. Se ciò non è certamente sufficiente per escludere che delle fonti possano essere rinvenute grazie ad ulteriori ricerche, appare comunque come un elemento da sottolineare la mancanza di indicazioni nelle più importanti gazzette coeve e nei maggiori cataloghi. La notizia appare tanto più interessante considerando che il 1725 fu un anno giubilare, che vide quindi l'interdizione delle rappresentazioni durante il Carnevale, al di fuori di quelle nei collegi e seminari.

La commedia data nel palazzo del principe Vaini dovette svolgersi negli stessi giorni in cui si rappresentarono il *Poliuto* e l'*Atalia* al Collegio Clementino, il *Tommaso Moro* nel Collegio Capranica e l'*Ester* al Collegio Nazareno.[48] La recita di palazzo Mignanelli assume quindi un rilievo inconsueto, trattandosi di una delle esigue rappre-

---

[45] Nonché fratello di Marie-Anne e Louise-Angélique de la Trémoille, nobildonne francesi che avevano sposato due principi romani, rispettivamente Flavio Orsini e Antonio Lante Della Rovere, famiglie spiccatamente filofrancesi.
[46] Bloch 2009, p. 48.
[47] *Cf.* I-Ras, LdR, b. 264: scheda PerformArt D-002-742-248.
[48] Franchi 1997, vol. 2, p. 207.

sentazioni spettacolari di quell'anno. Questo spiega però il perché dell'assenza del libretto e la mancata pubblicizzazione dell'evento attraverso i canali di comunicazione esistenti; la commedia eseguita in casa Vaini doveva probabilmente restare "segreta", o almeno non essere troppo pubblicizzata, per non incorrere nei divieti papali; l'assenza di fonti potrebbe quindi essere voluta. Il documento non ci dà alcuna informazione sulla rappresentazione; sappiamo solamente che vennero pagati dei facchini «per porto e riporto di scene», fatto che indica una vera e propria messinscena.

In questo caso, ci troviamo di fronte a una "fonte non volontaria": il falegname non ha redatto il conto per darci notizia della commedia rappresentata, ma per essere pagato per il suo lavoro. Paradossalmente, ad essere "volontaria" è invece proprio l'assenza delle fonti.

Prendendo le mosse da questi due esempi, mi concentro ora sulla tipologia delle fonti attraverso le quali vengono trasmesse informazioni sulle *performances* e sugli "eventi performativi".

In entrambi i casi, mancando il libretto dell'opera rappresentata, si verifica quello slittamento di attenzione dal testo all'evento teorizzato da Franchi e Biet.

Le fonti analizzate, pur nella loro diversità, permettono di attestare o ricostruire l'evento performativo. L'attestazione è il livello minimo di informazione che possiamo avere da una fonte: il caso del conto del falegname non ci dice quasi nulla sull'evento, se non che quell'evento performativo si è prodotto, il luogo in cui si è svolto, il committente. Ma ci mancano informazioni fondamentali per ricostruire l'evento nel suo complesso: non conosciamo l'occasione per la quale venne organizzato, chi vi assistette, in quale luogo preciso del palazzo fu edificato il teatro, e soprattutto non conosciamo il titolo della commedia né il suo autore. In mancanza di questi elementi, sarà anche arduo inserire l'"evento performativo" in una "struttura storica".

Il livello superiore è la ricostruzione dell'evento che si è prodotto e del suo contesto: nel primo esempio riportato, le fonti ci permettono di avere notizie sulle persone che parteciparono agli eventi, sull'esatta localizzazione dello svolgimento, sull'apparato e sulla decorazione organizzata, sui nomi delle persone nel pubblico. Ma tutto ciò non è ancora sufficiente per parlare di *performance*: intendendo per *performance* la parte dell'"evento" che accade di fronte ad un pubblico, questa può essere ricostruita a condizione di avere a disposizione delle fonti, "volontarie" o no, che consentano di avere informazioni, tra le altre cose, sugli autori, sugli interpreti, sugli strumenti e sui materiali utilizzati, sulla durata, sull'effetto provocato sul pubblico. In alcuni casi le tracce oggi a disposizione ci parlano dell'"evento performativo" ma non della *performance*.

Se non ci è possibile dare queste informazioni, la nostra analisi potrà concentrarsi sull'"evento performativo"; un livello meno dettagliato, ma più ampio che ci permette di estendere lo studio a particolari non compresi nella *performance*, come il significato di una data rappresentazione in un contesto storico, il messaggio socio-politico legato a quell'evento, la rete di relazioni dei committenti e degli interpreti etc. La *performance* è solo una parte dell'"evento performativo", limitata cronologicamente e subordinata alla presenza del pubblico. Ma l'"evento performativo" è formato da molteplici momenti cronologici differenti; possiamo dire che la *performance* è uno degli "eventi" che compone la "serie evenemenziale" da cui viene formato l'"evento performativo" nel suo complesso.

La differenza tra "fonti volontarie" e "fonti involontarie" ci riporta al concetto di «événement-monstre» di Pierre Nora, permettendoci di approfondire la sua fecondità: le "fonti volontarie" fanno circolare la notizia e permettono la ricezione dell'informazione sull'evento in un luogo e in un tempo diverso da quello in cui l'evento si è prodotto; le "fonti involontarie" ci parlano invece della produzione dell'evento. Le "fonti volontarie" assolvono alla funzione di amplificare l'evento, o addirittura di "ricrearlo" in un'altra realtà, come ci dice il segretario di Stato di Luigi XV, Maurepas, in una simile occasione: «le feste non sono mai tanto belle come sulla carta alla quale siamo tutti obbligati a credere il giorno dopo».[49] In questo senso l'«événement-monstre» è assimilabile agli odierni *mass media*; il mezzo di comunicazione, la "fonte volontaria", non si accontenta di «diffondere l'evento, ma lo produce. [...] Senza le cronache, l'evento non solo sarebbe rimasto sepolto nel passato, ma sarebbe stato invischiato nell'insieme della durata storica».[50] La "fonte volontaria" continua quindi a produrre l'"evento" anche a secoli di distanza. Ma grazie al lavoro dello storico, anche la "fonte involontaria" riesce a produrre l'"evento": il caso della commedia attestata unicamente dal conto del falegname lo illustra

---

[49] De Maurepas a M. de La Rochefoucauld. Versailles, 10 aprile 1747: «J'ai bien compté sur un petit remerciement de votre part pour les 12000 livres qui vous ont été accordées pour les fêtes que vous devez faire à l'occasion du mariage de M. le dauphin, et je ne ferai pas le modeste en me défendant d'y avoir contribué; mais prenez garde que cette somme, plus honnête qu'à l'ordinaire, ne vous engage à en dépenser ancore devantage et n'y ajoutez rien du vôtre; car vous êtes dans un pays où l'imagination va loin, et où Salley dit que vous en trouverez peut-être plus que vous ne voudrez, il ne se seroit cru bon auprès de vous, dans cette circostance, que pour éloigner les conseils immodérés. Envoyez-nous seulement une description un peu pompeuse. Les fêtes ne sont jamais si belles que sur le papier qu'on est toujours obligé d'en croire le lendemain». Trascritta in La Rochefoucauld 1871, p. 333-334, lettera CCXXXIX.

[50] Le Goff 1999, p. 4.

perfettamente. Contrariamente a quanto ci si poteva aspettare, anche una fonte involontaria ha la potenzialità di creare un "evento" in un luogo e in un tempo differente.

Quest'ultima constatazione fa emergere un'altra domanda metodologica: senza l'odierno apporto dello storico, quali fatti rientrerebbero nella categoria degli "eventi"? La trasformazione di un "fatto" in "evento storico" passa attraverso un processo di aumento della grandezza e dell'importanza del fatto stesso, dipendente dagli storici che, attraverso i loro studi, elevano un aneddoto al rango di evento storico.[51] Il lavoro di un falegname è un fatto accaduto, che non ha la dignità di evento storico, fino a quando l'odierno ritrovamento lo mette in una particolare luce, innalzandolo al rango di unica fonte per l'attestazione di un evento performativo. L'inserimento, da parte dello storico, di quella fonte all'interno di una complessità, le domande che solo lo storico può porre a un documento, la sua lettura alla luce del precedente sapere: sono questi gli elementi che permettono a un "fatto" di diventare "evento". Lo storico riveste quindi il doppio ruolo di ricevitore di un segnale storico – la fonte, il documento – e trasmettitore di quel segnale al futuro.[52] In questo passaggio, avviene la trasformazione del "fatto" in "evento".

CONCLUSIONI

L'incrocio tra gli esempi documentali degli eventi organizzati dai Vaini con la lettura storiografica del concetto di "evento" permette ora di avanzare sulla definizione di "evento performativo" e sulle sue applicazioni.

Innanzitutto, per lo storico delle arti performative si presenta in maniera estremamente restrittiva la dualità tra "evento" e *longue durée*, poiché entrambi gli approcci sono indispensabili per la sua analisi. Come abbiamo visto, il tipo di studio che si può condurre di un evento è molto condizionato dal tipo di fonti rinvenute. Ma, anche nel caso più fortunato di eventi riccamente documentati, lo storico potrà procedere all'analisi secondo delle scale differenti. Un "evento performativo" è un fatto unico e irripetibile, così come la *performance* che include. Un approccio analitico di tipo evenemenziale sarà quindi necessario per evidenziare tutte le particolarità, i dettagli, le unicità di quel dato evento, che sono gli elementi base di una ricerca nel campo

---

[51] Già nel 1960, Carr invitava a interrogarsi su cosa fosse la storia, iniziando la sua riflessione sulla questione della relazione tra lo storico e il fatto, l'"evento". *Cf.* Dosse 2010, p. 5.

[52] Kubler 2002, p. 30-31.

della storia delle arti performative: conoscere autori, esecutori, committenti, opere eseguite, pubblico presente, occasione dell'esecuzione etc. permette di restituire l'integralità dell'evento performativo e, nei casi più documentati, della *performance*. Allo stesso tempo, lo storico delle arti performative sarà interessato a inserire quell'evento in una più ampia cornice, a studiarne il contesto, creando collegamenti con altri eventi simili nel tentativo di ricostruire una "struttura". "Struttura" che può anch'essa variare di scala: si potranno analizzare più eventi performativi organizzati da un medesimo committente in un determinato arco di tempo per valutare l'uso rappresentativo e politico che ne viene fatto, l'impatto degli spettacoli sull'economia, l'evoluzione del gusto etc. Ma sarà anche possibile ampliare ulteriormente il terreno di analisi, considerando un gruppo di committenti, esponenti di una determinata classe sociale in un determinato periodo, così come il progetto PerformArt ambisce a fare. Va però tenuto ben presente che, nel campo di studi delle arti performative, per arrivare a studiare la "struttura", è imprescindibile attraversare dapprima la fase "evenemenziale" di ricostruzione dell'evento, senza la quale mancherebbero gli elementi base per la ricostruzione della "struttura". Questo modo di procedere richiama la visione di Marc Bloch: compito dello storico è rimettere l'"evento performativo" al suo posto così che la "struttura" in cui si inserisce ne restituisca la corretta lettura; allo stesso tempo, la ricostruzione della "struttura" può avvenire, nel campo delle arti performative, solamente grazie all'individuazione e alla ricostruzione dei singoli eventi.

ÉMILIE CORSWAREM

MUSIQUE ET AGENTIVITÉ. DE LA CRÉATION DE NOUVEAUX ESPACES DANS LA VILLE :

LE CAS DES FÊTES DYNASTIQUES DE L'ESPAGNE ET DE L'EMPIRE À ROME

INTRODUCTION

Les historiens de la fête, y compris de la fête baroque, recourent abondamment au concept de *performance* ces dernières années[1]. Cet usage vient en réalité sanctionner un changement épistémologique. Il y a encore quelques décennies, le spectacle était analysé tel un scénario soigneusement mis en scène, qu'il fallait lire, déchiffrer à la manière d'un « texte culturel[2] », et dont il convenait aussi de révéler la puissante théâtralité, nécessaire à la démonstration de pouvoir ou de religiosité que ce spectacle souvent soutenait[3]. Un « performative turn », pour reprendre l'expression du moderniste Peter Burke, survient à partir des années 1970 dans les sciences humaines, qui prennent peu à peu leurs distances avec l'analogie entre société et théâtre[4]. De nombreuses disciplines trouvent alors dans la notion de *performance* une solution plus ou moins commode à leurs problèmes méthodologiques respectifs : l'anthropologie d'abord, dont les analyses de rituels s'inspirent des travaux de John L. Austin relatifs aux énoncés performatifs, l'économie, mais aussi le théâtre, l'histoire de l'art et la musicologie.

---

[1] Voir notamment Gillgren – Snickare 2012 et en particulier l'essai introductif de cet ouvrage collectif, Burke 2012.

[2] Gvozdeva – Velten 2011, p. 24 ; cité dans Dekoninck *et al.* 2019b, p. 12.

[3] Voir entre autre ladite « école cérémonialiste américaine », et les travaux d'une série de chercheurs s'inscrivant à la suite d'Ernst Kantorowicz : Giesey 1960 ; Hanley 1983 ; Bryant 1986. Pour une précieuse mise au point historiographique à ce sujet voir Dekoninck *et al.* 2019b, p. 10-13, auxquels nous empruntons ces exemples. Sur les différentes approches méthodologiques mises en œuvre ces dernières décennies dans l'analyse des fêtes, voir aussi Carandini 2000, p. 526-527.

[4] Nombreuses sont en effet les études historiques conçues selon cette perspective épistémologique de la « dramaturgie » ; voir par exemple le « théâtre des possédés » dans De Certeau 1970 et le « théâtre de la terreur » dans Foucault 1975. Ces exemples sont notamment cités dans Burke 2005, p. 36-37.

L'histoire des arts visuels s'est en effet progressivement saisie de nouvelles méthodes, dont l'étude présentée ici s'inspire largement. Celles-ci se détournent d'une analyse strictement iconique ou basée sur le contenu symbolique de l'image au profit d'une analyse portant plutôt sur son pouvoir : ce que l'image fait et ce qu'elle fait faire[5]. Renoncer à une approche strictement interne de l'œuvre permet d'ouvrir à d'autres questions, tels que les usages, les pratiques auxquelles l'image donne lieu, mais aussi ses modes d'actions[6]. Dans sa théorie des énoncés performatifs, John Austin, tandis qu'il formule les conditions nécessaires à leur efficacité, exclut pourtant toute performativité dans le domaine de l'art ou de la fiction. L'efficacité des énoncés performatifs serait notamment conditionnée à leur énonciation sur le terrain de l'ordinaire, tandis que l'art ou la fiction seraient les « lieux d'un usage parasitaire, pathologique et peu sérieux du langage »[7]. Or, au sein de ce que d'aucuns ont appelé la « performativité généralisée », nombreux sont les objets artistiques désormais envisagés selon leurs qualités performatives, pour peu qu'ils occasionnent une réaction chez le spectateur ou « entretiennent un certain rapport à l'action ». Ainsi, les exemples cités par la philosophe Maud Hagelstein tels une sculpture, un carton d'invitation ou une partition peuvent être envisagés à l'aune de leurs qualités performatives[8].

Le champ des études musicologiques recourt au terme *performance* pour aborder des problématiques liées le plus souvent à l'interprétation, à l'exécution musicale ou à la représentation (théâtrale, opératique etc.)[9]. Une série d'études puise toutefois au concept de performatif (*performative*) selon une autre acception qui se réclame, plus ou moins directement, d'Austin[10]. Comme dans les arts visuels, il s'agit de forger un nouveau discours sur la musique, en s'écartant

[5] Belting 1998 ; Freedberg 1998 ; Gell 2009. Pour une approche critique de la transposition des théories relatives aux actes de langage dans l'analyse des fonctions de l'image, voir Wirth 2009.

[6] Baschet 2009, p. 9-14.

[7] Hagelstein 2013, p. 99. L'auteur reprend, pour illustrer cet aspect de la théorie d'Austin, un exemple bien connu, celui du vœu prononcé dans le mariage : « oui, je (le) veux (épouser cette femme) ». Se marier sur la scène d'un théâtre est évidemment sans conséquence pour les acteurs, *cf.* p. 101-102.

[8] Hagelstein 2013, p. 101-102.

[9] Voir entre bien d'autres études Cook 2003, Cook 2013, Talbot 2000, Taruskin 1995 et le numéro spécial « Music Performance and Performativity » de la revue *Musicology Australia*, 36-2, 2014.

[10] Dans l'introduction de son ouvrage *Music as cultural practice*, Lawrence Kramer exprime clairement cette conception : « [...] we should be able to understand it [music] less as an attempt to *say* something than as an attempt to *do* something » ; *cf.* Kramer 1990, p. xii.

d'une analyse formelle du geste ou du processus compositionnel au profit d'une conception prenant en compte l'agentivité d'une œuvre musicale, d'un genre ou d'une pratique, c'est-à-dire l'action que ceux-ci peuvent potentiellement exercer sur l'auditeur.

L'analyse des fêtes et des spectacles s'est quant à elle peu à peu détournée de l'épistémologie de la « dramaturgie », de la conception de la fête correspondant à un scénario pré-déterminé. La fête peut désormais être lue comme un mode d'action[11], une *performance* dont le sens n'est plus univoque pour tous les acteurs présents, mais multiple et potentiellement conflictuel[12]. Cette perspective méthodologique est celle défendue par le groupe de recherche belge « Cultures du spectacle baroque entre Italie et anciens Pays-Bas » : le spectacle baroque, dont l'intérêt « réside non pas tant dans ce qu'il dit que dans ce qu'il produit (et dans la manière dont il le produit) » est envisagé à travers « ses dispositifs, ses *performances* et ses effets »[13].

Au sein de l'ensemble aussi hétéroclite qu'inventif que constituent les composantes de la fête baroque, la musique et le son *performent* eux aussi, pourvus – ni plus ni moins que l'image – de « vertus », de « forces latentes ou manifestes »[14]. Agissant au même titre que les autres ingrédients de la fête sur les spectateurs et sur le cadre urbain lui-même, ils peuvent donc être envisagés pour leur « efficace ». À l'instar de l'image, dotée d'un « pouvoir », entendu comme le changement qu'elle « détermine dans le monde » ce « quelque chose qu'elle crée »[15], le son détient une force active, un « pouvoir d'action ». Il s'agit bien ici de mobiliser le concept d'agentivité d'Alfred Gell pour envisager l'action qu'exerceraient la musique ou le son sur ceux qui les perçoivent et les écoutent[16]. Peut-être plus que n'importe quelle autre manifestation, la fête baroque se prête à cette approche privilégiant

---

[11] Boureau 1991.

[12] Pour une perspective anthropologique s'agissant du pouvoir des images, voir aussi Goody 2006.

[13] Projet fédéral dirigé par Maarten Delbeke, Ralph Dekoninck, Annick Delfosse et Koen Vermeir, financé par la Politique Scientifique Fédérale Belge (BelSPo) et placé sous les auspices de l'*Academia Belgica* (Rome), de l'Institut Historique Belge de Rome et de la Fondation nationale Princesse Marie-José. Voir Dekoninck *et al.* 2019a.

[14] Marin 1993, p. 10 ; cité dans Bartholeyns – Golsenne 2009, p. 18. Sur la puissance du son et de la musique à façonner l'espace urbain et les comportements sociaux, voir Knighton – Mazuela-Anguita 2018 ; Atkinson 2016. Voir aussi Corswarem – Delfosse 2008.

[15] Marin 1993, p. 10 ; Bartholeyns – Golsenne 2009, p. 18.

[16] Cette définition adapte celle que propose Jean-Marie Pradier s'agissant de l'agentivité d'un tableau ; voir Pradier 2017, p. 292. Voir aussi Bartholeyns – Golsenne 2009, p. 20-21.

le déchiffrement de l'apparition, la survenance de l'action et l'effet plutôt que le sens. On ne compte en effet plus les *relazioni* de festivités mentionnant la stupeur des spectateurs, leur ravissement, leur plaisir ou déplaisir, leur étonnement ou leur effroi... Ce champ lexical des émotions rappelle que la fête baroque est avant tout une expérience des sens, où le spectateur s'immerge, parfois malgré lui. Alors que la tentation est grande de s'accrocher aux programmes festifs, de déchiffrer les allégories visuelles et la symbolique de la décoration conçue pour l'occasion, une approche fondée sur les modalités d'action du son et de la musique au sein du dispositif festif baroque permet peut-être de renouer avec ce qui constitue l'une de ses finalités principales sinon premières, à savoir l'effet[17].

DÉFINITION D'UNE PROBLÉMATIQUE : LE CAS DES FÊTES LIÉES AU PROTECTORAT DU CARDINAL GIROLAMO COLONNA (1644-1664)

Plusieurs solennités liées au protectorat exercé par le cardinal Girolamo Colonna (1644-1664) pour l'Empire et pour la couronne d'Aragon servent ici de cas d'étude en vue de poser quelques éléments d'analyse relatifs à l'agentivité de la musique et du son[18]. Ces fêtes partagent nombre de *topoi* quant à leur mise en oeuvre et aux artifices auxquels elles recourent[19]. Elles illustrent, comme beaucoup d'autres, l'expression bien connue de Marcello Fagiolo qualifiant la fête baroque d'*opera d'arte totale*[20], se déployant en dehors de toute idée de hiérarchie des genres et des arts[21]. Elles exemplifient en outre une double acception de la notion de performance. Hautement codifiées, déployées en des lieux associés à l'Espagne ou à l'Empire à Rome, à leurs représentants et à leurs partisans en présence dans la ville, ces fêtes travestissent certains quartiers, les parant, pour quelques heures ou quelques jours, d'un « appareil » sophistiqué misant sur le son,

---

[17] Ces réflexions s'inspirent largement de celles formulées à l'égard de l'image dans Bartholeyns – Golsenne 2009. Voir en particulier p. 20-21.

[18] Le patronage de Girolamo Colonna s'agissant des fêtes liées aux nations dont il est le cardinal protecteur n'a jusqu'ici été étudié que de manière indirecte. Voir par exemple les travaux de Rainer Heyink consacré à *Santa Maria dell'Anima*, notamment Heyink 2010 et l'étude de David García López sur l'*Apothéose de Claude*, offerte par le cardinal à Philippe IV d'Espagne, voir García López 2013, p. 223-238.

[19] Voir, dans le présent ouvrage, la contribution de Guy Spielmann, *La fête baroque, archétype du macro-événement-spectacle*, p. 101-113.

[20] Fagiolo 2007.

[21] De Marco – Heering 2018, p. 340.

les matières, les odeurs, les lumières et les constructions diverses[22]. Ce type de cérémonies, bien documenté par les sources, a souvent été commenté, tant par l'historien de la fête que par l'historien de la musique. De nombreux travaux ont exposé comment ces manifestations s'emparent de l'espace romain, l'investissent de constructions éphémères et y font retentir chœurs et instruments. La ville se trouve en effet continuellement reconfigurée par la présence active d'institutions de prétentions et d'obédiences diverses[23]. La production artistique et les formules mises en œuvre lors des fêtes furent dès lors souvent interprétées en tant qu'affirmation de la présence et du pouvoir de l'une ou de l'autre « nation » dans l'*Urbs*. La fonction de représentation et de démonstration assumée par l'art musical en ces occasions, de même que la part plus ou moins importante prise dans leur organisation par les représentants du pouvoir « national » renforceraient et légitimeraient dès lors le sentiment d'appartenance à une même identité culturelle voire à une même « nation ». Une telle analyse se fonde en toute logique sur le contenu programmatique de la fête, sur sa nature idéologique.

Les festivités au centre de cette étude sont liées à l'actualité de l'Empire ou du royaume d'Aragon. Il est cependant difficile d'y repérer des éléments constitutifs d'un « son national »[24], des caractéristiques musicales qui permettraient de distinguer par exemple la fête espagnole de la fête impériale ou encore, de la fête française. Ce sont via des formules semblables aux autres « fêtes extraordinaires » que les programmes festifs sont déployés. On parle une langue commune, celle de la fête baroque, faite d'*apparati* et d'une musique conforme au *stile romano*. Celui-ci se caractérise notamment par une nette préférence pour la polychoralité, avec des effectifs vocaux et instrumentaux conçus en fonction de la fête et de son importance. Les manifestations d'allégresse correspondent aux usages en vigueur ; elles se font

---

[22] Le terme « appareil » est ici emprunté à Furetière 1701. Il désigne « ce qu'on prepare pour faire une chose plus solennellement », c'est-à-dire l'ensemble des dispositifs éphémères, à l'instar du mot *apparato* en italien ou *pegma* en latin ; voir de Marco – Heering 2018, p. 336. Voir aussi Heering 2016.

[23] Rocciolo 2008, p. 61.

[24] Au sujet des éléments constitutifs d'un son « national » dans les fêtes extraordinaires à Rome à cette époque, voir Berti – Corswarem 2019a. Dans ce même ouvrage, voir aussi Fernandes 2019 et O'Regan 2019. Dans son volume dédié aux fêtes et aux cérémonies de *San Stanislao dei Polacchi*, Hanna Osiecka-Samsonowicz met en évidence, à l'occasion des fêtes célébrant l'élection au trône du roi Ladislas IV Vasa (1595-1648) en décembre 1632, l'utilisation de *szalamaje*, une sorte de flûte pourvue d'une anche double, un instrument typiquement polonais, pour le moins inhabituel à Rome. Cet exemple demeure cependant exceptionnel. Voir Osiecka-Samsonowicz 2012, p. 169-171.

intelligibles à tout l'auditoire romain. L'intérêt est en effet d'être vu, entendu mais aussi compris du plus grand nombre pour mieux faire retentir et ressentir l'honneur national[25]. Le caractère national de ce type de solennité se limiterait donc à l'événement à célébrer; le son et la musique subsistent donc au nombre des «ingrédients» de la fête baroque dont les propriétés spécifiques demeurent à investiguer[26].

1653, 1658 : UN COURONNEMENT ET UNE NAISSANCE ROYALE

En 1653, les manifestations festives déployées à l'occasion du couronnement de Ferdinand IV (1633-1654) comme roi des Romains et donc, comme futur empereur, et celles célébrant en 1658 la naissance de l'héritier au trône du royaume d'Aragon, Felipe Próspero (1657-1661) durent plusieurs jours. Leur déroulement est très semblable : les festivités commencent respectivement à l'église nationale allemande de *Santa Maria dell'Anima* et à *San Giacomo degli Spagnoli* ; elles se déplacent dans la ville à travers une série de lieux communément associés à l'une ou l'autre *natio*, tels que les palais, les places publiques ou d'autres églises. Dans les deux cas, c'est Girolamo Colonna, cardinal protecteur du Saint-Empire (1644-1664) et d'Aragon (1645-1666) qui en donne le point de départ. Il se rend d'abord à l'église nationale, accompagné d'un cortège composé de nombreux princes et de prélats. C'est là que sont entonnés la messe et/ ou le *Te Deum* à plusieurs chœurs, suivis des habituels tirs de pétards :

> [...] l'eminentissimo sig. card. Collonna [*sic*], che ne hebbe il let-
> tere di sua maestà cattolica da presentar alla santità di n. sig. Papa
> Alessandro VII [...] si trasferì domenica li 20 del corrente mese [gen-
> naro 1658], con corteggio di prelati, prencipi, et altri sig. titolati, e con
> 200 carrozze in circa a presentare le dette lettere regie, e dopo [...] si
> trasferì sua eminenza col medesimo corteggio alla chiesa nazionale di
> S. Giacomo, dove in particolare dalla natione spagnola, fù cantato il Te
> Deum con l'assistenza di sette eminentissimi, cioè l'eminentiss. cardi-
> nal Colonna, l'eminentissimo card. Sforza, l'eminentiss. card. Savelli,
> l'eminentissimo card. Aquaviva, l'eminen. cardinal Odescalcho, l'e-
> minentiss. cardinal Meltio, l'eminentiss. card. Langravio, l'eccellen-
> tissimo gran contestabile Colonna, colli sig. prencipe, et abbate suoi
> figli, l'eccentissimo prencipe Ludovico, l'eccellentissimo prencipe
> Gallicano, l'eccellentissimo prencipe Panfilio, et altri [...] affettionati
> alla augustissima casa d'Austria. Si sparorno grandissima quantità di
> mortaletti, tanto avanti, quanto doppo il Te Deum, & continuamente

---

[25] Berti – Corswarem 2016 et Berti – Corswarem 2019a.
[26] Corswarem 2019.

per la Piazza Navona, e dalla banda della Sapienza si sentivano quantità di trombe, e tamburi [...][27].

En 1653, Girolamo Colonna avait été consulté, sur décision des proviseurs de *Santa Maria dell'Anima*, à propos du protocole présidant aux festivités en l'honneur de Ferdinand IV[28]. Il s'était alors agi de savoir si le collège des cardinaux devait être invité, ce qui fut en définitive le cas :

> Arrivato in Rome l'avviso della coronatione per novello rè de' Romani della maestà di Ferdinando IV rè d'Ungheria, e Boemia, e figliuolo primogenito della Sacra Cesarea maestà di Ferdinando III austriaco, seguita in Ratisbona à 21 giugno passato, l'eminentissimo, e reverendissimo signor principe cardinale Colonna protettore del Sacro romano Imperio s'accinse à mostrarne le dovute allegrezze; indi è, che venerdì mattina 25 del corrente luglio [1653], trasferitosi nelle chiesa dell'Anima della nattione teutonica con 25 altri eminentissimi da lui convitati, e quantità de' prelati, principi, signori, e popolo, intervennero ad una messa cantatavi dall'illustrissimo, e reverendissimo monsignor arcivescovo di Ragusi con cinque chori degli più scelti musici di questa città, essendo quella chiesa sì al di dentro, come la facciata di fuori tutta da capo à basso ricca, e superbamente tapezzata degli apparati, e portiere di seta, argento, e oro di esso eminentissimo principe, e finita detta messa, si cantò il Te Deum, sparando buon numero di mortaletti[29].

Le *maestro di ceremonie* d'Innocent X, Antonio Pedacchia[30], offrit en outre ses services pour la messe et le *Te Deum* chanté dans l'église impériale[31]

Trois jours durant, en l'église *San Giacomo* toute décorée de luminaires pour la naissance de Felipe Próspero, la messe solennelle fut chantée suivie des vêpres solennelles :

> Fù cantato il Te Deum a cinque Gori [*sic*] doppii di musica con diversi stromenti, [...] e ogni mattina stata cantata messa solenne, e il giorno il vespero con la musica, e suoni di dd. cori, e lo sparo di dd. mortaletti, e ogni sera hà in detta chiesa per di fuori alle facciate,

---

[27] *Relatione* 1658, f. 3-3*v*.
[28] I-Rasma, A VI 4 (*Decreta*), f. 75*v*-76. Voir aussi Heyink 2010, p. 226, note 22.
[29] *Relatione de' fuochi artificiati* 1653, f. 2*v*.
[30] Il s'agit probablement de Pietro Antonio Pedacchia (1617-1689) ; voir Rezza – Stocchi 2008, p. 381.
[31] V-CVbav, Vat. lat. 8414, f. 120*r* (voir la fiche PerformArt D-005-602-293) ; I-Rasma, A VI 4 (*Decreta*), f. 75*v*-76*r* ; I-Rasma, D I 3 (*Liber mandatorum*), f. 70*v*.

accese torce 120, sparati ogni giorno tra mattina, vespero, e la sera sopra la quantità 100 e più mortaletti[32].

Cette source indique que le dispositif festif était destiné à conquérir rapidement l'espace de la ville. Les tirs de pétards retentissent bien au-delà du parvis de l'église, dilatant d'emblée l'espace dévolu à la fête et signalant au plus grand nombre l'extraordinaire, le changement survenu : l'héritier au trône est né. À proximité de l'église nationale de *San Giacomo*, sur la *Piazza Navona*, traversée de jeux pyrotechniques, résonnent quantité de tambours et de trompettes, unissant la foule présente à l'hommage rendu au futur souverain espagnol :

> Sparati diversa quantità di razzi, che annessi à due corde, che traversavano la Piazza di Navona, facevano giochi di fuocho di non poca consideratione, e rendevano diletto alla moltitudine de riguardanti, e particolarmente per la quantità di trombe e tamburi, che avicenda [*sic*] applaudeva il natale di tanto monarca[33].

Les festivités ne se limitent cependant pas aux abords immédiats des églises nationales. En 1653 les festivités impériales se poursuivent sur la *Piazza Santi Apostoli*, face au palais Colonna[34] :

> [...] A di 4 di luglio il card. Colonna come protettore di Germania, et ambasciatore dell'imperatore, fece allegrezza per tre giorni per la elettione del novo rè de' Romani Ferdinando Francesco III [*sic*] e nella Piazza de' SS. Apostoli avanti al suo palazzo fece fare doi fontane di vino bianco et rosso, et diversi fuochi artifiziali con statue, colonne, et luminari di torcie per le fenestre di tutta quella piazza, mortaletti, et suoni di trombe, tamburi, piffari [...][35].

Ce passage évoque le caractère brillant et multi-sensoriel de la fête où sont immergés les spectateurs. Une large gamme d'émotions est ainsi suscitée pour faire de la fête une expérience extraordinaire[36].

Les manifestations espagnoles prennent quant à elles place devant le palais de l'ambassadeur d'Espagne. Trois jours durant, des fontaines de vin, des feux d'artifice, des tirs et des constructions éphémères diverses ravissent tant le peuple que la noblesse qui s'y rassemblent au son continu des *trombe* e *tamburi*. Dans un premier temps, ces

---

[32] *Relatione* 1658, f. 3*v*.

[33] *Relatione* 1658, f. 3*v*.

[34] Girolamo Colonna fait simultanément office d'ambassadeur et de cardinal protecteur de l'Empire à Rome, tandis que ces fonctions sont dans d'autres cas dédoublées; voir Heyink 2010, p. 9.

[35] *Allegrezze per il nuovo re de' Romani*, dans Gigli 1994, p. 685.

[36] Pour une synthèse à ce sujet, voir Dekoninck *et al.* 2019b.

lieux sont donc indifféremment investis de la présence massive de la noblesse et du peuple :

> Nella piazza del ambasciatore di Spagna parimente per tre sere continue sono state accese sopra il numero 54 torce, arse, botte 20, fatta la facciata, e superbamente adobbata, nella piazza, una fontana di vino, che la sera di continuo gettava, e davano à bevere à chiunque ne voleva. Fatti poi fuochi artificiali ogni sera con diferente storie, e figure, sparati mortaletti, e con suoni continui di trombe, e tamburi, in modo che tutta la piazza era piena di riguardanti, fino alle tre in quattro hore di notte, e si sentiva da gran quantità di gente. [...][37]

> [...] le Signore Dame, e prencipi romani fecero per questa piazza numerosissimo il passeggio, concorrendo, il popolo a rallegrarsi ad un'abbondante, e ben adornata fontana, che correva di vino[38].

Plus tard, la noblesse et les prélats se retirent au palais de l'ambassadeur espagnol et ce, pendant les trois soirées que durent les manifestations d'allégresse :

> Su'l far della notte fu recinto il palazzo da due ordini di torce, dove essendosi trasferito l'Eminentissimo Colonna ricevette i sopradetti signori cardinali, e signori ambasciatori, e ministri de' prencipi, signori romani, spagnuoli, e prelati, che in gran quantità vi accorsero tutte le tre sere, i quali tutti furono trattati con ogni sorte di regali, e rinfreschi. [...][39].

Il est intéressant de noter que, durant ces trois soirées, un certain nombre de palais – ceux du grand-duc de Toscane, respectivement situé sur la *Piazza Madama* et à *Trinità de' Monti*, celui du duc de Parme *Piazza Farnese* et celui de Margarita Branciforte, princesse de Butera – étaient illuminés. La noblesse participait par diverses actions aux réjouissances, étendant plus encore l'espace de la fête et posant leurs palais en autant de repères de ce nouvel espace, liés par un même événement à célébrer.

> In questa sera parimente, come nell'altre due seguenti furono illuminati da quantità di torce, lanterne, e botti li palazzi degli accennati signori cardinali, quelli de' serenissimi gran duca di Toscana in Piazza Madama, e à Trinità de' Monti, e duca di Parma a Piazza Farnese, del signor ambasciatore di Toscana, della signora principessa di Butera la magnanimità sua l'ultima sera buttava dalle fenestre del suo palazzo gran quantità di oro, ed argento, de' signori principi di Gallicano,

---

[37] *Relatione* 1658, f. 3v.
[38] *Relatione de' fuochi artificiati* 1658, f. 2v.
[39] *Relatione de' fuochi artificiati* 1658, f. 2v.

Savelli, Borghese, Ludovisio, Palestrina, principessa d. Anna Colonna
sua madre; Panfilio, duchi Cesarini, Gaetano, Altemps, Mattei, e molti
altri nobili, e con ordinaria quantità de' prelati, vassalli, o affezionati
alla corona cattolica, e sopratutto facevano vaghissima vista la basilica
di Santa Maria Maggiore, ed il convento d'Araceli, ch'erano adornati
di lanterne, e padelle in grandissimo numero[40].

Les espaces privés que constituent a priori les palais commu-
niquent de manière évidente avec les espaces publics, par l'intermédiaire de dispositifs sonores :

Al mezzo dì [venerdì 25 giugno] dal detto palazzo si fece sentir quantità di mortaletti [*nous soulignons*], e il dopo pranzo si fece
per detta piazza della nobiltà romana con le loro più ricche carrozze
vaghissimo passeggio, comparendo le signore dame in segno d'allegrezza vestite superbissimamente di gala, molte delle quali venendo la
sera si ritirorno in detto palazzo, ed in altri nella medema piazza per
goder delli fuochi, si come fecero anco molti eminentissimi convitati
dal signor cardinal Colonna.
   Sur far della notte il detto palazzo fù recinto con grosse torce
accese, lanterne, e padelle di fuoco, come anche à spese dell'istesso
eminentissimo protettore dell'Imperio, si vide tutta detta piazza circondata di grosso numero di simili torce, e lanterne, che emule delle
celesti faci rendevano detta piazza altro celo stellato, e luminoso,
essendosi anco veduta al muro di detto palazzo una grand' arma della
maestà cesarea in tela, risplendente, per il lume di dietro ordinatovi.
   All'una di notte essendo già tutta detta piazza piena d'innume-
rabili popoli, con armonioso concerto di trombe, e tamburri, e col
ribombo di quantità de' mortaletti si attaccò fuoco alla machina [...][41].
   Per compimento di queste feste Domenica mattina s'intese dal
detto palazzo de' signori Colonnesi [*nous soulignons*] lo ribombo de'
mortaletti, e fu esposto nel medesimo luogo delli antecedenti l'ultimo
artificio [...][42].

La musique et le son rendent manifeste la porosité de ces espaces,
unissant le dehors et le dedans, l'intérieur du palais du cardinal
Colonna et la place où sont tirés les pétards. De même, au palais du
duc de Gaetano parviennent les sons des trompettes et des tambours,
ainsi que les joyeuses détonations :

L'eccelentissimo Duca Gaetano, fece feste grande [...] ogni sera
abbrugiò botte in gran quantità alluminò attorno al suo palazzo di torcie, lumini, padelle è per l'intorno di detto palazzo [*nous soulignons*]

---

[40] *Relatione de' fuochi artificiati* 1658, f. 2*v*-3.
[41] *Relatione de' fuochi artificiati* 1653, f. 2*v*-3.
[42] *Relatione de' fuochi artificiati* 1653, f. 3*v*.

si sentivano sonore di trombe, tamburi, è sparare mortaletti, che rendeva dilettevole il guardare[43].

Les jours suivants, outre *San Giacomo*, les principales églises de la nation espagnole s'associent aux festivités en l'honneur de la naissance de Felipe Próspero. Diverses messes, *Te Deum* suivis des habituelles manifestations d'allégresse que constituent les tirs de *mortaletti*, ainsi que des concerts de tambours et trompettes, sont ainsi donnés à la Basilique *Santa Maria Maggiore*, à l'église *San Carlo* et à *Santa Maria in Monserrato*. C'est à l'église nationale de la nation sicilienne, *Santa Maria Odigitria*, décorée pour l'occasion par Lorenzo Onofrio Colonna, que se clôturent les festivités.

Le *Collegio Germanico* ne manque pas de s'associer à l'hommage rendu à Ferdinand IV. Outre la messe et le *Te Deum* chanté en présence d'une série de prélats et de membres de la noblesse, des tirs de *mortaletti* sont tirés devant l'église *Sant'Apollinare* parée pour l'occasion, une *macchina di fuochi artificiali* et diverses constructions évoquant l'Empire sont en outre installées.

À titre comparatif : Les festivités de 1638 à l'occasion de la naissance du futur Louis XIV

La relation d'Antonio Gerardi relative aux cérémonies données à Rome à l'occasion de la naissance du dauphin, le futur Louis XIV, en 1638 constitue un point de comparaison intéressant pour souligner le caractère récurrent de cet usage du son et de la musique et du décloisonnement des espaces qu'ils opèrent[44]. Certains passages attestent que la transformation de l'espace urbain peut aussi prendre la forme d'une sorte de « surlignage » sonore.

Le 21 novembre 1638, les chantres de la chapelle pontificale se joignent à ceux de *San Luigi dei Francesi* pour entonner, en l'église nationale, une messe solennelle, suivie d'un *Te Deum* et d'une longue louange célébrant la naissance du futur Louis XIV. L'ambassadeur, les cardinaux Antonio Barberino et Guido Bentivoglio et un vaste cortège composé de prélats et de membres de la noblesse italienne et française y assistent, venus « sentire quanto possa il canto quando è accompagnato dal gusto della materia, o dell'occasione »[45]. Quelques jours plus tard, l'ambassadeur français à Rome, le maréchal d'Estrées,

---

[43] *Relatione* 1658, f. 4*v*.
[44] Sur cette célébration, voir Povoledo 1990. Cette relation, extrêmement riche en détails, est également exploitée par Berti 2019.
[45] Gerardi 1643, f. 255*v*.

organise des courses de chevaux ainsi qu'un spectacle en musique sur les rives du Tibre, auquel il assiste depuis la *loggia* du *Palazzo Farnese*. Le peuple

> fù trattenuto [...] con suoni, à vicenda di trombe, e tamburi, che per essere distribuiti dalle parti di detta nave, posta in mezzo al fiume Tevere, incontro alle logge del palazzo di sua eccelenza, e perciò percotendo il loro suono nelle ripe del fiume, formavano un'echo bellicoso[46].

Les rives du cours d'eau, investies de la présence massive de la population, résonnent de la démonstration sonore des trompettes et des tambours qui, une fois encore, rompent l'espace et permettent à l'hommage de durer, y associant la population qui s'y tient, mais aussi le maréchal et sa suite, restés quant à eux au palais. Le son investit l'espace de la ville, et donc aussi celui des autres « nations » de Rome. Il fait surgir de nouveaux points de rassemblement, créant un nouveau lieu éloigné de l'épicentre de la fête, de son cadre initial. Sa propagation matérialise l'amplification que la nation française entend donner à son hommage. Plus encore, elle lie, de manière aussi éphémère que marquante, la résidence privée de l'ambassadeur à l'espace public où se tient un nombre plus important de spectateurs[47].

Les festivités durent plus d'une semaine et nombreux sont les acteurs qui y prennent part. Parmi ces derniers figurent les pères minimes de la *Trinità dei Monti*, où des manifestations d'allégresse sont ostentatoires sur le plan sonore. Outre la messe solennelle et le *Te Deum* habituels, divers tirs d'artillerie résonnent du mont Pincio, profitant de l'écho naturel offert par la colline « française ». Une procession solennelle de *San Luigi* à *Sant'Ivo dei Bretoni* est en outre organisée, précédée de quantité de tambours et de trompettes et fermée par les musiciens de l'église nationale qui progressent au son d'hymnes, de motets et de louanges au saint patron des Bretons, dont on transporte la relique.

La musique et le son s'acheminent de *San Luigi* à *Sant'Ivo*; ils résonnent aussi à la *Trinità dei Monti* et sur les rives du Tibre. Ce faisant, ces sont les lieux français de Rome qui sont mis en évidence. Mais c'est un espace urbain bien plus ample qui, absorbé dans ce dispositif sonore, devient « français » lui aussi. Tandis qu'une nation en particulier s'auto-représente dans ce *teatro del mondo* qu'est la ville de Rome, une grande partie de la population se trouve en effet immergée dans le son.

---

[46] Gerardi 1643, f. 262.
[47] Sur l'exercice diplomatique de la musique, voir le volume collectif Ahrendt – Ferraguto – Mahiet 2014.

EN GUISE DE CONCLUSION

Inhérente à la « politique-spectacle de l'Ancien-Régime[48] », la fête se dote initialement d'une empreinte religieuse dans l'église nationale. C'est toutefois un espace urbain bien plus large qui, absorbé dans un dispositif multimédiatique, devient ensuite « espagnol », « impérial » ou encore « français ». La musique et le son, au nombre des éléments de cet appareil festif, ont ici permis de poser une réflexion sur le lieu et sur l'espace de la fête. Par la propagation naturelle du son, les jeux d'échos, les instruments utilisés, la détonation des pétards et des armes, s'opère un processus de recadrage du temps et du lieu initialement dévolus de la fête, qui s'en trouvent élargis.

Aptes à s'emparer de l'espace à distance, à faire se mouvoir la frontière entre dedans et dehors, entre privé et public, la musique et le son agissent en outre sur le contexte urbain où prennent place les festivités. Ils le modifient, de même qu'ils transforment la représentation de celui-ci[49]. Ils mettent en évidence de nouveaux espaces, que l'on pourrait qualifier de « relationnels », rassemblant palais, églises, rues et parvis autour d'un même événement politique à célébrer, d'une même obédience. Ces nouveaux espaces instaurent donc un nouveau type de rapport social[50]. De même que la musique peut agir sur les individus présents et sur l'espace où elle résonne, son absence en certains lieux n'en est pas moins active.

C'est immanquablement l'imbrication de la musique, du son et d'une série d'autres éléments qui permet à la performance d'être telle. Parmi ceux-ci, on peut mentionner la participation aux manifestations des membres de la faction nationale concernée, le fait que la musique résonne en certains endroits, notoirement associés à cette même nation, ou encore, une symbolique visuelle, lisible et intelligible mise en œuvre dans les machineries, sur les cortèges ou lors des représentations théâtrales qui prennent place en ces mêmes endroits. Cela pourrait correspondre au « contexte performatif »[51]. Si certains pans

---

[48] Voir Apostolidès 1981.

[49] Le lecteur pensera ici au concept de *modalisation* cher à Erving Goffman. Parmi les catégories de modalisation proposées par l'auteur, figure d'ailleurs la « cérémonie »; voir Goffman 1991, p. 19 et 30. Jane F. Fulcher, dans son étude consacrée aux concerts organisés en France au début du XXe siècle dans un objectif de propagande politique, convoque aussi cette notion. Voir Fulcher 2000, p. 391.

[50] Bourdieu 1982a, p. 103-119 et Bourdieu 1982b, p. 59-60.

[51] Nous empruntons cette expression à Jane F. Fulcher, qui la définit comme « cet ensemble de facteurs qui entrent en interaction avec l'exécution musicale et s'articulent à l'œuvre jouée de manière à l'imprégner d'un sens culturel intelligible »; voir Fulcher 2000, p. 391. L'auteur elle-même renvoie à Goffman 1991, à Bauman 1986, p. 1-10, de même qu'à Bauman 1992, p. 45-46.

de la ville peuvent en effet être « nationalisés », si des espaces sont
mis en évidence le temps de la fête, c'est aussi parce que la musique
n'œuvre pas seule. Tout comme l'image, la musique peut difficilement
constituer un énoncé performatif en soi. Les éléments syntaxiques
propres au langage lui font de fait défaut. C'est en s'unissant à des
éléments contextuels qu'elle devient donc un énoncé[52].

---

[52] Wirth 2009, p. 132.

Terza parte

LUOGHI DI ESECUZIONE, PALAZZI DI FAMIGLIA E ISTITUZIONI URBANE

INTRODUCTION

Les événements-spectacles se déroulaient dans des lieux très divers, du théâtre bâti à l'installation scénique provisoire, d'une salle de palais aristocratique à celle d'un collège, sans oublier les places et les rues adjacentes aux demeures des grandes familles. Les arts vivants s'inséraient dans des espaces variés et parfois multifonctionnels, qui avaient des incidences fortes sur la composition du public et les conditions d'écoute. La présente section propose un itinéraire qui emmène le lecteur dans l'antichambre de l'appartement d'un palais cardinalice, puis dans un collège de la ville, lequel, avant de s'installer définitivement dans un palais où, quelques années plus tard, on construisit un théâtre en dur, expérimenta divers lieux de représentation, et enfin dans un théâtre indépendant qui ouvrit ses portes au début du XVIIIe siècle. Dans les trois cas l'analyse des archives comptables se révèle particulièrement fructueuse pour comprendre les pratiques de production de spectacles propres à chaque institution.

Au premier étage du palais de la *Cancelleria*, situé non loin de la *piazza Navona*, le cardinal Ottoboni avait fait aménager en 1690 l'antichambre de son appartement afin qu'elle puisse accueillir des oratorios montés avec décor, lumières et machines (Teresa Chirico). Cette salle permit des expérimentations spatiales qui exploraient les potentialités théâtrales du genre de l'oratorio. Du processus de spatialisation de la musique grâce à la surélévation du plafond de la pièce qui permit de construire des estrades diverses afin d'y placer les musiciens et le public, et qui augmenta peut-être aussi la capacité de résonance du lieu, un ami du cardinal vénitien, le prince Francesco Maria Marescotti Ruspoli, allait se souvenir lorsque serait montée *La Resurrezione* de Händel pour la Pâques de 1708, dans la grande salle du premier étage du palais Bonelli (aujourd'hui Valentini).

Parmi les collèges romains qui pouvaient apparaître comme des centres de production théâtrale satellites du mécénat aristocratique, figurait le collège *Nazareno*, fondé en 1630 par les Pères Scolopi (contraction de *Scuole Pie*, les Écoles Pies). Ces derniers louèrent divers édifices successifs avant de s'établir, en 1689, dans le palais légué par le cardinal Michelangelo Tonti, *alla Chiavica del Bufalo*, dans le *Largo del Nazareno*. Grâce à l'Académie des *Incolti*, fondée en 1658 pour permettre aux pensionnaires et aux jeunes diplômés de se perfectionner dans le domaine des belles-lettres, le collège entretint une activité théâtrale régulière et très variée, pour les fêtes religieuses mais

aussi pour les cérémonies de fin d'étude et les visites de hauts personnages de la hiérarchie ecclésiastique (Aldo Roma). La reconstruction
et l'étude des spectacles montés avant que le collège, au XVIIIᵉ siècle,
ne devienne un centre artistique actif et réputé, permet de situer la
production théâtrale au sein des mécanismes de contrôle de l'ordre
des Scolopi et de montrer comment l'institution s'aligna progressivement sur les pratiques qui prévalaient alors à Rome, notamment
celles des Jésuites. Cette démarche met également en lumière les relations que le collège *Nazareno* entretenait avec certains mécènes, tel le
cardinal Ottoboni qui participa à plusieurs spectacles, contribuant à
leur financement, fournissant le livret ou encore agissant en qualité de
corago – nous dirions aujourd'hui de metteur en scène.

À l'instigation de l'aristocratie romaine, plusieurs salles de théâtre
publiques, auxquelles on accédait par l'achat d'un billet, ouvrirent
dans le dernier quart du XVIIᵉ siècle. Le modèle du patriciat vénitien,
qui avait su tirer grand profit de la construction de salles de théâtre,
avait fait florès. Les représentations de l'opéra de Pietro Metastasio et
de Leonardo Vinci, *Artaserse*, monté au théâtre Alibert pour le carnaval
de l'année 1730, fournissent l'exemple d'une gestion entrepreneuriale
audacieuse et indépendante, encouragée par le succès que les œuvres
des compositeurs napolitains connaissaient alors à Rome (Giulia
Veneziano). Grâce à une documentation d'une très grande richesse,
il est possible de dégager le rôle actif que jouèrent les sociétaires du
théâtre dans le choix de l'œuvre et de la distribution artistique, puis
de montrer comment les familles aristocratiques, par le biais de la
location des loges, subventionnaient la production. Il est finalement
possible de reconstituer l'ensemble du processus de la production,
placé sous la responsabilité d'un imprésario, Francesco Cavanna, de
l'établissement des contrats des artistes et des artisans au paiement
des frais de bouche et de logement des interprètes.

TERESA CHIRICO

«BALCONI DORATI PER I MUSICI»

LA PRASSI RAPPRESENTATIVA DELL'ORATORIO ALLA CORTE DEL CARDINALE PIETRO OTTOBONI TRA IL 1690 E IL 1708*

La storia dell'oratorio romano – legato all'idea archetipica di rigore performativo – presenta ancora molti punti oscuri sugli allestimenti degli "oratori di palazzo", dati appunto nei palazzi delle famiglie romane più importanti.[1] Un imprescindibile caso di studio è costituito dalla committenza del cardinale Pietro Ottoboni (1667-1740) – uno dei maggiori mecenati delle arti e della musica a Roma dalla fine del 1689[2] – sulla quale gettano luce inedite notizie d'archivio,[3] testimonianze iconografiche e cronache. Oggetto di questo studio è il periodo storico tra il 1690 (anno in cui Ottoboni inaugurò la sala degli oratori in Cancelleria) e il 1708 (data presunta di due disegni di Filippo Juvarra che ritraggono quella sala)[4] quando, alla corte del porporato, operavano compositori come Arcangelo Corelli, Alessandro Scarlatti, Flavio Lanciani, Filippo Amadei. L'indagine si concentra in particolare

---

* Desidero ringraziare per i preziosi suggerimenti: José María Domínguez, Anne-Madeleine Goulet, Élodie Oriol, Guy Spielmann.
[1] Per il genere oratoriale, tradizionalmente non rappresentato, *cf.* Smither 2001. Sugli oratori di palazzo, si vedano Morelli A. 2004b, p. 334; Morelli A. 2018. Sugli oratori a Roma, *cf.* Franchi 2002a e, in particolare per la committenza oratoriale del principe Francesco Maria Ruspoli, Franchi 2002b; Kirkendale 2017b.
[2] Per gli allestimenti oratoriali ottoboniani alla Cancelleria e sul cardinale, *cf.* La Via 1995; Chirico 2018a, p. 185-199; Chirico 2018b.
[3] Moltissimi dei documenti citati sono conservati presso V-CVbav nei fondi Computisteria Ottoboni e Barberiniani latini. Vari vol. della Comp. Ott. non recano il numero di folio; in alcuni casi si fornisce il numero di folio interno (int.) al fasc. per facilitare l'identificazione del documento.
[4] Per i disegni di Filippo Juvarra: I-Tn, Ris.59.4, rispettivamente c. 81*r* [1], *E.o Ottoboni per l'oratorii della 7.a* [Settimana] *Santa nella sua gran sala* e c. 23*r* [1], *L'oratorio nella 7.a* [Settimana] *Santa in Teatro del s.r card. Ottoboni*. Per la datazione dei disegni juvarriani, vedi Smither 1977, p. 270, fig. VI-4: «A stage design by Filippo Juvarra for an oratorio performance in the gran salon [...]. The design may have been made in 1708 for a Holy Week performance of Alessandro Scarlatti's Passion [*Oratorio per la Passione di Nostro Signore Gesù Cristo*; Palazzo della Cancelleria, 4 aprile 1708]»; Viale Ferrero 1970.

sulla prassi rappresentativa degli oratori – genere molto importante in ambito ottoboniano, denso di sperimentalismi[5] – con particolare attenzione all'uso degli spazi e ai confini generici fra oratorio e teatro.

Durante il pontificato del prozio Alessandro VIII, il giovane cardinale Pietro Ottoboni fece rappresentare al teatro del Palazzo della Cancelleria l'oratorio *Il martirio di Sant'Eustachio* (Quaresima del 1690) su proprio testo che – in modo più o meno esplicito – celebrava la propria famiglia. L'oratorio, musicato in gran parte da Flavio Carlo Lanciani, ebbe un pubblico di altissimo rango anche internazionale, contribuendo a rafforzare l'immagine del mecenate Ottoboni e della sua famiglia nella Città Eterna e all'estero.[6]

Nella seconda metà dello stesso anno il porporato fece allestire nel suo palazzo una sala per gli oratori[7] che diversi studiosi identificarono erroneamente con la Sala Riaria al primo piano del palazzo: in realtà, cronache e documenti indicano che gli oratori ottoboniani erano eseguiti in un'«anticamera» dell'appartamento cardinalizio, sempre al primo piano della Cancelleria.[8]

---

[5] Si veda la convergenza tra i generi dell'oratorio e della serenata nella committenza ottoboniana, Chirico 2018b. Sui teatri effimeri nei palazzi romani, Manfredi 2010, p. 312-313.

[6] Per l'attribuzione delle musiche de *Il martirio di Sant'Eustachio*, l'omaggio del cardinale alla madre Maria Moretti nel prologo dell'oratorio e l'identificazione della famiglia di Pietro Ottoboni con la famiglia dei santi (padre - madre - figlio) nel testo, vedi Chirico 2018a, p. 156-176. L'oratorio fu rappresentato anche al Collegio Nazareno a febbraio del 1694, V-CVbav, Comp. Ott. 30, n° 15; Marx 1968, p. 139 n° 61-62; Volpicelli 1989, p. 704; Chirico 2014, p. 36.

[7] Ad esempio una cronaca del 9 dicembre 1690, V-CVbav, Ott. lat. 3356, c. 25r: «Il card.le Ottobono ha fatto inalzare in una delle sale della Cancellaria un nobilissimo teatro per l'accademie di musica» (anche in scheda PerformArt D-005-430-118).

[8] Per l'erronea identificazione con la Sala Riaria, *cf.* Schiavo 1964, p. 188; Smither 1977, p. 270, fig. VI-4: «A stage design by Filippo Juvarra for an oratorio performance in the gran salon, the Sala Riaria of Cardinal Ottoboni's palace, the Cancelleria»; Volpicelli 1989, p. 683. Invece per la sala degli oratori ricavata da un'anticamera, *cf.* ad es. il doc. in V-CVbav, Comp. Ott. 57, n° 50, *Conto e misura de lavori fatti* [...] *cominciati a dì 10 Xbre 1704 a tutto maggio 1705*, f. int. 10: «26 marzo. Per l'orat(orio) in antic(amera)». Diverse testimonianze comprovano questa identificazione, *cf.* Rossini 1704, p. 82: «Nell'anticamera, nella quale il sig. cardinale suol fare l'oratorio vi sono balconi per musici, e altri ornamenti»; Posterla 1707, p. 251-252: «Nell'anticamera mirasi varii balconi dorati per i musici, essendo questo luogo stabilito per gl'oratorii, degni parti di quell'eminentissimo ingegno»; Deseine 1713, p. 368: «Dans l'antichambre où mr. le cardinal Ottoboni, à présent vice chancelier, à coutume de faire les oratoires en musique»; Marx 1968, p. 106 e n. 15. Chirico 2018a, p. 186-193.

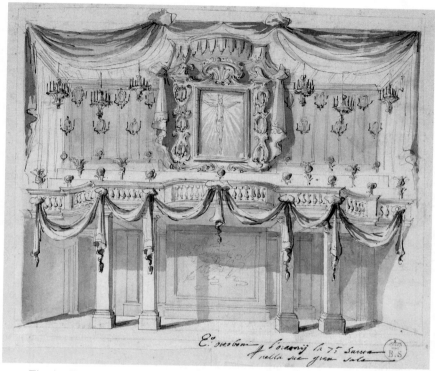

Fig. 1 – F. Juvarra, *E.o Ottoboni per l'oratorii della 7.a* [Settimana] *Santa nella sua gran sala*, I-Tn, Ris.59.4, c. 81*r* [1].

Su concessione del Ministero per i Beni e le Attività Culturali e per il Turismo, Biblioteca nazionale universitaria di Torino.

Nella sala degli oratori Ottoboni fece costruire il «coro delli musici»[9] e un palco per gli spettatori.[10] Filippo Juvarra ritrasse il coro in un disegno che reca la didascalia *E.o Ottoboni per l'oratorii della 7.a* [Settimana] *Santa nella sua gran sala*,[11] creato probabilmente intorno

[9] V-CVbav, Comp. Ott. 15, n° 658, c. 408*r*, *Conto di diversi lavori* […]; c. 430*r*: «Coro delli musici».
[10] V-CVbav, Comp. Ott. 15, n° 658, c. 408*r*, *Conto di diversi lavori* […]; c. 428*r*: «Palcho in faccia al coro». Si veda una cronaca del 9 dicembre 1690, Staffieri 1990, p. 95 n° 106: «Alla Cancelleria […] attorno la sala di detto palazzo si lavorano palchi per farvi in quest'Avvento e nella Quadragesima li oratorii».
[11] I-Tn, Ris.59.4, c. 81*r* [1]. Il palco è sovrastato da un gran Crocifisso, particolare che richiama l'interno dell'Oratorio del SS.mo Crocifisso a Roma, celebre luogo di allestimenti oratoriali in latino.

al 1708, anno di molti allestimenti oratoriali in Cancelleria.[12] Il disegno mostra una struttura a gradoni sul coro secondo l'uso romano di palchi a scalinata per cantanti e strumentisti: alcuni precedenti si riscontrano nel «coro de musici e sonatori» di Cristina di Svezia a Palazzo Riario e nella grande scalinata per l'orchestra approntata per l'oratorio *Santa Beatrice d'Este* del cardinale Benedetto Pamphilj, musicato da Lulier con le sinfonie di Corelli (31 marzo 1689, Palazzo di via del Corso).[13] L'assetto sopraelevato del «coro delli musici» otto-boniano "emulava" cori e palchi per i musicisti nelle chiese[14] oltre – probabilmente – a offrire vantaggi acustici per la posizione alta degli esecutori e il conseguente ampliamento dei suoni. Nel 1690 il cardinale fece innalzare il soffitto della sala degli oratori forse per migliorare l'acustica; di certo per creare spazio per i palchi e per l'installazione di scenografie e macchine teatrali.[15]

Il porporato veneziano fece costruire anche un «palco in faccia al coro [dei musici]»[16] per gli spettatori di riguardo, con una «bussola»,[17] detto anche – in un solo documento – «palco delle dame».[18] Tale definizione – presente anche nei conti del principe Francesco Maria

---

[12] Per gli oratori del 1708: *Abelle* 1708 (in Lindgren 2001 si pongono dubbi sulla paternità del testo a P. Ottoboni; fonte musicale irreperibile); *Convito di Baldassar* 1708; *David penitente* 1708 (*cf.* Franchi 2006b); *Martirio di Santa Caterina*, musica di A. Caldara; forse in Cancelleria si diede il *Martirio di Santa Cecilia* 1708 (già allestito alla Chiesa Nuova, 6 marzo 1708), partitura in CH-CObodmer, Ms.11635 (Pagano – Boyd – Hanley 2001, dove non si segnala la musica dell'oratorio); *Sacrifitio di Abramo* 1708; la ripresa dell'*Oratorio per la Santissima Annunziata* 1708; *Introduzione all'oratorio* 1708; *Per la Passione* 1708. Vedi Franchi 1997, p. 53, 56-59.

[13] Il palco era nella stanza «dove si faceva l'accademia» di Palazzo Riario (abitato dalla regina di Svezia dal 1662). Vedi Morelli A. 2012b, p. 315. Per palchi romani a gradinata, *cf.* Spitzer 1991; Nigito 2016.

[14] A Roma, dal tardo Cinquecento, cantori, strumentisti e organi erano ben visibili all'assemblea su cantorie e palchi. Vedi Morelli A. 2004a, p. 299-300.

[15] Doc. s.d. (ma da giugno fino a novembre-dicembre 1690), V-CVbav, Comp. Ott. 15, n° 658, c. 408r, *Conto di diversi lavori fatti* [...]; c. 427v: «Per haver disfatto tutto il cornicione di legno sotto il soffitto per alzarlo, levato d'opera, calato abasso e tornato a remetterlo in opera di novo, più alto con ferri nel muro». Per tavole del soffitto amovibili, V-CVbav, Comp. Ott. 30, n° 61, *Conto di lavori di pittura fatti dalli 19 marzo 1694* [...]: «due tavole che si levano nel soffitto della stanza quando si fa l'oratorio».

[16] V-CVbav, Comp. Ott. 15, n° 658, c. 408r, *Conto di diversi lavori* [...]; c. 428r: «Palcho in faccia al coro».

[17] Chirico 2018a, p. 195.

[18] La definizione «palco delle dame» compare unicamente nel documento di una maestranza, il chiavaro Natalini, V-CVbav, Comp. Ott. 15, n° 656, c. 381r, *A dì 10 giugno 1690. Conto de diversi lavori* [...]; c. 387r: «A di 21 novembre [1690]» «il palco delle dame [...]»; c. 388r: «[12 dic.] palco delle dame dell'oratorio»; c. 389r: «quattro sportelli del palco delle dame»; c. 391r: «Ripartim(en)to d'un conto [...] dalli 10 giugno 1690 a tutto li 18 Xbre d.o anno».

Ruspoli del 1708 («palchettone delle dame»)[19] – avrebbe costituito il retaggio dell'uso di riservare un palco per le donne di alto rango. In realtà il «palco delle dame» ottoboniano era utilizzato dal cardinale e dai suoi ospiti di riguardo. Forse su quel «palco reggiamente adornato» prese posto la regina di Polonia Maria Casimira durante l'esecuzione dell'*Oratorio per la Santissima Annunziata* di Scarlatti e Lulier (25 marzo del 1700).[20]

La sala degli oratori era dotata anche di «palchi» più "ridotti" detti «coretti», protetti da gelosie, alcuni dei quali erano destinati ai musicisti e altri a ospiti di particolare riguardo come l'ambasciatore cesareo (1694).[21]

Gli oratori ottoboniani erano allestiti con scenografie e macchine. Ad esempio, documenti del 1690 citano la «stanza della rapresentatione»,[22] «una scena dell'oratorio»[23] e due «prosceni» per un oratorio non precisato;[24] un testimone del 1691 nomina la «stanza dove si mette il teatro per l'oratorio».[25]

---

[19] Kirkendale 2017b, p. 64, doc. del 12 aprile 1708: «[...] il vano di una porta per entrare nel palchettone delle dame [...]».

[20] Staffieri 1990, p. 142-143 e n. 114, n° 239. Per l'attribuzione della seconda parte dell'oratorio a Lulier, vedi Chirico 2007, p. 429; per l'ed. critica dell'oratorio, vedi Della Libera 2011a.

[21] Ad es. V-CVbav, Comp. Ott. 15, n° 656, c. 381r, *A dì 10 giugno 1690. Conto de diversi lavori* [...]; c. 387r: «A dì 21 novembre [1690]»; «le gelosie delli coretti». Per i musicisti nei coretti *cf.* Rossini 1693, p. 216; Posterla 1707, p. 251-252; Deseine 1713, p. 368. Su *La Giuditta*, testo di Ottoboni e musica di Scarlatti, 21 marzo 1694, *Foglio di Foligno*, n° 13, 26 marzo 1694: «[...] ne' coretti v'era l'eccellentissimo ambasciator dell'impero», la cronaca attribuisce erroneamente la musica dell'oratorio a Pasquini; Morelli A. 2002, p. 90-91. Per un coretto a parte destinato all'ambasciatore austriaco e ad altri notabili della stessa nazione, V-CVaav, Fondo Bolognetti, vol. 77, c. 59, parzialmente pubblicato in Della Libera – Domínguez 2012, p. 136.

[22] V-CVbav, Comp. Ott. 15, n° 694, c. 782r, *Conto di diversi lavori di muro* [...] *3 giug(n)o* [1690] *per tutto il mese di febraro Xm(b)re del 1690*; c. 785r: «travicellini nella stanza della rapresentatione che reggono il coro delle musiche».

[23] V-CVbav, Comp. Ott. 15, n° 656, c. 381r, *A dì 10 giugno 1690. Conto de diversi lavori* [...]; c. 388r: «A dì 21 novembre 1690 [...] una scena dell'oratorio».

[24] V-CVbav, Comp. Ott. 19, n° 70, c. 479r, *Per lavori fatti in Cancelleria e per le Quarant'hore di S. Lorenzo in Damaso et altri lavori* [...]: «A dì 13 d.o [nov. 1690] per haver tirato et ingessato al muro due tele per due prosceni long. p.mi 20 [ca. 4,4 metri] e larg. p.mi 9 [ca. 1,98 metri] imp(or)ta per gesso, colla e fattura sc. 2». Per le unità di misura, vedi Marconi 2004, p. 15-16: 1 canna = 2,22 metri circa; 1 palmo romano = 0,22 metri circa. Forse uno degli oratori con scenografia dati in questo periodo fu *La conversione della beata Margherita da Cortona*: Tarquinio Lanciani copiò le parti per Ottoboni entro settembre del 1690, Marx 1968, p. 125 n° 8c, testo di Giardini (1696), musica perduta di Antonio Giannettini, maestro di cappella del duca di Modena Francesco II d'Este; vedi Luin 1931, p. 45-46, 62; Walker – Glixon 2001.

[25] Doc. del 31 marzo 1691, V-CVbav, Comp. Ott. 19, n° 32, c. 237r, *Conto delli*

I "teatri" per allestimenti oratoriali erano creati con gli stessi «fusti» e «telari» utilizzati per le macchine delle Quarantore nella Chiesa di San Lorenzo in Damaso (inglobata nel Palazzo della Cancelleria) e per le serenate in giardino. Le maestranze (tiratele, pittori ecc.) lavoravano su quelle "ossature" elaborando scenografie che venivano distrutte alla fine delle *performances*.[26] Molto probabilmente lo stesso cardinale Ottoboni suggeriva le linee-guida degli allestimenti scenografici oratoriali, similmente a quanto avveniva per i soggetti delle macchine delle Quarantore a San Lorenzo in Damaso[27] nell'ambito delle quali venivano messe in movimento alcune «figure» (forse a tutto tondo): ad esempio, nel 1690, degli angeli si muovevano su una scala al suono di mottetti, cori imponenti, sinfonie[28] e nell'anno giubilare 1700 un'«anima» attraversava la porta del paradiso per mano di un angelo.[29] A quanto pare quelle «figure» non erano così diverse dai cosiddetti «pupazzi» – a grandezza quasi "naturale" – del teatrino ottoboniano della Cancelleria (1694-1712).[30]

Uno stop negli allestimenti oratoriali ottoboniani si verificò tra febbraio e i primi giorni di luglio del 1691 a causa della morte di Alessandro VIII e del conseguente lungo conclave. Subito dopo, Ottoboni fece allestire diversi oratori scenografici per i quali si utilizzarono fusti e i «telari» di una macchina;[31] il palco per la musica fu ampliato con travi e pilastri provvisori «scorniciati», «scannellati» e dipinti da Domenico Paradisi e da altri artisti perché si "mimetizzassero" con i pilastri fissi.[32] Per un oratorio natalizio del 1691 fu creata una scenografia importante con una tela lunghissima – ingessata,

---

camini politti in Cancelleria [...]: «il camino nella stanza dove si mette il teatro per l'oratorio»; Volpicelli 1989, p. 693.

[26] Chirico 2015; Chirico 2018b.

[27] Chirico 2015, p. 323-324.

[28] Chirico 2015, p. 301.

[29] Chirico 2015, p. 317.

[30] Volpicelli 1989, in particolare p. 704-752.

[31] V-CVbav, Comp. Ott. 19, n° 73, c. 489r, *Conto de lavori fatti da m.ro Francesco Catanio capo mastro mu(rato)re in fare l'armatura et in mettere in opera la machina per l'espositione del SS.mo nella Chiesa dei SS. Lorenzo e Damaso nel prossimo passato anno 1691* [...]; c. 492r: «Per giornate n. sette [...] in levare li fusti e i telari di d.a machina che stavano nella stanza della pallacorda, e portati su le loggie, e di lì nel salone per comodo delli pittori»; mandato di pagamento firmato da Felice Delino.

[32] V-CVbav, Comp. Ott. 22: 1) n° 301, c. 207r, tele e gesso; 2) n° 394, c. 626r, *Conto di pitture diverse fatte da Domenico Paradisi* [...] *di luglio passato 1691 a dì 31 dicembre 1691*, c. 637r-v: «Nella sala grande dell'oratorio».

incollata e fissata al muro per «crescere il coro dell'oratorio»[33] –, uno splendore dorato e una croce illuminata.[34]

Il cardinale commissionò diversi allestimenti oratoriali "pseudo-teatrali" (simili a quelli organizzati nella sala degli oratori) anche nel cortile e nel giardino del Palazzo della Cancelleria per la festa di San Lorenzo con la costante partecipazione dell'orchestra di Corelli: ad esempio, il 10 agosto 1693 fu allestito un oratorio (o cantata sacra) a tre personaggi (Fede, Costanza e Merito) in un teatro effimero nel cortile illuminato.[35]

A volte, nella sala degli oratori, si montavano ulteriori palchi come nel 1694[36] per l'allestimento de *Il trionfo della gratia* su testo di Benedetto Pamphilj con musica di Scarlatti,[37] di un «oratorio di Santa Indegonda»[38] e del «sontuosissimo» *La Giuditta* (21 marzo 1694) su

---

[33] V-CVbav, Comp. Ott. 22, n° 301, c. 208*v*: «A dì 20 d.o [dic. 1691] per haver tirato et ingessato al muro d.o 12 canne [circa 27 metri] di tela alta p.mi 4 [circa 90 cm] che servì per crescere il coro del oratorio, e poi schiodata et retirata in opera importa per tre giornate di dui homini e gesso e colla sc. 4,60».

[34] V-CVbav, Comp. Ott. 22: 1) n° 313, c. 354*v*: «A dì 22 d.o [dic. 1691] per havere indorato di oro di Germania a mordente uno splendore con raggi longhi assai [...] servì per l'oratorio che fece s.a em.a in Cancelleria la notte di Natale»; 2) n° 296, c. 171*r*, *Lista di spese minute fatte per servitio di s.a em.za* [...] *nel mese di dicembre 1691*: «A dì 23 ba. 60 [...] cera da squagliare per otto lumini che furono messi nell'oratorio per far risplendere la S(anta) Croce».

[35] Conto del festarolo, V-CVbav, Comp. Ott. 30, n° 165, c. 252*r*: «telari nel cortile per la prospettiva et il quadro di S. Lorenzo per l'altare fatto in d(ett)o cortile con damaschi, e trine riportate et haver parato d.i arazzi attorno il palco»; Chirico 2018b, p. 154. In ambito ottoboniano – e non solo – è molto difficile distinguere tra oratorio, cantata sacra e perfino serenata di soggetto sacro e agiografico; si veda ad es., per la produzione di Pasquini, Morelli A. 2016, p. 252.

[36] V-CVbav, Comp. Ott. 30, n° 200, c. 507*v*, *Dal primo genn.o 1694 a tutto giugno Xmbre 1694. Conto e misura delli lavori di legnami, et altro* [...] *di m.ro Sebastiano Cartone capo mastro falegname in haver fatto l'infrascritti lavori per servitio del em.mo e rev.mo sig.r card.l Ottoboni vice Cancelliere fatti nel Palazzo della Cancellaria, et altri luoghi spettanti a s. Em.za* [...]; f. 520*r*: «per havere fatto un palco per fare l'oratorio nel salone dove si fa [in] Cancellaria centinato rustico».

[37] V-CVbav, Comp. Ott. 31, n° 5, c. 6*v*: «A dì 7 marzo [...]. Per la Settimana Santa. [...]. Cavate le parti della Maddalena». Il conto di copiatura elenca le parti di Maddalena, Gioventù, Penitenza, violini e viola del concertino, violini e viole del concerto grosso, violini secondi, violoni e contrabbassi con il relativo numero di fogli. Marx 1968, p. 140 n° 66d. Nella prima versione per il Collegio Romano (18 marzo 1685) l'oratorio era intitolato *Il trionfo della gratia*, successivamente anche *La Maddalena pentita* e *La conversione di Santa Maria Maddalena, cf.* Pagano – Boyd – Hanley 2001; partiture in D-Dl, GB-Cfm, I-MOe, I-Rli; *cf.* Montalto 1955, p. 323 e 567.

[38] Marx 1968, p. 141 n° 66i: «Oratorio di Santa Indegonda originale». L'oratorio sarebbe da identificare con il *Sant'Ermenegildo* del 1678 su testo di Sebastiano Lazarini e musica di Francesco Beretta; copie del testo ad es. in *Oratori musicali*, I-Vgc, Rolandi MUS 2A LAZ e ne *Il Theatro spirituale*, vedi Morelli A. 1986, p. 87,

testo ottoboniano e musica scarlattiana.[39] In quest'ultimo oratorio
cantarono i «musici del Serenissimo di Parma» Pistocchi, Antonio
Romolo Ferrini e Valentino «con infiniti strumenti et illuminatione
di tutto il maestoso appartamento»[40] e furono messi in opera meccanismi di scenotecnica dall'alto come indica l'amovibilità di «tavole»
dal soffitto della sala.[41] L'ambasciatore cesareo Anton Florian von
Liechtenstein fu ospitato nei «coretti»[42] similmente a quanto avveniva
in alcune cerimonie religiose durante le quali l'ambasciatore dell'Impero prendeva posto in un palco a lui riservato.[43]

Nell'estate del 1694 furono eseguiti in Cancelleria degli oratori
– con scenografia? – dei quali sappiamo molto poco;[44] in giardino
si eseguirono una «cantata» (sacra?) in uno scenario "naturale"

108, 110, 115. Beretta morì il 6 luglio 1694, vedi Harper 2001 (dove non si cita
l'oratorio in questione).

[39] Testo autografo del 1693, *La Giuditta oratorio a 5 voci*, V-CVbav, Ott. lat.
2360, cc. 142r-153v; c. 153v: «Fine dell'oratorio li 20 febraro 1693 a hore 5 ¾».
Per i testi a stampa de *La Giuditta*: 1693, vedi Sartori 1990-1994, n° 12112; 1695,
Sartori 1990-1994, n° 12114; Franchi 1988, p. 664-665 e 693-694. Per documenti
del 1694, vedi Marx 1968, p. 141, n° 66k e h.

[40] Per cronache sull'oratorio: *Il corriere ordinario*, n° 30, 14 aprile 1694, notizia
del 27 marzo 1694 (sabato): «Domenica sera [21 marzo 1694] con l'intervento di
12 cardinali, e degli ambasciatori cesareo, cattolico, e di Venezia, come di altri
prencipi, e principesse, oltre la prelatura, si cantò nel Palazzo della Cancelleria
un oratorio superbo intitolato La Giuditta»; Staffieri 1990, p. 115; Della Libera –
Domínguez 2012, p. 130-131; Morelli A. 1984; Morelli A. 2002, p. 90-91; Van Der
Linden 2011, p. 47.

[41] V-CVbav, Comp. Ott. 30, n° 61, c. 216r, *Conto di lavori di pittura fatti dalli
19 marzo 1694* […]: «due tavole che si levano nel soffitto della stanza quando si fa
l'oratorio». Si veda più avanti, nel 1699, l'esistenza di una «soffitta».

[42] *Foglio di Foligno*, n° 13 del 26 marzo 1694: «e ne' coretti v'era l'eccellentissimo ambasciator dell'Impero».

[43] L'ambasciatore imperiale assistette alle cerimonie religiose celebrative di
vittorie militari per la festa della Dedicazione a Santa Maria dell'Anima su un
palco con le grate di legno dorato (1703) e su un «coretto» nella Chiesa di San
Bernardo alla Colonna Traiana (1704); Valesio 1977-1979, rispettivamente vol. 2,
p. 709 e vol. 3, p. 178; Morelli A. 2004a, p. 316-317 e 321-322. In altri contesti, altri
spettatori di riguardo prendevano posto nei coretti; *cf.* Della Libera – Domínguez
2012, p. 136, doc. 4.

[44] Forse il 13 giugno 1694 fu allestito in Cancelleria l'oratorio *La Fede trionfante per l'Eresia soggiogata da S. Antonio da Padova* (la musica, di autore ignoto,
è perduta) il cui testo suggerirebbe un allestimento "teatrale"; vedi Chirico 2019a.
Il 9 agosto dello stesso anno si diede nel giardino della Cancelleria un oratorio
sconosciuto con un'orchestra di una settantina di elementi dislocati in due o più
punti («con echi replicati sonori, e plausibili») in un «teatro» paludato di arazzi.
Vedi Chirico 2018b, p. 160-163.

composto da moltissime piante (31 agosto)[45] e una serenata in cui era messa in opera una macchina (25 settembre).[46]

Diverse testimonianze degli ultimi anni del XVII secolo indicano interessanti particolari come, a Natale del 1697, l'impiego di alcune «figure» nell'ambito di una macchina.[47] Durante gli anni successivi, nella sala degli oratori, palchi amovibili si "incastravano" con il palco della musica;[48] una «soffitta» era evidentemente adibita alle manovre dei dispositivi scenotecnici (1699).[49]

Dall'Anno Santo del 1700 gli allestimenti "scenografici" oratoriali supplirono all'assenza di rappresentazioni teatrali vere e proprie, proibite a causa di vari eventi quali il terremoto del 1703, la crisi tra la Santa Sede e Giuseppe I d'Asburgo, l'inondazione del Tevere.[50] Nel 1700 il cardinale Ottoboni affrontò ingenti spese per le Quarantore e per gli oratori, per i quali si usarono molti teli di «brocatello di Venezia» e un sipario («tenda da alzare»).[51] Alcuni materiali della

---

[45] V-CVbav, Comp. Ott. 29, cc. n.n.: 1) *Spese e pagamenti* [...] *nel mese di Agosto* [...]: «A dì d.o [31 agosto 1694] [...] porto e riporto di vasi dalla loggia al giardino, ed altri vasi levati, e poi riposti in suo luogo in occasione della Cantata fatta in d(ett)o giardino la sera»; 2) *Spese e pagamenti* [...] *nel mese di Settembre* [...]: «A dì d.o [15 sett. 1694] [...] a Gio(vanni) Aurelio falegname per recognit(ion)e dell'assistenza prestata con altri compagni la sera della cantata fatta in giardino».

[46] Per gli uomini, *Spese e pagamenti* [...] *nel mese di Settembre* [...]; «A dì 25 settembre [1694] Lista delli [sei] omeni che sono stati à sistere per la machina della Serenata in giardino».

[47] V-CVbav, Comp. Ott. 37, s.n., c. 103*r*, *Conto con fachini della piazza de viaggi fatti per la notte di Natale* [...]: «Et per haver riportato tutte le figure della machina [delle Quarantore] in guard(arob)ba et aiutati li muratori a rimettere la machina nel magazzino. [...] saldo e final pagamento sino li 27 feb(bra)ro 1697 [...]». Il magazzino era a piano terreno e la guardarobba a uno dei piani superiori come dalla seguente dicitura: «E più per haver salito dal magazzino in guard(arob)ba da 300 candelieri [...]».

[48] V-CVbav, Comp. Ott. 38, n° 11, *A dì primo genn(ar)o 1698 a tutto d.o anno. Conto di lavori* [...]; fol. int. 16*v*: «Per havere rimesso in opera li palchi nella sala che fanno gionta al coro stabile con n. tre huomini mezza giornata chiodi e fattura e per haverli disfatti e mezza giornata di un huomo»; doc. del 1699, V-CVbav, Comp. Ott. 40, n° 34, c. 147*v*: «Per haver portato il legname di sopra l'app(artamen)to e rimesso in opera la gionta del coro in dove si fa l'oratorio con armatura e tavole».

[49] V-CVbav, Comp. Ott. 40, n° 34, c. 147*v*: «rimbollettato la tela dipinta [...] sotto alla soffitta».

[50] Per l'argomento *cf.* ad es. Piperno 1995, in particolare p. 806-807, 815, 819, 820, 825, 828, 829, 833; Franchi 1997, p. 14-18; Cairo 1989, p. 783; Chirico 2007; Chirico 2018b.

[51] V-CVbav, Comp. Ott. 41, s.n., *Conto de denari spesi* [...]: «Per sette salciccioni di corde per il tendone fatto da alzare, e bassare per l'oratorii»; V-CVbav, Comp. Ott. 40, n° 40, c. 218*r*, *Conto dell'em.mo sig.r cardinale Ottobono*: «A dì 17 marzo dato per l'oratorii di Quaresima teli quara(n)ta di brocatello di Venetia sc. 2. E più a dì d(ett)o teli quattordici di damasco cremesi sc. 1. E a dì d(ett)o dato pezzi

macchina delle Quarantore del 1700 (legnami, canapi e traglie) furono riutilizzati per un allestimento oratoriale, probabilmente *L'oratorio per la Santissima Annunziata* (27 marzo 1700) di Scarlatti e Lulier.[52] Nel 1705 l'uso di «corda mancina» nell'allestimento del *S. Filippo Neri* (26 marzo) su testo del cardinale con musica di Scarlatti indica la presenza di un sipario o anche di meccanismi di scenotecnica.[53] Il 23 agosto dello stesso anno *Il Regno di Maria Vergine assunta in cielo* (sempre su testo ottoboniano e musica di Scarlatti con sinfonie di Corelli) fu allestito in un «teatro» di legno magnificamente addobbato nel cortile della Cancelleria alla presenza del popolo.[54]

Una struttura detta «barracca» fu utilizzata sia nella sala degli oratori sia nel teatrino dei pupazzi almeno dal 1707.[55] Ad aprile di quell'anno, nella sala preposta, si allestirono gli oratori quaresimali – entrambi su testi di Pietro Ottoboni – l'*Introduzione all'oratorio della Passione* di Pier Paolo Bencini (Giovedì santo) e *Per la Passione di Nostro Signore Gesù Cristo* (Venerdì santo) di Alessandro Scarlatti;[56] il martedì 19 era stato dato un oratorio sconosciuto nella sala sontuosamente paludata con damaschi viola e un «cielo» di stoffe panneggiate mentre il palco era decorato da stoffe nere.[57]

---

otto d'arazzi sc. 2. Rea(v)uto le d(ett)i robbe a dì 20 aprile 1700». Tot. sc. 102,[?] (baiocchi illeggibili per cucitura).

[52] V-CVbav, Comp. Ott. 45, *Libretto delle spese fatte nell'Anno Santo 1700 per la machina, e sepolcro in S. Lorenzo, e Damaso et altre spese*, fol. int. 3v: «Conto delle giornate di falegnami, muratori, pittori e mercanti e colloraro per il Sepolcro e disfarlo e riponerlo, e rimandare tutti li legnami, traglie e chanapi, et altro per l'oratorio».

[53] V-CVbav, Comp. Ott. 51, n° 33, acquisto di «corda mancina» per l'oratorio. La corda mancina era usata nel teatro della Cancelleria, si veda un doc. del 1690 per *Il martirio di Sant'Eustachio*, V-CVbav, Comp. Ott. 13, n° 180, c. 438r, *Spese diverse* [...] *1690 li 20 febbraio*; c. 438v: «Per un mazzo di corda mancina per alzare la tenda grossa».

[54] Franchi 1997, p. 34.

[55] V-CVbav, Comp. Ott. 57, n° 50, *Conto de lavori* [...] *principiato li 3 gen(nai)o 1707*; fol. int. 6v: «E a dì 12 d.o [aprile] per essere andato al Teatrino con tre huomini a disfare l'armatura della barracca fatta per l'apparatura di d.a per l'oratorio della Quadragesima, e rimessa d(ett)a armatura sopra il celo della volta».

[56] Per i testi degli oratori, rispettivamente *Introduzione all'Oratorio* 1707 e *Per la Passione* 1707; Franchi 1997, p. 47-48, 50. Una partitura di questo è in D-Dl, Mus.2122-D-5; *cf.* Pagano – Boyd – Hanley 2001.

[57] V-CVbav, Comp. Ott. 53, n° 51, *Conto delli lavori* [...] *in SS.i Lorenzo e Damaso* [...]: «E a dì 19 d.o [aprile 1707] per haver apparato e sparato tutto l'oratorio con damaschi pavonazzi, e sopra il palco con panni neri, e fatto il cielo, e trinati, e fattoci diversi tripponi a panneggio e trinati, et appa(ra)to d'avanti il core, e sotto, e lavoratici molti giorni [...]. E più per nolito di n. 91 teli di panni neri serviti per il sud.o oratorio, che fu il Martedì santo». I due oratori furono replicati il 3 e il 4 aprile del 1708: vedi *Introduzione all'Oratorio* 1708 e *Per la Passione* 1708; Franchi 1997, p 58.

Un altro disegno juvarriano (1708 ca.), intitolato *L'oratorio nella 7.a* [Settimana] *Santa in Teatro del s.r card. Ottoboni,*[58] mostra un allestimento scenografico compatibile con le informazioni tratte dai documenti ottoboniani (fig. 2): il palco a scalinata che sembra addossato a un palco fisso, un crocifisso in uno «splendore», le stoffe che pendono dal soffitto, due figure angeliche volanti che reggono un cartiglio con la scritta «INRI» (fig. 3, dettaglio).

Fig. 2 – F. Juvarra, *L'oratorio nella 7.a* [Settimana] *Santa in Teatro del s.r card. Ottoboni,* I-Tn, Ris.59.4, c. 23r [1].
Su concessione del Ministero per i Beni e le Attività Culturali e per il Turismo, Biblioteca nazionale universitaria di Torino.

[58] I-Tn, Ris.59.4, c. 23r [1]; vedi Viale Ferrero 1970, p. 294; Smither 1977, p. 271, fig. VI-5 dove la didascalia è erroneamente trascritta: «Oratorio nella 7.a [settimana] santa in teatro del s.r cav.e Antonio».

Fig. 3 – F. Juvarra, *L'oratorio nella 7.a* [Settimana] *Santa in Teatro del s.r card. Ottoboni*, I-Tn, Ris.59.4, c. 23*r* [1], dettaglio.
Su concessione del Ministero per i Beni e le Attività Culturali e per il Turismo, Biblioteca nazionale universitaria di Torino.

Gli oratori scenografici promossi da Ottoboni costituirono precedenti importanti per l'allestimento de *La Resurrezione* di Händel, organizzato a Pasqua del 1708 (8 aprile) dal principe Francesco Maria Marescotti Ruspoli – amico del cardinale veneziano – nella grande sala al piano nobile di Palazzo Bonelli. Per l'assetto "pseudoteatrale", quell'oratorio ricordava decisamente gli allestimenti ottoboniani: un palco per la musica in forma di «teatro a scalinata», un'ampia tela in fondo al palco con un dipinto al centro, un telone sopra il proscenio che si estendeva per tutta la larghezza della sala, il sipario, un «cielo» di damasco trinato. L'allestimento de *La Resurrezione* era chiaramente "debitore" dello sperimentalismo "scenico" che aveva contraddistinto gli oratori del Palazzo della Cancelleria. Inoltre – come è stato rilevato – Ottoboni e Ruspoli avrebbero concepito quegli allestimenti del 1708 come un ciclo: agli oratori sulla Passione di Bencini e di Scarlatti dati alla Cancelleria seguì un oratorio sulla Resurrezione a Palazzo Bonelli[59] secondo un progetto nato dalla sociabilità di due rappresentanti della più alta nobiltà di Roma, caratterizzato dagli allestimenti "scenografici".

---

[59] Per l'oratorio in casa Ruspoli e i dettagli sugli aspetti rappresentativi: Franchi 2002b; Kirkendale 2017b, in particolare p. 19-20, 62-65. Per l'influenza della musica de *Il giardino di rose* (1707) di Alessandro Scarlatti su *La Resurrezione* di Händel, *cf.* Maccavino – Magaudda 2013, p. 318.

È importante riflettere sul significato che documenti e cronache attribuiscono al termine «teatro» in riferimento alle Quarantore e agli allestimenti oratoriali ottoboniani,[60] ma anche ad apparati effimeri e delle Quarantore costruiti in altri ambiti quali quello gesuitico[61] e del Collegio Romano.[62] Generalmente la parola «teatro» rimanda all'idea di un ambiente attrezzato con strutture teatrali stabili dove recitano attori anche non in carne e ossa (si veda il caso dei burattini del teatrino ottoboniano); gli allestimenti oratoriali ottoboniani – e delle Quarantore in generale – divergono da quel concetto di teatro per l'assenza di strutture "fisse" (come, ad esempio, un vero e proprio palcoscenico) similmente a quello che avveniva per alcune rappresentazioni teatrali date nelle case di altri nobili (si veda il caso dei Lante).[63] Se gli spettacoli allestiti in un teatro stabile si avvalevano di una "cornice" fissa che delineava precisamente i "confini spaziali" della *performance*, gli oratori ottoboniani erano delimitati da "contorni" sempre nuovi che potevano dilatarsi fino a "lambire" o "invadere" gli spazi occupati dagli spettatori o i luoghi di passaggio: ad esempio, nel 1690 alcuni operai crearono delle decorazioni – forse per i palchi – nella sala degli oratori in Cancelleria inchiodando tele sulle porte e «sopra il coretto per fianco e dove bisognava».[64] L'assenza di un "guscio" contenitivo stabile per gli allestimenti oratoriali nella sala preposta della Cancelleria era in sintonia con la costruzione di «teatri» in luoghi aperti – come il giardino e il cortile – dello stesso palazzo.

Quel genere di teatro funzionava in assenza non solo della "quarta parete", ma anche delle consuete tre pareti che potevano essere sosti-

---

[60] *Esattissima descrizione* 1690: «L'altar maggiore, e 'l coro di detta Chiesa [S. Lorenzo in Damaso] formavano un bellissimo teatro»; vedi Chirico 2015, p. 301. Si veda anche una cronaca di gennaio del 1692: «Il cardinale Ottoboni fa gran preparamenti per l'espositione del Santissimo il giovedì grasso, [...] dove fa lavorare indefessamente un bellissimo teatro» (Staffieri 1990, p. 101, n° 122); vedi Chirico 2015, p. 308. Per le Quarantore del 1700, vedi Della Libera – Domínguez 2012, p. 170; Chirico 2015, p. 317.

[61] Si veda la didascalia di una stampa di Carlo Rainaldi: *Teatro eretto nella Chiesa del Giesù [sic] di Roma nella quinquagesima l'Anno Santo M. D. CL*, cf. Tozzi 2002, p. 13. Per l'argomento, vedi Martinelli 1996; Noehles 1985; per gli apparati effimeri in generale, Fagiolo dell'Arco – Carandini 1977-1978; Fagiolo dell'Arco 1997.

[62] *Dichiarazione* 1706; per gli apparati effimeri di Antonio Colli, vedi Farneti – Lenzi 2006, p. 92.

[63] Goulet 2014, p. 140.

[64] V-CVbav, Comp. Ott. 22, n° 301, c. 208r, *Conto di diversi lavori fatti in Cancelleria* [...]: «A dì 27 d.o [settembre 1691] per havere rinchiodato tutte le tele schiodate del oratorio sopra le porte e sopra il coretto per fianco e dove bisognava».

tuite, di volta in volta, da tele ingessate e dipinte o da stoffe pendenti. Il «teatro» oratoriale ottoboniano era sempre "ricreato" a ogni evento – come si evince dalla significativa frase: «stanza dove si mette il teatro per l'oratorio»[65] – con l'ausilio di materiali vari (legno, tela, gesso, colla, pittura, stoffe, tendaggi, lumi, candele ecc.) e di strutture "prefabbricate" come il palco a gradoni per l'orchestra o la «barracca». In un certo senso, non era lo spettatore ad andare a teatro, ma era il teatro che si presentava allo spettatore in modi sempre nuovi e in luoghi diversi.

I mutamenti continui, a ogni singolo allestimento, del «teatro» oratoriale ottoboniano erano in linea con i rinnovamenti continui della veste musicale degli oratori. Per forza di cose, ognuno di quegli allestimenti assumeva carattere di unicità (a maggior ragione nel caso di riallestimenti in altre case nobiliari o in collegi), in sintonia con la tendenza a presentare al pubblico *performances* musicali sempre diverse; si veda, per esempio, il caso de *La Giuditta* di Scarlatti-Ottoboni, riallestita nel 1694 con aggiunte musicali dello stesso autore.[66] Tendenza che non si limitava agli oratori, ma che investiva anche le opere teatrali in musica promosse dal cardinale veneziano.[67]

Il «teatro» oratoriale ottoboniano mancava di attori "vivi". Gli interpreti vocali non si mostravano all'interno della "cornice" teatrale ma cantavano su coretti chiusi da grate, rimanendo quasi invisibili agli spettatori. Alcune «figure» delle quali sappiamo ben poco (a parte gli angeli volanti, fig. 3) erano usate in sostituzione degli attori ma non è certo che questo avvenisse in tutti gli allestimenti. In ogni caso, l'assenza di attori in carne e ossa rispondeva – ovviamente – al rigore insito nel genere oratoriale e non solo: nel 1692 il cardinale Ottoboni fu costretto a smantellare il suo teatro su ordine del pontefice Innocenzo XII ma successivamente trovò un *escamotage* servendosi dei «pupazzi» del teatrino.[68] L'uso di "surrogati umani" permetteva, in generale, di rappresentare una storia senza mostrare il corpo degli esecutori che avrebbe suscitato desiderio o scandalo.

---

[65] 31 marzo 1691, V-CVbav, Comp. Ott. 19, n° 32, c. 237r, *Conto delli camini politti in Cancelleria* [...]: «Prima politto e raccomodatto il camino nella stanza dove si mette il teatro per l'oratorio». Volpicelli 1989, p. 693.

[66] Nel 1694 Scarlatti inviò da Napoli «aggiunte» a *La Giuditta*; *cf.* Marx 1968, p. 141 n° 66k e h. L'oratorio fu rieseguito nel 1695; vedi Franchi 1988, p. 693-694.

[67] Si vedano, ad esempio, le «aggiunte» di Scarlatti a *L'Amor eroico frà pastori* di P. Ottoboni (musicato nel 1696 da C. Cesarini, G. L. Lulier, G. Bononcini) per *La pastorella*, 5 febbraio 1705, Palazzo San Marco, arie in GB-Lbl, Add. 22101.

[68] Avviso di Roma, 12 marzo 1692, V-CVbav, Ott. lat. 3279, cc. 218r e 221v: «Vi sono molti i quali credono che il papa gli abbia fatto dire che i teatri non sono da ecclesiastici [...]. Il d.o cardinale Ottoboni già ha dato principio a far disfare il suo Teatro nella Cancelleria»; Volpicelli 1989, p. 699; Pastura Ruggiero 1994.

Le citate informazioni documentarie sulla scenotecnica e sui lavori di pittura nell'ambito degli allestimenti oratoriali ottoboniani suggerirebbero dei cambi di scena sul filo dello svolgimento della storia; se realmente fosse stato così, si sarebbe trattato di *performances* decisamente originali, basate sulla sequenzialità di "segmenti pittorici" della vicenda.

Un aspetto di rilievo relativo agli allestimenti oratoriali in ambito ottoboniano è costituito dalla sistemazione del pubblico. Sappiamo che il cardinale e gli ospiti di maggiore riguardo erano accomodati in alto nel «palco in faccia al coro» o nei coretti, mentre il pubblico "comune" (e forse anche parte della nobiltà) prendeva posto nel *parterre* della sala.[69] La collocazione del pubblico su due piani di altezza diversa rappresentava la metafora della diversa importanza sociale. Come testimoniano le cronache – a volte imprecise sui compositori delle musiche ma, al contrario, affidabili su notizie e descrizioni dell'*audience* d'*élite* – l'immagine degli spettatori socialmente più accreditati, abbigliati lussuosamente e sistemati in alto nella sala, avrebbe costituito di per sé una *performance* importante almeno quanto quella dello stesso spettacolo.

La distribuzione spaziale del pubblico su due piani rispondeva anche a una diversa percezione della musica e dello spettacolo. Gli spettatori privilegiati ascoltavano la musica alla stessa altezza delle fonti sonore e ne erano addirittura "immersi" per la loro vicinanza ad alcuni interpreti; o addirittura percepivano i suoni da una postazione più alta, quando l'orchestra – come in uno dei disegni di Juvarra – era collocata sul palco a gradinata al di sotto della scena. Il pubblico sul palco o sui palchetti viveva la sensazione di essere all'interno di una "cornice teatrale", immerso in uno spettacolo visivo e uditivo. Comunque, tutti gli spettatori assistevano alla *performance* di un «teatro» "meccanico" mentre ascoltavano musica "fuori campo" da fonti sonore collocate in punti diversi della sala: cantanti invisibili – sistemati anche in palchetti differenti – e un'orchestra posizionata sul coro della musica oppure sotto la scenografia sul palco a gradinata. Lo spettatore di quel «teatro» viveva così l'esperienza di uno "scollamento" tra la percezione visiva e quella uditiva: voci senza corpi viventi e – forse – corpi non viventi cui corrispondevano voci avrebbero "traslato" idealmente il pubblico in un mondo irreale e ultraterreno.

---

[69] V-CVbav, Comp. Ott. 30, n° 200, c. 508*v*: «Per haver fatto n. 24 banchi centinati che servono per sedere nell'audienza in d.o oratorio». Sull'argomento, in generale, Morelli A. 2004a.

ALDO ROMA

«PER ALLEVARE LI GIOVANI NEL TIMOR DI DIO E NELLE LETTERE»

ARTI PERFORMATIVE, EDUCAZIONE E CONTROLLO AL COLLEGIO NAZARENO DI ROMA NEL PRIMO SEICENTO*

Nel giugno del 1623 padre Giuseppe della Madre di Dio, *alias* Giuseppe Calasanzio (1557-1648), fondatore dell'ordine dei Chierici regolari poveri della Madre di Dio delle Scuole pie,[1] da Roma scriveva a Frascati al confratello Giovan Pietro Cananea per rammentare il suo divieto agli scolari degli istituti di formazione gestiti dagli scolopi di «recitar in comedie pubbliche» e in «altre cose da recitarsi in palco» senza il suo esplicito consenso.[2] Le motivazioni che adduceva a fondamento di una tale perentoria proibizione erano di natura pedagogica, sostenendo di aver accertato il «gran danno che ricevono li scolari da simili attioni, non solo nelle lettere ma ancora nelli costumi».[3] Nel marzo del 1633 Calasanzio scriveva a padre Giovanni Francesco del Gesù (1612-1656) – al secolo Carlo Apa, grammatico, drammaturgo e docente in quegli anni alle Scuole pie di Narni – per ribadire la sua posizione nei riguardi della pratica teatrale all'interno delle istituzioni scolopiche:

> Non si pensi a far rappresentationi perché son risoluto di non consentirlo, ammaestrato da successi passati di quanto poco frutto sieno. Mi contento facciano de' sermoni, compositioni di poesia e qualche

---

* Questo studio è un primo risultato del progetto di ricerca individuale svolto nell'ambito di *PerformArt*, dedicato a *Mecenatismo, teatro e spettacolo nei collegi romani in età barocca*. Desidero ringraziare l'archivista Marco Cavietti per il prezioso e costante supporto nella fase dello spoglio documentale, e fratel Gerardo Vicente Leyva Bohórquez Sch. P. e il dott. Sante De Croce, responsabili dell'Archivio del Collegio Nazareno, per la piena disponibilità accordataci, e per la loro instancabile dedizione alla cura del fondo librario antico.

[1] Per un'introduzione alla storia dell'ordine si veda Ausenda 1975.

[2] I-Rps, Reg. Cal. I, 126, trascritta in *Epistolario Calasanzio* 1950-1988, vol. 2, p. 202, n° 165.

[3] *Epistolario Calasanzio* 1950-1988, vol. 2, p. 202, n° 165. Sul dibattito e le polemiche intorno al teatro in età moderna si rimanda a Taviani 1969 per l'Italia e a Thirouin 1997 e Floris 2008 per la Francia.

dialogo da recitarsi in tre o quattro al più e senza scena né mutarsi di luogo, però in altro modo non lo permetterò.[4]

Al contrario di quanto ci si aspetterebbe, solo alcune settimane prima gli allievi del Collegio Nazareno di Roma, allora diretto dallo stesso Calasanzio, avevano recitato una «rappresentatione di Santa Orsola».[5] Negli istituti amministrati dagli scolopi, proprio com'era accaduto, com'è noto, nei collegi degli altri ordini religiosi, i gesuiti *in primis*, questo atteggiamento ambivalente nei riguardi del teatro, praticato con magnificenza ma, nello stesso tempo, ostacolato con una durezza che sembra quasi fare eco alle condanne dei Padri della Chiesa contro lo spettacolo, ebbe una duplice conseguenza. Da un lato generò una apparentemente rigida regolamentazione del tempo libero degli allievi, dall'altro finì per sfociare nella proliferazione di rappresentazioni, feste, adunanze accademiche e funzioni religiose. Queste occasioni, benché nei fatti spesso contravvenissero alle disposizioni stabilite, furono tollerate o finanche supportate in quanto aderivano al programma ideologico elaborato dalla Chiesa tridentina e rispondevano, come osserva la storica del teatro Silvia Carandini, a un «primo tentativo organico di sistemazione di un repertorio culturale e come messa a punto di tecniche persuasive, in vista di una propaganda politica e religiosa».[6]

Questo contributo intende riflettere sulla pratica delle arti performative all'interno dell'istituzione scolopica, in base ad alcune fonti già conosciute e altre intedite emerse durante lo scandaglio tra i documenti dell'Archivio del Collegio Nazareno. La ricerca archivistica è stata condotta con l'obiettivo di far luce sulla storia materiale degli eventi di spettacolo svoltisi al Nazareno tra i secoli XVII e XVIII, precisamente tra il 1630, anno della sua fondazione, e il 1784, quando fu distrutto il teatro di cui il collegio si era dotato novant'anni prima. La documentazione presa in esame costituisce un *corpus* eterogeneo per tipologie e funzioni: essa permette di sollevare e problematizzare molteplici questioni legate alla ricostruzione e alla comprensione di una storia dello spettacolo di collegio che tenga conto delle specificità del suo sistema produttivo, e di valutare il rapporto tra meccanismi di controllo e *performance*, intendendo quest'ultima, sulla scorta delle riflessioni del teatrologo Marco De Marinis, come l'insieme di pratiche e di processi, produttivi e ricettivi, che precedono, creano e seguono

---

[4] I-Rps, Reg. Cal. V, 175, trascritta in *Epistolario Calasanzio* 1950-1988, vol. 5, p. 184, n° 165.

[5] Si veda anche *infra*, n. 33.

[6] Carandini 1978, p. 287.

lo spettacolo.[7] Tra quelle considerate in questa sede, compaiono fonti sia intenzionali sia involontarie. Al primo gruppo va ricondotto, oltre ai testi propriamente teatrali e al monumentale epistolario cala-sanziano, l'insieme degli atti costitutivi, degli ordinamenti e delle memorie: si tratta di una documentazione estremamente interessante per valutare da un lato gli orientamenti e le finalità della pratica delle arti performative al Nazareno, dall'altro il processo di costruzione di un modello di *performance* finalizzato a regolamentare, in base a una serie di parametri normativi, gli esiti ludici, scenici e spettaco-lari dell'educazione scolopica. Tra le fonti preterintenzionali vi sono, invece, i documenti contabili e amministrativi del collegio, indispen-sabili per cogliere non solo gli aspetti materiali della *performance*, ma soprattutto il posizionamento dell'istituzione nel più ampio sistema produttivo dello spettacolo romano. Per ovvie ragioni di spazio, si è scelto di limitare il discorso al solo teatro, e in particolare a quello prodotto nei primi decenni di vita del collegio.[8] Sebbene al Nazareno il periodo più florido per le arti performative, stando almeno alle fonti pervenuteci, sembri essere il pieno Settecento, la scelta di analizzare le prime attestazioni di spettacoli agli albori dell'istituzione corri-sponde alla volontà di approfondire l'emergere della pratica teatrale e il suo significato in un contesto ancora *in fieri*. Si rimanda, invece, a una più ampia trattazione la mappatura e lo studio analitico del teatro, della danza e della musica al Nazareno nell'intero arco crono-logico della ricerca.

La regolamentazione delle arti performative:
Scolopi e Gesuiti a confronto

Sorto tra gli ultimi collegi fondati nella capitale pontificia, il Nazareno divenne uno dei centri di produzione spettacolare nevral-gici per la vita culturale della città, nonostante la relativa esiguità di risorse iniziali:[9] avviato nel 1630 da Calasanzio grazie al lascito testa-

---

[7] De Marinis 2014b.

[8] Non si prenderanno in considerazione, se non *en passant*, le cantate eseguite in occasione delle accademie per la Natività della Beata Vergine, per le quali si rimanda agli studi di Lanfranchi – Careri 1987; Careri 1987; Prats Arolas 2015; Crescenzo 2019.

[9] La bibliografia sul teatro di collegio è ormai sterminata. Fondamentali, soprattutto per la prospettiva pedagogica ma non solo, sono gli studi di Scaduto 1967 e 1969; Peyronnet 1976; Brizzi 1981a; Brizzi 1981b; Valentin 1978; Valentin 1990; Valentin 1996; Filippi 1994; Doglio – Chiabò 1995; Lorenzetti 1997; Zanlonghi 2002; Piéjus 2007 e 2008; Demeilliez 2010; Cappelluti 2011; Casalini – Salvarani 2013; D'Amante 2013; Demeilliez *et al.* 2018.

mentario del cardinal Michelangelo Tonti (1566-1622), il collegio fu destinato a fanciulli che non potevano permettersi un'adeguata istruzione anche se, col sopraggiungere delle difficoltà economiche, verso la metà degli anni '40 fu aperto anche a convittori paganti provenienti dall'aristocrazia di tutta Europa.[10] Lo storico palazzo alla Chiavica del Bufalo, nell'attuale Largo del Nazareno, fu la sede del collegio solo dall'ottobre del 1689, in seguito alla risoluzione di annose controversie legali tra gli scolopi e la famiglia Tonti riguardanti il patrimonio del cardinale. Nei suoi primi sei decenni di vita l'istituzione dovette traslocare frequentemente tra i diversi immobili che di volta in volta prendeva in affitto (gli spostamenti del collegio negli anni 1630-1689 sono sintetizzati nella fig. 1).[11] Questo stato di provvisorietà non compromise lo svolgimento regolare né delle attività didattiche, né – come si vedrà – di quelle ricreative, devozionali e di spettacolo, che al Nazareno fiorirono nel contesto dell'Accademia degli Incolti, fondata nel 1658 da padre Giuseppe Pennazzi di Sant'Eustachio (1620-1675) e divenuta colonia arcadica nel 1741.[12] L'accademia era disciplinata da una serie dettagliata di regole, tra le quali, però, l'attività teatrale non è menzionata esplicitamente. Anche nei primi regolamenti del collegio,[13] informazioni sulla pratica recitativa emergono solo nelle disposizioni riguardanti gli esercizi letterari e le dispute, ovvero i momenti di addestramento e dimostrazione delle abilità oratorie dei fanciulli. Della pratica teatrale nelle fonti normative, vuoi in quelle interne al collegio vuoi in quelle scolopiche più in generale, non sembra esservi traccia fino al 1693.[14] Differente è il caso dei gesuiti i quali, com'è noto, avevano espresso chiaramente la loro posizione nei confronti dell'arte drammatica nelle diverse stesure della *Ratio atque institutio studiorum Societatis Iesu* (1586, ed. cosiddetta "1586/B" con revisioni e integrazioni, 1599, 1616), e avevano elaborato precise indicazioni riguardo alle rappresentazioni teatrali nei collegi da loro gestiti.[15] Si tratta di prescrizioni risapute, ma che varrà la pena di riepilogare per sommi capi e mettere a confronto con la dottrina calasanziana in vigore agli esordi del Nazareno.

---

[10] Sulla storia del Nazareno e la vita in collegio si vedano Leonetti 1882; Vannucci 1998; Merli 1988 (soprattutto sulla storia del palazzo); Manodori Sagredo 2004; Cianfrocca 2007 e 2010 (in relazione alla pedagogia calasanziana); Bonella 1995 (sulla storia alimentare).

[11] Per le notizie sugli spostamenti di sede del collegio si rimanda a Vannucci 1998, p. 67-89.

[12] Sugli Incolti si vedano Bruni *et al.* 1980; Negro 2004.

[13] Una trascrizione moderna dei regolamenti si legge in Calcagni *et al.* 1979.

[14] Calcagni *et al.* 1979, p. 87-88.

[15] Hinz – Righi – Zardin 2004.

Fig. 1 – Localizzazione puntuale o approssimativa degli edifici occupati dal Collegio Nazareno negli anni 1630-1689 sulla pianta di Giovanni Battista Nolli. 1. Casa a Sant'Andrea delle Fratte, in via del Bufalo, contigua a Palazzo Tonti (1630; proprietà Tonti); 2. Casa a Monte Cavallo (Quirinale) contigua alla chiesa di San Caio, demolita nel 1885 (1634, localizzazione approssimativa; proprietà Barberini); 3. Casa presso l'Acqua Felice, tra le chiese di San Bernardo alle Terme e Santa Maria della Vittoria nella Strada Pia, oggi via XX Settembre (1638, localizzazione approssimativa); 4. Palazzo Muti agli Orti Sallustiani (poi Villa Cesi), in via Capo le Case (dall'ottobre del 1639); 5. Palazzo Rusticucci in Borgo (dal novembre del 1644); 6. Casa in Borgo Nuovo (dal febbraio del 1646, localizzazione approssimativa); 7. Casa in Borgo Sant'Angelo (dal febbraio del 1647, localizzazione approssimativa); 8. Due case presso la Salita di Sant'Onofrio, a ridosso di Palazzo Salviati (1648-1649); 9. Palazzo Giori (dal 1649); 10. Palazzo del Collegio Nazareno, già Palazzo Tonti (dall'ottobre del 1689). Al n° 11 si segnala, inoltre, la sede generalizia dei Chierici regolari poveri della Madre di Dio delle Scuole pie a San Pantaleo (già Palazzo Torres). G. B. Nolli, *Nuova pianta di Roma*, Roma 1748. Biblioteca Hertziana - Max Planck Institute for Art History, Dg 140-3481/raro IX.

Alla lettura della *Ratio* si evince, in un certo senso, una forma di tutela del fare teatro: recitare, e imparare a farlo bene, è un'abilità giudicata di alto valore e che va praticata anche «per evitare che vada in disuso questo esercizio, senza il quale tutta la poesia languisce e decade».[16] È però un'attività da svolgersi nello spazio "protetto", istituzionale del collegio, senza che vi sia «danno per i costumi o il rendimento scolastico» dei fanciulli:[17] per gli studenti esterni alla Compagnia di Gesù, agiscano essi da attori o da spettatori, vige infatti un'interdizione sia dagli spettacoli pubblici sia, con un chiaro riferimento ai circuiti

---

[16] *Ratio studiorum* 1989, p. 214. L'edizione contiene le stesure del testo del 1586/B e del 1599.

[17] *Ratio studiorum* 1979, p. 39.

privati, dai «teatri di esterni», fatte salvo speciali concessioni.[18] Inoltre, tra le istruzioni più specifiche intorno alla *performance*, si raccomanda che i drammi trattino di argomento «sacro e pio» e che siano in lingua latina, che nel pubblico non vi siano donne e che i fanciulli non interpretino parti *en travesti*, a meno che non lo si faccia, in casi di estrema necessità, con «un abito decoroso e modesto».[19] Nella seconda stesura della *Ratio* si lamenta poi la fatica che la direzione degli allestimenti comporta: giacché l'autore ha «fatto già abbastanza componendo il dramma», si suggerisce che egli possa coordinare alcuni suoi aiutanti «nei diversi impegni che riguardano le prove dei ragazzi, le spese, la ricerca dei costumi, l'allestimento del teatro».[20] Un ultimo interessante aspetto che emerge dalla *Ratio*, in particolare dalla regola XIV del rettore nell'ultima edizione del 1616, concerne il cerimoniale delle consuete distribuzioni dei premi, da tenersi «a spese di persone importanti» e ai quali «bisogna rendere onore».[21]

Rispetto a quelle gesuitiche, le direttive scolopiche in materia di rappresentazioni teatrali sono certamente frammentarie, stringate e meno specifiche, vuoi anche per la mancanza di un testo organico vòlto alla sistematizzazione degli studi delle Scuole pie. Calasanzio, oltre a sforzarsi di impartire ai suoi corrispondenti epistolari nelle varie case scolopiche un orientamento unitario per l'educazione dei fanciulli, tra l'ottobre del 1620 e il febbraio del 1621 compilò alcune *costituzioni*, che ricevettero l'approvazione da papa Gregorio XV con bolla del 31 gennaio 1622.[22] La disciplina ufficiale dell'ordine si ebbe solo con i Capitoli Generali del 1637 e del 1641, durante i quali furono emanati e poi perfezionati i decreti che avrebbero regolato la vita degli scolopi e le loro attività pedagogiche. Tali ordinamenti rimasero in vigore nei decenni a seguire e confluirono nelle *Constitutiones Religionis*, seppur con inevitabili modifiche ed emendamenti nel corso dei successivi Capitoli, che si tenevano di norma ogni sei anni e i cui atti furono talvolta dati alle stampe in lingua latina.[23]

Tra i decreti dei Capitoli Generali, la normativa connessa alla pratica delle arti performative nei collegi scolopici compare fin

---

[18] *Ratio studiorum* 1989, p. 313 (relativamente alla traduzione dell'ed. del 1599).

[19] *Ratio studiorum* 2002, p. 117 e *Ratio studiorum* 1989, p. 129.

[20] *Ratio studiorum* 1989, p. 131.

[21] *Ratio studiorum* 1979, p. 39.

[22] *Confirmatio constitutionum a Congregatione Clericorum Pauperum Matris Dei Scholarum Piarum pro felici ejus regimine editarum*, in *Bullarium Romanum*, vol. 12, p. 650-651 (l'edizione moderna riporta erroneamente la data «31 ianuarii 1621»). Le *costituzioni* calasanzione si leggono in Calcagni *et al.* 1979, p. 37-47.

[23] Picanyol 1954.

negli atti della prima congregazione (26 ottobre 1637): il decreto III dispone «Che non si facciano rappresentationi senza licenza in scritto del Padre Generale, o del Padre Provinciale»;[24] la rettifica compiuta in sede del Capitolo del 1641 specifica:

> Che in avvenire non si possino fare, né far fare o insegnare da' nostri religiosi recitazioni, rappresentazioni, comedie, o altro simile a' scolari nostri, o altrui, tanto nelle nostre case, collegii, chiese, quanto in quelle d'altri: eccettuati però gli esercizii litterarii di academie, e delle scuole [...].[25]

Alcune carte sciolte di straordinario interesse conservate nell'Archivio del Collegio Nazareno danno conto dell'insieme delle attività da svolgersi annualmente nel tempo festivo: le rappresentazioni teatrali durante il Carnevale, l'orazione latina da tenersi nella Cappella Sistina il martedì dopo Pasqua,[26] l'accademia degli alunni in primavera o in agosto, la festa solenne per la Natività della Beata Vergine Maria in settembre,[27] la festa della Cappella Lauretana il 10 dicembre,[28] giorno della Traslazione della Santa Casa di Loreto.[29] A metà strada tra una

---

[24] *Capitolo Generale* 1637, p. 42.

[25] *Capitolo Generale* 1641, p. 63 (decreto III del 18 aprile). Le *Constitutiones* a stampa relative ai Capitoli successivi si limitano a ribadire quanto sottoscritto dal fondatore; ad esempio, nel capitolo *De gubernatione gymnasiorum sive scholarum piarum* (in *Constitutiones* 1781, p. 134 *sq.*, in particolare p. 145 n. 133/G-H) si legge: «G. Censuerunt Patres, non posse fieri a scholaribus nostris sub directione magistrorum nostrorum repraesentationes, comoedias, alive spectacula theatralia, nec in domibus nostris, nec alibi; exceptis tamen actibus litterariis, quos Academias vocant. [...] *H. Ad* § *Censuerunt &c.* declaraverunt Patres Capitulares, repraesentationes haberi non posse, nisi de licentia P. Generalis, aut Provincialis in scriptis, sed numquam in Ecclesia [...]».

[26] Sulle orazioni latine nella terza di Pasqua si veda Picanyol 1939.

[27] In occasione della Natività della Beata Vergine si avviò l'usanza di eseguire una cantata, il cui libretto nel corso del Settecento fu spesso dato alle stampe; la musica della cantata più antica tra quelle tramandateci risale al 1681 (*cf.* Careri 1987, p. 10). In Lanfranchi – Careri 1987, p. 327 n. 1 si sostiene inoltre che le prime tracce di questa tradizione risalgano al 1666, ma le fonti contabili del Nazareno riferiscono di una «festa della Madonna della Natività» già nel 1645, cioè ancor prima della fondazione dell'Accademia degli Incolti e del trasferimento alla sede definitiva nel palazzo alla Chiavica del Bufalo. In quell'anno, infatti, un registro di entrate e uscite attesta la spesa di 7,28 scudi «tra la musica, festarolo, et ricreatione fatta alli alunni, et portatura di panni et sedie» (I-Rcn, vol. 66, *Entrata ed esito dell'Venerabile Collegio Nazareno dal 13 maggio 1643 a tutto luglio 1646*, p. 133, ed. parz. nella scheda PerformArt D-048-850-131; *cf.* anche I-Rcn, vol. 146, *Registro di spesa dalli anni 1631 al 1646*, p. 462, ed. parz. nella scheda PerformArt D-133-720-184).

[28] Sulla storia della Congregazione Lauretana si rimanda a Pucci 1980.

[29] I-Rcn, b. 331, *Tutti gli atti economici, residui generali*, fasc. *1756/2*, p. 5-28

memoria e un bilancio previsionale in cui sono annotati il protocollo da seguire in ogni ricorrenza festiva, la loro ragion d'essere e le relative voci di spesa, il documento riporta la data 10 settembre 1756, ma sembra in realtà raccontare di una prassi ormai consolidata. Si legga a tal proposito quanto dichiarato relativamente alle rappresentazioni teatrali:

> Questa è la funzione più scabrosa che ha il collegio, per la quale ordinariamente non puoco perdono di studio e forse di buon costume i nostri collegianti. Pure essendo ella in certo modo necessaria, tanto per l'esempio di tutti gl'altri collegii, quanto ancora per l'antica introduzione che se n'è fatta nel nostro, bisogna che i padri rettore e religiosi vi adoprino tutta la loro industria e vigilanza, affinché meno che si può vi si discapiti.[30]

Dopo una descrizione degli aspetti organizzativi, per ogni evento compare l'elenco dettagliato delle voci di spesa previste, la cui somma ammonta a circa 500 scudi annui. Nella tabella che segue si offre una sintesi del costo totale di ognuna delle ricorrenze:

Tab. 1 – Elenco delle tipologie di eventi spettacolari al Collegio Nazareno[31].

Evento	Spesa
rappresentazioni teatrali	sc. 272,97 ½
orazione latina	sc. 16 ca.
accademia degli alunni	sc. 8,07 ½
accademia della Natività della Beata Vergine	sc. 167,20
festa della Cappella Lauretana	sc. 37,15
	sc. 501,40 ca.

e cc. n.n. [mutilo], ed. parz. nella scheda PerformArt D-060-190-110, già segnalato e parzialmente trascritto in Lanfranchi – Careri 1987, p. 310-313 e Careri 1987, p. 11-12, 23-24. Per una copia simile del documento, anch'essa lacunosa e frammentaria, si rinvia a I-Rcn, b. 323, *Appunti e memorie*, fasc. E, *Teatro*, cc. n.n. [mutilo], ed. parz. nella scheda PerformArt D-069-400-163.

[30] I-Rcn, b. 331, *Tutti gli atti economici, residui generali*, fasc. *1756/2*, p. 8.

[31] L'elenco è desunto sulla scorta dei docc. I-Rcn, b. 331, *Tutti gli atti economici, residui generali*, fasc. *1756/2*, p. 5-28 e cc. n.n., e b. 323, *Appunti e memorie*, fasc. E, *Teatro*, cc. n.n.

L'elenco delle attività è senza dubbio incompleto. Per diverse ragioni nella memoria non si trova menzione alcuna di altri eventi, feste o ricorrenze religiose di cui si è avuto riscontro nel corso del complessivo scandaglio documentale. Ad esempio, non si nominano le *conclusioni* celebrate dai convittori al termine dei loro studi, per le quali non era il collegio a farsi carico dei costi organizzativi, ma gli allievi interessati; non compaiono le accademie e le funzioni religiose in occasione delle visite del cardinale protettore, dell'elezione o della visita di un pontefice, che erano considerate eventi unici, "straordinari" rispetto alle consuetudini del calendario delle attività; si sottacciono pure le celebrazioni liturgiche in occasione della Candelora il 2 febbraio, per le quali i mazzi di candele da regalare ai ministri del collegio e a eventuali ospiti d'onore erano computati nelle spese generali per la cappella.

SPETTACOLI TEATRALI DEL NAZARENO PRIMA DEL NAZARENO ATTRAVERSO LE FONTI D'ARCHIVIO

Dall'epistolario di Calasanzio si ha evidenza di come, al Collegio Nazareno, il teatro e le arti performative più in generale fossero praticati non solo prima che l'istituzione potesse disporre di uno spazio deputato agli spettacoli, ma perfino prima del trasferimento definitivo alla sede del palazzo alla Chiavica del Bufalo (fig. 2). Infatti, oltre a chiarire, come si è visto in apertura, la posizione del Calasanzio nei confronti delle arti dello spettacolo in relazione ai suoi metodi pedagogici, l'epistolario fornisce anche le attestazioni più antiche delle recite degli allievi del collegio.[32] Già in una lettera databile al

---

[32] Una lettura complessiva del vasto epistolario calasanziano, pur nelle succinte informazioni che di volta in volta il futuro santo inviava ai suoi destinatari, potrebbe offrire dettagli sulle arti performative praticate non solo nei collegi scolopici della penisola, ma anche nel più ampio contesto romano. A titolo esemplificativo, si veda il caso della notizia riferita da Calasanzio in apertura della lettera inviata a Cesena il 17 febbraio 1635 a padre Stefano degli Angeli: «In questi giorni di Carnevale non si trattano negotii, ma solo li mondani attendono al corso alle mascare et alle comedie, sebene il signor cardinale Barberino ha fatto più volte rapresentar l'historia di Santa Theodora a musica con molta curiosità et spesa, et il padre Caravita ha cominciate le sue 40 hore con molta divotione, ma quella di San Lorenzo in Damaso di gran lunga l'han avanzato, et credo che li padri giesuiti faranno ancora cose di molta divotione [...]»; I-Rps, Reg. Cal. V, 368, trascritta in *Epistolario Calasanzio* 1950-1988, vol. 5, p. 460, n° 2334. Il melodramma a cui Calasanzio fa riferimento è *L'innocenza difesa nella rappresentazione dei Santi Didimo e Teodora* (1635), di cui è giunto sino a noi solo il libretto scritto da Giulio Rospigliosi (ed. mod. in Rospigliosi 1999, p. 7-70; *cf.* Murata 1981, p. 28-31, 253-257).

Fig. 2 – Incisione raffigurante il Collegio Nazareno verso la metà del sec. XVIII;
G. Vasi, *Delle magnificenze di Roma antica e moderna*, 10 voll., Roma, nella
stamperia del Chracas, 1747-1761, vol. 9 (1759), n. 168. Biblioteca Hertziana -
Max Planck Institute for Art History, Dg 536-3470/9 raro VII (Rara-Magazin).
Su licenza http://creativecommons.org/licenses/by-nc/4.0/

febbraio 1633, inviata ad Ancona a padre Stefano Cherubini degli
Angeli, futuro procuratore generale delle Scuole pie e amministratore
del Nazareno, Calasanzio scriveva intorno alle rappresentazioni collegiali in quel Carnevale:

> [...] il suo Carlo Antonio quest'anno ha disprezzato molte giornate il
> veder il corso per ritrovarsi nella rappresentatione di Santa Orsola
> che hanno fatto li alunni del nostro colegio nella quale egli havea tre
> o quattro parti diferenti et per esser stata proposta in otto o dieci dì
> prima del Carnevale hanno fatto assai meglio che io pensavo.[33]

Nella contabilità del collegio non sembra essere rimasta traccia
di questa rappresentazione né, allo stato attuale delle ricerche, sono
a essa direttamente correlabili altre fonti testuali, manoscritte o a

---

[33] I-Rps, Reg. Cal. V, 162, trascritta in *Epistolario Calasanzio* 1950-1988, vol. 5,
p. 174, n° 1967.

stampa.[34] Tuttavia, dalla lettera di Calasanzio sembra emergere almeno un possibile allineamento delle scelte dei padri scolopi alle tendenze in voga nella drammaturgia della Roma di Urbano VIII Barberini, *in primis* al filone dell'opera in musica a soggetto martirologico, inaugurato a inizio Seicento a Firenze da Andrea Salvadori (1588-1634) e a Roma da Ottavio Tronsarelli (1586 ca.-1646), e sviluppato in quegli anni da Giulio Rospigliosi (1600-1669) – futuro papa Clemente IX – e poi da Arcangelo Spagna (1632-1726).[35]

Una conferma in questo senso è data da una delle prime rappresentazioni teatrali ben documentate: si tratta di una tragedia basata sull'agiografia di san Giovanni Calibita messa in scena nel Carnevale del 1639, quando il collegio aveva sede provvisoria in un palazzo agli Orti Sallustiani, intorno all'odierna via Capo le Case, preso in affitto dal marchese Girolamo Muti (fig. 1, n° 4).[36] La tragedia, in cinque atti con un prologo encomiastico allusivo al «secol d'oro» di Urbano VIII, fu allestita nella Casa delle Scuole pie di Roma, ovvero la sede generalizia a San Pantaleo (fig. 1, n° 11); a testimoniarlo è l'argomento a stampa in lingua volgare, che sembra essere l'unica fonte tràdita per il dramma.[37] Se si considera che gli atti della tragedia furono alternati con cinque intermezzi in musica, nei quali gli alunni esibirono anche le loro abilità nella danza e nella scherma, si può supporre che la scelta del luogo potesse essere dipesa dall'inadeguatezza degli spazi della sede provvisoria del collegio.[38] Le fonti amministrative

---

[34] Tra i testi drammatici a stampa sull'agiografia di sant'Orsola, escludendo le *sacre rappresentazioni* quattrocentesche che pure ebbero varie edizioni nei secc. XVI e XVII, è rilevante segnalare in questa sede per la considerevole diffusione che ebbero la *Tragedia overo rappresentatione di Santa Orsola di Brettagna* (Firenze, 1585) di Guidobaldo Mercati, e *La regina Sant'Orsola* (Firenze, 1624) di Andrea Salvadori.

[35] *Cf.* Murata 1981; Franchi 2002a; Speck 2003; Sarnelli 2011; Herczog 2013; Ryszka-Komarnicka 2014. Non è forse superfluo aggiungere che Calasanzio e Rospigliosi si conoscevano personalmente, essendo quest'ultimo stato presente in qualità di prelato assistente del papa durante i lavori del Capitolo Generale del 1637 (*cf. Capitolo Generale* 1637, p. 36).

[36] Il collegio ebbe sede a Capo le Case dall'ottobre del 1639 (*cf.* Vannucci 1998, p. 71). Un mese prima del trasferimento fu redatto un inventario delle «robbe» del palazzo (*cf. Inventario delle robbe et altre massaritie esistenti nel palazzo e giardino delli illustrissimi signori Muti esistente a Capo le Case in loco detto gli Horti Salustiani affittato al Collegio Nazzareno di Roma dall'Illustrissimo signor Girolimo Muti*, in I-Rcn, vol. 245, cc. 226-230); il marchese aveva ereditato l'immobile dal cardinal Tiberio Muti (1574-1636), suo fratello (*cf.* Paviolo 2013, p. 33).

[37] *Argomento di San Giovanni Calibita* 1639, frontespizio (sul quale si veda Franchi 1988, p. 232).

[38] L'argomento riporta informazioni sugli intermezzi da eseguirsi al termine di ognuno dei cinque atti: «una moresca con spade, et rotelle»; «il Sacrifitio d'Isac»; «balli fatti da quattro fanciulli»; «la Fornace di Babilonia con li tre fanciulli et Nabucodonosor»; «una moresca».

riferibili a *San Giovanni Calibita* riportano inoltre che la tragedia era
«in verso latino»,[39] e che per l'occasione il collegio aveva acquistato
dalla duchessa Salviati gli abiti e le scene, consistenti in «due pezzi di
prospettiva, e 4 case dipinte in tela a olio co' li suoi telari» per un totale
di 25 scudi.[40] La nobildonna cui i registri contabili fanno riferimento
è Isabella Salviati (?-1642), vedova di Federico Cesi (1585-1630),
duca di Acquasparta e fondatore dell'Accademia dei Lincei. Allo stato
attuale della ricerca, non disponiamo di notizie su una possibile attività teatrale o un fondo di costumi di scena in possesso della Salviati.
D'altro canto, il documento costituisce un'ulteriore conferma della
circolazione di materiali scenici tra le famiglie romane e anche, più
in generale, del loro riuso.[41] In tal senso, è suggestivo che, nell'elenco
delle uscite, le parole impiegate per motivare la spesa si limitino a un
generico «per rappresentare le tragedie per il collegio», senza alcuno
specifico riferimento alla rappresentazione di quell'anno, e lascino
immaginare una volontà di acquisire dotazioni sceniche da usare e
poi conservare per poterle riutilizzare.[42]

---

[39] I-Rcn, vol. 146, *Registro di spesa dalli anni 1631 al 1646*, p. 184, ed. parz.
nella scheda PerformArt D-133-560-134.

[40] I-Rcn, vol. 65, *Entrata ed esito dell'Venerabile Collegio Nazareno dal 20
maggio 1631 a tutto li 12 maggio 1643*, p. 126, ed. parz. nella scheda PerformArt
D-048-600-162. La duchessa fu affittuaria del palazzo alla Chiavica del Bufalo negli
anni in cui il collegio non aveva ancora potuto trasferirvisi, per via della causa con
gli eredi Tonti per l'attribuzione del patrimonio del cardinale defunto; benché la
controversia legale avrebbe ritardato fino al 1689 il trasloco del collegio presso la
sede definitiva, gli scolopi erano in possesso dell'immobile, che la Salviati tenne in
affitto fino alla sua morte, e in seguito alla quale il collegio rimborsò gli eredi della
donna con 20 scudi, pari a un mese di pigione (*cf.* I-Rcn, vol. 66, *Entrata ed esito
dell'Venerabile Collegio Nazareno dal 13 maggio 1643 a tutto luglio 1646*, p. 140,
ed. parz nella scheda PerformArt D-048-850-131).

[41] A tal proposito si veda Goulet 2014 per il coinvolgimento del duca Giovanni
Pietro Caffarelli (1638-1694) nella fornitura delle scene per l'*Arsate* (1683) di
Alessandro Scarlatti allestita a Roma a Palazzo Orsini in occasione della nascita
di Louis de France, duca di Bourgogne.

[42] I-Rcn, vol. 146, *Registro di spesa dalli anni 1631 al 1646*, p. 184, ed. parz.
nella scheda PerformArt D-133-560-134. Una circostanza analoga si verificò
quando, per l'inaugurazione del nuovo teatro costruito nel palazzo dopo il trasferimento definitivo alla Chiavica del Bufalo, per 700 scudi il collegio acquistò dal
cardinale Pietro Ottoboni (1667-1740) «le sciene» che servirono nel febbraio dello
stesso anno per la recita di «tre bellissime opere, doi in prosa, et una in musica»
(il passo è tratto da un'annotazione memoriale posta sul *recto* della prima carta
di un registro di mandati di pagamento in I-Rcn, vol. 151, *Registro de' mandati
cominciato a novembre 1680 a tutto il primo gennaio 1695*, c. 1r, ed. parz. nella
scheda PerformArt D-114-650-178, segnalato in Careri 1987, p. 22). L'opera in
musica cui il documento si riferisce è *Il martirio di Sant'Eustachio*, in realtà un
oratorio composto da Flavio Carlo Lanciani (1661-1706) su libretto di Ottoboni,
già debuttato a Palazzo della Cancelleria nel 1690 e per il quale si rimanda a

Relativamente al 1641 le carte del Nazareno dicono di alcune spese minute effettuate presso Francesco Pasqua, mercante alla Dogana, per una nuova non meglio precisata rappresentazione.[43]

Più documentata risulta, invece, la messinscena dello *Spergiuro vendicato*, una tragicommedia in cinque atti con prologo allestita nel Carnevale del 1645, quando il collegio aveva sede nel Palazzo Rusticucci in Borgo, dove si era trasferito nel novembre precedente.[44] Il dramma, stando alle fonti letterarie (una copia calligrafica del libretto e l'argomento a stampa), fu rappresentato in lingua volgare e con quattro intermezzi di ballo.[45] Nel prologo encomiastico, rivolto al neoeletto papa Innocenzo X Pamphili, Abibo, Gurio e Samona – tre martiri cristiani di Edessa, città in cui si svolge il dramma – invocavano la protezione di un angelo custode, che entrava in scena dall'alto con uno scudo sul quale erano raffigurate le armi di Casa Pamphili. La tragicommedia necessiterebbe di una trattazione approfondita giacché, come notato da Saverio Franchi,

Staffieri 1990, p. 33 n. 68; per l'apporto, anche economico, del cardinale alle recite del *Sant'Eustachio* al Nazareno si veda quanto documentato in Chirico 2014, p. 33, 36-37, 49-51. Al Nazareno la partecipazione di Ottoboni alle attività di spettacolo non si limitò al solo pagamento delle spese per le recite; il cardinale, infatti, contribuì attivamente in qualità di *corago* almeno all'allestimento dell'*Amante del Cielo*, rifacimento del dramma sacro dello stesso cardinale sull'agiografia di santa Rosalia, rappresentato al Nazareno nel Carnevale del 1699 in una veste rinnovata e con musica di Francesco Gasparini (1661-1727). A conferma di ciò vi è una giustificazione di pagamento di Nicola Solimani, cerarolo, per la fornitura di 5.604 «Cocioli serviti per il signor cardinale Ottoboni per prova» (I-Rcn, b. 341, *Giustificazioni 1644-1699*, fasc. 1699, sottofasc. *e*, *Spese di illuminazione*, cc. n.n., ed. nella scheda PerformArt D-114-710-124) per un totale di 82,85 scudi. Per l'argomento a stampa dell'*Amante del Cielo* si veda Franchi 1988, p. 740-741. Per un approfondimento sulla storia materiale degli spettacoli patrocinati da Ottoboni al Nazareno attraverso le fonti della computisteria del cardinale *cf*. Chirico 2007, 2011 e 2014.

[43] I-Rcn, vol. 146, *Registro di spesa dalli anni 1631 al 1646*, p. 462, ed. nella scheda PerformArt D-133-720-184.

[44] I-Rcn, vol. 66, *Entrata ed esito dell'Venerabile Collegio Nazareno dal 13 maggio 1643 a tutto luglio 1646*, p. 115, ed. nella scheda PerformArt D-048-850-131.

[45] Per una descrizione del libretto manoscritto, conservato nel fondo San Pantaleo della Biblioteca nazionale centrale di Roma (I-Rn, S.Pant.5) si rimanda a Jemolo – Morelli 1977, p. 29-30; *cf.* anche la scheda PerformArt su questa copia del libretto: D-114-660-169. L'*Argomento dello Spergiuro vendicato* 1645 (sul quale si veda anche Franchi 1988, p. 260) riferisce degli episodi tratti dall'Antico Testamento che funsero da intermezzi di ballo: «l'adorazione del Vitello d'oro», Giobbe schernito, David che consegna al re Saul la testa di Golia, il passaggio dell'arca dell'alleanza da Oberon a David. Dell'argomento ne furono tirate 1000 copie, per le quali lo stampatore Francesco Cavalli fu pagato 5 scudi (I-Rcn, vol. 66, *Entrata ed esito dell'Venerabile Collegio Nazareno dal 13 maggio 1643 a tutto luglio 1646*, p. 139, ed. parz. nella scheda PerformArt D-048-850-131).

presenta un «carattere romanzesco, con violente passioni e situazioni estreme piuttosto sorprendenti in uno spettacolo scolastico».[46] Le fonti contabili relative a questo allestimento forniscono numerosi dettagli sugli aspetti materiali della messinscena e il suo contesto di produzione (fig. 3). In uno spazio apparato con un palcoscenico effimero, scene e prospettive, la tragicommedia fu eseguita da sedici «recitanti et musici» – stando al numero di paia di guanti acquistati «a Pasquino all'insegna dell'Europa», nel rione Parione – e agli intermezzi presero parte sei ballerini.[47] Nulla si sa sull'organico dell'orchestra, se non che vi furono addirittura due cembali «impennati, incordati, et accordati».[48] *Lo spergiuro vendicato* fu replicato per sei sere, ma la voce di spesa riguardante la mancia data alla guardia svizzera, intervenuta «a tener cura della porta», suggerisce che solo quattro rappresentazioni furono pubbliche.[49]

In effetti, è verosimile che al Nazareno alcune delle recite fossero riservate a un numero più o meno ristretto di spettatori, tra i quali avrebbero potuto figurare i padri superiori delle Scuole pie: è quanto può evincersi da un registro di spese straordinarie risalente agli anni '20 del Settecento, che riporta il costo di una carrozza per accompagnare «li padri superiori che vennero alle prove delle comedie».[50]

---

[46] Franchi 1994-2002, vol. 2, p. 84.

[47] I-Rcn, vol. 66, *Entrata ed esito dell'Venerabile Collegio Nazareno dal 13 maggio 1643 a tutto luglio 1646*, p. 134, ed. parz. nella scheda PerformArt D-048-850-131. Con tutta probabilità i guanti furono acquistati, secondo l'usanza, per farne dono agli interpreti dello spettacolo; si veda a tal proposito quanto documentato in De Frutos 2016 in base al carteggio di Maria Mancini (1639-1715) con suo marito Lorenzo Onofrio Colonna (1637-1689). Inoltre, tra i pagamenti (I-Rcn, vol. 66, *Entrata ed esito dell'Venerabile Collegio Nazareno dal 13 maggio 1643 a tutto luglio 1646*, p. 139-140) vi è traccia del nolo del legname per il palco (8 scudi) e di costumi teatrali (presi da diverse botteghe di ebrei per un totale di 15 scudi), dell'acquisto di torce e candele da Vincenzo Bernardini, droghiere a Pasquino, delle spese per le rifiniture di sei paia di calzoni e scarpini per i ballerini, e del compenso a un pittore per la fattura di due pezzi di scene e «anco per una prospettiva dipinta in casa» (ivi, p. 140).

[48] I-Rcn, vol. 66, *Entrata ed esito dell'Venerabile Collegio Nazareno dal 13 maggio 1643 a tutto luglio 1646*, p. 139.

[49] I-Rcn, vol. 66, *Entrata ed esito dell'Venerabile Collegio Nazareno dal 13 maggio 1643 a tutto luglio 1646*, p. 140. Diverse voci di spesa nel medesimo documento ribadiscono che le repliche furono sei: ad esempio, si sborsarono 4 scudi «per compra di ciambelle, confetti, et mela per darne alli recitanti, ballarini, et musici per colatione in sei volte che si recitò», e ancora 30 scudi «per dare da mangiare la matina alli musici, ballarini, sonatori et altri che venivano ad aiutare, a sc. cinque per volta», quindi per sei volte.

[50] I-Rcn, vol. 82, *Introito ed esito delle contribuzioni de' signori convittori per le spese straordinarie [...] dall'anno 1718 a tutto 1733*, c. 59r (febbraio 1722); simili

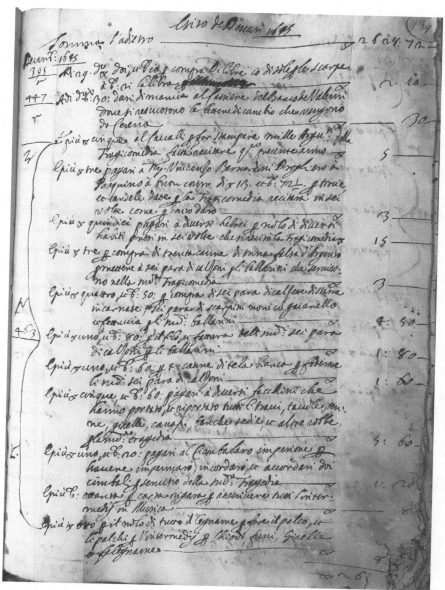

Fig. 3 – I-Rcn, vol. 66, *Entrata ed esito dell'Venerabile Collegio Nazareno dal 13 maggio 1643 a tutto luglio 1646*, p. 139.

Su concessione della Fondazione Collegio Nazareno, Roma.

Le altre repliche erano invece aperte a un numero più ampio di spettatori – ed ecco il perché della presenza delle guardie svizzere – ed erano in un certo senso "pubbliche", sebbene al teatro si accedesse senza dubbio su invito (fig. 4).[51] Oltre ai familiari dei convittori-recitanti, o per lo meno quelli residenti a Roma, potevano partecipare alle rappresentazioni i padri degli altri conventi e istituti romani e, talvolta, il cardinale protettore o altri ospiti notabili.[52] Si ha evidenza inoltre dell'intervento, forse non proprio lecito, di un pubblico femminile: è ciò che lascia intendere una nota del padre rettore Mattia Peri di San Giuseppe (1701-1778), a seguito di un'udienza del papa Benedetto XIV Lambertini con i rettori del Nazareno, del Collegio Clementino e del Seminario Romano il 15 febbraio 1745; durante l'incontro il pontefice aveva risoluto che «si facesse il possibile, ché non vi veni[s]sero donne».[53]

Un'altra fonte archivistica da ricondurre all'allestimento dello *Spergiuro vendicato* risulta di grande interesse per comprendere il valore del fare teatro nell'ambito della formazione collegiale. Si tratta di un ragguaglio stilato in occasione della revisione dei libri contabili del Nazareno relativi all'amministrazione di padre Cherubini dal maggio 1643 al giugno 1646. Il *sindacato*, datato 18 gennaio 1647, è firmato da Antonio Francesco Femino (o Semino), emissario degli uditori di Rota, i quali ebbero fino al 1717 il mandato di vigilare

indicazioni si ritrovano anche ivi, cc. 64*v* (febbraio 1723), 70*v* (marzo 1724), 76*v* (febbraio 1725). Ed. parz. nelle schede D-062-670-109 (nov. 1721 - ott. 1722), D-062-680-197 (nov. 1722 - ott. 1723), D-062-710-170 (giu. - ott. 1724) e D-062-720-161 (nov. 1724 - ott. 1725).

[51] Sono state fortunosamente conservate alcune copie degli inviti, consistenti in piccoli rettangoli di carta con la sigla del collegio «C. N.» (gli esemplari sono in I-Rcn, b. 323, *Appunti e memorie*, fasc. E, *Teatro*, cc. n.n.). Il costo della loro produzione ammontava a 6 baiocchi il centinaio, come si deduce dalle voci di spesa in I-Rcn, vol. 82, *Introito ed esito delle contribuzioni de' signori convittori per le spese straordinarie* [...] *dall'anno 1718 a tutto 1733*, c. 48*r* (gennaio 1720): «A Patrizio Tullio per la carta, e tiratura di 3 migliara e 9 centinara di bollettini per le comedie [...] sc. 2,34», ed. parz. nella scheda PerformArt D-062-620-154; c. 53*r* (febbraio 1721): «Pagati sc. 2,40 a Arnoldo van Westerhout per carta e tiratura di miliara 4 bollettini per il teatro [...]», ed. parz. nella scheda PerformArt D-062-660-118; quest'ultimo va identificato con il celebre stampatore e incisore fiammingo (1651-1725).

[52] I-Rcn, vol. 82, *Introito ed esito delle contribuzioni de' signori convittori per le spese straordinarie* [...] *dall'anno 1718 a tutto 1733*, c. 49*r* (febbraio 1720): «A don Simone Finocchi, che portò i viglietti dell'invito per le due comedie a tutti i conventi de' religiosi [...]»; c. 54*r* (febbraio 1721): «[...] per il nolito della carozza [...] per l'invito dell'eminentissimo protettore [...]».

[53] I-Rcn, b. 323, *Appunti e memorie*, fasc. E, *Teatro*, cc. n.n., già segnalata in Lanfranchi – Careri 1987, p. 312 n. 49.

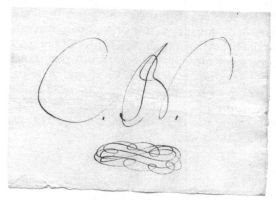

Fig. 4 – Esemplare di *bollettino* (biglietto, invito)
distribuito in occasione delle rappresentazioni teatrali al Collegio Nazareno;
I-Rcn, b. 323, *Appunti e memorie*, fasc. E, *Teatro*, cc. n.n.
Su concessione della Fondazione Collegio Nazareno, Roma.

sulle attività del collegio gravanti sull'eredità Tonti.[54] La relazione riepilogava tutte le partite di denari sborsati, e aggiungeva significativi commenti sulla liceità delle spese. Tra i capitoli erano computati anche i 93 scudi erogati per l'allestimento della tragicommedia del 1645, la quale somma, come sentenziava il *sindacato*,

> [...] mai si doveva spendere dal suddetto padre, stante che questo è un Collegio bisognoso e di poveri, e del fondatore l'entrate non sono state lasciate per far tragicomedie, ma sì bene per allevare li giovani nel timor di Dio e nelle lettere. Si deve però avvertire che devono avere qualche recreatione leuta et honesta, nella quale ci va qualche spesa, però si mette in consideratione di poter permettere che si siino spesi detti scudi quindici moneta l'anno per sollevare detta gioventù; nel capitolo dell'amministratione del suddetto padre, sono stati tre Carnevali che a scudi 15 per Carnevale fanno scudi quaranta cinque moneta che si ponno menar boni delli suddetti scudi 93, benché non siino spesi ogni Carnevale, perché detti scudi 93 moneta sono stati effettivamente spesi et il padre Stefano adduce alcune ragioni che si ponno considerare e si mettono in fine di questa revisione.[55]

[54] Sui complessi rapporti tra gli scolopi e la Sacra Rota riguardanti la gestione e il controllo del Collegio Nazareno si rimanda a Vannucci 1998, p. 113-114. Il protettorato del collegio dal 1718 passò al cardinale vicario *pro tempore* (*cf.* ivi, p. 114).

[55] *Sindicato* [...] *dell'administratione fatta dal reverendo padre Stefano de' Angelis* [...], *quale comincia alli 13 di maggio 1643 a tutto giugno 1646*, in I-Rcn, vol. 245, cc. 190-204: 200*r*, ed. parz. nella scheda PerformArt D-046-820-115.

I denari spesi per *Lo spergiuro vendicato* non ammontavano a una somma irrisoria, ma di certo non erano paragonabili a quanto speso per altre partite nel corso del triennio. Ad esempio, su un totale di 8193,29 scudi, si erano spesi 198,37 scudi per «coltivar la vigna», 449,70 scudi per il pane, 1347,32 ½ scudi per il vitto.[56] Il deputato degli uditori di Rota esortava però a contenere le spese per le future *recreationi*, pur ammettendone la legittimità nei limiti imposti dalle disposizioni testamentarie del cardinal Tonti e dagli obiettivi pedagogici perseguiti da Calasanzio.

CONCLUSIONI

Se esaminata secondo una prospettiva comparata con quella degli altri istituti educativi romani, soprattutto del Clementino e del Seminario Romano, la produzione teatrale secentesca del Nazareno rischia di sembrare quantitativamente e sostanzialmente irrilevante. Dalle fonti che attestano la regolamentazione delle arti performative nell'istituzione scolopica nei suoi primi decenni di attività, oltre alla vivacità di una realtà che intendeva affermarsi nel contesto educativo della Roma del tempo, emerge però la volontà di seguire l'esempio fornito dagli altri collegi. D'altro canto, rispetto a questi ultimi, il caso Nazareno mostra una sua specificità nel mantenere (o nel dover mantenere) un basso profilo, anche in ottemperanza alle finalità per le quali il collegio era stato fondato. In questa direzione va interpretata l'apparente irregolarità delle rappresentazioni teatrali nel corso del Seicento, le quali non furono numerose, come si è visto, sia per la ristrettezza delle finanze, sia per la relativa instabilità creata dalla mancanza di una sede fissa. La situazione mutò profondamente dopo il 1689, quando il collegio si trasferì definitivamente nel palazzo alla Chiavica del Bufalo, e ancor più dopo il 1694, quando fu portata a termine la costruzione del teatro in una porzione dell'edificio acquisita in un secondo momento, a nord-ovest del corpo di fabbrica principale.[57]

Eppure, i casi qui riportati, che grosso modo rappresentano la totalità degli spettacoli documentati, dimostrano *in nuce* un allineamento dell'istituzione al sistema teatrale romano, sia per le scelte compiute in materia di repertorio, sia per l'adozione di modalità

---

[56] *Sindicato* [...] *dell'administratione fatta dal reverendo padre Stefano de' Angelis* [...], *quale comincia alli 13 di maggio 1643 a tutto giugno 1646*, in I-Rcn, vol. 245, cc. 190-204: c. 204r.

[57] I-Rcn, vol. 151, *Registro de' mandati cominciato a novembre 1680 a tutto il primo gennaro 1695*, c. 1r; si veda anche *infra*, n. 42.

produttive consolidate. Un'integrazione che, sullo scorcio del secolo, si rivelò essenziale per l'avvio del periodo più florido del Nazareno, durante il quale il collegio dovette rappresentare uno dei principali nodi della rete culturale della città, anche per la sua progressiva apertura verso l'aristocrazia romana. Ma questa è una storia ancora in parte da scrivere.

GIULIA ANNA ROMANA VENEZIANO

RICOSTRUIRE UN TEATRO

STUDIO INTORNO ALL'*ARTASERSE* DI LEONARDO VINCI (ALIBERT 1730): ASPETTATIVE E MESSINSCENA DI UNO SPETTACOLO PER IL PUBBLICO COSMOPOLITA ROMANO

Intorno a piazza di Spagna, Roma ha collaudato nei secoli uno spazio fortemente rappresentativo delle dinamiche culturali collegate alle strategie delle famiglie aristocratiche residenti. In questo teatro a cielo aperto si giocarono, a colpi di progettazioni di opere d'arte permanenti ma anche di spettacoli effimeri, raffinate partite diplomatiche tra nazioni straniere e fazioni rivali, allo scopo di amplificare le ragioni di un potere che doveva mostrarsi evidente ed indiscusso.[1] Zona cruciale per lo scacchiere politico romano, ostenta – ancora oggi – palazzi, strade, sale, fontane e monumenti tutti essenziali allo spettacolo che agonisticamente veniva promosso e che disegnò in età moderna la storia della città e della cultura europea. Tra via Margutta e via del Babuino, il Teatro d'Alibert / delle Dame (dal 1725)[2] ospitò, sin dalla sua inaugurazione (1717), rappresentazioni teatrali dei compositori più quotati, sostenuti da una appassionata aristocrazia e da quei diplomatici di passaggio che vollero dare alle loro lunghe "vacanze romane" una densità senza precedenti.[3]

---

[1] La percezione di piazza di Spagna e dintorni come "teatro politico" è misurata nel saggio di Kieven 2006, mentre uno *study-case* sull'uso politico degli spazi, i tempi i riti e i protagonisti della festa si legge in Boiteux 1985.

[2] Questo saggio rappresenta il prosieguo delle mie ricerche intorno all'attività produttiva del Teatro Alibert e alle scelte programmatiche maturate in seno al progetto culturale del teatro stesso: si veda Veneziano 2019 cui rimando anche per i numerosi riferimenti bibliografici. Nonostante il cambio di nome dovuto a ragioni finanziarie e di marketing, continuiamo a denominare il teatro oggetto di questo studio come Alibert, seguendo una consuetudine che si è perpetuata, anche nella documentazione superstite, fino al 1863, anno della distruzione del teatro a causa di un incendio.

[3] Qui di seguito gli studi principali sulle vicende del teatro: Amadei 1936; Rava 1943; De Angelis 1951; Franchi 1997, p. XLVII-LVIII; Mori 1994; Cerocchi 1991; Pastura Ruggiero 1989. Il nome del teatro fu mutato in «delle Dame» dal 1725, anno in cui cambiarono i vertici gestionali a causa di un clamoroso fallimento (la vecchia intitolazione sarebbe rimasta vivida fino al 1863, anno del disastroso e definitivo incendio del teatro). Dalla sua fondazione, il teatro era passato dalla gestione diretta del conte Antonio d'Alibert a quella di un gruppo di consoci (*cf.* Veneziano 2019, p. 170): vicenda ricostruita in Franchi 1997, p. LIII.

Il teatro Alibert venne stimato, nel tessuto culturale, sociale ed economico della Roma della prima parte del XVIII secolo, come uno degli spazi più interessanti del tempo: un teatro che oggi definiremmo "indipendente", ovvero autonomo nella pianificazione della programmazione musicale, luogo di espressione di tendenze artistiche innovative ma anche in grado di relazionarsi con la pluralità della spietata concorrenza territoriale. In gara con il Teatro Capranica, l'Alibert sperimentò, con un'audacia e una disinvoltura gestionale che condussero periodicamente i vertici direttivi alla bancarotta, la produzione musicale di compositori non romani, inseguendo i nuovi parametri estetici che corteggiavano le proposte più interessanti provenienti, in quegli anni, da Venezia ma soprattutto da Napoli.[4] Le aspettative del pubblico cosmopolita romano del tempo erano orientate, infatti, su proposte artistiche di importazione: se il Capranica e il Pace, dopo aver valorizzato i compositori più prestigiosi del tempo e più tradizionalisti (per esempio Alessandro Scarlatti, Giovanni Bononcini o Francesco Gasparini), costituirono dal 1724 l'avamposto per il lancio di nomi soprattutto non locali (Antonio Vivaldi, Domenico Sarro, Leonardo Leo, Tommaso Albinoni, Riccardo Broschi, Luca Antonio Predieri, Giovanni Fischietti, Niccolò Porpora),[5] l'Alibert fu l'unico teatro in grado di scritturare in maniera sistematica, dal 1726, in stretto sodalizio artistico con il futuro poeta cesareo Pietro Metastasio, il nome più all'avanguardia del momento: il napoletano Leonardo Vinci (1690-1730).[6] Con l'eccezione di una doppia collaborazione con Porpora (*Siroe*, Alibert, 1727 e un rifacimento del *Siface*, Valle, 1730) e con Auletta (*Ezio*, Alibert, 1728), Metastasio lavorò esclusivamente con Vinci fino alla morte del compositore, creando, nella storia della musica, una tappa di riferimento per il teatro d'opera di tutto il Settecento, annunciatrice di uno stile più raffinato ed evocatrice

[4] Oltre a Franchi 1997, p. XXVIII-XXXI, si leggano le riflessioni in questa direzione in Strohm 2008, p. 361-362, 638-649 e Antolini – Gialdroni 1996. L'*humus* culturale intorno alle stagioni teatrali romane è indagato in molteplici sfaccettature nei saggi accolti in Franchi 1996. Con Margaret Murata è in pubblicazione il saggio *Rome, Naples, opera and the 1720s in Rome*, che approfondisce le relazioni culturali e i rapporti di mecenatismo tra Napoli e Roma grazie agli intrecci politici e agli interessi economici, accolto nel volume intitolato *Noble magnificence. Cultures of the performing arts in Rome, 1644-1740*, cf. Goulet – Berti in corso di pubblicazione.

[5] Per sostenere la concorrenza, il Teatro Capranica dal 1729 si affidò allora ad un impresario proveniente da Napoli: Antonio Mango (in contatto con Vinci dal 1719 relativamente alla rappresentazione a Napoli di *Lo Cecato Fauzo*).

[6] Su Leonardo Vinci la bibliografia più recente annovera i contributi di Markstrom 2007 e 2001; Veneziano 2016 e 2019. Nel 2004 un convegno italiano dedicato a Vinci ha prodotto il volume Pitarresi 2005.

della tradizione compositiva napoletana.[7] L'*Artaserse*, rappresentato come seconda opera del Carnevale alibertiano del 1730, ne diviene l'emblema.[8]

Recentemente ho evidenziato come la promozione del *brand* Napoli sia stata una delle campagne vincenti attuate dai gestori dell'A-libert, nonostante le incertezze finanziarie e i pericoli di investimento dei capitali:[9] il *management* impresariale che faceva affidamento sulle quote private di partecipazione riuscì splendidamente a garantire l'inseguimento di un ideale estetico che trovò appoggio anche attraverso la presenza di sostenitori e simpatizzanti, come la non convenzionale coppia Stuart Giacomo III e Maria Clementina Sobieska[10]. La sopravvivenza di una serie di libri contabili presso l'Archivio del Sovrano Ordine di Malta, relativi all'attività produttiva dell'Alibert, completati da altri documenti preziosi conservati presso l'Archivio Apostolico Vaticano e presso l'Archivio Capitolino di Roma, ci permette di tentare una non semplice ricostruzione, quasi tridimensionale, di quella che fu la macchina produttiva del teatro, con la stima della valenza di una *performance* rivelatrice di un progetto culturale e artistico concepito in uno spazio indipendente da condizionamenti esterni alla volontà dei soci-gestori. Paradigmatica per la storiografia – anche per essere stata l'ultima opera composta da Vinci prima della sua morte prematura e l'ultima di Metastasio prima della sua partenza per Vienna –, *Artaserse* ebbe un successo quasi di repertorio, poiché venne ripresa e rivisitata, non più sotto il controllo del compositore, almeno fino al 1746, nei teatri di tutta Europa.[11] Attraverso lo studio dei documenti,

---

[7] Sul sodalizio artistico Metastasio/Vinci si vedano gli studi Armellini 2004, 2005. Si segnala inoltre Sala Di Felice – Caira Lumetti 2001 e Chegai 2018.

[8] *Artaserse* 1730 (Libretto in I-Fm, Mel.2267.12; I-Vgc, ROL.0650.08; I-Rn, 35.10.A.7.1. Partiture in I-Vn, CII.2.* = It. IV, 244-246; A-Wn, Coll. Kiesewetter, SA.68.C.24; A-Wn, Musik-Sammlung 19.120). Non si conserva l'autografo (*cf.* Strohm 1976, p. 233-234 per le fonti superstiti). Incisioni delle scenografie in Metastasio 1781. La fonte storica di *Artaserse* è costituita dalle *Historiae Philippicae* di Pompeo Trogo compilata da Marco Giuniano Giustino (II-III secolo), libro III, cap. I, oltre alla conoscenza di *Le Cid* (1636) di Pierre Corneille. Tra le sinossi disponibili segnalo quella di De Van 1998.

[9] Veneziano 2019.

[10] Sul patronage degli Stuart all'Alibert vedasi Blichmann 2019b, oltre al suo saggio in questo stesso volume, *Effetti scenografici e macchine spettacolari nelle "performance" pubbliche nella Roma del primo Settecento*, p. 239-279. Di riferimento sul ruolo degli Stuart nel panorama culturale romano è il lavoro di Corp 2011, oltre al più specifico Corp 2005.

[11] Prima messa in musica assoluta e termine di confronto per molti altri compositori che musicarono il testo di Metastasio (tra cui Hasse – a Venezia pochi giorni dopo la *première* romana –, Galuppi, Gluck, Sarti, Cimarosa, Sacchini e molti altri), l'opera di Vinci è stata oggetto di culto già durante il XVIII secolo:

la gestione del teatro si rivela di non immediata comprensione. Nei libri mastri e nei volumi di entrata e uscita[12] si registravano i conteggi delle spese e degli introiti, attraverso un resoconto capillare che però non giustifica i ripetuti tracolli finanziari delle amministrazioni che si sono avvicendate nella gestione del teatro.[13] La scelta delle opere da commissionare e dei cast da ingaggiare (il momento di «stabilire la compagnia degli attori») avveniva attraverso una riunione dei «consoci» o «comproprietari» (è così che, nei documenti, sono definiti i gestori dell'Alibert, come appartenenti a una società di proprietari), convocata nel mese di aprile dell'anno precedente a quello delle rappresentazioni: le decisioni definitive venivano intraprese solo dai presenti («non intervenendo tutti sia lecito a chi interverrà dei presenti di prendere qualunque stabilimento»).[14] Da questo momento in poi partiva – senza dunque soluzione di continuità con le stagioni appena conclusesi – la macchina organizzativa della produzione – monitorata da riunioni mensili – intorno alle due opere annuali, che contemplavano gli ingaggi artistici,[15] i contratti agli artigiani e alle maestranze, la distribuzione delle licenze per attività commerciali collegate alle sere di recita (appalti per la vendita dei beni di conforto), etc. L'*Artaserse*, la seconda opera del Carnevale di quell'anno (la prima era stata *Alessandro nell'Indie* sempre di Vinci/Metastasio), andò in scena sabato 4 febbraio 1730, in spietata concorrenza con gli spettacoli, non solo musicali, che in quella settimana vennero rappresentati in città:

---

nelle sue *Mémoires* Grétry considerava l'aria di Arbace «Vo solcando un mar crudele» un vero e proprio *must* del genere, tanto da proporre che una statua di Vinci fosse collocata nel Pantheon (*cf.* Grétry 1789). E ancora, il musicofilo ed erudito napoletano Mattei, anche se di parte, asseriva in *La filosofia della musica* (Mattei 1779, p. 304): «come è possibile che uno scriva *Vo solcando un mar crudele* dopo Vinci [...] Uno Stabat mater dopo Pergolesi?». Se, dopo la morte di Vinci, quest'aria divenne simbolo della musica prodotta a Napoli, evidentemente il ruolo che l'Alibert e la sua gestione artistica giocarono, nella storia dello spettacolo del Settecento, iniziano solo adesso a trovare una giusta collocazione.

[12] Presso l'Archivio del Sovrano Ordine dei Cavalieri di Malta, sono conservati, relativamente al secondo decennio del secolo, i libri contabili dal 1722 al 1730, con lacune dal 1724 al 1725 (Anno Santo).

[13] Per un riassunto delle alterne vicende legate alle varie gestioni dell'Alibert *cf.* Veneziano 2019, p. 170. Dall'agosto 1728 al maggio 1730 i nomi dei comproprietari dell'Alibert sono ridotti a sei e risultano essere: Antonio Vaini (priore dell'Ordine di Malta), Filippo Vaini, Paolo Maccarani, Ferdinando Alessandro Minucci, Benedetto Rita e Giacomo de Romanis. Tra i privilegi acquisiti dai consoci per diritto, la possibilità di entrare in teatro al di fuori delle rappresentazioni e di affittarlo per l'organizzazione di feste private (ma questo dopo gli anni '40 del secolo).

[14] *Ristretto degli Istrumenti verificanti la provenienza del Teatro d'Alibert ora detto Delle Dame ne Signori presenti Consoci* (28 novembre 1725), in I-Rasc, Archivio Maccarani, b. 52.

[15] Intorno alle modalità di scritturazione artistica si legga anche Oriol 2016.

Roma 11 febraro. Nella scorsa settimana, l'Eminentissimo Sig. Cardinale Otthoboni, nel suo nobilissimo Teatro, entro il Palazzo della Cancelleria Apostolica, diede principio alla seconda Opera in Musica intitolata *Costantino Pio* [G. B. Pescetti] [...]. Sabbato sera, nel Teatro detto delle Dame, andò in scena il secondo Dramma intitolato *l'Artaserse*; Domenica al Teatro del Sig. Domenico Valle si principiò il secondo Dramma intitolato l'*Andromaca* [F. Feo]; e martedì nel Teatro de' Signori Capranica, parimente al secondo Dramma intitolato: *Siface Re di Numidia* [N. Porpora].[16]

L'ultima recita si ebbe il 21 febbraio, ma lo spettacolo venne interrotto a causa della morte di Benedetto XIII:

Nel Teatro Aribert si diede principio al Dramma ad una ora di notte, ma appena sul finir del primo atto venne ordine di cessare per la morte seguita del Papa, e si calò la tenda, gli altri Teatri furono avvertiti più per tempo onde non diedero né pure principio alle loro opere.[17]

È interessante notare che, mentre le altre sale romane non avviarono affatto l'inizio delle recite – il Papa morì intorno alle dieci di sera –,[18] all'Alibert si eseguì invece quasi tutto il primo atto, prima dell'interruzione. Sembrerebbe lecito supporre che, poiché gli interessi dei gestori del teatro, come si evince dai libri contabili, erano collegati all'effettiva rappresentazione delle opere (pena la restituzione del capitale annuo, gli introiti dell'affitto dei palchetti e la possibilità di assistere alle fasi di produzione dell'opera), si sia cercato di non far trapelare la notizia prima dell'inizio della recita.[19]

---

[16] *Diario ordinario*, Roma, Chracas, 1730, n° 1954, p. 2-3. A seguire (p. 3-4), luoghi («Teatro alli Granari», Collegio Clementino, Nazareno e Capranica, Seminario Romano) e titoli di tragedie e commedie, anche specificando la presenza di intermezzi musicali. In I-Rc, Per.est.358, fasc. n° 1954, p. 2-3 (scheda PerformArt D-006-802-280).

[17] Valesio 1977-1979, vol. 4, 21 febbraio 1730, p. 179. Ed. sul documento originale in I-Rasc, Archivio della Camera Capitolina, Credenzone XIV, b. 18, c. 110r (scheda PerformArt D-118-850-181, firmata da Maria Borghesi e Antonella Fabriani Rojas).

[18] *Diario ordinario*, Roma, Chracas, 1730, n° 1960, p. 4.

[19] Questo *modus operandi* fa pensare agli attuali contratti teatrali, laddove in caso di interruzione della recita il *cachet* dei cantanti rimane invariato qualora si porti a termine almeno tutto il primo atto di un'opera. È azzardato, ma affascinante, ipotizzare che gli spettatori volessero ascoltare l'attesa aria «Vo solcando un mar crudele» che chiude effettivamente l'atto I dell'opera. Ad ogni modo, è molto difficile stimare la durata dell'intera rappresentazione (oltre a non trovare riscontro sull'esistenza di eventuali intermezzi): nella realizzazione moderna citata oltre (n. 43) *Artaserse* ha contemplato, per la scelta dei tempi optata dagli interpreti, circa 3 ore e mezzo.

Le spese per l'allestimento dell'*Artaserse*, unitamente a quelle per *Alessandro nell'Indie* (prima delle due opere del Carnevale 1730) iniziano ad essere preventivate dal 1729. Il cast vinciano, scritturato identico per entrambe le produzioni della stagione ad eccezione di un ruolo, era stato collaudato nell'esecuzione della cantata encomiastica *La contesa dei Numi* (Roma, 26 novembre 1729) sponsorizzata dal cardinale Melchiorre di Polignac per la nascita del Delfino di Francia, un mese prima dell'inaugurazione della nuova stagione alibertiana. In *Artaserse* vennero dunque scritturati il contralto fiorentino Raffaele Signorini nel ruolo eponimo, il soprano delle scene romane Giacinto Fontana detto "Farfallino" nel ruolo di Mandane (sorella di Artaserse), il tenore napoletano Francesco Tolve nel ruolo di Artabano («prefetto militare», padre di Arbace e di Semira), il soprano Giovanni Carestini, «virtuoso del serenissimo di Parma» Antonio Farnese nel ruolo di Arbace – interprete dell'aria/emblema «Vo solcando un mar crudele» –, il contralto milanese Giuseppe Appiani in Semira (amante d'Artaserse) e infine il contralto Giovanni Ossi, virtuoso di casa Borghese, nel ruolo di Megabise (militare di fiducia di Artabano). Se Vinci, per la composizione di *Artaserse*, percepì, come per le altre sue opere rappresentate all'Alibert e parimenti al compenso di altri compositori, la cifra di 300 scudi, il *cachet* per i cantanti, con registrazioni però lacunose, oscillò dai 450 scudi per Carestini ed Appiani agli 800 per Farfallino, compenso tra i più alti riscontrati nei registri contabili.[20] È da rilevare come il teatro si occupasse anche delle spese vive dei cantanti (denominati «musici» nei documenti): abbiamo i conti dell'osteria presso la quale si cenava e degli affitti dei loro alloggi, nonché degli arredi e del corredo necessario al soggiorno a Roma. Non mancano riguardi per la prima donna Farfallino (tè, candelieri, carrozze, arredi) con anche l'accollarsi delle spese di 50 scudi per l'affitto di un cembalo a suo uso personale.[21] Sospesa rimane l'informazione relativa invece a Pietro Metastasio per il libretto: per le rappresentazioni precedenti, le registrazioni oscillano tra i 300 scudi per l'*Ezio* (1729, musica di Pietro Auletta)[22] o per il *Catone in Utica* (1727, musica di Vinci)[23]

[20] I-Rasmom, Ricetta di Roma, Teatro Alibert, b. 421, c. 62*sx* (scheda PerformArt D-007-250-129).

[21] Ad esempio si vedano le registrazioni per le precedenti stagioni in: I-Rasmom, Ricetta di Roma, Teatro Alibert, b. 421, c. 37*sx* (scheda PerformArt D-000-721-932). Ogni specifica relativa a tutte le tipologie di pagamenti per le opere alibertiane sono contenute nei libri contabili citati. Si rimanda alla consultazione del database per una informazione esaustiva con la specifica di tutte le *uscite* collegate ai pagamenti.

[22] I-Rasmom, Ricetta di Roma, Teatro Alibert, Libro Mastro A, Dall'anno 1725 a tutto l'anno 1729, c. 89*sx*.

[23] I-Rasmom, Ricetta di Roma, Teatro Alibert, b. 423, c. 57.

e un rimborso al marchese Paolo Maccarani, consocio del teatro, per aver anticipato 65 scudi per un «orologgio con cassa, e controcassa e catena d'oro donato al signor Metastasio poeta per haver accomodato il libretto della Didone» (1726, musica di Vinci).[24]

Nel 1730 i consoci si erano affidati all'impresario Francesco Cavanna (che firmò la dedica di *Artaserse* a Maria Clementina Sobieska), definito «affittuario» del teatro, ricevendo 700 scudi come investimento per la conduzione dei contratti con gli artisti.[25] La macchina produttiva partiva con lo stanziamento di somme destinate, come visto, agli «attori» della rappresentazione (compositore, cantanti, librettista, orchestra, ballerini, comparse, scenografo, coreografo)[26] ma anche a tutto ciò che completava le necessità per la realizzazione dello spettacolo («per le giornate dei falegnami», «d'abbattimento», al vetraio, al falegname, ai sarti, ai calzolai, ai materassai) e per la riuscita dell'evento («per le spese di foco» e «di cera» per l'illuminazione, «di guardaroba», «per la guardia dei soldati»).[27] La partitura dell'*Artaserse* fu copiata, come l'*Alessandro*, da Antonio

---

[24] I-Rasmom, Ricetta di Roma, Teatro Alibert, b. 421, Libro Mastro A, c. 58*sx* (ed. nella scheda PerformArt D-000-691-959).

[25] I-Rasmom, Ricetta di Roma, Teatro Alibert, Libro Mastro B 1730, s.b., c. 41*dx*. La situazione finanziaria dell'Alibert era sempre al limite del fallimento. Sono continui i riferimenti ad emergenze economiche e a tentativi di tamponare investimenti di difficile gestione. Tuttavia, i libri contabili, portando periodicamente un rapporto di bilancio esatto tra entrate e uscite, perseguendo un principio di pareggio che oggi paragoneremmo a quello di una associazione *no-profit*, non aiutano a chiarire la gestione. In un foglietto aggiunto volante dello stesso volume (tra c. 90*sx* e *dx*), datato 3 maggio 1732, il finanziere e consocio del teatro Ferdinando Alessandro Minucci avvisa di un falso prestito all'impresario Cavanna, in caso di controlli più approfonditi: «Dichiaro il Infrascritto, che quantunque il Sig. Francesco Cavanna affituario del Teatro detto delle Dame abbia sotto questo giorno a favor mio sottoscritta una ricevuta di scudi milledugentosessantacinque con cinquanta per contributione dovutali da Sig.ri Compadroni di detto Teatro per le prossime future recite di Primavera, tuttavia la verità è, che io sottoscritto non ho pagato al medesimo alcuna somma per detti scudi 1265.50, perciò gliene dovevo render ragione fra conti, che passano tra me sotto et il detto Sig. Cavanna […]».

[26] Non sono registrati i pagamenti agli *Inventori, ed Ingegneri delle scene* Giovanni Battista Oliviero e Pietro Orte e all'*Inventore delli balli* Pietro Gugliantini, virtuoso della Serenissima Gran Principessa di Toscana, come da cartellone della rappresentazione di Artaserse.

[27] I-Rasmom, Ricetta di Roma, Teatro Alibert, Libro Mastro A, *Dall'anno 1725 a tutto l'anno 1729*, c. 61*sx*. Molto più capillare la documentazione relativa ad opere rappresentate negli anni precedenti. Ad esempio, per la *Didone* sempre di Vinci/Metastasio, si registrano pagamenti per le carrozze, candelieri e vino al servizio dei cantanti, ma anche una curiosa uscita di 3 scudi per 30 messe "basse" in onore di S. Antonio Abate.

Angelini, «copista del teatro»,[28] lavoro per il quale riscosse 10 scudi la sorella Elisabetta, sua erede a causa della sua morte. Probabilmente questa registrazione è relativa ad un saldo (la cosa non è specificata), poiché le spese di copiatura negli anni precedenti, allo stesso Angelini, ammontavano ad una quarantina di scudi. Si pagarono anche le spese di rilegatura in 6 tomi delle due opere (1.20 scudi a Nicola Berardi «librario» il 31 luglio 1730).

Fig. 1 – *Artaserse*, I, 1: «*Giardino interno nel palazzo del Re di Persia, corrispondente ai varj appartamenti. Vista della Reggia. Notte con luna*» (ed. Zatta, Venezia 1781, vol. 1, p. 9), copia in I-Rn, 37.41.A.1. Su concessione del Ministero per i Beni e le Attività Culturali e per il Turismo – Biblioteca nazionale centrale di Roma.

Dal 1730 cambiano le modalità di rendicontazione dell'attività, con registri i cui spazi sono farciti da annotazioni successive all'anno di riferimento, ma possiamo ricostruire i movimenti di entrata/uscita,

[28] I-Rasmom, Ricetta di Roma, Teatro Alibert, b. 423, Entrata/Uscita 1730/1737, c. 132*sx*: spesa registrata l'11 luglio 1730. Non sappiamo se si tratti di Antonio Giuseppe Angelini, copista di professione romano tra l'altro di casa Ruspoli, Colonna e Ottoboni (censito in 39 schede in *Clori, archivio della cantata italiana* (http://cantataitaliana.it/) e identificato negli studi handeliani di Kirkendale 1967.

e la loro traduzione nella realizzazione degli spettacoli, per analogia con le registrazioni sistematiche delle stagioni precedenti.[29] L'orchestra dell'Alibert, costata 1.166 scudi – a cui bisogna aggiungere il pagamento per il cembalaro di 23,50 scudi – consisteva, nelle due stagioni 1728/1729 e 1729/1730, di circa 35 "sonatori", tutti identificati, con il violino di spalla Domenico Gherarducci (pagato 80 scudi, quasi il doppio degli altri colleghi) a capo di 15 violini; si completava con 5 viole, 2 violoncelli,[30] 4 contrabbassi, 2 oboi, 2 fagotti, 2 corni da caccia e trombe in numero non specificato («a Lodovico Vacca e compagni»), anche se da un confronto con le partiture sopravvissute si evince che i fiati sono da considerarsi a parti reali. I seguenti (Tab. 1) offrono un'istantanea dell'orchestra alibertiana rilevata in un registro del 1729,[31] utile a osservare le proporzioni (Tab. 2) tra le sezioni di strumenti e ad immaginare il suono che si poteva ascoltare in sala:[32]

Tab. 1 – Orchestra nel 1729 e compensi.

				paga (in scudi)
Violini	1	Domenico Gherarducci	**"primo violino"**	80
	2	Giovanni Mossi		57
	3	Francesco Perini		(nel computo di Mossi)
	4	Antonio Penna		(nel computo di Mossi)

[29] Allo stato attuale della ricerca mancano però per il 1730, a differenza degli anni precedenti, riferimenti nella contabilità utili alla ricostruzione di costumi, scenografie (di Giovanni Battista Oliviero e Pietro Orte, come da libretto) e balli (curati da Pietro Guglielmini).

[30] Sono da segnalare la presenza del virtuoso violoncellista e compositore Giovanni Battista Costanzi (1704-1778), in quell'anno già al servizio di Pietro Ottoboni, i nomi di almeno tre musicisti, i contrabbassisti Giovanni Travaglia, Bartolomeo Cimapane e il trombettista Lodovico Vacca, che coincidono con quelli di musicisti attivi a Roma a fine '600 nella cerchia dei Colonna (Mischiati 1983), e i nomi dei violinisti Giovanni Mossi e Domenico Gherarducci attivi presso i Borghese (Della Seta 1983, p. 195). Molti di loro, inoltre, risultano affiliati alla Congregazione di S. Cecilia (Rostirolla 1984).

[31] I-Rasmom, Ricetta di Roma, Teatro Alibert, b. 434, Libro Mastro D 1729, c. 78. Colpisce la presenza di famiglie di musicisti (musicisti con lo stesso cognome – non possiamo sapere se fratelli o padre e figlio o zio e nipote –) che si occupano degli stessi strumenti, come i violinisti/violisti Giovanni, Bartolomeo (in anni precedenti) e Giuseppe Mossi e gli oboisti Benedetto e Giuseppe Micheli.

[32] Sono presenti musicisti da me individuati nei libri contabili e già registrati all'Alibert in anni precedenti, ma anche professionisti che permarranno nelle stagioni a venire (Antolini – Gialdroni 1996, p. 141-142).

	5	Giorgio Erba		50
	6	Giovanni Battista Serra		36
	7	Filippo Ricci		36
	8	Luigi Piatti		35
	9	Urbano Frans		33
	10	Giovanni Battista Tibaldi		30
	11	Giacomo Benincasa		25
	12	Pietro Antonio Haym		25
	13	Giuseppe Orienti		25 + 3 (per i balli)
	14	Giovanni Mercuri		15
	15	Carlo Martelli		24
Viole	1	Alfonso Poli	[prima parte]	30
	2	Ignazio Ugaldi		24
	3	Giuseppe Mossi		24
	4	Francesco Gabrielli		24
	5	Antonio Maria Cestino		20
Violoncelli	1	Giovanni Battista Costanzi	[prima parte]	80
	2	Giovanni Bombelli		40
Contrabbassi	1	Giovanni Travaglia	[prima parte]	50
	2	Pietro Paolo Giuliani		35
	3	Bartolomeo Cimapane		40
	4	Francesco Agostino Cappelli		24
Oboi	1	Benedetto Micheli		50
	2	Giuseppe Micheli		40
Fagotti	1	Giuseppe Fantoni		30
	2	Giovanni Battista Brambilla		24
Corni da caccia	1	Giovanni Andrea Miele (Mielle)		24
	2	Ernesto Pifer		24
Trombe	1	Lodovico Vacca		60
	≥2	"e compagni"		(nel computo di Vacca)
Cembalo	1	Girolamo Simonelli	"secondo cimbalo"	50
Totale musicisti	35			

Tab. 2 – Proporzioni delle sezioni orchestrali.

Violini	Viole	Violoncelli	Contrabbassi	Oboi	Fagotti	Corni da caccia	Trombe	Cembalo
42%	14%	5%	11%	5%	6%	6%	8%	3%

Le alterne vicende sull'amministrazione dell'Alibert trovarono un sostegno costante nel ricavato dall'affitto/acquisto dei palchetti del teatro, spazi strategici contesi dai frequentatori più assidui del teatro stesso. Un pagamento di 5,45 scudi a Giovanni Battista Vanicci «sediaro», per 30 sedie «in servizio della platea»[33] ci aiuta a comprendere come fossero ripartiti gli spazi per il pubblico, oltre al riempimento dei palchetti. Probabilmente destinati alla vendita di biglietti "singoli" (nei documenti troviamo informazioni sul personale di biglietteria e sulle maschere per le sere di recita), i posti in platea erano meno prestigiosi di quelli disponibili nei palchetti, sui quali l'impresa dell'Alibert evidentemente puntava per bilanciare, attraverso le entrate ottenute con gli affitti, le spese di realizzazione dello spettacolo.

Una riflessione sulla fruizione degli spettacoli dell'Alibert sposta, dunque, l'attenzione sul pubblico colto e intraprendente delle rappresentazioni romane che, attraverso la conquista di una postazione privilegiata di ascolto e osservazione, determinava, anche con il sostegno economico, l'esito di ciascuna *performance* e conseguentemente delle linee programmatiche del teatro. Questo secondo aspetto del presente studio aiuta ugualmente a far luce sulla possibile ricostruzione dell'attività alibertiana. Si tratta di un processo che definisco di "colonizzazione" e che occupa uno spazio importante anche nella documentazione superstite: i palchetti del teatro erano contesi dai privilegiati fruitori come dimostrazione di elevato *status* sociale, tanto da essere oggetto di annose cause giudiziarie tra famiglie e famiglie, o tra famiglie e teatro, cause sostenute per convalidare o assicurarsi il diritto di possesso e di fruizione.[34] Impressiona ad esempio il contenzioso, documentato nelle fonti dell'Archivio dei Cavalieri di

[33] I-Rasmom, Ricetta di Roma, Teatro Alibert, b. 421, c. 37, ed. nella scheda PerformArt D-000-721-932.

[34] In I-Rasc sono depositate ad esempio le cause condotte a tale riguardo dal notaio del teatro, Francesco Saverio Simonetti (Sez. 8, Prot. da 59 a 63). Per esempi e analogie con altri teatri, uno romano e uno veneziano, si veda, rispettivamente, Natuzzi 1999 e Saunders 1985. Imprescindibile, per il periodo immediatamente precedente e relativo ai palcoscenici veneziani, la lettura di Glixon – Glixon 2006. Inoltre si veda il saggio congiunto di Della Libera – Domínguez 2012.

Malta complementari a quelle in Archivio Apostolico Vaticano, tra la famiglia Ruspoli – da cui il fondatore del teatro Giacomo d'Alibert aveva comprato la struttura iniziale della sala nel 1716 – e i consoci del teatro stesso, i quali, ancora nel 1730, si affidavano ai notai capitolini per appianare la questione: il possesso di due palchetti e mezzo, reclamato periodicamente dai Ruspoli (sempre il n. 17, al III e IV ordine i due interi, al I ordine il ½ palchetto) in conseguenza dell'antico accordo di vendita, non era scontato senza il ripetuto pagamento di affitto ai comproprietari stessi.[35]

A questa "colonizzazione" erano interessati, oltre alle famiglie della nobiltà e dell'aristocrazia romana, anche gli ambasciatori presso la Santa Sede, di Spagna, Francia, Portogallo, Vienna. L'affitto dei palchetti oscillava dai 60 ai 90 scudi per stagione ed essi potevano essere ceduti interamente, a metà, oppure per la quantità di un quarto. L'Alibert, considerato allora come il teatro più grande e bello di Roma,[36] contemplava sei ordini con 36 palchi ciascuno:[37] non è possibile calcolare l'esatta capienza del teatro, né, in particolare, quante persone potesse ospitare ciascun palchetto ma, se ogni palco poteva essere affittato per un quarto (¼) di spazio – presupponendo una coppia di persone per questo contratto minimo –, la capienza totale, compresi i 30 posti in platea, poteva raggiungere un massimo di 1758 persone. Se invece un quarto (¼) fosse riferito a una persona singola, la capienza dovrebbe considerarsi di 894 persone. In relazione alla capienza, sembra difficile ricavare le misure esatte del teatro e dello spazio riservato alle esecuzioni. Gli studi di Elena Tamburini documentano l'ampliamento del palco, di «40 palmi», voluto nel 1720 da Antonio d'Alibert che incaricò del progetto il famoso architetto

---

[35] Tra i tanti, citiamo il documento in I-Rasmom, Ricetta di Roma, Teatro Alibert, Libro Mastro del Teatro delle Dame A, Dall'anno 1725 a tutto l'anno 1729, c. 28dx, riferito al 1726, in cui si registra un complicatissimo accordo tra i Ruspoli (Francesco Maria), che inizialmente avevano diritto ai palchetti n. 17 per 5 ordini (contemplati nella compravendita della struttura del teatro per la somma di 3000 scudi), e i consoci del teatro, con i quali erano scesi a patto ottenendo il diritto di possedere due palchetti e mezzo a fronte di 15 scudi annui, qualora però si facessero le recite. Corrispondenza a questo patto si trovano in V-CVaav, Archivio Ruspoli-Marescotti, Giustificazioni di Roma, b. 83, f. 18 (scheda PerformArt D-001-932-201).

[36] Pöllnitz 1734, p. 302 e Lalande 1765-1767, vol. 6, p. 162.

[37] Tamburini 1996. Secondo invece la specificazione delle quote riscosse nei libri contabili il numero dei palchetti suscettibili di affitto arriva a 33: dunque la capienza oscilla da 822 (33 palchetti per sei ordini) a 1758 spettatori (36 palchetti). Gli ultimi due palchetti, i più vicini al palco (oggi denominati "barcaccia", venivano identificati non da un numero ma dalle lettere "A" e "B", per ciascuno degli ordini. Risultano spesso utilizzati dalle famiglie dei possessori del teatro stesso. Si confrontino gli spazi con il San Giovanni Grisostomo in Saunders 1985, p. 9.

Francesco Galli Bibiena:[38] conosciamo così testimonianze coeve e documenti collegati alle intenzioni del Bibiena per l'Alibert, in relazione anche ai suoi disegni per i teatri di Bologna, Verona e anche Vienna. Si trattò di assecondare un'esigenza di maggiore continuità tra attori e spettatori – distanza più naturale per l'osservatore e il fruitore attuale –, laddove è proprio nel progetto «di un teatro venale, l'Alibert, che Francesco [Galli Bibiena] sembra sfidare il retaggio della tradizione, ammettendo il passaggio del pubblico attraverso la zona del palco, ponendo il primo palchetto tra scena ed udienza e legando le due aree fisicamente per messo di scale».[39] Un palco così grande poteva ospitare anche alcuni membri dell'orchestra, se ogni tanto, negli anni, i pagamenti specificano anche la posizione – evidentemente diversa rispetto a quella abituale, mai definita – di un isolato violinista per ottenere effetti sonori particolari: è relativa al 1729, per esempio, l'indicazione che sul palco, per le due opere della stagione (*Ezio* di Auletta e *Semiramide* di Vinci) erano collocati tre suonatori di oboe, uno di timpano, uno di «tromba da caccia» e un fagottista.[40]

Alcuni assidui frequentatori dell'Alibert, affezionati ai cartelloni stagionali, seguivano personalmente l'*iter* della "colonizzazione" dei palchetti:[41] per citarne alcuni, oltre agli Stuart, la principessa Ippolita Ludovisi Boncompagni, il cardinale Carlo Colonna, il marchese Francesco Serlupi, il barone Pietro Mantica, il conte Pietro Clementini, l'abate Giovanni Battista Placidi (tra i gestori del teatro dal 1726 al 1729), Pietro Ottoboni, Vittoria Colonna, i Borromeo, gli Albani, gli Acquaviva, i Chigi, i cardinali Coscia, Cienfuegos

---

[38] Tamburini 1996, p. 243-260: alla fig. 27 è pubblicato il progetto di Bibiena del nuovo Teatro Alibert (1719), conservato in I-Ras, 30 not. cap., Uff. 9 (Perugini), fasc. 611, c. 505. In relazione all'architettura dei teatri, vorrei segnalare lo studio di Rotondi 1987 sul Tordinona.

[39] Tamburini 1996, p. 255, dove l'autrice specifica che «la trasgressione è solo apparente: il pubblico non è ammesso al "segreto" delle meraviglie, né durante il passaggio né dal palchetto, troppo arretrato per questo; e le scale, perdendo ogni significato ideologico, hanno solo una funzione decorativa, oltre che utilitaria».

[40] I-Rasmom, Ricetta di Roma, Teatro Alibert, b. 434, Libro Mastro D 1729, c. 73.

[41] Incuriosiscono le diverse modalità, tutte rigorosamente annotate nei libri contabili, che gli affittuari utilizzavano per pagare l'affitto dei palchetti: alcuni mandavano il maestro di casa per un pagamento in contanti, altri loro familiari o "ministri", altri attraverso un deposito nel Monte di Pietà, altri ancora andavano personalmente. Anche il cantante Giovanni Ossi, protagonista di *Artaserse* come di altre opere all'Alibert, pagava una quota per l'affitto di un palchetto. Possiamo immaginare che fosse per uso personale (per ospiti nel caso fosse impegnato nella *performance*) oppure per Casa Borghese, per la quale lavorava (I-Rvic, Parrocchia di S. Lorenzo in Lucina, Stati delle Anime, b. 20, cc. 112v-115v: scheda PerformArt D-000-802-248).

e Pignatelli, i Borghese, i Ruspoli. Nel 1730, alcuni di loro, oltre alla cifra destinata ai palchetti, offrirono ingenti somme di denaro (ma nella contabilità non ne viene specificata la causale). Il legame tra alcuni di questi sostenitori e l'ambiente culturale e musicale napoletano, a supporto dell'attenzione nei confronti dell'opzione Vinci/Metastasio, è decisivo per giustificarne la scelta sperimentale di altissimo livello artistico, condivisa e incoraggiata come sfida alla spietata concorrenza di mercato. Le aspettative del pubblico, dei proprietari del teatro, dei mecenati reali erano concentrate, a mio avviso, sulla bellezza della rappresentazione e della musica, nonché sulla qualità e sulla spettacolarizzazione dell'evento: infatti, sebbene le prove fossero ascoltate in anteprima, durante incontri musicali organizzati privatamente nelle case aristocratiche e nei monasteri,[42] solo attraverso la messinscena si concretizzavano gli sforzi e le energie diffuse nella realizzazione dell'opera musicale.

Nonostante molti siano ancora gli interrogativi rimasti privi di risposte, sia dal punto di vista pratico – ad esempio come si realizzavano i cambi di scena e quanto tempo si aspettava tra gli atti – sia dal punto di vista progettuale – ad esempio come esattamente venivano presentate (e per interesse di chi) le proposte artistiche e con quali criteri venivano selezionate all'interno di una possibile rosa di candidature –, abbiamo adesso la percezione di come poteva funzionare la macchina organizzativa di un teatro strategico, nella Roma del tempo, come l'Alibert: possiamo, finalmente, ricostruirlo, e forse non solo attraverso un ologramma immaginario. Lavorare intorno alla realizzazione dell'*Artaserse* di Vinci all'Alibert su questo tappeto documentario, sulle partiture sopravvissute (sfortunatamente non quella di Angelini) con il libretto, offre una prospettiva nuova per lo studio dello spettacolo a Roma, con l'obiettivo di utilizzare efficacemente i dati raccolti in un intarsio interpretativo non più invisibile ma finalmente tangibile.[43]

---

[42] Questo aspetto sarà oggetto di un approfondimento intorno all'uso del materiale compositivo destinato alle rappresentazioni teatrali romane in situazioni performative private, legate alle fasi precedenti le recite (prove) ma anche a quelle successive (utilizzazione di parti d'opera che avevano riscosso particolare successo). Riflessioni anche in Della Seta 1983, con documenti a p. 195, 197, 199.

[43] Preziosa per una consapevole ricostruzione moderna, la conoscenza della prassi performativa del tempo amplificherebbe lo spessore delle più interessanti proposte sul mercato di esecuzione critica. Segnaliamo la ripresa di *Artaserse* in tempi moderni, produzione dell'Opéra National de Lorraine – Nancy (2012), a cura di Diego Fasolis con il Concerto Köln, Franco Fagioli e Philippe Jaroussky (DVD Warner Music Ent., 2012 e CD Erato).

TECNICHE E PRATICHE DI ESECUZIONE

INTRODUCTION

La quatrième partie s'intéresse à ce qui se déroulait sur la scène et met l'accent sur les ornements du spectacle que sont les machines et la danse. Elle attire également l'attention sur l'existence de sources musicales que l'historiographie a longtemps considérées comme marginales : les parties séparées, lesquelles se révèlent pourtant fondamentales si l'on veut comprendre les pratiques orchestrales de l'époque. Dans ces analyses, l'approche par le biais de la culture matérielle, entendue comme l'ensemble des objets cités dans les sources d'archives et considérés sous l'angle socio-culturel, se révèle efficace : elle fournit des indications sur les techniques de production de spectacles, la danse, les costumes, la machinerie et, plus globalement, sur les effets de mode et les évolutions de goût.

De l'enquête dans les archives de famille émergent de nombreuses informations sur la danse telle qu'elle était enseignée et pratiquée au sein des demeures aristocratiques ainsi que dans les collèges qui formaient de nombreux rejetons de la noblesse romaine (Gloria Giordano). Pour atteindre à la *sprezzatura*, cette élégance nonchalante en laquelle Castiglione, dans le *Cortegiano*, voyait la forme suprême du comportement de l'homme de cour, rompu aux règles du savoir-vivre, les jeunes aristocrates, en particulier les petits pages, fréquemment appelés à intervenir dans les intermèdes des opéras, prenaient des leçons dispensées par des maîtres de danse qui se spécialisaient dans différents styles, à l'italienne, à la française, à l'espagnole. Ces renseignements revêtent d'autant plus d'importance pour la période que nous étudions, qu'en Italie, il n'existe aucun traité spécifiquement consacré à la danse, entre les traités de Cesare Negri et Fabrizio Caroso d'une part, dont les ultimes éditions datent respectivement de 1604 et de 1630, et celui de Giambattista Dufort, publié en 1728.

La danse, essentielle pour le dynamisme de la représentation et sa réussite visuelle, comptait parmi les agréments majeurs des spectacles de l'époque. À la fin du XVIe siècle, en Italie, les chorégraphies destinées aux représentations théâtrales ou aux bals qui se déroulaient dans les salles des palais, ont donné lieu à des descriptions détaillées – c'est le cas par exemple du ballet théâtral exécuté sur le chœur final des *Intermedi* de la *Pellegrina* (1589), attribué à Emilio de' Cavalieri, ou du ballet pour le divertissement des dames de Ferrare, *Martel d'amore* (1582), de Leone Tolosa. Au XVIIe siècle les informations sont réduites aux canevas succincts de danses qui émaillent les livrets.

Il faut attendre les années 1720 pour qu'apparaissent les premières partitions chorégraphiques notées selon le système Beauchamp-Feuillet. L'étude de six opéras montés entre 1683 et 1688 sur le théâtre que le connétable Lorenzo Onofrio Colonna avait fait construire en 1681 dans son palais *piazza dei Santi Apostoli*, montre comment les documents d'archives, et en particulier les sources comptables, interprétés à la lumière des livrets des spectacles et des traités de scénographie d'alors, fournissent des indications précieuses pour nous représenter les diverses mises en scène de l'époque, qu'il s'agisse du nombre de danseurs sur scène, des costumes, des figures et des pas pour autant qu'on peut les reconstituer (Valeria De Lucca). Dans l'économie générale des spectacles, les danses n'étaient pas reléguées au rang de simples ornements : elles contribuaient à l'action dramatique, qu'elles paraient de leurs grâces subtiles et éphémères.

Autre agrément des spectacles du temps : les machines, voleries et autres « feintes », ainsi que les jeux pyrotechniques, qui reposaient sur un arsenal technique éprouvé et un personnel de machinistes capable de les mettre en œuvre. Au tournant du siècle, les *drammi per musica* multipliaient les effets de merveilleux – nous dirions aujourd'hui les « effets spéciaux » –, qui cherchaient à éblouir les spectateurs : changements de décor, envols de divinités, déchaînement d'éléments naturels (mouvement de la mer, éclairs…) se succédaient sur la scène pour le plus grand plaisir de l'assistance. Pour les lettrés de l'époque, cette débauche d'effets, associée à un mélange des genres jugé peu régulier, jetait le discrédit sur l'opéra. L'Académie de l'Arcadia développa une réflexion qui conduisit à réaffirmer le primat de la poésie dramatique et de sa portée morale, au détriment des effets spectaculaires. Les opéras qui furent montés au théâtre Alibert et au théâtre Capranica entre 1700 et 1730 portent la trace de ces tensions, entre recherche d'utilité morale et enchantement du spectateur (Diana Blichmann). À travers l'étude de la programmation respective de ces hauts-lieux du théâtre, le croisement du paratexte des livrets, des partitions, des sources iconographiques et des traités de scénographie de l'époque met au jour la co-existence, sur les scènes romaines du début du XVIIIe siècle, de deux modèles spectaculaires différents.

Dans le domaine de la musique orchestrale enfin, l'enquête sur les pratiques d'exécution a tout intérêt à englober des sources jugées généralement marginales telles les parties séparées – *parti cavate*, disait-on à l'époque – d'opéras, de cantates et d'oratorios qui ont parfois subsisté (Alexandra Nigito). Ces copies manuscrites, destinées à l'exécution, contiennent des renseignements précieux pour l'interprétation. La confrontation de vingt-sept manuscrits de provenance romaine, contenant les parties séparées d'œuvres musicales composées, entre 1685 et 1733, par des artistes tels qu'Alessandro Scarlatti, Arcangelo Corelli ou encore Pietro Paolo Bencini, avec les partitions qui ont été préservées permet de reconstruire les événements musicaux de façon plus complète. Par-delà l'intérêt philologique évident qu'un tel travail présente, il fournit des indications sur les effectifs instrumentaux. On parvient à déterminer avec plus de clarté les alternances des *soli* et des *tutti*. On comprend mieux le rôle de certains instruments (hautbois, contrebasse), dont l'intervention n'était pas précisée dans les partitions. On perçoit des évolutions importantes, qui témoignent de changements de goût, comme la disparition progressive du *concertino* – ce petit groupe d'instruments solistes qui, dans le *concerto grosso*, dialoguait avec l'orchestre – au profit de deux groupes bien distincts de premiers et de seconds violons. L'investigation est parachevée grâce à la découverte de nombreuses justifications de paiement qui concernent la copie de ces manuscrits et qui renseignent d'une part sur les compositeurs, les librettistes, le lieu et la date de composition des œuvres, les effectifs et les circonstances d'exécution, et, d'autre part, sur le profil du commanditaire, ses goûts musicaux et ses moyens financiers.

GLORIA GIORDANO

FRAMMENTI PERFORMATIVI NEL "MOVEMENTSCAPE" DELLA ROMA TRA SEI E SETTECENTO

LA FORMAZIONE NON PROFESSIONALE

> Il ballo è Metafora Attuosa, significante col Gesto, e col Movimento, gli Affetti interiori, ò l'esteriori Attioni Humane.[1]

Alla metà del Seicento Emanuele Tesauro coglie nella sua definizione di «ballo» gli elementi essenziali dell'arte coreutica, focalizzando nel «gesto» e nel «movimento» il tramite primario per veicolare affetti e azioni del vivere comune, in un implicito rapporto di interrelazione tra gli "agenti" dell'atto creativo. Sotto il segno della «Metafora Attuosa» il ballo è accomunato alle altre arti imitatrici, come una delle forme di comunicazione, in un processo di «modellizzazione nei confronti di tutti gli ambiti del vivere umano».[2] Penso si possa affermare che tale definizione contiene *in nuce* elementi che oggi facciamo rientrare a pieno titolo nelle diverse declinazioni del termine e del concetto di *performance*,[3] in cui lo spazio d'azione, l'agente – attore, danzatore, cantante, pittore ecc. – e il fruitore operano attraverso un fattore di "relazione imprevedibile", che rende l'atto spettacolare un *unicum* irripetibile, attualizzato in quel particolare momento e mai uguale a se stesso, distinto dalla semplice messinscena.

> The legitimate performances of everyday life are not "acted" or "put on" in the sense that the performer knows in advance just what he is going to do, and does this solely because of the effect it is likely to have. The expressions it is felt he is giving off will be especially "inaccessible" to him. But as in the case of less legitimate performers, the incapacity of the ordinary individual to formulate in advance the movements of his eyes and body does not mean that he will not

---

[1] Tesauro 1654, p. 774.
[2] Pontremoli 2005, p. 104.
[3] Significativo è l'approccio di Christian Biet, che per non limitare il processo preferisce parlare di *forme performance* (Biet 2013c, p. 23).

express himself through these devices in a way that is dramatized and pre-formed in his repertoire of actions.[4]

In questo lavoro, dedicato alla formazione coreutica non professionale dell'aristocrazia romana tra la seconda metà del Seicento e il primo Settecento, le moderne categorie della *performance* e in special modo i fattori di interrelazione tra gli agenti nel "qui e ora",[5] forniscono strumenti di analisi che, applicati al patrimonio archivistico del passato, permettono l'individuazione di consuetudini e pratiche coreutiche, verso cui vale la pena rivolgere l'attenzione.

L'apparato documentale consultato, proveniente dalle ricerche svolte negli archivi familiari e in quelli dei collegi nobiliari romani, i libretti e gli scenari delle opere rappresentate in teatri pubblici e privati hanno portato alla luce una mole consistente di informazioni riferite alla pratica coreutica a vari livelli.[6] I documenti sono stati interrogati attraverso alcune parole chiave come «ballo», «balli», «balletto», «danza», e tra queste «ballo» è il termine inevitabilmente più frequente. Si rimanda a studi futuri l'analisi dei documenti relativi a rappresentazioni e allestimenti teatrali, per i quali erano previste competenze di tipo professionale. Si focalizzerà invece l'attenzione sull'ambiente e il contesto di appartenenza di quei frammenti documentali che stanno consentendo di arricchire le nostre conoscenze sull'educazione coreutica aristocratica, studiata finora soprattutto attraverso i trattati dei maestri dell'epoca.[7] Attori di questo contesto

---

[4] Cit. in Schechner 2003, p. 296.

[5] Schechner 2003, in particolare il capitolo *Magnitudes of performance.*

[6] Per questo studio ho potuto attingere al patrimonio archivistico acquisito dal 2016 nel database del progetto *PerformArt*, che sarà reso pubblico e accessibile in rete dal 2021. L'ampio spettro di documenti consultati – avvisi, diari, documenti contabili, libretti d'opera e scenari, documenti notarili, lettere, libri mastri – si è rivelato essenziale a far emergere e/o riemergere tracce significative per una ricostruzione della pratica della danza. Le schede esaminate e quelle alle quali si farà riferimento sono state curate da alcuni dei ricercatori e degli archivisti del progetto, che qui ringrazio per la generosità e la disponibilità a consentirmi di utilizzare parte dei dati delle loro ricerche: Orsetta Baroncelli (in seguito nella citazione delle relative schede OB), Diana Blichmann, Marco Cavietti (MC), José María Domínguez (JMD), Cristina Fernandes, Anne-Madeleine Goulet (AMG), Christine Jeanneret (CJ), Barbara Nestola, Alexandra Nigito, Élodie Oriol (ÉO), Aldo Roma (AR), Sara Elisa Stangalino, Huub van der Linden, Giulia Veneziano e dall'autrice del presente saggio (GG). Tale collaborazione è stata resa possibile anche grazie al reciproco rapporto di stima alla base di *PerformArt*, che consente a ciascuno di «assicurare una condivisione massima delle informazioni nel rispetto del diritto della proprietà intellettuale individuale» (dal *Codice etico del database collettivo PerformArt*, Art. 3, p. 3).

[7] Si pensi, ad esempio, agli studi di Lombardi 1991, Arcangeli 1994, Sparti 2015, Pontremoli 2012, Campóo Schelotto 2015.

formativo sono i maestri di ballo e i loro nobili allievi, ma quali altri elementi intervengono in queste pratiche sociali giornaliere? Quali comportamenti, quali azioni, quali comunicazioni rendono il contesto formativo una *performance* inclusiva? Quali "realtà" possiamo far riemergere dalle fonti documentali per riattualizzarle in quel "qui e ora", inequivocabilmente definito da Max Herrmann:

> a game in which everyone, actors and spectators, participates. [...] we can define a performance as any event in which all the participants find themselves in the same place at the same time, partaking in a circumscribed set of activities.[8]

Si guarderà alle fonti cercando di dare risalto a quegli elementi riconosciuti come atti performativi del processo formativo non professionale, con l'obiettivo di tratteggiare alcuni aspetti del *movement-scape*[9] di uno tra i periodi più sensibili nella storia della danza italiana sotto il profilo teorico-tecnico-stilistico. L'arco cronologico preso in esame, infatti, evidenzia anche a Roma la convivenza di differenti modi di ballare: «all'italiana», «alla francese», «alla spagnola», danzati indifferentemente da professionisti e dilettanti di tutta Europa, con inevitabili differenziazioni esecutive tecnico-stilistiche. Un panorama così multiforme stimola interrogativi, ad esempio, sullo sviluppo della

---

[8] Cit. in Fischer-Lichte 2014a, p. 39.

[9] Espressione mutuata da *soundscape* (paesaggio sonoro), termine coniato dal compositore canadese Raymond Murray Schafer, impegnato dagli anni Sessanta nel *World Soundscape Project*, da lui ideato per promuovere una nuova ecologia del suono e noto per essere l'autore di *The tuning of the world* (1977), tradotto in italiano con il titolo *Il paesaggio sonoro*. La ricerca di un neologismo al quale attribuire un valore inclusivo, che tenga conto del movimento accidentale in ambiente "naturale" e del movimento "convenzionale", con le sue relative pratiche, ha avuto dal 2017 varie fasi di riflessione. All'inizio ho utilizzato l'espressione *choreographic-scape* con l'intento di sottolineare l'organizzazione in forma coreografica del movimento (Giordano G. 2020, p. 69-75). Sono giunta al neologismo *movement-scape* nell'ultima fase di revisione del presente saggio, dopo un proficuo confronto con colleghi musicologi, storici, teorici e tecnici della danza, non solo antica: Aaron Carpenè, Deda Cristina Colonna, Sandra Fuciarelli, Concetta Lo Iacono, Alessandro Pontremoli, che ringrazio per gli scambi e gli spunti di riflessione. Per completezza va registrato che *Movementscape* è il titolo del progetto di ricerca di Aleksandra Borys sulla relazione e l'influenza della pratica del camminare nel linguaggio coreografico (2014), ed è stato utilizzato, nel suo significato letterale, da etnocoreologi di area scandinava, come Lena Hammergren ed Helena Wulff. Sono state valutate anche le espressioni *choreoscape* e *choreographic landscape*, usate anch'esse per lo più nel loro significato letterale e/o nel contesto dell'etnoco-reologia e della danza libera all'aperto, ma, per il loro rimando alla danza (nella sua radice greca χορεῖος) e alla coreografia come forma strutturata, si è ritenuto non rispondessero pienamente a quanto si vuole significare.

tecnica del ballo di sala e di teatro; su tecniche e contenuti dei balli teatrali, basilari per il delinearsi dei generi coreografici settecenteschi; sulla formazione e la provenienza di maestri e ballerini. Sotto questo aspetto, di rilevante interesse sono le relazioni tra i maestri di ballo e le famiglie nobili romane, i collegi nobiliari e i teatri della città, desunte dall'incrocio dei dati rilevati dai documenti archivistici e non. Possono essere utili a comprendere meglio quanto fossero durature e su quali modalità di scambio o affiliazione si fondassero le collaborazioni tra maestri, famiglie e istituzioni, e quanto incidessero le relazioni intrinseche tra le famiglie stesse.[10]

D'altro canto, nell'arco cronologico preso in esame, a una dinamica attività coreutica documentata in ambito pubblico e privato a vari livelli, non corrisponde un altrettanto cospicuo patrimonio di fonti teorico-tecniche. Mentre il repertorio, seppure in minima parte, è possibile desumerlo dalle citazioni dei generi di ballo riportate in cronache, descrizioni di feste, certami collegiali ecc., l'esigua documentazione relativa a trattati, coreografie di sala e di teatro, descrizioni di balli, partiture musicali ecc., limita le nostre conoscenze sul modo di eseguire i passi e di combinarli tra loro, sullo stile e sulle influenze tra uno stile e un altro, e in generale sulle prassi esecutive dell'epoca.[11] Si tratta di documenti ancora da rintracciare, definitivamente perduti o mai esistiti? L'avvento della nuova tecnica francese, con la sua relativa scrittura, richiese ai maestri italiani un periodo di adeguamento, durante il quale piuttosto che alla carta – seppure in minima parte –, la danza fu affidata esclusivamente alla memoria?[12]

[10] Questo saggio si pone in prospettiva di un lavoro più ampio, oggetto del PhD inserito nel progetto *PerformArt*, che l'autrice ha iniziato nel novembre 2018, presso l'Università di Tours (Francia), dal titolo: *Danza e coreografia nella Roma aristocratica tra Sei e Settecento. Tecniche e stili coreografici attraverso la documentazione del Seminario Romano e degli archivi familiari*, sotto la direzione di Anne-Madeleine Goulet, direttrice di ricerca presso il CNRS (CESR di Tours), in co-direzione con Alessandro Pontremoli, professore ordinario presso il Dipartimento di Studi Umanistici dell'Università di Torino.

[11] Sulle problematiche relative allo stile italiano e francese nel Seicento, è sempre attuale il saggio *Baroque or not Baroque* pubblicato da Barbara Sparti nel 1996 in due versioni, poi sintetizzate in Sparti 2015, p. 277-304. Per alcune indicazioni bibliografiche di base sulla storia della danza italiana tra Sei e Settecento, oltre agli storici studi di Bouquet 1976, Kuzmick Hansell 1988, Alm 1993a e 1993b, Chiarle 1995, Pontremoli 1995, Tozzi 1995 e agli importanti saggi contenuti nella rivista pionieristica di ricerca «La danza italiana» diretta da José Sasportes (*cf.* Sasportes 1986-1987-1989), si suggerisce Pappacena 2009, 2015a e 2015b e i più recenti lavori di Ornella Di Tondo 2011 e 2015.

[12] Va tenuto presente che in Francia si registra una situazione analoga: dopo il trattato di Thoinot Arbeau del 1588 e alcune fonti francofone seicentesche, bisogna arrivare al secolo successivo con le pubblicazioni di Raoul-Auger Feuillet 1700 e Pierre Rameau 1725, e gli innumerevoli *Recueils* di danze.

In questo contesto va anche tenuto presente il vuoto editoriale[13] tra i trattati di Fabrizio Caroso e Cesare Negri, le cui ultime ristampe risalgono al 1604 (*Nuove inventioni di balli* di Negri) e al 1630 (*Raccolta di varij Balli* di Caroso), e il *Trattato del ballo nobile* di Giambatista Dufort[14] stampato a Napoli nel 1728.

«Ho dato litione a Signori Paggi»

Per tratteggiare la figura professionale del maestro di ballo i documenti contabili si sono dimostrati tra i più numerosi e ricchi di dettagli, ma come leggerli nell'ottica della *performance*? Oltre a dare informazioni sull'aspetto meramente economico legato alla retribuzione, essi aprono a interrogativi di tipo didattico-metodologico in particolare sulla lezione di ballo, in ambito non professionale. Il ballo, infatti, insieme alle altre arti cavalleresche, era praticato con la funzione di formare il nobile alle *buone maniere*, oltre che ai canoni coreografici alla moda, assolvendo nel contempo ad altre funzioni: giovare alla salute del corpo e al diletto dello spirito.

> La danza è dunque passatempo privilegiato, degno di un nobile che debba sfuggire alla noia; è bagaglio di conoscenze pratiche e corporee indispensabili nell'esercizio dell'etichetta di corte, che il cortigiano deve saper utilizzare per eccellere nell'abilità conservativa, frutto di una consapevolezza acquisita con l'esercizio e lo studio.[15]

Le ricerche negli archivi dei collegi e delle famiglie nobili stanno portando alla luce i nomi di molti maestri di ballo attivi a Roma tra Sei e Settecento, permettendo una ricostruzione, seppur parziale, delle loro biografie.[16] Tali documenti consentono delle valutazioni sulla continuità del loro rapporto con le famiglie e/o con le istituzioni e sulla loro specializzazione, quando specificata nei libretti e

---

[13] Anche se giunto a noi solo in versione manoscritta, non si può omettere di menzionare il trattato del 1614 del maestro di ballo perugino Ercole Santucci.

[14] Su Giambatista Dufort *cf.* Sparti 2015, p. 71-92.

[15] Pontremoli 2012, p. 39.

[16] Tra i primi studi dai quali sono emersi nomi di maestri di ballo attivi a Roma tra Sei e Settecento, si ricordano quelli di Elisabetta Mori e di Alessandra Sardoni, in particolare per il Seminario Romano, che a metà degli anni Ottanta del secolo scorso pubblicarono gli esiti delle loro ricerche su «La danza italiana» (Mori 1986; Sardoni 1986). Oltre alle cronologie di Sartori 1990-1994 e Franchi 1988, si segnalano alcune ricerche dedicate alle famiglie romane, che hanno arricchito le nostre conoscenze anche sui maestri di ballo – ad esempio per i Colonna (Tamburini 1997), i Lante (Goulet 2012a), i Pamphilj (Nigito 2013) –, il progetto ANR-DFG "Musici" (2010-2012) e lo studio di Élodie Oriol (*cf.* Oriol 2015).

negli scenari delle opere e delle accademie rappresentate nei collegi: «maestro di ballo italiano», «francese», «spagnolo».[17]

Riguardo all'entità della remunerazione, una serie di documenti riferiti ai compensi pagati dai Lante a un non identificato maestro di ballo tra il maggio del 1648 e il maggio del 1649, ad esempio, indicano la cifra di 3 scudi mensili per l'insegnamento impartito ai «signori paggi et signorina».[18] La stessa cifra ricorrerà per circa un secolo nella contabilità di altre famiglie romane. È il caso del celebre Luca Cherubini, ballerino e maestro attivo a Roma nella seconda metà del Seicento,[19] che riceve lo stesso compenso per il servizio prestato in casa di Agostino Chigi e di Flavio Orsini tra il 1667 e il 1670,[20] così

---

[17] Un approfondimento sulle consuetudini editoriali dei libretti teatrali nell'arco cronologico in esame potrebbe fornire chiarimenti sulla mancanza dei nomi dei maestri, o "inventori" dei balli autori delle coreografie nelle opere rappresentate nei teatri romani. Sull'uso del libretto in ambito coreutico cf. Pappacena 2013.

[18] I-Ras, LdR, b. 988, cc. 63r, 68r, 80r, 84r, 102 (si leggono nelle schede PerformArt D-003-492-252, D-003-502-243, D-003-522-225, D-003-542-207, D-003-572-277 a cura di OB e AMG). Per un approfondimento sui documenti dell'Archivio Lante cf. Goulet 2012. – Tra questi pagamenti si denota una certa sperequazione in quello del 7 maggio 1648, in cui sono registrati 12 scudi pagati «al maestro di ballo che insegna alli signori paggi e signorina per tutto il mese di aprile». È possibile che la precisazione «per tutto il mese di aprile» sottintendesse anche i mesi precedenti, dall'inizio dell'anno in poi, nel qual caso la cifra rientrerebbe nei consueti 3 scudi mensili, come nei successivi documenti. D'altronde ad oggi non è stato possibile ricostruire il contesto: non sono stati individuati eventi speciali nei quali il maestro di ballo possa essere stato coinvolto come corago o per impartire un maggior numero di lezioni di ballo. Anche i testi di riferimento sulla famiglia Lante di Ceriana Mayneri 1959, Randolfi 2010, non riportano eventi di rilievo nel 1648, che possano giustificare il pagamento per una preparazione coreutica particolare.

[19] Luca Cherubini aveva danzato nei drammi di Giulio Rospigliosi. Ricevette 18 scudi «per il balletto fatto nella commedia intitolata La Vita humana» (1656) (I-Rvat, Archivio Barberini, Computisteria 54, c. 150, «Comedie e Feste per la Regina di Svetia», conto del 31 marzo 1656, cit. in Franchi 2005, p. 286), lo spettacolo allegorico che Franchi definisce «un passaggio di consegne» (p. 263), ponendosi a conclusione e a suggello, tra il teatro di produzione barberiniana e la successiva epoca dominata da Cristina di Svezia. Per l'allestimento dei balletti finali della Comica del cielo (1668), fu ricompensato con 100 scudi («Pagati con mandato n. 62»; cf. Murata 1977, p. 86-87). Fu anche al servizio dei Colonna, come maestro di ballo e come danzatore nell'Orontea. La figura di Luca Cherubini è ben inquadrata da Tamburini 1997, p. 39, 39n, 83, 84, 183n, 265, 440; Tamburini 2012 e Gianfranceschi 2013. Vedi anche Rospigliosi 1998 e Daolmi 2002.

[20] V-CVbav, Archivio Chigi, b. 1085, c. 227r (si legge nella scheda PerformArt D-000-312-301 di MC e CJ); I-Rasc, Archivio Orsini, III serie, b. 509, fasc. giustificazione n° 194, mandati a Giovanni Antonio Gatti (scheda PerformArt D-000-332-283 di OB e AMG). Tra il dicembre del 1669 e l'agosto del 1670, Luca Cherubini fu retribuito dal cardinale Flavio Chigi con la stessa cifra, per le lezioni impartite a

come del parigino Jean Arnault per le lezioni impartite a Costanza Caetani nel 1726.[21] Altrettanto avviene nei collegi nobiliari: Giuseppe Castellani, ad esempio, maestro di ballo del Collegio Nazareno, tra il giugno e il settembre del 1718 è retribuito con i consueti 3 scudi.[22] Sotto il profilo del rilievo sociale, si può constatare che la paga non era in relazione con il titolo nobiliare dello studente. Tanto per i figli della casata, quanto per i paggi ospitati in una determinata famiglia, il maestro era retribuito con lo stesso compenso, suscettibile di variazioni in base alle possibilità economiche della famiglia stessa e al numero degli allievi ai quali erano rivolte le lezioni. È il caso di Francesco Marti che nel 1659 dichiara:

> Io Francesco Marti mastro di ballo ho dato litione a signori paggi della eccellentissima signora principessa di Farnese mesi quattro, principiati dal primo di settembre 1658 sino a questo di 30 dicembre,

suo nipote Bonaventura Zondadari, allora diciottenne (V-CVbav, Archivio Chigi, b. 485, c. 610r, nella scheda PerformArt D-002-541-555 di AN). È possibile che Luca sia imparentato con quel Valentino Cherubini, censito nel registro degli Stati delle anime della parrocchia dei Santi XII Apostoli tra il 1672 e il 1678 tra i componenti della famiglia del Palazzo di Lorenzo Colonna, come «mastro di ballo» (I-Rvic, Parrocchia dei Santi XII Apostoli, Stati delle anime, b. 53, cc. 94v, 129v, 143v, 188r, nella scheda PerformArt D-000-532-394 di MC).

[21] Per le lezioni impartite tra l'11 gennaio e il 16 marzo 1726 in casa Caetani, Arnault (o Arnaud) fu pagato 7,60 scudi (I-Rcaetani, b. 305, filza 174, nella scheda PerformArt D-036-350-129 di ÉO). Nell'ottobre dello stesso anno ricevette, sempre per ordine di Michelangelo Caetani, padre di Costanza e duca di Sermoneta, 3,60 scudi per la «letione di ballo data all'eccellentissima signora» e, anche se non specificato, si suppone trattarsi di un pagamento mensile (I-Rcaetani, b. 305, fasc. 387-2, nella scheda PerformArt D-037-830-155 di ÉO; vedi anche I-Rcaetani, b. 284, filza 128, nella scheda PerformArt D-037-930-162 di ÉO). Appartenente a un'intera famiglia di maestri di ballo di origine francese, Giovanni Arnò, grafia con la quale viene spesso indicato nei documenti italiani, nel 1720 è censito tra gli appartenenti alla parrocchia di San Lorenzo in Lucina, in una casa sul lato destro di Via delle Carrozze, vicino a Piazza di Spagna (I-Rvic, Parrocchia di S. Lorenzo in Lucina, Stati delle Anime, b. 20, c. 25, nella scheda PerformArt D-000-792-257 di OB e JMD). Dal 1718 era a servizio anche della famiglia Borghese, ingaggiato in sostituzione di Nicolò Levesque, maestro di ballo e coreografo francese, attivo in molti teatri della penisola in quegli anni e la cui fama di ballerino dell'Opéra di Parigi aveva superato le Alpi. Per altre notizie sulla famiglia Arnault si veda Oriol 2015, p. 288.

[22] Nel registro delle entrate e uscite del Collegio Nazareno del 1718 sono indicati i pagamenti per un maestro di ballo di cui non è riportato il nome (I-Rcn, vol. 82, cc. 42r-42v, nella scheda PerformArt D-049-600-135 di AR). Attraverso un incrocio di dati, Aldo Roma, che ringrazio per aver condiviso con me queste informazioni, è riuscito a identificare tale maestro in Giuseppe Castellani (I-Rcn, vol. 217, cc. n.n., nella scheda PerformArt D-113-860-113 di AR).

a ragione di sc. cinque il mese, tutto tanto mi pagò il detto Linatti. Un
paggio ha avuto letione solo che un mese sì che le viene sc. diciasette.[23]

Quindi i Chigi quell'anno non solo pagarono il maestro di ballo 5
scudi, cioè 2 in più rispetto alla cifra consueta, ma integrarono con
altri 2 scudi per l'insegnamento impartito a un paggio, che aveva
seguito le lezioni per un solo mese.

Il raffronto con categorie affini, per esempio con quella dei maestri
di scherma o dei musici, in alcuni casi evidenzia una certa omoge-
neità nelle retribuzioni. Esse erano stabilite secondo il principio che la
storica Renata Ago definisce del «giusto prezzo»: valutato dagli esperti
di un determinato settore, definito sulla base di un principio di stima
riconosciuta dalla comunità e pattuito come compenso per un'opera
prestata.[24] Per tutto il 1658, ad esempio, nel ruolo della famiglia del
cardinal Antonio Barberini iuniore troviamo pagamenti di 3,60 scudi
per i musicisti Marcantonio Pasqualini, Marco Marazzoli e di 3,50
scudi per Felice Angelo Falchi, maestro di scherma e Sibert, maestro
di ballo. Tuttavia, il pagamento di 15 scudi per il violinista Carlo
Caproli riportato nello stesso documento[25], evidenzia la necessità di
valutare con prudenza i dati di una fonte sintetica come un ruolo, nel
quale non è spiegata l'entità e il tipo di impegno contrattuale.

Quali elementi di riflessione offrono queste fonti, oltre agli aspetti
strettamente economici, che possano permettere una lettura secondo
i criteri della *performance*?

Sotto il profilo delle modalità, ad esempio, la presenza del maestro
di ballo nelle case aristocratiche romane è attestata nell'arco dell'intero anno; non ci sono mesi più o meno privilegiati per la pratica
del ballo, ma non sono state ancora rintracciate informazioni riguardanti il numero complessivo, la cadenza mensile e la durata della
lezione, lasciando ancora aperti quesiti sulla metodologia e la didat-
tica coreutica.[26] In ambito domestico aristocratico, l'insegnamento

---

[23] V-CVbav, Archivio Chigi, b. 1077, c. 55r (nelle schede PerformArt D-000-082-
314 e D-014-010-156 di MC). – Francesco Marti, insieme a Luca Cherubini, era
stato interprete della *ciaccona* finale in *La vita umana* (1656) di Marco Marazzoli.
Secondo Franchi 2005, p. 285-286, la musica della *ciaccona* va attribuita al violinista Carlo Caproli e non all'autore dell'opera (*cf*. anche Megale 2005, p. 39).

[24] Come spiega nel suo lavoro sul mercato barocco nella Roma del XVII secolo
(Ago 2003, p. 18-20), il «giusto prezzo» di un salario o di una merce, era sempre
determinato sulla base della *communis aestimatio*, dalla comunità interessata.

[25] V-CVbav, Archivio Barberini, s. Giustificazioni I, b. 253, fasc. 1, cc. 61, 77,
147, 149, 189, 262 (nelle schede D-008-312-279, D-008-322-270, D-008-332-261,
D-008-342-252, D-008-352-243, D-008-262-227 a cura di OB e GG). Sull'argomento
si suggerisce anche Gozzano 2015, p. 90-91 e Calcaterra 2004, p. 108-112.

[26] Per quanto riguarda i collegi è noto che il ballo rientrava tra gli insegna-

del ballo riguarda diversi livelli di formazione, in alcuni casi anche di tipo professionale. L'insegnamento del ballo era impartito a una o più persone della casa, indifferentemente maschi e femmine, ma non è dato sapere se studiassero assieme o separatamente. Le lezioni erano frequentate anche dai paggi e questo ci informa indirettamente sull'età degli allievi, compresa tra i 10 e i 18 anni.[27] Vale la pena notare che nelle "figure" contenute nei trattati di ballo – «iconografia tecnica»[28] – sono generalmente rappresentati nobili danzatori adulti.[29] In ambito domestico, come nei collegi, i documenti contabili non indicano se le lezioni fossero individuali o di gruppo e, volendo cercare un riscontro nell'iconografia, bisognerà affidarsi a quella del secolo successivo, giacché al momento le ricerche non hanno portato alla luce testimonianze seicentesche italiane riferite alla lezione di ballo.[30] Nel caso di una lezione individuale, oltre alla presenza dello strumentista accompagnatore – che, a seconda del periodo, si suppone essere stato un liutista o un violinista[31] –, è plausibile quella vigile della dama di compagnia, specialmente nel caso di un'allieva; si pensi alla famosa tela di Longhi, di metà Settecento.[32] Se l'apparato iconografico dell'epoca, in particolare quello dei trattati, mostra un insegnamento di tipo individuale,[33] non è da scartare l'ipotesi della lezione collettiva, specialmente nei collegi, dove i nobili allievi dovevano preparare balli

menti opzionali, ma ancora non è stato possibile reperire testimonianze sulla tipologia di lezione, se individuale o di gruppo, ed eventualmente, secondo quali criteri fossero costituiti i gruppi: età, competenze acquisite ecc. Si veda il saggio di Aldo Roma in Goulet – Berti in corso di pubblicazione.

[27] Cont 2011, p. 214.

[28] Espressione adottata da Hubert Hazebroucq in rapporto all'«iconographie documentaire» e all'«iconographie artistique» (Hazebroucq 2014, p. 299).

[29] Sull'apparato iconografico dei trattati di danza italiani, in particolare su quello di Cesare Negri (1602), *cf.* Nordera 2020.

[30] Tra i rari dipinti seicenteschi raffiguranti una lezione di ballo si segnala *The Dancing Lesson* (1627), del pittore olandese Pieter Jacobs Codde, conservato al Museo del Louvre.

[31] A tal proposito sono molto interessanti i documenti settecenteschi (tra il 1737 e il 1761) citati da Andrea Bombi (Bombi 2015, p. 183) riferiti ad alcuni pagamenti per musicisti specializzati nell'accompagnamento della danza, che affiancavano il maestro di ballo nel collegio gesuita di Valencia. E ancora, una lettera che attesta le attività culturali promosse dal cardinale Maurizio di Savoia a Roma, in cui si parla di un «Maestro di sonar a ballo» (Panzanaro 2017, p. 52). – Sul violino *pochette* per l'accompagnamento alla danza si veda Lebet 2014.

[32] Pietro Falca detto Longhi (Venezia 1702-1785), *Lezione di danza*, 1740-50. Olio su tela, 60 × 49 cm. Venezia, Gallerie dell'Accademia.

[33] Si pensi alla prima incisione contenuta nel trattato di Pierre Rameau *Le Maître à danser* e alle tele dell'incisore e disegnatore francese Jacques-Philippe Le Bas (1707-1783). In ambito professionale è interessante *Le maître de Ballets* di Louis Carrogis Carmontelle per l'*Almanach* del 1758.

anche con più interpreti, per i certami e le rappresentazioni teatrali. È plausibile che, almeno in qualche occasione, fosse previsto lo studio di balli per più danzatori, dove forse anche il maestro, si alternava con gli studenti nel ruolo di interprete e di spettatore.

Un'ultima osservazione riguarda il già citato documento Lante del 1648, in cui nel mese di ottobre il maestro di ballo fu pagato 15 scudi «per la sua provisione di cinque mesi comprensivi di quello di settembre»,[34] precisazione, quest'ultima, che apparentemente sottolinea una straordinarietà. Settembre era uno dei mesi dedicati alla villeggiatura; ciononostante vari documenti contabili riferiti anche ad altre famiglie romane, dai Chigi ai Barberini, ai Borghese, attestano indifferentemente periodi di interruzione e di continuità dei pagamenti per il maestro di ballo nei mesi di settembre, ottobre e talvolta novembre.[35] Va tenuto presente che la contabilità dei periodi di villeggiatura in alcuni casi non si rinviene nei registri romani, ma in quelli dei feudi. Da un incrocio di dati, potrebbe emergere, con buone probabilità, che nobili e paggi frequentassero le loro lezioni di ballo, senza soluzione di continuità, durante tutto l'anno.[36] Tale fenomeno della continuità è avvalorato da un documento relativo al Seminario Romano, in cui il ballo e la scherma sono "trattenimenti" raccomandati proprio nei periodi di vacanza e di ozio.

> Il Governo del Seminario Romano per esperienza di lungo tempo, non prova inconvenienti e pericoli maggiori, che nelle hore delle ricreationi del dopo desinare, nelle giornate piovose d'inverno, che non si puol andare alle terme, o fuori di casa, nelle vacanze e feste di estate, in cui per i gran caldi non si manda alle terme né si puol uscire di casa, che verso il tardi nelle hore più fresche, nelle vacanze maggiori del settembre e ottobre, che per l'infelicità di non poter villeggiare, come usano i giovani di tutti gli altri nostri collegi, marciscono nel tedio di noiose giornate. In tutti questi tempi li giovani impigriti dall'ozio, o se la passano in discorsi seditiosi, o in allegrie spropositate fragorose e spesso principio di brio tumultuoso, o in giuochi, che portano spreco di molto danaro, non potendosi ciò ben chiarire e per impedire, per

[34] I-Ras, LdR, b. 988, c. 80r (nella scheda PerformArt D-003-522-225 a cura di OB e AMG).

[35] Per citare un caso analogo, a dimostrazione che certe attività proseguivano anche nei feudi, è stato proficuo lo scambio di idee con Chiara Pelliccia, che ringrazio. Studiosa del fenomeno della villeggiatura aristocratica delle famiglie romane, mi ha informata su alcune giustificazioni di pagamento tra il 1693 e il 1697, che testimoniano la presenza del cembalaro Marco Guidi presso le residenze estive dei Colonna durante le loro villeggiature. Guidi si tratteneva tra i quattro e i dodici giorni per «aggiustare li cimbali» (Pelliccia 2013, p. 23).

[36] Ringrazio Orsetta Baroncelli per i chiarimenti sugli aspetti contabili relativi ai periodi di villeggiatura.

passar l'accordo somma segretezza tra loro. A questi e simili inconve-
nienti si ovvierebbe col concedere, che in hore di ricreatione et in giornate, in cui non escono di casa, potessero trattenersi nella scherma, o
nel ballo.[37]

Frammenti per costruire il *movementscape* della Roma tra Sei e Settecento

Il *movementscape* della Roma tra la seconda metà del XVII secolo
e l'inizio del XVIII riflette, come si è detto, quanto avviene nel resto
della penisola. Si danza «all'italiana», secondo i precetti dei maestri
e trattatisti Fabrizio Caroso e Cesare Negri; «alla francese», secondo
lo stile elaborato intorno agli anni Quaranta del Seicento, codifi-
cato presso l'Académie Royale de Danse (1661) e attestato intorno
agli anni Settanta del Seicento;[38] e «alla spagnola», stile del quale la
presenza, ancorché richieda ancora approfondimenti e chiarifica-
zioni, è testimoniata dalla specializzazione di alcuni maestri – si pensi,
ad esempio, a Salvatore Stracchini[39] –, e dal repertorio eseguito dai
convittori dei collegi nobiliari.[40] Gli studi sui diversi modi di ballare
fino a oggi si sono incentrati per lo più sull'arrivo dello stile francese
in Italia, anticipandone di volta in volta la datazione,[41] a discapito di

---

[37] I-Rarsi, b. 155, fasc. I, c. 135 (nella scheda PerformArt D-000-281-164 a cura
di GG).

[38] Tempi di danze e musiche riferite a danze del repertorio francese sono state
individuate in raccolte musicali romane già all'inizio degli anni Sessanta (si veda il
caso della *Duchesse* riportato da Valentina Panzanaro 2017, p. 117-122, 288-294),
e anche in altre città (per Bologna, ad esempio, *cf.* Baldassarri 2001). Altri esempi
si trovano in opere rappresentate nello stesso periodo, come il caso della festa
teatrale di Jacopo Melani *Ercole in Tebe*, rappresentata nel 1661 al Teatro della
Pergola di Firenze, in cui *gavotte* e *sarabande* in stile francese convivono con
canario e *balletto* in stile italiano (Sparti 2015, p. 357-399). Ringrazio anche Teresa
Chirico, Valeria De Lucca, Barbara Nestola e Anne-Madeleine Goulet, per alcuni
scambi di opinioni sul modo di "percepire" e "acquisire" lo stile coreografico francese in Italia e in particolare a Roma.

[39] Si veda il libretto dell'*Accademia di Lettere e d'Armi* «Pallade togata, e armata»
rappresentata al Seminario Romano nel 1697, in cui sono indicati Gabriele
Dalmazzo e Salvatore Stracchini come maestri di ballo, rispettivamente di stile
italiano e francese il primo, e spagnolo il secondo.

[40] Lo studio del repertorio eseguito nei collegi romani e in particolare presso
il Seminario Romano (oggetto del PhD di cui alla n. 10) è ancora in corso, mentre
un'ampia analisi è stata affrontata dall'autrice del presente saggio in un lavoro su
Il Teatro dell'Honore, rappresentazioni di fine anno a cui prendevano parte i convittori del Collegio dei Nobili di Parma (Giordano G. 2018).

[41] Oltre ai saggi dell'autrice, si ricordano, tra gli altri, i lavori di Lombardi
2001, p. 30 e Sparti 2015, p. 71-92, 277-304.

una valutazione, altrettanto attenta, del fenomeno di permanenza e radicamento dello stile italiano in ambito professionale e non. È interessante che, anche a Roma, balli di stile italiano siano documentati ancora nel 1702[42] e non si esclude di reperire fonti anche più tarde. Tale prospettiva potrebbe rendere inevitabile una rilettura dei trattati di Giambatista Dufort[43] e Gennaro Magri,[44] contestualizzando meglio alcune loro valutazioni sullo stile dei loro predecessori, e fornire nuove chiavi di lettura per inquadrare il nascente "genere grottesco", di cui i ballerini italiani furono tra i massimi interpreti.

Entrando nel dettaglio delle pratiche esecutive che, in maniera trasversale, sono presenti nel repertorio dei diversi stili, si illustrerà, come esempio, una fonte archivistica che riferisce di un ordine della duchessa Maria Cristina Altemps, moglie di Ippolito Lante duca di Bomarzo, «per l'acquisto di tre paia di castagnole fatte comprare dal maestro di ballo», presumibilmente per i suoi allievi, i «signori paggi et signorina».[45] Dal punto di vista della *performance*, che valore assume questo strumento percussivo? Quali elementi di novità, rispetto alle conoscenze tramandate nella trattatistica coreutica? Nacchere e castagnette avevano certamente un legame con la tradizione popolare italiana e con l'influenza esercitata, fin dal secolo precedente, dalla musica e dalla danza ispanica sul vocabolario tecnico e sul repertorio coreografico colto, italiano e francese. Le nacchere, a differenza ad esempio del tamburello, altro strumento percussivo adoperato in ambito popolare, permettono al danzatore un libero uso delle braccia, funzionale e di ornamento, e la possibilità, nel caso della tecnica francese, di effettuare i *port de bras* coordinati con i differenti *pas*, secondo le regole esposte nel Settecento da Pierre Rameau.[46]

Come rilevato dal già citato studio su *Il Teatro dell'Honore*, l'uso delle nacchere da parte di nobili danzatori e musicisti, non era circoscritto al repertorio spagnolo di *sarabande* e *follie*, ma si estendeva indifferentemente anche ai balli «all'italiana» e «alla francese».[47] Oltre

---

[42] Si veda lo scenario della commedia *I costumi del tempo* rappresentata al Seminario Romano nel 1702, in cui è previsto il solo maestro di ballo italiano, Giovanni Battista De Rossi. Questo dato è ancora provvisorio e va senz'altro rapportato a quanto avviene all'epoca in altri collegi della penisola, si pensi ad esempio al Collegio San Francesco Saverio di Bologna, dove la danza di stile italiano si insegnerà fino agli anni Venti del Settecento (Mòllica 2001b, p. 162).

[43] Dufort 1728.

[44] Magri 1779.

[45] I-Ras, LdR, b. 988, c. 68r (scheda PerformArt D-003-502-243 di OB e AMG).

[46] Tra i testi fondamentali di riferimento: Feuillet 1700; Rameau 1725.

[47] Tra i vari se ne citano due come casi emblematici: il «Balletto all'italiana» eseguito da otto nobili convittori «battendo nello stesso tempo le Castagnette con agilità eguale alle lodi riportate» e l'*alemanda* con nacchere, in atteggiamento fran-

alla loro consueta funzione, le nacchere aiutavano i nobili danzatori a marcare il tempo, sviluppare le capacità ritmiche nell'esecuzione dei passi, sollecitare i musicisti a mantenere regolare e costante il tempo della loro esecuzione, e non è da escludere che fossero adoperate anche come accompagnamento alla lezione in assenza di un musicista. Durante gli spettacoli di fine anno, gli studenti-spettatori usavano le nacchere allo scopo di incitare i loro colleghi studenti-danzatori, segnando il tempo in esercizi virtuosistici e militari scanditi dalla musica, presumibilmente in ritmo di *gagliarda*, eseguiti con armi e attrezzi di vario genere, picche, spade e spadoni, bandiere, archibugi, fiocchi ecc. Questa parte dello spettacolo poneva esecutori e pubblico in quel rapporto di continua interazione performativa, in cui il ricorso all'improvvisazione si esplicitava, da parte degli uni, nel modo di accompagnare e da parte degli altri, nel modo di costruire le cosiddette *mutanze*, attraverso la libera combinazione dei passi conosciuti. Se le fonti parmensi documentano esclusivamente pratiche riferite alla danza maschile, il documento romano conferma che l'uso delle nacchere era riservato anche alle donne, come d'altronde attesta l'iconografia più tarda.[48] Va anche sottolineato che, nonostante quella delle nacchere sia una pratica documentata in diverse tipologie di fonti, i trattati dell'epoca e le descrizioni coreografiche italiane non ne fanno menzione. Forse perché talmente diffusa da darsi per scontata? O perché non condivisa da tutti i maestri?[49]

Un «ballo in terzetto» per il Carnevale del 1736

Nel percorso di analisi del ballo come espressione di «metafora attuosa», secondo la concezione di Tesauro, può essere di qualche rilievo soffermarsi su un documento che riferisce di una formazione tipica delle coreografie italiane. Si tratta di tre giustificazioni di pagamento risalenti al 1736, che testimoniano la presenza di «otto sonatori venuti a sonare in palazzo [Borghese] degli eccellentissimi

---

cese, danzata dal nobile accademico Ottavio Valenti Gonzaga (*Il Teatro dell'Honore*, rispettivamente 1673, p. 41 e 1679, p. 39).

[48] È interessante notare che in molti bozzetti seicenteschi di costumi teatrali francesi le nacchere sono indossate anche da personaggi come indiani e ninfe, che apparentemente nulla hanno a che fare con lo strumento percussivo. Sull'argomento si veda Hazebroucq 2014, p. 304 *sq.*, che associa l'uso delle nacchere alle danze dei *paysans*; per l'apparato iconografico si ricordano i testi di Christout 1967 e 1987; sull'analisi dei bozzetti dei costumi settecenteschi si suggerisce anche Pappacena 2010.

[49] Nella sua *Chorégraphie* Raoul-Auger Feuillet dedica un breve paragrafo alle *castagnette*. Feuillet 1700, p. 100-102.

padroni per la prova d'un ballo in terzetto fattosi dal eccellentissima signora donna Eleonora con li signori di Bracciano in occasione del Carnevale»[50]. Il dettaglio sul quale si vuole porre l'attenzione è la dicitura di «ballo in terzetto», di cui furono interpreti Eleonora e i due signori di Bracciano.

Nella combinazione di «due huomini, & una Dama, overo due Dame & un'huomo»[51], i balli in terzetto sono tipici nel repertorio italiano fin dal XV secolo e presenti ancora tra Cinque e Seicento. Si trovano più numerosi nei trattati di Fabrizio Caroso, in forma di balletti, cascarde e *spagnolette*, mentre nel trattato di Cesare Negri vi sono solo due balletti per tre interpreti. Tale formazione risulta poco documentata nel repertorio francese più antico e anche in quello seicentesco, fortemente incentrato sul concetto di simmetria.

All'altezza cronologica della fonte Borghese è molto probabile che il «ballo in terzetto» sia stato composto «alla francese», lasciando intravedere un influsso del linguaggio compositivo italiano su quello d'oltralpe. Risalire all'identità del maestro di ballo permetterebbe altre considerazioni, ma al momento ci limitiamo a ipotizzare trattarsi di un italiano che lasciava confluire il linguaggio «alla francese» in una configurazione spaziale di tradizione italiana, oppure di un francese influenzato dalle antiche prassi compositive italiche.

LE «CARTE DE' BALLI»

Un ultimo aspetto, al quale si vuole fare cenno, è quel "gesto", parte integrante del processo compositivo e rappresentativo, che assicura alla memoria, seppur parzialmente, l'atto performativo: la pratica della trascrizione coreutica. Oltre a una mancanza di trattati, l'epoca che si sta ripercorrendo registra una carenza di fonti coreografiche, sia in forma descrittiva – nella tradizione di Caroso e Negri – che in partitura. I rarissimi esempi di partiture coreografiche italiane ad oggi rinvenute, risalenti tutte agli anni Venti del Settecento, palesano che nella penisola non tutti i maestri di ballo erano in grado di scrivere le loro coreografie con il metodo Beauchamp-Feuillet. I coreografi Gaetano Grossatesta e Bortolo Ganasetti si avvalsero della collaborazione di loro colleghi più esperti per annotare le loro composizioni, citandoli nel frontespizio dei loro manoscritti.[52]

---

[50] V-CVaav, Archivio Borghese, b. 4846, cc. 478*r* e 457*r*, e b. 8584, c. 1130*sx* (rispettivamente nelle schede PerformArt D-000-372-441, D-000-362-450, D-000-352-459 di ÉO).

[51] Caroso 1581, p. 43.

[52] Delle cinque coreografie italiane per coppia in stile francese pervenute in

Oggi, attraverso un documento di pagamento del Collegio Nazareno di Roma, si ritiene, con buona probabilità, di poter aggiungere un nuovo tassello, quantificando il compenso previsto per questo tipo di prestazione professionale. Nel 1756 al maestro di ballo del collegio furono riconosciuti 20,50 scudi «per la composizione dell'intermezzi e fatiche nelle prove» e 6,15 scudi «Al copista per copia delle carte de' balli».[53] Nel documento le voci riguardanti la musica – orchestra e strumentisti – sono le prime, poi si passa ai soldati per la sorveglianza delle porte di accesso al teatro e alla platea, alle quali segue la voce riguardante il pagamento del maestro di ballo e del copista delle «carte de' balli», ma cosa si intendeva con la dicitura «carte de' balli»? Partiture musicali o coreografiche? E chi era il copista? Un maestro di musica, che aveva messo in bella copia le musiche dei balli, o un maestro di ballo esperto di notazione Beauchamp-Feuillet?

Tenendo presente che nella terminologia usata nei libretti d'opera dell'epoca – all'interno dei quali si trovano anche le informazioni sui balli – quando presente l'autore della musica è identificato come compositore delle «arie dei balli»,[54] si ritiene, in analogia, che anche per il copista sarebbe stata impiegata la stessa dicitura: "copia delle arie de' balli" e non «carte de' balli». Inoltre, le partiture coreografiche di riferimento – si pensi ai numerosi *Recueils* dei maestri francesi, o ai citati manoscritti di Grossatesta e Ganasetti – sono, tranne rari casi, esemplari in bella copia, che necessitavano, come si è detto, di esperti conoscitori del metodo di scrittura, per trascrivere gli appunti del coreografo.

Il reperimento delle «carte de' balli» del Collegio Nazareno potrebbe far luce su questo caso specifico, oltre ad aggiungere un nuovo documento tecnico allo scarso numero di esemplari di cui disponiamo attualmente. Tali «carte», se coreografiche, si configurerebbero come un raro se non addirittura unico esempio di balli in notazione coreografica per intermezzi teatrali inseriti in un'opera settecentesca, eseguiti da nobili danzatori non professionisti e mostrerebbe al contempo il livello tecnico da essi ottenuto.

La documentazione archivistica riferita al ballo, uno dei "passatempi privilegiati" della nobiltà romana tra Sei e Settecento, ha rive-

---

forma cartacea, a parte *L'Ammazzone* di cui non si conosce l'autore, le altre sono state trascritte da coreografi diversi dal compositore: i tre *Balli* di Grossatesta da Sebastiano Gobbis e il *Balletto* per il Principe di Galles di Ganasetti da Antonio Evangelista. Grossatesta 2005, p. 31; Giordano G. 2008.

[53] I-Rcn, b. 13, fasc. 1756/2, p. 5-28 e cc. n.n. (scheda PerformArt D-060-190-110 di AR).

[54] Si veda il caso di Alessio Rasetti, compositore di arie di balli al teatro Regio di Torino tra gli anni Cinquanta e Sessanta del Settecento (Pappacena 2019).

lato percorsi di riflessione oltre le aspettative. Se l'obiettivo primario era l'individuazione di frammenti documentali che, attraverso i fattori di interrelazione tra gli agenti nel "qui e ora", potessero riattualizzarsi in vere e proprie *forme performance* coreiche, quegli stessi frammenti hanno innescato spontaneamente un processo di analisi molto più variegato, suscitando attraverso il prisma di una lettura in diffrazione, riflessioni e interrogativi anche per futuri approfondimenti.

La scelta di privilegiare deliberatamente fonti archivistiche riferite a un ambito di studio non professionale, non finalizzate alla preparazione di un particolare evento spettacolare e in un arco cronologico in cui si registra una carenza di fonti tecniche e coreografiche specifiche, si è manifestata fin da subito come un percorso accidentato, in considerazione anche delle interazioni e dei vincoli determinati da regole e convenzioni, che inevitabilmente sviluppano reti di aspettative e obblighi reciproci. Tuttavia, proprio queste stesse fonti si sono rivelate stimolo primario per la ricerca di una prospettiva metodologica capace di mettere in luce processi di insegnamento e apprendimento, talvolta taciuti dalla trattatistica e dal repertorio, attribuendo loro una valenza performativa, una sorta di *performance* per la *performance*.

VALERIA DE LUCCA

«UN NOBILISSIMO E SOTTILISSIMO INGEGNO»

TRACCE DI BALLI NELLE OPERE DEL TEATRO COLONNA
(1683-1688)*

Se l'opera del Seicento ci appare oggi come un evento effimero, le cui tracce giunte fino a noi ci permettono solo una comprensione molto parziale della natura della sua esecuzione, una ricostruzione di aspetti della *performance* dei balli, che costituivano una parte essenziale di queste opere, sembra essere ancora più ardua per la quasi totale assenza di coreografie scritte e, nella maggior parte dei casi, di partiture che ne trasmettano la musica.[1] Numerose testimonianze coeve ci ricordano, però, che balli ed intermedi svolgevano un ruolo fondamentale nell'opera. Giovanni Battista Doni, nel suo *Trattato della musica scenica* degli anni Trenta del Seicento, collega balli ed abbattimenti nell'opera a simili azioni coreutiche del teatro degli antichi, ribadendo quell'essenziale legame che servì come ragion d'essere dei primi esperimenti di teatro in musica.[2] Ma i balli e gli intermedi dell'opera del Seicento erano anche il retaggio degli spettacoli di corte rinascimentali, vestigia di intrattenimenti nobili e grandiosi che divennero spesso il simbolo della raffinatezza e ricercatezza dell'aristocrazia che produceva e assisteva a tali eventi.[3] «La sera di detto giorno», leggiamo in un avviso di Roma del 23 febbraio 1669,

> nel salone del palazzo del signore contestabile Colonna in Borgo si diede principio dal signor cavaliere Filippo Acciaioli a far rappresentare da migliori cantori la sua opera reggia intitolata L'empio punito

---

* Vorrei ringraziare Barbara Nestola, Christine Jeanneret, José María Domínguez, Anne-Madeleine Goulet ed Élodie Oriol per i loro generosi suggerimenti durante la preparazione di questo lavoro.

[1] Vale la pena di ricordare che esistono delle eccezioni e che gli studi di Irene Alm hanno portato alla luce numerose pagine musicali per i balli delle opere veneziane del Seicento. Si veda il fondamentale studio di Alm 1993b.

[2] Doni 1763, p. 2-3. Si veda Murata 1981, p. 180-182, 220, per l'importanza del trattato di Doni sull'opera a Roma. Si veda anche Fenlon 1995. Per una panoramica sul ballo nell'opera italiana si veda Kuzmick Hansell 1988.

[3] Per il ruolo sociale della danza nella vita dell'aristocrazia nell'Europa primo moderna si veda Lecomte 2014.

con sontuoso apparato, ricchissimi abiti, vaghe e bellissime mutazioni di scena e prospettiva, sinfonie e balli superbi alla presenza della maestà della regina di Svezia, di quasi tutti li signori cardinali, ambasciatori, principi, e nobiltà, sendo riuscita di piena sodisfazione di tutta la corte.[4]

I migliori cantanti di Roma, quindi, ma anche i sontuosi apparati, gli abiti, le scene che conferivano varietà e senso di prospettiva, la musica strumentale e infine i balli, qui definiti «superbi»: tutto contribuiva alla piena riuscita di un evento così magnifico.[5]

La maggior parte degli studi sul ballo teatrale in Italia in epoca primo moderna si è finora concentrata sul ruolo dell'azione coreutica negli intermedi rinascimentali, nelle opere della prima metà del Seicento, in particolare sui lavori di Monteverdi, e sull'opera veneziana durante i primi anni di attività dei teatri commerciali.[6] Questa enfasi sui primi esempi di teatro per musica non deve sorprenderci: l'aspirazione ad imitare gli antichi, la coesistenza dell'opera con gli intermedi negli stessi ambienti ed ambiti intellettuali che li avevano visti fiorire, e la scelta di temi mitologici, che spesso invocavano la danza e la musica, hanno fatto sì che questi balli lasciassero tracce più evidenti in partiture, scenari, libretti e trattati a cavallo tra il Cinque e il Seicento.

La situazione cambia intorno alla metà del XVII secolo, quando il teatro musicale comincia ad abbandonare le "favole per musica" a carattere mitologico per prediligere drammi di argomento storico o basati su commedie spagnole "di cappa e spada" e, contemporaneamente, i nuovi sistemi di produzione che si diffondono nella penisola italiana e la maggiore domanda di drammi per musica impongono ritmi più serrati, che portano all'abbandono graduale della pratica di stampare dettagliati scenari e descrizioni o partiture che commemorassero l'evento spettacolare. Se consideriamo il caso dell'opera a Roma nel secondo Seicento, per esempio, le fonti sui balli appaiono davvero esigue: la maggior parte delle partiture giunte fino a noi non include la musica dei balli e in molti libretti, come a volte accade anche per i prologhi, i balli non sono nominati. Ma nella maggior parte dei casi il libretto menziona almeno l'argomento del ballo, solo nelle pagine iniziali o, più frequentemente, anche alla fine dell'atto,

---

[4] V-CVbav, Barb. lat. 6371, avvisi di Roma (1668-1669), Roma 23 febbraio 1669, c. 88r. Si tratta dell'opera *L'empio punito* di Alessandro Melani su libretto attribuito a Giovanni Filippo Apolloni e Filippo Acciaioli.

[5] Per la danza a Roma si veda Sardoni 1986. Per i balli nelle opere di Rospigliosi si rimanda a Murata 1981, p. 180-182 e *passim*.

[6] Oltre agli studi già citati, si ricordano Nevile 1998 e 1998; Heller 2003; Alm 1993b; Lamothe 2008.

come nel caso de *La Dori* di Apolloni e Cesti, data a Roma nel 1673 al Teatro Tordinona, dove leggiamo «Ballo di eunuchi e fine dell'atto primo».[7] Ma cosa può dirci il libretto della *performance* del ballo? Quanto fedelmente la breve descrizione che troviamo nel libretto ci racconta della presenza fisica sul palco dei ballerini, della maniera in cui si muovevano e si alternavano o interagivano con i cantanti?

Fortunatamente la *performance* di intermedi e balli ha lasciato nelle fonti d'archivio preziose tracce di cultura materiale che possono rivelarci dettagli su aspetti pratici della loro esecuzione e produzione e, in molti casi, attestare la presenza di balli anche in assenza di altre fonti. Nelle pagine che seguono mi propongo di esaminare alcuni esempi di balli teatrali romani della seconda metà del Seicento prendendo come esempi opere prodotte tra il 1683 e il 1688 nell'ambito del mecenatismo del principe di Paliano, Lorenzo Onofrio Colonna, membro di una delle famiglie aristocratiche più antiche ed illustri di Roma. Interrogando i documenti contabili dell'Archivio Colonna e interpretandoli alla luce di libretti a stampa e trattati coevi, è possibile recuperare aspetti considerati persi della cultura materiale legata all'esecuzione dei balli e ricostruire il loro ruolo all'interno della produzione operistica di questo periodo, osservando come l'insieme degli elementi – azione drammatica, canto, musica, coreografia e aspetti scenici della produzione – contribuisse all'evento spettacolare.[8]

IL TEATRO COLONNA (1683-1688): REPERTORIO, FONTI E INFLUENZE

Prima di affrontare questioni legate all'esecuzione dei balli varrà la pena di presentare brevemente il repertorio in esame. Uno dei luoghi più importanti per la produzione ed esecuzione di opere e commedie a Roma durante gli anni Ottanta del Seicento fu sicuramente il teatro fatto costruire a partire dal 1681 da Lorenzo Onofrio Colonna, principe di Paliano e contestabile del Regno di Napoli, nel suo palazzo di Piazza Santi XII Apostoli. Questo teatro, che è stato l'oggetto di uno studio molto approfondito da parte di Elena Tamburini, costituisce un esempio di importanza straordinaria nel panorama delle attività teatrali di quegli anni per la frequenza con la quale ospitò

---

[7] Esistono delle rare eccezioni. Per esempio, alcuni dei libretti di opere date al Teatro Tordinona tra il 1671 e il 1674, tra cui *Scipione africano* (Minato e Cavalli) e *L'Alcasta* (Apolloni e Pasquini) trasmettono delle descrizioni più dettagliate di intermedi e balli.

[8] La mia impostazione teorica si rifà a studi basati su «metodi indiziari» per la ricostruzione di eventi performativi per i quali non sopravvivono fonti più complete. Si veda Ginzburg 1992.

opere e commedie all'improvviso in un momento in cui l'aristocrazia romana, data la restrittiva politica papale di Innocenzo XI Odescalchi nei confronti di opera e teatro, aveva ormai perso ogni speranza di una riapertura imminente del Teatro Tordinona, il primo teatro commerciale a Roma che aveva prodotto varie opere, prevalentemente dal repertorio veneziano, tra il 1671 e il 1674.[9]

La costruzione di un teatro nel proprio palazzo, come già rilevato da Tamburini, assumeva per il contestabile un'importanza strategica politica oltre che sociale. La famiglia Colonna, una delle più antiche famiglie stabilitesi a Roma, rivestiva un ruolo di gran rilievo non solo nella politica romana, ma su più larga scala nella politica europea. Lorenzo Onofrio Colonna fu viceré d'Aragona tra il 1679 e il 1681 e quando tornò a Roma decise, anche per sancire l'inizio di una nuova fase per la propria famiglia che iniziava con il matrimonio tra suo figlio, il futuro contestabile Filippo II, e Lorenza de la Cerda, giovanissima nobildonna spagnola, figlia del primo ministro del re di Spagna Juan Francisco de la Cerda, VIII duca di Medinaceli, di costruire un nuovo teatro per la città di Roma.

Il repertorio del teatro riflette il mecenatismo, le influenze, i gusti, le ambizioni e l'identità politica e sociale della famiglia e in particolare di Lorenzo Onofrio Colonna, uno dei mecenati più attivi nell'ambito del teatro d'opera del secondo Seicento non solo a Roma ma anche a Venezia e, successivamente, a Napoli.[10] Durante la sua vita Lorenzo Onofrio Colonna, insieme a sua moglie Maria Mancini (almeno fino alla sua fuga da Roma nel 1672) protesse e promosse l'attività dei più notevoli compositori e poeti del momento: i poeti Nicolò Minato e Giovanni Filippo Apolloni, e l'impresario e uomo di teatro Filippo Acciaioli furono a loro legati per moltissimi anni; insieme, marito e moglie promossero le opere di Antonio Cesti e Francesco Cavalli e commissionarono lavori ad Alessandro Stradella, Alessandro Melani, Alessandro Scarlatti e Bernardo Pasquini, per citare solo i compositori più attivi nel loro ambito di *patronage*. La partenza da Venezia del poeta Nicolò Minato nel 1669 e la sua successiva residenza a Vienna determinarono un nuovo forte interesse da parte di Lorenzo Onofrio Colonna, motivato anche da ragioni politiche, per il repertorio operistico delle corti imperiali.

---

[9] Tamburini 1997. Il Teatro Tordinona venne chiuso dopo la stagione del 1674 per l'Anno Santo 1675, dopo il quale papa Innocenzo XI ne impedì la riapertura. Per il rapporto tra teatri e Chiesa negli anni che ci interessano si veda Murata 2012.

[10] Lorenzo Onofrio Colonna fu anche viceré del Regno di Napoli *ad interim* dal novembre 1687 al gennaio 1688. Per i suoi contatti con Napoli, soprattutto quelli legati alla sua attività di mecenate di cantanti e promotore di opere, si veda De Lucca 2020.

Le opere prodotte nel Teatro Colonna tra il 1683 e il 1688 comprendono, dunque, lavori molto rappresentativi dei gusti e degli interessi del contestabile.[11] *Il Pompeo* (1683) di Alessandro Scarlatti è basato su un libretto di Nicolò Minato che era stato messo in musica per la prima volta a Venezia nel 1666 e dedicato a Maria Mancini Colonna; *La Tessalonica* (1683) e *Il silenzio d'Arpocrate* (1686), entrambi su libretto di Minato con nuove vesti musicali di Bernardo Pasquini, sono di provenienza viennese; *L'Arianna* (1685), un dramma romanzesco di vaga ispirazione mitologica dell'abate Cosimo Bani, *L'antro, o vero l'inganno amoroso* (1686), una piccola pastorale di Teofilo Orgiani su libretto di Francesco Maria Santinelli, e *I giochi troiani* (1688), di Carlo Sigismondo Capece, sono tutte creazioni nuove per il Teatro Colonna (tab. 1).[12]

Tab. 1 – Opere eseguite nel Teatro Colonna (1683-1688).

Anno	Titolo dell'opera	Librettista/Compositore	Atto/Ballo
1683	*Il Pompeo*	Minato/Scarlatti	I: «delle lavandare»
			II: «di ciechi e zoppi»
	La Tessalonica	Minato/Pasquini	I: «degli schiavi»
			II: «di un'ombra»
1685	*L'Arianna*	Bani/Pasquini	I: «mostri marini»
			II: «sileni e bacchetti»
			III, 7: combattimento
1686	*Il silenzio d'Arpocrate*	Minato/Pasquini	*Balli non indicati nel libretto*
	L'antro overo l'inganno amoroso	Santinelli/Orgiani	*Balli non indicati nel libretto*
1688	*I giochi troiani*	Capece/Pasquini	I: «di sogni»
			II: «intermedio del ballo, lotta, abbattimento, et altri giochi»

[11] L'attività del teatro iniziò, in realtà, nel 1681/82, con una stagione apparentemente slegata dal mecenatismo di Lorenzo Onofrio Colonna in cui il teatro venne affittato e gestito dal duca Caffarelli e dal cavalier Filippo Acciaioli. Si veda Tamburini 1997, p. 11-26. Per questo motivo ho scelto di concentrare la discussione sugli anni 1683-1688.

[12] Per l'identificazione dell'autore del libretto *Arianna* 1685 in Cosimo Bani si veda Morelli A. 2016, p. 68-69. *I giochi troiani* (1688) venne prodotta da Lorenzo Onofrio Colonna sicuramente con il contributo dell'ambasciatore spagnolo, alla cui moglie è dedicato il libretto. Si veda Domínguez 2013a, p. 57-89.

Non solo il repertorio e la provenienza dei libretti, ma anche la varietà dei generi di dramma rappresentati nel Teatro Colonna riflette gli interessi e i gusti poliedrici del contestabile. Mentre *Il Pompeo* è un dramma basato su argomento eroico-regio, *La Tessalonica* dello stesso anno segue il modello del teatro spagnolo di cappa e spada e *Il Silenzio d'Arpocrate* è un dramma a chiave di natura filosofica. Il libretto de *L'Arianna* si basa sul mito di Arianna e Teseo anche se, come notato da Arnaldo Morelli, è in linea con le convenzioni dell'opera regia, mentre *L'Antro* è una breve «pastorale» per pochi personaggi.[13] Il libretto de *I giochi troiani*, infine, è una complessa riscrittura da parte del poeta Carlo Sigismondo Capece di una commedia a tema storico-mitologico di Agustín de Salazar.

A questa varietà di tipi di dramma, provenienze ed influenze corrisponde una simile varietà di personaggi e situazioni nei balli. Mentre nel *Pompeo* e nella *Tessalonica* incontriamo in prevalenza personaggi umani – lavandaie, ciechi e zoppi, schiavi – nel libretto dell'*Arianna* incontriamo, non a caso, personaggi che appartengono al mito – mostri marini, satiri e sileni – mentre ne *I giochi troiani* troviamo speciali tipi di balli che appartenevano al campo dell'arte della scherma e che rappresentavano lotte e combattimenti che sviluppano i temi guerreschi del dramma.[14]

---

[13] Morelli A. 2016, p. 180-181. Il precedente più illustre è da ricercarsi nell'*Arianna*, opera di Ottavio Rinuccini messa in musica da Claudio Monteverdi ed eseguita per la prima volta a Mantova nel 1608 (della musica dell'opera ci rimane solo il lamento di Arianna, in varie "versioni" musicali, nel momento in cui viene abbandonata da Teseo). A parte rari casi, il dramma musicale italiano andò discostandosi, nell'arco del Seicento, dai temi mitologici, prediligendo, a partire dagli anni Quaranta, temi storici o di soggetto romanzesco. Ci sono, ovviamente, delle eccezioni. Per esempio, nel 1653 il dramma musicale *L'Arianna* di G. di Palma venne eseguito a Napoli e dedicato al viceré Ognate. Va notato che in Francia i temi mitologici vennero usati con molta più frequenza e proprio il mito di Arianna ebbe un momento di particolare successo negli anni Settanta del Seicento. Il mito di Teseo, per esempio, venne utilizzato nel 1675 da Quinault e Lully nella *tragédie en musique Thésée* (1675). Sono molto grata ad Anne-Madeleine Goulet per questi riferimenti al repertorio francese di questi anni.

[14] *Corago* 1983, p. 102. *Il corago* dedica ampio spazio ai balli teatrali – un capitolo a balli e passeggi (XVIII) e uno a barriere e abbattimenti militari (XIX) – offrendo un confronto tra i balli degli antichi e quelli dei moderni, dando suggerimenti di carattere estetico ma anche pratico che vanno dalla strumentazione ideale per accompagnare i balli ad aspetti della coreografia. Ai fini di questo studio mi interessa considerare in particolare i riferimenti sparsi nelle pagine del trattato ad aspetti materiali della messa in scena dei balli, quelli cioè che ci possono aiutare a cucire insieme i documenti frammentari che si trovano nell'Archivio Colonna per ricostruire un'immagine più completa possibile della *performance* di questi. Va notato che *Il corago* appartiene ad un periodo precedente a quello in esame ma che documenti d'archivio e cronache dimostrano la rilevanza di questo

Sopravvivono le partiture di solo due delle opere in esame, *Il Pompeo* e *La Tessalonica*, ma nessuna include la musica dei balli.[15] E benché tutti i libretti stampati in occasione delle produzioni delle opere di Palazzo Colonna siano giunti fino a noi, anche queste fonti tramandano informazioni spesso incomplete sui balli: delle due opere di provenienza viennese, per esempio, il libretto di *Tessalonica* indica quali balli vennero eseguiti e quando, ma quello de *Il silenzio d'Arpocrate* non ne fa menzione (si veda Tab. 1).[16]

Vestire i ballerini per la scena

Durante tutto il periodo in cui il teatro operò sotto Lorenzo Onofrio Colonna, dal 1683 al 1688, il contestabile poté contare su un vasto numero di persone che lavorarono per lui, dai compositori, cantanti, poeti, musicisti e ballerini, agli artigiani che realizzarono scene, costumi e macchine teatrali. A svolgere la funzione di intermediari, impresari, garanti, e coraghi furono due uomini che conoscevano molto bene il teatro nei suoi aspetti più spettacolari: Filippo Acciaioli, famoso ideatore di numerosi intermedi, balli, prologhi e spettacoli di burattini, e l'architetto Carlo Fontana, responsabile della costruzione di vari teatri a Roma, tra cui quello del contestabile Colonna. Le attività di questo nutrito e vario gruppo di persone hanno generato numerose voci di spesa nei libri contabili della famiglia Colonna che possono aiutarci a ricostruire alcuni aspetti dell'esecuzione di intermedi e balli.

Tali documenti d'archivio possono riguardare una varietà di spese, da quelle per la costruzione del palco, a quelle che testimoniano la commissione di maschere, costumi e scarpe. Ne *Il corago*, trattato anonimo attribuito agli anni Trenta del Seicento dal taglio molto

---

trattato anche per gli anni successivi. Per questo motivo, e per l'assenza di un documento di simile respiro per il periodo e la città in esame, farò spesso riferimento a questo trattato nelle pagine che seguono.

[15] Sono grata ad Arnaldo Morelli per questa informazione sulla partitura *Tessalonica* 1683b. Si veda anche Morelli A. 2016, p. 175-180. Per una discussione delle fonti e della circolazione del *Pompeo* si veda Micheletti 2015; sulla drammaturgia della *Tessalonica*, si veda il contributo di Sara Elisa Stangalino in questo stesso volume, *"Strategie parasinestetiche" nella "Tessalonica" di Nicolò Minato (Vienna 1673 / Roma 1683)*, p. 419-435.

[16] Va notato che anche se i balli de *Il silenzio d'Arpocrate* non vengono menzionati nel libretto, documenti d'archivio attestano che ricchi «intermedi» vennero preparati per quella stagione. Tra questi un «intermedio di burattini», una delle specialità di Filippo Acciaioli, e un intermedio dei mappamondi. Si veda Tamburini 1997, p. 167-168.

"pratico" e quindi utile per lo studio di aspetti della *performance*, per esempio, si specifica che il palco ideale per i «balli, tornei e tumulti militari» dovrebbe avere

> pavimento fermo e massiccio di mattoni e marmi che non è di tavole, quali alzano polvere e fanno talora tanto rumore che impediscono l'armonia de' suoni e delle voci, né si può communemente impetrare che dalli ascoltanti non si senta il rumore continuo che fanno i recitanti dietro la scena con l'andare in qua et in là preparandosi a quello che hanno da fare.[17]

Che i balli potessero essere esibizioni di salti e coreografie esuberanti, acrobatiche e rumorose è confermato da un avviso di Roma del 1672 che, nominando la commedia *Le sventure fortunate*, ci dice che alla fine «vi fu un ballo di 7 persone con forze e salti mortali non mai più veduti in questa città».[18] Ma come specifica *Il corago*, tra tutte le categorie di balli teatrali i più rumorosi dovevano essere proprio i combattimenti o abbattimenti, non solo per la loro natura particolarmente dinamica ma anche per il numero dei partecipanti. È il caso dell'abbattimento nel III atto dell'*Arianna* del 1685, per il quale Elena Tamburini ha già segnalato la nutrita lista di più di 20 partecipanti, tra cui il maestro di ballo Pietro Paolo Brandolisi.[19] Un'altra lista, finora sconosciuta ed emersa solo recentemente, conferma che anche il numero di ballerini de *I giochi troiani* del 1688, opera anche questa che includeva un combattimento, arrivava a 23, incluso il maestro Brandolisi. Tra questi, 4 vengono definiti «picoli balarini» e altri 3 «più picoli», probabilmente un riferimento alla presenza di ballerini di diversa statura o età. Infatti, il prezzo delle scarpe commissionate per i ballerini cambia a seconda della misura: dai 70 giuli per un paio di scarpe per il maestro e gli altri adulti si scende a 60 per i «picoli» e a 50 per i «più picoli».[20] Possiamo immaginare che il palco del Teatro

---

[17] *Corago* 1983, p. 28.

[18] V-CVbav, Barb. lat. 6408, avvisi di Roma (1672), Roma 5 marzo 1672, c. 212*r*.

[19] Tamburini 1997, p. 162. Sul maestro di ballo in Italia nel Rinascimento si veda Nevile 2005. Pietro Paolo Brandolisi fu maestro e ideatore di balli attivissimo a Roma, dove fu impiegato al Seminario Romano come maestro di balli italiani oltre che in produzioni del Teatro Tordinona negli anni Novanta. Si veda Sasportes 2011, p. 106-108.

[20] I-SUss A. C., I.A.76. La lista inedita include tra i ballerini: Brandolisi, Gian Domenico Alegnani, Gian Batista Ruegi, Giuseppe Falseti, Francesco Santi, Antonio Pendora, Antonio Sala, Antonio Picioni, Catado de Angelis, Felipo Pier Simoni, Silvestro Pepoli, Giovan de Angelis, Salvatore Gendia, Giovan Batista Protra, Tomaso Falseti, Antonio Buda. Tra i piccoli: Giovan Batista Anegnani [forse figlio o fratello del sopra citato "Alegnani"?], Filipo Bandiera, Giusepe Albertini, Giovan Bartolomeo Fornari. E tra i più piccoli: Flavio, Francesco Gori, Giuseppe

Colonna, relativamente piccolo come segnalato da Tamburini, risultasse volutamente affollato durante queste scene di battaglia, una caratteristica che secondo *Il corago* andrebbe sempre ricercata:

> I balletti che si rappresentano su le scene vorrebbono essere fatti di molte persone, poiché maggior diletto arreca il vedere molti in una scena che tre o quattro solamente.[21]

Sicuramente i documenti che più frequentemente fanno riferimento ai balli sono quelli per la realizzazione dei costumi. I costumi usati nei balli dovevano avere un aspetto molto peculiare e diverso da quello di altri costumi teatrali se in un inventario del 1689 il redattore è riuscito a distinguere così bene tra:

> cappelli, beretti, berettoni alla turchesca, teatrali, uno di essi con maschera, girelli, calzoni, gioppone, vestiti da ballerino.[22]

La funzione dei costumi usati per i balli era molto diversa da quella di altri costumi teatrali e doveva consentire maggiore libertà di movimento.[23] Per esempio, un esame dei documenti Colonna rivela che mentre per i cantanti si commissionavano sempre copricapi più o meno elaborati, parrucche e pesanti pennacchiere adornate di gioielli finti, piume, merletti e stoffe preziose, quando si tratta dei ballerini il copricapo non viene mai commissionato. Al contrario, però, mentre per i cantanti la maschera non sembra in uso a Roma negli anni Ottanta del Seicento, a giudicare dai documenti Colonna in alcuni casi la maschera, insieme ad altri materiali di scena, si commissiona per i ballerini.[24] È il caso del «ballo dell'ombra», alla fine del II atto de *La Tessalonica* del 1683, per il quale si commissionano un vestito

---

Budici. Un confronto con la lista pubblicata da Tamburini per *L'Arianna* del 1685 rivela che nel 1688 vennero impiegati per la maggior parte ballerini diversi. Per un confronto, si vedano anche i documenti relativi ai balli e combattimenti dell'*Arsate* di Scarlatti prodotto da Flavio Orsini nel 1683 nel Palazzo di Pasquino scoperti da Anne-Madeleine Goulet. Goulet 2014, in particolare p. 160-161.

[21] *Corago* 1983, p. 101. Tamburini 1997, p. 12, 24, 40, 327 e *passim*.

[22] I-SUss A. C., Inventario III. QB.19.

[23] L'eccezione è costituita da quei balli teatrali che venivano eseguiti da dame e cavalieri, dai bambini dei principi romani, o dalle nobildonne, per i quali i costumi commissionati sembrano essere più ornati e quindi più pesanti. Sui costumi dei balli teatrali si vedano De Lucca 2019 e il contributo di Barbara Nestola in questo stesso volume, *I ruoli femminili per Bartolomeo Montalcino in due opere romane di Alessandro Scarlatti. Indagine sulla relazione tra repertorio e interprete*, p. 405-418. Vedi anche Mourey 2007, p. 44-45 dove l'autrice mostra quanto il criterio di comodità sia secondario rispetto ad altri criteri: *proprietas, varietas* e *uniformitas*.

[24] De Lucca 2013, p. 470.

nero, «quattro dozzine di sonagli» e «due maschere per la su detta ombra».[25] *Il corago* ci torna nuovamente in aiuto, confermando quello che i documenti suggeriscono. I ballerini dovranno essere, infatti, vestiti

> di maniera che la vita non resti impedita e la gamba rimanga scoperta e libera, e perciò non dovranno adornarsi le gambe con i borzacchini, ma con semplice calzette e scarpe.[26]

E per quanto riguarda le scarpe, sicuramente l'elemento che distingue il costume del ballerino in maniera più chiara da quello dei cantanti, *Il corago*, con attenzione alla sicurezza dell'esecutore oltre che all'effetto visivo, suggerisce per il ballerino

> scarpa bianca fatta col suolo arrovescio e senza calcagnino acciò non possa sdrucciolare.[27]

BALLI, SPETTACOLARITÀ E ASPETTI DELLA MESSINSCENA

> Il lamento ed il sogno di Enone nel fine del primo atto è ancora mio ritrovamento per dar motivo all'intermedio, nel quale un nobilissimo e sottilissimo ingegno ti farà vedere e travedere con meraviglia quanto possa la forza dell'arte.[28]

L'avvertimento del poeta Carlo Sigismondo Capece al lettore del libretto de *I giochi troiani*, eseguito nel Teatro Colonna nel 1688 con musica di Bernardo Pasquini, sposta ora la nostra attenzione sulla funzione e l'importanza che avevano gli intermedi, di cui i balli potevano essere una componente fondamentale, nell'esecuzione del dramma per musica. Nell'adattare la commedia spagnola *Los juegos olímpicos* di Agustín de Salazar y Torres al genere del dramma musicale, il librettista dichiara di aver creato lui stesso l'occasione per un intermedio che potesse suscitare meraviglia e occasioni per fare sfoggio della «forza dell'arte» della messinscena.[29] Come vedremo, il sogno di Enone prenderà la forma di un ballo particolarmente spettacolare, almeno a giudicare dalla descrizione che troviamo nel libretto a stampa.

---

[25] I-SUss A. C., I.A.66.
[26] *Corago* 1983, p. 114
[27] *Corago* 1983, p. 114.
[28] *Giochi troiani* 1688, p. 9.
[29] Sull'adattamento di *Los juegos olímpicos* si veda Profeti 2009, p. 175-186.

Che si ricercasse un certo livello di continuità tra l'azione drammatico-musicale e quella coreutica, come ribadito da Capece, è evidente anche se si considerano alcune delle strategie che troviamo impiegate nei drammi di questo periodo. Nelle opere romane non è insolito, per esempio, che un personaggio buffo chiami i ballerini sul palco o evochi la loro presenza nel canto, esempi che ritroviamo ne *La Dori* del 1672, in cui l'eunuco Bagoa e la vecchia Dirce motivano i balli di eunuchi alla fine del primo atto e di vecchi e vecchie alla fine del secondo. Ma a volte il *trait d'union* tra la fine dell'atto e l'inizio del ballo è costituito da elementi della scenografia ed in questi casi i documenti d'archivio si rivelano estremamente preziosi per una ricostruzione di aspetti della messinscena.

Si consideri, per esempio, il «ballo delle lavandare» alla fine del I atto de *Il Pompeo* (1683). L'opera venne scelta con grande attenzione da Lorenzo Onofrio Colonna per la prima ufficiale stagione del suo nuovo teatro. Nella dedica del libretto non mancano i riferimenti al magnifico teatro appena inaugurato, alla grandezza di Pompeo alla quale fa eco quella della famiglia Colonna, con tutte le sue conquiste militari e politiche, tra cui il matrimonio celebrato nel 1681 tra il figlio di Lorenzo Onofrio, Filippo Colonna, e Lorenza de la Cerda, nobildonna proveniente da una delle famiglie più influenti e potenti di Spagna e dedicataria del libretto. L'argomento eroico e il complesso intreccio romanzesco creano un contrasto, certamente voluto, con il tema decisamente prosaico del «ballo delle lavandare». Questo è particolarmente evidente soprattutto quando si pensi che la scena che precede il ballo è una delle più dense di azione e dramma di tutta l'opera (I, 12): Pompeo si addormenta in un giardino e Mitridate, il re da lui sconfitto, coglie l'occasione per tentare di assassinarlo. A questo punto Farnace, figlio di Mitridate, interviene per fermare la mano del padre nell'atto di uccidere il detestato nemico. Pompeo si risveglia mentre Isicratea, moglie di Mitridate, madre di Farnace e ora schiava di Pompeo, interviene in palcoscenico restando basita alla vista dell'accaduto. Pompeo, come ridestato da un incubo, chiede spiegazioni a Farnace e Isicratea mentre il loro adorato Mitridate scappa a nascondersi. Qui Farnace trova l'ispirazione per inventare una storia: una serpe, uscita da un cespuglio, avrebbe impaurito gli astanti. Quando Pompeo, sollevato e grato al fanciullo che lo avrebbe salvato, invita tutti a lasciare il giardino, si dà inizio all'intermedio con «ballo delle lavandare».

L'intreccio drammatico in sé non lascerebbe immaginare la motivazione per un «ballo delle lavandare». Eppure, al lettore del libretto non sarebbe sfuggito che l'azione si svolge in un «giardino con fontana da lavare», così giustificando la presenza delle «lavandare» nel ballo che segue. Ma a chi avesse assistito all'opera senza aver consultato il libretto, il nesso non sarebbe sfuggito comunque: i conti del Teatro

Colonna attestano che esso era dotato di un complesso sistema idraulico che portava acqua sul palcoscenico, dove venne costruita per questa stagione un'ampia fontana e vari giochi d'acqua.[30] Quale modo migliore di sfruttare questa caratteristica del teatro recentemente aperto se non un ballo di donne che, in un giardino, lavano il bucato ad una vera e propria fontana alimentata da acqua corrente?

In alcuni rari casi il libretto ci trasmette non solo l'argomento del ballo ma anche alcuni dettagli in più su come azione cantata, recitazione e ballo si alternassero in scena. È il caso di solo due libretti in tutto il repertorio Colonna in esame: *L'Arianna* (1685) di Bani e Pasquini e *I giochi troiani* (1688) di Capece e Pasquini.[31] Il libretto dell'*Arianna* presenta ben tre occasioni di ballo, ma la più eccezionale per dettagli e senso di spettacolarità sembra essere quella che si presenta alla fine dell'atto II, in cui il libretto ci dà una descrizione di come canto, uso di macchine teatrali e ballo si alternino in scena.[32] La scena II, 16 vede «Arianna sopra una balza circondata da soldati per esser precipitata in mare». A questo punto il dio Bacco «in carro maestoso seguitato da un coro di satiri e sileni» entra in scena come un vero e proprio *deus ex machina* mentre Arianna canta il suo lamento («Crudelissime ritorte»).

L'arrivo del carro di Bacco e l'incontro del dio con la disperata eroina ha sempre rappresentato il momento chiave nella storia, come si vede da un numero straordinario di rappresentazioni iconografiche ma anche letterarie e poetico-musicali del mito.[33] Basti pensare ad una delle rappresentazioni romane più celebri del mito di Arianna, l'affresco di Annibale Carracci sulla volta della Galleria di Palazzo Farnese, che immortala l'incontro tra Bacco e Arianna. Anche se la storia del libretto in questione in realtà ha poco a che fare con il mito (l'azione dell'opera si svolge dopo che Arianna, che è stata abbandonata da Teseo, si traveste da uomo e va a cercarlo insieme alla sua fedele amica Floralba), il poeta decise di includere questo momento comunque, in una versione a dir poco "anomala" del mito. Bacco arriva anche in questo caso su un maestoso carro coperto, secondo l'iconografia più diffusa, da «molte fronde di vite finte» e circondato

---

[30] Tamburini 1997, p. 149, in particolare il «Conto Col.81», e p. 152.

[31] Come notato precedentemente (n. 7), i casi in cui il libretto ci dà una descrizione dettagliata di intermedi e balli sono rari, ma questo ovviamente non indica che questo non accadesse anche in altre opere in cui il riferimento al ballo è solo accennato.

[32] Tutti i riferimenti che seguono si trovano in *Arianna* 1685, p. 42-43.

[33] Sulla ricezione e interpretazione seicentesca di questo cruciale momento nel mito di Arianna si veda Heller 2017 che offre una panoramica del mito di Arianna dall'antichità all'Italia del Seicento.

da baccanti, anch'esse vestite di fronde di vite di stoffa verde tenute insieme da fil di ferro, e da un corteo di satiri e sileni, i satiri vestiti di stoffe e pelli rivestite di peli, probabilmente di cavallo.[34] Arianna è interrotta: «si oscura il cielo, cresce la tempesta in mare, e con lampi e tuoni cadendo un fulmine, restano estinti i soldati». Il fulmine in questione ha lasciato una traccia molto chiara nei documenti d'archivio, in cui leggiamo che si spesero 6 giuli per «libre quattro di trementina la quale servì per dare sopra ad una tela che finse il fulmine nella comedia in musica».[35]

Arianna, incredula, riprende a cantare («E qual propizio dio») quando Bacco si manifesta alla fanciulla e si unisce a lei in un inno a Imeneo alla fine del quale Arianna, con un *coup de théâtre* che diverge dalle fonti classiche del mito, viene restituita a Teseo. Partita Arianna, Bacco finalmente richiama i satiri e sileni che l'avevano seguito:

BACCO   Miei seguaci su, che fate?
         festeggiate:
         e coi pampini alle chiome
         i trofei preparate al mio gran nome.

Ora il ballo può avere inizio. «Parte Bacco, le di lui comparse introducendo una botte in scena con un sileno sopra, cavano artifiziosamente da essa sei bacchetti, che cantando intrecciano un ballo, col quale termina l'atto secondo».[36] Si noti che se l'uscita di scena di Bacco a questo punto conferma che era un cantante e non un ballerino, il fatto che i bacchetti escano dalla botte cantando e ballando sembrerebbe suggerire che in questo caso i due ruoli fossero sovrapposti. E a segnare la fine dell'atto e del ballo nel testo stesso del libretto lo stampatore, «eredi del Corbelletti», aggiunge una piccola rappresentazione a stampa del carro di Bacco trainato da due belve, secondo la versione del mito tramandata da Ovidio (fig. 1).

Tornando ora al già menzionato sogno di Enone alla fine della scena I, 13 de *I giochi troiani*, nel libretto troviamo un'altra descrizione

---

[34] I-SUss A. C., I.A.68. Documenti che attestano la costruzione del carro di Bacco e la commissione di costumi per i ballerini – sette vestiti da satiri e sette da bacco – si trovano in I-SUss A. C., I.A.70 e alcuni sono trascritti parzialmente in Tamburini 1997, p. 162-163.

[35] I-SUss A. C., I.A.68.

[36] Balli di satiri e sileni dovevano essere un *topos* e vengono nominati anche ne *Il corago*: «Avevono ancora certe saltazioni nelle quali intervenivano i Sileni et intorno intorno i Satiri che andavano saltando, né questa manca appresso di noi essendosi visto in palazzo rappresentare balletti da Satiri così ben concertati». *Corago* 1983, p. 100.

particolarmente rivelatrice.[37] Enone, sola e abbandonata, è intenta in un lamento in cui invoca la morte. La morte non arriva, ma la coglie il sonno: «Si addormenta. Viene Morfeo sopra una conca del mare attorniato da molti sogni di diverse figure», leggiamo nel libretto. Se l'apparizione di Morfeo sopra la conchiglia ci ricorda l'arrivo provvidenziale di Bacco sul suo carro, qui Morfeo trova Enone dormiente e quindi non può che cantare da solo, incitando i sogni del suo seguito a rivelare ad Enone gli arcani:

> Qui i sogni intrecciano il ballo con varii cambiamenti di figure mutandosi in donne mostri, uccelli, fontane, vasi, ed altre, e nel fine si rappresenta lontano l'incendio della città di Troia doppo quale sparisce il tutto e torna il teatro come prima a campagna con seno di mare ed Enone si desta.

Andando oltre il modello di *Arianna* e introducendo una variante, la protagonista Enone canta dopo il ballo, accesa da nuova speranza:

ENONE   False larve del fiume d'oblio
                 se la vostra minaccia s'avvera
                 pur che Paride un giorno sia mio
                 non mi cale che poi tutto pera.

L'atto I, quindi, si conclude con il canto della protagonista, non le acrobazie dei sogni, introducendo una variante sul modello usato in *Arianna* tre anni prima. Il canto di Enone crea una cornice intorno al sogno, sogno che rende giustificabili e plausibili le fantasiose trasformazioni e le visioni dell'eroina.

Queste pagine offrono un'indagine preliminare sulla cultura materiale del ballo teatrale in produzioni dell'aristocrazia romana negli anni in esame. Più in particolare, questo studio conferma che un'attenta lettura dei documenti d'archivio e un raffronto incrociato con libretti e trattati coevi può permetterci di ricostruire aspetti della messinscena di eventi teatrali considerati persi. Uno studio sistematico del ballo di questo periodo a Roma potrà chiarire ancora molte questioni estetiche, drammaturgiche e di produzione che rimangono aperte. Soprattutto gli esempi de *L'Arianna* e *I giochi troiani* ci offrono numerosi spunti di riflessione sul ruolo dei balli e degli intermedi nello spettacolo teatrale-musicale, rivelando che, come già osservato da Wendy Heller a proposito di esempi veneziani della metà del Seicento, lungi dal costituire solo un'occasione per dimostrare le capacità acrobatiche, mimiche e coreografiche di ballerini e maestri di ballo, o

---

[37] I riferimenti che seguono si trovano in *Giochi troiani* 1688, p. 29-31.

di sfoggiare speciali macchine, scenografie ed effetti speciali, i balli espandevano, approfondivano e davano una forma a temi che spesso non trovavano spazio nell'azione drammatica e che richiedevano un mezzo d'espressione diverso da quello del canto, quali una celebrazione bacchica o un sogno rivelatore.[38]

Parte Bacco, le di cui Comparse introducendo vna Botte in Scena con vn Sileno sopra, cauano artifiziosamente dà essa sei Bacchetti, che cantando intrecciano vn Ballo, col quale termina l'Atto Secondo.

Fig. 1 – Cosimo Bani, *L'Arianna*, 1685, p. 43, particolare,
copia in I-Rn, 35.G.G.1.1.

Su concessione del Ministero per i Beni e le Attività Culturali e per il Turismo - Biblioteca nazionale centrale di Roma.

[38] Heller 2003, p. 290.

DIANA BLICHMANN

EFFETTI SCENOGRAFICI E MACCHINE SPETTACOLARI NELLE "PERFORMANCE" PUBBLICHE NELLA ROMA DEL PRIMO SETTECENTO

Nel teatro d'opera seicentesco le spese per la scenografia e l'illuminazione del palcoscenico generalmente sono da considerare – dopo i compensi per i cantanti e l'orchestra – tra gli esborsi maggiori che un impresario doveva tenere in conto.[1] Questa osservazione va in accordo con la *Wirkungsästhetik* della *performance* teatrale di questo periodo, secondo la quale essa doveva agire sull'emotività degli spettatori. I tre principali mezzi con cui questo scopo era perseguito erano l'arte della recitazione e del canto, l'arte della musica e l'uso di macchine di vario genere, le quali, in particolare, avevano il compito di suscitare stupore negli spettatori. Secondo Erika Fischer-Lichte, a commuovere il pubblico erano la comparsa e la configurazione di elementi anche scenografici:[2]

> A questo proposito si pensava che fosse la rappresentazione delle passioni offerta dall'attore – ovvero il suo modo specifico di significarle – a suscitare passioni nello spettatore, anche se non necessariamente identiche a quelle rappresentate, e anzi frequentemente del tutto diverse. Il significato era dunque al servizio dell'effetto. Si partiva dall'idea che solo quando i significati venivano trasmessi allo spettatore in un modo del tutto specifico – che veniva prescritto dalle regole dell'arte della recitazione – potevano venir suscitati in lui gli effetti desiderati. La possibilità di riconoscere immediatamente e con esattezza le emozioni di volta in volta rappresentate era considerata, dunque, come il presupposto più importante per l'eccitamento delle emozioni. [...] La trasmissione precisa di un significato specifico veniva dunque concepita come condizione della possibilità che uno spettacolo sortisse un effetto e che fosse capace di muovere affettivamente lo spettatore.[3]

[1] Ad esempio i documenti citati in Bianconi – Walker 1984, p. 231 e 285.
[2] Fischer-Lichte 2012, p. 87, 89, 94. Sul significato e l'effetto degli spettacoli teatrali *cf.* Fischer-Lichte 2014b, p. 259-267, che nella sua analisi si basa, tra gli altri, sul codice gestuale del teatro barocco descritto in Lang 1727.
[3] Fischer-Lichte 2014b, p. 259-260.

La dimensione del meraviglioso, l'illusione teatrale e gli effetti spettacolari soprattutto nel Seicento erano «parte irrinunciabile del lessico teatrale barocco, accettato dal pubblico, in una ricostruzione iconografica di ambienti convincenti e riconoscibili».[4]

Lo scopo di questo contributo è di esaminare, sulla base dei cambiamenti scenografici e drammaturgici introdotti dall'Accademia dell'Arcadia intorno al 1700, la presenza e/o non-presenza della «dimensione del meraviglioso» nei due principali teatri pubblici a Roma, il Teatro Alibert e il Teatro Capranica, tenendo conto di fonti librettistiche, archivistiche, musicali e iconografiche. Ci si interroga sulla tipologia degli effetti scenografici e delle macchine spettacolari, intesa in questo saggio come un fenomeno *visibile* sul palcoscenico, ma azionato dai macchinisti attraverso i macchinari teatrali, *invisibili*, dietro, sopra o sotto il palco.[5] Gli effetti da ottenere e le macchine da utilizzare erano *in primis* prescritti e predisposti nelle didascalie dei libretti stampati. In particolare, le macchine spettacolari nei casi presi in considerazione sono da rintracciare negli elementi letterari e paratestuali inseriti nei libretti, soprattutto alla fine dei drammi, per poi essere messi in scena. Sarà infine suggerita una riflessione sulle funzioni di tali effetti e macchine spettacolari, proponendo due diversi modelli scenografici presenti negli anni qui studiati nel Teatro Alibert e Capranica.[6]

CAMBIAMENTI SCENOGRAFICI E DRAMMATURGICI INTORNO AL 1700

Il dramma per musica nella seconda metà del Seicento era caratterizzato da forti elementi di comicità, cinismo e ironia, da atteggiamenti ridicoli, burleschi e inverosimili. Molte volte le trame dei

[4] Biggi 2000, p. 38-39.

[5] La locuzione "macchina spettacolare" in questo saggio non vuole indicare l'*insieme* delle macchine e degli apparati in azione durante lo svolgersi dello spettacolo teatrale, ma quel tipo di macchina scenica utilizzata per deità, personificazioni etc. Essa può essere divisa in tre possibili meccanismi come gli altri mezzi meccanici in 1. macchina della soffitta, 2. macchina del retropalco e 3. macchina del sottopalco. Per alcuni recenti riferimenti sulla scenotecnica si veda Bjurström 2000, Copelli 2006 e Carluccio 2010.

[6] Ben poche ricerche specifiche sono state fatte sulle macchine spettacolari nei drammi per musica a Roma (Forment 2009 e 2010). Per le macchine spettacolari nella cultura festiva romana si veda per esempio Povoledo 1998, p. 175-179 e Weißmann 2018. Per l'ambito napoletano si rinvia invece a Cotticelli – Esposito 1987. Per un discorso molto più ampio che riguarda tutta l'Europa dal Medioevo ai tempi moderni si veda Traversier 2018 e Bouhaïk-Gironès – Spina – Traversier 2018.

drammi per musica erano intessute con i fili della dissimulazione, della simulazione e dell'inganno.[7] Così, intorno al 1700 il bisogno di dare decoro artistico e severità morale a questo genere era diventato sempre più indispensabile. A causa di mescolanze tra il tragico e comico, tra eroismo ed erotismo e, in particolare, per un'eccessiva e costosa scenografia, nella quale non dovevano mancare macchine spettacolari che suscitassero meraviglia, il dramma per musica era ormai diventato un genere screditato dai più importanti letterati e intellettuali dell'epoca.

Pertanto i cambiamenti fondamentali riguardavano la drammaturgia e la scenografia dell'opera seria che avrebbero gradualmente impedito la messinscena di effetti e macchinari meravigliosi rivolti a stupire il pubblico. Piuttosto, e a giudicare dal più attendibile e rilevante manifesto dell'Arcadia, *Della perfetta poesia italiana*, pubblicato da Ludovico Antonio Muratori nel 1706, «sarebbe d'uopo [...] aiutandole [le favole dei drammi per musica] poscia colla novità delle macchine, delle comparse, [...] e d'altre simili cose, che dilettano ancora la vista». In questa maniera si doveva lasciare «luogo a più utili rappresentazioni teatrali».[8] Quindi, oltre a un semplice conforto per gli occhi e le orecchie, la riforma dell'opera in musica considerava, invece della creazione di immensi effetti meravigliosi, la produzione di grandi effetti morali. L'intento era di far tornare l'opera in musica lì dove era sorta, e cioè alla «bellissima poesia drammatica, che ha perduto affatto la parte dell'utile».[9]

In questo senso, in diversi drammi per musica rappresentati tra il 1700 e il 1730 nei due teatri pubblici qui presi in considerazione, si possono individuare sia effetti sentenziosi che avrebbero prodotto una certa utilità, come richiesto dai membri dell'Arcadia, sia effetti spettacolari che avrebbero dilettato l'occhio.[10] Questi effetti moraleggianti e scenografici non possono non essere esaminati senza brevi accenni alle innovazioni che, intorno al 1700, riguardarono novità tecniche apportate dalla famiglia di architetti-scenografi bolognesi Galli Bibiena – due esponenti dei quali furono operativi a Roma tra

---

[7] Tra gli altri si veda Bianconi 2000.

[8] Muratori 1821, vol. 3, p. 79-80.

[9] Crescimbeni 1702-11, vol. 1, p. 235.

[10] Dal 1700 al 1710 i teatri pubblici rimasero chiusi per ragioni diverse, tra cui l'Anno Santo ordinario del 1700, quello straordinario indetto da papa Clemente I nel 1701, la guerra di successione spagnola nel 1702 e catastrofi naturali. Per un riassunto si veda Blichmann 2012, p. 54. Per quanto riguarda i teatri pubblici a Roma nella prima metà del Settecento si rinvia ad esempio ad Antolini – Gialdroni 1996.

il 1696 e il 1722[11] – e riforme drammaturgiche introdotte dall'Accademia dell'Arcadia, fondata nel 1690.[12]

Nel 1637 uscì la prima edizione del trattato sulla *Pratica di fabricar scene, e machine ne' teatri* di Nicolò Sabbatini (1574-1654).[13] Sabbatini spiegò qui e nella seconda edizione del 1638 ogni elemento indispensabile alla scenografia del suo tempo e rivoluzionò le regole per la creazione di una prospettiva, l'illuminotecnica, la scenotecnica e la modalità di progettazione di macchinari per vari fini. Progettò macchine altamente avanzate che simulavano effetti visivi realistici come il mare, la tempesta, il tuono, il fulmine, l'incendio, l'inferno, gli dèi volanti e le nuvole (fig. 1). Nell'opera seicentesca furono utilizzati sei tipi decorativi di base: due diverse scene con nuvola in cielo, il giardino delizioso, la grotta con il drago, la scena infernale e la scena marina con nereidi, sirene, delfini e navi. Tra queste, soprattutto le scene rappresentanti il cielo, il mare e l'inferno offrirono la possibilità di esibire macchine e sorprendenti effetti spettacolari. Spesso erano in uso le macchine nuvola, che portavano divinità dotate di un'illuminazione brillante che camuffava l'apparato tecnico.

Nel contempo ebbe il suo massimo sviluppo la realizzazione di edifici teatrali sul prototipo a pianta a ferro di cavallo, un'area riservata all'orchestra, il boccascena incrementato, un palcoscenico ampliato al fine di ospitare più comodamente i nuovi macchinari. Per rendere possibili gli effetti scenografici fu essenziale l'adozione di soluzioni progettuali più rapide e agili rispetto alla scenografia rinascimentale.

---

[11] Ferdinando Galli Bibiena dimorò a Roma come scenografo del Teatro Tordinona e del Teatro Capranica (*Aiace* e *Eusonia*) tra gennaio del 1696 e il 1697. Lenzi 2000, p. 22. Suo fratello Francesco soggiornò a Roma dal 1693 al 1697, dove arrivò su invito dell'impresario Antonio d'Alibert e lavorò tra il Teatro Tordinona (scene per *Seleuco*, *Vespasiano*, *Muzio Scevola* e *Giustino*) e il Teatro della Pace (scene per *Orfeo* e *Roderico*). Nel 1716 fu chiamato da Federico Capranica per inventare le scenografie del *Vincislao* e del *Ciro*. Tra il 1719 e il 1722 fu invece attivo al Teatro Alibert per le messinscene di *Lucio Vero*, *Astianatte*, *Amore e maestà* e *Il Faramondo*. In questi stessi anni fu scenografo anche al Teatro Capranica per la *Griselda*, il *Crispo* e la pastorale *La Virtù negli amori*. Cf. Jesurum 2018, p. 58-59 e 62-64.

[12] Per quanto riguarda le polemiche dei letterati d'Arcadia e la riforma letteraria dell'Arcadia, che, in definitiva cercava di «moderar l'uso dei drammi togliendone i moltissimi abusi, facendo la musica più corta, le favole più semplici», *cf*. Weiss 2013, p. 12-37. In particolare sull'estetica dell'Arcadia nell'ambito romano si veda anche Smith 2019 e Tcharos 2011.

[13] É stato pubblicato nello stesso anno della messinscena dell'*Asmondo* di Giovanni Hondedei per l'inaugurazione del Teatro del Sole di Pesaro, di cui l'architetto pesare curò le scene e le macchine. *Cf*. Marchegiani 2017, p. 427-428. Per il palcoscenico «adornato a guisa di fortificazione con finte bugnature» e con «una ricca dotazione di scene e di macchine», dove l'orchestra fu sistemata nella soffitta, *cf*. Battistelli 1986, p. 380.

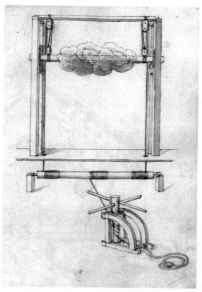

Fig. 1 – Nicolò Sabbatini, «Come in altro modo si possa far calare dal cielo una nuvola sopra il palco con una persona dentro», acquarello presso la Biblioteca Oliveriana di Pesaro, ms. 312 (ca. 1637), rifatto e pubblicato in *Pratica di fabricar scene, e machine ne' teatri* (1638), p. 140.

Su concessione della Biblioteca Oliveriana di Pesaro.

La nuova soluzione dei *pannelli a telai* prevedeva una forma piatta e la disposizione frontale rispetto all'osservatore. Il soggetto scenografico era quindi scomposto in diverse immagini pittoriche, che erano disposte parallelamente al boccascena e replicate una dietro l'altra. La scenografia rappresentava lo spazio in maniera dipinta con lo scopo di rendere più funzionale l'illusione dei panorami immaginari. Questo passaggio è rappresentato dall'opera dello scenografo, ingegnere e architetto teatrale fanese Giacomo Torelli (1604-1678).[14] Nelle

[14] Torelli lavorò a Venezia inizialmente come ingegnere navale all'Arsenale, nel 1641 come architetto del Teatro Novissimo per il quale, fino al 1645 e in particolare per la rappresentazione della *Finta pazza*, *Bellerofonte*, *Venere gelosa* e *Deidamia* progettò le scene e le macchine. Per il Teatro di San Giovanni e Paolo realizzò le scene per l'*Ulisse* (1644). Per la sua attività a Venezia, la scenografia veneziana del Seicento e il funzionamento degli effetti teatrali si rinvia a Bjurström 2000; Biggi 2000; Guarino 2000; Viale Ferrero 2000 e Glixon – Glixon 2006, p. 227-276 (per come le scenografie di Torelli siano state considerate rivoluzionarie in Francia e per la loro ideazione basata su incisioni recenti di scenografi contemporanei si veda La Gorce 2000).

sue scenografie la capacità di cogliere immagini fantastiche diventa essenziale per la creazione dello spazio scenico. Torelli migliorò non solo l'impiego dei telari, che consentivano con particolare velocità i cambiamenti di scena, ma portò al suo culmine anche la tecnica del punto di fuga centrale e della prospettiva infinita. Si dedicò soprattutto alla progettazione di macchine teatrali capaci di trasformare le scene sotto lo sguardo del pubblico. Le mutazioni a vista eliminavano i lunghi intervalli necessari per i cambi scenici e andavano a vantaggio della scioltezza narrativa.[15] Tali macchine scenografiche occupate da deità scendevano dall'alto o salivano dal basso al centro della scena, nel punto maggiormente visibile per il pubblico (fig. 2).

Fig. 2 – Giacomo Torelli, Macchina di Nettuno, da: *Bellerofonte*, Venezia 1642 (I, 3). Libretto di Vincenzo Nolfi, musica di Francesco Sacrati, incisione di Giovanni Giorgi, I-Vnm, 215C 032.1, tav. II.

[15] Per un discorso più approfondito si veda Angiolillo 2000, Bjurström 1961, Milesi 2000 e Povoledo 1982.

Nei primi anni del Settecento Ferdinando Galli Bibiena (1656-1743) pubblicò tre trattati di prospettiva e di architettura tra cui *L'architettura civile preparata su la geometria e ridotta alle prospettive* (1711), dov'è presentata una nuovissima forma di prospettiva, in apparenza irregolare. Già negli anni precedenti Galli Bibiena aveva intensamente sperimentato un tipo di asse prospettico obliquo, in particolare nel *Didio Giuliano*, rappresentato nel Teatro Ducale di Piacenza nel 1687 con musica di Bernardo Sabadini (fig. 3 e 4).[16] Con questa nuova veduta angolare[17] si sarebbe dovuto rinunciare all'asse unico centrale che, benché consentisse una contiguità spaziale tra scena finta e sala reale, era percepibile solo dal "palco reale". La prospettiva centrale era diventata insoddisfacente per le valutazioni estetiche della prima metà del Settecento. Pertanto si sarebbe dovuto rinunciare anche ai macchinari spettacolari visivamente più efficaci. La scena d'angolo era contraddistinta dalla posizione irregolare di ogni elemento rispetto al piano del boccascena e rendeva più difficile la visualizzazione e l'apparizione di macchine meravigliose. In primo piano non appariva più la facciata di un edificio, bensì un suo spigolo, dal quale si dipartivano le rette verso punti di fuga molteplici. Questa nuova forma scenografica e la prospettiva con diversi punti di fuga sono quindi le due espressioni in cui si sintetizza l'ottica scenica del primo Settecento.[18]

Inevitabilmente, a Roma, e dopo un periodo in cui lo scenografo non aveva ancora una «professionalità specifica e riconosciuta»,[19] le innovazioni scenografiche descritte da Galli Bibiena nel 1711 nel suo trattato ebbero il loro impatto con l'operato di alcuni scenografi attivi nella città eterna. Il più illustre tra loro fu il messinese Filippo Juvarra (1678-1736), che era a conoscenza della nuova maniera «per angolo» inventata da Galli Bibiena. Il suo interesse per la prospettiva obliqua fu probabilmente incentivato dal romano Giuseppe Cappelli – allievo e collaboratore del Galli Bibiena –, attivo al teatro di San Bartolomeo di Napoli durante il soggiorno partenopeo di Juvarra nel

---

[16] Lenzi – Bentini 2000, p. 227-232.

[17] Fu sperimentato per la prima volta dal pittore e scenografo Marcantonio Chiarini al Teatro Malvezzi di Bologna nel 1694 (*La forza della virtù*).

[18] Per la scena d'angolo, si veda Lenzi 1991.

[19] Tamburini 2012, p. 83. Per il Seicento romano è d'interesse il saggio che riguarda le scene nell'opera barberiniana di Daolmi 2006. Tamburini 2012, p. 83-114, si è dedicata alla scenografia e alle macchine di Gian Lorenzo Bernini, Zammar 2014 in particolare alla macchina del sole progettata da Bernini per l'intermedio *La Fiera di Farfa* alla fine del secondo atto dell'*Egisto* rappresentato per le scene barberiniane nel 1639. Per la committenza e la scenografia barocca romana, in particolare sugli allestimenti teatrali a Roma nel Seicento, *cf.* Povoledo 1998, p. 186-210.

Fig. 3 – Ferdinando Galli Bibiena, «Cortile attorniato di portici e porte che
corrispondono a varii appartamenti», in *Didio Giuliano*, Piacenza 1687 (I, 7).
Libretto di Lotto Lotti, musica di Bernardo Sabadini,
incisione di Ferdinando Galli Bibiena, I-Bc, Lo.4899.

Su concessione del Museo internazionale e biblioteca della musica di Bologna.

Fig. 4 – Ferdinando Galli Bibiena, «Campidoglio che vien illuminato in tempo di
notte», in *Didio Giuliano*, Piacenza 1687 (I, 19). Libretto di Lotto Lotti, musica di
Bernardo Sabadini, incisione di Ferdinando Galli Bibiena, I-Bc, Lo.4899.

Su concessione del Museo internazionale e biblioteca della musica di Bologna.

1706.[20] Al servizio del cardinale Pietro Ottoboni,[21] presso la cui corte il giovane architetto e scenografo fu accolto nel luglio del 1709, Juvarra ristrutturò entro il successivo dicembre il teatro della Cancelleria, dove furono allestite opere ottoboniane, le cui scenografie furono concepite dallo stesso architetto messinese.[22] Juvarra fu attivo come architetto-scenografo anche al Teatro Capranica, del quale sistemò il palcoscenico nel 1713. Allestì inoltre le opere in musica nel teatro domestico di Maria Casimira d'Arquien Sobieska, regina di Polonia, tra il 1710 e il 1713.[23] Nonostante il suo repertorio scenografico, in quegli anni Juvarra non rinunciò del tutto alla tradizionale veduta a unica, simmetrica fuga centrale (fig. 5): un grande assortimento di scenografie rivela, però, anche l'impiego della nuova maniera della scena d'angolo, come si vede ad esempio nella fig. 6.[24] Diventando un chiaro esponente dell'adozione della veduta obliqua nelle prospettive sia architettoniche sia naturalistiche, Juvarra ridusse l'importanza degli assi spaziali fissi, estese la veduta panoramica fino a produrre effetti di scena-quadro e sviluppò forme spaziali meno angolate e più curvilinee (fig. 7). D'altro canto, veramente innovatori nel senso della riforma arcadica furono «gli esiti significativi» e l'importanza della ricerca di una «coincidenza tra situazioni drammatiche e immagini sceniche».[25]

[20] Martinetti 2016, p. 47.

[21] Sul mecenatismo musicale dell'Ottoboni, si veda il contributo di Teresa Chirico in questo numero, «Balconi dorati per i musici». La prassi rappresentativa dell'oratorio alla corte del cardinale Pietro Ottoboni tra il 1690 e il 1708, p. 151-165.

[22] Manfredi 2004, p. 712. La notizia della rappresentazione del «dramma composto da sua eminenza [Ottoboni] nel nuovo teatro fatto fare con belle mutazioni di scena inventate da don Filippo Juvarra, architetto siciliano» è riportata ad esempio in data 27 dicembre 1709 in Valesio 1977-1979, vol. 4, p. 361.

[23] Al Teatro Ottoboni allestì Il Costantino Pio (1710), Teodosio il Giovane (1711), Il Ciro (1712) e L'Eraclio (1712), al Palazzo Zuccari, la residenza della regina di Polonia, Tolomeo ed Alessandro, overo La corona disprezzata (1711), L'Orlando, overo La gelosa pazzia (1711), Tetide in Sciro (1712), Ifigenia in Aulide (1713), Ifigenia in Tauri (1713) e al Teatro Capranica Tito e Berenice (1714) e Lucio Papirio (1714). Cf. Badolato 2016. Le incisioni delle scenografie juvarriane di questi drammi per musica saranno prese in considerazione in un contributo dell'autrice che apparirà in Goulet – Berti in corso di pubblicazione.

[24] Arrivato a Roma, Juvarra la praticò fin da subito: in particolare, realizzò degli studi per una scenografia del Teodosio il giovane («Camera da dormire»; I, 2). Cf. Martinetti 2016, p. 51 e fig. 34.

[25] Viale Ferrero 1988, p. 62-67: 66. Per il rinnovamento del gusto teatrale e operistico si veda anche Badolato 2018.

Fig. 5 – Filippo Juvarra, «Gabinetto con porte, che conducono agli appartamenti reali», in *Teodosio il giovane*, Roma 1711 (I, 5). Libretto di Pietro Ottoboni, musica di Filippo Amadei, incisione di Filippo Juvarra, I-Bc, Lo.7404.

Su concessione del Museo internazionale e biblioteca della musica di Bologna.

Fig. 6 – Filippo Juvarra, «Giardino reale in villa», in *Il Ciro*, Roma 1712 (III, 7).
Libretto di Pietro Ottoboni, musica di Alessandro Scarlatti,
incisione di Filippo Juvarra, I-Bc, Lo.5117.
Su concessione del Museo internazionale e biblioteca della musica di Bologna.

Fig. 7 – Filippo Juvarra, «Atrio magnifico colla statua equestre di Teodosio, circondata nella base da trofei, spoglie e figure rappresentanti la Persia soggiogata», in *Teodosio il giovane*, Roma 1711 (III, 1). Libretto di Pietro Ottoboni, musica di Filippo Amadei, incisione di Filippo Juvarra, I-Bc, Lo.7404.

Su concessione del Museo internazionale e biblioteca della musica di Bologna.

In questo clima di cambiamenti scenografici si colloca a Roma la riforma dell'Accademia dell'Arcadia nell'ambito della poesia drammatica italiana.[26] Nei primi anni del Settecento l'accademia, attraverso i suoi membri più rilevanti come Vincenzo Gravina e Giovan Mario Crescimbeni, iniziò a trasformare il dramma per musica.[27] Nonostante i loro propositi fossero sostanzialmente diversi,[28] erano d'accordo sullo scopo della riforma. La profonda svolta del gusto letterario era a favore di un maggiore ordine razionale e raziocinante, di una spiccata chiarezza, di una semplicità armoniosa e a sfavore di tutti gli elementi comici e soprannaturali.[29] Con questa riforma il dramma per musica avrebbe dovuto prendere una nuova direzione, verso la rappresentazione di vicende ispirate dai motivi della vita pastorale (Crescimbeni), o di vicende eroiche tratte dell'antichità (Gravina). Essendo soprattutto queste ultime provviste di una certa verosimiglianza storica, di norma i personaggi divini appartenenti alla mitologia greca o romana non erano più presenti nei drammi per musica, e di conseguenza neanche gli eventi meravigliosi. «Particolari effetti illusionistici» e la «strepitosa naturalezza ottenuta attraverso l'artificio»,[30] come anche l'apparizione inattesa del *deus ex machina*, di altre deità e il funzionamento della macchina spettacolare in generale sarebbero quindi stati compromessi dalla nuova prassi dell'inizio del '700. Dal punto di vista scenografico la nuova veduta per angolo e i diversi punti di fuga avrebbero nuociuto all'apparizione della macchina maggiormente visibile con un'unica fuga centrale, come era avvenuto nelle scenografie del Torelli (fig. 2). Le nuove consuetudini drammaturgiche avrebbero inoltre danneggiato la comparsa della macchina spettacolare. A questo riguardo Viale Ferrero precisa che le nuove tipologie scenografiche «sono ragionevolmente connesse alla trama drammatica» e «limitano l'uso delle *macchine* (comunque non interferenti con l'azione) e in genere evitano le tentazioni del *maraviglioso*».[31]

[26] Per una bibliografia specifica si rinvia ad Acquaro Graziosi 1998; Bellina – Caruso 1998; Binni 1963; Forment 2008; Kanduth 1986; Petrocchi 1984; Sala di Felice 1985.

[27] Crescimbeni 1700; Crescimbeni 1702-1711; Gravina 1731; Zeno 1752 e Zeno 1785.

[28] I contrasti e le tensioni tra Gravina e Crescimbeni e le loro rispettive fazioni all'interno dell'assemblea degli Arcadi portarono allo scisma d'Arcadia del 1711. In seguito, nel 1714, i seguaci del primo fondarono l'Accademia dei Quirini nella quale dominava l'estetica di Gravina, cioè la verosimiglianza a garanzia della funzione educatrice, moraleggiante e raziocinante. Nel 1728, alla morte di Crescimbeni, i Quirini si rifusero con gli Arcadi.

[29] Blichmann 2012, p. 82-89.

[30] Tamburini 2012, p. 93-94.

[31] Viale Ferrero 1988, p. 66.

A tal proposito è interessante notare che nella Roma di inizio Settecento effetti e macchine spettacolari *non* furono da subito e totalmente abbandonati: oltre alla simulazione di eventi naturali, animali e carri spettacolari, sul palcoscenico vi erano macchine che portavano in scena divinità e personificazioni allegoriche.

EFFETTI SPETTACOLARI

A Roma, tuttavia, proprio nei primi decenni del Settecento, effetti spettacolari non erano assolutamente inconsueti e solo dopo l'interruzione delle attività teatrali del 1725 (Anno Santo) è possibile riscontrare la loro progressiva scomparsa. Il maggior responsabile per questo fenomeno, avviato nell'ambito romano ed emendato con la diffusione dell'opera seria nei teatri italiani ed europei, fu il celeberrimo arcade Pietro Metastasio.

I primi drammi per musica che rinunciarono almeno in parte alle macchine spettacolari furono appunto quelli del Metastasio rappresentati al Teatro delle Dame già Teatro Alibert. Indubbiamente, a favore delle regole aristoteliche,[32] alle quali si ispirava, e prediligendo la ragionevolezza all'irragionevolezza, il grande drammaturgo romano cercava di evitare qualsiasi tipo di espediente meraviglioso, l'apparizione di deità e l'utilizzo di macchinari scenografici. Ma nonostante ciò, e rispetto ad esempio alle riprese veneziane dei suoi drammi,[33] non potevano né Metastasio né il librettista del teatro impegnato con le revisioni dei vecchi testi poetici[34] rinunciare totalmente a effetti speciali che il pubblico romano esigeva e a cui si era abituato.[35] Vediamo così rappresentati al Teatro delle Dame, appena ampliato,[36] effetti speciali quali la simulazione di espedienti realistici nella *Didone abbandonata* (testo di Metastasio, musica di Leonardo Vinci e scene di Alessandro Mauri)[37] e una macchina con «destriero

---

[32] Aristotele 1997.

[33] Per la particolarità degli effetti scenici dei drammi metastasiani a Roma e la differenza rispetto alle riprese parallele a Venezia si veda Blichmann 2012, p. 396-434.

[34] Si trattava di un membro dell'Arcadia, Filippo Leerz o Leers (*cf.* Franchi 1997, p. 193-195). Per pagamenti fatti a questo poeta si veda ad esempio I-Rasmom, Ricetta di Roma, Teatro Alibert, b. 422, c. 70*sx* (il documento si legge nella scheda PerformArt D-083-320-148).

[35] Questa abitudine è descritta da De Brosses 1858, vol. 2, p. 391.

[36] Giovanni Battista Porciani era responsabile per la ristrutturazione «di palco e scene». I-Rasmom, Ricetta di Roma, Teatro Alibert, b. 421, c. 29*sx* (si legge nella scheda PerformArt D-004-920-189).

[37] I-Rasmom, Ricetta di Roma, Teatro Alibert, b. 421, c. 12*sx* (si legge nella scheda PerformArt D-004-770-130).

d'oro» nel *Valdemaro* (testo di Apostolo Zeno, musica di Domenico Sarro, scene dello stesso Mauri). Nella scena 18 dell'atto III della *Didone*, opera inaugurale della stagione 1726, «si comincia a vedere il fuoco nella Regia»[38] che per le seguenti quattro scene si distendeva per il palcoscenico.[39] Il successo di un tale effetto scenografico dipendeva dalle competenze di tanti tecnici: il muratore Tomaso Grossi, che doveva adattare il palco per l'incendio,[40] don Tomaso Leti e Domenico Carettiore per le spese di legna, Antonio Borione per la trementina e altre spese fatte per il fuoco, i «fornari» Bartolomeo Laghi e Casimiro per le spese di carbonella, il «focarolo» Gaetano Giusti.[41] Sembra che solo nella rappresentazione madrilena della *Didone abbandonata*, revisionata dall'amico "gemello" di Metastasio, Carlo Broschi detto Farinelli, l'incendio finale fosse organizzato in maniera ancora più spettacolare per ragioni che qui non possono essere spiegate.[42] Eppure nella prima rappresentazione romana della *Didone* l'incendio non fu l'unico effetto speciale. Mentre nella scena 5 dell'atto I Iarba si presentava con doni tra cui tigri e leoni,[43] nell'atto III comparivano due cavalli veri, che furono prestati dal vetturino Matteo Giorgi e «guidati sul palco» dal cocchiere Guido

---

[38] *Didone abbandonata* 1726, p. 7 e 74 («Regia con veduta di città che s'incendia»).

[39] Metastasio era dell'opinione che a Roma l'opera avrebbe avuto più successo a Roma con un finale tragico allestito con l'incendio della reggia (*cf.* n. 42). Per quanto riguarda la messinscena di effetti pirotecnici si veda Szabó-Jilek 1992, p. 46 e Rice 2015.

[40] L'artigiano fu pagato il 28 dicembre con 15,55 scudi di moneta. I-Rasmom, Ricetta di Roma, Teatro Alibert, b. 421, c. 33*sx* (si legge nella scheda PerformArt D-004-930-180).

[41] Queste persone furono pagate tra il 21 dicembre 1725 e il 12 marzo 1726. I-Rasmom, Ricetta di Roma, Teatro Alibert, b. 421, cc. 35*sx* e 37*sx-dx* (si leggono nelle schede PerformArt D-083-400-173 e D-005-270-165).

[42] Fu spento da una tempesta e dalla messinscena di un'onda marina gigantesca. *Cf.* Blichmann 2019b. Nella rappresentazione della *Didone* al teatro veneziano di San Cassiano nel 1727 l'incendio pare esser stato di più piccola dimensione. A giudicare dal libretto non si estendeva e non portava alla distruzione di edifici. Nella rappresentazione presso la corte reale di Dresda nel 1742, e a giudicare da una lettera di Pietro Metastasio, la scena dell'incendio alla fine dell'opera non compariva affatto: «Che un'opera mia sia costì stata scelta al divertimento reale; che la *Didone* abbia potuto esser eletta, anche senza l'incendio a cui l'ho sempre creduta in gran parte debitrice di sua fortuna; [...] son tutte riflessioni che mi sorprendono e mi consolano»; lettera di Pietro Metastasio a Francesco Algarotti a Dresda del 1742, *cf.* Brunelli 1943-1954, vol. 3, p. 230.

[43] Il 21 febbraio 1726 furono pagati quattro ragazzi che indossavano costumi da leoni e tigri. *Cf. Spese di comparse sul palco*, in I-Rasmom, Ricetta di Roma, Teatro Alibert, b. 421, 70*sx* (si legge nella scheda PerformArt D-004-940-171); Blichmann 2012, p. 416-417 e Blichmann 2007, p. 240, 247.

Romaldi.[44] I cavalli non sono menzionati nel libretto, ma è verosimile che entrassero in scena cavalcati da Enea e Iarba, prima del loro grande «abbattimento» (III, 1-2).[45] Un altro esempio di spettacolarità lo si individua nel *Valdemaro*, la seconda opera della stagione, in cui cominciava ad avanzare una macchina sulla quale si vedeva un gran destriero d'oro ornato di fiori eretto a Marte (III, 15).[46] È verosimile che la macchina raffigurante il cavallo avesse dimensioni considerevoli, dal momento che questo cavallo fu manovrato dall'interno da 19 comparse sul palco.[47]

MACCHINE SCENICHE CON DIVINITÀ E PERSONIFICAZIONI

La *Didone* e il *Valdemaro* sono solo due delle rappresentazioni al Teatro delle Dame durante le quali il pubblico poteva apprezzare una straordinaria messinscena: ambedue sono un chiaro segnale che a Roma negli anni Venti del Settecento la spettacolarità era ancora molto pronunciata.[48] Diversi altri effetti scenici nei drammi per musica contribuirono ad eventi di grande appariscenza. Oltre alla simulazione di effetti naturali, comparse travestite da animali esotici, animali veri e macchine tirati sul palcoscenico, si verificarono altri fenomeni pomposi. Tra questi vi furono i cortei sfarzosi e i trionfi militari. Questi ultimi – generalmente noti come carri spettacolari – erano connessi il più delle volte all'arrivo di un sovrano o di un eroe. Furono inoltre spesso tirati da schiavi (turchi) o animali, quali elefanti raffigurati da uomini travestiti, o cavalli veri.[49] Tra gli effetti scenografica-

---

[44] Furono rispettivamente pagati nei giorni 10 e 11 marzo 1726. I-Rasmom, Ricetta di Roma, Teatro Alibert, b. 421, c. 37*dx* (si legge nella scheda PerformArt D-005-270-165).

[45] *Didone abbandonata* 1726, p. 57 e 58 («Enea con seguito di Troiani»; «Iarba con seguito di Mori»). Per i cosiddetti "abbattimenti" e gli schermidori fu retribuito Giuseppe Antonio Franceschini, maestro di scherma, con 150 scudi di moneta. I-Rasmom, Ricetta di Roma, Teatro Alibert, b. 421, c. 71*sx* (si legge nella scheda PerformArt D-004-950-162).

[46] *Valdemaro* 1726, p. 7 e 70 («Machina in lontano di gran cavallo d'oro eretto a Marte»). Per il cavallo in oro e altri lavori fu pagato l'indoratore Alessandro Vanni, per i fiori e altro Giacomo Passalacqua. I-Rasmom, Ricetta di Roma, Teatro Alibert, b. 421, c. 33*sx* (si legge nella scheda PerformArt D-004-930-180).

[47] Il 21 febbraio e il 19 marzo del 1726 sono stati pagati per aver «operato nel cavallo» e per «aver assistito dentro il cavallo». I-Rasmom, Ricetta di Roma, Teatro Alibert, b. 421, c. 70*sx* (si legge nella scheda PerformArt D-004-940-171).

[48] Per altri esempi di particolare effetto scenico, musica di scena, elementi esotici etc. al Teatro delle Dame si rinvia a Blichmann 2012, p. 382-417.

[49] Per quanto riguarda carri trionfali si veda ad esempio *Il Pirro* (Teatro Capranica 1717; I, 1), *Alessandro Severo* (Teatro Alibert 1718; III, 11), *Crispo*

mente più sorprendenti vi furono l'apparizione del *deus ex machina* e di due tipologie di macchine. Possiamo chiamare il primo tipo *macchina drammatica*, perché celebrando un evento drammatico era connessa alla trama. Il secondo tipo si utilizzava dopo la fine dell'opera ed era di tipo *extra-drammatico* o sentenziale.[50] L'uso di entrambe poteva instaurare una dialettica con eventi avvenuti realmente. Per quanto riguarda i teatri pubblici è da osservare un duplice interessamento a queste due tipologie sia da parte del Teatro Capranica (*Lucio Papirio* 1714, *Telemaco* 1718, *Astinome* 1719, *Il Giustino* 1724), sia del Teatro Alibert (*Flavio Anicio Olibrio* 1722, *Adelaide* 1723, *Scipione* 1724, *Farnace* 1724).[51]

Teatro Capranica: dèi in macchina e meraviglia spettacolare

Per la stagione carnevalesca del 1714 la sala del Teatro Capranica, dopo lavori di ammodernamento,[52] si presentò interamente rinnovata per l'inaugurazione di opere riformate, che si concentravano sul contrasto tra affetto e dovere, sentimento e ragione.[53] Nonostante ciò furono presenti elementi spettacolari unici nei teatri pubblici di quegli anni. Tra queste opere spicca il *Lucio Papirio*[54] su libretto di Antonio

---

(Teatro Capranica 1721; I, 1), *Flavio Anicio Olibrio* (Teatro Alibert 1722; I 1), *Adelaide* (Teatro Alibert 1723; I, 13), *Scipione* (Teatro Alibert 1724; I, 1) e *Farnace* (Teatro Alibert 1724; III, 1). Per i carri tirati da schiavi o animali si veda in particolare *Tito e Berenice* (Teatro Capranica 1714; III, 13), *Il Trace in catena* (Teatro Capranica 1717; I, 1), *Sofonisba* (Teatro Alibert 1722; I, 15), *Il trionfo di Camilla* (Teatro Capranica 1725; scena ultima) e *Ipermestra* (Teatro delle Dame 1728; scena ultima).

[50] Questo tipo di macchina fa parte dell'«ultima *decorazione*» della quale «dovrà bensì l'Ingegnere, o Pittor moderno porre ogni studio» e dove «convien egli procurarsi tutto l'applauso». Marcello 1720, p. 66.

[51] È in preparazione un saggio dell'autrice di questo contributo sulle macchine spettacolari nei teatri privati a Roma (*cf.* n. 23). Le macchine apparivano con estrema prevalenza nel Teatro Ottoboni (Palazzo della Cancelleria) concludendo il dramma nel *Costantino Pio* (1710, 1730), nel *Teodosio* (1711), nel *Il Ciro* (1712) e nel *Carlo Magno* (1729). Per le rappresentazioni del *Costantino Pio* (1710), del *Teodosio* e del *Ciro*, come anche per quelle del *Lucio Papirio* (1714), tutte con scenografie di Filippo Juvarra, si vedano le edizioni critiche dei libretti di Badolato 2016.

[52] Furono affidati all'architetto Tommaso Mattei. *Cf.* Franchi 1997, p. XXXIV *sq.* e 101 *sq.* e Franchi 1998.

[53] Diversi membri dell'Accademia dell'Arcadia – mecenati (per es. Pietro Ottoboni), musicisti e compositori (per es. Alessandro Scarlatti) o poeti e librettisti (per es. Paolo Antonio Rolli) – frequentavano il Teatro Capranica. Le rappresentazioni dei drammi per musica negli anni 1711-1724 sono state definite "opere arcadiche prima di Metastasio". *Cf.* Strohm 1997, p. 34.

[54] L'allestimento del *Lucio Papirio* e quello dell'altra opera rappresentata in quella stagione, *Tito e Berenice*, sono stati commentati da Viale Ferrero 1968; Viale

Salvi, con musiche di Francesco Gasparini e scenografie di Filippo Juvarra.[55] L'opera suscitò applausi universali e, stando a un avviso del 27 gennaio 1714, sarebbero stati solamente la poesia e la musica ad avere grande successo.[56] Sebbene la scenografia non fosse stata menzionata per la sua grandiosità, è probabile che fosse stata apprezzata anche questa per gli effetti spettacolari adoperati, soprattutto per quanto riguarda il finale dell'opera. Il libretto indica un «atrio corrispondente ai giardini in casa di Lucio Papirio»[57] (fig. 8) in cui «al suono di grave sinfonia va calando dall'alto in fondo alla scena un gruppo di nuvole, nel cui mezzo si scopre in machina d'armi e di trofei assisa Pallade, dalla quale come segue viene introdotto il ballo».[58] Adorna di armi e trofei, Pallade è rappresentata come Atena, quale dea della saggezza, tutrice delle guerre combattute per una giusta causa. In questa veste, la presenza di Pallade si riallaccia con la trama dell'opera, in cui è narrato un avvenimento del 326 a.C., tratto da Tito Livio, durante la Roma repubblicana, al tempo della seconda guerra sannitica. Lucio, dittatore e responsabile delle operazioni belliche, entrò in opposizione con il suo *magister equitum*, Quinto Fabio Massimo Rulliano, il quale avrebbe assalito i Sanniti e disatteso così i comandi ricevuti da Lucio. Nonostante l'esercito romano ne fosse uscito vittorioso, Lucio accettò la sua responsabilità. Fu quindi determinato di ricevere la procedura della *provocatio ad popolum*. Pallade nei suoi versi presenta un atto di ossequio verso questo eroe, che era la gloria di Roma e del Lazio e da confrontare con Fenice, l'uccello mitologico dal piumaggio colorato noto presso gli antichi perché era in grado di resuscitare dalle proprie ceneri dopo la morte (esempio 1). Facendo riferimento al fiume laziale, il Tebro (Tevere), e ai due fiumi più lunghi della penisola iberica, il Tago e l'Ebro, Pallade indica un'area enorme in cui echeggerebbe il nome e la fama di Lucio Papirio, immortalato dall'alata diva, cioè la Vittoria o la Fama (entrambe comunemente raffigurate come divinità alate). L'opera, non avendo un preciso dedicatario reale, termina con due cori che rievocano le virtù del console e politico romano Lucio Papirio. Nell'opera la macchina di Pallade era

---

Ferrero 1970, p. 58-61; Viale Ferrero 1981.

[55] Per il rientro di Gasparini a Roma da Venezia il compositore probabilmente fu incoraggiato da Ottoboni. *Cf.* Della Seta 1981, p. 223 e Viale Ferrero 1981, p. 245.

[56] «È poi riuscita di maggior soddisfazione la seconda opera nel Teatro Capranica, che si cominciò sabato scorso, avendo avuto applauso la poesia e la musica con gran concorso» (Avvisi di Roma, 27 gennaio 1714). *Cf.* Badolato 2016, p. 35.

[57] L'attribuzione della scenografia si deve a Viale Ferrero 1981, p. 250 e fig. 9.

[58] *Lucio Papirio* 1714, p. 62.

un privilegio riservato alla *performance* romana.[59] È possibile affermare che essa fosse un elemento individuale della rappresentazione al Capranica per aumentare gli effetti visivi eccezionali nel teatro appena rinnovato.

Fig. 8 – Filippo Juvarra, «Atrio corrispondente a' giardini in casa di Lucio Papirio», penna, acquarello grigio con seppia, in *Lucio Papirio*, Roma (Teatro Capranica 1714), I-Tn, Ris.59.4, c. 56(2).
Su concessione del Ministero per i Beni e le Attività Culturali e per il Turismo, Biblioteca nazionale universitaria di Torino.

[59] La macchina di Pallade è assente in altre rappresentazioni di primo Settecento. Si vedano le produzioni del *Lucio Papirio* a Venezia (1715, 1721), Firenze (1716), Livorno (1719), Bologna (1718), Mantova (1718), Pesaro (1721), Milano (1721) e Parma (1729). Pallade sul carro appariva anche in *Arsate* al Palazzo Pasquino nel 1683 (*cf*. Goulet 2014, p. 155-156) e in *Penelope la casta* al Teatro Tordinona nel 1696.

Il *Lucio Papirio* non è tuttavia l'unica opera del Capranica a concludersi con una macchina spettacolare. Quattro anni più tardi, tra il dicembre del 1717 e la fine di gennaio del 1718,[60] fu rappresentato il *Telemaco* su libretto di Carlo Sigismondo Capece, musica di Alessandro Scarlatti e scenografie di Antonio Canavari (architetto) e Giovanni Battista Bernabò (pittore). All'ingegnere Lorenzo Mariani da Todi possono essere attribuite le macchine e le «trasfigurazioni». Oltre ai personaggi dell'azione drammatica, nel libretto sono elencati Nettuno (Michele Selvatici), Minerva (Pietro Ricci) e l'Ombra di Atlante (Michele Selvatici). Nel *Telemaco*, opera della quale non esistono riprese in altre città, questi personaggi mitologici compaiono su una macchina sia all'inizio sia alla fine dell'opera: la prima scena è ambientata in una «campagna al lido del mare con rovine di fabbriche e alberi diroccati dall'inondazione e con la facciata del Tempio di Nettuno»,[61] e in assenza di materiale iconografico per quest'opera è da ritenere che questa facciata del tempio fosse visibile in una prospettiva con un'unica fuga, simile alla realizzazione della scenografia con una fuga principale nell'*Atrio nella casa di Lucio Papirio*, per l'apparizione della macchina di Pallade (fig. 8). Nel *Telemaco* compaiono prima Nettuno e poi Minerva, ognuno sulla sua macchina coperta da nuvole. Nettuno troneggia in un carro ed è tirato da Tritoni. Minerva arriva con un suo proprio carro (esempio 2). Sia dal punto di vista scenografico sia da quello musicale, la rappresentazione dell'opera doveva risultare magnifica, avendo anche il compositore reso l'apparizione di Nettuno e Minerva particolarmente coinvolgente. Scarlatti intona la prima aria di Nettuno («Armatevi di spume») in *Vivace e presto*, con due oboi aggiunti alla consueta orchestrazione di archi e basso continuo. La realizzazione dell'aria di Minerva («Del ciel chi non teme») che segue al recitativo di Nettuno è musicalmente ancora più "scenografica": Minerva esce dalle quinte sulla nuvola con il suo carro, accompagnata da un coro di strumenti musicali. Sulla partitura, autografa, il compositore prescrive: «Siegue il preludio dell'Aria di Minerva, con il Coro de Stromenti che vengono sulla Scena, vicini al Carro della medesima; e saranno 6 violini, un violoncello, un contrabbasso, 2 violette, e la Tromba. Il detto Coro di stromenti è secondato da stromenti dell'orchestra».[62] La musica per questa seconda orchestrina, che suonava sul palcoscenico, nel manoscritto è appositamente notata staccata dall'orchestra vera e propria (fig. 9).

---

[60] Stando al manoscritto musicale, la prima rappresentazione si tenne come «Opera 109 [di Scarlatti] in Roma» in «Dicembre 1717», l'ultima invece il «29 gennaio 1718». *Telemaco* 1718b, c. 4*r* e 183*v*.

[61] *Telemaco* 1718a, p. 9.

[62] *Telemaco* 1718b, c. 16*r*.

Fig. 9 – Alessandro Scarlatti, Preludio dell'aria di Minerva, in *Telemaco*, Roma
(Teatro Capranica 1718), A-Wn, Mus. Hs.16487, c. 16*v*.
© Österreichische Nationalbibliothek - ÖNB Vienna. Su concessione.

È indicata come «coro dei stromenti di Minerva», tra i quali spicca la
tromba solista.[63] Il culmine scenografico e musicale di questa prima
scena è segnato dal suo finale dove nel duetto a mo' di fugato («Torni
dunque il ciel sereno») non solo è presente il coro degli strumenti di
Minerva ma, in aggiunta ai due oboi, anche un fagotto e due corni
(fig. 10). L'iniziale fugato nell'orchestra probabilmente evidenzia la
controversia tra Nettuno e Minerva proposta dal dio del mare che
si prepara a «muover guerra al ciel» ed è contestata dalla dea della

---

[63] La tromba nelle arie del primo Settecento assumeva sia una mansione
descrittiva della parola sia una mansione emblematica. Nell'aria di Minerva la
tromba serviva per enfatizzare certi significati del testo drammatico, precisamente
delle parole «sdegnare» e «s'armerà». L'affetto dell'ira e della collera spesso erano
connotati con strumenti da guerra come la tromba. Analogamente, questo strumento nel duetto di Nettuno e Minerva alludeva direttamente al fenomeno naturale della tempesta e parafrasava l'immagine del tuono, del lampo e del naufragio.
Per la funzione marziale della tromba nell'epoca barocca si veda ad esempio Tarr
– Walker 1978; Smithers 1977-1978.

Fig. 10 – Alessandro Scarlatti, Ritornello del duetto di Nettuno e Minerva,
in *Telemaco*, A-Wn, Mus. Hs.16487, c. 22*r*.
© Österreichische Nationalbibliothek - ÖNB Vienna, su concessione.

guerra giusta.[64] Nel duetto, grazie alla saggia abilità di persuasione di
Minerva, le due voci ben presto (sulla seconda ripetizione del primo
verso) si trovano in accordo.

Nonostante sia distaccata dalla trama vera e propria, la scena
iniziale intorno a Nettuno e Minerva non è un prologo, ma un avvenimento che fa scattare l'azione drammatica ispirata all'Odissea. Capece
inserì nuovi elementi nella trama: Telemaco è destinato da Minerva a
sposare Antiope e, trovandola sotto nome di Erisile nella Reggia di
Calipso, se ne invaghisce senza riconoscerla. Calipso, d'altra parte, si
innamora di lui, benché sia da suo padre stata promessa ad Adrasto.
Per dare maggiore campo all'intreccio, il librettista introdusse inoltre
il personaggio di Sicoreo, che si finge amante di Antiope, da lui fatta

---

[64] Per l'apparizione di Nettuno nell'opera a Roma e Venezia si rinvia a
Blichmann 2019a. Minerva è la divinità romana della lealtà in lotta, della guerra
per giuste cause o per difesa, delle grandi virtù, della saggezza e delle grandi strategie. La figura mitologica deriva da quella di Atena, suo corrispettivo nella mitologia greca.

schiava. Questi elementi d'invenzione rendevano possibile l'apparizione di un altro personaggio mitologico di grande attrazione spettacolare nell'ultimo quadro scenico («Porto o seno di mare con diversi navigli nel mare che poi si trasformano in piccioli mongibelli che gettano foco»): Atlante, il padre di Calipso e Sicoreo, appare alla fine dell'opera su «una gran nuvola che copre il mare, e poi si apre e si vede Atlante sostener il cielo».[65] A giudicare dalle indicazioni nel libretto, si vedeva l'ombra di Atlante che, in veste di *deus ex machina*, avrebbe risolto le relazioni affettive, decidendo che Antiope andasse in sposa a Telemaco, e Calipso ad Adrasto. In seguito «si apre il globo celeste e comparisce Minerva sulle nuvole con altre Deità»[66] che insieme cantano un coro celebrando le anime liete. Nel *Telemaco*, il *deus ex machina* Atlante è un elemento di trasfigurazione che voleva essere intenzionalmente un mezzo per diffondere meraviglia e stupore alla fine dello spettacolo.

Una simile stupefacente apparizione era stata introdotta nell'*Astinome*, dramma di un poeta appartenente all'Accademia dei Quirini,[67] rappresentato nel Carnevale del 1719. L'argomento è tratto dall'*Iliade* e narra il rapimento e la restituzione di Astinome da parte di Agamennone, e di Ippodamia da parte di Achille. Nell'ultima scena dell'atto III, dopo il felice ricongiungimento delle coppie Agamennone-Astinome e Achille-Ippodomia, i quali dopo il rapimento si erano innamorati, «comincia a scendere dal cielo la machina d'Apollo».[68] Essendo l'intreccio già risolto, qui Apollo non ha la funzione del *deus ex machina*. La sua discesa è puramente spettacolare e conclude il dramma senza particolari interventi. Gran parte dei versi previsti per la permanenza in scena di Apollo non è stata neanche messa in musica da Carlo Francesco Pollarolo (esempio 3). La stessa cosa succedeva durante la *performance* del *Giustino*, su testo di Nicola Beregan e musica di Antonio Vivaldi, rappresentato nel 1724. La «machina maestosa rappresentante il Tempio della Fama», costruita da Alessandro Mauri e introdotta alla fine dell'atto III, è un mezzo che consentiva l'incoronazione di Giustino. La macchina, nonostante fosse dedicata al Tempio della Fama, appare senza la personificazione della voce pubblica. L'alata diva con la tromba è esclusivamente nominata nelle ultime parole di Anastasio, che la invoca per portare l'esemplare nome di Giustino nei più remoti lidi della terra (esempio 4).

---

[65] Nel manoscritto musicale l'apparizione del titano è indicata dalla didascalia «Si vede Atlante, col globo sul dorso»; *Telemaco* 1718b, c. 181*r*.

[66] *Telemaco* 1718a, p. 71 e *Telemaco* 1718b, c. 182*r* («Minerva in Machina»).

[67] È possibile che si tratti di Gaetano Lemer o Domenico Ottavio Petrosellini. *Cf.* Franchi 1997, p. 154.

[68] *Astinome* 1719, p. 74.

I dedicatari di questi drammi rappresentati al Teatro Capranica erano tutti nobili del panorama politico della Roma settecentesca:[69] il *Telemaco* era stato dedicato al conte Johann Wenzel von Gallas, ambasciatore cesareo a Roma. L'apparizione di Minerva è giustificata con la protezione del protagonista e di una ancora «più nobile protezione» del dedicatario. Gli impresari Bernardo Robbatti, Lorenzo Capua e Giuseppe Masini usavano il nome di «Galasso» («sì grande e illustre per la dignità del grado») come «scudo valevole» contro qualsiasi nemico.[70] Ma più che altro l'*enkomion* della dedica sembra un pretesto per avere le possibilità di una maggiore spettacolarità nell'opera stessa.[71] L'*Astinome* era stata dedicata a Teresa Borromei Albani, moglie di Carlo Albani, nipote di papa Clemente XI (1700-1721), per esaltare le «incomparabili virtù» della dedicataria e gli «insigni pregi» di suo marito.[72] Nel *Giustino*, dedicato a Faustina Mattei Conti – duchessa di Guadagnolo, moglie di Marc'Antonio Conti[73] e nipote di papa Innocenzo XIII Conti –, Federico Capranica paragona gli eventi del dramma a gloriose riflessioni su Conti, che qui compare «armato della più illustre marca di gloria».[74] Le macchine spettacolari dei tre drammi non erano destinate alle loro imprese e virtù, ma fungevano come strumenti esclusivamente scenografici.[75]

TEATRO ALIBERT: ALLEGORIE IN MACCHINA E LA POLITICA MERAVIGLIOSA

Nel contempo al Teatro Alibert le macchine teatrali furono utilizzate con uno scopo molto diverso. Furono presenti in un arco di tempo ben preciso, dalla stagione del Carnevale del 1722 a quella del 1724. Di particolare interesse in questo contesto sono:

---

[69] Franchi ricorda la divisione di questa nobiltà, dove il circolo di Gravina, «severo propugnatore di esigenze estetiche e civili» era dunque fortemente anticuriale. *Cf.* Franchi 2012, p. 99-100.

[70] *Telemaco* 1718a, p. 3-4. La testa della Gorgone Medusa sullo scudo di Minerva aveva il potere di pietrificare i nemici.

[71] Secondo Franchi 2012, p. 99-100, potrebbe trattarsi di un riferimento alle idee «protomassoniche» che si stavano sviluppando proprio a Roma. Ringrazio José María Domínguez per questa riflessione.

[72] *Astinome* 1719, p. 4.

[73] Il loro matrimonio era avvenuto due anni prima della rappresentazione del *Giustino* e fu festeggiato anche con Albani.

[74] *Giustino* 1724, frontespizio e p. 4.

[75] Un'ulteriore conferma a sostegno di questa ipotesi è fornita dal libretto del *Vincislao* (1716) di Zeno (musica di Francesco Mancini), nei cui intermezzi era presente la «trasmutazione del trono in drago, dalla bocca del quale escono cinque mostri, che si mutano in altri personaggi per comporre il ballo» e le «trasmutazioni di cinque cuscini in ballerini». *Venceslao* 1716, p. 6.

- 1722 *Flavio Anicio Olibrio*: libretto di Apostolo Zeno e Pietro Pariati, musica di Nicola Porpora, scenografia di Pietro Baistrocchi
- 1723 *Adelaide*: libretto di Antonio Salvi, musica di Nicola Porpora, scenografia di Michelangelo Mazza
- 1724 *Scipione*: libretto di Apostolo Zeno, musica di Luca Antonio Predieri
- 1724 *Farnace*: libretto di Antonio Maria Lucchini, musica di Leonardo Vinci.

Le macchine teatrali presenti in queste rappresentazioni erano tutte inserite alla fine del dramma. Nel *Flavio Anicio Olibrio*[76] appariva dopo il coro finale. L'*ensemble* – al quale prendevano parte cantanti di spicco come Carlo Broschi (Placidia), Giovanni Battista Perugini (Teodolinda), Domenico Gizzi (Olderico) e Stefano Romani (Olibrio) – festeggiava il lieto fine dei matrimoni reciproci tra Placidia-Olibrio e Teodolinda-Olderico. Insieme invocavano Imeneo che arrivava sulla macchina, a giudicare dai versi di Olderico, con un effetto di luce sfolgorante e risplendente, in maniera tale da ricoprire il cielo di oro e la «campagna di Roma ingombrata di alberi fra la città ed il campo», nella quale è ambientato l'ultimo quadro scenico.[77] Questa luce color oro creava il trono sul quale discendeva Imeneo («lucide nubi, che gli forman trono», *cf.* esempio 5). Dopodiché si vedevano scendere delle nuvole che, aprendosi, facevano vedere in mezzo Imeneo all'interno della sua reggia circondato da amorini. Sulla macchina di Imeneo erano presenti quattro persone, tra cui i cantanti Giuliano Felli – che presumibilmente interpretò il ruolo di Imeneo –[78] Filippo Carillo e due bambini, i figli di un certo Gregorio Cola, travestiti da amorini, che in un coro nuziale intonano «Sopra di noi l'ale distenda».[79] Anche nell'*Adelaide* la macchina dell'Italia, che arriva dopo l'ultima aria della protagonista, festeggiava non solo Ottone, l'«invitto re» proveniente

---

[76] Per tutti i documenti archivistici conservati a I-Rasmom si rinvia a I-Rasmom, Ricetta di Roma, Teatro Alibert, b. 441 (su cui si possono leggere più schede nel database PerformArt).

[77] La macchina fu costruita dall'ingegnere Francesco Sarti che fu ricompensato per la sua realizzazione e pittura tra il 9 gennaio e il 12 febbraio 1722. I-Rasmom, Ricetta di Roma, Teatro Alibert, b. 441, p. 5-8 (numeri 78, 88, 98, 122) (si leggono nella scheda PerformArt D-026-570-104).

[78] Lo stesso cantante interpretò il ruolo della Pace (in macchina) nel *Farnace*. Cf. *Farnace* 1724, p. 10.

[79] Per aver «cantato sopra la macchina» furono pagati 5 scudi di moneta a Giuliano Felli, 6 a Filippo Carillo e 5 a Gregorio Cola per ognuno dei suoi figli. I-Rasmom, Ricetta di Roma, Teatro Alibert, b. 441, p. 11 (numeri 158, 161, 164) (si leggono nella scheda PerformArt D-037-380-172).

dalle rive dell'Istro (Danubio), ma anche l'unione nuziale con la protagonista[80] (esempio 6).

Una stagione eccezionale al Teatro Alibert per quanto riguarda le macchine spettacolari fu quella del 1724 con le rappresentazioni di *Scipione* e di *Farnace*. Nella prima opera la macchina è descritta tra le mutazioni di scene: «Si aprirà fra nuvole risplendenti la Reggia della Virtù, che si vedrà assisa in trono sublime, sotto al quale comparirà la Discordia co' suoi seguaci che le faranno in applauso una festa d'armi. Ma poco dopo al comando della Virtù precipiterà la Discordia co' suoi seguaci nella Reggia di Plutone, che apparirà nell'apertura di tutto il palco».[81] La Virtù in macchina appariva dopo l'ultima aria dell'opera, ossia dopo la fine del dramma – essendo la virtù l'attitudine d'animo volta verso il bene, la macchina diviene un mezzo per contrapporre l'amore e la pace alla guerra e alla discordia.[82] Nello *Scipione* infatti, sotto la direzione di Giuseppe Coccetti, la Virtù combatte la Discordia,[83] che in cielo con i suoi seguaci celebra una festa d'armi, e la fa precipitare nei «neri orridi chiostri». Dal basso compare la Reggia di Plutone, e il dio dell'Averno con la sua ode si rivolge all'infinito regno in terra di Amor e alla pace.[84] L'opera termina con la sentenza della Virtù mai repressa, che preannuncia alla Discordia l'inutile sua guerra contro gli eroi di Roma (esempio 7).

Nel *Farnace* la macchina è invocata dal coro finale. Si tratta di una «gran nuvola che viene innanzi dall'orizzonte ed aprendosi mostra la Reggia di Marte, d'onde scenderà gran numero di guerrieri, che faranno un combattimento. Si aprirà poi un'altra nuvola superiore, che formerà il Tempio della Pace; la quale sederà sopra un globo trasparente e anderà in alto, e in basso per tutto il palco».[85] Si tratta dunque di due macchine: la prima, che rappresenta la Reggia del dio della guerra, dalla quale scendono guerrieri combattenti; la seconda contrasta la prima, ed è formata dal Tempio della Pace. La perso-

---

[80] Per gli uomini che facevano funzionare la macchina fu pagato Giovanni Battista Porciani, capo dei falegnami al Teatro Alibert (si veda per esempio la scheda PerformArt D-031-450-174 che analizza i dati in I-Rasmom, Ricetta di Roma, Teatro Alibert, b. 441). Uno studio in particolare dell'*Adelaide* è offerto in Markuszewska 2016b e 2018. Strohm interpreta l'*Italia in machina* come un pretesto di Salvi per introdurre l'idea di «Italian national unity». Cf. Strohm 1985, p. 60.

[81] *Scipione* 1724, p. 7.

[82] Sui *topoi* della rappresentazione della pace, in particolare nella cantata, si rinvia a Pelliccia 2018 e Gialdroni 2019.

[83] La Discordia, l'equivalente di Eris o Eride, dai mitografi è descritta come dea spietata, animatrice di conflitti e guerre tra gli uomini.

[84] La palma nominata nella sua aria è il simbolo della regalità, del trionfo e della pace.

[85] *Farnace* 1724, p. 9.

nificazione, interpretata da Giuliano Felli, «virtuoso degl'illustrissimi signori Cavalletti», è seduta sul globo terrestre e, muovendosi percorrendo tutta la scena, incita Marte e i suoi guerrieri a cessare le stragi e a deporre gli sdegni. La Pace si identifica come messaggera della Concordia e dell'amore e, ripetendo che lei è la Pace, canta un'aria dedicata al regno dell'innocenza e dell'armonia pacifica. L'espressione «viva e regna l'Innocenza» è una chiara allusione a Papa Innocenzo XIII (1655-1724), salito al soglio pontificio l'8 maggio 1721 e morto due mesi dopo la prima rappresentazione del *Farnace* l'8 gennaio 1724.[86] La Pace, che compare con il suo attributo dell'ulivo, parla di un'«empia guerra» che era stata condotta ai danni della terra. Nonostante nell'opera si vedesse un assalto alle mura della città e un combattimento tra Farnace e i suoi nemici (I, 7), questi versi sono altresì da comprendere come invocazione della pace su tutta la terra: «ma del mondo in ogni riva / quest'oliva fiorirà» (esempio 8).

Tenendo conto che in questi quattro drammi per musica, rappresentati sotto la protezione formale degli Stuart-Sobieska al teatro Alibert, a interpretare i ruoli di Placidia (*Falvio Anicio Olibrio*), Adelaide (*Adelaide*), Salonice (*Scipione*) e Berenice (*Farnace*) era stato il Farinelli, è da ritenere che furono spettacoli appositamente impostati con grande magnificenza artistica, non solo dal punto di vista scenografico ma anche musicale. A questo cantante è riservata l'ultimissima aria nell'*Adelaide* («Per te nel caro nido») e nello *Scipione* («Come scherza la mia sorte»), in sostituzione del coro finale che solitamente concludeva i drammi per musica a lieto fine con l'intervento di tutte le *dramatis personae*. Per queste due opere si è pertanto deciso di chiudere l'atto III non solo difformemente della norma, con due arie interpretate dal cantante più brillante di questi anni, ma anche di aggiungere alla fine due macchine spettacolari. I finali pressoché inconsueti hanno una ragione ben precisa da ricercare nei dedicatari di questi drammi, che erano anche i nuovi «protettori del teatro» e grandi ammiratori di Carlo Broschi.[87] Si trattava di Giacomo Francesco Edoardo III Stuart e Maria Clementina Sobieska.[88] In loro onore furono rappresentati tutti i drammi per musica (con quattro eccezioni) tra il 1720 e il 1730.[89] *Flavio Anicio Olibrio*, *Adelaide* e *Scipione* erano infatti dedicate a lei, il *Farnace* a suo marito.

---

[86] Franchi 1997, p. 204.

[87] Blichmann 2020, tabella 2.

[88] Si veda I-Rasmom, Ricetta di Roma, Teatro Alibert, b. 441, c. 4*sx-dx* (si legge nella scheda PerformArt D-007-550-150, n. 1) e b. 421, c. 44*sx* (scheda PerformArt D-083-530-153).

[89] Blichmann 2020, tabella 1. Per ulteriori approfondimenti si vedano gli studi ivi citati, tra cui Clark 2003, Corp 2003 e 2011.

Complessivamente, all'Alibert, tutte le macchine spettacolari di quegli anni (*cf.* allegato esempi 5-8) non erano tuttavia state introdotte soltanto per festeggiare la pace e le felici unioni delle coppie drammatiche, ma erano anche allusioni al felice matrimonio della coppia inglese-polacca, predisposto da Papa Clemente XI, celebrato a Montefiascone il 3 settembre 1719, e raffigurato anche da Agostino Masucci, pittore romano allievo di Carlo Maratti (fig. 11).[90] Un'iscrizione della stampa fatta successivamente da Anton Fritz testimonia che si svolse sotto gli auspici del Papa, che aveva accolto favorevolmente l'adesione al cattolicesimo di Giacomo III Stuart, esiliato in Italia perché escluso dalla successione alla corona inglese.[91]

Fig. 11 – Agostino Masucci, *Il matrimonio di Giacomo III Stuart e Maria Clementina Sobieska* (ca. 1735), olio su tela, National Galleries of Scotland, su concessione («Purchased 1977 with assistance from the Art Fund, the Pilgrim Trust and private donors»).

[90] Per il matrimonio, l'arrivo della coppia a Roma e tutto il contesto storico si rinvia a Markuszewska 2017 e Blichmann 2018, p. 107-113 e la bibliografia ivi citata.
[91] Un esemplare dell'incisione è conservato nei Musei Civici di Pesaro (Palazzo Toschi Mosca).

Imeneo, come appare nel *Flavio Anicio Olibrio*, è infatti una figura letteraria che rappresenta le nozze e il matrimonio dagli antichi Greci, presso i quali «l'imeneo» era un componimento poetico che veniva eseguito durante il corteo nuziale e accompagnava la sposa nella nuova casa.[92] Nel mondo romano perse la sua funzione pratica e sociale e divenne un componimento esclusivamente letterario. Nell'opera, alludendo al corteo nuziale greco, esso mantiene quest'ultima funzione, essendo Imeneo accompagnato da amorini e da un altro cantante (Filippo Carillo). Nel suo piccolo seguito, egli invoca il «laccio indissolubile tenace» del talamo, le nozze e la pace per le due coppie dell'opera e per quella reale presente nel teatro.[93] Anche l'Italia in macchina nell'*Adelaide* non intende solo celebrare il re della Germania (Ottone) e le sue nozze con Adelaide, ma è da interpretare come omaggio alla coppia. L'esaltazione dell'«invitto re» si trasmette facilmente su Giacomo III Stuart, il pretendente alla corona d'Inghilterra, e i versi benedicono il suo matrimonio con «l'eccelsa sua sposa», Maria Clementina, come anche gli eroi famosi che da questa unione nasceranno (esempio 6).[94]

MODELLI DI MACCHINE: MACCHINA SPETTACOLARE *VERSUS* MACCHINA NUZIALE

Durante le rappresentazioni romane negli anni qui presi in esame, gli effetti e le macchine spettacolari costituiscono un aspetto fondamentale dei drammi per musica, nonostante i complessi cambiamenti che, nel campo della scenografia e della drammaturgia, avrebbero limitato la loro presenza. Federico Capranica e Antonio d'Alibert erano consapevoli di investire in un'iniziativa di prestigio finalizzata al sostegno di precisi, ma diversi obiettivi nei due teatri pubblici. Per immortalare il messaggio più importante delle rappresentazioni,

---

[92] Imene era il Dio greco del matrimonio, camminava alla testa di ogni corteo nuziale proteggendo il rito del matrimonio. Era invocato in occasione di tutti i matrimoni. I suoi attributi consueti erano la fiaccola, una corona di fiori e talvolta un flauto.

[93] Giacomo III Stuart aveva affittato i palchi 3, 4 e 5 nel terzo ordine per sé, la sua consorte e i membri della corte inglese a Roma (*cf.* ad esempio I-Rasmom, Ricetta di Roma, Teatro Alibert, b. 441, c. 33, dove si legge, tra i *Denari riscossi delli palchetti affittati per tutto il Carnevale et altro*, «Da Sua Maestà d'Inghilterra per numero tre palchetti all'ordine terzo numero 3, 4, 5, sc. 240» e I-Rasmom, Ricetta di Roma, Teatro Alibert, b. 421, c. 44*sx*, scheda PerformArt D-083-530-153). *Cf.* Blichmann 2018, p. 119-120.

[94] Dal loro matrimonio il 31 dicembre 1720 era nato il primogenito, Carlo Edoardo Stuart. Il secondogenito, Enrico Benedetto Stuart, nacque a distanza di cinque anni, il 6 marzo 1725.

gli architetti-scenografi ideavano quindi, nei punti cruciali e più memorabili, apparati scenografici decisivi. Il tipo di utilizzo delle macchine nei teatri Capranica e Alibert era tuttavia assai diverso. Attraverso la presenza nelle macchine di raffigurazioni specifiche in questi due teatri pubblici, è possibile considerare l'esistenza di due modelli spettacolari esteticamente diversi.

Al Teatro Capranica la macchina spettacolare era un *medium* supplementare della *performance*, a cui si faceva ricorso per aumentare l'effetto spettacolare e visivo, seguendo in un certo senso le idee seicentesche dell'opera in musica e dei meravigliosi effetti spettacolari. Negli esempi proposti, le macchine servivano per lo svolgimento del *plot* oppure per celebrare i personaggi drammatici e le loro decisioni. A favore della spettacolarità andava concretamente il *deus ex machina*, che durante lo svolgimento del dramma appariva per dare una soluzione alla trama ormai irrisolvibile secondo i principi di causa ed effetto (*Telemaco*, *Astinome*). Le macchine al Teatro Capranica erano tipicamente guidate da deità o personaggi appartenenti alla mitologia, quali Pallade, Nettuno, Minerva, Atlante e Apollo. Il loro aspetto era finalizzato alla grandiosità, alla meraviglia e allo splendore, vere e proprie «macchine spettacolari».[95]

Al Teatro Alibert, per certi versi più innovativo, questo tipo di *deus ex machina* non era più di moda. Qui le macchine erano occupate da personificazioni e allegorie quali Imeneo, Italia, Virtù, Discordia e la Pace, adatte a essere portatrici di precisi e utili messaggi. Erano destinate a concludere i drammi, talvolta in sostituzione del coro finale (*Adelaide*, *Scipione*). Non rinunciando alla spettacolarità, si rivelano, diversamente dal Teatro Capranica, uno strumento di divulgazione politica e sociale, veicolo di precisi significati e temi assolutamente ricorrenti. Il significato delle uniche macchine presenti al teatro Alibert negli anni qui considerati può essere specificato: l'intento era la celebrazione della pace, della concordia nel mondo e della felice unione nuziale della coppia protettrice del teatro, Giacomo III Stuart e Maria Clementina Sobieska.[96]

---

[95] Lo potrebbero confermare anche balli e tornei all'interno di alcune opere presentate al Capranica: «Balli. Nella prima scena dell'atto primo di vittimarii, indovinatori e del ministro del tempio. Nel fine dell'atto secondo di lavoranti di giardino. Nel fine dell'atto primo torneo di picche, spade, sorgentine e bandiere. Abbattimento di Romani e Cumani contro i Capuani e i Cartaginesi»; *Tito Sempronio Gracco* 1720, p. 7. «Choro di giovani Cartaginesi, che formando un gran ballo festeggiano la vicina comparsa della sposa d'Amilcare»; *Marco Attilio Regolo* 1719, p. 9.

[96] È probabile che il matrimonio di Giacomo III Stuart per papa Clemente XI fosse un'opzione fin dall'arrivo dello Stuart in Umbria nel 1717; *cf.* Blichmann 2018, p. 112. Non stupisce che il tema dell'amore fosse già presente in una delle

Concludendo, la dimensione del meraviglioso e gli effetti spettacolari nei due principali teatri pubblici di Roma, il Teatro Alibert e
il Teatro Capranica, sono da vedere rispettivamente in una luce ben
diversa. Le rappresentazioni nel primo teatro tendevano a proporre
più intensamente quello che Muratori avanzava nel suo trattato *Della
perfetta poesia italiana*: con un nuovo tipo di macchina, introdotto alla
fine del dramma, che in ogni modo «dilettava la vista», le *performance*
all'Alibert lasciavano «luogo a più utili rappresentazioni teatrali» con
grandi effetti sentenziosi (*cf.* note 8 e 9), probabilmente più confa-
centi al programma che proponeva Gravina. Le opere in musica
rappresentate al Teatro Capranica appaiono invece meno rivolte verso
questa nuova prospettiva suggerita dalle riforme contemporanee. Con
la creazione di meravigliosi effetti spettacolari qui manca ancora la
parte dell'utile. L'impiego di suggestioni scenografiche assecondava
ancora il desiderio di riservare agli ambienti aristocratici effetti visivi
sfarzosi.

Esempio 1 – La macchina di Pallade (*Lucio Papirio* 1714, Teatro Capranica).

SCENA ULTIMA

Atrio corrispondente a' giardini in casa di Lucio Papirio.
Lucio, *poi tutti, ciascuno a suo tempo.* [...] *Al suono di grave sinfonia
va calando dall'alto in fondo alla scena un gruppo di nuvole,
nel cui mezzo si scuopre in machina d'armi e di trofei assisa* Pallade,
dalla quale come segue viene introdotto il ballo.

[...]

PALLADE   Fenice degl'eroi, gloria del Tebro,
             splendor del Lazio, o gran Papirio, vedi
             come dal Tago all'Ebro
             ora il tuo nome spande
             l'alata diva e l'immortal memoria
             d'un trionfo sì grande
             su fogli eterni suoi scrive l'Istoria.
             Per te del Tebro a passeggiar l'arene
             torna de' Roman geni
             il più festoso stuolo
             che sovra questo suolo

opere rappresentate durante il 1718 all'Alibert, del quale Stuart sarebbe diventato il protettore: nel *Sesostri, re d'Egitto* (III, 14) questo tema riguarda la scenografia, nella quale «alzandosi improvvisamente il prospetto, si vede tutto il Tempio
illuminato, con l'Ara d'Amore e d'Imeneo in lontano [...]» (*Sesostri, re d'Egitto*
1718, p. 78). Per un'ulteriore lettura sul significato delle opere all'Alibert si rinvia
a Markuszewska 2013 e 2016a.

per fare applauso alle sue glorie intanto
scioglie alle danze il piè, la voce al canto.

CORO I
È maggior d'ogni vittoria
trar gl'affetti in servitù;
vassi al tempio della Gloria
pel sentier della Virtù.

CORO II
A raccor palme ed allori
fra le rose non si va,
sol fra stenti e fra sudori
la Virtù nascosta sta.

[*Fine del dramma*]

Esempio 2 – La macchina di Atlante (*Telemaco* 1718, Teatro Capranica).

SCENA PRIMA
*Campagna al lido del mare con ruine di fabriche e alberi diroccati
dall'inondazione,*
*e con la facciata del Tempio di Nettuno. Nettuno tirato dal suo carro da Tritoni,
e Minerva sopra nuvole parimente nel suo carro.* NETTUNO *e* MINERVA.

NETTUNO
Armatevi di spume
ondose mie procelle
per mover guerra al ciel,
che il mio sprezzato nume
assalirà le stelle
con fulmini di gel.

Dunque, fu poco nel litigio antico,
ch'io cedessi a Minerva;
se risvegliando ancora
l'astio crudel delle sopite risse.
Non prendeva, in difesa
di Telemaco e Ulisse,
a rinnovar con me l'alta contesa.
Ma quest'ingrato lido,
che diede al genitore
già ricetto sì fido,
et oggi ancor, darlo presume al figlio,
nelle ruine sue miri se sia
per lui dell'ira mia lieve il periglio.

MINERVA
Del ciel chi non teme
sdegnar la possanza,
in van s'armerà:
se crede alla speme
di folle arroganza,
ben presto cadrà.

	O dell'umido regno
	dominator superbo, e che pretende
	contro i seguaci miei, fare il tuo sdegno?
NETTUNO	Scuoterò col tridente,
	quest'aborrito suolo;
	dall'Eolia prigione
	scioglierò i venti e manderolli a volo,
	perché all'Itaco ardito
	rompan le antenne e squarcino le vele.
MINERVA	E diano al Re de' mari
	titolo di tiranno e di crudele.
	Qual colpa o quale errore
	dell'Itaco guerrier fu che t'indusse
	ad armare il suo danno il tuo furore?
NETTUNO	D'Ilio le mura, opra già mia, distrasse.
MINERVA	E Telemaco il figlio, in che ti offese?
	che fece mai, che disse?
NETTUNO	Basta per suo delitto
	l'esser figlio d'Ulisse.
MINERVA	Deponi il cieco sdegno
	Nettuno, e a me dona
	il figlio e 'l genitore, ambo innocenti,
	e se son rei, le colpe lor perdona,
	che i Dei son Dei sol perché son clementi.
NETTUNO	Il contumace orgoglio
	di chi mi disprezzò punir mi giova.
MINERVA	Oggi vedrai per prova,
	se d'Itaca gl'eroi ti son devoti,
	e quali t'offriran vittime e voti.
NETTUNO	Solo così potranno
	disarmar l'ira mia.
MINERVA	Per la tremenda
	stigia palude, io così a te lo giuro.
NETTUNO	Et io, che non li offenda
	più il mio poter prometto e assicuro.

MINERVA	Torni dunque il ciel sereno,
NETTUNO	torni in calma questo mar.
MINERVA	Cessi il tuono e il baleno.
a 2	Nè paventi più tra i venti
	il nocchier di naufragar.

[...]

SCENA ULTIMA
MENTORE, ADRASTO *e li medesimi.*

MENTORE	Cedi il ferro o la vita.
ADRASTO	Questa render potrò, ma non la spada.
TELEMACO	Mentor, fermati: Adrasto

ridona al fianco il valoroso brando,
e la tua destra invitta
stringa invece dell'armi
di Calipso la man; già che riserva
quella d'Antiope bella
a me il voler de' cieli e di Minerva.

ADRASTO   Più bramar io non posso.

CALIPSO   Et io m'accheto
ai decreti del cielo.

ERISILE   Oh mie sventure,
quanto dolci vi rende in fin dì lieto.

SICOREO   Gogo del tuo piacer che un vero affetto
ama il piacer sol dell'amato oggetto.
Ma quel portento!

*Qui apparisce una gran nuvola che copre il mare
e poi si apre e si vede Atlante sostener il Cielo.*

ADRASTO   Da una densa nube
tutto è coperto il mar.

TELEMACO   Ma si disserra
già il nuvoloso velo.

CALIPSO   Che miro! Il Padre mio,
e se non erro, che sostiene il cielo.

ATLANTE   Figlia, al voler de' Numi
il contrastar non lice.
Antiope di Telemaco sia sposa,
tu di Adrasto, se brami esser felice.

CALIPSO   Figlia, al voler de' Numi
il contrastar non lice,
Antiope di Telemaco sia sposa,
e tu di Adrasto. Alle tue voci, o padre,
prima ancor di sentirle,
seppi obbedir. Adrasto tua già sono,
Telemaco e Antiope, da voi spero,
se vi offesi tal'or, grato perdono.

TELEMACO   Regina, pria la vita
mi salvasti; or mi rendi
l'alma in Antiope bella.

Si apre il globo celeste e comparisce MINERVA *su le nuvole con altre Deità.*

ERISILE   Tua schiava fui: ti sarò sempre serva.

TELEMACO   Pronuba al nostro amor vieni, o Minerva.

MINERVA   Godete anime liete,
che il cielo a voi prefisse,
dopo sì lunghi affanni,
le mete del piacer.

> E sul paterno lido,
> dopo sì lunghi affanni,
> ritorni con Ulisse
> Telemaco a goder.

Il Fine.

Esempio 3 – La macchina di Apollo (*Astinome* 1719, Teatro Capranica).

SCENA XIII ET ULTIMA

PATROCOLO, *che scende frettoloso dal Tempio e detti.*
Poi CRISE, ASTINOME *e* IPPODAMIA *che pure calano dal detto Tempio.*

[…]

CRISE	All'amore, alla gloria ite felici.
PATROCOLO	Da varie fila opposte
	l'eterna mano ad un medesimo fine
	tesse nel buio de' profondi Arcani
	l'alto lavoro degli eventi umani.

Qui comincia a scendere dal Cielo la machina d'Apollo.

AGAMENNONE	Ma qual portento è questo?
ACHILLE	Il lume che ne scende
	abbaglia le pupille e l'aria accende.

Calata la suddetta machina, Apollo dice

APOLLO	Da questa serta d'immortale alloro,
	da questo cetro, che mi pende al collo,
	amanti fortunati, invitti Greci,
	voi ben mi conoscete, io sono Apollo.
	Finché Crise, il diletto
	mio sacerdote, vi negò la figlia,
	vendicai sopra voi
	i miei ne' torti suoi;
	ma tosto, che a lui piacque
	liberar dalla morte il caro pegno,
	io non ebbi a disdegno
	secondar le sue voglie.
TUTTI	O fortunati amanti, o noi felici.
‹APOLLO›	Ascolta, o figlio d'Atreo, e tu di Peleo
	Udite, o voi Mirmidoni, e voi Greci:
	Io vedo sopra polveroso carro
	sferzare Achille due destrier veloci,
	e con rabbia e dispetto
	strascinar dietro le stridenti rote
	tre volte intorno alle nemiche mura

dell'infelice Ettore il corpo esangue,
e tutta l'ampia strada
bagnar del nero sangue.
Io vedo l'alta Reggia e di Nettuno
arder l'antico muro e Troia tutta;
poi l'avaro bifolco
segnarvi sopra il solco,
e romper co' l'aratro
l'atre ceneri e l'ossa
su l'ampia terra, ancor di sangue rossa.

TUTTI   O fortunati Greci, o noi felici.

         Alla gioia, al contento, alla gloria
si vada, si corra,
né tardisi più.
   Il lieto godere
il dolce piacere
ben nasce da amore,
ma più da virtù.

Fine dell'opera.

Esempio 4 – La macchina del Tempio della Fama
(*Il Giustino* 1724, Teatro Capranica).

SCENA ULTIMA
Tutti fuori che AMANZIO.
Machina maestosa rappresentante il Tempio della Fama,
fatto apparecchiare per la coronazione di GIUSTINO.

ANASTASIO	Vieni famoso eroe, da quel mio soglio
	premio avrà tua virtude: a Leocasta
	porgi la destra forte, e tu mia cara
	godi al seren d'aura tranquilla e chiara.
GIUSTINO	Seguo la gloria tua, ch'è mia fortuna.
ARIANA, LEOCASTA	Oh quante gioie un bel valore aduna!
VITALIANO	Chi mai sperò si bella calma in seno.
ANDRONICO	Non ordì mai più dolci nodi amore.
VITALIANO	Degno premio al valor d'un sì bel core.
ANASTASIO	Se più volte il tuo brando
	troncò gl'ingiusti ceppi al nostro Impero,
	se i ribelli vincesti, ed i nemici
	con gloriosi auspici; ora è ben giusto,
	che in mercé de' tuoi fasti al degno crine
	il lauro io porga e t'incoroni Augusto.
GIUSTINO	Signor, al tuo volere
	non ricuso l'onor di sì gran dono:
	poiché degno mi fai, degno ne sono.

Vanno a sedere Anastasio, Ariana, Giustino e Leocasta, e si corona Giustino.

ANASTASIO   Or con tromba gioliva
               a' più remoti lidi il tuo gran nome,
               il nome di Giustino
               porti l'alata Diva.
CORO DEL POPOLO Viva Giustino, Giustino Augusto viva.

CORO   Dopo i nembi e le procelle
               scherza l'onda al mare in seno,
               e nel ciel talor le stelle
               fausto mostrano il sereno.

               Fine del dramma.

Esempio 5 – La macchina di Imeneo
(*Flavio Anicio Olibrio* 1722, Teatro Alibert).
SCENA ULTIMA
Tutti.
[...]
PLACIDIA, TEODELINDA *a 2*
               Or son contenta.
OLDERICO, OLIBRIO *a 2*
               Or son felice appieno.

CORO   Lieto Imeneo discendi,
               e stringa ai nostri cor
               la tua catena.

*Si veggono calcar alcune nuvole, che slargandosi a poco a poco per il palco
fanno vedere nel mezzo* IMENEO *dentro la sua Reggia,
circondato da diversi amorini.*

IMENEO   Mosso da i vostri voti, alme sublimi,
               e a secondar il vostro bel desìo,
               circondato da queste
               lucide nubi, che gli forman trono,
               ecco Imeneo discende, e quello io sono.
               A voi ne vengo, e questo,
               che porto nella man fiorito serto,
               benché molle ei rassembri
               è il laccio indissolubile tenace,
               che stringerà vostr'alme
               in dolce nodo d'amistà e di pace.
               E voi leggiadri amori
               ormai di vaghi fiori
               il talamo spargete ai fidi sposi;

onde prenda ciascun lieto e contento
unito al caro ben dolci riposi.

IMENEO   Sopra voi l'ale distenda
la soave amica pace:
e mai sempre arda e risplenda
pura in voi d'amor la face.

CORO   Sopra voi l'ale distenda
la soave amica pace.

Fine del drama.

Esempio 6 – La macchina dell'Italia (*Adelaide* 1723, Teatro Alibert).

SCENA ULTIMA
IDELBERTO *e i suddetti.*

[...]
OTTONE   Se in te sposa gradita ho la mia pace.
ADELAIDE   Se in te sposo adorato ho il mio contento.

Per te nel caro nido
la mesta tortorella,
che tanto duol soffrì,
pace soave e bella
ritorna ora a goder.
Per te del fato infido
il rio furor schernì,
e in te dolce sposo
ritrova il suo riposo
abbraccia il suo piacer.

*L'*ITALIA *in machina.*

ITALIA   Invitto Re, cui trasse
dalle rive dell'Istro
di bella gloria il fervido desìo,
ai tuoi trionfi ed alle tue vittorie
tutta lieta e fastosa applaudo anch'io.
Senti, deh senti come
de' miei sudditi fiumi
suonan le sponde del tuo chiaro nome
or tu ne godi e unito
all'eccelsa tua sposa
passa felici gl'anni:
onde per voi si vegga.
Indi per quei, che nasceran da voi
ripieno il mondo di famosi eroi.

CORO
> Sparga il talamo Reale,
> di bei fiori il Dio d'amor.
> E risuoni in ogni riva
> viva, viva
> il sublime vincitor.

Fine del drama.

Esempio 7 – La macchina della Virtù (*Scipione* 1724, Teatro Alibert).

SCENA ULTIMA

SCIPIONE, SALONICE, ELVIRA, CARDENIO, *littori, soldati e suddetti.*

[...]

CARDENIO
> O eroe sublime:
> il mondo al tuo valor vedrai sommesso,
> se con tanto valor vinci te stesso.

LUCINDO, SALONICE *a 2*
> Pure al fin trovo in te le gioie mie.

LUCINDO Mia diletta.

SALONICE   Mio sposo.

SCIPIONE, ELVIRA, CARDENIO *a 3*
> Ed io trovo in virtude il mio riposo.

SALONICE
> Come scherza la mia sorte!
> Pria mi mostra le catene,
> poi mi dà la libertà.
> Mi consegna a la mia morte;
> poi mi rende al caro bene,
> e più cara a lui mi fa.

Fine del Dramma.

LA VIRTÙ IN MACHINA.

Precede una Festa d'armi, fatta in aria dalla Discordia e da' suoi seguaci.

LA VIRTÙ
> Furia crudel, che alla Virtù fai guerra
> empia Discordia insana,
> libera ormai dalle tue furie il mondo.
> E voi, che seco innanzi a me pugnate,
> nell'Erebo profondo
> seco precipitate.
> Ecco io già vi spalanco
> I neri orridi chiostri.

Si apre il palco e comparisce la Reggia di Plutone.

> Tornate, o mostri, ad albergar co' i mostri.

Precipita la Discordia co' suoi seguaci.

PLUTONE

Delle perdite mie, de' tuoi trionfi,
superba, invan ti gonfi.
Amor, la cui possanza
non ha termine in terra,
risorgerà pur' anche a farti guerra.

Dispera la palma
d'ogn'alma,
superba Virtù.
Del mondo è signore
amore, tiranna sei tu.

Di nuovo si chiude il palco e sparisce la Reggia di Plutone.

LA VIRTÙ

Contro gl'eroi del Tebro
pugnerà sempre ogni nemico invano:
che la Virtù di Roma
esser non può mai soggiogata, o doma.

Stancherà l'Aquila altera
l'ali al tempo e regnerà.
E di secoli una schiera
il suo piede bacerà.

CORO

Stancherà l'Aquila altera &c.

Esempio 8 – La macchina della Pace (*Farnace* 1724, Teatro Alibert).

SCENA ULTIMA
TAMIRI *col figlio e i suddetti.*

[...]

BERENICE

Io gli perdono;
e se Farnace assente
ch'egli sia tuo consorte, a te lo dono.

FARNACE

Principe, il tuo gran merto
Di maggior premio è degno:
ti devo, oltre Selinda, e vita e regno.

TUTTI

Vieni, o bella e cara Pace,
le nostr'alme a consolar.
Lascia il cielo, ove dimori
fra le Grazie e fra gli Amori,
e fra noi torna a regnar.

Fine del dramma.

LA PACE IN MACHINA.

PACE
Cessate omai, cessate
da le stragi, o mortali, e a questa insegna
di concordia e d'amor Nunzia verace,
deponete gli sdegni: Io son la Pace.
La Pace io son, che torno
a far tra voi soggiorno;
e a svelarvi gl'arcani,
che a note d'oro impressi
pria di lasciare il ciel, nel cielo io lessi.

Viva e regna l'Innocenza,
e la Pace regnerà:
né più a danni della terra
l'empia guerra si armerà:
ma del mondo in ogni riva
quest'oliva fiorirà.

ALEXANDRA NIGITO

EX PARTIBUS TOTUM

LE «PARTI CAVATE» COME SPECCHIO DELLA VITA MUSICALE ROMANA TRA SEI E SETTECENTO

Premessa

Il presente contributo si propone un'analisi delle parti staccate – o "cavate", come allora si chiamavano[1] – di cantate, oratori e drammi per musica eseguiti a Roma tra il 1685 e il 1733. Le testimonianze sono sia documentali, come i conti di copisti, sia musicali, come le copie manoscritte impiegate per le esecuzioni: queste ultime, anzi, diventano esse stesse documento, prova tangibile della vivace vita musicale romana. Il primo quesito a cui cercheremo di dare risposta è se le parti forniscano informazioni aggiuntive riguardo all'evento performativo, agli organici strumentali impiegati, agli elementi di prassi esecutiva e allo stesso processo creativo, le cui ultime propaggini si estendono fino all'atto dell'esecuzione. Quindi indagheremo gli eventuali cambiamenti di organico e di disposizione dei musicisti col mutare dell'epoca, del luogo e delle circostanze dell'esecuzione. Individueremo analogie e differenze durante il cinquantennio preso in esame. Cercheremo di chiarire in che misura tali informazioni concorrano a definire paradigmi spettacolari specificamente romani e a gettare luce sulla ricezione delle partiture romane in altri centri musicali (si veda più oltre il caso della ripresa modenese de *La Maddalena* di Scarlatti). Infine vedremo in che modo il concetto di *performance* ci aiuti a rivalutare una fonte tradizionalmente marginale come le parti separate. All'interno di una selezione di casi rappresentativi, saranno quindi classificate tutte le informazioni pertinenti alla prassi esecutiva documentate dalle parti stesse o desunte dal confronto con le relative partiture. Tale indagine non vuole soltanto essere al servizio di una ricostruzione filologicamente attendibile delle modalità performative. Essa si ripromette altresì di fare di questa peculiare tipologia di fonti musicali, abitualmente negletta, un documento eloquente di

---

[1] Sull'analogo concetto di "parti scannate", termine impiegato in ambito teatrale, si rimanda al contributo di Usula 2018.

un evento sociale ed artistico altrimenti muto, nonché il necessario riscontro della documentazione archivistica in nostro possesso, con esiti che auspichiamo ricchi di conseguenze sulla nostra percezione della storia dello spettacolo e della prassi esecutiva a Roma tra Sei e Settecento.[2]

DESCRIZIONE DEI DOCUMENTI ARCHIVISTICI: I CONTI DI COPIATURA

Una tipologia di documenti presente in quasi tutti gli archivi familiari romani del Sei e Settecento è quella dei conti per la copiatura di partiture e parti.[3] L'interesse di tali documenti investe tanto la storia della musica e dello spettacolo – in quanto forniscono informazioni utili su compositori, librettisti, luoghi e date di composizione, organici e circostanze di esecuzione – quanto il profilo del committente, i suoi gusti musicali, i suoi mezzi finanziari e l'importanza da lui attribuita a questo ambito artistico. Tali conti si presentano generalmente con l'intestazione del copista, l'elenco più o meno dettagliato dei lavori di copiatura eseguiti, il numero di fogli copiati e la spesa complessiva, cui seguono l'approvazione, il mandato e la ricevuta di pagamento. Si vedano, a titolo d'esempio, due giustificazioni tratte dagli archivi del principe Francesco Maria Ruspoli e del cardinale Benedetto Pamphilj:[4]

1.

Conto dell'eccellentissimo signor principe Ruspoli con Francesco Antonio Lanciani. Adì 16 agosto 1717. Copie di musica scritte per servitio dell'Accademia dell'eccellentissimo signor prencipe Ruspoli

[2] Ringrazio cordialmente Arnaldo Morelli e Alessandro Lattanzi per i numerosi suggerimenti e la acribia nella rilettura del presente contributo; Aldo Roma per le preziose informazioni sull'Archivio del Collegio Nazareno di Roma, oggetto delle sue attuali ricerche; il personale delle biblioteche e degli archivi che mi hanno facilitato la consultazione del materiale musicale, in particolare Susanna Panetta della Biblioteca Corsiniana, Alessandra Merigliano dell'Archivio generale delle Scuole pie e Gertrud Gaukesbrink della Diözesanbibliothek di Münster. I miei ringraziamenti alle suddette istituzioni e alla Biblioteca Estense universitaria di Modena anche per l'autorizzazione a pubblicare le immagini qui riprodotte.

[3] Gli ultimi decenni hanno visto una ricca fioritura di pubblicazioni riguardanti simili documenti. Senza pretendere di fornire una bibliografia esaustiva, si vedano almeno i classici studi di Kirkendale 1967 e 2003; Della Seta 1983; Marx 1983a e 1993. Ulteriori documenti saranno presto disponibili sul database del progetto PerformArt.

[4] V-CVaav, Archivio Ruspoli-Marescotti, Giustificazioni di Roma, b. 64, fasc. 118, n° 33; I-Rdp, sc. 2, b. 9, n° 217 (in Marx 1983a, n° 63).

Lungi dal caro bene. Cantata a canto solo con violini del signor [*sic*]

Originale	f. 3
Parte	f. 1 ½
Violini	f. 3

Deh quando fia ch'io miri. Cantata alto solo con violini del signor [*sic*]

Alto	f. 2 ½
Violini	f. 3 ½

Qui del Latmo fiorito. Cantata a 2, canto e alto, con violini del signor [*sic*]

Originale	f. 10
Endimione	f. 3 ½
Diana	f. 3 ½
Violini	f. 8 ½

La mia superba Irene. Cantata a alto solo con violini del [*sic*]

Alto	f. 2 ½
Violini	f. 4

Dieci volte. Cantata a canto solo con violini et oboe del signor Marcelli

Canto	f. 2
Violini et oboè	f. 5 ½

Per fatale decreto. Cantata canto solo con violini et oboe del detto

Canto	f. 2
Violini et oboè	f. 6

Vola, sospiro, vola. Cantata alto solo con violini del signor Gasparini

Alto	f. 2
Violini	f. 3 ½

Dunque Cesare. Cantata a 2 con violini del detto

Cleopatra	f. 3 ½
Marc'Antonio	f. 4
Violini	f. 6

Tu mi lasciasti. Cantata alto solo con violini del signor Mozzi

Alto	f. 1 ½
Originale	f. 3 ½
Violini	f. 3 ½

Su la vicina sponda. Cantata a canto solo con violini del signor Gasparini

Originale	f. 4 ½
Canto	f. 2 ½
Violini	f. 5

In tutto sono fogli cento e mezzo   f. 100 ½
e sono scudi dieci e baiocchi cinque   sc. 10,05
                                    Francesco Gasparini

Io sottoscritto ho ricevuto dall'eccellentissimo signore principe
Ruspoli per le mani del signor Giuseppe Gellée, suo mastro di casa,
li suddetti sc. dieci, ba. 05 moneta per saldo del sudetto conto, questo
dì 31 ottobre 1717

                                    per sc. 10,05 moneta
                        Francesco Antonio Lanciani mano propria

2.

Conto de' fogli reali di musica scritti nell'oratorio per servitio dell'e-
minentissimo signor cardinal Panfilio da Giovanni Pertica, Tarquinio
Lanciani et altri etc.

A primo aprile 1689

Nota e conto de' fogli reali di musica, che si sono scritti nell'oratorio di Santa Beatrice [D'Este di Giovanni Lorenzo Lulier] per
servitio dell'eminentissimo signor cardinale Panfili

Prima per haver cavate le 5 parti che cantano	f. 24
E più violini del concertino	f. 14
E più l'originale	f. 34
E più un originale per il leuto	f. 7 ½
E più un originale per il 2° choro	f. 6
E più per tutte le parti de' stromenti raddoppiate tante volte, cioè violini primi e secondi, viole e violoni	f. 101
E più rappezzature di tutte le parti e originale	f. 53
E più un originale pulito	f. 34

In tutto sono fogli n.	273 ½
	-----
che a ba. 12 ½ il foglio inporta	sc. 34,19

Io Gio. Lorenzo Lulier

Si può spedir mandato all signor Giovanni Pertica e Compagni,
copista di musiche, di scudi trentaquatro, ba. 19 moneta, qualli sono
per saldo et intiero pagamento dell' soprascritto conto fatto per servizio
et ordine di Sua Eminenza Padrone, questo dì 5 aprile 1689

                                    Dico sc. 34,19 moneta
                                    Ascanio Bartoccini

I copisti specificano se si tratta della copiatura di partiture intere, con il semplice titolo del brano o con la dicitura "originale", oppure di parti "cavate" ad uso di cantanti e strumentisti. Delle dieci cantate menzionate nella prima giustificazione – di cui cinque adespote, tre di Francesco Gasparini,[5] due di Benedetto Marcello e una di Mozzi – vengono copiate tutte le parti e quattro "originali". Fine della copiatura di questo materiale è certamente l'esecuzione pratica, come espressamente specificato dalla nota «per servitio dell'accademia» di casa Ruspoli.[6] Nella seconda giustificazione, oltre alle parti cavate per i cinque cantanti, il concertino e i violini di ripieno, vi sono quattro originali: uno semplice e uno pulito, entrambi di 34 fogli, uno di 7 ½ fogli per il liutista e uno di 6 fogli per il «2° choro» di trombe, violini, violetta e basso, che in due sinfonie e un'aria della *S. Beatrice D'Este* di Lulier si contrappone al primo coro, ossia al concerto grosso.[7]

L'originale poteva dunque assolvere a una quadruplice funzione e rappresentare:

1) una bella copia che confluiva nella biblioteca privata del committente: per es. «originale pulito» potrebbe talvolta far riferimento a una partitura da archiviare;
2) una partitura a disposizione del compositore o del cembalista durante l'esecuzione: per es. «[...] per fogli ricopiati all'originale del signor Pier Simone [Agostini] 25»[8] fa verosimilmente riferimento all'originale utilizzato da Agostini per dirigere ad Ariccia la sua opera, *Gl'inganni innocenti, overo l'Adalinda* (1673);
3) la riduzione per uno strumentista o una compagine strumentale, come l'originale «per il leuto» e il «secondo coro» contenenti soltanto i numeri in cui suonano;
4) un manoscritto da offrire in dono: per es. «Adì 6 ottobre 1685. Nota di quello ha scritto Giovanni Pertica per servitio dell'eminentissimo signor cardinal Panfilio. Prima una copia dell'oratorio della Madalena ordinò sua eminenza per donare, sono fogli 34 [...]».[9]

---

[5] Piperno 1981, p. 199-200, suppone che nelle note di spesa di Lanciani le cantate anonime siano con ogni verosimiglianza da attribuire a Gasparini, in quegli anni maestro di cappella del principe Ruspoli.

[6] Piperno 1981, p. 201.

[7] Nigito 2016, p. 160.

[8] V-CVbav, Archivio Chigi, b. 489, c. 863 (anche nella scheda PerformArt D-001-531-591).

[9] I-Rdp, sc. 2, b. 5, n° 577, in Marx 1983a, n° 40.

Talora nei documenti si incontrano i termini originale «disteso» e «originale non disteso»: «[…] Per l'originale disteso prima e 2ª parte fogli 28. Per l'altro originale non disteso prima e 2ª parte fogli 19 ½ […]».[10] Disteso sta per allungato: ma cosa si intende con questo termine in relazione ad una partitura? Dal momento che l'originale disteso ha un terzo delle carte in più, potrebbe trattarsi di un manoscritto in cui le arie sono copiate per esteso, ossia senza segni di Da Capo. Presso la Biblioteca Apostolica Vaticana si conservano due cantate di Pietro Paolo Bencini (1670-1755) che sembrerebbero avallare questa ipotesi: *Aminta e Dori*, in una partitura dalla scrittura più corsiva, con segni di Da Capo nelle arie (originale non disteso), e una bella copia d'altra mano, con le arie scritte per esteso (originale disteso); *Le gare festive*, in una partitura riveduta, con correzioni, sezioni rimosse e rimandi, tale da sembrare autografa (originale non disteso), e una copia pulita con arie scritte per esteso, senza Da Capo, e le revisioni della precedente partitura accolte a testo (originale disteso).

DESCRIZIONE DELLE PARTI "CAVATE"

Le parti staccate di opere, cantate e oratori romani del periodo in esame che sono sopravvissute sino ai giorni nostri sono rare, diversamente dalla musica sacra che è tradizionalmente tramandata in parti separate. In quanto mero materiale d'uso, è andato il più delle volte incontro ad una triste sorte. Mentre il repertorio liturgico, che veniva rieseguito continuamente per decenni e talvolta per secoli, restava conservato negli archivi delle istituzioni religiose, le parti di musica vocale profana avevano vita breve e non rappresentavano un oggetto da collezione, a differenza delle partiture complete.[11]

Le parti staccate potevano contenere:

1) un singolo strumento, come il violino I e II, l'oboe, la tromba, il violoncello, il contrabbasso etc., oppure, più raramente, una parte vocale senza accompagnamento, come nella *Maddalena* o nella *S. Teodosia* di Scarlatti della Biblioteca Corsiniana;[12]

---

[10] I-Rdp, sc. 3, b. 15, n° 94 (1713).

[11] La carta era comunque una voce di spesa importante, sia per i privati che per le collettività, e non veniva sprecata. Il riutilizzo delle parti staccate come rilegature di materiale archivistico è documentato alla corte modenese nella seconda metà del Settecento. *Cf.* Lattanzi 2007, p. 222-223.

[12] Entrambi i manoscritti sono dello stesso copista. Si tratta forse di un uso grafico caratteristico? Apparentemente no, visto che anche *L'amore divino* di Mancini della Biblioteca Corsiniana è nella stessa grafia, ma l'unica parte vocale superstite presenta in aggiunta la linea del basso.

2) la parte di canto con il solo accompagnamento del basso continuo (particella). Nei duetti le due voci sono per lo più riportate assieme. Il basso continuo può presentarsi completo e corredato della numerica, oppure soltanto accennato quando la voce tace o in corrispondenza di punti strategici. Le sezioni in cui il cantante non canta sono indicate con porzioni di testo di orientamento (ad esempio la fine del numero precedente) o con le espressioni «tace», «tace fino a» o simili;

3) il concertino, ossia violino I-II e basso. Nei recitativi accompagnati la parte vocale si aggiunge a quella del basso o la sostituisce, essendo così più facile seguire la voce. I pentagrammi si riducono a due nelle arie con violini unisoni. Più raramente si trovano sezioni con violini soli senza basso;

4) violino I-II, canto e basso: si tratta del cosiddetto "originaletto", privo dei recitativi. Tale doveva essere l'«originaletto de' violini dell' concertino» menzionato in un conto di copiatura del 1705 per l'oratorio S. *Vincislao* di Carlo Francesco Cesarini.[13]

A differenza di ciò che avviene ai giorni nostri, le parti esaminate non recano annotazioni da parte degli esecutori, né rilevanti segni d'usura. Ciò è dovuto sia al valore intrinseco del materiale manoscritto, che doveva essere trattato con cura e reso in buone condizioni, sia alle abitudini degli esecutori di allora, che non sembra fossero soliti intervenire sulle parti. Aggiungere indicazioni non era avvertito come un bisogno e si esercitava una maggiore attività mnemonica durante le prove; d'altronde non era consuetudine annotare dinamiche dettagliate o segni espressivi nemmeno nelle partiture. La sopravvivenza delle parti può essere anche dovuta, di contro, al loro buono stato di conservazione.

Casi specifici

L'esame delle parti "cavate" romane di cantate, drammi e oratori nell'arco del cinquantennio che va dal 1685 al 1733 è stato effettuato su un gruppo di ventisette manoscritti, di cui sette provenienti dalla Biblioteca Corsiniana di Roma, cinque dalla Biblioteca Apostolica Vaticana, quattordici dall'Archivio generale delle Scuole pie di Roma e uno dal fondo Santini di Münster (vedi in questo saggio l'Appendice *a. Elenco delle fonti esaminate*).

---

[13] I-Rdp, sc. 3, b. 7, n° 171. Nigito 2016, p. 157.

I manoscritti della Biblioteca Corsiniana di Roma derivano dal fondo di Girolamo Chiti (1679-1759), maestro di cappella della Basilica Lateranense dal 1726 fino al 1759 e primo cappellano custode della Cappella Corsini posta nel Laterano dal 1735 al 1759. Attraverso il lascito testamentario al cardinale Neri Maria Corsini la collezione pervenne infine alla Corsiniana.[14]

Particolare interesse destano i manoscritti dell'Archivio generale delle Scuole pie, in quanto fondo unitario.[15] Provengono dal Collegio Nazareno di Roma[16] e contengono prevalentemente cantate eseguite per la Natività della Vergine. Le partiture giunsero probabilmente nell'archivio degli scolopi tra il 1870 e il 1874 per effetto della soppressione degli ordini religiosi.[17] Nel 1658 il Collegio Nazareno istituì l'Accademia degli Incolti, che celebrava la Beata Vergine sua protettrice nelle tre festività del 25 marzo (Annunciazione della Beata Vergine), 8 settembre (Natività di Maria) e 10 dicembre (traslazione della casa di Loreto). La musica si concentrava soprattutto nella solennità della Natività della Vergine, durante la quale veniva organizzata un'accademia solenne di poesia e musica, e in altre occasioni particolari, come nei balli e negli intermezzi di tragedie e commedie durante il Carnevale. Nel 1694 all'interno del collegio fu istituito anche un teatro, dove il 7 febbraio 1699 il cardinal Ottoboni fece rappresentare la sua *Santa Rosalia*. Per le cantate al Collegio Nazareno, spesso riprese di opere eseguite altrove, si assumevano musici scelti e si prediligevano compositori in auge (le cronache fanno spesso riferimento a una «vaghissima cantata con scelte voci e stromenti musicali»).[18]

PARTI STACCATE COME FONTE D'INFORMAZIONE
PER LA STORIA DELLA MUSICA E DELLA PRASSI ESECUTIVA

Abbiamo raggruppato i dati emersi dall'esame dei manoscritti citati in sei categorie. Le parti staccate, infatti, possono:

[14] Careri 1998, p. 7.
[15] Per una descrizione del fondo vedi Careri 1987 e Lanfranchi – Careri 1987.
[16] Per la documentazione archivistica del Collegio Nazareno si rimanda agli studi in corso di Aldo Roma.
[17] Il Collegio Nazareno era diretto dai padri scolopi ed era separato dall'Ordine delle Scuole pie. Il rettore del collegio fece forse trasportare per sicurezza parte della biblioteca presso la Curia Generalizia dell'ordine, che non rischiava la soppressione. *Cf.* Careri 1987, p. 7. Sull'attività di questo collegio, si veda il contributo di Aldo Roma in questo stesso volume, «*Per allevare li giovani nel timor di Dio e nelle lettere». Arti performative, educazione e controllo al Collegio Nazareno di Roma nel primo Seicento*, p. 167-185.
[18] Careri 1987, p. 29.

a) informarci circa l'identità degli interpreti
b) documentare date di esecuzione
c) testimoniare cambiamenti di gusto, di prassi compositiva e di disciplina orchestrale
d) integrare i nostri dati sugli organici strumentali
e) provvedere indicazioni di prassi esecutiva
f) contribuire, tramite informazioni suppletive e annotazioni marginali, a colmare la distanza tra manoscritto ed esecuzione.

a. Identità degli interpreti

Le parti vocali della cantata *Abramo il tuo sembiante* di Alessandro Scarlatti, eseguita la notte di Natale del 1705 al Palazzo Apostolico, registrano i nomi dei cantanti: il soprano «Sig.ʳ Checchino», ossia Francesco Finaja (Ezechiele), il soprano «Sig.ʳ Pasqualino» Tiepoli (Daniele), il contralto «Sig.ʳ Momo», ossia Girolamo Bigelli (Geremia), il tenore «Sig.ʳ Vittorio» Chiccheri (Isaia), il basso «Il Sig.ʳ Abb.ᵉ D. Ant.º Manna» (Abramo).

Analogamente le uniche due parti superstiti della cantata anonima *Tirsi e Mopso*, verosimilmente databile agli anni Trenta o Quaranta del Settecento, ci informano sui cantanti coinvolti nelle celebrazioni in onore della Beata Vergine del Collegio Nazareno: sulle parti di Tirsi (soprano) e Mopso (contralto), infatti, sono annotati rispettivamente i nomi del «Sig.ʳᵉ Domenico» e del «Sig. Pasqualino». Il soprano è verosimilmente Domenico Ricci, detto Menicuccio (ca. 1700-1755), che cantò altre volte nelle accademie del collegio (1743, 1745 e 1747),[19] mentre il contralto è il celebre Pasqualino Betti (fine sec. XVII-1752).

Dalle due partiture della *Teodora Augusta* di Scarlatti veniamo a sapere chi furono i cembalisti in occasione della ripresa romana del gennaio 1693: Giovanni Francesco Garbi al primo cembalo e Giacomo Simonelli al secondo cembalo.[20] Visto che il compositore generalmente sedeva al cembalo, si può concludere che Scarlatti, allora impegnato nelle recite di *Gerone tiranno di Siracusa* al San Bartolomeo di Napoli, non fosse presente all'esecuzione romana.

Il caso più interessante, però, è senz'altro quello della cantata di Giuseppe Amadori *E quali odo d'intorno* (1705), che ha due parti di violino I e due di violino II, oltre a quella di concertino. Nessuna delle parti di violino reca espressamente indicato "di concerto grosso", ma ne presenta il classico aspetto, con un solo pentagramma per il violino.

[19] Careri 1987, p. 88, 92 e 113.
[20] V-CVbav, Archivio Chigi, Q.VII.106 e 107 riportano nel frontespizio il nome del «Signor Giovanni Francesco Garbi primo Cimbalo», mentre Chigi Q.VII.108, 109 e 110 quello del «Signor Simonelli 2º Cimbalo».

Due di queste parti mostrano una peculiarità, in quanto recano l'intestazione «Violino primo [...] signor Arcangelo | 1705» e «Violino 2° [...] signor Matteo | 1705»:

Fig. 1-2 – G. Amadori, *E quali odo d'intorno* (1705), in I-Rps, REG. M. 1b, parti di violino I (c. 1*r*) e violino II (c. 1*r*).

Su concessione dell'Archivio generale delle Scuole pie (Roma).

Dalle parti ricaviamo dunque che all'evento del Collegio Nazareno presero parte Corelli e Fornari, ma non solo: contrariamente a quanto saremmo inclini a pensare, in quella occasione i due celebri violinisti dovettero suonare nel concerto grosso e non nel concertino. L'aria *Che risolvi* a violino e violoncello soli reca nella parte di Corelli la scritta «Violino solo | Che risolvi la sona il concertino» (l'aria è scritta per esteso):

Fig. 3 – G. Amadori, *E quali odo d'intorno*, I-Rps, REG. M. 1b, parte di violino I, c. 5*r*.

Su concessione dell'Archivio generale delle Scuole pie (Roma).

Nella parte di concertino vi è la scritta «Violino solo». Se Arcangelo e Matteo fossero stati nel concertino, i loro nomi sarebbero stati apposti sulla parte del concertino e non su quelle del concerto grosso. Nella parte di Matteo, inoltre, dopo l'aria *Pria vedrò* vi è l'annotazione «siegue subito contino», ossia si richiede di contare le battute di pausa: il plurale ci fa pensare che, come al solito, erano in due a leggere dal leggio, e qui non Corelli e Fornari, bensì Fornari e un altro violino II del concerto grosso. Si potrebbe obiettare che nell'aria *Pria vedrò* a due violini e basso continuo, l'unica in cui si alternino *tutti* e *soli* (a parte un piccolo intervento del violino solo in *Vendetta, sì vendetta*), le entrate delle due compagini non sono indicate in partitura, ma solo nel concertino e nelle parti di Arcangelo e Matteo, mentre mancano in quelle degli altri due violini, che nei *soli* presentano delle pause. È però probabile che le parti di Arcangelo e Matteo fossero complete perché servivano di orientamento nella conduzione del concerto grosso. Si tratta comunque di un caso molto particolare, dal momento che le loro parti sono una via di mezzo tra il concertino e il concerto grosso, su un unico rigo come le parti del concerto grosso, ma con le entrate di *soli* e *tutti* come nel concertino.

b. Date di esecuzione

Nel caso appena citato della *Teodora Augusta* di Scarlatti, troviamo stratificato materiale di due diverse esecuzioni. La prima andò in scena al Palazzo Reale di Napoli il 6 novembre 1692, in occasione del compleanno di Carlo II,[21] e a poche settimane di distanza, nel gennaio 1693, l'opera fu replicata a Roma nel Teatro Capranica.[22] La parte di concertino reca la data 1692,[23] mentre la partitura quella del 1693. Le mani dei copisti di partitura e parti, però, sembrano tutte romane. Il cembalo I è una copia pulita del cembalo II, ma presenta anch'essa correzioni e revisioni dell'ultimo momento. Ci sono parecchie cancellature, indicazioni come «questo ci và» e «questo non ci và», oppure arie da trasporre un tono sopra. Ad esempio, nel concertino del 1692, l'aria del I atto *Viva l'arco*, con due violini, viola e basso continuo, è trasposta in Do (la versione in Re è tagliata e ne resta solo l'inizio), mentre nella partitura del 1693 è in Do, ma si richiede di riportarla alla versione originale, ossia in Re: «questa aria va scritta un tono più alto con doi diesis come la mandò Scarlatti». Parti e partiture con

---

[21] *Teodora Augusta* 1692 (Sartori 1990-1994, n° 23023). Dedica dell'impresario Andrea Del Po, Napoli, 5 novembre 1692.
[22] *Teodora Augusta* 1693 (Sartori 1990-1994, n° 23024). Dedica di Carlo Giannini, Roma, 3 gennaio 1693.
[23] V-CVbav, Chigi Q.VII.103 e 105.

le loro stratificazioni testimoniano dunque l'evoluzione diacronica dell'opera tra la prima rappresentazione napoletana e quella romana.

Altro manoscritto interessante ai fini della datazione è la parte di secondo cembalo della *Santa Rosalia*, unica fonte sopravvissuta, che reca il seguente frontespizio: «1698 | St:ª Rosalia | Secondo Cimbalo | [in altra grafia:] Nel Colleg.º Naz.º Rappresentata». La parte contiene i righi del canto e del basso cifrato, ma a differenza della *Teodora Augusta*, senza violini. Sono presenti ampie tracce di rimaneggiamento, come porzioni cassate, fogli tagliati e inserti incollati. Il copista è lo stesso sia per le modifiche che per il resto del manoscritto. La *Santa Rosalia*, su testo di Pietro Ottoboni, ebbe diverse rappresentazioni in quegli anni: una prima versione, *La Santa Rosalia. Dramma per musica per l'anno 1695*, andò in scena il 20 luglio 1695 alla Cancelleria nel teatrino dei pupazzi di Ottoboni (libretto in I-Rn, 35.9.K.18.2);[24] una seconda versione modificata, dal titolo *La costanza nell'amor divino, overo la Santa Rosalia. Dramma sacro per musica per l'anno 1696*, verosimilmente con musica di Severo De Luca, Flavio Lanciani e Francesco Gasparini, venne eseguita il 15 gennaio 1696 al Palazzo della Cancelleria (libretto in I-Rn, 34.1.A.6.7).[25] A queste fece seguito nel febbraio 1699 una terza versione rappresentata al Collegio Nazareno con il titolo *L'amante del Cielo. Dramma sacro per musica da rappresentarsi nel Collegio Nazzareno per le Vacanze dell'Anno 1699* (libretto in I-Rn, 35.4.K.9.7) e dedica datata 13 febbraio 1699.[26] Il fatto che sul frontespizio del manoscritto per il secondo cembalo appaia la data del 1698, che «Nel Colleg.º Naz.º Rappresentata» sia stato aggiunto da altra mano e che vi siano numerose modifiche, fa pensare che il manoscritto fosse stato usato per una rappresentazione precedente.[27] Il sonetto pubblicato su un foglio volante del 1699, conservato nella Biblioteca nazionale di Roma, è una testimonianza della rappresentazione al Collegio Nazareno: «In lode del signore Nicola Nicolai musico del eminentissimo prencipe Pietro Otthoboni per la virtuosa, e gentil maniera, con la quale rappresenta la parte di Balduino, nell'opera intitolata S. Rosalia che si recita nel Collegio Nazareno».[28]

---

[24] Chirico 2014, p. 38-41. In un conto di copiature si fa riferimento alla successiva rielaborazione dell'opera che avrebbe generato *La costanza nell'amor divino*: *cf*. Volpicelli 1989, vol. 2, p. 710: «A dì 25 Nov.ʳᵉ 1695 S. Rosalia tutta composta di novo Parole e Musica» (documento in V-CVbav, Comp. Ott. 31, n° 62).

[25] Franchi 1988, p. 696-698; Della Libera – Domínguez 2012, doc. 125, p. 158.

[26] Careri 1987, p. 48, 86. La data riportata sul libretto è il 13 febbraio 1699, mentre un avviso fa riferimento al 7 febbraio (Careri 1987, p. 22).

[27] Careri 1987, p. 86, ritiene che la data sia quella dell'epoca della revisione.

[28] Sartori 1990-1994, n. 20977; le parti di Rosalia e Balduino furono interpretate da Giovanni Breccia e Nicola Nicolai: *cf*. Franchi 1988, p. 740-741.

Il primo atto inizia con l'aria di Balduino *Dal mio sol l'alba che sorge,* come nella parte di cembalo. Lindgren suppone che la musica fosse un rifacimento di Gasparini, che in questa circostanza è menzionato (senza nome proprio) in qualità di violinista.[29] Un avviso del 7 febbraio 1699 recita: «Nel Collegio Nazareno Sua Eminenza Ottobonj fa recitare in musica la rappresentazione di S. Rosalia con buone scene e migliori habiti, e con voci mediocri».[30] Diversi conti del 1698 nella Computisteria Ottoboni fanno riferimento alla copiatura di partiture intere dell'opera;[31] non però alle parti, che il collegio verosimilmente ereditò da una rappresentazione anteriore. Si veda ad esempio il conto del copista Giovanni Paolo Anguilla, in cui si accenna alla partitura del dramma sacro: «Adì 31 detto [settembre 1698] per due copie della commedia di S. Rosalia di facciate 165 l'una, in tutto facciate 330, sc. 3».[32] E ancora: «E adì 30 detto [marzo 1699] sc. 1,80 moneta pagati a Santi Frelli Copista per una copia della commedia di S. Rosalia fatta per servizio di Sua Eccellenza Padrone, come per ricevuta sc. 1,80».[33] Seguono spese «per cartoni fini per legare [...] un originale in musica della Santa Rosalia, sc. 0,15 [...]. A 2 febraro 2 cartoni fini per legare l'opera di S. Rosalia in musica, e due libri d'ariette, sc. 0,10».[34] Da un «Conto dell'eminentissimo signor cardinale Ottoboni con Giuseppe Fiorese cartolaio» risulta che ancora a fine anno al copista Lanciani venisse fornita carta per copiare la *Santa Rosalia,* un'opera a cui Ottoboni certamente attribuiva particolare importanza: «Adì 8 decembre 1699 per quinterni di carta rigata cinque per l'opera di S. Rossaria [*sic*] data al signor Flavio Lanciani, sc. 1,50».[35]

La cantata di Valentini *Fama e Fede* è tramandata solo attraverso le parti, che pertanto rappresentano l'unico mezzo per attingere

---

[29] Lindgren 1981, p. 174-175, 177; Careri 1987, p. 86. Negli stessi anni, peraltro, è documentata l'attività di vari membri della famiglia Gasparini (Lorenzo e Michelangelo, fratelli di Francesco, nonché un Giovanni Battista). Sonneck 1914, vol. 1, p. 75, fraintendendo Ademollo 1888, p. 207, attribuisce la musica a Francesco Minissari.

[30] Il documento in I-Rli, Cod. 1693, 35.A.11, c. 15*r*, è in Careri 1987, p. 22.

[31] V-CVbav, Comp. Ott. 16, conti non numerati.

[32] V-CVbav, Comp. Ott. 16, n.n.

[33] I conti della Computisteria Ottoboni 16 sono accompagnati da altre spese per la commedia con riferimenti al Collegio Nazareno: «A dì detto [1 febbraio 1699] sc. 0,60 moneta dati di mancia a due staffieri che stiedero per guardia alla porta del Collegio Nazzareno in tempo che si recitava l'opera in musica di sua eminenza padrone, sc. 0,60. E adì detto [14 febbraio] sc. 0,50 moneta per tanti spesi in n. cinque opre della commedia recitata al Nazzareno sc 0,50. E adì detto [23] sc. 3 moneta dati di mancia alli falegnami che assistivano al teatro del Nazzareno d'ordine di sua eccellenza sc. 3».

[34] V-CVbav, Comp. Ott. 16, conti non numerati.

[35] V-CVbav, Comp. Ott. 16, conti non numerati.

informazioni sull'esecuzione. Le parti vocali recano traccia di una rielaborazione del testo: il nome di Benedetto XIII è infatti cassato e sostituito da quello di Clemente XII.[36] La cantata venne eseguita una prima volta, verosimilmente nel 1724, come suppongono Lanfranchi e Careri,[37] e successivamente replicata, probabilmente nel 1730, anno in cui fu fatta un'accademia in lode del nuovo papa Clemente XII.[38]

c. Concezione orchestrale

Su 27 manoscritti visionati, 14 comprendono una parte di concertino: 12 di questi, databili tra il 1692 e il 1718, presentano la tipica struttura con due pentagrammi per il violino I e II ed uno per il basso; i righi si riducono a due quando i violini suonano all'unisono. In corrispondenza di un recitativo accompagnato, la voce sostituisce il basso o vi si aggiunge. Talvolta il basso viene tralasciato, altre volte viene solo accennato. In un solo caso è presente anche un quarto rigo per la voce: si tratta della parte segnata con «violini» nell'*Idaspe* di Melani (1675), concepita in forma di originaletto, senza recitativi.

Si veda qui una tipica parte di concertino, tratta da *Humanità e Lucifero* di Pietro Scarlatti (si veda la fig. 4).

Le restanti due parti di concertino (*Fama e Fede*, 1724/1730; *Maria e Amor Divino*, 1733) hanno quadernetti divisi per il violino I e II, e constano ciascuno di due righi per violino e basso, quest'ultimo spesso solo abbozzato. I recitativi accompagnati presentano la parte di canto al posto del basso.

---

[36] Nell'aria della Fama *Son felice e son contenta*, i versi «non ho petto | consacrare a Benedetto | lodi degne, lodi care» è corretto in «non ho mente | consacrare al pio Clemente, | lodi degne, lodi care»; nel recitativo *Sopra la sacra* il testo «e in Benedetto» è cassato e sostituito con «ed in Clemente»; il recitativo *Regni dunque Benedetto* è corretto in *Regni dunque Clemente*. Nella parte di Fede ci sono analoghe correzioni. Anche singole parole vengono modificate, come ad esempio «sue gloriose terre» in «sue gloriose gesta» e «in petto» in «ardente». Oltre alle rielaborazioni del testo e alcune note cambiate, vi sono anche variazioni nelle indicazioni di tempo, come *allegro* in *allegrissimo* nell'aria *No, non temere*.

[37] Lanfranchi – Careri 1987, p. 331-332, sulla base di un conto di quell'anno per una «erudita Accademia con nobile Apparato e scelta musica, in lode di Nostro Signore Papa Benedetto XIII».

[38] Lanfranchi – Careri 1987, p. 332, n. 25, fa cenno a un testo di *Laudibus Clementis XII* del 1730 (*cf.* la scheda di Aldo Roma nel database PerformArt E-019-200-107). Suppongo che la cantata fosse collegata a questa circostanza. Lanfranchi – Careri 1987, p. 333, propongono invece la data del 1736 in quanto una giustificazione di quell'anno riporta il pagamento «al Sig.ᵣ Valentino Compositore della Musica, fatta di nuovo». Si può però opinare che "di novo" o "nuovamente" sta normalmente ad indicare "con musica nuova", mentre la musica non è cambiata dalla prima esecuzione.

Fig. 4 – P. Scarlatti, *E qual d'intorno io miro all'alte sfere* ("Humanità e Lucifero"), in I-Rps, REG. M. 35, parte di concertino, c. 1*v*.

Su concessione dell'Archivio generale delle Scuole pie (Roma).

Le parti di violino di concerto grosso, come ogni altro strumento dell'orchestra, sono generalmente notate su un solo rigo. Fanno eccezione *Le gare festive, Humanità e Lucifero, Diana e Apollo*, in cui i violini di concerto grosso hanno due pentagrammi, per violino e basso, o talora tre, con la linea vocale nei recitativi accompagnati.

In due casi solamente troviamo un unico quadernetto espressamente intestato al concerto grosso e contenente le parti di violino I, violino II e basso, alla stregua del concertino: si tratta dei due manoscritti di Bencini, *Aminta e Dori* e *Le gare festive*. Della prima cantata, per cui Lindgren e Murata propongono una datazione compresa tra il 1700 e il 1738, si conserva anche una parte di concertino. Per *Le gare festive* ci troviamo verosimilmente di fronte a materiale utilizzato per una ripresa della versione del 1704: tutte le parti, difatti, sono ritoccate e presentano arie mutate. Delle due partiture la prima ha una scrittura più corsiva, con arie con segni di Da Capo e modifiche. La seconda sembra essere la bella copia della precedente, con le arie scritte per esteso. Forse le parti possono suggerire una datazione più tarda. Comunque, quale che sia la datazione, esse suggeriscono che nel concerto grosso i violini I e II leggessero insieme, quindi con una disposizione diversa da chi leggeva dalle parti con un rigo di violino solo.

Ignoriamo la data della prima esecuzione della cantata anonima *Maria e Amor Divino* per il Collegio Nazareno (dopo il 1726?),[39] ma apprendiamo dalle parti che fu «rifatta l'anno 1733, con nuove arie».[40] Ne sono testimonianza anche le numerose cuciture di sezioni nuove che sostituiscono due arie di Maria ed eliminano una di Amor Divino. Ciò che salta immediatamente all'occhio è che non esiste più una parte di concertino che riunisca i due violini e il basso continuo in un unico quadernetto, ma le parti di violino I e II di concertino sono separate, ciascuna con il proprio rigo di violino e di basso, presente ove necessario, come nei momenti di silenzio del violino. Inoltre le parti di violino di concertino coincidono esattamente con quelle di violino del concerto grosso, che però hanno solo il rigo di violino. Non c'è dunque una reale distinzione tra concertino e concerto grosso a livello di concertazione, e la definizione di "concertino" sta solamente ad indicare le parti di violino conduttore. Ciò potrebbe far ipotizzare anche una disposizione degli archi con i due violini di concertino non più in posizione preminente, mentre leggono da uno stesso leggio,[41] bensì ciascuno col proprio gruppo di primi o secondi violini. La tradizionale terminologia del concerto grosso si sovrappone dunque ad una nuova concezione compositiva e di disposizione spaziale. Tornando alla ripresa di *Maria e Amor Divino*, una nota di spese «per l'accademia del 1733»[42] ci informa che i due protagonisti furono Domenico e Pasqualino (certamente Ricci e Betti, gli stessi che abbiamo incontrato nella cantata natalizia *Tirsi e Mopso*) e che intervennero dieci violini, due violoncelli, due contrabbassi, «due oboi con flauti», «due Trombe con Corni da Caccia», con Antonio Montanari a capo degli strumenti e Vincenzo Leonelli al clavicembalo.

Analogamente, nella cantata di Valentini *Fama e Fede* vista innanzi, troviamo le parti di violino I e II di concertino separate. Anche in questo caso (e siamo dopo il 1724) il termine "concertino" è da intendersi come diremmo oggi "di spalla". E quando nell'aria *È simile alla sua rosa* troviamo l'alternanza di *solo* e *tutti*, in realtà ci troviamo di fronte ad un *solo* concertato virtuosistico, dove i secondi accompagnano in staccato. Non c'è più un concertino contrapposto al

---

[39] Vedi la lista delle esecuzioni al Collegio Nazareno in Lanfranchi – Careri 1987, p. 332.

[40] La cantata fu riveduta da Giuseppe Valentini. Ringrazio Aldo Roma per la segnalazione del documento da lui rinvenuto in I-Rcn, vol. 82, cc. 121r-126v, consultabile nel database PerformArt D-062-810-177.

[41] Si veda in proposito la celebre stampa di Cristoforo Schor dell'*Applauso festivo* di Pasquini, eseguito in piazza di Spagna il 25 agosto 1687, con l'orchestra disposta sulle gradinate a mo' di teatro e i violini di concertino (Corelli e Fornari) su un podio in posizione preminente; *cf.* Nigito 2016, p. 168-173.

[42] Careri 1987, p. 84.

concerto grosso, ma il gruppo dei violini primi contrapposto al gruppo dei violini secondi. Al cambiare della scrittura musicale, cambia così intorno agli anni Venti anche la concezione orchestrale.

d. Organici strumentali

Nella cantata *Sapienza e Amore* di Giuseppe Amadori (1709) le parti di concertino e oboe fanno chiarezza sugli interventi dell'oboe. In partitura l'oboe è prescritto solamente per due arie, mentre complessivamente ne suona quattro: non vi sono cioè esplicite indicazioni di organico nelle arie *La speranza lusinghiera* e *Nella regia che mi aprì*. Non solo la parte di oboe contiene entrambe le arie, ma nella parte di concertino vi è un solo rigo per i violini, corrispondente al secondo della partitura, ed uno per il basso continuo: se ne desume che i violini primi e secondi suonassero all'unisono il secondo rigo della partitura, mentre il primo era riservato all'oboe. Dalle parti di violino I e II del ripieno ricaviamo infine che tutti i violini accompagnano l'oboe solista (nella seconda aria vi è l'aggiunta «Unisono»), cosa che non ricaviamo dalla partitura.[43] Della cantata di Scarlatti *Abramo il tuo sembiante* si conservano a Münster la partitura, le cinque parti vocali e quella dell'oboe secondo. Abbiamo già osservato come le parti vocali forniscano i nomi dei cantanti. Anche l'unica parte strumentale ci offre utili informazioni assenti in partitura. Gli oboi, ad esempio, suonano sempre nei ritornelli, anche se in partitura non è specificato.

L'aria di Geremia *A poco a poco* mostra, infine, come possano esserci indicazioni discordanti tra partitura e parti. Nella partitura infatti sta scritto «Violino solo», mentre nella parte di Geremia «con flauto». Poiché l'aria veniva suonata dall'oboe I non la ritroviamo nella parte di oboe II, unica superstite:

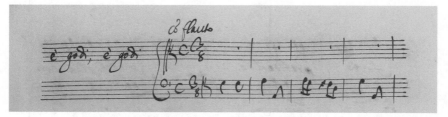

Fig. 5 – A. Scarlatti, *Abramo il tuo sembiante* (1705),
in D-MÜs, Hs. 3926 I. II., parte di Geremia.
Su concessione della Diözesanbibliothek di Münster.

---

[43] Troviamo informazioni aggiuntive anche nell'aria con oboe e basso continuo *Chi perfido già fu*: nella parte di contrabbasso vi sono annotazioni di «viol.[oncello] solo» e «tutti» che mancano in partitura. Potrebbero esser state aggiunte posteriormente, in sede di esecuzione, ma dalla grafia è difficile stabilirlo.

Nel ritornello finale della stessa aria, la parte di oboe testimonia una variante. Annotato in fondo al foglio troviamo lo stesso ritornello che ricorre in partitura:

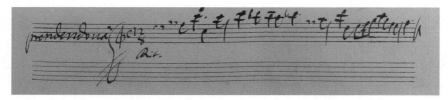

Fig. 6 – A. Scarlatti, *Abramo il tuo sembiante*,
in D-MÜs, Hs. 3926 I. II., parte di oboe II.
Su concessione della Diözesanbibliothek di Münster.

Immediatamente di seguito, però, troviamo un secondo ritornello di cui non vi è traccia in partitura:

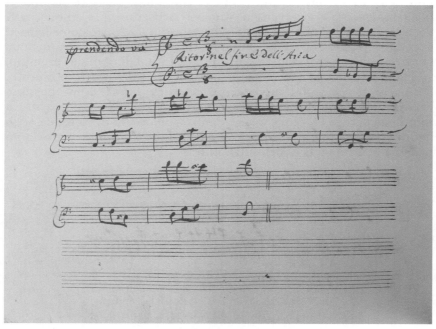

Fig. 7 – A. Scarlatti, *Abramo il tuo sembiante*,
in D-MÜs, Hs. 3926 I. II., parte di oboe II.
Su concessione della Diözesanbibliothek di Münster.

Il secondo ritornello sembra rimandare ad una stesura precedente.

Nell'aria di Isaia *Gioie sono i pianti suoi*, in partitura troviamo l'indicazione «oubuè solo | senza cimbalo» (il clavicembalo entra dove entra la voce), mentre nella parte di Isaia si legge «alla francese. Con flauto ò vero oubuè», aggiungendo quindi la possibilità di accompagnare l'aria anche col flauto.

Allo stesso modo la parte di oboe della cantata *Gratia e Mondo* di Amadori (1706) ci informa sui numeri in cui lo strumento partecipava: nelle arie *Certo che in stille* e *Spandi pure* con violini e oboe concertante, l'oboe è indicato anche in partitura; non lo è invece nell'aria con violini e oboe *La speme è un fiore*, dove però raddoppia sempre i violini, anche nei *soli* del concertino. L'oboe tace infine nel duetto conclusivo *Care stelle/Chiari soli*, che in partitura reca l'indicazione «Unisono».

Dalle parti staccate ricaviamo la strumentazione dell'aria *Dimandai all'augellino* con violini, oboe e continuo nella cantata *Eliso, amico Eliso* di Amadori (1712). L'intestazione «Primo violino e oboè» in partitura è da intendersi come oboe con tutti i primi violini: il violino I di concerto grosso, infatti, partecipa a tutti questi passaggi; ma in presenza della scritta «Oboè solo» tutti i violini suonano la parte del violino II.

Nella cantata *Hor che all'aure del giorno* di Amadori vi sono alcune sezioni di oboe cassate nelle parti di concertino e dei violini: potrebbero essere errori del copista, tratto in inganno dalla mancanza dell'indicazione di oboe nella partitura originale, ma anche essere espressione di un ripensamento nella strumentazione, con l'aggiunta dell'oboe in un secondo momento. La stessa ambiguità la incontriamo nelle parti vocali duplicate: mentre nelle due parti di Angelo e Grazia che hanno la stessa grafia elegante della partitura non c'è indicazione di strumentazione, nelle parti duplicate in altra grafia, verosimilmente per l'esecuzione al Nazareno, troviamo indicazioni come «Aria con V. V., Obuè, e Violoncello» (*Giuste leggi*), «Segue l'Aria con due Violoncelli» (prima di *Bella fede*), oppure «Segue l'Aria con V. V.» (prima di *Ma che mi giova*), «Segue l'Aria con V. V.» (prima di *In van si lagna*), «Segue l'Aria con Obuè» (prima di *Povero core*). Maggiore puntiglio del copista delle nuove parti, oppure l'oboe venne aggiunto in un secondo momento?

Non essendo giunta a noi alcuna partitura completa della *Santa Rosalia* di Gasparini, non possiamo sapere se la parte di clavicembalo dell'Archivio generale delle Scuole pie fornisse informazioni aggiuntive.[44] È verosimile però che alcune indicazioni come quelle nelle arie

---

[44] Alcune arie del 1696 sono contenute in un manoscritto di *Arie del S.ʳ Card. Otthoboni* in GB-Ob, Mus. Sch. E.388.

Il cor è l'alma mia («Violino solo | Qui sona il primo Cembalo solo»), *Voi piaghe, voi spine* («Aria. Primo Cimbalo solo») e *La speme del mio cor* («Violino solo | Cimbalo primo solo») fossero peculiari della parte di secondo cembalo. Dette arie, comunque, sono riportate per intero, forse perché servivano di orientamento per il cembalista o perché le scritte furono aggiunte successivamente:

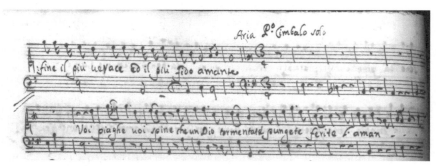

Fig. 8 – S. De Luca, F. Lanciani, F. Gasparini, *Santa Rosalia* (1699), in I-Rps, REG. M. 10e: parte di clavicembalo II, c. 65*v*.
Su concessione dell'Archivio generale delle Scuole pie (Roma).

Non sempre il cembalo II suona nei recitativi e nelle arie: in genere in un contesto triste e malinconico, il cembalo tace. Presumiamo che «senza cimbalo» sia riferito a entrambi i clavicembali: infatti nelle sezioni con tremolo d'archi o nei recitativi accompagnati, dove era usanza far tacere il cembalo, la scritta «senza cimbalo» è riferita senz'altro a entrambi gli strumenti. Si veda il recitativo accompagnato *O vago rio*:

Fig. 9 – S. De Luca, F. Lanciani, F. Gasparini, *Santa Rosalia*, in I-Rps, REG. M. 10e: parte di clavicembalo II, c. 70*r*.
Su concessione dell'Archivio generale delle Scuole pie (Roma).

Nel seguente duetto la scritta «senza cimbalo» potrebbe essere stata aggiunta in un secondo momento, anche se non è evidente:

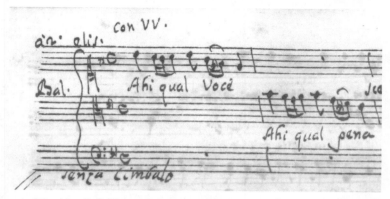

Fig. 10 – S. De Luca, F. Lanciani, F. Gasparini, *Santa Rosalia*,
in I-Rps, REG. M. 10e: parte di clavicembalo II, c. 42v.
Su concessione dell'Archivio generale delle Scuole pie (Roma).

L'aria *Morirò, ma nella morte* reca l'indicazione iniziale «all'Unisono | Senza Cimbalo». Ma probabilmente il *tutti* era accompagnato anche dai cembali (o almeno da uno), come suggeriscono gli accenni di basso continuo nella mano sinistra (si vedano le figg. 11-12).

Due arie con viola della cantata *L'Innocenza e Cherubino* di Amadori (1707) attirano la nostra attenzione: dalle parti siamo informati che le viole erano suonate dai violinisti. Nella parte di violino II dell'aria *Pellegrino che solingo*, infatti, troviamo l'indicazione «Viola» nella sezione A dell'aria, notata in chiave di contralto; nella sezione B torna la chiave di violino. Nella sezione A dell'aria *Tronco durissimo* sia la parte di violino I che quella di violino II suonano la viola e sono notate in chiave di contralto, mentre nella sezione B, senza viola, ciascuno torna a suonare la propria parte. Dovevano dunque esserci altre parti, oggi perdute, in cui violini I e II suonavano la propria parte anche nella sezione A (figg. 13-14).

In cinque casi su dieci, il contrabbasso partecipa sempre, anche nei recitativi. Su quattro delle sette parti di violoncello o violone, lo strumento suona sempre; in due casi si tratta del violoncello di concertino e in due del violoncello di ripieno (vedi Appendice, *b. Tabella*).[45]

---

[45] Quanto venisse concertato sul momento, ovviamente, non possiamo saperlo.

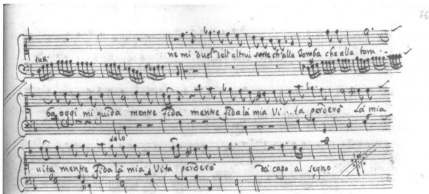

Fig. 11-12 – S. De Luca, F. Lanciani, F. Gasparini, *Santa Rosalia*,
in I-Rps, REG. M. 10e: parte di clavicembalo II, cc. 74*v*-75*v*.
Su concessione dell'Archivio generale delle Scuole pie (Roma).

Fig. 13-14 – G. Amadori, *Care delizie* ("L'Innocenza e Cherubino", 1707),
in I-Rps, REG. M. 2a, parti di violino II e I.
Su concessione dell'Archivio generale delle Scuole pie (Roma).

In un unico caso, nella cantata *Gratia e Mondo* di Amadori, vi è
una parte di trombone, identica a quella di violoncello: suona cioè
dall'inizio alla fine, nelle arie e nei recitativi. Di contro la partitura
non fa cenno al trombone. Indicazioni di strumentazione per il basso
continuo si incontrano in partitura nelle arie *Già parve dir così*,
a violino solo e violoncello solo («Arcileuto solo») e *Serenatevi, o
torbide cure* («Violoncello solo»). Nel catalogo del fondo delle Scuole
pie la parte di viola risulta incompleta. In realtà ne esistono tre copie
identiche di una carta ciascuna, perché la viola suona solo nell'aria
La speme è un fiore, che alterna violini unisoni a violino solo: anche
laddove il violino è solo, le viole, stando alle parti, accompagnano
tutte e tre insieme.

e. Prassi esecutiva

Le parti ci informano, generalmente, in maniera più dettagliata
rispetto alle partiture su dinamiche, tempi ed organici: così troviamo
con maggior frequenza segni di *p* e *f*, di *soli* e *tutti*. Nell'aria *Senza
riparo* della cantata *Diana e Apollo* di Amadori troviamo l'indicazione *Allegro* solo nella parte di contrabbasso. Così la seconda sezione
dell'aria *Al gran reggitore* in *Fede e Fortezza* di Gasparini ha, nella parte
duplicata di Fede per il Collegio Nazareno, l'indicazione *Andante* che
è assente nell'originale.

Le indicazioni di dinamica o di alternanza *tutti/soli* sono spesso
più precise nelle parti, perché la partitura era quella da cui suonava
il cembalista, mentre il violinista del concertino doveva condurre il

gruppo degli archi e aveva bisogno di maggiori ragguagli. Qualche indicazione potrebbe essere stata aggiunta durante le prove, ma in nessuno dei casi esaminati ciò si può determinare con sicurezza. Certamente però l'attività compositiva poteva prolungarsi fino all'atto dell'esecuzione, determinando modifiche sia nel testo musicale che nella concertazione e interpretazione. Gli strumenti che non hanno una funzione conduttrice, come i violini di concerto grosso, ricevono pochissima attenzione nei dettagli di dinamiche e strumentazione, non dovendo far altro che seguire le direttive del concertino.

Un caso esemplificativo di parti che forniscono informazioni aggiuntive è rappresentato da *Humanità e Lucifero* di Pietro Scarlatti. Nella parte del concertino le dinamiche di *piano* e *forte*, gli abbellimenti e le indicazioni di esecuzione, come «staccato e presto», sono più precise. Così l'aria *A dispetto delle stelle* ha nella parte l'indicazione iniziale di violini «unis.», mancante in partitura. Può verificarsi anche il contrario, che la partitura sia più accurata delle parti: ad esempio, nell'aria *La bianca aurora,* il violino I in partitura ha «solo for. e staccato», nella parte «solo sempre | for.». Naturalmente le differenze possono anche dipendere da antigrafi diversi o da meri errori di copiatura; nel nostro caso, comunque, il copista della partitura, certamente romano, coincide in alcuni fascicoli con quello del concertino.

Dettagli aggiuntivi si trovano anche nella parte di concertino della *Teodora Augusta* di Alessandro Scarlatti: numerose arie e ritornelli hanno infatti le indicazioni di *soli* e *tutti* che in partitura non ci sono.

Le prime otto battute dell'Adagio in 3/4 della Sinfonia di *Fede e Fortezza* di Gasparini (1718) hanno l'indicazione «soli»; al segno di ripetizione si legge «da Capo tutti».[46] Il ripieno dunque suona solo nella ripresa, cosa che raramente si trova indicata. A conferma nelle parti dei violini di concerto grosso troviamo otto battute di pausa. Anche nel violoncello di concertino si legge «solo» e poi «da Capo tutti». Dalla partitura non ricaviamo altrettante informazioni perché la Sinfonia contiene solo la linea del basso, con indicazioni di tutti e solo. Evidentemente la sinfonia originale è stata sostituita: solo la nuova parte di basso, sufficiente per accompagnare, è stata attaccata per comodo di chi leggeva dalla partitura.

Partitura e parti de *Le gare festive* di Bencini nella Biblioteca Apostolica Vaticana contengono una singolarità interessante: nelle arie *Tutti lieti nel cielo* e *Al nome illustre* si alternano «solo» e «tutti», ma anche «2 soli» su unico pentagramma, intendendo dunque due violini *soli*, quelli del concertino, che suonano la stessa parte. Le indi-

---

[46] I movimenti sono i seguenti: Vivace C – Presto 3/8 – Adagio C – Allegro C – Adagio 3/4 – Allegro C).

cazioni potrebbero esser state aggiunte successivamente, in quanto mostrano una scrittura più corsiva, ma non vi è certezza. Vien fatto di chiedersi se anche altrove simili indicazioni di "soli" possano talvolta riferirsi a due violini unisoni.

f. Altre annotazioni marginali

Nelle parti non sono infrequenti le scritte che richiamano l'attenzione dello strumentista sulle sue entrate. Nella parte di oboe della cantata di Scarlatti *Abramo il tuo sembiante*, ad esempio, incontriamo note pratiche come «stijno attente alle chiamate» oppure «tace sino che sarà avvisato»:

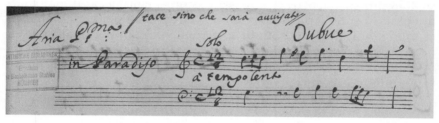

Fig. 15-16 – A. Scarlatti, *Abramo il tuo sembiante*,
in D-MÜs, Hs. 3926 I. II., parte di oboe II.
Su concessione della Diözesanbibliothek di Münster.

Nell'aria *Tutti lieti* de *Legare festive* il violino I di concerto grosso viene avvisato di contare le battute di attesa durante i *soli*: «V. S. conti le battute».

CONCLUSIONI

Il numero delle parti "cavate" di cantate, oratori e drammi romani giunte fino a noi è molto esiguo. È stato comunque possibile prendere visione di 27 manoscritti che si concentrano nella Biblioteca Corsiniana e nell'Archivio generale delle Scuole pie, cui si aggiungono fonti sparse nella Biblioteca Apostolica Vaticana e nel fondo Santini di Münster. Essi rappresentano solo un ristretto campionario di quello che doveva essere il mare di carta da musica che alimentava la vita musicale romana tra il 1685 e il 1733. Non esiste, inoltre, alcuna composizione di cui sia pervenuto il *set* completo delle parti: nel migliore dei casi abbiamo una parte per strumento, qualche rara volta parti duplicate, più spesso alcune parti soltanto. Il confronto di queste con le partiture superstiti ha fornito riscontri interessanti. Che tali parti siano pervenute a noi è mera casualità, perché essendo materiale d'uso scomodo e ingombrante non veniva conservato a lungo. Il repertorio sacro in parti staccate, come abbiamo visto, ha avuto un destino diverso, perché veniva riutilizzato nel tempo e quindi restava depositato negli archivi delle istituzioni religiose: è ciò che deve essere successo anche alle cantate spirituali del Collegio Nazareno, come *Humanità e Lucifero*, che fu eseguita ben tre volte a distanza di anni (1704, 1719 e 1725). La sopravvivenza di molti dei manoscritti esaminati è quindi spesso dovuta al loro riutilizzo. Al motivo funzionale, poi, deve essersi unito un pizzico di fortuna e disponibilità di spazio in biblioteca, sicché le parti sono potute giungere sino a noi. Per poche che siano, comunque, le parti ci forniscono importanti testimonianze sugli eventi spettacolari e la prassi esecutiva dell'epoca. Il loro stato di conservazione è pressoché ottimo. In nessuno dei casi analizzati ci sono segni inequivocabili di interventi sui manoscritti in sede di prove e di esecuzione. Probabilmente le parti avevano anche un valore economico da salvaguardare: si copiavano, avevano un costo, andavano trattate bene finché servivano.

Nell'analisi delle parti si è osservato come spesso esse forniscano dati assenti nelle partiture: si va dai nomi degli interpreti alle indicazioni di prassi esecutiva, all'organico impiegato, alle entrate di *soli* e *tutti*, alle indicazioni di dinamica e di agogica. Le parti contribuiscono anche alla restituzione di un testo criticamente corretto, e sono dunque imprescindibili dal punto di vista filologico.

Uno studio incrociato con i documenti d'archivio, ove possibile, ci permette di ampliare ulteriormente le conoscenze di un certo evento spettacolare. È il caso fortunato della *Maddalena* di Scarlatti, di cui possediamo partitura, parti, testimonianze e documenti (liste e note di maestranze): attraverso la combinazione di questi dati, si rende possibile una ricostruzione abbastanza dettagliata dello spettacolo. Grazie al conto del copista Giovanni Pertica si può dedurre l'organico dell'esecuzione del 1685 presso il Seminario Romano: 3 cantanti, 14 o 16 violini, 6 viole, 5 violoni, 3 contrabbassi, 1 arciliuto, 2 cembali, suonati da Scarlatti e Pasquini. Il numero di parti copiate, ciascuna delle quali letta da due orchestrali, conforta queste stesse conclusioni.[47] La ripresa modenese del 1686 è testimoniata dalla partitura conservata presso la Biblioteca Estense universitaria di Modena (Mus. F. 1056), una delle tante copie della *Maddalena* di mano del Pertica di cui vi è notizia nell'Archivio Pamphilj, su cui si trovano interessanti segni aggiunti in sede di esecuzione, soprattutto riguardanti le entrate di *soli* e *tutti*, che nei musicisti modenesi dovevano verosimilmente destare qualche dubbio:

Fig. 17 – A. Scarlatti, *La Maddalena*, I-MOe, MUS.F.1056, c. 18.
Su concessione del Ministero per i Beni e le Attività Culturali e per il Turismo - Biblioteca Estense universitaria di Modena.

Altro ambiente, altri usi: quella che era una specificità romana, una dimestichezza con tradizioni ormai inveterate, non necessariamente era facile da decifrare al di fuori di quel luogo.[48] Concludendo, lo studio delle parti merita attenzione alla stregua di qualsiasi altra fonte di informazione in nostro possesso e consente di far luce su una quantità di dettagli, storici e musicali, altrimenti inattingibili.

[47] Le parti non sono nella grafia di Pertica, né corrispondono alla sua lista di copiatura dell'8 marzo 1685. Però sono verosimilmente di mano dei suoi compagni di lavoro, Flavio o Tarquinio Lanciani.
[48] Su *La Maddalena* di Scarlatti *cf.* Nigito 2016, p. 148-158.

APPENDICI

a. Elenco delle fonti esaminate

Biblioteca Corsiniana di Roma

Alessandro Scarlatti, *Il martirio di S. Teodosia*, oratorio a quattro (Roma, s.d.;[49] Modena 1685), in I-Rli, Musica S 14: parti di Teodosia (S), Decio (A), Arseno (T), Urbano (B), violino II, viola; la relativa partitura si trova in I-MOe, MUS.F.1058. Il copista di partitura e parti è lo stesso de *La Maddalena* di Scarlatti in I-Rli

Alessandro Scarlatti, *La Maddalena*, oratorio a tre (Roma, Seminario Romano, 18 marzo 1685), in I-Rli, Musica S 15: parti di Maddalena (S), Gioventù (S), Penitenza (A), violino I [di concerto grosso], violino II [di concerto grosso], viola[50]

Francesco Mancini, *L'amore divino trionfante nella morte di Cristo*, oratorio a cinque (Roma, Archiconfraternità della Pietà della Nazione de' Fiorentini, 21 marzo 1700)[51], in I-Rli, Musica A 19: parti di Lucifero (B), violino I di concerto grosso, violetta, violoncello di concerto grosso

[Francesco Mancini], *Il bianco piè della più bella diva* ("La Rosa"), cantata a voce sola con violini, su testo di Benedetto Pamphilj, in I-Rli, Musica A 20: partitura e parte di soprano; una seconda partitura, datata 1712, è in I-Nc, Cantate 182/35[52]

Antonio Caldara, *Daliso, intorno a queste* ("Daliso e Nice"), cantata a due con violini (1710?),[53] in I-Rli, Musica C 13: parti di Nice (S), Daliso (A) e concertino

Anonimo, *Or che dal morto giorno*, cantata a due con violini, in I-Rli, Musica A 23: parti di Fileno (A), violino I [di concerto grosso], violino II [di concerto grosso], viola[54]

---

[49] L'oratorio a cinque voci di Alessandro Scarlatti *Il martirio di S. Orsola* in F-LYm, 133.948, non è stato accolto nel presente studio perché le parti allegate sono di chiara provenienza francese. Il manoscritto consiste di partitura, cinque parti vocali, violino I, violino II, violetta, tromba e basso continuo. Ringrazio Elodie Oriol per l'assistenza fornitami nel procurarmi una riproduzione. Dell'«oratorio di Roma», come viene definito nel libretto mantovano del 1686, non conosciamo né la data, né le circostanze della prima esecuzione. Limitatamente agli anni Ottanta, sono giunti fino a noi soltanto i libretti del 1685 per Modena (Sartori 1990-1994, n° 20990) e del 1686 per Mantova (Sartori 1990-1994, n° 15036), oltre alle partiture in A-Wn, B-Br, F-Pn, I-MOe, I-Rli.

[50] Sui dettagli dell'allestimento vedi Nigito 2016, p. 148-158.

[51] Sartori 1990-1994, n° 1589.

[52] Wright 1975, p. 96.

[53] Kirkendale 2007, p. 45, n. 70, riporta un conto di copiatura del dicembre 1710 in cui si fa riferimento a una cantata *Daliso* a due voci con violini.

[54] La parte smarrita di Daliso era per soprano, come si evince dai duetti della parte di Fileno.

Anonimo, aria *Sorge l'alba* dall'«Oratorio con stromenti» in I-Rli, Musica A 19bis: parti di violoncello di concertino (una sola carta) e violoncello di concerto grosso

Biblioteca Apostolica Vaticana

Alessandro Melani, *Idaspe*, favola pastorale a tre (ca. 1675), in V-CVbav, Chigi Q.VI.91-95: partitura e parti di Idaspe (T), Laurindo (A) Arbante (B), originaletto («violini» con violino I-II, canto, basso continuo, senza recitativi)

Alessandro Scarlatti, *Teodora Augusta*, dramma per musica (Napoli, Palazzo Reale, 6 novembre 1692; Roma, Teatro Capranica, 3 gennaio 1693), in V-CVbav, Chigi Q.VII.103-110: due partiture per primo e secondo cembalo e parte di concertino (violino I, violino II, basso)

Pietro Paolo Bencini, *Nell'onda d'occidente* ("Aminta e Dori"), cantata a due con violini e basso continuo, in V-CVbav, Barb. lat. 4227: due partiture (una dal tratto corsivo con segni di Da capo – un autografo pulito? – e l'altra elegante con arie scritte per esteso) e parti di Aminta (A), Dori (S), «concertino» (violino I, violino II, basso), «concerto grosso» (violino I, violino II, basso),[55] violino I, violino II, violone[56]

Pietro Paolo Bencini, *Qui dove sorge il Tebro* ("Le gare festive in applauso alla real casa di Francia"), serenata a tre con violini, trombe, oboe e basso continuo, su libretto di Giacomo Buonaccorsi (Roma, 24-25 agosto 1704, fatta eseguire da Urbano Barberini, principe di Palestrina), in V-CVbav, Barb. lat. 4228: due partiture (una riveduta e una in bella copia) e parti di Giunone (S), Fama (S), Pallade (S), «concerto grosso» (violino I, violino II, basso), violino I di concerto grosso (due esemplari), violino II di concerto grosso, violone (due esemplari, di cui la seconda in bella copia)[57]

Pietro Paolo Bencini (?),[58] *Dagli inganni alle nozze*, pastorale (Roma, 20 maggio 1714, per il matrimonio di Maria Teresa Boncompagni con Urbano Barberini), in V-CVbav, Barb. lat. 4224-26: partitura e parti di Dorinda (S), Clori (S), Narete (S), Tirsi (A), Silvio (A), concertino (violino I, violino II, basso), violino I (violino I e basso), violino II (violino II e basso)

[55] Le parti di concertino e concerto grosso sono identiche.

[56] Il manoscritto è dettagliatamente descritto in Lindgren – Murata 2018, p. 462-464.

[57] Lindgren – Murata 2018, p. 464-468. Di questa serenata esistono copie anche in B-Bc, Ms. 15188 (descritto come autografo) e in V-CVbav, Barb. lat. 4179, entrambe con una diversa introduzione strumentale di Carlo Ferrini.

[58] Lindgren – Murata 2018, p. 455-462, attribuiscono la musica a Bencini sulla base di altri suoi manoscritti di mano dello stesso copista.

Archivio generale delle Scuole pie di Roma

Severo De Luca, Flavio Lanciani, Francesco Gasparini, *Santa Rosalia*, dramma spirituale in tre atti (Roma, Collegio Nazareno, febbraio 1699),[59] in I-Rps, REG. M. 10e: parte di clavicembalo II

Pietro Scarlatti, *E qual d'intorno io miro all'alte sfere* ("Humanità e Lucifero"),[60] cantata a due con violini, oboe, tromba e basso continuo (Roma, Collegio Nazareno, settembre 1704, per la nascita della Beata Vergine; replicata ivi nel 1719 e 1725), in I-Rps, REG. M. 35: partitura e parti di Humanità (S), Lucifero (T), concertino (violino I, violino II, basso), violino I di concerto grosso (due esemplari), violino II di concerto grosso (due esemplari), violetta, oboe, tromba (due esemplari), contrabbasso

Giuseppe Amadori, *E quali odo d'intorno*, cantata a due con violini, trombe e basso continuo (Roma, Collegio Nazareno, 20 settembre 1705, per la nascita della Beata Vergine), in I-Rps, REG. M. 1b: partitura e parti di Innocenza (S), Colpa (A), concertino (violino I, violino II, basso), violino I [di concerto grosso] (due esemplari), violino II [di concerto grosso] (due esemplari), tromba I, tromba II, contrabbasso

Giuseppe Amadori, *Torna, deh torna omai* ("Gratia e Mondo"), cantata a due con violini, viola, oboe e basso continuo (Roma, Collegio Nazareno, 1706), in I-Rps, REG. M. 1c: partitura e parti di Grazia (A), Mondo (S), concertino (violino I, violino II, basso), violino I di concerto grosso, violino II di concerto grosso, viola (in triplice copia), oboe, trombone, violone [61]

Giuseppe Amadori, *Care delizie* ("L'Innocenza e Cherubino"), cantata a due con violini, trombe e basso continuo (Roma, Collegio Nazareno, 18 settembre 1707), in I-Rps, REG. M. 2a: partitura (per il cembalista)[62] e parti di Innocenza (S), Cherubino (A), concertino (violino I, violino II, basso), violino I [di ripieno], violino II [di ripieno], tromba I, tromba II, contrabbasso

Giuseppe Amadori, *Hor che all'aure del giorno*, cantata a due con violini, oboe e basso continuo (Roma, Collegio Nazareno, s.d., per la nascita della Beata Vergine), in I-Rps, REG. M. 1a: partitura e parti di Angelo (S, due esemplari), Grazia (A, due esemplari), concertino (violino I, violino

---

[59] Il libretto porta il titolo *L'amante del Cielo* (Sartori 1990-1994, n° 1000). Il I atto è di De Luca, il II di Lanciani, il III di Gasparini.

[60] Un altro manoscritto della cantata, in D-MÜs, Hs. 3863 I. II., datato 1706, attribuisce la composizione ad Alessandro Scarlatti. Lanfranchi – Careri 1987, p. 329, ritengono si tratti di una composizione di Alessandro per via dei suoi documentati rapporti col Collegio Nazareno. In assenza di riscontri archivistici ed essendo lo stile musicale non caratteristico di Alessandro Scarlatti, come gentilmente mi comunica Alessandro Lattanzi, preferiamo, fino a prova contraria, mantenere il nome di Pietro Scarlatti.

[61] Stesso copista di *Humanità e Lucifero* in I-Rps.

[62] Nei due volumi della partitura, corrispondenti alle due parti della cantata, la prima reca la scritta «Cembalo», la seconda «Originale».

II, basso), violino I [di concerto grosso], violino II [di concerto grosso], oboe, contrabbasso

Giuseppe Amadori, *O bel foco di quel Dio* ("Sapienza e Amore"), cantata a due con violini, oboe e basso continuo (Roma, Collegio Nazareno, 1709), in I-Rps, REG. M. 2b: partitura e parti di Sapienza (S), Amore (T), concertino (violino I, violino II, basso), violino I [di ripieno], violino II [di ripieno], oboe, contrabbasso

Giuseppe Amadori, *O selve amiche* ("Diana e Apollo"), cantata a due con violini, oboi e basso continuo (Roma, Collegio Nazareno, settembre 1710, per la Natività della Beata Vergine), in I-Rps, REG. M. 3a: partitura e parti di Diana (S), Apollo (A), concertino (violino I, violino II, basso), violino I di concerto grosso, violino II di concerto grosso, contrabbasso

Giuseppe Amadori, *Eliso, amico Eliso*, cantata a due con violini, oboe e basso continuo (Roma, Collegio Nazareno, settembre 1712, per la Natività della Beata Vergine), in I-Rps, REG. M. 3b: partitura e parti di Dafni (S), Eliso (A), concertino (violino I, violino II, basso), violino I (violino I e basso), violino II (violino II e basso),[63] violoncello II, oboe, contrabbasso

Francesco Gasparini, *A mia stanca navicella* ("Fede e Fortezza"),[64] cantata a due con violini, oboe e basso continuo (Roma, *s.d.*; Roma, Collegio Nazareno, maggio 1718), in I-Rps, REG. M. 16c: partitura mutila (solo la prima parte) e parti di violino I [di concertino], violino II [di concertino], violino I di concerto grosso, violino II di concerto grosso, oboe I, oboe II, basso del concerto grosso. Partitura e parti sono un rifacimento della precedente versione "Fede e Giustizia" e presentano varianti di testo, fogli cuciti, inserti, cancellature e recitativi sostituti in altra grafia su carte aggiunte[65]

Giuseppe Valentini, *Son l'origine di tutti* ("Eternità e Tempo"), cantata a due con strumenti ([Roma, Collegio Nazareno], 1 ottobre 1723), in I-Rps, REG. M. 37a: solo parti di Eternità (S) e Tempo (S)

Giuseppe Valentini, *Amica e cara Fede, ascolta* ("Fama e Fede"), cantata a due con violini, trombe, corni e basso continuo (Roma, Collegio Nazareno, 21 settembre 1724; replicata ivi il 19 settembre 1730), in I-Rps, REG. M. 37b: parti di Fama (A), Fede (S), violino I di concertino, violino II di concertino, violino I [di ripieno] (due esemplari), violino II [di ripieno] (due esemplari), corno da caccia/tromba I, corno da caccia/tromba II, contrabbasso

Anonimo, *Or che dal sen della Divina mente* ("Maria e Amor Divino"), cantata a due con violini, oboi, flauti e basso continuo (Roma, Collegio Nazareno, 15 settembre 1733, «con nuove arie» rispetto ad una precedente versione

---

[63] Il contenuto delle due parti di violino è identico a quello del concertino.

[64] Nella prima versione *Fede e Giustizia*.

[65] Da un documento del Nazareno si evince che Gasparini ricevette 21 scudi per la composizione e direzione, che la parte di Fede fu cantata da Francesco Finaja (Checchino) e che la cantata fu copiata da padre Giovanni Antonio (*cf.* Careri 1987, p. 93). La grafia di gran parte della cantata originale è di mano del Lanciani.

non datata), in I-Rps, REG. M. 7a: parti di Maria (S), Amor Divino (A), violino I di concertino, violino II di concertino, violino I di concerto grosso (due esemplari), violino II di concerto grosso (due esemplari), oboe/flauto I, oboe/flauto II, violone

Anonimo, *Ecco l'alba, e sereno più dell'usato* ("Tirsi e Mopso"), cantata a due con violini[66] (Roma, Collegio Nazareno, *s.d.*, per la Natività della Beata Vergine), in I-Rps, REG M. 7b: particelle di Tirsi (S) e Mopso (A)

Diözesanbibliothek Münster

Alessandro Scarlatti, *Abramo il tuo sembiante* ("La gioia nel seno d'Abramo"), cantata a cinque, con violini, oboi e basso continuo per la notte di Natale (Roma, Palazzo Apostolico, 24 dicembre 1705), su testo di Silvio Stampiglia, in D-MÜs, Hs. 3926 I. II.: partitura e parti di Ezechiele (S), Daniele (S), Geremia (A), Isaia (T), Abramo (B), oboe II

b. *Tabella*

Vengono qui di seguito elencati gli strumenti impiegati al basso nelle composizioni esaminate, con la dicitura originale.

	Suona sempre (in arie, duetti, ritornelli e recitativi)	Non suona sempre (solo in arie, duetti, recitativi accompagnati)
Innocenza e Cherubino (1707)		Contrabbasso
Hor che all'aure del giorno, s.d.		Contrabbasso
Sapienza e Amore (1709)		Contrabbasso
Humanità e Lucifero (1704; 1719; 1724)		Contrabbasso: suona la linea del basso continuo solo nelle arie piene (generalmente quelle con l'oboe), non in quelle con violini unisoni e basso, né nei recitativi semplici e accompagnati; in tutto è presente in 8 numeri

---

[66] Si trattava di una cantata con violini, come si desume dal recitativo accompagnato della seconda parte *Tutto lice sperare*.

Fede e Fortezza (?; 1718)	Basso del concerto grosso	Basso del concerto grosso: nella prima versione il basso suonava nel *tutti* e non nei recitativi. Nella versione riveduta del 1718 il basso suona sempre, anche nei recitativi: viene dunque snaturata la sua funzione di "ripieno". Nella sinfonia (chiaramente di nuova composizione) ha funzione di basso di concerto grosso: presenta pause e non coincide con la parte di violoncello di concertino. Presumibilmente si tratta di una parte di contrabbasso, come la troviamo anche in altre cantate per il Collegio Nazareno
E quali odo d'intorno (1705)	Contrabbasso	
Diana e Apollo (1710)	Contrabbasso: nell'aria *L'infelice rondinella*, con «Oboè» e «Violoncello», il contrabbasso raddoppia la parte di violoncello	
Eliso, amico Eliso (1712)	Contrabbasso: non suona nell'aria a due violoncelli	
Fama e Fede (1724)	Contrabbasso	
Gratia e Mondo (1706)	Violone: suona anche nei *soli* e nei recitativi, ma non nelle arie *Già parve* e *Serenatevi*, dove interviene appena nel *tutti* finale. Si tratta dunque del violoncello di concerto grosso	
Eliso, amico Eliso (1712)	Violoncello [II]	
Maria e Amor Divino (rifatta nel 1733)	Violone	
Aminta e Dori (1700-1738)	Violone: potrebbe essere la parte del violone principale. Infatti nell'aria *Temo* suona sempre e ha le indicazioni «viol.o solo» e «tutti»	

L'amore divino trionfante
(1700)

Le gare festive (1704)   Violone

Sorge l'alba   Violoncello di concerto
                                            grosso:
                                            non suona in tutte le arie
                                            (il confronto con la parte
                                            di violoncello di concertino
                                            non è possibile perché
                                            incompleta)

Quinta parte

PROPOSITI POLITICI DELLA "PERFORMANCE"

INTRODUCTION

L'enquête collective dans les archives a fait apparaître une remarquable coordination entre les différents corps de métier qui étaient impliqués dans la mise en scène d'un spectacle, révélatrice de la collaboration entre les différents « mondes de l'art », pour reprendre l'expression d'Howard S. Becker (*Art worlds*, 1982). De telles productions reposaient sur des investissements économiques considérables qui, pour beaucoup d'aristocrates, relevaient du défi, voire de l'exploit. Comment comprendre de telles prises de risque ? Quels bénéfices concrets ou quels gains symboliques, la noblesse romaine espérait retirer de son engagement dans les arts vivants ? Les événements-spectacles qu'elle organisait s'apparentaient à des prouesses qui contribuaient à l'actualisation du statut de l'aristocrate. Ils n'étaient pas seulement la mise en scène de la grandeur de ce dernier, ils étaient partie prenante de la fabrique même de cette grandeur. Cette lecture, qui se rapproche du *fashioning* des identités sociales, montre aussi que cette culture de la performance, entendue, ici, dans son sens de « record », servait au renouveau des cultures de cour au tournant du XVIIᵉ siècle, prenant le pas sur l'exploit guerrier et sur la culture héroïque.

L'analyse du banquet spectaculaire que Flavio Chigi et sa belle-sœur, Maria Virgina Borghese, organisèrent le soir du 15 août 1668 dans le jardin du *Casino alle Quattro Fontane* en l'honneur de la nièce de Clément IX Rospigliosi, constitue un premier cas d'étude (Christine Jeanneret). Pour saisir le sens de l'événement, il faut remonter à la parade en carrosse du cardinal Chigi, accompagné seulement par des dames, qui eut lieu l'après-midi même dans Rome et qui ressemblait fort à une prise de possession des rues qui séparent *Piazza dell'Esquilino* de *Piazza del Viminale*. La nuit tombée, hommes et femmes se retrouvèrent à l'entrée du jardin. Le cardinal Chigi, neveu du défunt pape Alexandre VII, entendait créer une continuité entre sa famille, qui ne détenait plus les rênes du pouvoir, et la nouvelle famille papale. Savamment orchestré, le banquet ne célébrait pas une union matrimoniale, mais bel et bien un mariage politique entre deux Maisons. Les archives comptables, qui attestent le nombre considérable d'artisans et d'artistes qui apportèrent leur concours à l'événement, jettent un éclairage nouveau sur la description que Carlo Fontana, chargé de la réalisation des machines théâtrales, a laissée de ce banquet.

Quelques décennies plus tard, le 4 février 1697, sur les planches du théâtre Tordinona fraîchement rénové par le même Fontana, se déroulait la mise en scène d'un opéra, *La clemenza di Augusto*, dédiée à Lorenza de la Cerda, épouse du connétable Filippo Colonna. La richesse de la documentation conservée a déjà donné lieu à plusieurs études, qui se sont concentrées sur l'analyse poético-musicale et la dramaturgie. Replacer l'événement dans le contexte de sa performance permet toutefois de l'inscrire dans un espace relationnel, qui est celui des grandes familles romaines mais aussi celui de la diplomatie européenne (Chiara Pelliccia). En effet le sens de l'événement se dégage plus nettement si l'on tient compte des tensions qui caractérisaient alors les relations que le comte de Martinitz, ambassadeur de l'Empereur à la cour pontificale, entretenait avec Innocent XII Pignatelli et des querelles de préséance qui opposèrent cet ambassadeur au connétable Colonna. En restituant un arrière-plan qui avait été occulté des mémoires, on entrevoit le tissu de relations serrées où évoluaient les protagonistes de la scène politique. Le brassage des sources, la connexion de données textuelles et extratextuelles, la réunion des faisceaux d'information constituent ici un parti-pris fondamental dans l'établissement du processus interprétatif qui conduit à recomposer les dynamiques de la production.

Les spectacles montés en marge des négociations diplomatiques constituent un terrain d'enquête riche, mais complexe. De 1718 à 1728, André de Melo e Castro, ambassadeur du Portugal à Rome, commandita une série de spectacles qui, pour la plupart, se déroulèrent dans sa résidence, au palais Cesarini, un édifice aujourd'hui disparu, qui était situé sur le *Largo di Torre Argentina* (Cristina Fernandes). Fêtes pour le carnaval, cantates, pastorales, *commedie all'improvviso*, divertissements dansés sont attestés, notamment dans les documents comptables des archives de la famille, en partie conservées à la Biblioteca da Ajuda à Lisbonne. En 1724 furent organisées, tant à l'intérieur qu'à l'extérieur du palais de l'ambassadeur, de splendides fêtes pour la naissance d'Alexandre, le fils de Jean V et de Marie-Anne d'Autriche. Ces réjouissances, qu'il est possible de lire comme une série de micro-événements, présentent les composantes traditionnelles des fêtes romaines du même type. Le clou de l'événement fut sans conteste la mise en scène de la *favola pastorale* commandée à Francesco Gasparini, *La Tigrena*, et pour laquelle on avait fait appel à Farinelli. L'ensemble de ces divertissements prenait place dans la politique générale menée par le roi Jean V du Portugal afin d'obtenir du Saint-Siège la parité de traitement avec les grandes puissances catholiques au sein du protocole diplomatique. Nulle tentative toutefois de faire résonner à Rome les accents de la musique portugaise : Melo e Castro fit le choix délibéré d'adapter aux traditions festives et performatives locales les spectacles dont il fut le commanditaire.

CHRISTINE JEANNERET

UN TRIOMPHE GASTRONOMIQUE

BANQUET ET PERFORMANCE DANS LE JARDIN
DE FLAVIO CHIGI EN 1668*

MISE EN BOUCHE : PLANTER LE DÉCOR

« Qu'il est beau, je me console de le voir, il ne lui manque que la parole », s'exclama le jardinier Ciarmaglia s'adressant à un misérable salami qu'il déposa sur une table rustique[1]. Le 15 août 1668 à minuit, Ciarmaglia apparaissait sur la scène du théâtre en plein air installée dans le jardin du Casino alle Quattro Fontane[2]. Le décor boisé était agrémenté de nombreuses fontaines et somptueusement illuminé pour une performance tout à fait spectaculaire combinant les cinq sens dans une célébration simultanée de nourriture, musique, lumière, théâtralité, fleurs et parfums.

Le banquet était organisé par Flavio Chigi, cardinal-neveu du pape Alexandre VII, décédé le 22 mai 1667, et par sa belle-sœur Maria Virginia Borghese, épouse du prince Agostino Chigi, en l'honneur de Caterina Rospigliosi, nièce de Giulio Rospigliosi, élu pape sous le nom de Clément IX le 20 juin 1667 et de plusieurs autres princesses de la nouvelle famille papale. Les outils théoriques des études de la performance et de la perfomativité permettent d'envisager le spectacle sous un angle nouveau[3]. Les invités et les musiciens, de même que la nour-

* Nous remercions Anne-Madeleine Goulet pour les indications qu'elle nous a fournies sur la légation Chigi et Alice Camus pour toutes les précieuses informations concernant les parfumeurs.

[1] Fontana 1668, p. 8 : « È pur bello, il vederlo mi consola, / gli manca solo la parola. » On trouve un « faux salami » en sucre de 5 livres dans le compte du confiseur, V-CVbav, Archivio Chigi, b. 690, f. 381 (fiche PerformArt D-067-470-154) ainsi qu'une « petite table en peuplier de vieux matériau dressée par le jardinier » avec la précision dans la marge « cette petite table est vieille », V-CVbav, Archivio Chigi, b. 483, fasc. 5, f. 82v (fiche PerformArt D-005-631-587). Ciarmaglia signifie littéralement « chiourme » ou « racaille ».

[2] Le Casino Chigi alle Quattro Fontane a été détruit au XIXᵉ siècle. Il était situé près de Piazza del Viminale, au nord-est de Via Agostino Depretis. Pour une description du jardin, *cf.* Rossini 1693, p. 109.

[3] Pour les approches méthodologiques, *cf.* Chr. Jeanneret, *Performance et performativité* dans le présent ouvrage, p. 51-60.

Fig. 1 – Teresa Del Po, le jardinier Ciarmaglia et le public dans le décor boisé,
Fontana 1668.

Avec la permission del Ministero dei Beni e delle Attività Culturali
e del Turismo - Biblioteca nazionale centrale di Roma.

riture et le jardin furent littéralement mis en scène. En outre, l'événement alla bien au-delà de la performance purement opératique et du
banquet-spectacle donné dans le jardin, puisqu'il commença l'après-
midi dans la ville de Rome. La mise en scène s'étendit à une forme de
prise de possession du territoire fragmenté de la cité papale, où les
participants paradèrent dans une chorégraphie précisément orchestrée selon le rang et le genre, comme nous le verrons. L'événement
a laissé de nombreuses traces dans les sources, puisqu'il existe des
centaines de pages de documents comptables détaillés de tous les
artisans qui contribuèrent à la longue et minutieuse préparation de
l'événement, lesquelles sont étudiées ici pour la première fois. Dans
les quelques études récentes qui mentionnent ce spectacle, les différentes composantes de la fête ont été étudiées de manière séparée,
chaque chercheur observant les éléments qui lui paraissaient relever
de sa discipline (qui la musicologie, qui le théâtre, qui l'histoire ou
l'histoire de l'art), sans que l'entièreté du spectacle soit jamais prise en
compte[4]. Toutes ces études se fondent exclusivement sur la description
imprimée de l'architecte Carlo Fontana qui réalisa les machines théâtrales et qui décrivit précisément l'événement, les invités, les machines,

---

[4] Ademollo 1888, p. 107 ; Golzio 1939, p. 191-192 ; Hager 1991 ; Fagiolo dell'Arco
1997, p. 460-461 ; Benocci 2004, p. 23-25 ; Benocci 2009, p. 65-66 ; Reardon 2011 ;
Tamburini 2012, p. 124-126 ; Furlotti 2014, p. 151-152 ; Morelli A. 2017a, p. 57-58.

les décors, les costumes, l'éclairage et les sculptures de nourriture[5]. La publication est agrémentée de six gravures, qui furent réalisées par Teresa Del Po (1649-1713), l'une des rares femmes graveuse et peintre, et qui montrent le théâtre et les changements de décors[6]. Le livret de ce petit opéra sans titre, qualifié de *favola boscareccia*, fut écrit par Sebastiano Baldini, librettiste et secrétaire du cardinal Chigi, et fut mis en musique par Giovanni Battista Mariani, un compositeur au service du cardinal Carlo Pio di Savoia, qui n'est connu que par les quelques partitions qui ont survécu[7]. À la fin de l'opéra, les invités dégustèrent les sculptures de sucre élaborées en triomphes de nourriture qui composaient la mise en scène, alors que la célèbre diva Giulia Masotti faisait une apparition et chantait une cantate de Stradella à la demande de Maria Virginia Borghese.

Sur la base des nouveaux documents d'archives, nous étudierons ici l'histoire matérielle de ce spectacle : chanteurs et musiciens, costumes, livret, parfums, nourriture et leur mise en scène. Nous soulignerons également l'importance toute particulière du rôle participatif des invités, qui réalise la condition de base de la performance, par la co-présence physique des acteurs et des spectateurs[8]. Dans ce cas, leur rôle consiste à renforcer la spectacularité de l'événement dès leur entrée processionnelle et durant le banquet, par une orchestration soigneuse de leur placement sur scène. Nous aborderons également la dimension performative dans son rapport avec l'identité aristocratique romaine. Les notions liées à l'étude du genre offrent tout autant un angle d'étude intéressant, puisque le genre est à la fois une construction sociale et une performance du corps[9]. Dans notre cas, le spectacle commença avec l'exhibition du cardinal Chigi dans la ville de Rome en carrosse, accompagné uniquement de femmes, la dédica-

---

[5] Tamburini 2012, p. 124 suit Worsdale 1981, p. 256 (n. 6) qui attribue la paternité du spectacle à Gian Lorenzo Bernini sur la base d'une mention dans les *Avvisi di Roma*, V-CVbav, Barb. lat. 6401, p. 209 (D-066-760-114), notoirement peu fiables pour ce type d'information. Les documents d'archives trouvés dans le cadre de cette recherche démentent clairement cette hypothèse puisque le nom de Bernini y est totalement absent. Tous les paiements sont adressés à Fontana.

[6] V-CVbav, Archivio Chigi, b. 484, fasc. 5, f. 66 (D-046-410-193) et f. 17 (D-046-450-157), V-CVbav, Archivio Chigi, b. 689, f. 751-752 (D-067-680-159). Les gravures sont publiées dans Fagiolo dell'Arco 1997, p. 462-463 et Furlotti 2014, p. 153.

[7] Le livret est intégralement publié dans Fontana 1668, la musique est perdue. Sur Mariani, *cf.* Morelli A. 2008b et Jeanneret 2017a.

[8] Sur la notion de co-présence physique, *cf.* Fischer-Lichte 2008, en particulier « Shared Bodies, Shared Spaces : The Bodily Co-Presence of Actors and Spectators », p. 38-74 et Chr. Jeanneret, *Performance et performativité*, article déjà cité (note 3).

[9] Butler 1990, p. 6-7, *cf.* également Chr. Jeanneret, *Performance et performativité*, article déjà cité.

taire était une femme, la vedette de la soirée fut la chanteuse Masotti (en opposition avec la distribution entièrement masculine des chanteurs et musiciens pour l'opéra) et les invités suivirent des parcours performatifs différents dans le jardin et sur scène en fonction de leur genre.

Ce modèle spectaculaire particulier permettra de mettre en évidence des aspects performatifs et matériels ainsi que la performativité du genre, reconstitués à partir des sources. Par le biais d'une mise en scène sophistiquée, Flavio Chigi affirmait son pouvoir et tâchait de créer une forme de continuité entre l'ancienne famille papale et la nouvelle, dans le territoire fragmenté et complexe de la Rome pontificale. Traditionnellement, les banquets étaient associés aux mariages. Le cardinal jouait avec l'idée de mettre en scène un banquet célébrant une union politique et non matrimoniale. Son rôle d'amphitryon, le mariage politique symbolique, le fait qu'il nourrisse ses invités en orchestrant soigneusement leur séparation par genre, les femmes au premier plan, les hommes en retrait, lui permettaient, durant le banquet, d'occuper une position dominante. Les liens de parenté entre les participants jouent un rôle-clef dans le discours sur le pouvoir. Fontana donne la liste des participants : outre les membres de la famille Rospigliosi et Chigi, étaient aussi présents des princes et princesses des familles Savelli, Colonna et Sforza[10]. Le fait de servir la nourriture sous la forme de triomphes indiquait également une claire référence au triomphe militaire ainsi qu'à la notion d'entrée solennelle d'un général victorieux, et tissait un parallèle entre la construction d'un arc de triomphe – dans ce cas comestible – et les allégories des triomphes, tels les poèmes de Pétrarque.

DES HORS D'ŒUVRE : SOURCES, RÉCEPTION ET ÉTAT DE LA QUESTION

Les archives Chigi contiennent les paiements détaillés à un cortège d'artisans qui travaillèrent d'arrache-pied pour préparer le spectacle. Les reçus du tailleur, Carlo Moretti, correspondent parfaitement à la description des costumes donnée dans la description de Fontana[11]. Les chaussures des chanteurs furent payées séparément à un cordonnier certainement d'origine française, Vincenzo Maupre[12].

---

[10] Fontana 1668, p. [2], cf. infra, n. 56 pour la liste détaillée des invités qui ont pu être identifiés.

[11] V-CVbav, Archivio Chigi, b. 484, f. 15-16 (D-046-430-175) et Fontana 1668, p. 4 pour Ciarmaglia, p. 6-7 pour la première apparition de Bacchus, Pomone et Flore et p. 13-14 pour le changement de costumes.

[12] V-CVbav, Archivio Chigi, b. 689, f. 749-750 (D-067-640-195).

Les paiements et cadeaux aux compositeurs, chanteurs, musiciens et copistes nous permettent de les identifier ou de confirmer les attributions données par Fontana[13]. Les chanteurs étaient Domenico del Pane et Giuseppe de Vecchi, castrats, Francesco Cianci et Francesco Verdone, basses, ainsi que le compositeur Mariani, au clavecin, qui reçurent chacun une soucoupe en argent. L'unique mention de Giulia Masotti dans les archives est celle du garde-robe qui lui fit parvenir un coûteux cadeau, un plateau et un gobelet d'argent en guise de remerciement[14]. Comme souvent pour les domestiques, a fortiori lorsqu'il s'agissait de femmes, les sources font silence sur la chanteuse. Le paiement au copiste Bernardino Terenzi révèle en outre l'effectif instrumental : deux violons et un arciluth, en plus du clavecin déjà mentionné[15]. Terenzi précise également un changement dans la partition : il a transposé le rôle de Titino en Ciarmaglia, ce qui indique un changement de tessiture, signe soit d'un changement de chanteur, soit d'une volonté de modifier le registre. Les comptes du *dispensiere* (l'intendant des dépenses) livrent en outre les noms des musiciens, parmi lesquels le luthiste Arcangelo Lori, accompagné de Carlo Caproli au violon, ainsi qu'un second violon et un violone, identifiés uniquement par leurs prénoms, Giacomo et Teodosio[16]. Le luth et le violon furent mis à disposition par le librettiste Baldini[17].

Les comptes des cuisiniers, *dispensiere*, *bottigliere* (responsable des vins), *scalco* (littéralement le découpeur, généralement un noble de second rang qui était chargé de découper et de présenter les viandes à table, mais qui était également responsable des autres domestiques en cuisine), sculpteurs de sucre et de glace, pâtissiers, *nevarolo* (le fabricant et transporteur de glace), parfumeur et fleuriste livrent quantité de détails sur la production du banquet lui-même[18]. Fontana dirigea d'importants travaux dans le jardin pour construire le théâtre et les

[13] V-CVbav, Archivio Chigi, b. 483, fasc. 12, f. 48 (D-066-130-196) et b. 12, f. 364 (D-043-640-164).

[14] V-CVbav, Archivio Chigi, b. 483, fasc. 11, f. 43 (D-066-080-144) : « bacile e bocale d'argento per la signora Giulia canterina ».

[15] V-CVbav, Archivio Chigi, b. 689 f. 748 (D-067-630-107).

[16] V-CVbav, Archivio Chigi, b. 689, f. 782*v* (D-066-700-168).

[17] V-CVbav, Archivio Chigi, b. 689, f. 781*v* (D-066-700-168).

[18] V-CVbav, Archivio Chigi, b. 12, f. 364 (D-043-640-164) et comptes détaillés du *dispensiere*, b. 690, f. 376r-391*v* (D-067-470-154), où est fait mention du vendeur de fruits (f. 377), du vendeur de poulet (f. 377*v*), du charcutier (f. 378), du boucher (f. 378*v*), du vendeur d'agrumes (f. 379), du maraîcher (f. 379*v*), du fleuriste (f. 380), du confiseur (f. 381-383). Voir aussi le compte du *festarolo*, c'est-à-dire de l'ouvrier qui installe les décorations mobiles, tentures et appareils pour les fêtes (f. 392-393). Tous ces comptes ont été établis sous le contrôle du *scalco* Ambrogio Teodosi.

spectaculaires changements de scène, ce qui impliqua de rehausser
la partie du jardin transformée en scène de théâtre, de construire
des *palchetti*, des piédestaux et nombre d'accessoires pour les effets
spéciaux[19]. Les jardiniers furent occupés pendant plusieurs mois à
adapter le terrain pour la performance, arracher les plantes et réor-
ganiser les parterres, replanter, arroser et construire des espaliers afin
d'y fixer le décor fait d'arbres, de plantes, de vases et de fruits[20]. Un
sculpteur de pierre (*scarpellino*) adapta les murs du jardin pour faire
le théâtre et travailla aux fontaines[21], un ouvrier réalisa des carre-
lages[22], un menuisier construisit et assembla la crédence (un meuble
dans lequel était exposée la vaisselle précieuse), les tables et les traves
du décor[23], le tourneur fit les plats et piédestaux dans lesquels furent
servis les triomphes (pièces maîtresses des banquets, il s'agit de sculptures de sucre artistiquement élaborées par les meilleurs chefs)[24].
Vincenzo Corallo peignit et décora à l'or et en couleur les plats, les
triomphes et les décorations de table, les vases et les lanternes, les
décors et certains éléments de la structure du théâtre ainsi que les
accessoires de scène. Il peignit également le décor et réalisa les perspectives ainsi que les toiles[25]. Un fournisseur de cristaux livra divers
miroirs, des chandelles, des cristaux, des lanternes et un fanal orné
de cent miroirs pour la décoration et l'illumination du jardin[26]. De
grandes toiles furent préparées pour les décors[27]. Le bronzier réalisa
de faux fruits et des vaisseaux en étain pour le service[28]. Cinq sculpteurs travaillèrent pour réaliser les triomphes de sucre et de glace sous
la supervision du *credenziere*[29] avec de nombreux aides de cuisine, au
service de la cuisine secrète et de la crédence[30], et un ouvrier prépara
des bassins et des outils pour sculpter la glace[31].

---

[19] V-CVbav, Archivio Chigi, b. 483, fasc. 5, f. 72-79 (D-005-631-587).
[20] V-CVbav, Archivio Chigi, b. 689, f. 597 (D-066-810-166), 765 (D-067-710-132), 776-777 (D-067-570-161).
[21] V-CVbav, Archivio Chigi, b. 689, f. 388 (D-066-480-172).
[22] V-CVbav, Archivio Chigi, b. 675 (D-066-820-157).
[23] V-CVbav, Archivio Chigi, b. 483, f. 72-79 (D-005-631-587).
[24] V-CVbav, Archivio Chigi, b. 689, f. 745 (D-067-610-125).
[25] V-CVbav, Archivio Chigi, b. 483, fasc. 13, f. 20*r* (D-066-160-169).
[26] V-CVbav, Archivio Chigi, b. 12, f. 364 (D-043-640-164) et compte des porteurs : b. 689, f. 763 (D-066-640-125).
[27] V-CVbav, Archivio Chigi, b. 690, f. 76-77 (D-066-930-155).
[28] V-CVbav, Archivio Chigi, b. 689, f. 767 (D-067-730-114).
[29] Le responsable de la garde et de la distribution des provisions de bouche.
[30] V-CVbav, Archivio Chigi, b. 689, f. 770-772 (D-066-660-107) et 774 (D-066-680-186).
[31] V-CVbav, Archivio Chigi, b. 689, f. 773 (D-066-670-195).

La fleuriste Madonna Chiara fournit des jasmins, du myrte et du cèdre, et réalisa des triomphes de myrte qui parfumaient les tables en contrepoint olfactif avec les serviettes damasquinées parfumées réalisées par le *bottigliere* Giovanni Mari[32]. Les comptes détaillés du parfumeur Pompeo Vannini n'ont pu être retrouvés, mais des paiements similaires nous permettent de supposer que les dispositifs olfactifs contenaient des essences de violette, de jasmin et d'ambre, pulvérisées à la fin du spectacle[33]. Vannini fournit les parfums et il fut payé partiellement en espèces et partiellement en fleurs de jasmin cueillies au jardin des Quattro Fontane. Un reçu du *bottigliere*[34] Mari, en charge de préparer des eaux odorantes, nous permet de comprendre le processus[35]. Il avait fait infuser des extraits d'ambre, de jasmin, de jonquille et de violette dans de l'eau pendant plusieurs jours. Les aspects les plus intéressants émergent parfois des paiements au tourneur, au jardinier, aux ouvriers, aux porteurs, aux palefreniers et autres préposés. On y trouve, par exemple, un cadeau à Stradella qui nous permet de confirmer l'attribution de la cantate chantée par Giulia Masotti[36] ; le transport et ajustement d'un grand clavecin qui provient du palais Chigi, plus précisément de l'appartement de l'aide de chambre Belardino Mancini[37] ; un repas fait des restes des triomphes du banquet offert aux musiciens chez Baldini, également décrit par Fontana[38]. Les pourboires donnés aux palefreniers des différentes familles invitées permettent de corroborer la liste donnée par Fontana[39]. Des trompettistes et tambours de la garde reçurent également un pourboire. De toute évidence, la procession en carrosse mentionnée plus haut était précédée par ces musiciens qui avertissaient les passants et occupaient l'espace de façon sonore, afin de renforcer l'aspect rituel et performatif de prise de possession du terri-

[32] Les serviettes sont mentionnées in Fontana 1668, p. 11.

[33] V-CVbav, Archivio Chigi, b. 38, f. 128*sx* (D-085-030-161) : Pompeo Vannini fournit des huiles, des poudres d'odeurs et des gants. Traditionnellement les gantiers et parfumeurs étaient réunis dans une même corporation.

[34] Le responsable de la cave à vin.

[35] V-CVbav, Archivio Chigi, b. 690, f. 801-802 (D-085-020-170).

[36] V-CVbav, Archivio Chigi, b. 690, f. 134*v* (D-066-940-146) : « A un fachino che portò un regalo al signore Stradella musico componitore d'ordine dell'eminentissimo padrone per ferragosto quale abita a Strada Giulia ».

[37] V-CVbav, Archivio Chigi, b. 690, f. 135*v* et 139*v* (D-066-940-146), accordage b. 689, f. 744 (D-067-600-134) et b. 690, f. 874 (D-067-560-170).

[38] V-CVbav, Archivio Chigi, b. 690, f. 139 (D-066-940-146) et Fontana 1668, p. 22-23 : « A due fachini che portorno due piatti reali pieni di robba mangiativa dalla cocina in casa del sudetto signore Baldini ».

[39] V-CVbav, Archivio Chigi, b. 689, f. 426-427 (D-066-590-170) et Fontana 1668, p. 2.

toire. En plein été, à Rome, le *nevarolo* (fournisseur de glace) Carlo Mazzolini fournit 5424 livres de glace, qui furent élaborées en sculptures étonnantes par Pietro Pulciani, dit « Cavolfiore » (Chou-fleur), le cuisinier du cardinal Chigi[40].

Ce banquet bénéficia d'une réception mitigée dans les témoignages de l'époque. Les *Avvisi di Roma* tournèrent en dérision cette fantaisie gastronomique, pendant laquelle « les invités ne reçurent ni un verre de vin, ni un verre d'eau » et « rentrèrent chez eux enragés de faim »[41].

ENTREMETS : PERFORMANCE ET PERFORMATIVITÉ

La mise en scène littérale de la nourriture, des invités et du jardin, combinée avec un ingénieux système d'éclairage, les senteurs du jardin et les parfums, la performance plus traditionnelle d'un petit opéra (*operina*) et d'une cantate nous imposent de promouvoir une approche plus globale fondée sur la performance et la performativité[42]. L'événement se définit par plusieurs catégories spécifiquement liées à la performance : le rituel, la cérémonie, le spectacle, mais également la politique et la vie quotidienne[43]. Dans ce cas, l'aspect performatif dépasse le spectacle proprement dit : la dimension éphémère et « tout ce qui n'est pas écrit » concerne non seulement les chanteurs, le jeu d'acteur et la mise en scène, mais également l'esthétique éphémère des triomphes de nourriture, érigés en monuments comestibles et littéralement avalés par les invités à la fin du banquet. La corporalité des interprètes, dont les corps sont rehaussés par d'imposants costumes, la matérialité esthétique des sculptures de sucre se combinent de façon indissociable avec la présence des spectateurs, eux-mêmes engagés dans des actes performatifs de procession et de mise en scène. L'acte performatif est à la fois artistique et esthétique, mais il inclut des motivations sous-jacentes qui sont culturelles, politiques et sociales. Quant à la performativité, elle a été définie comme un acte de parole et performance de corps[44]. La procession en carrosse, l'espace scénique du jardin, les actes de paroles du livret et la performance conjointe

---

[40] V-CVbav, Archivio Chigi, b. 483, fasc. 13/4, f. 148-153 (D-066-190-142).

[41] *Avvisi Raggi*, cités dans Ademollo 1888, p. 107-108.

[42] L'approche sous l'angle de la performance vient compléter d'autres sortes de lecture comme celle qu'a proposée Lorenzo Bianconi du rôle de la musique dans le banquet qui fut donné le 19 octobre 1608 à Florence pour les noces de Côme II de Médicis (Bianconi 1991, p. 283-288).

[43] Schechner 2002, p. 25 inclut la cuisine dans les actes performatifs du quotidien.

[44] Austin 1962 ; Butler 1990 et 1993 ; *cf.* Chr. Jeanneret, *Performance et performativité*, article déjà cité.

des musiciens et des invités sur scène sont considérés ici comme une performance orchestrée par Chigi, lequel, comme nous le verrons plus loin, proposait ainsi une lecture du pouvoir papal à Rome.

ENTRÉE : ORCHESTRATION DU BANQUET ET OPÉRA

Le jardin était illuminé par d'innombrables torches, décoré de tableaux, d'*apparati* et de meubles. Le cardinal accueillit les invités à l'entrée du jardin; accompagnés par des palefreniers portant les torches, ceux-ci parcoururent la voie centrale du jardin, partiellement emplie d'eau pour l'occasion, pour arriver au bosquet transformé en scène de théâtre éphémère. L'occupation de l'espace par les participants était orchestrée dans une procession de lumières, au son des fontaines et des chutes d'eau. Les hommes et les femmes traversèrent et occupèrent des espaces différents. Une petite scène était érigée d'un côté pour les musiciens, une autre à l'opposé pour les gentilhommes, alors que les femmes étaient placées en demi-cercle à l'arrière de la scène. Les dames, accompagnées par les aides de chambres furent en effet installées sur la scène sur une rangée de sièges en brocard d'or : elles faisaient littéralement partie du spectacle[45].

Lors de son entrée en scène, Ciarmaglia, stupéfait, put constater que les lieux était emplis d'un public distingué. Il découvrit son chef coiffé d'un chapeau de paille, surmonté de plumes de paon et déposa sur une table un jambon, un fromage et un salami, tâchant de pourvoir à un ridicule festin[46]. La scène pastorale, ainsi que le caractère comique du jardinier rappellent les livrets d'opéras romains du milieu du XVIIe siècle, en particulier ceux de Giulio Rospigliosi. Selon toute vraisemblance la présence du jardinier était un hommage à l'illustre librettiste, désormais pape.[47] Bacchus, Pomone et Flore, richement vêtus en complet contraste vestimentaire avec Ciarmaglia, firent irruption et réprimandèrent le jardinier d'offrir des vivres si pauvres à une si noble compagnie. L'apparition des trois personnages annonça et symbolisa les délices à venir, dans une allusion évidente au banquet des dieux – sur lequel nous reviendrons – pour un public habitué aux représentations opératiques et à l'iconographie de l'époque. Outré, Bacchus renversa la table d'un coup de thyrse, laquelle s'écroula « avec un bruit tonitruant » dans la fontaine située au bas de la scène[48].

---

[45] Fontana 1668, p. 4.
[46] V-CVbav, Archivio Chigi, b. 484, f. 15-16 (D-046-430-175).
[47] Par exemple, Zanni et Coviello et leurs fils Colello et Fritellino dans *Chi soffre speri* (1637). Sur la production opératique de Rospigliosi, *cf.* Murata 1981.
[48] Fontana 1668, p. 9.

Le son servit de signal acoustique à Fontana qui réalisa un spectaculaire changement de scène : trois fausses murailles furent érigées en un instant, le bosquet se transforma en un superbe théâtre avec une fontaine à l'arrière-plan, une cave à vin (*bottiglieria*) en cristal apparut d'un côté, de l'autre une crédence (*credenza*) d'or et d'argent ; huit tables richement parées du banquet glissèrent magiquement sur scène. Elles étaient agrémentées de triomphes de pâtisseries, fruits et sculptures de sucre, de glace et de lumières, mis en scène dans des plats en forme de cornes d'abondance et de monstres marins.

Fig. 2 – Teresa Del Po, perspective de la cave à vin en cristal (détail),
Fontana 1668.
Avec la permission du Ministero dei Beni e delle Attività Culturali
e del Turismo - Biblioteca nazionale centrale di Roma.

Bacchus, Pomone et Flore retournèrent sur scène dans de nouveaux costumes plus majestueux, faits pour briller dans la nuit : Bacchus portait un corset orné de mille cinq cents petits cristaux à miroir, une tunique de lames argentées décorée de perles et une coiffe de cristaux avec un plumeau vert et blanc. Pomone et Flore avaient des costumes similaires, en mohair, de couleur chair, verte et blanche, ornés de lames d'argent, de perles et de bijoux, avec une longe traîne « à la française »[49]. À la fin de l'*operina*, un dernier changement de scène fit apparaître deux tables dans les arches de la crédence et de

[49] Fontana 1668, p. 13-14.

la cave à vin. Elles glissèrent sur scène et se rejoignirent au milieu pour former une longue table de banquet, garnie de triomphes. Alors que les invités admiraient les mets, les couverts, les cristaux et la mise en scène de la table, Giulia Masotti, « vraie sirène du Tibre », apparut dans les bois et chanta « avec la suavité de sa vertu chantante qui fait l'envie des trois fabuleuses [sirènes] de la mer »[50]. Puis, les invités dégustèrent mets et vins ; du côté de la crédence, il y avait six triomphes dans des plats en forme de cornes d'abondance, ainsi que des monstres marins et des bas-reliefs historiés en pâte de sucre, qui symbolisaient prodigalité et abondance. Le cuisinier Cavolfiore avait réalisé dix autres triomphes en sucre et autres douceurs, dont l'un figurait des tritons et des dauphins dans une fontaine, un autre représentait le chapeau de Ciarmaglia avec la plume de paon et un autre encore la fable de Pan et Syrinx[51].

Fig. 3 – Teresa Del Po, scène finale et banquet, Fontana 1668.
Avec la permission du Ministero dei Beni e delle Attività Culturali
e del Turismo - Biblioteca nazionale centrale di Roma.

[50] Fontana 1668, p. 21. Pour l'identification de la pièce, Jean Lionnet suggère « Con mesto ciglio » de Stradella dans Gianturco 1998, p. 69. Arnaldo Morelli identifie de façon plus convaincante la pièce comme un « capriccio per musica » d'Apolloni *Eco amoroso* (« Arsi già d'una fiamma ») qui comporte un double écho, tel que le décrit Fontana, Morelli A. 2017a, p. 57-58. La partition est conservée, I-MOe, MUS.F.1152, f. 1-24 et I-Vnm, It. IV., 560, f. 37-57. Fontana 1668, p. 21-22.
[51] L'aspect allégorique et symbolique des triomphes ne sera pas traité dans le cadre de cette étude.

Le spectacle se termina par trois coups de tonnerre et éclairs, accompagnés d'une pluie d'eaux parfumées et d'une grêle de dragées. Caterina Rospigliosi s'en alla avec les princesses et les dames. Le cardinal Rospigliosi s'en alla plus tard avec les autres membres de la famille Rospigliosi. Les triomphes ne purent être immédiatement envoyés à Caterina comme prévu, car les invités et les ouvriers les avaient goûtés et dévorés sans considération. Ils furent réparés par les cuisiniers et par les sculpteurs, avant de lui être envoyés le lendemain matin. Les chanteurs et le compositeur furent invités chez Sebastiano Baldini, où fut envoyée une partie des restes du banquet qu'ils dégustèrent et où ils reçurent leurs cadeaux. Ils furent également autorisés à conserver leurs costumes de scène. Mariani reçut en outre quatre paires de chaussettes de Milan en taffetas brodé d'or et d'argent.

PLAT : POLITIQUE, NOURRITURE ET PERFORMANCE

En fait, l'événement avait commencé bien plus tôt et avait été orchestré de main de maître dans une mise en scène prodigieuse. L'arrière-plan de cette performance était hautement politique et reflétait parfaitement la fragmentation territoriale de Rome, c'est-à-dire la division géographique des lieux symboliques où s'incarnaient les factions politiques. L'oncle de Flavio, le pape Alexandre VII décéda le 22 mai 1667 ; son successeur Clément IX Rospigliosi fut élu le 20 juin 1667. Une année plus tard, Flavio mettait en scène cette « récréation » pour honorer les membres de la nouvelle famille pontificale – avant tout les femmes de la famille –, cherchant ainsi à créer une continuité du pouvoir et une unité dans la forme dynastique non-héréditaire de la papauté. Il faut souligner l'importance des femmes (sur laquelle nous reviendrons) tout au long de la fête et même avant qu'elle ne commence, puisque Flavio avait chargé Maria Virginia Borghese, femme de son cousin Agostino, de jouer le rôle d'intermédiaire pour l'invitation[52]. En outre, son rôle d'amphitryon, l'extravagance et la richesse du spectacle indiquaient sans ambiguïté sa position prépotente et ses ambitions politiques. Présent pour nourrir et éblouir des femmes, les princesses Rospigliosi, sous l'œil de leurs parents masculins, Flavio Chigi prend une position indiscutablement dominante. Les banquets étaient traditionnellement associés aux mariages ; dans notre cas, il s'agissait d'une union politique et non matrimoniale, qui concernait l'alliance entre l'ancienne et la nouvelle famille papale, dans une union symbolique entre le cardinal Chigi et

---

[52] Fontana 1668, p. 2.

la princesse Rospigliosi. La fête de l'Assomption de la Vierge avait eu lieu le même jour à la basilique de Sainte-Marie-Majeure. En sortant de l'église, Flavio, accompagné exclusivement de femmes, effectua de nombreux passages en carrosse dans la ville, pour s'afficher en compagnie des membres féminins de la famille Rospigliosi[53]. Flavio se trouvait dans le premier carrosse en compagnie de l'hôte d'honneur, Caterina Rospigliosi (sa sœur Maria Maddalena était indisposée et s'était excusée), Maria Isabella Melchiorri Maffei, la comtesse Bichi Marescotti, Cinthia Capo di Ferro Maddaleni Rocci. Dans le second carrosse se trouvaient Ginevra Capponi Mellini, Lucrezia Cellesi (mère de Caterina) et Faustina Maddaleni. Les maris, cardinaux et autres parents masculins les retrouvèrent à l'entrée du jardin des Quattro Fontane à minuit.

Les banquets aristocratiques depuis la Renaissance reposaient sur des orchestrations sophistiquées de nourriture et d'objets de luxe, dont les sculptures de sucre[54], architectures fragiles et éphémères d'origine italienne, qui avaient conquis toutes les cours d'Europe, constituaient les pièces maîtresses[55]. Sollicitant tous les sens et combinant arts culinaires et arts de la scène, les repas recoururent progressivement à la mythologie et se théâtralisèrent[56]. Les sculptures étaient réalisées en sirop de sucre solidifié, moulées puis ciselées. Safran et herbes permettaient de les colorer[57]. Les banquets étaient généralement organisés autour d'un thème, mythologique ou historique, qui célébrait l'hôte d'honneur et les sculptures mettaient en scène une iconogra-

[53] Fontana 1668, p. 2. La promenade en carrosse se déroula probablement entre Piazza dell'Esquilino et Piazza del Viminale.

[54] McIver 2014, p. 96-97, 141-143 : les sculptures les plus prodigieuses figurèrent dans le banquet du cardinal Riario pour Éléonore d'Aragon en 1473 avec des triomphes de sucre, chant, musique et danse. Les sculptures étaient de dimensions humaines et représentaient l'histoire d'Hercule (en l'honneur d'Ercole d'Este, futur mari d'Eleonora). Pareilles sculptures ornaient également le banquet du mariage d'Éléonore d'Aragon et d'Ercole d'Este, celui du mariage de Roberto Malatesta et d'Elisabetta da Montefeltro et celui offert par Frédéric II de Gonzague à Henri III en 1574 au Palais du Te à Mantoue.

[55] McIver 2014, p. 130. Sur les banquets cf. également Albala 2007 ; Fabbri Dall'Oglio 2002 ; Reed 2015. Ces ouvrages fournissent également des références sur les métiers de la table.

[56] Imorde 2015, p. 102 cite Georg Philipp Harsdörffer, *Vollständiges und von neuem vermehrtes Trincir-Buch* (1657) : « Not only are the ears amused with charming and joyful music, and with poems and songs of praise, the brain is also fortified with fragrant waters and incense, the mouth pleasantly delighted with the most delicious dishes and sweet drink, the hands applied to choosing the best morsels ; but sight as well, as the most splendid of all senses has been regaled with the sophisticated table pieces ». Cf. également Jeanneret 1987.

[57] McIver 2014, p. 131.

Fig. 4 – Pierre Paul Sevin, Table de banquet avec triomphes et armes
de Clément IX Rospigliosi, Nationalmuseum, Stockholm.

phie symbolique et politique sur la table, souvent accompagnée d'animaux, de guirlandes et de fleurs[58].

Le cérémoniel du banquet était une chorégraphie dramatique, construite selon une hiérarchie précise et fonctionnait comme une suite d'actes de pièce de théâtre. L'hôte, offrant des mets délicats et coûteux dans une présentation savamment étudiée, faisait montre de son pouvoir, de son prestige et de sa magnificence. Le banquet fonctionnait à la fois comme un hommage aux invités, mais également comme une mise en scène et une auto-représentation de l'amphitryon. À la croisée de la politique et du spectacle, le banquet était une forme d'art qui comportait des messages politiques, esthétiques et sociaux[59]. Chaque participant était un acteur, le repas, un théâtre et le banquet, une forme de discours de pouvoir. Dans le ballet complexe du rituel du banquet, tout était performance, de la cuisine au service, et jusqu'à l'acte de manger en lui-même.

Le concept de banquet à l'époque moderne est indissociable de sa référence mythologique au banquet des dieux d'Homère, qui eut lieu dans le jardin des Hespérides et servit de prélude à la guerre de Troie (*Iliade* 24.25-30)[60]. Il intégrait une composante politique et historique,

---

[58] Imorde 2015, p. 104-105.
[59] Albala 2007, p. 2-4.
[60] Reed 2015, p. 32-33.

où l'opulence et l'abondance mènent à la guerre et la destruction. Le banquet mettait en scène les passions et les appétits destructeurs. Les *Fastes* d'Ovide narrent les bacchanales (I.391-400 et 6.319-341), les *Métamorphoses* d'Apulée, avec le mariage de Cupidon et de Psyché (VI, 24). Les banquets du XVIe au XVIIIe siècles se terminaient souvent par un impitoyable pillage de la nourriture et des décorations de table. Les monuments comestibles étaient intentionnellement destinés à être ingérés et détruits[61]. Dans le cadre du banquet Chigi, l'*operina* mettait en scène les personnages de Bacchus, Pomone et Flore, indissociables du banquet des dieux. Bacchus est le dieu du vin, des plaisirs et des débordements, le père de la danse et du théâtre ; Pomone est la déesse de l'abondance, une nymphe des bois, nommée d'après les fruits des arbres fruitiers, *pomum ;* Flore, une nymphe et une courtisane, est la déesse des fleurs, célébrée pour sa beauté. Tous trois sont également associés aux jardins. Dans son *Iconologia [...] ne i quali si esprimono varie imagini di virtù, viti* – une encyclopédie destinée aux poètes, peintres et sculpteurs et qui décrit toutes les personnifications, allégories et concepts –, Cesare Ripa place Bacchus dans l'allégorie de la « Campagne heureuse » ; de Flore il fait une allégorie du printemps, tandis que Pomone est évidemment associée aux vergers[62]. Les trois divinités figurent également parmi les sculpures favorites ornant les parterres[63]. Les pommes d'or, de même qu'Hippomène et Atalante, sont mentionnées dans le livret de Baldini, une référence explicite au jardin des Hespérides[64].

Fromages : le banquet Chigi et les modèles spectaculaires similaires

Tout banquet était généralement accompagné de musique et de danse. Le banquet Chigi fut toutefois remarquable par l'intégration de la nourriture dans la mise en scène de l'opéra, ainsi que par le rôle participatif des invités et leur présence explicite dans le livret de Baldini. Les objets comestibles, les musiciens et les invités eux-mêmes furent mis en scène et prirent une part active à la performance.

[61] Reed 2015. Références iconographiques : Bellini, *Feast of the Gods*, 1514, Raphaël, *Banquet de Cupide et Psyché* 1517 et même titre pour Giulio Romano au Palais du Te à Mantoue, 1526-28.

[62] Ripa 1645, II, 327 et III, 597. La première édition fut publiée en 1593, celle de 1645 contient des illustrations.

[63] Mabil 1801, p. 143 et 160.

[64] Fontana 1668, p. 8-9 : « Pomona. – Non ho fra queste piante ugual tesoro / degne tutte d'aver pomi, ma d'oro. [...] Ippomene o tu / deh, dimmi qual fù / la magica pianta, / che nel corso arrestar seppe Atalanta ».

Ce spectacle représente un modèle quelque peu particulier, mais il n'est pas unique. Il est possible que Flavio Chigi ait été inspiré par le modèle versaillais, qu'il eut l'occasion d'admirer en 1664 lors de sa légation en France, durant laquelle le cardinal fut obligé de s'excuser publiquement devant Louis XIV, suite à l'affaire des gardes corses survenue à Rome en 1662. Il arriva trop tard pour admirer les *Plaisirs de l'Isle enchantée*, une série de spectacles célébrant la construction de Versailles qui s'étendirent sur six jours (du 7 au 13 mai 1664) et comprenaient une course de bague, une collation ornée de machines, des comédies de Molière, musique, ballet et feux d'artifices[65]. Mais il assista à la reprise de *La Princesse d'Élide* à Fontainebleau, où il vit également l'*Œdipe* de Corneille, assista à un bal et fut surpris par la liberté des femmes françaises[66]. La «collation ornée de machines» présente des similarités avec celle que Flavio organisa quatre ans plus tard dans son jardin. Elle débute par le Ballet des Saisons, dans lequel quatre acteurs de la troupe de Molière entraient en scène juchés sur des animaux de la ménagerie de Versailles : un cheval, un éléphant, un chameau et un ours, représentant les quatre saisons. Ils étaient accompagnés de quarante-huit serviteurs costumés en jardiniers, moissonneurs et vendangeurs, qui portaient les plats du repas, ainsi que des «vieillards gelés» qui portaient des vasques de glace. La collation eut lieu le soir, le jardin était éclairé par d'innombrables chandeliers et flambeaux portés par des masques[67]. Il est fort probable que Flavio Chigi ait été inspiré par la mise en scène dans le jardin, la performance nocturne qui requérait un éclairage spectaculaire et par les sculptures de glace, qui ne faisaient pas partie de la tradition italienne.

Mais l'événement le plus proche du banquet Chigi est un ballet inséré dans l'opéra *Il pomo d'oro* d'Antonio Cesti, représenté à Vienne les 12 et 14 juillet 1668, deux ans après le mariage de Léopold I et Margaret Theresa, occasion pour laquelle il avait été initialement prévu. Dans les scènes 4-5 de l'acte premier est représenté un banquet des dieux dans le palais de Jupiter[68].

Le décor est formé d'une arche de nuages au-dessus d'une crédence monumentale qui contient des plats et des urnes gigantesques. Le personnel de service est composé de danseurs vêtus en satyres qui servent les dieux, assis à une table de banquet qui fait face au public. Hébé, Ganymède et un chœur de demi-dieux servent les divinités

---

[65] Chevalley 1966; Moine 1984; Apostolidès 1981; Milovanovic – Maral 2009; La Gorce 2013, p. 207-209.

[66] Goulet 2017, p. 217-218.

[67] *Plaisirs de l'Isle enchantée* 1673, p. 15-20.

[68] Sbarra 1667 pour le livret et les gravures.

Fig. 5 – Lodovico Burnacini, Le banquet des dieux, acte I, sc. 4-5,
dans Antonio Cesti, *Il pomo d'oro* (1668).
© Österreichische Nationalbibliothek - ÖNB Vienna, Misc.143-GF/3

principales, pendant que la Discorde jette sa pomme depuis un nuage
au-dessus de la table. La gravure de Burnacini présente des similarités flagrantes avec la mise en scène de Fontana, notamment par
la présence de la table de banquet et la crédence. La célébration du
mariage comportait, outre l'opéra, des tournois, processions, ballets
équestres et feux d'artifices. Les carrousels et tournois à cheval étaient
orchestrés et chorégraphiés de la même manière que le service de table.
Les chariots réalisés par l'architecte Carlo Pasetti comme machines et
décors de théâtre pouvaient également être utilisés comme sculptures
de table ou argenterie pour un banquet[69].

Dessert

Fontana affirmait qu'il publiait sa description pour rendre justice
à tous les « artistes » (comme il les nomme) qui avaient contribué au
succès de ce spectacle[70]. De la même manière, nous avons tâché ici de
considérer le spectacle dans son entièreté, afin d'éviter de limiter la

---

[69] Reed 2015, p. 33-35.
[70] Fontana 1668, p. 1 : le but de Fontana est de corriger les relations « menson-
gères et pernicieuses ».

performance au sens musical strict du terme et d'échapper aux cloisonnements qu'impose l'approche disciplinaire. La Rome baroque était le grand théâtre du monde et toutes les actions publiques des aristocrates avaient valeur de performance. Les banquets étaient mis en scène et la nourriture devint une forme d'art qui suivait les mêmes principes esthétiques que la musique ou les arts en général. Dans une performance exclusive, sophistiquée et prestigieuse, l'hôte affirmait son identité et son pouvoir. Le repas devenait un message non seulement théâtral, mais également politique. Le banquet Chigi constitue un cas d'étude de choix, où les arts du spectacle s'associaient aux arts de la table et où l'événement comportait plusieurs actes orchestrés avec soin selon le rang et le genre des participants. Les chorégraphies spatiales, les processions en carrosse ou dans le jardin, la mobilité ou le stationnement des hôtes délivraient un message politique[71]. Flavio Chigi revendiqua et affirma une position dominante dans l'échiquier du pouvoir romain en jouant sur plusieurs tableaux, le plus important étant certainement celui du genre. Les hommes de la famille Rospigliosi furent laissés à l'arrière-plan pour mettre en scène les femmes. Les carrosses, le banquet, le jardin et la musique étaient autant d'éléments qui culminèrent dans une représentation du pouvoir, avec le cardinal dans le rôle de l'amphitryon qui affiche sa magnificence dans un spectacle littéralement ingurgité par ses hôtes, avant tout du sexe féminin.

---

[71] Sur ces aspects, *cf.* Sternberg 2014, p. 32-34, où l'auteur étudie les relations interpersonnelles quotidiennes à la cour de Louis XIV en considérant l'espace, le langage, les gestes et l'habillement.

CHIARA PELLICCIA

LA CLEMENZA D'AUGUSTO (ROMA, 1697)

"PERFORMANCE", POLITICA E PATRONAGE
PER L'ULTIMA STAGIONE SECENTESCA DEL TORDINONA

> Hier sera fu principiata la seconda opera a Tor di Nona la quale
> riuscì assai plausibile […] e vi furono bellissimi abiti, et apparenze.[1]

Il 4 febbraio 1697 nel Teatro Tordinona a Roma andò in scena
come seconda opera del Carnevale *La clemenza d'Augusto*, dedicata
a Lorenza de la Cerda Colonna,[2] moglie del contestabile del Regno di
Napoli, Filippo Colonna.

Su libretto originale di Carlo Sigismondo Capece, l'opera era il
risultato del lavoro collaborativo di tre compositori: Severo De Luca
(I atto), Carlo Francesco Pollarolo (II atto), Giovanni Bononcini (III
atto).[3] Il libretto, stampato dagli eredi Corbelletti con dedica a firma
di Capece, contiene scarne informazioni di paratesto: oltre la tavola
dei personaggi e le mutazioni di scena, mancano riferimenti a compositori, interpreti, intermezzi, balli, macchinerie e altri elementi spettacolari. Attualmente, accanto al libretto si conserva una partitura
straordinariamente completa, che conferma l'attribuzione ai compositori ricordati e che comprende, oltre ai tre atti, l'intonazione di un
intermezzo con balli, alla fine del secondo atto.[4]

Il secondo e il terzo atto, rispettivamente di Pollarolo e Bononcini,
sono stati oggetto d'indagine da parte di Olga Termini e Lowell
Lindgren nel corso degli studi rispettivamente condotti sui due
compositori e, data l'intestazione riportata sul volume manoscritto
della partitura, entrambi gli studiosi hanno considerato l'opera come

---

[1] Avviso da Roma, 5 febbraio 1697, in Staffieri 1990, 129n.
[2] Su Lorenza de la Cerda Colonna, si vedano in questo volume i contributi
di Sara Elisa Stangalino, *"Strategie parasinestetiche" nella "Tessalonica" di Nicolò
Minato (Vienna 1673 / Roma 1683)*, p. 419-435, e Valeria De Lucca, *«Un nobilissimo e sottilissimo ingegno». Tracce di balli nelle opere del Teatro Colonna (1683-
1688)*, p. 223-237.
[3] Sulle attribuzioni, *cf.* Franchi 1988, p. 716-717.
[4] *Clemenza* 1697b.

Cinna, senza individuarne un relativo libretto. L'opera è stata ricollegata al libretto di Capece e ricondotta alla produzione del 1697 nel Teatro Tordinona di Roma soltanto negli ultimi anni, grazie agli studi di Anna Tedesco.[5]

Più di recente José María Domínguez ha approfondito lo studio della drammaturgia e del contesto di genesi dell'opera, a partire dal rapporto tra il libretto e le sue possibili fonti. In particolare, ha individuato come principale fonte diretta del libretto la tragedia francese in cinque atti di Pierre Corneille, *Cinna, ou la clémence d'Auguste* (1641), evidenziando nelle somiglianze e nelle necessarie modificazioni intervenute nel testo operistico, elementi utili a comprendere i messaggi dell'opera e a inquadrarne il ruolo nel contesto del dibattito letterario dell'Arcadia romana – nel quale si possono ricondurre anche le tematiche dell'intermezzo.[6]

Sebbene Capece abbia mutuato interi dialoghi da Corneille, pressoché traducendo i versi francesi, l'impianto in tre atti del libretto operistico, il proporzionamento del numero di personaggi, l'inserimento di elementi sovrannaturali sia nell'opera che nell'intermezzo permettono di evidenziare i tratti più originali e l'impianto stilistico caratteristici del librettista, accomunando il testo della *Clemenza* ad altri libretti di Capece. Inoltre, Domínguez ha sottolineato come all'unitarietà del messaggio del libretto non corrisponda una simile unitarietà nel discorso musicale. In particolare ha osservato che nel terzo atto, di Bononcini, a differenza dei precedenti, il testo in partitura ha subìto pochissime variazioni rispetto al libretto, ipotizzando quindi che l'opera fosse stata inizialmente commissionata al solo Bononcini – che tra il 1691 e il 1697 era il principale compositore nell'*entourage* Colonna – ma che il suo concomitante impegno per *Il trionfo di Camilla regina dei Volsci* per il San Bartolomeo di Napoli avesse reso necessario a Roma l'intervento degli altri due compositori.[7]

Rispetto allo stato delle fonti, *La clemenza d'Augusto* può essere considerata, oggi, tra le opere secentesche romane meglio documentate e, grazie a questa particolarità, anche una tra le più studiate. Dallo stato dell'arte emerge anche, però, quanto le attuali conoscenze sull'opera siano legate in particolare al testo e alla sua drammaturgia, mentre altri aspetti, specialmente quelli legati alla dimensione della *performance*,

---

[5] Termini 1970, p. 361, 604; Lindgren 1972, p. 770, 856; Tedesco 2007, p. 542, n. 52.

[6] Intermezzo e balli, sui quali sto conducendo uno studio organico insieme a Gloria Giordano, non saranno oggetto d'indagine in questa sede. Una panoramica sul ruolo e il significato di prologhi e intermezzi nelle opere secentesche di Tordinona è in Gianturco 1996.

[7] Per riferimenti più approfonditi: Domínguez 2011, p. 87-110.

sembrano aver ottenuto minore attenzione. Considerando l'opera e la sua rappresentazione come due degli elementi nel complesso di istanze alla base dell'evento spettacolo – dalla gestione organizzativa al lavoro materiale, dalle reti di contatti e scambi fino alla politica internazionale – questo saggio intende avviare, in particolare, una ricostruzione degli spazi operativi e relazionali intorno a *La clemenza d'Augusto*, nel quadro più ampio della stagione teatrale di Tordinona, e della stagione stessa nel contesto romano. Roma come *performative society* è centrale in questa prospettiva, a indicare in senso relazionale la produzione di significato di ciascun evento.[8] L'idea di *performance* come spazio di relazione mostra, inoltre, implicazioni ben più estese rispetto alla sola "rappresentazione" dell'opera e permette di evidenziare tensioni sociopolitiche e dinamiche culturali ben al di là del fatto spettacolare, che lo precedono e seguono nel tempo, e che ne costituiscono e condizionano in varia misura la realizzazione, il messaggio, la riuscita.[9] Attraverso le molte tracce documentarie note (avvisi, diari, carteggi, libretto e partitura) e grazie al ritrovamento di nuove fonti nell'archivio di Casa Colonna (carteggi, conti di spesa ecc.), intendo seguire differenti percorsi operativi e relazionali attuati intorno a *La clemenza d'Augusto* e al loro articolarsi in trame sovrapposte – dal vivace affaccendarsi di maestranze e artigiani alle istanze artistico-culturali, al rilievo politico-diplomatico –, percorsi convergenti intenzionalmente intorno all'evento spettacolo, messi in atto da coloro che in quel dato contesto spazio-temporale hanno agito come promotori, attori, spettatori, a volte come tutte queste cose al tempo stesso.[10]

La clemenza d'Augusto andò in scena per la prima volta il 4 febbraio 1697 nel Teatro Tordinona, recentemente rinnovato dall'architetto Carlo Fontana su istanza del conte Giacomo d'Alibert.[11]

---

[8] Si prende il concetto di *performative society* da Gillgren – Snickare 2012, p. 6: «[...] to show how performative acts in Baroque Rome shaped and generated significance to individuals and groups – as well as to architecture and urban sites. The production of meaning is looked upon as something relational that always depends on the actual exchange of gazes, gestures, utterances and on the interplay between people, art, and architecture».

[9] Un possibile modello di lettura del fatto teatrale-spettacolare in quanto relazione tra testo e *performance* in un contesto spazio-temporale dato è quello proposto da Christian Biet, basato sul concetto di *séance* teatrale (sessione teatrale). Si veda: Biet 2013b.

[10] In questa prospettiva è prezioso il quadro metodologico elaborato da Guy Spielmann intorno all'idea di *événement-spectacle*, ricomprendendo in un contesto spazio-temporale dato, la relazione dinamica tra tutte le istanze della *performance-spectation* e il loro convergere intenzionale a rendere possibile l'evento stesso. Si vedano i contributi di Spielmann 2013 e, in questo stesso volume, *La fête baroque, archétype du macro-événement-spectacle*, p. 101-113.

[11] Sulle iniziative del conte d'Alibert e la ricca stagione secentesca del Tordinona

L'opera giungeva come seconda nuova proposta in una stagione breve e travagliata, iniziata al termine di un complesso gioco di forze al quale non era estranea la politica. Un avviso manoscritto del fondo Bolognetti, del 2 gennaio 1697, ricordava tra i termini fondamentali della questione l'opposizione alle opere da parte del partito Zelante dei cardinali: «[...] li due famosi teatri di Marcello, e di Pompeo cominceranno le loro opere musicali alli 21 di gennaro, e forse mai, se il negoziato de i zelanti rinforza [...]».[12] La stagione, infatti, avviata in ritardo per via delle resistenze pontificie, era stata inaugurata il 19 gennaio con *Fausta restituita all'impero*, dedicata alla contessa Maria Josepha von Sternberg Martinitz, moglie dell'ambasciatore cesareo Georg Adam von Martinitz.[13]

Fausta restituita all'impero – o *Fausta al soglio*, com'è ricordata in alcuni avvisi – era un rifacimento dell'opera *Odoacre*. Più volte rimaneggiata dopo la prima veneziana del 1680, *Odoacre* nel 1694 era andata in scena a Napoli al San Bartolomeo, con arie nuove di Alessandro Scarlatti.[14] La prima romana di *Fausta*, con musiche di Giacomo Antonio Perti e arie nuove di Giovanni Lorenzo Lulier, non ebbe grandi lodi: «La comedia di Torre di Nona intitolata *Fausta al soglio* riesce indegnamente e per la qualità dell'opera, che è pessima nel costume, e per li comici, tutti meno ch'ordinarij [...].»[15] L'avviso poneva in parallelo gli esiti dell'avvio di stagione del Tordinona con quelli del Teatro Capranica, a scapito dei primi. In quella che sarebbe stata l'ultima stagione secentesca per il Teatro Tordinona, altre avversità si sarebbero abbattute sulle scene. Durante una delle recite di gennaio si verificò un incidente che causò la morte di un uomo e la scoperta in teatro di una canterina in abiti maschili:

> [...] a Tordinona, [...] cadé dall'alto della volta uno che si affacciò troppo animosamente in fuori, e nella caduta per cui morì, ebbe a colpire una giovane cantarina che vestita da huomo si trovava alla comedia; fu poco il male che essa ne risentì, ma fu molta la vergogna

rimangono fondamentali in ambito musicologico i contributi di Ademollo 1888 e Cametti 1938. Tra i lavori più recenti ricordo ancora Gianturco 1996. In ambito storico-artistico sul Tordinona si vedano almeno Rotondi 1987; Spicola 2008.

[12] Si cita da Della Libera – Domínguez 2012, p. 163 doc. 156. Marcello e Pompeo, con i quali ironicamente il diarista ricorda anche i due famosi teatri della Roma antica, sono rispettivamente De Rosis (per Tordinona) e Capranica (per il teatro omonimo).

[13] *Corriere Ordinario*, II, 6 febbraio 1697; avviso da Roma, 19 gennaio 1697, in A-Wn, 77.N.7 (vol. 1697) (si legge nella scheda PerformArt D-061-830-186); Staffieri 1990, p. 128, n° 195.

[14] Sartori 1990-1994; Franchi 1988, p. 713-714.

[15] Staffieri 1990, p. 128, n. 101.

di essere stata scoperta e arrestata dai sbirri, per la contravenzione al bando che prohibisce alle donne il vestire da huomo.[16]

Anche altri avvisi ricordano l'incidente, la presenza della donna e il leggero ferimento di Arcangelo Corelli a una mano.[17] Ma al di là delle varianti, caratteristiche di questo tipo di fonte informativa, è interessante notare la sottolineatura del divieto alle donne di «vestire da huomo», che mette in luce un aspetto particolare della controversa questione del "divieto misogino" romano.[18]

Pochi giorni dopo, e con ben più pesanti conseguenze, giunse da alcuni cardinali zelanti stranieri l'accusa all'opera di contenere espressioni oscene nelle parti di buffo, provocando un divieto pontificio che, dal 31 gennaio, comportò l'interruzione delle recite in tutti i teatri romani. Fu l'intervento dell'ambasciatore cesareo Martinitz, accettato in udienza straordinaria dal papa il 2 febbraio, a convincere il pontefice del malinteso, per la scarsa comprensione della lingua, alla base delle accuse. Così Martinitz riuscì a ottenere il permesso di riaprire la stagione. Alla ripresa degli spettacoli, *La clemenza d'Augusto* fu la prima opera a essere rappresentata al Tordinona.[19]

Il gioco di resistenze e concessioni da parte del papa che ho brevemente descritto, certamente non nuovo per il mondo spettacolare romano, era particolarmente vivo in quel momento, complicato dall'intervento censorio della «Congregazione sopra la riforma dei costumi», legata, appunto, al partito zelante del Collegio cardinalizio.[20] Inoltre, intorno alla stagione di Carnevale del 1697, erano intervenute dinamiche politiche ben più complesse e interrelate, che

---

[16] Lettera del residente diplomatico della repubblica di Genova da Roma, 26 gennaio 1697, in I-Gas, Lett. Min. 43 – 2384, in Cametti 1938, vol. 2, p. 366. Gli *Avvisi Marescotti* riportano un'altra versione, senza alcun riferimento alla donna: 26 gennaio 1697, I-Rn, Vitt.Em.789 (*Avvisi Marescotti*), c. 155*r*.

[17] Tra questi gli avvisi del 26 gennaio 1697 (Istituto storico spagnolo di Roma, ms. 402, cc. 62*v*-63*r*, già pubblicato da T. Griffin in http://www.ascarlatti2010.net, visitato il 27 giugno 2019) e del 23 gennaio 1697 (V-CVaav, Bolognetti, vol. 80) in Della Libera – Domínguez 2012, doc. 162, p. 163.

[18] Sulla questione, *cf.* De Dominicis 1923, p. 74-76; Hov 2001; in questo stesso volume, il contributo di Barbara Nestola, *I ruoli femminili per Bartolomeo Montalcino in due opere romane di Alessandro Scarlatti. Indagine sulla relazione tra repertorio e interprete*, p. 405-418.

[19] Se ne trova notizia anche negli *Avvisi Marescotti*: I-Rn, Vitt.Em.789, c. 159*r*-*v*, Avviso di Roma, 2 febbraio 1697 (si legge anche in Staffieri 1990, p. 129, n° 196). Si veda inoltre il carteggio del residente di Genova, lettera da Roma, 2 febbraio 1697, in Cametti 1938, vol. 2, p. 366.

[20] La stessa congregazione fu determinante nella vicenda che avrebbe portato alla demolizione del Teatro Tordinona nell'agosto del 1697. Sul rapporto tra potere pontificio e vita teatrale romana, *cf.* Pastura Ruggiero 1994.

andavano a coinvolgere quasi tutti i principali "attori" fin qui menzionati: il pontefice, l'ambasciatore cesareo, il contestabile Colonna e, indirettamente, le dedicatarie e l'impresa del teatro.

Georg Adam von Martinitz, ambasciatore cesareo presso la corte pontificia dall'autunno del 1695, aveva iniziato la sua attività ufficiale nel gennaio dell'anno successivo. Solo poche settimane dopo, durante la cappella papale del 2 febbraio 1696, aveva scatenato una disputa sul cerimoniale con il contestabile Filippo Colonna, principe assistente al soglio e, nella contingenza, ambasciatore straordinario del re cattolico a Roma.[21] Martinitz aveva ulteriormente estremizzato la sua posizione nei confronti dell'autorità pontificia qualche mese dopo, il 21 giugno, bloccando la processione del *Corpus Domini* con nuove pretensioni riguardo alle posizioni nel corteo, attaccando monsignor Ranuccio Pallavicino, governatore di Roma.[22]

Le tensioni sorte celavano più gravi e antichi dissapori tra la corte imperiale e il papato, intorno ai diritti sui feudi imperiali nello Stato Pontificio, questione riemersa con lo scoppio della guerra dei Nove anni (1688-1697) e con maggiore intensità dopo il 1690.[23]

Questa dinamica politica e l'atteggiamento di Martinitz rispetto alle preminenze supposte, non caldeggiato ma, per allora, nemmeno mitigato da Vienna, provocarono una severa reazione del papa, che sospese tutte le udienze ordinarie ai rappresentanti degli Stati stranieri a Roma, per non dover concedere udienza all'ambasciatore cesareo.[24]

Anche dietro le questioni, solo in apparenza futili e personali, delle precedenze cerimoniali rivendicate da Martinitz rispetto al contestabile Colonna, vi erano quelle legate alle prerogative politiche delle rispettive sfere d'influenza. Il tema della precedenza, è noto, è un'importante categoria del linguaggio di epoca moderna per definire le gerarchie tra gli Stati, e rappresenta uno dei meccanismi più interessanti del conflitto politico e della diplomazia di antico regime.[25] E le tensioni diplomatiche esplose, difficilmente conciliabili nonostante

---

[21] Avviso di Roma, 4 febbraio 1696 in I-Rn, Vitt.Em.789 (*Avvisi Marescotti*), c. 60r-v. Sulle vicende romane del 1696 e il ruolo di Martinitz, *cf.* Mihalik 2016.

[22] Avviso da Roma, 23 giugno 1696 in I-Rn, Vitt.Em.789 (*Avvisi Marescotti*), cc. 99v-100r.

[23] La guerra dei Nove anni o della Lega di Augusta, scatenata dall'invasione francese della regione del Reno, va inquadrata nella logica dell'equilibrio di potenza tra le nazioni europee, ma il conflitto può essere letto anche in chiave religiosa, *cf.* Onnekink 2009.

[24] Rimando ancora a Mihalik 2016.

[25] Sulle questioni si vedano, almeno, Visceglia 2002; Sabbatini – Volpini 2011. Per una lettura del cerimoniale politico-diplomatico in termini di *performance*, *cf.* Burke 2012.

l'intervento di mediatori,[26] non rimasero prive di risvolti sulla vita musicale e spettacolare romana, anche a firma Colonna. Nell'agosto del 1696 fu compromessa, per esempio, l'esecuzione della serenata *Amor per amore* di Silvio Stampiglia e Bononcini, commissionata da Colonna per festeggiare l'onomastico della contestabilessa nel giorno di san Lorenzo.[27]

Un avviso dell'8 agosto riportava:

> [...] vi è qualche dubbio, se si facci la sera delli 15 la bella composi-tione dello Stampiglia nel cortile del signor contestabile Colonna, ove dovevano cantare Cortona, e Barbaruccia, musici forastieri, si crede per rifuggire molt'impegni, e particolarmente a cagione del Martinez [Martinitz].[28]

Intorno a Ferragosto, per la stessa causa, fu rinviata un'altra sere-nata, organizzata dal principe Miguel de Tassis, corriere maggiore del re di Spagna: quest'ultimo aveva invitato la contestabilessa, mentre suo figlio aveva invitato la contessa Martinitz. Così «[...] per non cagionare comedie, se non tragedie [...]» si preferì dichiarare l'indi-sposizione di una canterina annullando l'esecuzione.[29]

Le dinamiche esplicitate rendono anche più interessanti i riferi-menti all'intermediazione di Martinitz presso il papa, il 2 febbraio 1697, per ottenere la ripresa della stagione che era stata sospesa.[30] Ed è significativo l'accostamento di Lorenza de la Cerda Colonna e Maria Josepha von Sternberg Martinitz nelle dediche dei due libretti per le opere di Tordinona.

Quali istanze si possono individuare, o almeno ipotizzare, dietro un simile programma spettacolare dalle implicazioni politiche tanto accentuate? La dedica all'ambasciatrice e l'intermediazione dell'am-basciatore presso il papa non fanno escludere una reale promozione da parte di Martinitz, che nell'ultima sera di Carnevale offrì anche un «divertimento con un bel festino di ballo».[31] Ancor più, rispetto alle dinamiche evidenziate, le tracce rinvenute mi spingono a consi-derare il contestabile Colonna, la sua politica familiare e la proiezione

---

[26] In particolare il cardinale Johannes von Goëss, *cf.* Mihalik 2016.

[27] Sulle serenate di Bononcini per Lorenza de la Cerda, si veda Pelliccia 2020.

[28] V-CVaav, Fondo Bolognetti, vol. 79, c. 181*r*, anche in Della Libera – Domínguez 2012, p. 160, doc. 142.

[29] Della Libera – Domínguez 2012, p. 161, doc. 144.

[30] I-Rn, Vitt.Em.789 (*Avvisi Marescotti*), c. 159*r-v*, Avviso di Roma, 2 febbraio 1697 (si legge anche in Staffieri 1990, p. 129, n° 196).

[31] I-Rn, Vitt.Em.789 (*Avvisi Marescotti*), c. 163, Avviso di Roma, 23 febbraio 1697 (si legge anche in Staffieri 1990, p. 130, n° 199).

del suo ruolo nella politica internazionale come importanti elementi nella rete di azioni e relazioni dietro il programma spettacolare.

Com'è noto, a far data al 1697, Filippo Colonna – proseguendo una tradizione di famiglia – non era nuovo alla promozione operistica e musicale. Fino alla partenza da Roma del cognato duca Medinaceli (marzo 1696), si può evidenziare anche un'attività di promozione congiunta, estesa al Teatro Tordinona.[32] In riferimento alla stagione del 1697 non mancano, similmente, dati che spingono l'osservazione verso Napoli e il viceré. Tra le tracce più evidenti, oltre alla concomitante committenza a Bononcini del *Trionfo di Camilla regina del Volsci*, che potrebbe aver motivato – per dirla con Curtis Price – il *collaborative medley* per *La clemenza d'Augusto*, gli avvisi romani ironizzavano sull'assenza di buoni musici a Roma nel Carnevale del 1697, essendo stati scritturati a Napoli dal viceré.[33]

Altre tracce emergono tra le carte di Casa Colonna. Tra l'estate e l'autunno del 1696, gli scambi epistolari tra il contestabile e vari destinatari napoletani furono frequenti, comprendendo anche l'invio di materiale musicale. In particolare, come attestato dai carteggi con Pompeo Azzolino e Angelo Bernardino Mauro (entrambi al servizio del viceré), almeno due partiture e un libretto viaggiarono da Napoli a Roma – e non è da escludere che proprio attraverso questi canali possa essere arrivato a Roma il libretto napoletano dell'*Odoacre*, poi rimaneggiato per *Fausta restituita all'impero*.[34]

Grazie alla computisteria Colonna, si può seguire il grande fermento per la preparazione della stagione di Tordinona, dal rinnovo del contratto di affitto per i palchi al loro allestimento. Il 2 gennaio il fabbro Giovanni Conti fu incaricato di riparare serrature, aggiungere chiavi e fornire materiale per assicurare le strutture dei palchi spettanti al contestabile.[35] A partire da quel giorno, insieme al fabbro, fu a lavoro nei palchi di Colonna il falegname Giovanni Canavese, per sistemare le basi delle travature e rinforzare le strutture, prima di fissare i «seditori» e completarli con cuscini di corame:

---

[32] Sulla committenza musicale e operistica Colonna rimando a Tamburini 1997; De Lucca 2009 e 2020. In riferimento specifico a Filippo Colonna, *cf.* Pelliccia 2015a.

[33] Cametti 1938, vol. 2, p. 365; Staffieri 1990, p. 127. Per una definizione di *collaborative medley*, cf. Price 2002.

[34] Lettere di Pompeo Azzolino, Napoli, a Filippo Colonna, Roma, 24 luglio e 4 agosto 1696; Angelo Bernardino Mauro, Napoli, a Filippo Colonna, Roma, 17 e 24 luglio; 7 e 14 agosto 1696, 27 novembre 1696, in I-SUss A. C., Carteggi, Filippo Colonna, 1696.

[35] *Conto di Giovanni Conti ferraro*, I-SUss A. C., I.A.100, n° 112 (scheda PerformArt D-062-200-144).

[...] accomodati li palchetti di Tordinona, rifatto un piede di novo d'albuccio intero lavorato longo palmi 2 largo palmi 1, fermato nel pavimento e rinchiodati tutti l'altri seditori e messo li coscini di corame alli 3 palchetti del primo e secondo ordine [...]. Et più schiodato li seditori del secondo ordine e rinchiodati e fatto una giunta al regolo per posare li piedi longo palmi 3 largo palmi 1 [...].[36]

Il 7 gennaio Francesco Fortunio, maestro di Casa Colonna, inviò alla bottega di Andrea Ferretti un ordine di «robba per un palchetto di Sua Eccellenza in Tordinona», comprendente due canne di tela «alta palmi 4, straalta, oncia mezza di filo, duecentocinquanta bollette n. 12» da selleria.[37] Intanto i facchini scaricavano al Tordinona arazzi, sgabelli, tavolini e altre suppellettili provenienti da Palazzo Colonna[38] e, nell'imminenza delle recite, ci si occupava del riscaldamento, come si evince dagli ordini di carbonella «per Tordinona» con frequenza crescente in febbraio, in coincidenza con le rappresentazioni della *Clemenza d'Augusto*.[39]

Contemporaneamente all'allestimento dei palchi di Tordinona, Filippo Colonna faceva preparare, come ogni anno e secondo un uso comune a gran parte dell'aristocrazia romana, i suoi palchetti nel Teatro Capranica[40] – dove figurava tra i principali promotori, nelle contingenze, il cardinale Pietro Ottoboni, il quale firmava con lo pseudonimo Crateo Pradelini la revisione del libretto dell'*Eusonia* di Matteo Noris, dedicata alla contessa Martinitz, con musica di Bernardo Sabadini.[41]

Altre tracce documentarie, più dell'allestimento dei palchi, permettono di individuare una partecipazione gestionale di Filippo Colonna alla stagione di Tordinona, e forse non solo in riferimento a *La clemenza d'Augusto*. Il 21 febbraio 1697 per le mani del maestro di casa Francesco Fortunio è registrato, per esempio, un saldo di 25 scudi in favore del conte Giacomo d'Alibert «per la rimessa al teatro»:[42] un locale sottostante il Teatro Tordinona – come chiarisce un documento simile dell'anno precedente – «[...] ritenuta da Sua Eccellenza [...] in occa-

---

[36] *Conto di Giovanni Canavese*, I-SUss A. C., I.A.101, n° 123 (scheda PerformArt D-061-290-187).

[37] I-SUss A. C., I.A.100, n° 126 (scheda PerformArt D-081-890-174).

[38] I-SUss A. C., I.A.103, n° 244 (scheda PerformArt D-081-840-122).

[39] Ordini firmati da Giacomo Barbarossa per il carbonaio Bartolomeo Bussi, I-SUss A. C., I.A.100, n° 9; n° 30 (si veda scheda PerformArt D-061-230-144).

[40] I-SUss A. C., I.A.97, n° 119; I.A.100, n° 112 (scheda PerformArt D-062-200-144); I.A.103, n° 244 (scheda PerformArt D-081-840-122).

[41] Della Libera – Domínguez 2012, doc. 165; Natuzzi 1999, p. 126-128.

[42] I-SUss A. C., I.A.103, n° 247, febbraio 1697.

sione dell'Opere in musica rappresentate in detto teatro».[43] L'ipotesi è che servisse a riporre attrezzerie e costumi utilizzati negli spettacoli o arazzi e suppellettili portati da Palazzo Colonna. La locazione sembra comunque supportare l'idea di un coinvolgimento gestionale del contestabile alle stagioni operistiche di Tordinona. Come possibile riprova di un'attività di tipo "impresariale" gestita da Colonna, è emerso che il maestro di casa Fortunio, intorno al 20 febbraio 1697, redasse altri mandati di pagamento o riscossione per l'affitto di palchi al Tordinona, come nel caso di palchi per il conte Bolognetti.[44]

Al termine dei preparativi, quando si ebbe il permesso papale e iniziarono le recite di *Fausta restituita all'impero*, il contestabile partì per Napoli. Il viaggio non doveva essere stato programmato con molto anticipo. Alla fine di novembre 1696, infatti, il viceré, per tramite di Mauro, faceva sapere a Colonna di essere dispiaciuto che il contestabile non avesse intenzione di andare a Napoli:

> [...] puedo decir a V. E. que mi amo [Medinaceli] siente positivamente [= si lamenta molto] el que V. E. no piense en venir aquí este Carnaval. V. E. bien no puede poner la menor duda de que yo lo deseo pues ninguno se puede interesar en ello más que yo por el deseo de servir a V. E. y a mi señora la Princesa. No obstante me protesto que esto lo digo tan solamente para que V. E. no ignore el gusto y satisfacción que tendría mi amo de tener a V. E. por aquí, pues así lo publica a la jornada mi amo.[45]

L'arrivo di Filippo Colonna a Napoli seguiva di poche ore quello del conte d'Altamira, di passaggio in "incognito" a Napoli, presso il viceré, prima del suo ingresso come nuovo ambasciatore spagnolo a Roma. Come ricorda la *Gazzetta di Napoli*, in compagnia di Altamira e del viceré, il 2 febbraio Colonna assistette alla prima dell'*Emireno* al San Bartolomeo,[46] potendosene poi compiacere per lettera con la cugina duchessa di San Pietro. Pochi giorni dopo la duchessa scriveva, infatti: «godo che le bell'opere di Napoli habbino dato a vostra eccellenza motivo di qualche divertimento [...]».[47]

---

[43] I-SUss A. C., I.A.98, n° 196, settembre 1696.

[44] Rimando alla scheda PerformArt di Huub van der Linden, D-069-560-116, relativa al documento in I-Ras, Archivio Cenci Bolognetti, C-10, b. 2, giustificazione n° 253.

[45] Lettera di Angelo Bernardino Mauro, Napoli, a Filippo Colonna, Roma, 27 novembre 1696. I-SUss A. C., Carteggi, Filippo Colonna, 1696.

[46] *Gazzetta di Napoli*, 5 febbraio 1697, in Magaudda – Costantini 2011, *Appendice*, p. 78-79.

[47] Lettera della duchessa di San Pietro, Genova, a Filippo Colonna, Roma, 9 febbraio 1697, in I-SUss A. C., Carteggi, Filippo Colonna, 1697.

Stando agli avvisi, Filippo Colonna sarebbe tornato a Roma il 9 febbraio,[48] e non avrebbe presenziato, quindi, alle prime rappresentazioni della *Clemenza d'Augusto*. Durante le repliche nelle successive sere, non trascurò di far servire per sé e per i propri ospiti rinfreschi e sorbetti, dell'acquarolo Giovanni Bellone, insieme a castagne e scorzette candite di cedri, arance e bergamotti.[49]

Andando ad assistere alle» opere di Napoli, Colonna si allineava, in un certo senso, all'uso di una parte della nobiltà romana,[50] ma l'imprevisto viaggio del contestabile aveva, nelle contingenze, soprattutto un rilievo politico: le questioni aperte con l'ambasciatore imperiale richiedevano una strategia condivisa da parte spagnola, e probabilmente motivarono una chiamata del contestabile dal viceré, in concomitanza con il passaggio a Napoli del futuro ambasciatore a Roma. E la politica internazionale sembra individuabile dietro alcuni contenuti drammaturgici delle due opere del Tordinona. Un primo esempio si può osservare nell'intervento di Giove nel finale terzo di *Fausta restituita all'impero*. Entrando in macchina, Giove canta, rivolto ai Giganti:

GIOVE   Folle ardir d'human desìo
          sin di Giove aspira al Soglio
          ma sol basta un cenno mio
          a punir d'un reo l'orgoglio.

          E voi che delle sfere
          turbate oggi la pace, empi giganti,
          scorgerete qual sia l'ira de' numi
          [...]
          già dall'aperte vene
          sbocca il sangue rubelle. Or venga Augusto
          e nel seno di Fausta ancor bambino
          a stabilir apprenda
          da un Giove fulminante il suo destino.

          Viva Roma, e nel gran soglio,
          viva pur chi al mondo impera
          e gareggi il Campidoglio
          con i Reggi d'ogni sfera.
          [...]

---

[48] Avviso da Roma, 9 febbraio 1697 nel *Corriere Ordinario*, 27 febbraio 1697, in A-Wn, 77.N.7 (vol. 1697) (scheda PerformArt D-061-890-132). Si veda anche l'avviso da Roma, 9 febbraio 1697, in I-Rn, Vitt.Em.789 (*Avvisi Marescotti*), c. 158*v*.

[49] *Conto di Giovanni Bellone acquarolo*, I-SUss A. C., I.A.100, n° 21.

[50] Già in dicembre, infatti, un avviso riportava: «[...] Nonostante la stravaganza de tempi molta nobiltà è partita per Napoli a vedervi l'opere del nuovo teatro che colà si è fatto ampliare a somiglianza di questo di Roma, avendovi fatto venire quel viceré li migliori musici d'Italia [...]»: I-Rn, Vitt.Em.789 (*Avvisi Marescotti*), c. 142*r*, Avviso di Roma, 1° dicembre 1696 (si legge anche in Staffieri 1990, p. 127, n° 192).

Nelle due arie e nel recitativo citati sembra realizzarsi un intreccio di significati: la lettera del testo riprende il tema della gigantomachia, con la sconfitta dei giganti posta in parallelo alla sconfitta di Odoacre rispetto alla sua ambizione all'impero di Roma. Sul piano simbolico si potrebbe interpretare il passo, almeno retrospettivamente, anche con allusione alle pretensioni di Martinitz e alle recenti tensioni nelle dinamiche politiche romane (e il collegamento sembrerebbe più evidente nella seconda aria). Per l'ingresso di Giove si utilizzò, probabilmente, una macchina già presente in teatro, realizzata per la gigantomachia nell'intermezzo dell'opera *Il Maurizio*, rappresentata al Tordinona nel 1692. Nel libretto relativo a tale produzione, la macchina è descritta come: «[...] monte altissimo, dove salgono i Tifei al cielo, e Giove scocca un fulmine, e precipitano a terra i giganti, & il monte s'apre in mezzo [...]» cambiandosi in una nuvola luminosa.[51] Il libretto della *Fausta*, invece, riporta l'apparizione «nel mezzo della scena» di un «gran Monte con li Giganti che tentano l'assalto del Cielo, che tutto s'annera, et aprendosi si vede Giove con molte deità [...]» e al trionfo di Giove sui Giganti la macchina si trasforma in una reggia celeste.[52] Seppure dalle sole didascalie, è possibile osservare la somiglianza delle due macchine sceniche ed è interessante considerare che anche *Il Maurizio* aveva avuto il patrocinio di Filippo Colonna e la dedica a sua moglie Lorenza.

Un'oscillazione di significati anche più caratterizzata, tra valenza dinastica e politica internazionale, si può osservare nel messaggio della *Clemenza d'Augusto*, in particolare nella prima scena del primo atto e nell'ultima del terzo.[53] In apertura del dramma, Augusto, avendo pacificato l'impero, si accinge a chiudere le porte del tempio di Giano, che compare nella prima mutazione. Sono in scena Augusto, Livia, Tigrane, Cinna, Oronte e Trasillo. Augusto proclama le vittorie di Roma e il trionfo maggiore nel riportare al mondo la pace:

> AUGUSTO Vinse il mondo e con bellica face
>   seppe Roma illustrar le sue glorie,
>   ma nel rendere al mondo la pace
>   vince ancora le proprie vittorie.

Trasillo, «aruspice e matematico», invita Augusto a chiudere degnamente il tempio di Giano, in segno di ritrovata pace. Il coro a quattro voci augura lunga vita all'imperatore, ripetendo: «Viva

---

[51] *Maurizio* 1692, I, 19.
[52] *Fausta restituita* 1697, III, 16.
[53] Probabilmente la presenza di queste scene cornice determinò l'assenza di prologo già notata da Gianturco 1996.

Ottavio, viva Augusto!»; Augusto rivolge a Giano la supplica rituale, accingendosi a serrare il tempio:

> Augusto   [...]
> Sol questo, oh saggio nume
> ch'hai di guerra e di pace in man la sorte:
> pria che chiudere all'armi
> le fatali tue porte
> al tuo gran simulacro
> in memoria perenne oggi consacro.

Improvvisamente, i riti vengono interrotti da eventi sovrannaturali (Augusto: «Ma che nuovi portenti? [...] Livia: Forse nuovi tumulti addita il fato?») che soltanto Trasillo è in grado di interpretare:

> Trasillo   [...]
> Pria di chiudere il tempio,
> Cesare, placar devi il Nume irato
> con vittime devote.
> Augusto   Si preparino dunque
> pria che di questo giorno
> cada il lume giocondo,
> né più si tardi in dar la pace al mondo [...].[54]

I «nuovi portenti» preludono alla congiura tramata da Emilia ai danni di Augusto, per vendicare la morte del padre Pompeo, assassinato dall'imperatore. Cinna, promesso sposo di Emilia, e Tigrane, principe armeno a sua volta innamorato di Emilia, sono i principali congiurati. A bilanciare questo triangolo amoroso, ne interviene un secondo, tra Augusto, sua moglie Livia e Cinna, del quale Livia si innamora. Trasillo, che predice ad Augusto la congiura, è anche un personaggio di connessione tra l'opera e l'intermezzo comico. La congiura politica rappresenta il movente dell'azione drammatica e Cinna sembra essere il vero protagonista della vicenda, diviso tra i suoi doveri di fedeltà all'imperatore e il suo amore per Emilia che lo spinge alla vendetta. La rivalità amorosa tra Cinna e Tigrane spinge quest'ultimo, disperando di ottenere l'affetto di Emilia e per rivalsa su Cinna, a svelare ad Augusto la congiura. I cospiratori, scoperti, sono arrestati e condannati a placare, come vittime sacrificali, le ire di Giano. Interviene l'ultima mutazione dell'atto terzo, che ambienta le tre scene finali nella «Parte esteriore del Tempio, con gl'Aruspici, vittime & istrumenti del sacrificio». Di fronte ai preparativi per l'esecuzione rituale, Tigrane confessa ad Augusto, implorando la morte,

---

[54] Tutti i passi citati sono in *Clemenza* 1697a, I, 1.

di aver agito per gelosia, non per virtù. La clemenza dell'imperatore conduce al felice epilogo della vicenda con il perdono. Appare l'Iride con macchina scenica e il coro finale accompagna, infine, la chiusura delle porte del tempio di Giano come simbolo di pacificazione, con un'allusione celebrativa anche al pontefice Innocenzo XII:

> Trasillo   Se le chiude un'augusta clemenza
>   mai più s'apran di Giano le porte.
>   E sul Tebro anche ad onta di Marte
>   regni eterna la bella Innocenza.[55]

La Roma moderna, con le vicende recenti e gli attriti politico-diplomatici, sembra far capolino dietro la Roma imperiale. Le due scene cornice (I, 1 e III, 13) con le quali si attua la chiusura rituale delle porte del tempio di Giano, acquisiscono ancora un duplice significato: al tempo stesso dinastico e politico. Tra i dipinti della collezione Colonna era presente una tela commissionata da Lorenzo Onofrio Colonna (padre di Filippo) in occasione del matrimonio con Maria Mancini. Il dipinto, conosciuto come «[...] il sacrificio di Cesare alla pace, con cornice color di noce con fogliami, e festoni dorati opera di Carlo Maratta [...]»,[56] è ricordato in vari inventari sei e settecenteschi anche con il titolo «Il sacrificio di Augusto nel chiudere il Tempio di Giano».[57] In mancanza di riscontri documentari o iconografici sulle scenografie del 1697, si può forse individuare la tela come uno degli spunti ispiratori – della scena come della scenografia per il tempio di Giano. Ma un'altra considerazione è importante. Nei mesi precedenti la rappresentazione della Clemenza d'Augusto, le tensioni politiche che dal 1688 avevano dato il campo a una nuova guerra europea (la ricordata guerra dei Nove anni) andavano trovando una soluzione diplomatica. Tra l'estate del 1696 e l'inverno del 1697 si svolsero le trattative per una pace tra Savoia e Francia (trattato di Torino) che – costituendo un primo passo verso la pacificazione europea che sarebbe giunta nell'autunno successivo con la stipula del trattato di Rijswijk – avrebbe riguardato i territori italiani coinvolti dalla guerra.[58]

---

[55] Clemenza 1697a, III, 13.

[56] Inventario dei dipinti di Lorenzo Onofrio Colonna, 1679, in Safarik 1996, p. 128. Il dipinto è menzionato in alcune delle guide sei e settecentesche fra le opere più stimabili della Galleria Colonna; cf. Rossini 1715, p. 48. Sul dipinto si veda anche Gozzano 2004, p. 112.

[57] Safarik 1996, p. 600, 629, 638 e passim.

[58] Possiamo comprendere quali notizie sui progressi nelle trattative di pace giungessero a Roma leggendo gli avvisi. A titolo di esempio, si vedano gli Avvisi Marescotti del 2 giugno, 4 e 11 agosto, 8 e 22 settembre, 20 e 29 ottobre 1696 in I-Rn, Vitt.Em.789, cc. 93r-v, 109r, 111r (si legge in Staffieri 1990, p. 125, n° 184),

In tale frangente, la chiusura del tempio di Giano e l'apparizione dell'Iride – motivi caratteristici delle rappresentazioni della pace in età moderna – erano certamente in grado di veicolare un messaggio fortemente connotato e comprensibile al pubblico, riuscendo a proiettare *La clemenza d'Augusto* dalla prospettiva familiare al contesto romano, alle complesse dinamiche politiche europee – e contribuendo, forse, al contrastato esito dell'opera.

La ricostruzione delle numerose istanze convergenti intorno a *La clemenza d'Augusto* restituisce la complessità dinamica dell'ultimo atto della travagliata storia secentesca del Tordinona. Attraverso il concetto di *performance* come spazio di relazione, è stato possibile andare oltre la dimensione testuale dell'opera, per ricomprenderla in una ricostruzione più articolata. Il differente prisma interpretativo rende la complessità, a vari livelli, del rapporto tra potere pontificio e vita teatrale, così come il contributo imprescindibile della dimensione relazionale nella costruzione di significato, intorno all'opera in musica. Dal quadro delineato, nello specifico intorno a Filippo Colonna e a *La clemenza d'Augusto*, emerge un uso delle arti dello spettacolo come particolare tipo di *performance* identitaria, valido a livello personale e familiare, ma anche sociale e politico. In senso più ampio, ciò che affiora è una rilettura, in termini nuovi, del rapporto tra potere politico e mondo musicale e spettacolare romano, attraverso il quale si giocava, spesso, una parte importante della dinamica politico-diplomatica anche internazionale. In questo senso lo studio della dimensione performativa del *corpus* spettacolare romano permette di ricostruire una storia non soltanto più completa, ma più articolata e complessa. E in tal senso, credo, il modello attuato con *La clemenza d'Augusto* restituisce uno spaccato di quella realtà romana di "gran teatro del mondo", in cui la ritualità politica e gli spazi ambigui della diplomazia, l'Arcadia, le collezioni di famiglia e la politica internazionale dialogavano attraverso la musica e il mondo operistico, in una dimensione integrale di *performative society* che è forse il tratto più caratteristico di un possibile modello spettacolare della Roma barocca.

119r, 123r, 129r, 131r. Sul processo diplomatico e le trattative che portarono ai trattati di Torino (1696) e Rijswijk (1697), *cf.* Durchhardt 1998; Bély 2015.

CRISTINA FERNANDES

EVENTI-SPETTACOLO NELLA CERCHIA DI ANDRÉ DE MELO E CASTRO, AMBASCIATORE PORTOGHESE A ROMA (1718-1728)

ASPETTI MATERIALI, SOCIALI E POLITICI DELLA *PERFORMANCE*

Durante l'antico regime il mecenatismo artistico fu utilizzato da numerosi aristocratici come strategia per la costruzione della propria immagine, come propaganda politica e come strumento diplomatico. Le occasioni festive e le arti performative costituivano mezzi privilegiati di questo programma di rappresentazione e di espressione di magnificenza, acquisendo un'importanza cruciale a Roma, «città rituale» per eccellenza, sede del Papato e centro di legittimazione del potere delle monarchie cattoliche europee.[1] Insieme a prìncipi e cardinali, gli ambasciatori e le loro «micro-corti» nella Città Eterna costituivano una componente fondamentale dell'ambiente aristocratico romano, nel quale la loro posizione di prestigio nella gerarchia sociale, nonché la loro rete di relazioni politiche, potevano cambiare ogni volta che veniva eletto un nuovo pontefice. Grandi aristocratici-diplomatici del XVII secolo[2] si distinsero brillantemente come mecenati nel campo delle arti performative, creando una solida tradizione che presenta linee di continuità con il secolo a seguire, dopo la guerra di successione spagnola, epoca meno studiata da questo punto di vista, nonostante alcune pubblicazioni sugli ambasciatori francesi, cesarei e spagnoli.[3] Figure come i portoghesi Rodrigo Anes de Sá Almeida e Menezes e André de Melo e Castro prolungarono questa tradizione

---

[1] Su Roma come «città rituale» si veda Visceglia 2002; sulla festa barocca a Roma, si veda Fagiolo dell'Arco 2004. Per quanto concerne il rapporto della musica con la diplomazia in generale Ahrendt – Ferraguto – Mahiet 2014 e, per il caso paradigmatico di Roma, Berti 2018.

[2] È il caso di personaggi come il marchese del Carpio, il duca di Medinaceli, il conte Martinitz o il duca di Uceda, tra gli altri, studiati per esempio da Tedesco 2007, Stein 2007 e Domínguez 2013a. Per una visione generale si veda Tedesco 2017.

[3] Si vedano, tra gli altri, Berti 2011 e 2012; Heyink 2004; Krummholz 2017; Diez del Corral 2017.

con cui erano stati ancora in contatto nei loro primi anni trascorsi a Roma.

André de Melo e Castro (1668-1753), diplomatico portoghese con il titolo nobiliare di conte di Galveias, giunse a Roma nel 1707 in qualità d'inviato straordinario del re Giovanni V, ma solo nel 1718 fu nominato ambasciatore ordinario, in seguito al rientro a Lisbona dell'ambasciatore straordinario Rodrigo Anes de Sá Menezes, marchese di Fontes. Le missioni di questi due aristocratici costituiscono un pilastro fondamentale del grande investimento diplomatico che Giovanni V aveva compiuto in Europa e che aveva tra i suoi obiettivi principali il raggiungimento della parità di trattamento con le altre grandi potenze cattoliche da parte della Santa Sede – trattamento privilegiato che il Portogallo aveva già avuto prima dell'Unione Iberica (1580-1640). L'uso delle arti dello spettacolo (alla stregua di quelle visive) come strumento politico e diplomatico da parte della Corona portoghese ha avuto la sua più forte affermazione in questo periodo, contribuendo al conseguimento di diversi privilegi da parte del papato, anche se non di tutti quelli che erano nei piani del re.[4]

Nobili, cardinali e altri agenti al servizio di Giovanni V si inserirono velocemente nelle dinamiche della policentrica società romana e della sua cultura di corte, stabilendo relazioni con illustri famiglie aristocratiche e assimilando aspetti delle loro pratiche di sociabilità e del loro rapporto con le arti dello spettacolo. I fasti delle entrate solenni e delle cavalcate cerimoniali degli inviati e degli ambasciatori portoghesi nel primo Settecento – vere azioni performative abituali nella Roma dell'epoca – corrispondevano al tentativo di trasformare la percezione dell'immagine del Portogallo attraverso manifestazioni di magnificenza e splendore e lasciarono grande eco nelle cronache del tempo, così come alcuni degli spettacoli promossi nei loro palazzi, nella chiesa di Sant'Antonio dei Portoghesi, in teatri, collegi e in occasione di festività celebrate all'aperto.

Scopo del presente contributo è dunque lo studio di una serie di «eventi-spettacolo» realizzati nella cerchia dell'ambasciatore André de Melo e Castro durante il decennio 1718-1728, analizzati nel contesto della società di corte romana del primo Settecento. L'arco temporale che intercorre tra il 1718 (data in cui il diplomatico trasferì la sua residenza da Palazzo Cavallerini a Palazzo Cesarini) e il 1728 (anno di rottura delle relazioni diplomatiche tra il Portogallo e la Santa Sede) ci permette di considerare ogni evento non come un fatto isolato ma

---

[4] Per una contestualizzazione delle relazioni tra Lisbona e Roma sotto il regno di Giovanni V si vedano in particolare Rocca – Borghini 1995; Delaforce 2002; Ribeiro 2019.

come parte di un processo, e dunque di riflettere sulla *performance* sia in una prospettiva sincronica che diacronica.

Tenendo conto che la *performance* è inseparabile dal momento in cui avviene e che essa è caratterizzata da un'intrinseca impossibilità di venir ripetuta, avendo come condizione essenziale l'esperienza del pubblico, questo tipo di studio applicato al passato pone sfide importanti. Tuttavia, se le *performances* del Sei-Settecento non sono del tutto ricostruibili, le tracce rinvenibili nei documenti storici possono essere oggetto d'interpretazione. Il concetto di *performance* si usa pertanto in questo saggio come parte del più ampio campo epistemologico dell'evento spettacolare, come è stato proposto da Guy Spielmann.[5]

La ricerca si è concentrata sull'analisi delle tracce materiali della *performance* (musicale, teatrale, coreografica), così come sul rapporto tra gli spettacoli e la storia socio-politica. Partendo da un quadro più ampio che include eventi in vari spazi della città di Roma (messe solenni e *Te Deum* nella chiesa di Sant'Antonio dei Portoghesi; spettacoli nei teatri Capranica e Santa Lucia della Tinta; oratori presso la Chiesa Nuova ecc.), esemplificativi di tutta una serie di generi "festivi" che formavano un linguaggio performativo compreso da tutti nella Città Eterna, particolare attenzione sarà data a quegli eventi-spettacolo svoltisi nella residenza dell'ambasciatore, cioè presso il Palazzo Cesarini. Questi includono le celebrazioni dell'anniversario di Giovanni V e della nascita di suo figlio Alexandre (1724), le feste di Carnevale, le cantate, le pastorali, le commedie all'improvviso e i divertimenti da ballo.

L'ESPERIENZA DI UN ARISTOCRATICO E DIPLOMATICO PORTOGHESE A ROMA: ANDRÉ DE MELO E CASTRO COME SPETTATORE DELLE PRATICHE PERFORMATIVE ROMANE

Con André de Melo e Castro, secondo figlio maschio del primo conte di Galveias, dopo venticinque anni un membro laico della nobiltà di corte tornò ad essere inviato a Roma come rappresentante del Portogallo.[6] Nei precedenti regni, i diplomatici portoghesi presso la Santa Sede erano stati quasi tutti ecclesiastici, e dunque questa scelta di Giovanni V mirava ad una rappresentazione al più alto livello e ad un allineamento con le procedure di grandi potenze

---

[5] Spielmann 2013, oltre al saggio dello stesso autore in questo volume, *La fête baroque, archétype du macro-événement-spectacle*, p. 101-113. Sull'approccio storico alla *performance* vedasi anche Burke 2005 e Biet 2013b.
[6] Riassunto della biografia di André de Melo e Castro in Vale 2015, p. 25-41.

europee come la Spagna o la Francia. Problemi di cerimoniale[7] rinvia-
rono all'aprile del 1708 la sua prima udienza con papa Clemente XI e
all'aprile del 1709 il suo solenne ingresso pubblico in pompa magna.
Ancora in incognito, André de Melo e Castro ricevette subito le
visite di diversi membri del Sacro Collegio, segnatamente i cardinali
Fabrizio Paolucci, Pietro Ottoboni e Francesco Barberini *iuniore*,[8] e
non mancò di far notare la sua presenza con spari di mortaretti e con
l'esecuzione di una serenata per celebrare il giorno del suo onomastico.[9] Nei primi giorni si sistemò provvisoriamente nel «Palazzo dei
padri di San Bernardo» per poi passare al Palazzo Cavallerini[10] in via
dei Barbieri, nei pressi di Piazza Argentina. A partire dal 1719 visse
infine nel Palazzo Cesarini, palcoscenico della maggior parte degli
eventi studiati in questo saggio.[11]

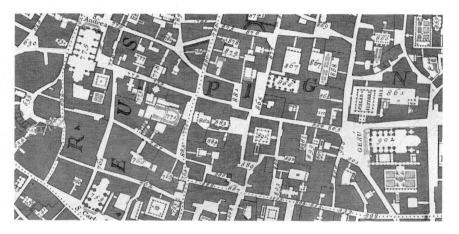

Fig. 1 – Localizzazione del Palazzo Cesarini, nella *Nuova Pianta di Roma*
di G. Nolli, 1748, n ° 882. Biblioteca Hertziana - Max Planck Institute
for Art History, Dg 140-3481 gr raro.
Su licenza http://creativecommons.org/licenses/by-nc/4.0/

[7] La corte romana era frequentata da ambasciatori e residenti, e non aveva
ancora stabilito il trattamento e il cerimoniale appropriato per gli inviati straordinari. De Bellebat 1709, p. 23-24.
[8] De Bellebat 1709, p. 22.
[9] Valesio 1977-1979, vol. 4, p. 197.
[10] De Bellebat 1709, p. 26-27.
[11] Tra il 1714 e il 1719, il palazzo era abitato dal conte Johann Wenzel von
Gallas, ambasciatore cesareo. Krummholz 2017, p. 275, riporta un documento
dell'autunno 1719, conservato presso l'Archivio Sforza Cesarini (in I-Ras), in cui
si fa riferimento al pagamento dell'affitto di 1030 scudi annui da parte dell'ambasciatore portoghese. Oltre alla scelta di una posizione più favorevole, la decisione
di traslocare fu verosimilmente dovuta alla necessità di una dimora più presti-
giosa. Il palazzo fu demolito tra il 1926 e il 1929.

Una famosa cronaca scritta dal suo segretario e cavallerizzo maggiore De Bellebat, stampata a Parigi nel 1709 e illustrata con bellissime incisioni, cerca di lasciare alla posterità la memoria del viaggio del nobile diplomatico verso l'Italia nonché dei fasti dei suoi primi tempi a Roma. Poco dopo il suo arrivo, egli fece celebrare l'onomastico del re di Portogallo (il 24 giugno, festa di San Giovanni Battista) nella chiesa di Sant'Antonio dei Portoghesi, ricorrendo, per la messa solenne, alla musica di Pietro Paolo Bencini. Quest'ultimo fu scelto anche come compositore della Messa solenne e del *Te Deum* per le commemorazioni delle nozze celebrate nel 1708 fra Giovanni V e Maria Anna d'Austria, commemorazioni tenutesi a Roma il 17 aprile 1709 sempre presso la chiesa nazionale.[12] Secondo De Bellebat e Valesio, lo spazio fu decorato con «damaschi e velluti intramezzati da arazzi della famiglia Barbarina[13] rappresentanti *l'Istoria d'Enea*, disegnati dal Romanelli, bellissimi» e, evidentemente, un tema «alla moda».[14] L'organico musicale contava sui «più celebri musicisti al servizio del cardinale Ottoboni, della regina di Polonia e del Papa» ed era costituito da 24 violini, 8 violoncelli, «un corpo» di oboi, trombe e timpani e 2 organi per un totale di 86 esecutori.[15] Si trattava, quindi, di un'orchestra imponente, non eccezionale nel caso di Roma[16] ma relativamente più grande di quelle usate a Lisbona in questo stesso periodo.

L'inclusione di questi dettagli in un opuscolo stampato a Parigi, che garantiva così un'ampia diffusione europea delle glorie dei portoghesi e del loro impero d'oltremare, aveva anche lo scopo di mostrare che il Portogallo era in grado di condividere con i principali mecenati romani le migliori musiche e i migliori musicisti. Le nozze furono commemorate anche con feste nei palazzi cesarei Caetani e Bolognetti che inclusero un ballo e una cantata non meglio identificata.[17] In un contesto che vedeva la guerra di successione spagnola e il matrimonio del re del Portogallo con Maria Anna d'Austria, la corona austriaca era divenuta di fatto il principale alleato portoghese nel contesto del mondo cattolico, come risulta evidente dalle *Instruções* che Melo e Castro aveva ricevuto prima di lasciare Lisbona.[18]

---

[12] P-La, 49-IX-9, cc. 30 e 43 (scheda PerformArt D-084-250-184).
[13] Cioè arazzi provenienti dell'arazzeria della famiglia Barberini, che fece impiantare a Roma una fabbrica nel 1627.
[14] De Bellebat 1709, p. 47; Valesio 1977-1979, vol. 4, p. 261.
[15] De Bellebat 1709, p. 47.
[16] Si veda Nigito 2016.
[17] Moli Frigola 1991, p. 106.
[18] Pubblicate da Brasão 1937, p. 5-22. Si veda anche Ribeiro 2019.

Appena arrivato a Roma, Melo e Castro aveva rapidamente stabilito contatti con illustri personalità e intrapreso azioni di prestigio nell'ambito degli obblighi inerenti alla sua condizione di nobile e diplomatico. Il ruolo delle reti di sociabilità create con famiglie aristocratiche legate al potere politico ed ecclesiastico nel facilitare l'accesso a pratiche performative nel campo delle arti dello spettacolo fu ancora più evidente nel periodo in cui Melo e Castro divenne ambasciatore ordinario, periodo iniziato nel 1718 con una nuova entrata solenne in pompa magna. La sua presenza in eventi pubblici e privati fu naturalmente più intensa e beneficiò dell'alta reputazione già consolidata negli anni precedenti (1712-1718) dall'ambasciatore straordinario Rodrigo Anes de Sá Menezes.[19]

L'aspirazione ad un posto di rilievo tra i rappresentanti delle nazioni straniere durante le rappresentazioni operistiche, una delle preoccupazioni del marchese di Fontes negli anni precedenti,[20] sembra essere stata soddisfatta durante la missione di Melo e Castro come ambasciatore ordinario (1718-1728). Nei documenti contabili dell'archivio di famiglia, rimastoci in parte nella Biblioteca da Ajuda a Lisbona, si trovano spese regolari per palchetti destinati all'ambasciatore e ai suoi paggi durante le stagioni di Carnevale dei teatri Capranica e Alibert. La cifra è quasi sempre di 200 scudi romani annuali ed è possibile sapere esattamente quali fossero i palchetti che rimasero sempre gli stessi per diverse stagioni: «nel Teatro Capranica, uno al secondo ordine, e due al primo ordine detti La Barcaccia» e nel Teatro Alibert al «secondo ordine il n° 20 e al primo ordine li n° 24 e 25».[21] Sono frequenti anche le spese per i «lavori fatti» dal mastro falegname nei palchetti. Queste ci informano che l'ambasciatore frequentava anche il Teatro di Santa Lucia della Tinta (nel quale avrebbe forse patrocinato alcune opere nel 1721, visto che i libretti de *La Circe*

---

[19] Le cronache attestano la presenza di Fontes in vari eventi performativi e il suo ruolo nella promozione di serenate, *Te Deum* e altri eventi musicali. Oltre al *Diario Ordinario*, al *Diario* di Valesio e agli avvisi, il suo coinvolgimento nella vita culturale, nonché il suo rapporto con aristocratici romani e diplomatici stranieri, emerge anche dalle lettere di Filippo Silva. Si veda, tra gli altri, Nigito 2012, p. 201, 211, 221, 232.

[20] Come testimonia una lettera al principe Doria Landi (Roma, 24 dicembre 1712): «Erano nate differenze al Teatro di Capranica, che si prepara per l'Opere in Musica con pericolo d'ordine di non rappresentarsi, perché l'Ambasciatore di Portogallo, che non v'ha mai avuto Palchetto, lo pretendeva vicino a quello del Signor Ambasciatore Cesareo» (Nigito 2012, p. 206-207). Questi tipi di conflitti erano abbastanza abituali: si veda Olin 2012.

[21] P-La, 49-VII-10, cc. 77-78 (scheda PerformArt D-091-070-157). Altri pagamenti simili in P-La, 49-VII-11 (1727), c. 89*v*. A proposito del teatro Alibert, si veda il contributo di Giulia Veneziano in questo stesso volume, p. 187-200.

in Italia e *La Serva Nobile* gli sono dedicati [22]) e, occasionalmente, il Teatro Pace.[23]

La frequentazione dei teatri Capranica e Alibert [24] rivela che Melo e Castro poté assistere ad opere di compositori come Porpora, Orlandini, Alessandro Scarlatti, Bononcini, Gasparini, Pollarolo, Vivaldi, Vinci, Leo, Predieri, Albinoni e Costanzi, nell'ambito di spettacoli che coinvolgevano numerosi cantanti, strumentisti, ballerini e scenografi, alcuni dei quali, come si vedrà, avrebbero preso parte agli eventi-spettacolo promossi dallo stesso ambasciatore. Oltre all'esperienza teatrale vi erano anche parecchie opportunità di ascoltare musica in chiese, collegi, palazzi privati, accademie e altri spazi. Non si può valutare l'impatto preciso di queste *performance* sulla formazione del gusto del diplomatico portoghese (testimonianze scritte in prima persona sono scarse e generiche),[25] ma possiamo avanzare alcune ipotesi riguardanti la scelta dei compositori per le attività musicali promosse dall'ambasciatore stesso. Tra essi spiccano le figure di Alessandro Scarlatti e Francesco Gasparini (sebbene anche altri abbiano beneficiato del patrocinio di personalità portoghesi a Roma o siano stati autori di opere che circolavano in Portogallo). Se le scelte furono dovute a ragioni di gusto o di prestigio, è difficile da valutare. Possono aver pesato anche altre affinità come l'appartenenza all'Accademia dell'Arcadia. Giovanni V era membro di questa accademia dal 1721 (con il nome, prima appartenuto a papa Clemente XI, di Arete Melleo), così come, tra gli altri portoghesi, il marchese di Fontes e i cardinali José Pereira de Lacerda e Nuno da Cunha e Ataíde. André de Melo e Castro divenne pastore arcade nel 1723.

Alessandro Scarlatti (così come suo figlio Domenico, assunto dalla corte di Lisbona nel 1719) fu tra i compositori favoriti del cardinale Pietro Ottoboni, uno dei personaggi che maggiormente influenzarono i *transfer* artistici e culturali tra Roma e Lisbona in campo musicale,[26]

---

[22] Franchi 1997, p. 175-176.

[23] Alcuni esempi: P-La, 49-VI-20 - Lavori nei palchetti nel Teatro Capranica nel 1724 (cc. 355 e 368v *sq.*); nei teatri Capranica e Alibert nel 1726 (c. 379); nel «palchetto» in Santa Lucia della Tinta (c. 384); «in detto teatro [Alibert] allo stanzino dove se fa la Credenza per li rinfreschi» (c. 383); P-La, 49-VI-20 - «Lavori fatti nel 2° ordine [...] del teatro della Pace» (c. 333v).

[24] Altri pagamenti per i teatri Capranica e Alibert (1725-1726) in P-La, 49-VII-1 e 49-IX-21.

[25] In una lettera inviata a Lisbona, Melo e Castro informa che «em Roma não se fala por ora de outra cousa que no divertimento das óperas; a segunda [*Marco Attilio Regolo*] que compôs o cavalier Escarlatti para o teatro de Capranica, tem hum grande applauso». Non si conoscono testimonianze di natura più personale. P-Ln, Reservados, PBA 157, cc. 214-215 (7 febbraio 1719).

[26] Vedasi Raggi 2014; Fernandes 2015; Chirico 2018b.

e lavorò anche per altri ambasciatori a Roma e a Napoli.[27] I legami del diplomatico portoghese con Ottoboni si manifestano in vari modi che includono, ad esempio, le visite di cortesia dell'ambasciatore e dei suoi paggi (si veda quella di giugno 1722);[28] le visite di Melo e Castro non si limitavano ovviamente al solo cardinale Ottoboni e, come si evince dal *Diario Ordinario*, riguardavano anche tanti altri cardinali e membri dell'aristocrazia romana,[29] che spesso ricambiavano con altrettante visite.[30] Non è dato sapere comunque se in queste occasioni fosse previsto qualche tipo di momento musicale informale.

La presenza di Melo e Castro in «conversazioni» e serate musicali nei palazzi dell'aristocrazia romana è difficile da documentare in modo sistematico, ma emerge da diverse fonti come la già riferita corrispondenza di Filippo Silva. In essa si menziona, ad esempio, la sua presenza nell'aprile del 1723 nella «conversazione del conte Bolognetti» nella quale ebbero luogo «giochi, e cantate di musica, e v'intervennero ancora li Signori Cardinali Ottoboni, Pereira, Ambasciatori di Portogallo, e di Venezia, molte Dame, Prelati, e Cavalieri».[31] Naturalmente egli era presente anche in eventi promossi da altre nazioni straniere, specialmente in quelli legati all'Austria e organizzati dal cardinale Althann, protettore dell'Impero.[32]

Altri eventi legati alle arti performative cui prese parte Melo e Castro comprendevano le «academie di lettere e armi» e le rappresentazioni musicali e teatrali nei collegi (soprattutto nel Seminario Romano, nel Collegio Romano e nel Collegio Clementino, i quali avevano beneficiato anche del mecenatismo dei cardinali portoghesi Nuno da Cunha e Ataíde e José Pereira de Lacerda),[33] le numerose cerimonie religiose in chiese e basiliche, e gli oratori in San Girolamo della Carità[34] e nella Chiesa Nuova, dove vi fu la prima, nel 1726, dell'o-

---

[27] Su Alessandro e Domenico Scarlatti si vedano, rispettivamente, Domínguez 2018 e Fernandes 2018.

[28] V-CVbav, Comp. Ott. 79, fasc. 6, 22 e 23. *Giustificazioni del Libro Mastro* (1722-1723) (si veda la scheda PerformArt D-113-960-120).

[29] Nel *Diario Ordinario* si possono trovare testimonianze di numerose visite fatte ad almeno 12 cardinali e altri personaggi tra il 2 dicembre 1719 e il 10 ottobre 1722. Si tratta dei cardinali Paolucci, Albani, Giudice, Gualtieri, Barberini, Belluga, Zondadari, Vallemano, Salerno, Cienfuegos, Altieri e Carlo Colonna, del principe di Soriano Carlo Albani e dell'ambasciatore di Venezia.

[30] Si veda, per esempio, il *Diario Ordinario* del Chracas n° 801 del 19 settembre 1722, p. 9.

[31] Nigito 2012, p. 246-247 (Roma, aprile 1723).

[32] Heyink 2004, p. 185; Franchi 1997, p. 173.

[33] Sul mecenatismo musicale a Roma dei cardinali da Cunha e Pereira, si veda Franchi – Sartori 2007, p. 237-242.

[34] *Diario Ordinario* del Chracas n° 875 del 13 marzo 1723, p. 4.

ratorio *La Giuditta*, dedicato all'ambasciatore lusitano, con musica di Francisco António de Almeida, giovane compositore portoghese che all'epoca studiava a Roma.[35]

Queste e altre esperienze di Melo e Castro come spettatore nella sua veste di aristocratico e diplomatico a Roma ebbero un ruolo determinate nel momento in cui divenne lui stesso promotore di diversi tipi di eventi-spettacolo.

ANDRÉ DE MELO E CASTRO COME PROMOTORE DI «EVENTI-SPETTACOLO»: TRACCE MATERIALI DELLA *PERFORMANCE* NEI DOCUMENTI D'ARCHIVIO

Come si è detto, nel 1719 André de Melo e Castro trasferì la sua residenza da Palazzo Cavallerini a Palazzo Cesarini, dove visse fino al 1728.[36] Ampie relazioni dei lavori svolti sotto la guida del mastro falegname Giacomo Marchese permettono di svelare e individuare diversi aspetti dello spazio interno del palazzo, nonché le modifiche che vi furono apportate in funzione dell'etichetta e del protocollo della diplomazia (ad esempio, i lavori nelle stanze cerimoniali, il baldacchino per la camera delle udienze dei cardinali da Cunha e Pereira nel periodo in cui furono ospiti di Melo e Castro)[37] o anche di prestazioni artistiche e musicali (banchi e palchi per musicisti, posti per gli spettatori, sale da ballo, teatri «mobili», posizione dell'orchestra in eventi specifici ecc.). L'incrocio dei dati derivanti da tali fonti con altra documentazione presente presso la Biblioteca da Ajuda di Lisbona e in archivi e biblioteche romane ci fornisce un insieme considerevole d'indizi materiali sui vari tipi di *performance*,[38] che vanno da eventi-spettacolo di una certa complessità ad incontri più informali con piccoli interventi spettacolari.

Gli eventi realizzati presso la residenza dell'ambasciatore (cantate per il compleanno del re, pastorali, serenate, feste, divertimenti da ballo, cene, rinfreschi) formano parte di un mosaico più ampio che includeva anche manifestazioni fuori dal palazzo (messe solenni e *Te Deum* nella chiesa nazionale; spettacoli nel Teatrino di S. Lucia della

---

[35] La prima di un altro oratorio di Almeida (*Il Pentimento di David*), dedicato al padre oratoriano Diego Curado, si ebbe a San Girolamo della Carità nel 1722 (scheda PerformArt D-077-330-107).

[36] La residenza dell'ambasciatore portoghese è anche certificata dagli Stati delle Anime (I-Rvic), Parrocchia di San Nicola ai Cesarini, b. 1717-1723 (scheda PerformArt D-135-120-185).

[37] P-La, 49-VI-20, c. 335*v*.

[38] Introduciamo qui la nozione di «paradigma indiziario» di Carlo Ginzburg 1992.

Tinta e nel Teatro Capranica; oratori presso la Chiesa Nuova). Alcuni sono legati a celebrazioni dinastiche della nazione portoghese, altri al calendario festivo e agli avvenimenti politici della corte di Roma. Eventi performativi presso la residenza di Melo e Castro possono anche essere collegati a serie evenemenziali che avevano luogo in altri spazi della città.[39] La selezione studiata permette di illustrare casi di natura diversa – dal punto di vista sia dei generi musicali scelti e delle pratiche performative, sia dell'impatto sugli spettatori – e quindi distinti tipi di rapporto tra *performing* e *spectating* anche se, in quest'ultimo caso, i dati disponibili sono molto limitati e non si può che formulare ipotesi.

L'analisi dell'archivio dell'ambasciatore mostra una gestione amministrativa abbastanza simile a quella degli archivi delle famiglie aristocratiche romane, adottando dunque anche in questo campo pratiche locali, nonché un'analoga organizzazione del personale addetto al servizio della casa.[40] Oltre alle spese per eventi festivi, rivelano anche oneri regolari per la *performance* legati alla condizione di Melo e Castro come ambasciatore, quali le mesate pagate al maestro di ballo dei paggi, Giovanni Battista Settari (3 scudi al mese), e agli strumentisti in servizio permanente: due trombettisti e due cornisti che suonavano principalmente in funzioni di protocollo, ma che collaboravano anche con organici maggiori per l'interpretazione di opere musicali più elaborate. Nei *Libri di Mesate della Famiglia* troviamo dunque i nomi di «Giovanni Trombetta, Giuseppe Gaetano Trombetta, Giovanni Carlos Nabuss Corno da Caccia e Francesco Baitberg Corno da Caccia», ognuno remunerato con sette scudi al mese.[41] Giovanni Battista Settari era maestro di ballo al Collegio Nazareno[42] ma lo troviamo anche come ballerino al Teatro Capranica (per esempio nella pastorale *La Virtù negli Amori* di Alessandro Scarlatti) e occasionalmente come violinista in eventi organizzati da Pietro Ottoboni.[43]

Uno dei primi eventi organizzati da André de Melo e Castro, dopo il trasloco a Palazzo Cesarini, fu il festino del Carnevale del 1719.

---

[39] Sul concetto di "serie evenemenziale" si veda in questo volume il saggio di Michela Berti, *Definire l'"evento performativo". Riflessioni sulle fonti da due casi della famiglia Vaini a Roma (1712 e 1725)*, p. 115-131.

[40] A tal proposito è significativo lo studio di Natalia Gozzano sulla figura del maestro di casa: vedi Gozzano 2015.

[41] P-La, 49-VII-4, cc. 41 e 77-79 (scheda PerformArt D-015-460-112). Altri *Libri delle Mesate*: P-La, 49-VII-3 a 7.

[42] I-Rcn, vol. 82, cc. 110*v*-114*v* (scheda PerformArt D-062-790-195, Aldo Roma).

[43] Si vedano le liste «per l'Arcadia fatta il 6 Gennaio 1724» nel Palazzo della Cancelleria e per la «Cantata fatta nel teatrino per il Gran Croce di Malta» nel 1727. La Via 1995, p. 428 e 440.

Le informazioni pervenute a riguardo sono scarse e si limitano ai conti per i lavori di allestimento dello spazio, fatti sotto la supervisione di Giacomo Marchese, capomastro falegname. Questi includono interventi «nel pavimento del Coro dove stavano li sonatori» e la realizzazione di «seditori» sotto la balaustrata e il palco.[44] Più ricchi di particolari sono i conti dello stesso mastro falegname relativi al festino del Carnevale del 1721: essi riportano informazioni sull'impiego di una struttura paragonabile ad un «teatro», che si poteva montare e smontare, destinato agli strumentisti che suonavano nel ballo,[45] e sulla realizzazione di un «teatrino nel Camerone contiguo alla Segretaria di S. Ecc.a». Vi sono inoltre riferimenti ad elementi di architettura e decorazione teatrale, quali i lavori fatti nel «pavimento per il Palco grande da recitare con cavalletti per traverso di detta Stanza con coperchio di travicelli di Legname», nel «proscenio d'avanti cioè imbocco del teatrino», per la costruzione di «4 telari di scena di filagne», del «telarone per il telone fisso dell'ultima scena» e di «una scaletta di tre scalini per salire» sul palco.[46]

Questi dati mostrano che, al contrario di quanto si pensava fino a poco tempo fa, l'uso di «teatri mobili» di una certa complessità all'interno di Palazzo Cesarini non ebbe inizio nel 1724, ma esisteva già dal 1721. Melo e Castro segue così la tradizione delle famiglie aristocratiche romane e di altri diplomatici stranieri che avevano spazi teatrali nelle loro residenze, in alcuni casi di carattere effimero, in altri vere e proprie strutture permanenti.[47]

In assenza di libretti che menzionino il palazzo dell'ambasciatore in questa data e, per lo meno sino ad ora, di documenti contabili che attestino il pagamento ad attori o cantanti, sono proprio questi elementi relativi alla trasformazione e strutturazione dello spazio che testimoniano le rappresentazioni e ci forniscono alcuni indizi sul repertorio. È questo il caso dell'indicazione «per haver fatto una cassa d'albuccio per nascondervisi il Pulcinella»,[48] il che induce a pensare che furono interpretate «commedie all'improvviso».

Alcuni mesi più tardi, il 22 ottobre 1721, l'ambasciatore promosse la commemorazione dell'anniversario del re Giovanni V. Secondo una notizia del *Diario Ordinario*, Melo e Castro «privatamente fece fare nel

---

[44] P-La, 49-VI-20, «Conto e misura dei lavori fatti [...] in occasione del Festino fatto nel passato Carnevale» (1719), cc. 397, 400-401*v* (scheda PerformArt D-081-350-175).

[45] P-La, 49-VI-20, c. 334: «Per haver armato il teatro del festino e doppo disfatto à dì 11 febraro 1721 – 12 sc.».

[46] P-La, 49-VI-20, cc. 334*v*-335*v*.

[47] Si veda, per esempio, Cairo 1989; Volpicelli 1989; Diez del Corral 2017.

[48] P-La, 49-VI-20, c. 335*v*.

suo Palazzo una cantata da tre Virtuose, e susseguentemente un'altra
da Virtuosi, con una ben concertata sinfonia, tra la quale furono
dispensati nobilissimi rinfreschi d'acque, e di gelati, e poi una lautis-
sima Cena di freddi». L'ambasciatore fece «prima precorrere l'invito
a tutti li Regii Ministri, alli suoi Amici, alle Signore Principesse, e
Principi, et alla Prelatura; vi furono gli Emi. Sign. Cardinali Giudice,
d'Acquaviva, Gualtieri, de Rohan, da Cunha, Schrattembach,
S. Agnese, Pereira, Conti e Ottoboni».[49] Almeno una di queste cantate
fu composta da Alessandro Scarlatti come prova una ricevuta di
pagamento, firmata dallo stesso compositore, incaricato anche di
invitare gli strumentisti.[50] L'esecuzione ebbe luogo nel «Camerone di
Udienza» (cioè nella stessa camera dove era stato montato il teatrino
nel Carnevale). Questa volta i «lavori fatti» sembrano essersi limitati
ai «leggivi» per i musicisti e alla «tavola per li rinfreschi nella anticamera».[51] Alcuni studiosi[52] hanno avanzato l'ipotesi che la cantata di
Alessandro Scarlatti fosse *La Ninfa del Tajo*, ma è poco probabile visto
che il libretto fa riferimento al patrocinio della cantata da parte del
cardinale da Cunha e al giorno onomastico – e non genetliaco – del
re.[53]

Il maggior investimento riscontrato nella commemorazione del
compleanno di Giovanni V e, ancora prima, nelle celebrazioni del
Carnevale, segna l'inizio di un periodo aureo del mecenatismo arti-

---

[49] *Diario Ordinario* del Chracas n° 669 del 25 ottobre 1721, p. 7.

[50] «Io sud.to ho ricevuto dal Sig. Andrea Napolione Mtro. di Casa dall'Ecc.mo
Sig. Ambasciatore di Portogallo scudi ottantacinque ma. qualli sono per sodisfare
tutti li sonatori, Cimbalaro, affito di Cembalo, Mandatario e copia di quello che
si cantò per la Cantata fatta fare da Sua Ecc.a per il Comple Annos della Maestà
del Ré di Portogallo li ventidue Ottobre 1721, qto dì 29 Ottobre.//85 =m [firmato]
Cav.re Alessandro Scarlatti». P-La, 49-VI-29 (171 b), c. 306 (scheda PerformArt
D-014-190-188).

[51] P-La, 49-VI-20, c. 421*v*: «Lavori fatti in occasione della Cantata fatta nel
Camerone di Udienza per il Compleannos [*sic*] di Sua Maestà» (scheda PerformArt
D-081-370-157). Altre spese per la stessa occasione in P-La, 49-IX-21, [Libro
Mastro] (1721-1730): «3.40 sc. Deodato di Modena Ebreo per nolo di robbe date
li 21 ottobre passato per la cantata del compleanno di Sua Maestà» (c. 145); «3
sc. ma a Angelo di Viterbo festarolo per la paratura e sparatura fatta per la cantata
del compleanno di Sua Mestà» (c. 148, scheda PerformArt D-171-690-155).

[52] Per esempio Franchi 1997, p. 178.

[53] I-Rc, Vol.Misc. 1335.24 (scheda PerformArt D-077-470-175). *La Ninfa del
Tajo*, un adattamento della cantata *Filli, Clori e Tirsi* composta da Alessandro
Scarlatti a Napoli nel 1715 (Griffin 2018, p. 215-218), sarebbe stata presentata
nella residenza del cardinale (Palazzo Mancini) alla fine di del dicembre 1721
(giorno di san Giovanni Evangelista). Un'altra ipotesi è che la cantata eseguita il
22 ottobre presso il palazzo dell'ambasciatore possa essere una prima versione de
La Virtù negli Amori, ampliata e convertita in seguito in un'opera da rappresentare
nel Teatro Capranica.

stico e musicale portoghese nella città pontificia, coincidente con il breve pontificato di Innocenzo XIII (1721-1724, al secolo Michelangelo Conti). Costui era stato nunzio apostolico a Lisbona tra il 1698 e il 1709, nonché cardinale protettore del Portogallo dal 1714, e quindi la sua elezione nel conclave del 1721 come successore di Clemente XI aveva un particolare significato per i portoghesi, contribuendo all'affermazione della loro posizione politica e sociale a Roma. Le azioni di munificenza coinvolgevano ora non solo l'ambasciatore ma anche i cardinali Nuno da Cunha e Pereira de Lacerda, venuti a Roma per il conclave e rimastici per qualche tempo.[54]

L'elezione di papa Conti determinò un cambiamento nelle abituali pratiche festive dei portoghesi. In circostanze normali l'ambasciatore avrebbe semplicemente commemorato l'anniversario del re e avrebbe seguito il consueto calendario festivo nei mesi seguenti, mentre in questo caso si cercò di approfittare della solenne cerimonia del possesso di Innocenzo XIII per mettere in atto una forte azione di propaganda a favore del Portogallo. È in questo contesto che deve essere intesa la decisione di trasformare *La virtù negl'amori* di Alessandro Scarlatti, inizialmente concepita come una cantata occasionale destinata ad essere eseguita in una camera del palazzo, in una produzione «operistica» da rappresentarsi nel Teatro Capranica nel novembre del 1721, come si spiega nella prefazione del librettista Gaetano Lemer. Secondo Luca Antonio Cracas, l'«Opera, o sia Pastorale intitolata *La Virtù negli Amori*» fu interpretata «da quattro bravi Musici, che sono il Sign. Giacinto Fontana detto Farfallino, Sig. Ghezzi, Sign. Pacini, e Sign. Girolamo Bartoluzzi, e da due altri Musici, l'uno rappresentante la Notte, e l'altro il Sole, che venivano sopra un bellissimo Carro». L'ambasciatore «fece pomposamente apparere tutto il Teatro di velluti cremisi frangiati, e trinati d'oro, con la illuminazione di sei nobilissimi lampadari di cristallo di monte».[55] La scenografia era di Francesco Bibiena e fu riprodotta nel 1722 in alcune incisioni di Filippo Vasconi e Federico Mastrozzi.[56] Il testo della pastorale mostra infatti una sorta di «self-mithology portoghese» e un'immagine metaforica del re sul modello del Re Sole (Luigi XIV),[57] opzione questa che sembra essere più legata alla simbologia generale della monarchia assoluta, abbastanza diffusa in quel tempo a partire dall'influenza francese, che a

---

[54] Franchi – Sartori 2007, p. 236-241; Fernandes 2017, p. 164-165; Vale 2019.
[55] *Diario Ordinario* del Chracas n° 681 del 29 novembre 1721, p. 9-11.
[56] Lenzi – Bentini 2000, p. 266. Le incisioni di Mastrozzi sono disponibili sul sito web del Rijksmuseum: RP-P-1961-662 <https://www.rijksmuseum.nl/nl/collectie/RP-P-1961-662> e RP-P-1961-663 <https://www.rijksmuseum.nl/nl/collectie/RP-P-1961-663> [consultato il 6 marzo 2021].
[57] Kuntz 2019.

un allineamento esplicito dell'ambasciatore alla diplomazia francese a Roma. La partitura musicale è andata purtroppo persa.

L'evento ebbe anche un'eco nella *Gazeta de Lisboa* del 15 gennaio 1722 che fa riferimento al pubblico: «assistettero 19 cardinali, l'Ambasciatore di Venezia, tutti i Ministri della Corona, Principi, e Principesse, Titolati, Cavalieri, e Dame Romane, e Stranieri, con 45 Prelati tutti invitati da Sua Eccellenza [...]. Tutti i Cardinali trovarono magnifiche sedie con candelabri d'argento, e candele accese per leggere la detta Opera».[58] Fonti inedite che si trovano presso la Biblioteca da Ajuda permettono di ricostruire diversi aspetti materiali della realizzazione di questo evento-spettacolo.[59]

Grazie a *La Virtù negli Amori*, Melo e Castro figura al fianco del cardinale Ottoboni – che in agosto aveva promosso una serenata all'aperto (in via del Pellegrino per la festa dell'Assunta) intitolata *Roma Giulia nella exaltazione del SS.mo Pastore Principe e Cittadino*, con libretto di Gaetano Lemer e musica di Costanzi – tra i responsabili delle più sontuose produzioni finalizzate a commemorare l'elezione del nuovo pontefice. È inoltre significativo che nella lista dei 32 spettacoli musico-teatrali realizzati nel 1721 fornita da Saverio Franchi,[60] sei siano stati patrocinati da portoghesi (ovvero, oltre che dall'ambasciatore, dai cardinali da Cunha e Pereira).

Nel 1722 il festino di Carnevale promosso dall'ambasciatore di Portogallo torna a lasciare un'eco nelle cronache, mentre il mastro falegname Marchese riappare per compiere dei lavori nel Palazzo Cesarini (i «piedi di leggivi e seditori dei sonatori» o anche la «stanza del secondo ballo»).[61] La corrispondenza di Filippo Silva racconta che i «Sig. Ambasciatori di Portogallo, e Venezia nelle passate sere hanno fatto ne' loro Palazzi Feste di ballo con concorso di Principesse, e Dame, e Cavalieri mascherati, essendosi danzato fino all'ore 12»[62] ma è il gesuita portoghese padre Manuel de Campos che nel suo *Diario* ci dà una testimonianza più viva, anche se risultante da una visita fatta

---

[58] *Gazeta de Lisboa* del 15 gennaio 1722. Anche il *Diario Ordinario* fa menzione della «generosità» dell'ambasciatore che fece «dispensare a tutti le Opere, e li Cerini, secondo il loro rango».

[59] P-La, 49-IX-21, [Libro Mastro] (1721-1730) e anche P-La, 49-VI-29, scheda PerformArt D-077-270-161 tra le altre. Questa documentazione è oggetto di studio in un altro saggio, che apparirà nel volume *Noble magnificence. Cultures of the performing arts in Rome*, cf. Goulet – Berti in corso di pubblicazione.

[60] Franchi 1997, p. 176-178.

[61] P-La, 49-VI-20, c. 423 (scheda PerformArt D-081-380-148).

[62] Nigito 2012, p. 241. Roma, 1° febbraio 1722, Filippo Silva (I-Rdp, sc. 93, b. 44, int. 10, n.n.).

a posteriori.[63] L'obiettivo di questa visita era congratularsi con Melo e Castro per il successo delle serenate da lui recentemente promosse e delle quali aveva sentito grandi elogi. Nella visita a Palazzo Cesarini, il gesuita ebbe la possibilità di osservare le decorazioni sontuose per la recente festa («con molti lampadari di cristallo e eccellenti mobili»), le illuminazioni («un tabernacolo poco profondo con molte candele su una lunga mensola»), i palchi mobili per strumentisti e cantanti, le due sale da ballo e la disposizione speciale dei posti per gli invitati («stanza circondata da grandi banchi come nel salone di S. Antão» [collegio gesuita di Lisbona]). Egli riferisce inoltre che «tutte le principesse, le dame e i gentiluomini della prima sfera romana» parteciparono alla festa e che tra i ballerini c'erano il re e la regina d'Inghilterra. Tuttavia quest'ultimi (gli Stuart) non vollero mangiare ad una «tavola pubblica» e «l'ambasciatore li portò nel suo gabinetto dove si tolsero la maschera e mangiarono a loro piacere», un episodio questo che ci pone di fronte all'ambiguità delle nozioni di "pubblico" e "privato". Melo e Castro riferì anche al gesuita che la regina era molto spiritosa.

È difficile stilare una lista completa di tutti gli eventi performativi nel Palazzo Cesarini durante il tempo in cui fu residenza dell'ambasciatore portoghese, non solo perché la documentazione è a volte frammentaria, ma anche perché il suo inventario nella Biblioteca da Ajuda è abbastanza sommario. Così in alcuni casi incontriamo informazioni abbastanza esaustive – come per la *La Virtù negli amori* oppure per le celebrazioni della nascita dell'infante Alexandre nel 1724 – mentre in altri soltanto riferimenti isolati, come succede nel caso della «commedia nella festa di Natale del 1723»[64] per la quale titolo, autore e interpreti non sono stati ancora identificati. Cercando di mettere insieme alcune tessere di questo puzzle, possiamo ipotizzare che si tratti di una commedia all'improvviso, il che giustificherebbe i pagamenti per la copia di alcune canzoni (per esempio della «canzone di Pimpa e D. Pasquale») nei mesi seguenti. D'altra parte, le spese per la «copia di sonetti» e per la «chitarra scordata»,[65] così come per la musica da ballo (contraddanze e minuetti), potrebbero suggerire pratiche artistiche più informali da parte dei membri dell'*entourage* dell'ambasciatore.

La diversa natura degli eventi organizzati a Palazzo Cesarini (così come accade con quelli in altri palazzi aristocratici) presuppone distinti tipi di rapporto tra *performing* e *spectating* e di coinvolgimento

---

[63] P-Lan, Armário Jesuítico, liv. 27: https://digitarq.arquivos.pt/details? id=4374786 [consultato il 6 marzo 2021]. Si veda anche Ribeiro 2014. Lettera del P. Campos (scheda PerformArt D-077-510-139).

[64] P-La, 49-VII-1 (312a).

[65] P-La, 49-VII-1 (18), c. 29; 49-VII-1 (25a e 25b), c. 40; 49-VII-1 (29), c. 65.

da parte dei membri della famiglia e degli invitati. In altre parole, nel caso di pratiche informali in campo letterario, musicale o coreografico i confini tra *performing* e *spectating* sono ambigui. Questa ambiguità può anche verificarsi in situazioni più formali, come per esempio per le feste e i balli di Carnevale, dove gli invitati possono avere una partecipazione attiva nella *performance*, indossando maschere e prendendo parte alle danze. Al contrario, nell'ambito di una cantata o di una serenata interpretata da musicisti professionisti in uno spazio chiaramente delimitato e adattato alla rappresentazione (che si tratti di una stanza, di un teatro effimero o di uno fisso del palazzo) c'è ovviamente, dal punto di vista artistico, una chiara separazione di ruoli tra *audience* e *performers*.

«EVENTI-SPETTACOLO» PER LA CELEBRAZIONE DELLA NASCITA DELL'INFANTE ALEXANDRE DI PORTOGALLO: UN ESEMPIO DI SERIE EVENEMENZIALE

Le celebrazioni nel 1724 in onore della nascita dell'ultimo figlio legittimo di Giovanni V e Maria Anna d'Austria (l'infante Alexandre, che visse solo quattro anni) permettono di individuare diversi micro-eventi (dentro e fuori del Palazzo Cesarini) che possono essere considerati come una serie evenemenziale: una Messa solenne e un *Te Deum* per quattro cori presso la chiesa nazionale di Sant'Antonio dei Portoghesi (con musica eseguita dai «migliori musicisti» di Roma, alcuni identificati nella lista dei pagamenti come provenienti «da Ottoboni» e «da Colonna» e convocati dal compositore portoghese João Rodrigues Esteves che si trovava in quel tempo a studiare a Roma), nonché spari di mortaretti; una sinfonia per ottoni e percussioni per la ricezione dell'ambasciatore;[66] un solenne «corteggio» dell'ambasciatore e del suo entourage tra il palazzo e la chiesa, e viceversa; la prima rappresentazione della favola pastorale *La Tigrena*, commissionata a Francesco Gasparini ed eseguita da un cast eccezionale che includeva Farinelli, Farfallino (Giacinto Fontana) nel ruolo del protagonista, la cantante Giovanna Magnacase e Domenico Federici; «intermezzi» comici; un «divertimento di ballo»; rinfreschi e cena. Il libretto de *La Tigrena*[67] fornisce i nomi degli interpreti per gli intermezzi che videro la partecipazione della cantante Maddalena Barlocci, nonché di Girolamo Bartoluzzi e Pietro Mozzi.

---

[66] P-La, 49-VII-1 (284), c. 607, «Trombetti Corni da Caccia et il Timpano che hanno suonato il giorno delli due di gennaio 1724 alla Chiesa di S. Antonio alla Porta quando Sua Ecc.a diede di assistere al Te Deum». Immagine del documento riprodotta in Fernandes 2019, p. 318.

[67] I-Rn, 35.6.B.17.2 (scheda PerformArt D-077-210-118).

Le manifestazioni festive presso la chiesa di Sant'Antonio dei Portoghesi sono state oggetto di studi precedenti, quindi ci concentreremo qui su quelle che si sono svolte nel Palazzo Cesarini.[68] Tuttavia vale la pena di segnalare che molti degli strumentisti impiegati nella musica sacra presero parte anche alla pastorale e che il *Te Deum* presentava caratteristiche tipicamente romane come la policoralità (in questo caso a quattro cori) e l'uso del salterio.[69] L'organico era formato da 42 strumentisti (21 violini con Antonio Montanari come spalla, 3 violoncelli, 4 contrabassi, 4 oboi, 2 corni da caccia, 2 trombe, timpani, salterio, 2 fagotti, 3 organisti) e 52 cantanti (4 «Musicisti» solisti, 11 soprani, 12 alti, 12 tenori, 13 bassi). Se per la musica in Sant'Antonio dei Portoghesi era stato un giovane compositore lusitano (João Rodrigues Esteves) a convocare i musicisti partecipanti, per la musica eseguita a palazzo ci pensò Virgilio Cimapane, cantore della Cappella Pontificia.[70] Complessivamente questa serie di eventi segue il consueto modello festivo romano, sia in termini temporali (triduo), sia per quanto concerne le tipologie dei diversi micro-eventi, distribuiti fra la chiesa, il palazzo e gli spazi all'aperto.[71]

La «favola pastorale» *La Tigrena* fu rappresentata nel «teatro mobile» all'interno di Palazzo Cesarini, anche se, come sembra, non nello stesso teatrino del 1721, bensì in una nuova struttura (o in un adattamento migliorato della precedente) concepita dall'architetto Raimondo Bianchi, firmatario della relazione dei «lavori fatti» compilata dal mastro falegname Giacomo Marchese. Il titolo menziona l'incarico di «fare il Teatro, Scene, Ornato della Platea, et altro».[72] Questi lavori includono «seditori attorno alla balaustrata per Em. Sig. Cardinali» (con 24 squadre), «palco fatto di nuovo per recitare», «due telari del proscenio», «leggivi per le carte dei sonatori», «uno scabello per il sonatore del cembalo» e un «sedino con scalino per il sonatore di violone».[73]

---

[68] Fernandes 2017 e 2019.

[69] Sul salterio a Roma si veda Chirico 2001, p. 153-159.

[70] P-La, 49-VII-1 (265), c. 567. Ricevuta firmata da Virgilio Cimapane per l'assistenza «nella Musica et Orchestre della Pastorale recitata nel Palazzo del Sig. Ambasciatore» (14 gennaio 1724).

[71] Si veda il contributo di Émilie Corswarem in questo stesso volume, *Musique et agentivité. De la création de nouveaux espaces dans la ville: le cas des fêtes dynastiques de l'Espagne et de l'Empire à Rome*, p. 133-146.

[72] P-La, 49-VII-1 (287), cc. 613-629 (scheda PerformArt D-077-810-160).

[73] P-La, 49-VII-1. I pagamenti si prolungano nel tempo e ancora nel 1727 si incontrano ricevute relative a questa produzione: 49-VII-1 (242), c. 522, «ritiro dei musici e cantarine» per un totale di 1,50 scudi (ricevuta di G. Marchese); 49-VII-1 (247), spese per materiali di costruzione e pittori; 49-VII-1 (251a), spese per il «teatrino» e per i «colori».

Come per il *Te Deum* e per la Messa,[74] l'elenco dell'orchestra (formata da 13 violini, 4 viole, 2 violoncelli, 2 contrabassi, oboe e liuto) e dei cantanti che eseguirono *La Tigrena* dimostra che l'ambasciatore fece ricorso in questa occasione ai più prestigiosi musicisti di Roma e che poté avvalersi di strumentisti legati non solo agli Ottoboni, ma anche alla famiglia Colonna.[75] La lista di pagamenti ai cantanti[76] non include Farinelli, quindi non sappiamo se il famoso castrato, a quel tempo diciannovenne, abbia ricevuto un compenso monetario o soltanto il regalo di una caffettiera e di un bacile in argento del valore di 200 scudi.[77]

Come è noto, le donne non recitavano né cantavano nei teatri pubblici di Roma, una consuetudine legata alla morale e alla mentalità ecclesiastica centrata sui concetti di «onestà» e «virtù» applicata agli spettacoli, che tuttavia non era il risultato di una proibizione ufficiale, contrariamente a quanto spesso è stato scritto senza il supporto di fonti documentarie.[78] Invece nei teatri privati e negli spettacoli organizzati dagli ambasciatori, anche grazie all'extraterritorialità, questa prassi poteva venire disattesa. Sia il marchese di Fontes che Melo e Castro (così come altri ambasciatori) erano ricorsi ad alcune cantanti negli spettacoli che avevano promosso, stringendo finanche vincoli permanenti con alcune di esse, come nel caso del marchese di Fontes con Caterina Lelli Mossi (la «Nina di Portogallo») e di Melo e Castro con un'altra cantante di cui non conosciamo l'identità (forse una di quelle che parteciparono alla pastorale o agli intermezzi del 1724). Una lettera di Filippo Silva del 1723 attesta che l'ambasciatore aveva «assegnato quindici scudi il mese ad una Donzella figlia di un Soldato per cantare assai bene, volendosene valere in un'opera Pastorale, che nel prossimo Carnevale farà fare nel suo Palazzo».[79] È possibile che

---

[74] P-La, 49-VII-1 (263), cc. 562-565 (scheda PerformArt D-081-010-190). Trascrizione della lista dei musicisti in Fernandes 2019, p. 325-328.

[75] P-La, 49-VII-1 (277a), cc. 592 *sq.*, «Lista de Sonatori ch'anno sonato nella Pastorale […] 3 e 4 Gennaro 1724» (scheda PerformArt: D-000-291-058).

[76] P-La, 49-VII-1 (261), c. 559 (scheda PerformArt D-083-510-171). «Pagamenti fatti alli Musici; e Maestro di Cappella senza ricevute: Al Sig. Giacinto Fontana detto Farfallino, 250 [sc.]; Alla Sig.ra Giovanna Magnacase detta La Cittadinia, 150; Al Sig. Domenico Federici tenore, 150; Alla Sig.ra Madalena Barlocci, 100; Al Sig.r Girolamo Bartoluzzi detto il Regiano, 100; Al Sig. Pietro Mozzi, 120; Al Sig. Francesco Gasparini m.tro di cappella, 150». Totale = 1020 scudi.

[77] P-La, 49-VII-1 (285), c. 609 (scheda PerformArt D-083-630-160).

[78] Secondo alcuni documenti storici, la presenza delle donne nel pubblico non era consentita, ma non sono segnalate specifiche proibizioni alla loro presenza sul palcoscenico. Sulla problematica del «divieto misogino» si veda De Dominicis 1923 e Hov 2001.

[79] Nigito 2012, p. 250. Roma, 3 dicembre 1723 (I-Rdp, sc. 93, b. 44, int. 11, n.n.).

anche altri cantanti fossero al servizio dell'ambasciatore in maniera più regolare come, ad esempio, un certo «tenore di Portogallo», che cantò negli oratori patrocinati da Ottoboni presso l'Oratorio di San Marcello nel 1725.

Il libretto della favola pastorale *La Tigrena* fu pubblicato da Antonio de' Rossi, tipografo dell'Accademia dell'Arcadia, ed è ispirato al mito ovidiano di Atalanta e Ippomene. L'argomento e la scena sono ambientati in Arcadia, facendo così allusione diretta al mecenatismo del re Giovanni V di Portogallo che aveva finanziato la costruzione del Bosco Parrasio (i terreni acquistati dal sovrano portoghese per 4000 scudi furono donati all'Arcadia precisamente nel 1724).[80]

Un confronto fra le liste dei musicisti che parteciparono alle celebrazioni per la nascita dell'infante Alexandre e quelle relative alla riunione dell'Arcadia promossa dal cardinale Ottoboni nel gennaio del 1724,[81] pubblicate da Stefano La Via,[82] permette di verificare l'esistenza di molti nomi in comune. La circolazione di musicisti tra varie famiglie e istituzioni era tipica della società romana,[83] anche se la presenza di un gran numero di nomi coincidenti non sembra in questo contesto del tutto casuale.

Come già segnalato, anche la scelta di Gasparini come compositore della musica (purtroppo anche in questo caso perduta) aveva probabilmente una relazione con la sua condizione di pastore arcade. La scelta del genere della favola pastorale, con solide tradizioni e convenzioni proprie dal punto di vista della composizione e della *performance* nel mosaico dei generi musico-teatrali in voga a Roma nel primo Settecento,[84] era anche un modo di dare visibilità ai legami dei portoghese con l'Accademia dell'Arcadia e al mecenatismo del suo sovrano davanti al pubblico illustre invitato a Palazzo Cesarini e formato da «Sue Maestà Britanniche, molta Nobiltà, Dame e Cavalieri».[85]

---

[80] Come è noto, il giardino progettato dagli architetti Antonio Canevari e Nicola Salvi fu inaugurato solo nel 1726. Per uno studio più dettagliato si veda Dixon 2006, p. 83-104.

[81] Melo e Castro era frequentatore assiduo di queste riunioni. La sua presenza è riferita, tra le varie fonti, nelle lettere di Filippo Silva: «nel Palazzo del Signor Cardinale Ottoboni fu tenuta un'accademia di letterati detta degl'Arcadi, e furono recitate bellissime Composizioni con l'intervento di più Signori Cardinali, Ambasciatori di Portogallo, e di Venezia, e del Signor Abbate Tansè». Nigito 2012, p. 245. Roma, 9 gennaio 1723 (I-Rdp, sc. 93, b. 44, int. 11, n.n.).

[82] La Via 1995, p. 428-429.

[83] Sulle famiglie aristocratiche e le carriere professionali dei musicisti a Roma si veda Oriol 2017.

[84] Si veda Tcharos 2011, p.153-207.

[85] *Diario Ordinario* del Chracas n° 1003 dell'8 gennaio 1724, p. 8. Sugli Stuart a Roma si veda Clark 2003 e Corp 2011.

Di questa serie evenemenziale fanno parte anche gli intermezzi comici. Il testo non fu pubblicato nello stesso volume de *La Tigrena* ma separatamente come è attestato dalla lista delle «Spese con la Stampa degl'Intermezzi della Tigrena» (29 e 30 dicembre, 1723), firmata da «Onofrio Piccini mano propria» e delle copie del libretto.[86] Un altro pagamento a Giovanni Domenico Pioli rivela che questo letterato e impresario ne era stato l'autore.[87]

Dalla giustificazione di pagamento per il «Festino» si ricava che l'organico strumentale del «Divertimento da Ballo» era composto da 12 violini, 2 violoncelli, oboe e fagotto; la ricevuta del maestro di ballo Giovanni Battista Settari, però, evidenzia anche la presenza di corni da caccia. Quest'ultimo documento, datato 14 gennaio 1724, fa inoltre riferimento alla composizione di nuovi minuetti e contraddanze, e all'acquisizione di «libri di tutte sorte de Sonate».[88] Il suo contenuto rifletteva probabilmente il consueto modello delle feste da ballo descritto dalle cronache e dai trattati dell'epoca come, ad esempio, il *Trattato del ballo nobile* (Napoli, 1728) di Giambattista Dufort, dedicato alle «Danze da sala o da festino»: si aprivano con uno o più Minuetti, ai quali seguivano le Contraddanze, inframmezzate da altri Minuetti. Dettagliate regole di cerimoniale ed etichetta che riguardano, tra le altre cose, l'entrata nella festa, il sedersi, la precisa gerarchia dei posti, il modo di muoversi, il privilegio di dare inizio alle danze (che indicava la preminenza sociale), sono elementi che, oltre all'atto stesso di ballare e all'abilità tecnica e artistica nella esecuzione dei diversi passi e delle figure coreografiche, fanno parte della *performance* nella sua totalità.[89]

La documentazione archivistica registra ulteriori spese per queste occasioni festive, dal banchetto, alla cera per l'illuminazione, alla rilegatura e alla stampa dei libretti, agli abiti, scarpe e stivali per i musicisti, ai guanti «per la commedia», al trasporto dei cantori ecc.

---

[86] In P-La, 49-VII-1 (252), c. 547, la spesa per le copie del libretto ammonta a sc. 14,70 (scheda PerformArt D-077-790-178). Si veda anche http://corago.unibo.it/libretto/DRT0024395 [consultato il 6 marzo 2021].

[87] P-La, 49-VII-1 (667): «A Gio: Domenico Pioli con cedula del Monte di Pietà con data 4 Marzo 1724 [...] per regalo della composizione dell'Intermedio e assistenza fatta, sc. 10».

[88] P-La, 49-VII-1 (271); scheda PerformArt D-014-260-125.

[89] Per un approfondimento su etichette, trattati e modelli di feste da ballo nel Settecento, con riferimento a fonti italiane, si veda Lombardi 2000, p. 116-136.

EVENTI-SPETTACOLO E STORIA POLITICA:
IL TRAMONTO DELLO SPLENDORE FESTIVO DEI PORTOGHESI

Le celebrazioni per la nascita dell'infante Alexandre furono l'ultimo grande evento di cui si abbia notizia tra quelli patrocinati a Roma da André de Melo e Castro. Con la morte di Innocenzo XIII, avvenuta il 7 marzo 1724, venne meno quella relazione privilegiata che i portoghesi avevano con il papa e iniziò la progressiva riduzione degli investimenti nella musica e nelle attività teatrali, intese come avvenimenti propagandistici, così ben alimentati a Roma dalla monarchia lusitana. Il pontificato seguente (quello di Benedetto XIII, 1724-1730) fu caratterizzato infatti da forti tensioni con la corona portoghese, che avrebbero finito con il portare alla rottura, tra il 1728 e il 1732, delle relazioni diplomatiche.[90]

Ciò non significa che tra il 1724 e il 1728 gli eventi legati alle arti performative, con il coinvolgimento dei portoghesi e dell'ambasciatore, siano completamente scomparsi, ma diminuirono per numero e per visibilità, come si evince anche dalle poche tracce rimaste nelle cronache e nelle fonti archivistiche. Persiste il pagamento delle «mesate» al maestro di ballo e agli strumentisti (trombe e corni) che accompagnavano le missioni protocollari, ma le commissioni a compositori di rilievo per le commemorazioni dell'anniversario del re o per le feste di Carnevale sembrano non fare più parte della strategia di rappresentanza. Continuiamo ad incontrare spese occasionali, ad esempio per commedie all'improvviso (1725),[91] o regolari, e per i palchetti nei teatri pubblici, che attestano comunque che l'ambasciatore continuava a frequentare assiduamente gli spettacoli. Nel 1726 vi fu la prima nell'oratorio della Chiesa Nuova di uno dei capolavori della storia della musica portoghese: *La Giuditta* di Francisco António de Almeida, dedicata ad André de Melo e Castro.[92] Inoltre, il 9 settembre 1726 si ebbe la prima riunione dell'Arcadia nella nuova sede del Bosco Parrasio al Gianicolo, patrocinata da Giovanni V. Come rappresentante del re portoghese, Melo e Castro ebbe la dedica sia della raccolta poetica *I Giochi Olimpici* di Crescimbeni (1726), sia della *Notizia del*

---

[90] La ragione principale fu il fatto che papa Orsini non concesse la dignità cardinalizia al nunzio monsignor Vincenzo Bichi, che aveva terminato il suo mandato a Lisbona. Il cardinalato dei nunzi dopo le loro missioni era un privilegio delle grandi potenze cattoliche e dunque anche un'aspirazione di Giovanni V.

[91] P-La, 49-VI-9, c. 62, «Spese per la Commedia all'improvviso. A dì 17 febraro 1725 pagati a Giuseppe Testa Credenziero [...] scudi due e sessanta moneta saldo di una lista di spese fatte in homini [*sic*] e cialdoni la seconda comedia all'improviso» (scheda PerformArt D-113-980-102).

[92] I-Rn, MISC.VAL.703.7 (scheda PerformArt D-077-300-134).

Nuovo Teatro degli Arcadi di Vittorio Giovardi (1727). L'ambasciatore continuava inoltre a fare da intermediario per l'invio di repertorio musicale a Lisbona e per la contrattazione di musicisti italiani, così come per la commissione di opere d'arte per la corte di re Giovanni V.

Nel campo della musica e delle arti dello spettacolo, il mecenatismo di André de Melo e Castro a Roma ricorre a strategie comuni a quelle delle famiglie aristocratiche romane, non solo nell'ambito della "sfera pubblica rappresentativa" relativamente alle sue funzioni ufficiali di diplomatico, ma anche in alcuni aspetti dell'ambito privato. Questi includono il *know how* che porta alla realizzazione di spettacoli, sia in un teatro pubblico come il Capranica, sia attraverso le trasformazioni e strutturazioni dello spazio all'interno di Palazzo Cesarini in funzione di *performances* che coinvolgono musica, teatro e danza. Ciò dimostra anche una conoscenza molto precisa della vita culturale romana e dei principali protagonisti legati alle arti dello spettacolo, sia del punto di vista del loro valore artistico, sia del prestigio che la reputazione di questi artisti poteva apportare. Il suo ruolo come ambasciatore lo portò necessariamente ad adottare procedure comuni ad altri diplomatici stranieri così come alla cultura aristocratica in generale. Le reti di sociabilità che egli stabilì sono profondamente legate al mondo ecclesiastico e in campo culturale (musicale, teatrale e letterario) hanno un modello di riferimento privilegiato nella cerchia del cardinale Ottoboni. Il contributo dell'ambasciatore portoghese nel campo delle arti performative segue soprattutto un'agenda politica legata alla nazione che egli rappresentava – più prossima al «mecenatismo istituzionale» che al «mecenatismo umanistico»[93] –, ma non esclude scelte dettate dal suo gusto personale, gusto che verosimilmente venne influenzato dalla sua esperienza romana.

A rappresentare la corona di Portogallo intervennero in ambito performativo soprattutto musicisti e compositori italiani, mentre quelli portoghesi furono coinvolti in maniera limitata. Giovanni V aveva una vera e propria ossessione per Roma e i suoi ambasciatori contribuirono a consolidarla. Il processo di *cultural transfer* si svolse quindi principalmente in direzione Roma-Lisbona, senza preoccupazioni per l'affermazione della cultura musicale portoghese nella città pontificia. Era anche questo l'ideale della corte di Lisbona, che vide a quel tempo cadere in disuso generi musicali della tradizione iberica come il *vilancico* (assente dalla Cappella Reale dal 1716, data in cui fu elevata allo status di Basilica Patriarcale Metropolitana) e la *cantata humana* in favore del repertorio del barocco italiano. Le missioni del marchese di Fontes e di André de Melo e Castro a Roma coincidono

---

[93] Nel senso delle categorie proposte da Annibaldi 1993, p. 9-45.

di fatto con l'inizio dell'intenso processo d'italianizzazione nel campo della musica e delle arti visive che si registra nella capitale portoghese. A Roma il messaggio più esplicito relativo al Portogallo, alla sua storia e alla sua cultura era connesso al significato dinastico e politico degli eventi da celebrare ed era presente nei testi (manoscritti e a stampa) e nell'iconografia festiva, anche questi pieni di simbologie e allegorie legate all'universo del barocco romano; nel campo specifico dell'arte musicale il suono era invece quello del gusto italiano.

Sesta parte

CIRCOLAZIONE DI PERSONE E DEL REPERTORIO

INTRODUCTION

Dans la deuxième moitié du XVIIe siècle, l'établissement de théâtres à entrée payante dans la plupart des villes italiennes entraîna une forte concurrence entre les institutions et provoqua, outre une homogénéisation progressive du répertoire, des pratiques et des goûts qui devint patente à la toute fin du siècle, des déplacements constants de musiciens, d'une cité à l'autre. Les chanteurs notamment pouvaient alors espérer jouir d'une renommée à l'échelle de la péninsule, voire de l'Europe entière. Les œuvres, elles aussi, étaient amenées à circuler. Le fait de les porter dans un contexte différent et de les présenter à un nouveau public entraînait des aménagements plus ou moins importants du texte original. La structure des *drammi per musica*, où se succédaient airs et récitatifs, permettait de remplacer les *arie* à volonté, sans toucher aux *recitativi* ni à l'action générale. Ce phénomène de réutilisation a fait l'objet de nombreuses études savantes, qu'il est inutile de rappeler ici. L'envisager sous l'angle de la performance, en portant le regard sur l'interprète et les émotions qu'il pouvait susciter, apporte en revanche un éclairage nouveau sur la question.

Les interprètes jouaient-ils de fait un rôle dans ce processus ? En plaçant au cœur de l'analyse la figure du chanteur, il est possible d'apporter des éléments de réponse qui viennent compléter les analyses antérieures, lesquelles, la plupart du temps, se sont limitées à étudier le texte et la musique (Huub van der Linden). Le propos se concentre sur les airs de deux opéras montés successivement en 1693 au théâtre Tordinona, *Il Seleuco* et *Il Vespasiano*, en déterminant si, par rapport à la création de ces œuvres qui eut lieu à Venise respectivement en 1691 et en 1678, ainsi que lors de leurs reprises dans diverses cités de la péninsule au cours des années qui suivirent, ces airs furent maintenus, modifiés, remplacés ou supprimés. En confrontant les relevés très précis des airs aux distributions de chaque production et en tenant compte des biographies des artistes, il devient possible d'expliquer ces changements par le choix de recourir à tel ou tel interprète, par le fait que les chanteurs pouvaient avoir leurs préférences propres et donc intervenir directement dans le choix des airs, ou encore par les attentes d'un public épris de nouveauté. L'étude, centrée sur la figure de Francesco Antonio Pistocchi, qui tint le rôle d'Antioco dans *Il Seleuco* et celui de Tito dans *Il Vespasiano*, montre aussi comment les deux mois que dura la saison 1693 permirent au castrat né en Sicile, mais bolonais d'adoption, de passer, à Rome, du statut d'inconnu à celui de véritable vedette.

Une deuxième étude envisage également le phénomène de reprise d'un même opéra, cette fois sous l'angle de la dramaturgie. À nouveau le lecteur est conduit *piazza dei Santi Apostoli*, dans le théâtre des Colonna – un lieu décidément central –, où fut monté, en 1683, un *dramma per musica*, *La Tessalonica*, sur un livret de Nicolò Minato et une musique de Bernardo Pasquini. L'œuvre, dédiée à la jeune épouse de Filippo Colonna, Lorenza de La Cerda, reprenait l'opéra qui avait été mis en scène à Vienne en 1673, sur une musique d'Antonio Draghi (Sara Elisa Stangalino). Dans la version romaine, on avait procédé à des changements de décor en reprenant, probablement par esprit pratique et par économie, une partie des décors réalisés pour *Il Pompeo*, qui venait d'avoir lieu sur ce même théâtre. Surtout le dramaturge avait davantage tiré parti d'une convention usuelle dans l'opéra de l'époque : celle de la musique de scène, où un personnage chante et/où joue d'un instrument. En faisant chanter Tessalonica hors de la scène et sur scène, Minato poussait la convention à son extrême limite. Les didascalies du livret, confortées par des documents d'archives, témoignent en outre de la présence de superbes instruments sur le théâtre, tel le luth doré dont la jeune femme pinçait les cordes. Cette fois, il ne s'agissait pas seulement d'enrichir l'univers de perception des spectateurs, en multipliant les sources sonores, qu'elles proviennent de l'orchestre ou qu'elles soient issues directement de la scène. À la musique de scène était confiée une vraie responsabilité dans l'action et le développement de l'intrigue. Par le jeu avec l'appareil perceptif du spectateur, par son rôle dans la dramaturgie, cette musique avait une incidence directe sur la performance. Elle visait à rendre les émotions de l'assistance plus intenses et à renforcer la communication entre cette dernière et les personnages.

La capacité des interprètes à donner voix aux sentiments et à susciter des émotions entrait-elle en ligne de compte lorsqu'il s'agissait d'attribuer un rôle d'opéra à un interprète ? Dans un contexte où les restrictions à l'encontre de l'opéra étaient nombreuses, que l'on songe par exemple à la coutume misogyne d'interdire aux femmes de fouler les planches des théâtres publics, la question était d'importance (Barbara Nestola). À première vue, le cas du contralto Bartolomeo Monaci, connu sous le nom de Montalcino, à qui furent confiés le rôle de Giulia (*seconda donna*), dans *Il Pompeo*, monté en 1683 au théâtre Colonna *piazza dei Santi Apostoli*, et celui de Statira (*prima donna*), dans l'opéra éponyme, qui marqua la réouverture du théâtre Tordinona en 1690, est surprenant : comment interpréter le recours tout à fait inhabituel à une tessiture de contralto pour interpréter Giulia, une jeune amoureuse, et Statira, une princesse grave et mélancolique ? Le choix ne peut se comprendre que si l'on prend en compte des critères liés au corps de l'interprète, qu'il s'agisse de sa silhouette, de sa physionomie ou de sa gestuelle. Montalcino était assurément capable de donner toute leur épaisseur à des personnages qui relevaient du registre pathétique ou élégiaque. Le compositeur des deux opéras, Alessandro Scarlatti, renforce les principaux traits de caractère des personnages incarnés par le chanteur, de manière à ce qu'ils se distinguent encore davantage des autres rôles féminins : la mesure de Giulia contraste avec l'exubérance virtuose d'Isicratea, tandis que la docilité et la soumission de Statira tranchent sur la vivacité de Campaspe.

HUUB VAN DER LINDEN

ARIE E CANTANTI TRA CONTINUITÀ E CAMBIAMENTI

PISTOCCHI E LA STAGIONE 1693
DEL TEATRO TORDINONA

Continuità e cambiamenti

Un discorso storico e critico sull'opera del Sei-Settecento comporta anzitutto la disamina di produzioni specifiche. Il funzionamento di questo genere, considerato nella sua fenomenologia di opere continuamente in circolazione e in evoluzione, è notoriamente complesso, non soltanto nella definizione concettuale ma in particolar modo nei tanti processi di cambiamento che governano quasi tutto il repertorio fino a Metastasio e oltre. L'opera dell'epoca era un insieme modulare, composto di arie tenute insieme col cemento del recitativo, che potevano essere sostituite come i mattoncini di una costruzione.[1] Oltre a ciò ogni aria presenta una stratificazione interna: il testo e la veste musicale potevano infatti cambiare indipendentemente l'uno dall'altra. Se consideriamo la musica come pura *performance* si apre all'istante una vasta gamma di fattori e di sensazioni che superano la dimensione della traccia scritta.[2] Anche a un livello più basilare la percezione della recita di un'opera dipende dall'interazione tra almeno tre strati: testo, musica e interprete.

Le ragioni che sottendevano ai continui processi di revisione e ai cambiamenti erano molteplici, ma il ruolo dei cantanti, le loro capacità e preferenze erano un elemento chiave in questo contesto.[3] Come i libretti e la musica erano soggetti a circolazione, così anche

---

[1] La flessibilità del genere è ormai un fatto assodato nella storiografia. Sulla trasformazione dei libretti si vedano ad es. già Powers 1961-1962 e Lindgren 1977, seguito da molti altri *case studies*, e più in generale Strohm 1976 e Caruso 1995. Sul sistema di produzione si vedano Bianconi – Walker 1984; Rosselli 1989; Piperno 1998; Glixon – Glixon 2006. Il concetto è accolto anche in testi generali come Bianconi 1991, p. 205-219, 235-252, e Taruskin 2005, p. 33-34.

[2] Sulla musica come *performance* si vedano ad es. Annibaldi 1998 e Small 1998. Più in generale Eco 1977; Fischer-Lichte 1983, in particolare vol. 1, p. 180-189; Aston – Savona 1991, p. 99-122.

[3] Sul ruolo dei cantanti nella sostituzione di arie, a partire già dal primo Settecento, si veda Poriss 2009, p. 13-36.

i cantanti si spostavano continuamente da un teatro a un altro.[4] La loro mobilità interagiva indissolubilmente con la circolazione e gli adattamenti della musica. Ma in che modo? L'idea dell'"aria da baule", un brano preferito che un cantante porta con sé per inserirlo quasi in ogni opera in cui canta, non è stata comprovata dalle fonti come una prassi comune nel Seicento.[5] E cosa succede quando certi cantanti eseguono la stessa parte in un'opera nell'arco di più produzioni? Sono le loro arie quelle che rimangono immutate, mentre l'arrivo di un nuovo cantante comporta cambiamenti alla sua parte? Finché gli interpreti non diventano parte integrante delle analisi delle varianti non potremo rispondere a queste domande.[6]

È importante esaminare i processi di cambiamento e continuità nell'opera del Sei-Settecento perché in questo genere essi rappresentano concretamente due modalità di godimento estetico: il piacere della novità e il piacere del conosciuto.[7] Il presente caso di studio ha per oggetto le due opere della stagione 1693 del Teatro Tordinona, *Il Seleuco* seguita da *Il Vespasiano*.[8] Questa stagione ha segnato l'inizio di un periodo di successo per l'opera a Roma dopo i lunghi anni di austerità sotto il pontificato di papa Innocenzo XI, contrario agli spettacoli teatrali, e dopo le stagioni poco fortunate del 1691 e 1692. Le due opere del 1693 ebbero la loro prima esecuzione a Venezia qualche anno addietro: *Il Vespasiano*, con musica di Carlo Pallavicino, il 24 gennaio 1678, per l'inaugurazione del Teatro di San Giovanni Grisostomo;[9] *Il Seleuco*, su testo di Adriano Morselli e musica di Carlo Francesco Pollarolo, nel gennaio del 1691 nello stesso teatro (ma con il titolo *La pace fra Tolomeo e Seleuco*).[10] Anche nel caso di queste due opere si

---

[4] Rosselli 1989. Più in generale sulla circolazione di musica e musicisti *cf.* Strohm 2001; Rasch 2008; Goulet – Zur Nieden 2015; Zur Nieden – Over 2016.

[5] Sulle arie da baule nel Seicento, *cf.* Brown 1995.

[6] Le analisi della trasformazione di un'opera tendono a limitarsi a testo e musica, ad es. Powers 1961-1962; Lindgren 1977; McKee 1989.

[7] Relativamente all'ascolto musicale si vedano ad es. Adorno 1994, in partic. 358-360, e Meyer 1956, p. 151-156, nonché gli approcci di Huron 2006 e i tre studi in King – Prior 2013, p. 11-106.

[8] Il nome cambia tra «Vespesiano» e «Vespasiano» nei vari libretti. Per uniformità userò l'ultima ortografia in tutti casi.

[9] Per la prima veneziana *cf.* Selfridge-Field 2007, p. 198. Sul teatro e il suo repertorio si veda Saunders 1985, e in particolare p. 454 per i cantanti di quella produzione; per la prima romana *cf.* Cametti 1938, vol. 2, p. 353-354; Franchi 1988, p. 655-656, n° 2.

[10] Per un'analisi di tutti i libretti fino al primo Settecento, le principali fonti musicali e un'edizione critica dell'intera opera si veda McKee 1989. Sulla produzione veneziana del 1678 anche Selfridge-Field 2007, p. 125-126. Per un'altra fonte musicale della versione veneziana *cf.* Pascual León 2018. Sulla produzione romana *cf.* Cametti 1938, vol. 2, p. 355-356; Franchi 1988, p. 657-659, n° 5. Su un altro percorso, che portò *Il Vespasiano* a Napoli, si veda Menchelli Buttini 1995.

possono registrare numerosi cambiamenti tra le prime esecuzioni a Venezia e le successive riprese in altre città, oltre alle versioni che andarono in scena a Roma. In generale, non è sempre possibile individuare i nomi di tutti gli interpreti che hanno preso parte a una determinata produzione e questo è il caso anche di Roma. La stagione del 1693 al Teatro Tordinona costituisce la prima occasione in cui i nomi dei cantanti vengano riportati nei libretti a stampa.[11] Fortunatamente siamo pure a conoscenza di chi precedentemente aveva cantato nelle due opere in varie produzioni: questo ci permette di incrociare i dati riguardanti i viaggi dei cantanti con quelli dello stesso repertorio. Per riportare in modo efficace e intuitivo questa mole di dati includeremo anche alcuni schemi.

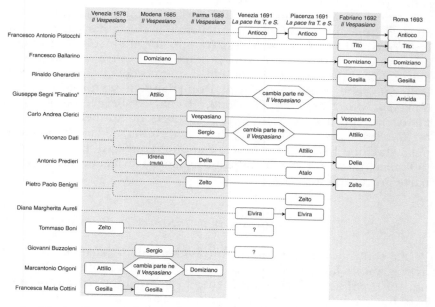

Fig. 1 – Cantanti che ricorrono nelle diverse recite de *Il Vespasiano* (su fondo grigio) e de *Il Seleuco* (su fondo bianco) e le parti che cantarono.

La figura 1 mostra le principali produzioni de *Il Vespasiano* e *Il Seleuco* fino al 1693 per le quali conosciamo i cantanti.[12] Sono stati

---

[11] Come già notato da Cametti 1938, vol. 2, p. 354.
[12] I nomi dei cantanti delle produzioni veneziane provengono da una fonte manoscritta contentente elenchi di cantanti (Saunders 1985, p. 447-466); per le altre produzioni questi sono indicati nei libretti a stampa.

elencati tutti i cantanti che parteciparono ad almeno due produzioni delle due opere, insieme alla parte o alle parti che interpretarono. Lo sguardo generale sul legame tra drammi, parti e cantanti offerto dalla figura 1 suggerisce varie linee di continuità. Emergono immediatamente alcuni dati: è interessante notare, ad esempio, quanti interpreti abbiano cantato più volte nella stessa opera in varie città, oppure osservare che cinque di loro (Pistocchi, Ballarino, Dati, Predieri, Benigni e Boni) hanno recitato in ambedue le opere. Si evince inoltre quanti e quali cantanti siano passati, quasi come una compagnia, da una produzione a un'altra. Il rapporto tra la produzione parmense de *Il Vespasiano* del 1689 e quella di Fabriano del 1692 è particolarmente forte: quattro cantanti, di cui tre nello stesso ruolo, presero parte ad ambedue le produzioni. Un simile rapporto esiste anche tra la produzione di Fabriano e quella del Tordinona, che vede tre cantanti migrare mantenendo la stessa parte (Pistocchi, Ballarino e Gherardini). Allo stesso tempo non era inconsueto vedere cantanti cambiare parte tra una produzione e l'altra. Le corrispondenze più forti tra ruolo e cantante si notano nei casi di Francesco Ballarino, che cantò la parte di Domiziano in tre produzioni de *Il Vespasiano* (Modena, Fabriano, Roma), e Francesco Antonio Pistocchi, che per tre volte ricoprì la parte di Antioco in *La pace tra Tolomeo e Seleuco* (Venezia, Piacenza, Roma). Il caso più chiaro nella stagione 1693 del Tordinona è appunto quello di Pistocchi, che fu l'unico interprete che in ambedue le opere aveva già cantato la sua parte precedentemente.[13]

ARIE (IM)MUTATE NE *IL SELEUCO*

La continuità è particolarmente evidente ne *Il Seleuco*: Pistocchi aveva cantato la parte di Antioco durante la prima assoluta a Venezia nel 1691, poi nella ripresa a Piacenza lo stesso anno (con il titolo *La pace fra Tolomeo e Seleuco*, con aggiunte e arie sostitutive di Aurelio Aureli messe in musica da Bernardo Sabadini), e in fine anche a Roma nel 1693. Soltanto Diana Margherita Aureli (Oreli), nel ruolo di Elvira, aveva partecipato a più di una produzione di quest'opera prima del 1693, a Venezia e a Piacenza. Ma come abbiamo già affermato, non basta guardare soltanto la continuità tra ruoli e interpreti. La figura 2 mostra gli *incipit* testuali delle arie (e duetti) di Antioco ed Elvira nelle tre produzioni de *Il Seleuco*. Pistocchi sosteneva la parte di Antioco in tutte e tre, mentre quella di Elvira era affidata

---

[13] Si veda anche Van der Linden 2011, p. 43.

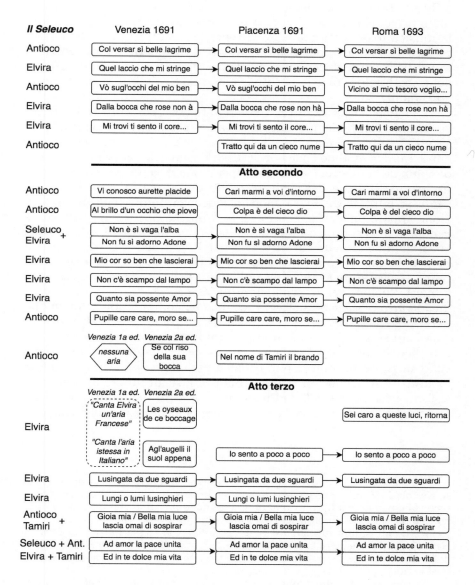

Fig. 2 – *Incipit* di arie e duetti per le parti di Antioco ed Elvira
in tre produzioni de *Il Seleuco*.

Le frecce indicano le riprese delle arie (relativamente ai testi)
tra una produzione e la successiva.

ad Aureli a Venezia e Piacenza, e a Giuseppe Segni, detto Finalino, a Roma. Il fatto che Pistocchi e Aureli cantassero nella produzione inaugurale dell'opera a Venezia potrebbe far pensare che già allora la musica fosse stata confezionata per loro su misura, e che quindi ci sarebbero stati pochi cambiamenti da aspettarsi nelle edizioni immediatamente successive; piuttosto ci si aspetterebbe di trovare delle sostituzioni di arie per Elvira quando Segni interpretò la parte a Roma nel 1693.

La figura 2 mostra, invece, che non fu così: per Aureli e Pistocchi ci furono cambiamenti già *durante* la produzione inaugurale di Venezia e altri ne seguirono per l'esecuzione a Piacenza nello stesso anno. L'unica modifica per Aureli (Elvira) riguarda l'aria francese «Les oyseaux de ce boccage» e la sua ripetizione immediata cantata sulla traduzione italiana del testo, all'inizio dell'atto III.[14] Benché Aureli cantasse la parte di Elvira anche a Piacenza, in quest'ultima produzione appare un'altra aria, «Io sento a poco a poco», che sostituisce la coppia di arie franco-italiana. Nella ripresa al Teatro Tordinona del 1693 venne eliminata un'altra aria per Elvira nell'atto III, «Lungi o lumi lusinghieri», ma in compenso Giuseppe Segni, che cantava la parte, ricevette una nuova aria all'inizio dello stesso atto, «Sei caro a queste luci».[15] Per le produzioni di Venezia e Piacenza di *La pace fra Tolomeo e Seleuco* esistono raccolte che comprendono una buona parte delle arie, mentre per la produzione romana le fonti musicali superstiti sono più frammentarie.[16] Confrontando queste fonti musicali (benché parziali), non sono emersi casi di composizioni diverse sullo stesso testo; non si può tuttavia escludere che alcune arie con lo stesso testo celino in realtà versioni musicali differenti, anche se le fonti puntano nell'altra direzione, ovvero in una continuità della traccia sonora. Anche tra la produzione piacentina e quella romana,

---

[14] Su quest'aria e in generale su arie francesi in opere italiane del periodo *cf.* Nestola 2015, p. 532-533, che però non sembra essere stata a conoscenza di una seconda edizione del libretto veneziano e dunque presume che il testo dell'aria non sia presente nel libretto; la musica dell'aria è in D-MÜs, Hs. 187, n° 24.

[15] «Lungi o lumi lusinghieri», che appare con la stessa musica in D-MÜs, Hs. 187, n° 20 (Venezia) e in I-MOe, MUS.G.292, n° 21 (Piacenza), era forse un'aria di Aureli. Un'associazione con la corte torinese, dove la virtuosa era impiegata in quel periodo, potrebbe spiegare la migrazione di quella musica in Francia, dove nel 1708 appare nel quinto volume di arie italiane pubblicato da Ballard: *Recueil des meilleurs airs* 1708, p. 420.

[16] La prima, per la produzione veneziana, è a D-MÜs, Hs. 187, mentre quella per Piacenza è a I-MOe, MUS.G.292. Arie legate alla produzione romana appaiono tra altro in I-Rli, Musica M 15/2 e D-MÜs, Hs. 904. Sui manoscritti a Modena e Roma appena citati si vedano rispettivamente Lodi 1923, p. 153; Chiarelli 1987, p. 134-135, cat. 564; Careri 1998, p. 146-148, cat. 248.

cioè quando l'interprete della parte di Elvira cambia da Aureli a Segni, non ci sembrano essere stati cambiamenti sostanziosi oltre quelli appena discussi.[17]

Per Pistocchi, che cantava la parte di Antioco in tutte e tre le produzioni di *La pace fra Tolomeo e Seleuco*, ci sono ancora più modifiche: tra Venezia e Piacenza venne inserita una nuova aria alla fine dell'atto I, «Tratto qui da un cieco nume», e vennero sostituite non meno di tre delle quattro arie dell'atto II;[18] due anni dopo, a Roma, venne cambiata una delle due arie nell'atto I che erano rimaste immutate dalla prima stesura: «Vò sugl'occhi del mio ben» in luogo di «Vicino al mio tesoro voglio morir»;[19] inoltre, nell'atto II venne eliminata l'ultima aria, «Nel nome di Tamiri», che a Piacenza aveva sostituito l'aria originale. Così emerge che quando Pistocchi cantava Antioco a Roma nel 1693, cinque delle sue arie – senza contare i duetti – erano probabilmente uguali a quelle che aveva cantato a Piacenza nel 1691. Soltanto due delle sue arie rimasero immutate in tutte e tre le produzioni di *La pace fra Tolomeo e Seleuco*: «Col versar sì belle lagrime» (atto I) e «Pupille care» (atto II). Non esistono fonti musicali per confermarlo o confutarlo in modo assoluto, ma è probabile che anche la musica di queste arie fosse rimasta uguale nei tre casi.[20]

Per quanto riguarda *La pace fra Tolomeo e Seleuco*, dunque, la continuità dello stesso interprete in una parte in tre produzioni diverse non portò a una grande continuità testuale (e musicale) ma piuttosto al contrario. Poiché Pistocchi eseguì la stessa parte in *La pace tra Tolomeo e Seleuco* nelle tre rappresentazioni successive, si potrebbe supporre che egli vantasse un maggior controllo sulle scelte musicali. Se così fosse, però, il fatto che più volte fece sostituire le sue arie apre nuove questioni. Per quale ragione? Essendo il resto rimasto uguale, presumibilmente questi cambiamenti non erano dovuti a ragioni strettamente muscali, ma erano piuttosto in qualche modo legati a circostanze specifiche di questa o quella produzione. Anche

---

[17] Per Elvira le fonti musicali superstiti permettono un confronto musicale diretto tra le versioni di Piacenza e Roma solo per un'unica aria, «Io sento a poco a poco» (atto III), e in quel caso in base all'*incipit* la musica sembra uguale. Si confrontino I-MOe, MUS.G.292 n° 17 e D-MÜs, Hs. 598, n° 9.

[18] La musica di «Tratto qui da un cieco nume» per la produzione romana è in I-Rli, Musica M 15/3, cc. 25-29.

[19] Una stesura della nuova aria per Roma è in D-MÜs, Hs. 3951, n° 6 e V-CVbav, Barb. lat. 4171, cc. 165-170. Sulla seconda fonte si veda Lindgren – Murata 2018, p. 262-266.

[20] Dell'aria «Col versar sì belle lagrime» esistono testimoni associabili alle rappresentazioni di Piacenza (in I-MOe, MUS.G.292, n° 11) e di Roma (in I-Rli, Musica M 15/2, cc. 69-74 e D-MÜs, Hs. 904, n° 2). Le varie partiture musicali di «Pupille care» sono elencate in Lindgren – Murata 2018, p. 264.

se non sappiamo quali fossero queste circostanze – un raffreddore, le preferenze dei mecenati o del pubblico ecc. – questo tipo di analisi, che prende in considerazione tanto le arie quanto il loro interprete, mostra con chiarezza che alla base della modifica delle arie potevano esserci motivi che non riguardavano le preferenze del cantante. Pur non conoscendo le ragioni dei cambiamenti, è tuttavia possibile non solo iniziare a documentare l'esistenza di questi altri motivi, ma anche identificare i casi precisi in cui ciò avvenne.

UN INTRECCIO DI CAMBIAMENTI: *IL VESPASIANO*

La pace fra Tolomeo e Seleuco è un caso relativamente poco complicato, sia per il numero di produzioni prima della stagione del 1693, sia per il numero di cantanti ricorrenti, così come per il numero di arie. La seconda opera di quell'anno al Tordinona, *Il Vespasiano*, è un caso più complesso ed è probabilmente più rappresentativa per l'epoca. Più appaiono complessi gli intrecci, maggiore è l'utilità degli schemi. Le figure 3, 4 e 5 mostrano le arie per i principali ruoli in cinque produzioni de *Il Vespasiano* fino al 1693 per cui conosciamo i cantanti (sottolineiamo che già non sono registrati tutti i ruoli, né tutte le arie o tutte le produzioni!).[21] Anche qui le frecce indicano la continuità dei testi delle arie tra una produzione e un'altra, che a volte scompaiono per poi riapparire. Inoltre, mentre la figura 2 riguarda due cantanti soltanto ne *Il Seleuco*, ne *Il Vespasiano* a Roma tre interpreti avevano già cantato lo stesso ruolo in una produzione precedente: Francesco Pistocchi come Tito, Francesco Ballarino come Domiziano, e Rinaldo Gherardini come Gesilla.[22] Nelle figure 3-5 le loro arie sono indicate su sfondo grigio, insieme a quelle di Carlo Andrea Clerici, che cantò Vespasiano a Parma nel 1691 e poi a Fabriano l'anno dopo. Seguendo orizzontalmente gli sfondi grigi si vede così, oltre alla continuità o meno delle arie, anche la continuità di cantanti tra le varie produzioni.[23]

La presente ricerca non è la sede adatta per analizzare tutti i processi di cambiamento che diedero forma alla versione de *Il Vespasiano*

---

[21] Esclusa dalla lista è la produzione veneziana del 1680.

[22] Oltre a Giuseppe Segni, che a Roma aveva ricoperto il ruolo di Arricida, mentre a Modena quello di Attilio.

[23] Le figure 3-5 sono ricavate dal confronto diretto dei libretti e dalle informazioni in McKee 1989 che ne offre un'analisi completa. Sull'importante raccolta romana per *Il Vespasiano* in V-CVbav, Barb. Lat 4172, si veda Lindgren – Murata 2018, p. 266-276, che riporta le concordanze con le fonti musicali per le produzioni veneziane del 1678 e 1680 e quella modenese del 1685.

messa in scena nel Teatro Tordinona nel 1693, e nemmeno tutte le modifiche intuibili dalle figure 3-5. Le figure vogliono essere non soltanto un supporto a questo testo ma anche un mezzo visuale autonomo per comunicare i processi di cambiamento e continuità. Vediamo però in modo più dettagliato alcuni esempi significativi.

Così come ne *Il Seleuco*, anche ne *Il Vespasiano* ci sono più esempi di arie che vennero sostituite tra una produzione e l'altra, pur essendo cantate dallo stesso interprete. Il ruolo di Vespasiano, ad esempio, venne sostenuto da Carlo Andrea Clerici prima a Parma nel 1689 e poi a Fabriano nel 1692 (e poi da Giuseppe Scaccia a Roma nel 1693). Tra Parma e Fabriano si osservano nella sua parte le seguenti varianti: a metà dell'atto I la sostituzione di un'aria («A le stragi» in luogo di «Su, fieri guerrieri»); all'inizio dell'atto II l'inserzione di una nuova aria («Preparasi a cader»); e infine la sostituzione di un'altra aria all'inizio dell'atto III («Di fierezza un petto» in luogo di «Conbattuto ogn'or»). Quando, però, Scaccia canta la parte di Vespasiano a Roma, ci sono nuove modifiche proprio negli stessi punti: l'aria sostitutiva nell'atto I viene a sua volta rimpiazzata (con «Un nume disprezzato»), la nuova aria all'inizio dell'atto II viene anch'essa sostituita (con «Di fieri serpi armate») e l'aria sostitutiva all'inizio dell'atto III viene eliminata ma compensata più avanti nell'atto con una nuova aria («Più cara la speranza»). È chiaro, quindi, che sia la continuità di un cantante in un ruolo, sia l'arrivo di un nuovo interprete, possono portare alla sostituzione di arie in una parte.

È importante sottolineare che i grafici nelle figure 2-5 si riferiscono ai *testi* delle arie. Stabilire la continuità del testo musicale è in genere molto più difficile, dal momento che raramente si conservano partiture per tutte o gran parte delle rappresentazioni. Ma quello del *Vespasiano* è un caso piuttosto fortunato visto che esistono non meno di tre partiture intere che riflettono le versioni di Venezia 1678, Venezia 1680 (non presa in considerazione qui) e Modena/Milano 1685.[24] Inoltre esistono numerose raccolte di arie che contengono brani riconducibili a diverse versioni del libretto.[25] Per un'idea più completa delle linee di continuità e cambiamento, che va oltre i soli testi, queste fonti sono ovviamente essenziali. Da esse ricaviamo, ad esempio, che non solo il testo della prima aria dell'opera «Sì sì vincerò» (Domiziano) rimase uguale, ma anche la musica di Pallavicino sostanzialmente

---

[24] Per una descrizione di queste partiture *cf.* McKee 1989, vol. 1, p. 142-198. La partitura per Venezia 1678 è in I-MOe, MUS.F.894, quella per Venezia 1680 in I-Vnm, It. IV, 462 (= 9986) e quella per Modena e Milano 1685 in I-MOe, MUS.F.898.

[25] Lindgren – Murata 2018, p. 274-276.

non cambiò da Venezia a Modena, Fabriano e Roma.[26] Dal momento che Francesco Ballarino cantò la parte di Domiziano a Modena nel 1685 e quindi a Fabriano nel 1692 e a Roma nel 1693, ne possiamo ricavare dunque un esempio di continuità completa: se uno spettatore fosse stato presente a ciascuna di quelle tre produzioni, avrebbe ascoltato lo stesso virtuoso cantare ogni volta lo stesso testo con la stessa musica, e lo stesso vale per alcune altre arie sue.[27] Invece, mentre a Modena Ballarino cantò altre due arie di Domiziano (nell'atto III) sempre con musica di Pallavicino, nelle fonti romane associate alle produzioni di Fabriano e Roma gli stessi testi compaiono con musica nuova.[28] Infatti, ci sono undici numeri – tra arie e duetti – su testi originali ma con musica diversa da quella di Pallavicino.[29]

Oltre al rapporto tra le varie produzioni di una "stessa" opera, quali sono i fili che connettono i cantanti e le arie di queste opere ad altre? Il testo dell'aria di Elvira «Sei caro a queste luci», ad esempio, inserita a Roma per Giuseppe Segni nell'atto III de *Il Seleuco*, compare già nel *Furio Camillo* di Giacomo Antonio Perti nella prima esecuzione al Teatro Vendramin a Venezia nel 1692.[30] Da una partitura che deriva da quella produzione si evince che anche la musica dell'aria è uguale a quella cantata a Roma l'anno successivo ne *Il Seleuco*.[31]

---

[26] McKee 1989, vol. 1, p. 224 e Lindgren – Murata 2018, p. 266-267, n° 1, segnalano l'aria nelle due partiture per Venezia, in quella per Modena e in V-CVbav, Barb. lat. 4172, cc. 1-3*v*. Quest'ultima raccolta d'arie è riferibile alle versioni per Fabriano e Roma, perché contiene arie che compaiono solo nell'una o nell'altra delle due esecuzioni. A Fabriano/Roma l'aria è trasposta di una quinta in giù da Re a Sol maggiore.

[27] Anche le arie «Sul mio crin ti voglio alloro» (atto II) e «Condottier di più bel giorno» (atto III), ambedue per Domiziano, mantengono la stessa musica da Venezia a Modena e a Fabriano/Roma, anche qui trasposta al grave nelle fonti romane. Si vedano McKee 1989, vol. 1, p. 262-263 e 291, e Lindgren – Murata 2018, p. 259, n° 7 e p. 273, n° 38 e p. 271 n° 23.

[28] Si tratta di «Su le nemiche stragi» e «Per pietade, ahi, chi m'uccide?» (atto III): *cf.* McKee 1989, p. 279-280 e 295, e Lindgren – Murata 2018, p. 272, n° 31 e p. 271 n° 28. Se è probabile che queste nuove arie fossero state composte per Fabriano e Roma, è possibile che la musica fosse stata scritta già per Parma nel 1689 (quando la parte veniva cantata da Marc'Antonio Arigoni).

[29] Lindgren – Murata 2018, p. 274-275. Alcuni di questi numeri potrebbero corrispondere alle varianti della partitura per Modena 1685 (I-MOe, MUS.F.898) che al momento non è stato possibile consultare.

[30] *Furio Camillo* (Sartori 1990-1994, n° 11141), p. 52. Per la produzione veneziana *cf.* Selfridge-Field 2007, p. 201.

[31] Si tratta della partitura del «Furio Camillo recitato nel teatro Vendramino di San Salvator drama del sig.r Mateo Noris musicha del sig.r Giacomo Perti, Venetia 1692» in D-B, Mus. Ms 17230. L'aria è alle cc. 45*v*-46*r*. Probabilmente riferibile alla ripresa romana del 1696 è l'aria in CVbav, Barb. lat. 4169, c. 100. Si veda Lindgren 2016, p. 180.

Il 17 gennaio 1693 il *Furio Camillo* andò in scena nel teatro Malvezzi a Bologna;[32] sfortunatamente non conosciamo i cantanti per Venezia e Bologna, ma almeno per quest'ultima produzione, contemporanea alla stagione romana, si può escludere la presenza di Segni, impegnato a Roma. Forse aveva cantato nella produzione veneziana o ricevuto l'aria da Perti a Bologna, portandola poi a Roma.

Un altro caso emblematico è l'aria «Di fieri serpi armate» all'inizio dell'atto II, che viene inserita per la prima volta nella produzione romana de *Il Vespasiano*, in cui Giuseppe Scaccia canta la parte eponima. Quest'aria sembra provenire da *Il Pausania* (Crema, 1692), in cui compare con testo identico come un numero di Pausania, cantato proprio da Scaccia in quella produzione. Inoltre, l'aria «Di fieri serpi armate» non compare nella prima versione dell'opera eseguita a Venezia tra il 1681 e il 1682. È probabile che si tratti di un'"'aria da baule" di Scaccia, inserita perché gradita al pubblico.[33] Più complicato è il caso dell'aria «Perdei per un crin d'oro», che appare nel libretto romano de *Il Vespasiano* come una nuova aria per Pistocchi (Tito) nell'atto III. Lo stesso testo compare già ne *Il favore degli Dei* (Parma, 1690) come un'aria per Apollo, interpretata da Giovanni Francesco Grossi.[34] La connessione con Parma sicuramente non è casuale, ma il motivo per cui a Roma Pistocchi cantasse proprio quest'aria resta incerto.[35] Queste arie provenienti da altre opere comunque puntano a dinamiche di popolarità e al piacere del noto. Su scala più piccola c'è inoltre il piacere del *bis*, la ripetizione istantanea. Una sera di fine gennaio 1693 «non finì di recitarse l'opera detta il Vespasiano», perché due uomini nel pubblico (tra cui un cantante) chiesero ad alta voce ad uno degli interpreti – sfortunatamente non sappiamo chi – di ripetere per la terza volta un'aria nell'atto III.[36] Potrebbe trattarsi proprio di Pistocchi e dell'aria «Perdei per un crin d'oro»?

[32] Sartori 1990-1994, n° 11142; Van der Linden 2016, p. 137, doc. 2.40 per la data.

[33] L'aria de *Il Pausania* «Di fiere serpi» (*cf*. Sartori 1990-1994, n° 18220) sostituisce «La bella mia nemica» della prima esecuzione (Venezia, 1681: *cf*. Sartori 1990-1994, n° 18219). La musica dell'aria sostitutiva è in I-MOe, MUS.G.296, cc. 34r-36r, una raccolta che contiene anche «Bellezze idolatrate», un'aria sostitutiva per Pistocchi eseguita a Fabriano.

[34] *Il favore degli Dei* (Sartori 1990-1994, n° 09837), p. 31. Pistocchi cantò la parte di Fama in questa produzione. Sulla produzione, eccezionale per molti versi, si veda Heller 2016.

[35] La partitura si trova in I-Rli, Musica M 15/2, n° 1, e I-Bc, V.291, cc. 141r-146r, D-MÜs, Hs. 172, n° 18, e Hs. 3951, n° 16.

[36] Si veda Della Libera – Domínguez 2012, p. 144, doc. 48, e p. 145, doc. 50 per l'identificazione dei due personaggi.

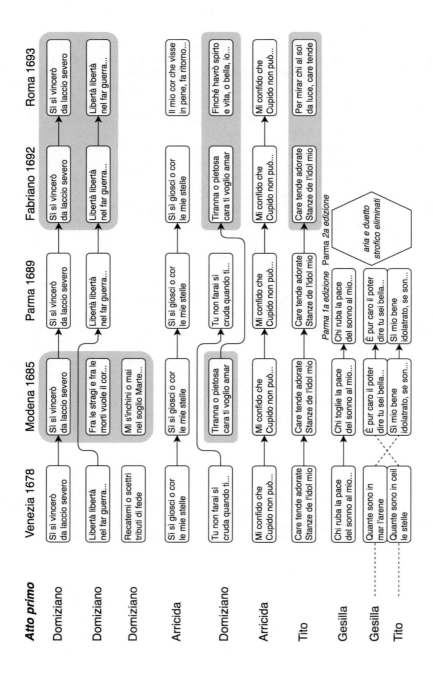

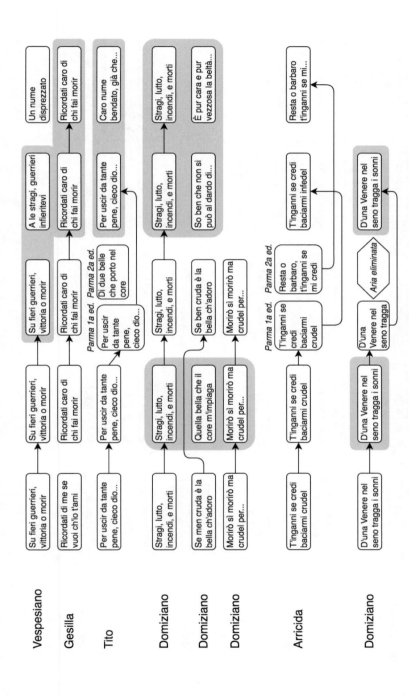

Fig. 3 – *Incipit* di arie dei personaggi principali nell'atto I de *Il Vespasiano* in cinque produzioni.
Le frecce indicano le riprese delle arie (relativamente ai testi) nelle varie produzioni. Per ogni sequenza orizzontale che traccia un'aria da una produzione alle seguenti, le arie sopra un blocco colorato furono cantate da uno stesso cantante.

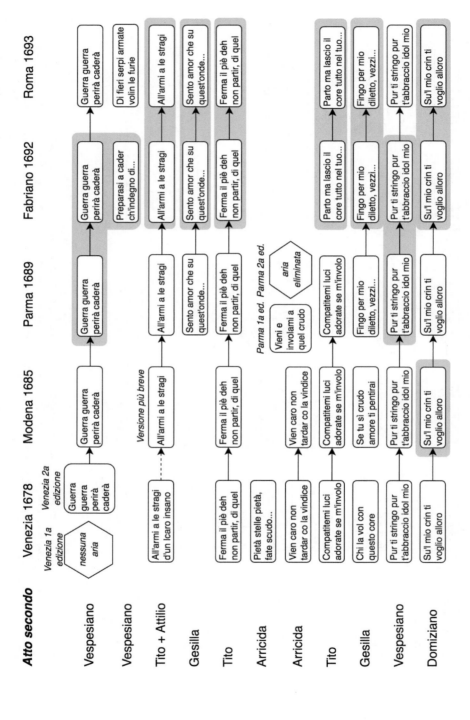

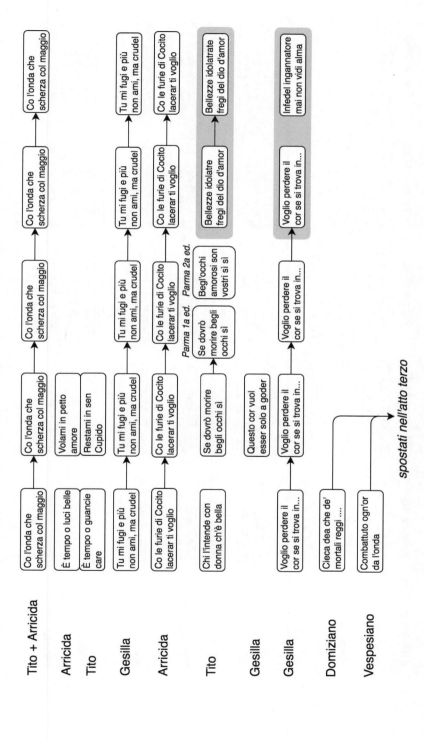

Fig. 4 – *Incipit* di arie dei personaggi principali nell'atto II de *Il Vespasiano* in cinque produzioni (v. anche fig. 3).

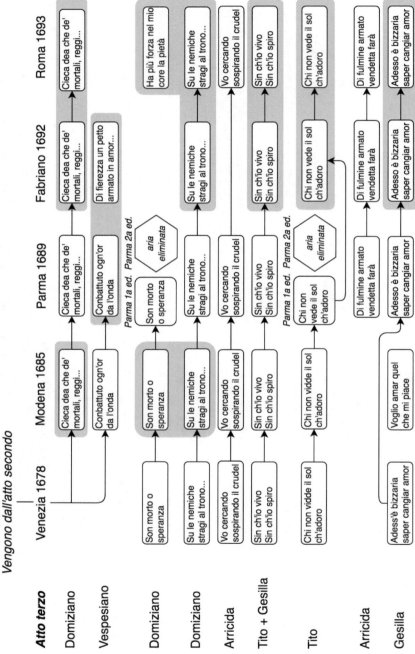

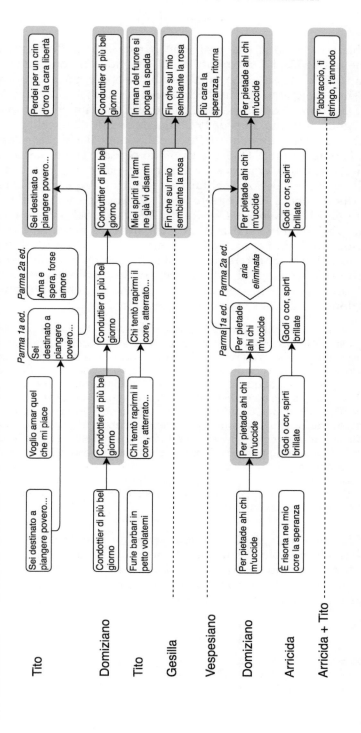

Fig. 5 – *Incipit* di arie dei personaggi principali nell'atto III de *Il Vespasiano* in cinque produzioni (v. anche fig. 3).

Pistocchi a Roma

Abbiamo già notato la posizione particolare di Pistocchi nella stagione del 1693 al Teatro Tordinona, essendo l'unico cantante ad aver cantato la stessa parte in entrambe le opere già in produzioni precedenti. Inoltre, fu questa l'occasione in cui Pistocchi fece il suo debutto a Roma. José María Domínguez ha chiarito che l'ambasciatore spagnolo a Roma, Luis de la Cerda, duca di Medinaceli, giocò un ruolo chiave nel reclutamento di Pistocchi, usando il marchese Pompeo Azzolini come agente.[37] Questi fatti fanno pensare che la stagione del 1693 del Tordinona era pensata almeno in parte per Pistocchi. Un dettaglio nella successione dei fatti sembra rinforzare quest'idea. Un avviso riporta che il 13 dicembre 1692 si diede «principio alle prove delli drammi *Vespasiano* e *La pace tra Tolomeo e Seleuco*», e che il 3 gennaio poté «cominciarsi la recita dell'opere in musica».[38] Da una lettera inedita di Francesco Felini, agente a Roma del duca di Parma Ranuccio II Farnese, diretta al suo signore, sappiamo che Pistocchi era arrivato a Roma già il 3 dicembre, peraltro soffrendo di un gran raffreddore (appunto il tipo di peripezia che potrebbe portare alla sostituzione di un'aria se uno non guarisce in tempo):

> È giunto in Roma Francesco Antonio Pistocchi musico di Vostra Altezza molto mal trattato dal viaggio e da un crudelissimo rafreddore, che m'ha recato gl'ordini riveritissimi di Vostra Altezza di doverlo vedere e ricevere volontieri, e d'assisterlo con tutto ciò che gli occorresse, la qual cosa è riuscita sommamente opportuna al suo bisogno, perché essendo molto infelice la stanza che gl'avea preparata l'affittuario delle comedie, con tal fondamento ho preso l'arbitrio di ricoverarlo in un piccolo apartamento detto della morte, di ragione di questo Palazzo Farnese, dove bisognerà ricevere anco gl'altri due per il medesimo motivo, stimando che possa piacere a Vostra Altezza, massime perché succede senza verun incommodo e spesa di questa casa. Né io lascierò tutte l'altre occasioni d'assister loro in tutto ciò ch'occorrerà, acciò siano considerati coll'onore che godono d'esser servitori di Vostra Altezza.[39]

Alcuni altri dettagli della lettera sembrano degni di attenzione. Considerando il ruolo particolare di Pistocchi, non fu forse casuale che lui fosse il primo dei tre virtuosi del duca di Parma ad arrivare a Roma (gli «altri due» erano Giuseppe Scaccia e Rinaldo Gherardini). È anche interessante constatare che, nonostante il coinvolgimento di

---

[37] Domínguez 2013a, p. 92.
[38] Staffieri 1990, p. 108-109, n° 141 e 143.
[39] I-PAas, Carteggio farnesiano estero, b. 531, lettera del 3 dicembre 1692.

protettori importanti quali il duca di Parma e Medinaceli, fu compito dell'impresario fornire alloggio ai cantanti. Solo in seconda istanza ci si rivolgeva a un protettore per l'alloggio (quando Felini aveva di fatto già fornito stanze dietro Palazzo Farnese nel cosiddetto Casino o Palazzetto della Morte, accanto all'Arciconfraternita dell'Orazione e Morte sulla Via Giulia).[40]

Abbiamo già visto come in *La pace fra Tolomeo e Seleuco* Pistocchi mantenne soltanto due arie immutate rispetto alla produzione inaugurale di Venezia del 1691, passando per Piacenza lo stesso anno, alla produzione romana. Mettiamo ora a confronto le arie di Pistocchi nel ruolo di Tito ne *Il Vespasiano*, andato in scena a Fabriano nel 1692 e a Roma nel 1693. Lasciando da parte i duetti – più difficili da valutare[41] – osserviamo che cinque delle arie vennero probabilmente cantate a Fabriano con la musica originale di Pallavicino. Di queste, soltanto due resistettero fino alla produzione romana del 1693: «Ferma il piè deh non partir» (atto II) e «Chi non vede il sol ch'adoro» (atto III).[42] Le altre tre vennero sostituite nella produzione romana: a «Care tende adorate» (atto I) si preferì «Per mirar chi al sol dà luce»,[43] a «Per uscir da tante pene» (atto I) «Caro nume bendato»,[44] a «Sei destinato a piangere» (atto III) «Perdei per un crin d'oro».[45] Altre due arie di sosti-

---

[40] Sul palazzetto, *cf.* Witte 2008.

[41] Il duetto di Tito e Attilio «All'armi a le stragi» (atto II) era probabilmente uguale a Modena e a Parma (McKee 1989, vol. 1, p. 253-254; non è presente nelle fonti musicali romane). Il duetto di Tito e Arricida «Con l'onda che scherza» (atto II) si presenta in due versioni musicali già a Modena nel 1685 (McKee 1989, vol. 1, p. 263). La versione a Roma in V-CVbav, Barb. lat. 4172, cc. 81-85, è diversa dall'originale di Pallavicino (Lindgren – Murata 2018, p. 273), ma non è chiaro se sia anche diversa da I-MOe, MUS.F.898. Non ci sono fonti romane del duetto di Tito e Gesilla «Sin ch'io vivo» (atto III). L'ultimo duetto di Tito e Arricida «T'abbraccio ti stringo» è presente solo nel libretto romano (McKee 1989, vol. 1, p. 297), la musica è in V-CVbav, Barb. lat. 4172, cc. 60v-61v (Lindgren – Murata 2018, p. 271, n° 27).

[42] Non esiste una partitura per Fabriano o Roma, ma V-CVbav, Barb. lat. 4172 è la più ampia fonte per le due produzioni. Le due arie qui citate sono in V-CVbav, Barb. lat. 4172, cc. 72v-73v e 34v-35v (Lindgren – Murata 2018, p. 272, n° 34 e p. 269, n° 16). «Chi non vede» venne cantato per intero anche a Roma (non solo le prime due righe, come dice McKee 1989, vol. 1, p. 284).

[43] «Ferma il piè» è in V-CVbav, Barb. lat. 4172, cc. 19-20v (Lindgren – Murata 2018, p. 268, n° 9), «Per mirar chi al sol da luce» in D-MÜs, Hs. 904, n° 6.

[44] «Per uscir da tante pene, cieco Dio che far dovrò?» è in V-CVbav, Barb. lat. 4172, cc. 24v-27 (Lindgren – Murata 2018, p. 268-269, n° 12). Non sembra che si sia conservata una partitura per «Caro nume bendato».

[45] «Sei destinato a piangere» è in V-CVbav, Barb. lat. 4172, cc. 39-40 (Lindgren – Murata 2018, p. 270, n° 19). «Perdei per un crin d'oro» compare in I-Rli, Musica M 15/2, n° 1 e D-MÜs, Hs. 3951, n° 16, nonché in una trasposizione più bassa in D-MÜs, Hs. 172, n° 18.

tuzione per Pistocchi introdotte già a Fabriano vennero conservate un anno dopo per la produzione romana, quando Pistocchi le cantò di nuovo. Si tratta di «Parto ma lascio il core» (atto II) e «Bellezze idolatrate» (atto II).[46] Una più intensa serie di cambiamenti riguarda l'aria «Miei spirti a l'armi, né già vi disarmi» (atto III), che fu introdotta a Fabriano – quindi appositamente per Pistocchi – in sostituzione di una precedente aria. A Roma però venne sostituita con un'altra ancora, «In man del furore si ponga la spada».[47] Sommando questi dati a quelli de *Il Seleuco*, risulta che anche se Pistocchi avesse già cantato la sua parte in ambedue le opere in produzioni precedenti, non più di quattro arie – due in ciascuna opera – erano arrivate a Roma immutate dalle prime versioni delle due opere.

Quanta conoscenza dell'origine delle due opere e dei cambiamenti ci fu però a Roma? Nel 1693 un diarista a Roma scrisse che «nel teatro di Tor di Nona si recitò per la prima volta la seconda opera musicale similmente recitata molti anni sono in Venetia, e poi in Fabriano, e quest'anno in Roma, intitolata Vespasiano», un'indicazione che l'origine dell'opera fosse nota.[48] La reputazione delle due opere e anche estratti della musica (originale o rimaneggiata che fosse) potevano già essere arrivati prima a Roma, forse anche al di fuori del circolo ristretto dei mecenati direttamente coinvolti nell'organizzazione della stagione.[49] Ad esempio, il conte Guido Pepoli di Bologna aveva sentito *Il Vespasiano* nella sua prima veste veneziana nel 1678, informando Flavio Chigi che «le opere di Venezia sono state assai buone, e particolarmente quella del nuovo teatro di S. Gio. Crisostomo accompagnata da molta sontuosità».[50] Quanto erano note le versioni precedenti delle opere? È probabile che già dopo le recite de *Il Vespasiano* a Fabriano si decise di portare il dramma a Roma. L'inclusione in fonti musicali romane di arie che furono eseguite soltanto a Fabriano e non a Roma, suggerisce che anche la musica dell'opera già circolava in città.[51] Altri

---

[46] Queste due arie sono, tra altro, comprese in V-CBbav, Barb. lat. 4172, cc. 74-75*v* e 87-89 (Lindgren – Murata 2018, p. 272, n° 35 e p. 273, n° 41).

[47] La partitura di «Miei spirti» (che appare solo nel libretto di Fabriano; si veda McKee 1989, vol. 1, p. 293) è in V-CVbav, Barb. lat. 4172, cc. 52-55 (Lindgren – Murata 2018, p. 271, n° 24). Per «In man del furore» non sembra esistere una fonte musicale.

[48] Della Libera – Domínguez 2012, p. 144, doc. 47.

[49] Sui rapporti tra Venezia e Roma per quanto riguarda l'opera si veda De Lucca 2011.

[50] V-CVbav, Archivio Chigi, b. 277, cc. 30*r*-31*r*, lettera dell'8 marzo [16]78.

[51] Esemplare è «Miei spirti a l'armi ne già vi disarmi» (Tito/Pistocchi, atto III), che compare solo a Fabriano, ma è compresa in V-CVbav, Barb. lat. 4172, cc. 52-55, e fu anche copiata per il cardinale Ottoboni nel gennaio 1693; si veda Marx 1968, p. 134, doc. 42c.

potevano aver sentito qualche anno addietro *Il Vespasiano* a Fabriano (o a Parma) oppure *Il Seleuco* a Venezia (o a Piacenza). Come si arrivò a selezionare *Il Seleuco* è meno chiaro, ma il 2 dicembre 1692 l'impresario andò dal papa «per supplicarlo della licenza per far recitare le due opere musicali, *Vespasiano*, e *La pace tra Tolomeo e Seleuco*».[52]

In ogni caso, gran parte del pubblico a Roma certamente non conosceva le versioni anteriori delle due opere. Per loro il dramma e la musica erano indubbiamente nuovi. L'effettiva *percezione* di qualcosa di nuovo verso qualcosa di conosciuto in una recita o una produzione è, in definitiva, un'esperienza individuale che dipende dalle proprie conoscenze. Un'altra questione spinosa diventa allora la conoscenza delle voci. Quali erano le voci "nuove" a Roma, non sentite prima in città? Senza pretese di riposte complete, anche qui qualcosa si può riscostruire. Il diarista già citato scrive il 6 luglio 1692 che «sono comparsi in Roma alcuni musici di esperimentato valore venuti da Fabriano, ove hanno recitato un'operetta musicale», ovvero *Il Vespasiano*. Tra questi c'era «quel celebre cantante, detto Ballarino».[53] Chi fossero gli altri non sappiamo, ma è certo che Ballarino cantò nella chiesa di Santa Maria di Montesanto la settimana dopo e in una serenata a palazzo Savelli a inizio agosto.[54] Era stato dunque sentito a Roma poco prima della stagione operistica. Anche Giuseppe Segni aveva già cantato a Roma nel 1687 e nel 1688, tra l'altro nel Teatro Colonna.[55]

Alcuni romani avevano inoltre sentito due dei cantanti a Bologna. Tra il 1690 e il 1693 la carica di cardinale-legato di Bologna – il rappresentante del potere papale nella città – fu ricoperta da Benedetto Pamphilj.[56] In almeno due occasioni Pamphilj aveva fatto organizzare eventi musicali a Bologna con la partecipazione di due cantanti che poi avrebbero cantato al Tordinona: Segni e Pistocchi. Nel dicembre del 1690 ci fu una recita musicale in onore di Urbano Barberini e sua moglie Cornelia Zeno Ottoboni a cui Segni prese parte; nel maggio del 1692 Pistocchi cantò in una serenata organizzata durante una visita del cardinale Pietro Ottoboni e sua madre; e il 17 novembre 1692 Segni e Pistocchi furono i due cantanti di una serenata a due voci su testo dello stesso Pamphilj che fu eseguita in presenza dei cardinali Ferdinando d'Adda e Francesco Barberini.[57]

[52] Della Libera – Domínguez 2012, p. 143, doc. 42.
[53] Della Libera – Domínguez 2012, p. 141, doc. 29.
[54] Della Libera – Domínguez 2012, p. 141, doc. 31, 34.
[55] Mazza – Bianconi – Casali Pedrielli 2018, p. 45.
[56] Sugli anni bolognesi di Pamphilj ci riferiamo a Van der Linden 2016.
[57] Van der Linden 2016, p. 102-104. Se i due cardinali fossero poi presenti a Roma durante la stagione operistica non è chiaro.

A quel punto Pamphilj, d'Adda e Barberini probabilmente sapevano già che i due cantanti sarebbero poi andati a Roma. Questo fatto dà un rilievo particolare a quest'ultima recita. Infatti, le spese di copiatura per questa serenata, la cui partitura completa di Carlo Cesarini non è sopravvissuta, includono anche «tre arie copiate per l'emin.ᵐᵒ Barberini della cantata medesima». Grazie al libretto (manoscritto) si sono potute identificare queste arie in un volume di arie e cantate nel fondo Barberini della Biblioteca Vaticana.[58] Le tre arie copiate appositamente per il cardinale Barberini sono tutte per Felsina (contralto) e furono dunque cantate da Pistocchi. Questa fonte costituisce perciò un raro esempio di una fonte musicale che suggerisce chiaramente un apprezzamento particolare per Pistocchi come cantante, e una specie di deposito cartaceo di un'esperienza auditiva.[59]

Pistocchi sembra comunque essere stato una voce "nuova" a Roma. Il già citato diarista scrive nel gennaio del 1693 su *Il Seleuco* che «li rappresentanti sono di considerazione, tra quali un tal Pistocchino, contralto del Serenissimo di Parma, riesce mirabilmente tanto che poco riescono plausibili le altre voci, di Ballarino e Finalino, e pure sono celebri».[60] L'espressione «un tal» suggerisce che per lui Pistocchi non fosse molto noto, ma il fatto che lo consideri più bravo di due «celebri» cantanti quali Ballarino e Segni sembra esprimere un senso di "piacere del nuovo" (paragonato alle due voci già sentite a Roma). Due mesi più tardi, però, quando Pistocchi era partito, lo stesso diarista parlava già del «celebre Pistocchino».[61] La stagione sembra effettivamente aver consolidato la reputazione di Pistocchi a Roma, perché l'anno seguente tornò a cantare al Tordinona.

Analizzare produzioni operistiche come è stato fatto qui, come configurazioni di continuità e cambiamenti in cui gli interpreti vengono trattati come una parte integrale dell'analisi, può portare a una visione più precisa dei processi di continuità e di cambiamento che governarono l'opera del Sei e Settecento: una visione in cui la *performance* torna a essere un elemento centrale.

---

[58] V-CVbav, Barb. lat. 4206, cc. 42r-53 e Van der Linden 2016, p. 107.
[59] Su raccolte d'arie a Roma come depositi di memoria si veda Murata 1990; Jeanneret 2017b.
[60] Della Libera – Domínguez 2012, p. 143, doc. 45.
[61] Della Libera – Domínguez 2012, p. 146, doc. 55.

BARBARA NESTOLA

I RUOLI FEMMINILI PER BARTOLOMEO MONTALCINO
IN DUE OPERE ROMANE DI ALESSANDRO SCARLATTI

INDAGINE SULLA RELAZIONE
TRA REPERTORIO E INTERPRETE

Nel 1698, François Raguenet, futuro autore del *Parallèle des italiens en ce qui regarde la musique et les opéras* (1702), assistette ad una rappresentazione del *Temistocle in bando* al Teatro Capranica di Roma, rimanendo impressionato dalla *performance* del castrato Antonio Romolo Ferrini: «Il a je ne sais quoi de noble et de modeste dans la physionomie; habillé en princesse Persane, comme il était, avec le turban et l'aigrette, il avait un air de reine et d'impératrice».[1] Ferrini vi interpretava una primadonna dal fascino esotico, la principessa Sibari. Evocando la fisionomia e il portamento del cantante, Raguenet descriveva una specificità dell'opera romana del Seicento, che faceva ricorso regolarmente ad interpreti maschili per i ruoli femminili, secondo una tradizione instaurata nella prima metà del secolo e destinata a perdurare fino a Settecento inoltrato.

Questa convenzione, denominata correntemente con il termine anglofono *cross-casting*, affondava le sue radici nel teatro antico, greco e romano, protraendosi fino all'epoca moderna, quando ancora era in uso nel teatro elisabettiano.[2] L'opera del Seicento vi fece ricorso diffusamente, a seconda delle aree geografiche. A Venezia, dove i protagonisti maschili erano impersonati dai castrati, le cui voci acute e potenti evocavano l'idea del vigore giovanile, i ruoli femminili erano

---

[1] Raguenet 1702, p. 100-101. Si veda anche Naudeix 2018, p. 141. Il *Temistocle in bando*, rappresentato per la prima volta a Venezia nel 1683 con musica di Antonio Zanettini, fu ripreso a Roma con musiche di Lulier, Ziani e Bononcini, autori rispettivamente del I, II e III atto: Franchi 1988, p. 737. Desidero ringraziare tutti coloro che hanno contribuito alla stesura di questo testo con preziosi consigli e suggerimenti: Melania Bucciarelli, Teresa Chirico, Emanuele De Luca, Valeria De Lucca, Christine Jeanneret, Margaret Murata, Nicola Usula.

[2] Sui ruoli femminili in Shakespeare tenuti da attori uomini si veda Mann 2008. Un approccio sul *cross-casting* nell'opera barocca italiana è proposto da Keyser 1987. Per uno studio sistematico del *cross-casting* nel repertorio teatrale parlato e musicale francese del Seicento si veda Prest 2006.

cantati da donne.[3] A Roma, già durante la prima metà del secolo, le produzioni del Teatro Barberini comportavano cast esclusivamente maschili. Per il *Sant'Alessio* (1634) di Stefano Landi furono impiegati nove castrati soprani, di cui quattro per i ruoli femminili (Roma, La Madre, La Sposa, La Nutrice).[4] Il ruolo della Sposa fu tenuto da Marc'Antonio Pasqualini, le cui fattezze, insieme alla corporatura (era di statura bassa) lo rendevano credibile come personaggio femminile. L'intensificarsi della produzione di opere negli ultimi due decenni del Seicento, grazie anche alla rinnovata attività del Tordinona e del Capranica, vide cristallizzarsi la consuetudine di affidare le parti da donna a castrati soprani.[5]

In questo contesto, richiama l'attenzione il caso del contralto Bartolomeo Monaci, detto Montalcino, interprete di ruoli femminili in due opere musicate da Alessandro Scarlatti: *Il Pompeo* (1683: Giulia) e *La Statira* (1690: Statira). Il fatto è abbastanza inconsueto e degno di nota. Nella costellazione dei personaggi operistici, le protagoniste femminili, che si tratti di dee, principesse, dame di compagnia o giovani confidenti, sono sistematicamente affidate alla tessitura di soprano, più raramente a quella di mezzosoprano.[6] Cosa poteva sottintendere l'uso di una tessitura di contralto per un ruolo rispettivamente di seconda e di prima donna nelle due opere romane di Scarlatti? Indubbiamente l'insieme degli elementi propri alla fisicità di un interprete quali la corporatura, la fisionomia e l'*actio* (percezione visiva), erano criteri discriminanti tanto quanto la tipologia vocale (percezione aurale). Mi propongo quindi di approfondire la relazione tra repertorio e interprete, analiz-

---

[3] Rosand 1991, p. 324; Rosselli 1992, p. 43-44. Va comunque sottolineato che i castrati interpreti dei ruoli maschili potevano essere soggetti a loro volta a travestimenti femminili (*cross-dressing*).

[4] Murata 1979, p. 127. L'esclusione di cantanti donne nella produzione operistica romana è stata a lungo messa in relazione con bandi papali della fine del XVI secolo. Ciononostante, studi recenti hanno provato che non esiste un fondamento storico di tali proibizioni. Si veda Hov 2001, p. 62-65, Ciancarelli 2008, p. 19-55 e il contributo di Chiara Pelliccia in questo stesso volume, *"La clemenza d'Augusto" (Roma, 1697). "Performance", politica e patronage per l'ultima stagione secentesca del Tordinona*, p. 337-351.

[5] Anche se ovviamente si contano alcune eccezioni, come la prima stagione del Tordinona (1671-74) o allestimenti d'opere nei teatri di palazzo nella seconda metà del Seicento. L'elenco delle cantanti coinvolte in allestimenti operistici a Roma tra 1668 e 1689 si trova in Ambrosio 2017, p. 339-341.

[6] Si utilizzano in questa sede le denominazioni correnti delle tessiture femminili. Celebri ruoli per mezzosoprano della prima metà del Seicento furono quello di Penelope nel *Ritorno di Ulisse in Patria* (1640) e quello di Ottavia nell'*Incoronazione di Poppea* (1642, interpretato da Anna Renzi) di Monteverdi. Per le donne anziane (serve, nutrici) si preferiva invece la tessitura di contralto o tenore, facendo ricorso a interpreti maschili.

zando gli elementi costitutivi dei due ruoli interpretati da Montalcino per metterne in luce le affinità e comprendere se afferiscano ad una determinata categoria.[7] Nel caso specifico di *Statira*, cercherò inoltre di evidenziare come interviene in questo processo creativo, oltre natural-mente al compositore, anche il mecenate, in quanto responsabile della scelta dell'interprete appropriato per un determinato ruolo.

Bartolomeo Monaci era originario di Montalcino, in Toscana, e la sua carriera si svolse prevalentemente a Roma: prestò servizio presso Flavio Chigi (1678-79), fu attivo a San Giacomo degli Spagnoli (1681-86), e successivamente fu cantore pontificio (dal 1689).[8] Nel 1683 fu ingaggiato per cantare nella ripresa romana del *Pompeo Magno*, un'o-pera di Francesco Cavalli su libretto di Nicolò Minato (Venezia, 1666) interamente ricomposta da Scarlatti per l'occasione. La versione romana, intitolata *Pompeo*, venne patrocinata da Lorenzo Onofrio Colonna e allestita nel teatro di palazzo, insieme al rifacimento della *Tessalonica* (Vienna, 1673, testo di Minato e musica di Antonio Draghi) affidato a Bernardo Pasquini.[9] Rispetto all'antecedente di Cavalli, il *Pompeo* di Scarlatti presenta l'abbassamento di alcune tessiture, come anche l'omissione delle scene comiche (*cf.* tavola 1).[10] Se, da un lato, la scelta della tessitura di tenore per Pompeo e di basso per Cesare, entrambi condottieri e uomini di Stato, potrebbe indicare una ricerca di aderenza tra personaggio e tipologia vocale, dall'altro la riscrittura per contralto della parte della giovane innamorata Giulia sembra in apparenza contraddire questo intento. Rispetto alla partitura vene-ziana, in cui i tre principali personaggi femminili sono tutti soprani, quella romana assegna loro tessiture diverse: soprano (Isicratea), contralto (Giulia) e tenore (Arpalia). A riprova della non convenziona-lità della parte di Giulia, le versioni successive dell'opera torneranno

---

[7] Per una discussione critica sulla relazione tra ruolo e interprete, e sull'istitu-zione del sistema dei ruoli in ambito operistico, si veda Cicali 2005, p. 9-37.

[8] Lionnet 2007a.

[9] Sul patrocinio musicale dei Colonna si rinvia a Tamburini 1997; De Lucca 2009; Morelli A. 2016; De Lucca 2020. Sul *Pompeo* di Scarlatti si rimanda a Dent 1960, p. 7, 30-31; Pagano 2015, p. 53-56; sulla ripresa palermitana, *cf.* p. 120, 123, 127; Grout 1979, p. 32-41; Micheletti 2015. A proposito di Montalcino, Valeria De Lucca ha recentemente rinvenuto un documento attestante che il cantante tenne anche il ruolo di Deidamia nella *Tessalonica*. Tuttavia, la partitura superstite dell'opera (*Tessalonica* 1683b) reca la parte di Deidamia in chiave di soprano. La questione merita un approfondimento a parte, e non verrà trattata in questa sede. Sulla *Tessalonica*, si rinvia al contributo di Sara Elisa Stangalino in questo stesso volume, *"Strategie parasinestetiche" nella "Tessalonica" di Nicolò Minato (Vienna 1673 / Roma 1683)*, p. 419-435.

[10] Per la riproduzione in facsimile della partitura manoscritta si veda *Pompeo* 1683b. Per il libretto *Pompeo* 1683a, si veda I-Rc, Comm. 460/1 (anche in scheda PerformArt D-002-380-147).

all'impiego del soprano, mantenendo invece inalterate le tessiture di Isicratea e Arpalia.[11] L'analisi incrociata dei ruoli di Isicratea e di Giulia contribuirà a chiarificare la scelta di affidare il secondo al contralto Montalcino.

La partecipazione di Montalcino al *Pompeo* è attestata da un documento contabile dell'archivio Colonna, che si riferisce alla realizzazione di due parrucche da donna: una per il castrato soprano Giuseppe Antonio Sansone, e l'altra per «Monte Alcino».[12] È stata dunque formulata l'ipotesi che a Sansone fosse destinata la parte di Isicratea, a Montalcino quella di Giulia, e ad un cantante forse identificabile con Domenico Di Gennaro, specializzato in ruoli di donna anziana, quella di Arpalia.[13]

Tab. 1 – Personaggi e tessiture del *Pompeo*.

Venezia 1666, musica di F. Cavalli	Roma 1683, musica di A. Scarlatti
Pompeo (A)	Pompeo (T)
Sesto, figlio di Pompeo (S)	Sesto (A)
Mitridate (T)	Mitridate (T)
Farnace, figlio di Mitridate (S)	Farnace (S)
Isicratea, sposa di Mitridate (S)	Isicratea (S)
Arpalia, schiava di Isicratea (S)	Arpalia (S/T)[14]
Cesare (B)	Cesare (B)
Claudio, figlio di Cesare (T)	Claudio (S)
Giulia, figlia di Cesare (S)	Giulia (A)
Scipione Servilio, amante di Giulia (S)	Scipione Servilio (S)
Delfo (A)	
Atrea (T)	
Crasso (T)	
Amor (S)	
Il Genio (S)	

[11] I cast delle versioni successive a quella romana sono indicati in Micheletti 2015, p. 43 e 49.

[12] Tamburini 1997, p. 152. Ringrazio Valeria De Lucca per avermi trasmesso la trascrizione integrale del documento.

[13] Tamburini 1997, p. 151-153. La possibile partecipazione di Di Gennaro è argomentata da Micheletti 2015, p. 70-71. Segnalo che un Gioseffo Antonio Sansoni appare nei libretti di due opere rappresentate a Bologna nel 1679: *Atide* (Nice, vecchia nutrice di Lidia) e *Apollo in Tessaglia* (Filandra, vecchia nutrice di Rosaura). Ammesso che si tratti della stessa persona, i ruoli bolognesi sembrano contrastare con i personaggi di primedonne interpretati a Roma negli anni Ottanta.

[14] La parte di Arpalia è notata dapprima in chiave di soprano, in seguito in chiave di tenore, fatto dovuto presumibilmente ad un cambiamento del cast nel corso della preparazione dell'opera: Micheletti 2015, p. 70.

Le vicende del *Pompeo* si snodano intorno ad una doppia trama: da un lato, un complesso rapporto di potere che vede coinvolti Pompeo, Cesare, Mitridate e Isicratea; dall'altro, la relazione tra Giulia e Scipione, su cui incombe il destarsi dell'interesse di Pompeo nei confronti della giovane. In entrambi i casi, i due personaggi femminili principali, Isicratea e Giulia, si ritrovano al centro dell'azione. A differenza di Isicratea, fedele a Mitridate nonostante venga corteggiata e ambita da Sesto e Claudio, Giulia subisce la decisione di Scipione di rinunciare a lei per lasciare campo libero a Pompeo. Al termine dell'opera, la prima si ricongiunge con il proprio consorte, mentre la seconda accetta con rassegnazione di andare in sposa a Pompeo.

Giulia è un perfetto esempio di *mulier domestica*, incarnazione di un ideale femminile virtuoso e modesto, mentre Isicratea si mostra ardita e determinata, soprattutto nel difendere il suo legame con Mitridate. Nonostante le divergenze, i due personaggi si rifanno alla tradizione letteraria delle donne illustri. Lo statuto di "illustre" è infatti da intendersi in un senso relativo, poiché designa «non solo la donna che esercita al massimo grado le virtù private, ma anche quella che in casi particolari si trova in posizioni di potere, nonché la donna che, coinvolta in eventi straordinari, riveste in essi un ruolo di primo piano».[15] Il *De mulieribus claris* (1362-63) di Boccaccio, considerato il testo fondatore del genere, avalla questa dicotomia presentando figure femminili dai tratti fisici e morali diversi, talvolta completamente opposti.[16] Vi si ritrovano anche le due protagoniste femminili del *Pompeo*, Isicratea e Giulia. Boccaccio tesse l'elogio della forza fisica d'Isicratea, capace di vestire abiti maschili e impugnare le armi per combattere accanto al marito. L'autore si spinge fino ad affermare che ha un'indole maschile (*animo virili*), apparentandola ad altre guerriere, come Semiramide o Zenobia, celebrate come donne illustri in quanto possiedono le qualità marziali degli uomini. Giulia invece deve la fama alla sua stirpe e al matrimonio con Pompeo (*et genere et coniugio forsan totius orbis fuit clarissima mulierum*). La sua è quindi una fama ereditaria, e non conquistata, come nel caso di Isicratea.

Nel *Pompeo*, i tratti salienti di queste donne illustri, messi in rilievo dalla trasposizione musicale di Scarlatti, danno vita a due protagoniste dal carattere estremamente diverso.[17] Il giovane compositore,

---

[15] Collina 1996, p. 108. Si veda anche Benocci 2004. L'impatto della tradizione letteraria delle donne illustri sulla codificazione dei personaggi femminili dell'opera secentesca è ampiamente documentato in Heller 2004.

[16] Boccaccio 1967.

[17] Si veda Heller 2004 per una discussione critica sulla costruzione di personaggi femminili dal carattere contrastante. Wilbourne 2016 risale alla radice della dicotomia tra personaggi femminili nell'opera del Seicento, mettendola in rela-

agli inizi della sua carriera, si cimentava per la prima volta con un'opera di argomento storico romano.[18] È stato già rilevato che il taglio del libretto portava alla separazione netta tra recitativi ed arie, riducendo inoltre il numero dei pezzi d'insieme rispetto al genere della commedia per musica.[19] Se paragonata a quella di Giulia, la parte di Isicratea comporta una *palette* di sfumature più ricca e diversificata, anche perché si tratta del personaggio femminile principale. Seguendo fedelmente il testo del libretto, Scarlatti consacra a Isicratea pagine sofisticate che spaziano dal carattere risoluto («Sposo, regno e libertà», I, 3) al bucolico («Col suo roco moromorio», II, 6), passando per il tormentato («La speranza mi tradisce», II, 5) e l'amoroso («Che contento dà mai la speranza», I, 12). Rispetto alla complessità di Isicratea, Giulia appare invece costantemente in preda all'inquietudine: intenta a schivare la corte di Pompeo, si trova sempre più in difficoltà quando Scipione decide di rinunciare a lei, per ben due volte consecutive. Paradossalmente, Giulia non ha il tempo di attardarsi sulle preoccupazioni tipiche della sua giovane età: per esempio, non le è stata riservata nessuna aria dal carattere leggero o allegro, mentre Isicratea riesce, anche al culmine di un'azione intrisa di equivoci e colpi di scena, a divagare sul sentimento amoroso («Lusingami speranza», III, 1).

L'interprete di Isicratea, Giuseppe Antonio Sansone, era versato in ruoli femminili e già noto a Scarlatti. Nel 1681 il compositore aveva scritto per lui la parte di Doralba in *Tutto il mal non vien per nuocere*, altra opera promossa dal Colonna.[20] Inoltre, qualche settimana dopo il *Pompeo*, Sansone cantò nell'*Arsate*, opera che Scarlatti compose per gli Orsini, interpretandovi probabilmente un altro personaggio femminile.[21] Nell'ambito delle opere allestite dai Colonna e affidate alla composizione di Pasquini, Sansone tenne anche la parte della protagonista nella *Tessalonica*, e più avanti, nel 1685, quella di Arianna dell'opera omonima.[22] Per Montalcino, invece, non sono noti ingaggi in ambito operistico prima del *Pompeo*, e pertanto risulta difficile valutare una sua eventuale esperienza di interprete teatrale. Indubbiamente l'idea di affidargli la parte di Giulia doveva rispondere anche all'intenzione di accentuare la differenza, già presente sul

---

zione a tipologie specifiche di personaggi e situazioni drammatiche del repertorio della Commedia dell'Arte.

[18] Prima del *Pompeo*, Scarlatti aveva composto la musica per le commedie *Gli equivoci nel sembiante* (1679), *L'onestà negli amori* (1680), *Tutto il mal non vien per nuocere* (1681).

[19] Micheletti 2015, p. 84.

[20] Micheletti 2015, p. 68-69.

[21] Goulet 2014, p. 163 ipotizza che Sansone tenne il ruolo di Semira.

[22] Tamburini 1997, p. 162.

piano drammaturgico, tra le due protagoniste femminili dell'opera, intervenendo ulteriormente a livello auditivo e visivo.

Nelle *Opinioni de' cantori antichi e moderni* (1723), Pier Francesco Tosi si riferisce ad alcuni cantanti del Seicento, additandoli come esempio di eccellenza in certi aspetti interpretativi. Per esempio, riconoscendo ad ogni voce qualità distinte, loda Cortona «nell'amoroso», Ballarini «nel fiero», e Siface nel «mellifluo», che definisce addirittura «divino».[23] La scelta del cantante appropriato per un ruolo specifico era una componente fondamentale del processo di creazione di un'opera, poiché sugli interpreti ricadeva in gran parte la responsabilità della sua riuscita. Di fatto, questa scelta non passava necessariamente per il filtro della tessitura, ma teneva conto anche di altri elementi, quali le capacità interpretative e l'attitudine corporea del cantante. Nel 1673, il cast dell'*Adalinda* di Pietro Simone Agostini, opera patrocinata dai Chigi, prevedeva inizialmente l'impiego di un basso per la parte di innamorato, Francesco Verdoni. Essendo questi indisponibile, fu deciso di affidare la parte al soprano Giuseppe Vecchi, che inizialmente avrebbe dovuto interpretare uno dei due ruoli femminili.[24] Con ogni probabilità, la *performance* di Vecchi sarebbe stata convincente in entrambe le circostanze, grazie alle qualità intrinseche dell'interprete che andavano al di là della tipologia vocale. Il caso illustra chiaramente la nozione di ruolo inteso come convergenza tra l'insieme delle capacità dell'interprete (eloquenza, corporeità, *actio*) e la parte che gli è destinata. Questo esempio contribuisce a chiarire la scelta di un contralto per la parte di Giulia. Pur essendo una giovane donna (da immaginare, nella finzione, ancora più giovane di Isicratea, sposa, regina e madre del piccolo Farnace), viene presentata principalmente con tratti gravi e patetici che ne sottolineano la remissività.

Non è un caso che questa scelta intervenga in un momento cardine nella storia della recitazione. Gli anni tra Sei e Settecento vedono il passaggio tra la nozione di un'arte attoriale basata sui principi dell'oratoria classica e quella che riconosce all'interprete qualità distintive, in grado di connotare in maniera specifica e personale un dato tipo di personaggio.[25] Rispetto al teatro di parola, il teatro in musica è in grado di approfondire ulteriormente questa caratterizzazione grazie alla scrittura musicale, e Scarlatti è un compositore notoriamente attento alle qualità vocali dei cantanti per cui scrive.[26]

---

[23] Tosi 1723, p. 44 e 65.

[24] Morelli A. 2016, p. 119.

[25] Sulla teoria della recitazione dall'antichità al Settecento si veda Vicentini 2012; si veda anche Marie 2018, che tratta in maniera specifica del Settecento.

[26] Fabbri 1961, p. 71; si veda Stein 2016 per un'analisi dettagliata della musica dell'*Aldimiro* e della *Psiche* di Scarlatti (entrambe del 1683) in relazione agli interpreti.

Non sorprende dunque vederlo prodigare una sensibilità particolare per il ruolo di Giulia tenuto da Montalcino.[27] La sua musica tende a rinforzare i tratti salienti del personaggio attraverso l'uso di tempi lenti e di frasi musicali dalla linea semplice, che raramente cedono il passo a impervi vocalizzi, come invece è il caso di molte arie per Isicratea. La distinzione tra voci brillanti e voci patetiche era già stata teorizzata da Bertrand de Bacilly, autore del celebre trattato di canto *L'art de bien chanter* (1668), in cui parla di «voix brillantes [qui] sont propres à exécuter les pièces de mouvement, prononcent d'ordinaire mieux les paroles» e di «voix touchantes, lesquelles véritablement sont plus propres pour les expressions tendres, et pour les airs qui ont moins de mouvement».[28] Le osservazioni di Bacilly sembrano descrivere perfettamente la differenza tra la parte di Isicratea e quella di Giulia. La gravità di Giulia si manifesta non solo in contrasto con Isicratea, ma anche nei dialoghi con Scipione (soprano), in cui l'innamorata canta costantemente in una tessitura più bassa rispetto all'innamorato. Il duetto Giulia/Scipione «Chi ritrova il dio d'amore» (I, 5) interviene prima che la coppia apprenda che Pompeo desidera sposare Giulia, e si tratta del solo momento in cui i due credono che resteranno uniti. La prima strofa di testo è affidata al soprano (La Maggiore), e la seconda al contralto, che ripete la stessa melodia ad una quinta inferiore (Re Maggiore). La procedura, benché ricorrente nelle opere di Scarlatti di questi anni, crea qui un contrasto tra la gravità di Giulia e la leggerezza di Scipione.[29] L'equilibrio vocale si ristabilisce invece alla fine, quando Giulia accetta di andare in sposa a Pompeo (tenore), come se nella tessitura fosse già scritto in anticipo il suo destino. La musica di Scarlatti mostra chiaramente che l'abilità interpretativa di Montalcino non risiedeva in un virtuosismo esuberante (che per esempio il compositore destina a Sesto, altro ruolo principale per contralto), ma piuttosto nella capacità di dare spessore ad un personaggio patetico.

Se per il *Pompeo* non sono pervenuti elementi dettagliati sull'azione scenica e sull'attitudine corporea dei cantanti, disponiamo invece di testimonianze molto più precise per l'altro ruolo femminile composto

---

[27] Fabbri 1961, p. 73: in una lettera a Ferdinando de' Medici del 29 maggio 1706, il compositore dichiara di essersi commosso mentre metteva in musica il primo atto del *Tamerlano*.

[28] Bacilly 1668, p. 44. La conoscenza di Bacilly non si limitava solo al repertorio francese ma comprendeva anche quello italiano, poiché in alcuni casi le sue osservazioni si riferiscono alle voci dei castrati (a cui il repertorio francese non faceva ricorso).

[29] Un caso analogo di trattamento delle voci figura nella *Statira*. Si veda Holmes 1985, p. 48-49 («Consolati, non piangere», I, 5).

da Scarlatti per Montalcino: quello di Statira nell'opera omonima scritta da Pietro Ottoboni e rappresentata nel 1690 per la riapertura del Teatro Tordinona.[30] Il nome del cantante appare, insieme a quello di Pasqualino Tiepoli e Antonio Borosini, in diverse lettere dell'abate Panziroli indirizzate al duca di Modena Francesco II, uno dei protettori di Montalcino.[31] Le fonti di *Statira* sono numerose e diversificate. Esistono due versioni del libretto: un autografo di Ottoboni datato del 1689, e l'edizione a stampa del 1690.[32] La musica si conserva sotto forma di partitura, di cui esistono diversi esemplari, e di raccolte d'arie.[33] Disponiamo inoltre dei documenti per la fattura degli abiti per la ripresa dell'opera al Palazzo della Cancelleria (aprile 1690) e di svariate notizie sulla rappresentazione, che constano in avvisi e corrispondenze.[34] Di particolare interesse per la nostra indagine risulta l'autografo del libretto, che si presenta come un documento di lavoro recante correzioni, cassature e annotazioni e costituisce una fonte di prima mano preziosa – poiché rari sono i casi simili nel vasto repertorio dell'opera secentesca – in grado di rendere conto della maniera di procedere di un autore. Ottoboni indossa letteralmente i panni del corago: oltre alle scelte drammaturgiche, esprime infatti anche i propri *desiderata* musicali, insieme ad indicazioni su costumi, scenografie, gestualità e sull'occupazione della scena da parte dei figuranti. Ne traspare una visione estremamente precisa dell'opera intesa come oggetto globale, risultante di tutte le componenti dello spettacolo. Nello stesso manoscritto, il cardinale aveva annotato anche svariati cast di altri libretti in corso di scrittura e opere *in fieri*, attribuendo

[30] Il cardinale aveva monopolizzato le prime due stagioni con tre opere: *La Statira* (1690), *Il Colombo* (1691, musica di Pasquini) e *Amore e Gratitudine* (1691, musica di Flavio Lanciani, rappresentata due anni prima nel Palazzo della Cancelleria). Una quarta opera su testo di Ottoboni, intitolata *Agrippina* e affidata alla composizione di Lorenzo Lulier, era prevista per il 1691 ma non fu rappresentata a causa della morte del papa Alessandro VIII. Sulle opere di Ottoboni si veda Cametti 1938, vol. 1, p. 74-77; Staffieri 2006 e 2007.

[31] Le lettere di Panziroli, che menzionano i cantanti senza alludere ai personaggi da loro interpretati, sono trascritte in Cametti 1938, vol. 2, p. 343. Montalcino viene designato come «musico» del duca di Modena nel libretto dell'*Odoacre* di Giovanni Varischino ripreso a Reggio Emilia nel 1687, in cui tenne la parte di Alceste: *Odoacre* 1687a, p. 7. Nella partitura veneziana *Odoacre* 1687b, la parte è notata per contralto.

[32] Ottoboni 1690a, riproduzione facsimile in Holmes 1983; *Statira* 1690; Dubowy 2014. Si veda anche I-Fn, 1298.6 (anche nel database PerformArt, scheda D-022-590-194).

[33] L'edizione moderna della partitura è stata realizzata da Holmes 1985, che contiene anche una presentazione critica delle fonti musicali, p. 9-13.

[34] Per gli abiti si veda Chirico 2014. Avvisi, resoconti e corrispondenze si trovano in Cametti 1938, vol. 2, p. 343.

con precisione le parti a cantanti specifici.[35] Questi elementi rivelano un'implicazione diretta del mecenate nel processo di produzione di un'opera, secondo una tendenza non insolita nei circoli aristocratici dell'epoca.[36] Nella *Statira*, che ha segnato il "debutto" ufficiale sulla scena romana di Ottoboni in qualità di librettista e mecenate, si rileva chiaramente l'intenzione di proporre soluzioni nuove, come quella di scegliere un contralto per la parte di primadonna.

Il dramma narra le vicissitudini della principessa Statira, figlia di Dario, secondo la versione tramandata dai *Moralia* di Plutarco: dopo aver sconfitto l'esercito persiano nel 333 a. C. e catturato la famiglia di Dario, Alessandro Magno prese in sposa sua figlia, anziché condannarla a morte – come invece aveva fatto con il padre – in un gesto di evidente interesse politico per garantire la stabilità dei territori appena conquistati. Ottoboni sovrappone a questo racconto l'episodio della magnanimità di Alessandro narrata da Plinio nella *Naturalis Historia*, secondo cui il famoso pittore Apelle si era innamorato della favorita di Alessandro, Campaspe, dopo averla ritratta, e il condottiero gliel'aveva ceduta in sposa. Nella versione di Ottoboni, Statira, legata dapprima al persiano Oronte, sposa alla fine Alessandro, il quale concede Campaspe ad Apelle, nel frattempo innamoratosi l'uno dell'altra.

L'opera presenta quattro personaggi principali: Statira (contralto), Oronte (tenore), Campaspe (soprano) e Alessandro (soprano). Da un punto di vista musicale si percepisce nettamente una distinzione auditiva tra persiani e macedoni: Statira ed Oronte hanno voci più gravi rispetto a Campaspe e Alessandro. Si trattava forse dell'intenzione di conferire un carattere esotico ai primi, ma, come vedremo, anche di un espediente per differenziare le due protagoniste femminili dell'opera. Come già nel *Pompeo*, ritroviamo qui un forte contrasto tra i due personaggi femminili, accentuato dall'insieme degli elementi musicali, drammaturgici e visivi.

La prima apparizione di Statira, in lutto davanti al cadavere di Dario, è caratterizzata da una estrema gravità. La didascalia manoscritta recita (I, 4): «Statira genuflessa in terra sopra il cadavere del padre, che piange».[37] La serietà della posa viene a rinforzare i primi tre

---

[35] Ottoboni 1690a, cc. 156*v*, 73, 136*v*-137. Sui rapporti di Ottoboni quale *corago* con il Collegio Nazareno, si veda il contributo di Aldo Roma in questo stesso volume, «*Per allevare li giovani nel timor di Dio e nelle lettere». Arti performative, educazione e controllo al Collegio Nazareno di Roma nel primo Seicento*, p. 167-185.

[36] Sulle relazioni tra l'aristocrazia, la scelta e la circolazione dei cantanti nell'ultimo quarto del XVII secolo si veda Cont 2017. Si veda anche Domínguez 2013a, p. 127-128 e Stein 2016, p. 202.

[37] Ottoboni 1690a, c. 8. Sulle particolarità dell'azione scenica delle opere romane dell'ultimo decennio del Seicento si veda Nestola 2019.

versi di testo, che nella trasposizione di Scarlatti prendono la forma di un recitativo accompagnato (Largo, Sol minore): «Dario, mio re, mio genitor/ Tu così m'abbandoni/ Così lasci Statira». Poco più avanti, Statira appare ancora «in atto melanconico», mentre la sua condizione di sconfitta viene richiamata dal generale macedone Demetrio, sopraggiunto per imprigionarla, il quale si scusa di non poterle liberare i piedi dalle catene (I, 5). Infine, nella scena della prigione (I, 10), la principessa veste «un abito nero», mostrandosi «in atto lagrimoso». Dai pagamenti per la fattura dei costumi per la ripresa dell'opera al Palazzo della Cancelleria nel mese di aprile del 1690, risulta che effettivamente della «capicciola nera», uno spesso tessuto di seta, fu utilizzata per uno degli abiti di Statira, impreziosito da merletto bianco per le maniche.[38] Il costume creava sicuramente un contrasto visivo con quelli degli altri personaggi, nonché con l'altro abito indossato dalla protagonista – probabilmente nella scena finale dell'opera in cui si celebra la sua unione con Alessandro – con nastri scarlatti e calze di seta rossa.[39] Apelle vestiva calze gialle e un costume decorato con nastri azzurri, Oronte aveva due abiti, uno rosso e bianco, e un altro bianco e dorato.[40] L'accostamento di colori sgargianti e contrastanti per gli abiti di scena non era casuale, poiché serviva a distinguerli da quelli della vita reale. L'anonimo autore del *Corago*, un trattato di pratica scenica scritto verso metà Seicento, ne preconizza l'uso, insistendo su questa necessità.[41] Il nero viene concesso, a condizione di contrapporlo al bianco: «un abito nero fregiato di bianco farà superba comparsa e darà molto diletto».[42] L'abito scuro di Statira corrisponde proprio a questa descrizione. Se da un lato conferisce un'aura regale alla protagonista, dall'altro segnala chiaramente la sua condizione di lutto, distinguendola dagli altri personaggi.[43]

[38] Chirico 2014, p. 47.
[39] Chirico 2014, p. 47.
[40] Chirico 2014, p. 47.
[41] *Corago* 1983, p. 115: «Tre cose pare a me che faccino la bellezza dell'abito: il taglio della veste, l'increspature e finimenti che sopra vi si mettono, et il concerto de' colori quali vorranno essere pieni e non colori deboli, però i cangianti si dovranno totalmente sfuggire; i principali de' quali l'uomo dovrà servirsi saranno il bianco, il nero, il rosso, il giallo, il turchino, il verde, il tanè, quali maggiormente concerteranno quanto più fra loro saranno contrarii, perché differentemente è il vestire in scena et il vestire ordinariamente per una città. [...] Il rosso et il bianco similmente molto bene compatiscono come anco il turchino e bianco, il turchino e giallo, il giallo e verde, il tanè e giallo e simili».
[42] *Corago* 1983, p. 115.
[43] Sull'importanza dei colori per l'identificazione dei personaggi, si veda De Lucca 2013 e, della stessa autrice, in questo volume, *«Un nobilissimo e sottilissimo ingegno». Tracce di balli nelle opere del Teatro Colonna (1683-1688)*, p. 223-237.

L'antagonista di Statira, Campaspe, si situa invece agli antipodi della principessa persiana: cortigiana di origini non nobili, celebre per la leggendaria bellezza, appare, per lo meno all'inizio, intrigante e avida di potere: consapevole che i piani di matrimonio di Alessandro con Statira le sottrarranno «la corona, e il soglio», progetta l'assassinio della rivale (I, 7). Strumentalizzando i suoi pretendenti tramite la seduzione, la donna diventa oggetto del desiderio di tre uomini: Alessandro, Apelle e Demetrio. Nella casistica del Cinque e Seicento sulla natura del sentimento amoroso, la figura di Campaspe viene evocata principalmente in relazione alla magnanimità di Alessandro, senza insistere sul suo carattere di seduttrice.[44] Lo stesso accade in varie opere teatrali e musicali che hanno come protagonista Alessandro Magno.[45] Nel libretto manoscritto di Ottoboni, Campaspe appare invece assimilata alla dea Flora: «Campaspe assisa in una massa di rose» (I, 7); «Salone nelle abitationi di Campaspe, con vastissimo carro di fiori nel mezzo, e tutto addobbato in guisa della Reggia di Flora» (II, 7); «Campaspe sopra il carro tirato da due candidissimi corsieri, vestita ad imitatione di Flora con il corteggio di molte donzelle, che figurano li fiori più cospicui del mondo e per l'aria quantità d'Amorini, che spargono al suolo nembi parimenti di fiori» (II, 7).[46] Secondo lo storico cristiano Lattanzio (*Divinae Institutiones*, I, 20), il culto della dea Flora doveva le sue origini ad una meretrice romana omonima che aveva lasciato in eredità al popolo i suoi averi. Per renderle grazie, i Romani istituirono i Floralia, giochi che avevano luogo tra aprile e maggio, durante i quali si succedevano rappresentazioni teatrali, canti e danze, ma anche feste dal carattere licenzioso e orgiastico. L'identificazione di Campaspe con la rigogliosa Flora è un'idea di Ottoboni, che in questo modo ha accentuato il contrasto con la modestia di Statira sovrapponendovi il divario tra donna di bassa estrazione/tentatrice e donna nobile/virtuosa.

Ritroviamo qui la dicotomia tra protagoniste femminili già osservata nel *Pompeo*: come Giulia, Statira si mostra remissiva e rassegnata al proprio destino (non è libera di scegliere il proprio consorte,

---

[44] Equicola 1525, c. 219*v*: «È laudato Alessandro Magno che l'amata Campaspe al preclar Apelle dona: o Alessandro de animo grande in fatti d'arme, ma maggior per sapere e potere comandare a se stesso». Palma 1628, p. 447: «Alessandro Magno, quello che in ogni clima, e secolo sarà sempre tenuto il Novello Marte, per liberarsi da questa peste [la passione] donò l'amata Campaspe al famoso Apelle».

[45] Gli antecedenti letterari per Statira, Alessandro e Campaspe sono discussi in Smith 2019, p. 128-131. Sulla presenza di Alessandro nelle opere del Carnevale del 1690 si veda Domínguez 2015. A proposito del mito di Alessandro come fonte di ispirazione letteraria, si rinvia a Gaullier-Bougassas 2014.

[46] Ottoboni 1690a, cc. 4*v* e 20*r*-*v*.

ma viene scelta da Alessandro), e come Isicratea, Campaspe brilla per spirito d'iniziativa e vivacità, nonostante la diversità dei tratti morali delle due donne, l'una cortigiana, l'altra regina. La partitura di Scarlatti offre ulteriori elementi di comprensione della tipologia dei ruoli. Come già visto per Giulia, risalta l'assenza di virtuosismo spiegato nella parte di Montalcino. Il compositore riprende lo stile elegiaco già impiegato per Giulia nel *Pompeo*, arricchendolo con espedienti drammatici di sicuro effetto, come i recitativi accompagnati («Dario, mio re», I, 4; *cf. supra*). Che Montalcino brillasse nei ruoli di stampo patetico lo attestano, ancora una volta, l'ambito vocale ristretto e la scelta di tempi lenti: la tessitura di Statira eccede di poco l'ottava e le sue arie recano l'indicazione «Andante» («Giusto nume», II, 5), «Grave» («Quella fé che mi giurasti»), «Largo» («Gran tonante», I, 10; «Preparatevi miei lumi», I, 11; «Quei sospir», II, 11), «Largo assai» («Sì che la morte invoco», I, 4). Uniche concessioni ad un movimento più vivace sono «Punir coi favori» (III, 8) e «Dei tuoi dolori» (III, 12), probabilmente perché, trattandosi del personaggio principale, era necessario diversificare qualche brano nell'andamento e nello stile. Anche i contemporanei non mancarono di sottolineare il carattere patetico dell'opera, pur nella magnificenza dell'allestimento: «La commedia [...] riuscì per scene, e abiti molto magnifica, ma parve melanconica assai».[47]

Al tono elegiaco di Statira si contrappone l'esuberanza di Campaspe, che invoca la forza dell'amore e della seduzione («Beltà che piace», I, 6; «Resista chi può», II, 7), esprimendosi principalmente tramite una musica spigliata e virtuosistica («Spezza l'arco», I, 7; «Son menzogneri e instabili», II, 5; «Punir ti voglio ingrato», II, 7; «Sdegnato mio core», II, 9). Dapprima antagonista di Statira, poi riconciliatasi con questa, celebra con altrettanta vitalità la sua unione con Apelle alla fine dell'opera («Se mi comparte il cielo», III, 15). Proprio come Isicratea, Campaspe ha tutti i tratti di un ruolo brillante. Diversi indizi inducono a pensare che interprete di Campaspe sia stato Pasqualino Tiepoli. In quello stesso 1690, tenne anche il ruolo di Filli, il personaggio femminile principale di *Amore e Gratitudine*, dramma pastorale di Ottoboni messo in musica da Flavio Lanciani.[48] Nel manoscritto autografo della *Statira* recante i cast delle altre opere di Ottoboni in corso di realizzazione, Tiepoli viene designato senza eccezione come interprete dei principali ruoli

---

[47] Giovanni Battista Mancini, lettera del 7 gennaio 1690, Firenze, Archivio di Stato, Mediceo 3956. Roma e Stato della Chiesa. Lettere Abate Mancini, cit. in Holmes 1983, p. 72.

[48] Chirico 2014, p. 34.

femminili: Agrippina nell'opera omonima di Lulier (1691), Anarda
nel *Colombo* (1691) e Adelinda in un'opera senza titolo (*Berengario?*),
non datata.[49] Personaggi che probabilmente i tratti e la corporatura
gli permettevano di impersonare, data anche la sua giovane età: aveva
circa vent'anni nel 1690, quando entrò in Cappella Pontificia come
soprannumerario.[50] Come già visto nel caso di Sansone, il numero
di parti di primadonna destinate a Tiepoli sembra sottintendere che
fosse specializzato in ruoli femminili di protagonista.

L'analisi dei ruoli di Montalcino permette di chiarificare diversi
aspetti delle sue capacità di interprete, come anche di formulare
qualche osservazione su una specificità dell'opera romana di fine
Seicento. Il cantante fu richiesto in due produzioni operistiche di
primo piano patrocinate dai Colonna e da Ottoboni, entrambe considerate innovative sotto vari aspetti, come si è visto. Tra questi si può
annoverare ora anche il fatto di destinare ad un contralto due ruoli
femminili di rilievo. Una scelta che trascende le convenzioni di riparti-
zione dei ruoli dell'epoca (quantomeno quelli femminili, sempre destinati a voci di soprano), e che denota l'apprezzamento delle qualità di
Montalcino da parte dei contemporanei: un'eccellenza nel carattere
elegiaco, dovuta tanto all'espressività del timbro di voce (nonostante
l'ambito vocale non esteso), quanto ad un'attitudine corporea impron-
tata al decoro e alla compostezza. Scarlatti, al quale questi tratti non
erano sfuggiti, seppe assecondare la vena patetica dell'interprete
componendo due ruoli su misura, di cui *Statira* resterà un *unicum* di
primadonna contralto nella sua carriera di operista, grazie anche al
coinvolgimento diretto del mecenate nella scelta dell'interprete.

[49] Ottoboni 1690a, cc. 156*v*, 73, 136*v*-137.
[50] Lionnet 2007b.

SARA ELISA STANGALINO

"STRATEGIE PARASINESTETICHE" NELLA *TESSALONICA* DI NICOLÒ MINATO (VIENNA 1673 / ROMA 1683)

> Lors nous jecta sus le tillac plenes maines de parolles gelées, et sembloient dragée, perlées de divers couleurs. Nous y veismes des motz de gueule, des motz de sinople, des motz de azur, des motz de sable, des motz doréz.
>
> François Rabelais, *Le Quart Livre* (1552), cap. LVI

EXCUSATIO... PETITA

Se è vero che soltanto a partire dal 1672 è legittimo parlare propriamente di sinestesia oggettiva come classe logica, intendendo con questa una determinata attività di trasposizione sensoriale dell'apparato percettivo, è tuttavia noto che focolai protosinestetici siano rinvenibili, nella storia delle arti, delle scienze così come nella letteratura teatrale, fin dai secoli XVI e XVII.[1]

Di fatto, l'enfasi che l'estetica barocca getta sull'attività sensoriale consente a buon partito di considerare l'interazione tra i sensi, la loro sovrapposizione, un fenomeno, bando a ogni anacronismo, eminentemente sinestetico: nel caso del dramma per musica l'effetto parasinestetico è indotto in primo luogo dal testo poetico e da tutto il suo ricco apparato retorico, in particolare dall'impiego della metafora e del concettismo.[2] Certo, dire "metafora" non equivale a dire "sinestesia",

---

[1] Nel 1672 Isaac Newton legge alla Royal Society la sua relazione sulla *Nuova teoria della luce e dei colori*, ma è nel 1704, nel suo *Opticks*, che Newton riconosce fondamenti scientifici al fenomeno sinestetico. Per la storia del concetto cf. Tornitore 1988, *passim*. All'analisi e alla comparazione dei fenomeni sonori con quelli ottici è dedicato il Libro I dell'*Harmonie universelle* (1636) di Marin Mersenne, testo che Tornitore analizza così come il più tardo *Ars magna lucis et umbrae in mundo* (1646) di Athanasius Kircher. La relazione tra musica e sinestesia è indagata soprattutto nella letteratura contemporanea; più raro lo studio del fenomeno nei primi secoli dell'età moderna, per il quale rimando alla bibliografia in calce al tomo Tornitore 1988, e a Guerra Lisi – Stefani 2016.

[2] Per toglierci ogni dubbio a riguardo, basta leggere qualche verso che Giacinto Andrea Cicognini nel suo *Giasone* (1649) affida all'eroe eponimo, versi nei quali il senso del tatto e quello della vista paiono del tutto interscambiabili: «Ercole, credi

che potrebbe piuttosto definirsi «la concretizzazione di una metafora già spinta»,[3] ciononostante il passo dalla metafora evocativa all'effetto parasinestetico è breve, e la reificazione del concetto passa proprio attraverso la rappresentazione scenica, che si fonda sulla parola poetica per sviluppare un evento a tre dimensioni, in uno spazio dinamico che, col concorso della musica (e talvolta della danza), coinvolge contemporaneamente più sensi dell'apparato percettivo.

Gli autori di drammi per musica del Seicento conoscono bene il potenziale drammatico di questo accattivante fenomeno: per vivacizzare gli intrecci delle proprie opere, i drammaturghi sfruttano i singolari effetti provocati da queste reti di intersezioni sensoriali, con l'obiettivo di stimolare nel pubblico una quanto più intensa reazione emotiva, intesa come risposta all'azione recitata sul palcoscenico.

Effetti parasinestetici costituiscono infatti un fondamentale "luogo psichico" di incontro tra attore e spettatore, influendo addirittura sulla percezione dello spazio scenico giacché obnubilano – e così facendo, per antifrasi, rafforzano – il rapporto dialettico tra azione che si svolge in scena (sul palcoscenico) ed elementi dell'azione che hanno luogo fuori scena (dietro le quinte). La gestione dello spazio, sia della scena propriamente detta (ossia quel che viene eseguito concretamente sul palcoscenico) sia dello spazio complessivo che ospita l'evento, è uno dei fattori più incisivi per la buona gestione dell'intreccio, e di conseguenza fondamentale per la riuscita del dramma *lato sensu*. Ed è proprio su questo aspetto che si concentra la nostra analisi.

Un caso esemplare. Nel 1683 a Palazzo Colonna in Roma va in scena *La Tessalonica*, dramma per musica di Nicolò Minato e Bernardo Pasquini, dedicato alla giovanissima Lorenza de la Cerda Colonna, figlia dell'VIII duca di Medinaceli, andata sposa nel 1681 a Filippo Colonna, primogenito di Lorenzo Onofrio Colonna e Maria Mancini.

La Tessalonica non è altro che la ripresa dell'omonimo dramma scritto da Minato a Vienna nel 1673 per musica di Antonio Draghi,[4]

---

a me, non han bisogno/ della luce gl'amanti:/ basta per ben gioire/ riconoscer tra l'ombre il corpo amato,/ e rassembra a chi gode/ un vantaggioso patto/ toccar con gl'occhi e rimirar col tatto».

[3] Secondo Tornitore uno tra i migliori esempi di sinestesia barocca è offerto dai versi di Crashaw: «Gli occhi parlano, le lacrime hanno lingua/ e ci sono parole non fatte di fiato» (Tornitore 1988, p. 91). Per la lingua poetica nel Seicento si veda almeno: Ferrero 1954, p. IX-XLIV; Migliorini 1987, in particolare il cap. IX: «Il Seicento», p. 389-448; Marazzini 1993, e bibliografia ivi indicata a p. 349 *sq.*, in particolare il cap. IV: «Il linguaggio poetico e la teoria letteraria», p. 117-147; Getto 2000, *passim*; Serianni 2001.

[4] Ecco le fonti studiate. Libretti: *Tessalonica* 1673 [I-Vnm, Dramm.0832.001], *Tessalonica* 1683a [I-MOe, 70.E.9.9]; *cf.* anche le successive edizioni: *Tessalonica* 1684 [I-Bu, A.V.Tab.I.F.III.50.1], *Tessalonica* 1686 [I-Bc, Lo.7215]. Partitura:

e afferisce al gruppo di opere dedicate a celebri eroine, esemplari per virtù e condotta, allestite in onore dell'imperatrice Eleonora Gonzaga Nevers.[5]

Tra i numerosi drammi di Minato messi in scena dalla famiglia Colonna a Roma, *La Tessalonica* spicca, allo scopo del nostro interesse, per alcune specificità.

Soltanto un accenno al soggetto, tratto dalle *Historiae Philippicae di Pompeo Trogo* di Giustino,[6] dove si leggono le storie di Cassandro di Macedonia in una saga familiare che fa capo alla figura di Filippo II di Macedonia. Tale omonimia sarà piaciuta a Lorenzo Onofrio e al suo primogenito, giacché offriva un'occasione d'oro per celebrare non tanto la giovane Lorenza quanto il nome del suo nobile consorte, Filippo II Colonna, e attraverso quello il prestigio di Casa Colonna.

Tessalonice (Tessalonica) fu figlia di Filippo II di Macedonia, sorellastra di Alessandro Magno e moglie di Cassandro. Durante l'assedio di Pidna (316) fu presa in moglie da Cassandro e divenne regina di Macedonia. Le fonti storiche si concentrano sulla notizia del suo matrimonio con Cassandro, celebrato nel momento in cui egli fu definitivamente a capo della Macedonia.[7]

Il primogenito della coppia portò poi non il nome del nonno paterno, ma quello del nonno materno,[8] quindi il nome di Filippo II è al centro delle vicende matrimoniali di Tessalonice e Cassandro.

Ecco il motivo base del dramma di Minato. Dopo la morte dei genitori, Tessalonica passa sotto tutela dello zio Eunomio, il quale però le proibisce di mostrarsi al principe Cassandro, a sua volta, per ragioni di Stato, destinato a impalmare Deidamia, figlia del re dell'Epiro. Ridotta a una vita di solitudine, Tessalonica trova conforto nel canto, virtù nella quale ella eccelle. Caso vuole che un giorno Cassandro oda

---

Tessalonica 1683b. Sulla partitura si veda anche Crain 1965; su B. Pasquini *cf.* Morelli A. 2016. Sul contesto produttivo e i balli nella produzione romana si veda il saggio di Valeria De Lucca in questo stesso volume, «*Un nobilissimo e sottilissimo ingegno». Tracce di balli nelle opere del Teatro Colonna (1683-1688)*, p. 223-237.

[5] Stangalino 2018. Su Minato a Vienna si veda: Seifert 1985, *passim*; Seifert 1990; Hager 1990; Piperno 1990, p. 119. *Cf.* anche Girardi 1990a e 1990b; Seifert 2000; Gier 2004; Caira Lumetti 2005; Stangalino 2015. Per i contatti coi Colonna: Tamburini 1997, p. 184-185 *et passim*; Dubowy 2000; De Lucca 2009, p. 27. Su Minato si veda inoltre il catalogo di Noe 2004.

[6] In calce all'*Argomento* del libretto Minato dichiara il libro XV («Ex Just. Hist. Lib. XV») ma leggiamo accenni alla vicenda anche nel libro XIV.

[7] Sappiamo inoltre dalla tradizione erudita che la storia del nome e dell'origine della città di Tessalonica si deve a Cassandro, che la fondò e battezzò col nome della moglie. *Cf.* Landucci Gattinoni 2003, p. 79 *sq.* Alla n. 128 (p. 79) leggiamo: «sul matrimonio tra Cassandro e Tessalonice *cf.* Diod. XIX 52,5; Iust. XIV 6,13».

[8] Landucci Gattinoni 2003, p. 81.

il canto della fanciulla e cada all'istante innamorato della cantatrice senza però mai averla vista in volto. Tessalonica, che ricambia l'amore di Cassandro, si duole, giacché egli si mostra sì invaghito della sua voce, ma non molto interessato al suo aspetto. Deidamia dal canto suo male sopporta che il promesso sposo si dimostri incapricciato della voce di una donna misteriosa; così, insieme a Tessalonica, architetta un piano per indurre Cassandro a «fare ordine» nel proprio universo emotivo.[9]

Il riallestimento del dramma a Roma comporta una serie di modifiche non soltanto a livello testuale, ossia riadattamenti del testo letterario-musicale in vista della nuova messinscena, bensì un ripensamento generale dell'opera da calarsi in un nuovo contesto, con un nuovo pubblico.[10]

Emergono questioni circa la gestione della spazialità, intesa sia come spazio scenico sia come luogo complessivo dell'evento: il dramma romano, rispetto all'allestimento viennese, presenta modifiche a livello delle mutazioni sceniche e degli ambienti, per i quali per esempio è attestato un riuso delle scene di un precedente allestimento del *Pompeo* (1683)[11] assente nelle scene viennesi; ma ciò che rende soprattutto *La Tessalonica* degna di nota è la serie di strategie impiegate dal drammaturgo al fine di attuare una vera e propria operazione di "rinforzo comunicativo" tra personaggi sul palcoscenico e platea.

Alla base dell'intrigo del dramma sta una convenzione arcinota nell'"arsenale" di Minato (ma non solo), ossia la convenzione della "musica di scena":[12] si tratta di brani, canzoni eseguite da un perso-

---

[9] Così leggiamo nei paratesti del libretto [*Argomento*; *Tessalonica* 1673 = *Tessalonica* 1683a]: «[...] Che Tessalonica, doppo la morte d'Arideo e d'Euridice suoi genitori, fosse dal zio Eunomio sempre stata tenuta appresso di sé, ma proibita di lasciarsi mai vedere a Cassandro; e che per trattenimento della sua solitudine avesse la virtù del canto, nella quale fosse rarissima. Che fintanto che s'aspettava Oriste che conducesse Deidamia, Cassandro avesse sentito a cantare Tessalonica senza vederla né averla mai veduta, e che alla sua voce avesse reso il core sì che ne vivesse ardentemente innamorato. Che per altra parte, ella, avendo veduto Cassandro, se ne fosse invaghita, e ch'una volta, sotto vestito non suo, si avesse da lui lasciato vedere, ma che egli, non sapendo che fosse quella che cantava, di lei non si fosse curato, intento solo a cercar di vedere quella di cui l'aveva invaghito il canto». Sulla possibilità che la parte di Deidamia fosse sostenuta da Bartolomeo Monaci detto Montalcino, si veda la n. 9 del saggio di Barbara Nestola in questo stesso volume, *I ruoli femminili per Bartolomeo Montalcino in due opere romane di Alessandro Scarlatti. Indagine sulla relazione tra repertorio e interprete*, p. 407.

[10] Biet 2013c, p. 21, *passim*.

[11] Tamburini 1997, p. 154 punto 11. Sul *Pompeo* si veda Micheletti 2015 e sui drammi di Minato per i Colonna, Stangalino 2018 e 2019.

[12] Dahlhaus 2005, p. 56-60. Si veda anche l'elenco di "esecuzioni musicali" fatto da Fabbri 2003, p. 304-305 e Rosand 1991, p. 333. La musica di scena eseguita

naggio sulla scena, interpolazioni che manterrebbero l'intonazione musicale anche se ricontestualizzate in seno al teatro di parola.[13]

Un caso esemplare troviamo nel *Xerse* dello stesso Minato (Venezia 1655), nel momento, cruciale, in cui il bizzarro re di Persia cade innamorato di Romilda al solo udirne il canto (es. 1).[14] Romilda ama però di amor corrisposto Arsamene, fratello dello stesso Xerse, che si aggira all'alba scortato dal fedele servitore Elviro.

L'aria intonata da Romilda è interrotta più volte da squarci di recitativo, prima da Arsamene, poi da Elviro e infine da Xerse, i quali a turno «reagiscono» al canto della fanciulla.

Nell'esempio sottolineo l'aria di Romilda.

Esempio 1 – N. Minato, *Xerse* (I, 3-4).

[I, 3]

ARSAMENE	Taci.
ELVIRO	Vado a dormire.
ARSAMENE	Non ti partir.
ROMILDA	O voi, –
ARSAMENE	Quest'è Romilda.
ROMILDA	– o voi che penate.
ELVIRO	Da voi amata?
ARSAMENE	Sì; non parlar più.
ROMILDA	O voi che penate
	per cruda beltà,
	un Xerse mirate, –

fuori scena è un *topos* della *comedia* aurea. Ne troviamo un esempio eloquente in *Las amazonas* di Antonio de Solís (composta nel 1655 ma pubblicata a Madrid nel 1681): quando nella seconda *Jornada* il galán Astolfo ribadisce di aborrire le donne, gli viene risposto che ci si può rifiutare di vederle, tuttavia sarà inutile ostinarsi perché la loro bellezza entrerà comunque attraverso l'udito («se entrarán por el oído»).

[13] Tra i numerosi esempi possibili, cito la seconda scena dell'atto primo della *Tempesta* (1611) di Shakespeare, dove Ferdinand ode il canto di Ariel senza capire donde provenga. Rintracciamo una situazione analoga per esempio nella *Bradamante*, dramma per musica di Pietro Paolo Bissari (1650; II, 12): Ruggiero è indotto a sbadigliare dal canto cullante della sirena, e canta a sua volta: «Voci care, impensate,/ ch'a posar m'allet-...tate,/ d'onde sia che veni-...te,/ seguite... omai ... segui-te» ecc.

[14] La situazione nel *Xerse* ricalca esattamente quella che leggiamo nei suoi antecedenti letterari, *Lo cierto por lo dudoso* di Lope de Vega del 1625 (I, 1), e *L'ingelosite speranze*, commedia di Raffaele Tauro del 1651 (I, 1-2), quest'ultima la fonte diretta di Minato. Sul *Xerse* e i suoi antecedenti letterari si veda l'introduzione a Cavalli 2019, p. IX-XLIV.

[I, 4]

XERSE   (Qui si canta il mio nome?)

ROMILDA   – che di ruvido tronco acceso sta,
                 e pur non corrisponde
                 altro al su' amor che mormorio di fronde.
                   Di rami frondosi
                 lo sterile Amor,
                 con vezzi dannosi
                 punge i baci sul labbro al baciator.
                 È di Cupido un gioco
                 far che mantenga un verde tronco il foco.

XERSE   Arsamene?
ARSAMENE   Mio Sire.
XERSE   Udiste?
ARSAMENE   Udii.
XERSE   Conoscete chi sia?
ARSAMENE   Non io, Signore.
XERSE   Io sì.
ARSAMENE   (Ahimè che gelosia m'accora!)
XERSE   Che dite?
ARSAMENE   Che amerei sentirla ancora.

La musica di scena arricchisce l'universo percettivo degli spettatori giacché reduplica le sorgenti sonore (musica eseguita in orchestra / musica eseguita sul palcoscenico), percepite dal pubblico come
realtà distinte e significative. Inoltre, configurandosi come trasgressione allo svolgersi di una scena regolare, destabilizza le aspettative
del pubblico stesso.

Se è vero che di questo *topos* il teatro d'opera del Seicento mostra
svariate casistiche, più raramente la musica di scena è eseguita "fuori
scena" ossia dietro le quinte.

Tale convenzione, già ampiamente sperimentata da Minato negli
anni veneziani, assurge nella *Tessalonica* a *topos* fondante e filo
conduttore dell'intreccio. Infatti la musica di scena nella *Tessalonica*
costituisce: 1. sia il presupposto basilare per l'innescarsi dell'intrigo;
2. sia il principale elemento regolatore delle dinamiche *in fieri* tra
attori e spettatori.[15]

La musica di scena fornisce il pretesto per l'avvio dell'intrigo,[16]
tessuto sulle vicende che nascono a seguito dell'innamoramento di
Cassandro per Tessalonica, sentimento che, proprio come accade

---

[15] Ne tratta diffusamente Fischer-Lichte 2014a, *passim*.
[16] De Van 1998 e 2001.

nel *Xerse*, Minato immagina sbocciato in Cassandro al solo udire il canto della fanciulla, senza mai averla vista in volto. Dunque musica di scena *in absentia*, diremmo, trovata che dà avvio a una serie di interscambi parasinestetici basati sulla dicotomia udito/vista, ossia il motivo, effimero e prettamente barocco, della vertigine percettiva causata ora dalla sovrabbondanza di sollecitazioni sensoriali ora dal loro difetto.

Non soltanto: i sensi si rafforzano a vicenda in virtù della loro interscambiabilità. Nella *Tessalonica* (II, 1) Cassandro attribuisce al canto dell'amata il potere di prefigurare la bellezza del volto della cantatrice e fors'anche la sua dirittura morale. Voce percepita e immagine evocata si saldano nelle fantasie del principe tanto che egli può addirittura figurarsi la donna davanti agli occhi. Al servo Lemo, che domanda a Cassandro come egli possa esser certo della beltà della cantatrice pur non avendola mai veduta, Cassandro stesso risponde: «Non rileva: dal canto/ la beltà ne inferisco».

Meno virtuosistica da un punto di vista poetico-retorico, ma altrettanto efficace da una prospettiva scenica, è la situazione in cui versa Deidamia (III, 10) che cerca invano le attenzioni di Cassandro mentre quest'ultimo è tutto preso dal canto di Tessalonica fuori scena e, cercando spasmodicamente la sorgente di quel canto, perde di vista tutto quel che lo circonda, Deidamia compresa.

Lo sdegno della principessa vale a poco a cospetto del principe ch'è letteralmente reso cieco da una voce: «Cassandro, sì t'accieca/ una voce, ch'oblii che meco stai?»; e invano Deidamia (III, 9) indagherà quale senso in lui sia più spiccato, se il senso della vista oppure dell'udito, per sondare se il principe sia più sensibile alla voce di Tessalonica oppure al bell'aspetto della stessa Deidamia:

> DEIDAMIA   Come or t'ardono i lumi
> se gl'accenti canori
> fur già del cor gl'ardori?

Deidamia pone in relazione tre sensi: il tatto (sensazione dell'ardore), attivato ora dal senso della vista (lumi) ora dal senso dell'udito (accenti canori). Quale di questi – domanda in sostanza Deidamia – prevale infine? Ossia, con valore discriminante: "Cassandro, ami la mia bellezza o piuttosto il canto della dama misteriosa?".

Ma c'è di più. Nella *Tessalonica* individuiamo quattro episodi interamente costruiti sul *topos* della musica di scena, disposti secondo un incremento della complessità strutturale a beneficio dell'intrigo e così della presa sul pubblico.

La tabella 1 illustra le quattro scene topiche, nella colonna di sinistra così denominate: 1. esposizione (presentazione); 2. incanto e duetto (Cassandro ode il canto della donna misteriosa fuori scena, e duetta con quello); 3. imbroglio (Tessalonica, fingendo, fa credere a Cassandro che la dama cantatrice sia Deidamia); 4. agnizione parziale (Tessalonica si svela a Cassandro).

Dalle didascalie sceniche deduciamo la profusione di riferimenti a strumenti musicali collocati sul palcoscenico, e l'attrazione di Cassandro per la voce incantatrice della quale egli ignora la sorgente.

Le scene mostrano una crescente complessità morfologica che culminerà nella decima scena del terz'atto, della quale il libretto romano presenta una sostanziale rielaborazione.

Nella prima scena dell'atto primo Tessalonica intona un lamento per la perdita dei genitori e del regno (es. 2). L'aria consta di tre stanze nelle quali Tessalonica tenta – invano – di enunciare il testo del lamento nella sua interezza. Ci riuscirà soltanto nella terza strofa. Infatti il canto delle prime due stanze è interrotto da un "a parte" della cantatrice (si vedano i versi sottolineati tra parentesi) la quale per ben due volte, come smarrita, tronca il canto del lamento per piegarsi a meditare tra sé. Si crea così un doppio livello nella comunicazione, con un doppio destinatario: da una parte il pubblico (vuoi sul palcoscenico vuoi in platea) davanti al quale Tessalonica intona un generico lamento, dall'altra parte Tessalonica stessa (i versi tra parentesi) che languisce per amore.

Esempio 2 – N. Minato, La Tessalonica (I, 1).

TESSALONICA, preso il leuto, sedendosi a una fontana canta.

TESSALONICA

Zeffiretti
vezzosetti,
che battete ali d'argento...
(Son pur oppressa, o dio!
Oh che inegual tenore
cantar col labbro e sospirar col core!)

Zeffiretti
vezzosetti,
che battete ali d'argento,
e con lento mormorio,
con il rio
che qui corre...
(Ed è pur ver che i fiati
scioglier io possa appena:
a un'infelice ogni sollievo è pena.)

Zeffiretti
vezzosetti,
che battete ali d'argento,
e con lento mormorio,

***Tessalonica* [Vienna 1673]**

SCENE		
	[...] *Galeria di instrumenti musicali.*	
I.1 *Esposizione*	*Torna Esite e reca a Tessalonica un liuto.* ESITE	Le corde armoniose | ecco qui pronte scorgi
	TESSALONICA	Zeffiretti | vezzosetti
II.1	*Galeria d'intrumenti musicali, sedendosi ad una fontana canta.* LEMO Ecco il loco ove canta. | CASSANDRO Ecco la sfera | onde scese il mio foco.	
Episodio 1: 'incanto' e duetto	*S'ode toccare un liuto.* CASSANDRO Fermati, senti. | LEMO È forse questo il suono | precursor de la voce…	
	Tessalonica canta di dentro come segue. (a2 TESSALONICA, CASSANDRO*)* Mia speranza lusinghiera	
	Finito di cantare esce Tessalonica.	
II.5	*Tessalonica, postasi ad un cembalo, così canta.* TESSALONICA Pensieri, consigliatemi	
Episodio 2: 'imbroglio'	*Tessalonica, vedendo venir Cassandro, dà in mano a Deidamia il libro sopra cui cantava acciò egli non scopra ch'era ella che cantava.*	

La *Tessalonica* [Roma 1683]

III.10 **Episodio 3: agnizione parziale**	*Tessalonica che suona e canta di dentro. …S'ode suonar un instromento.* / *Tessalonica che suona e canta di dentro. … S'ode suonar un leuto.* CASSANDRO Oh che suono soave!	
	Canta di dentro Tessalonica, Cassandro si leva astratto da quella voce. [1 strofa ↓] / *Canta di dentro Tessalonica, Cassandro si mostra astratto da quella voce.* [Tes. 1 strofa ↓]	
	TESSALONICA Vo perdendo a poco a poco	
	rec. CASSANDRO, DEIDAMIA	
	DEIDAMIA Vuo' che si penta [Dei. 1 strofa ↓]	
	rec. CASSANDRO, DEIDAMIA	
	Canta di nuovo Tessalonica, e di nuovo Cassandro astratto si leva. [2 strofa ↓] / *Canta di nuovo Tessalonica, e di nuovo Cassandro astratto va verso la voce.* [Tes. 2 strofa ↓]	
	TESSALONICA So ch'invan pietade invoco	
	rec. CASSANDRO, DEIDAMIA	
	DEIDAMIA Se adesso ride [Dei. 2 strofa ↓]	
	rec. CASSANDRO, DEIDAMIA	
III.11	*Tessalonica con l'instromento in mano, cantando.* [3 ripresa intercalare] / *Tessalonica con l'instromento in mano, cantando.* TESSALONICA Vo perdendo a poco a poco [Tes. 3 ripresa intercalare]	
	TESSALONICA Vo perdendo a poco a poco	
	rec. CASSANDRO, TESSALONICA	

Tab. 1 – Scene topiche.

con il rio
che qui corre, v'accordate;
meco, ahimè, deh sospirate.

Tale dicotomia comporta significative ricadute pure sulla melodia, che nelle due sezioni mostra carattere marcatamente contrastante. Infatti i versi rivolti allo spettatore mostrano una linea melodica dalla fisionomia ben riconoscibile e che concede ampio spazio ai melismi: la medesima melodia è ripresa in testa a ogni stanza, ad ogni riproporsi del primo verso («Zeffiretti vezzosetti...») e funge così da elemento di coesione; al contrario i versi tra parentesi hanno uno spiccato carattere sillabico, e la sezione relativa è introdotta da una didascalia che indica un cambio d'agogica, «adagio», che bene enfatizza la drammaticità del testo che Tessalonica rivolge a se stessa («Son pur oppressa...» ecc.).[17]

Il secondo episodio esordisce con un dialogo tra Cassandro e Lemo che precede e introduce il canto fuori scena di Tessalonica (es. 3). I due sono nel luogo ove Cassandro ha udito per la prima volta la voce incantatrice, e attendono che questa si manifesti nuovamente.

Improvvisamente fuori scena s'ode un canto nel quale Cassandro riconosce la voce misteriosa: egli, stregato, duetta con lei (a 2: «Mia speranza lusinghiera») ripetendo i versi della cantatrice.

La complessità accresce: 1. Tessalonica canta fuori scena, 2. Cassandro è in scena e con lei duetta, ma senza vederla e senza ch'ella possa accorgersene, 3. Lemo assiste all'intera scena, 4. il pubblico è spettatore onnisciente.

Esempio 3 – N. Minato, *La Tessalonica* (II, 1).

Galleria d'instrumenti musicali negl'appartamenti di Tessalonica.
LEMO, CASSANDRO.

LEMO	Ecco il loco ove canta.
CASSANDRO	Ecco la sfera
	onde scese il mio foco.
LEMO	Signore, osserva un poco
	quante corde sonore.
CASSANDRO	Questi fur lacci onde m'avvinse Amore.
LEMO	Quanti flauti! Quante lire!
	Farian pure il bel sentire
	con bell'ordine confuse
	cetre, cimbali e cornamuse.

---

[17] *Tessalonica* 1683b, cc. 5*r* sq.

S'ode toccare un leuto.

CASSANDRO   Férmati. Senti.

LEMO   È forse questi il suono
precursor de la voce
che t'innamora?

CASSANDRO   Egl'è, sì. Taci. Oh dio!
Trasse Anfione i marmi
di Tebe a fabricar l'eccelse mura
con armonica lira,
e se spiega il mio ben le voci a l'etra,
può vincere ogni cor, benché di pietra.

Tessalonica canta di dentro, come segue.

TESSALONICA   Mia speranza lusinghiera,
che ti nutre? Non lo so.

CASSANDRO   Mia speranza lusinghiera,
che ti nutre? Non lo so.

[prosegue a 2 TESSALONICA-CASSANDRO]

Il pubblico, già destabilizzato dalla varietà delle sorgenti sonore (orchestra/palcoscenico), è qui anche, proprio come Cassandro, soggetto ad un effetto di sfasamento percettivo, che si concreta nella percezione simultanea del suono della voce umana e al contempo dell'assenza della sua sorgente. Altrimenti detto: lo spettatore avverte l'esistenza di due sorgenti sonore differenti collocate in luoghi distinti, ossia orchestra/palcoscenico, ma, s'è vero che è sempre in grado di vedere la prima, non lo stesso si può dire per la seconda, in quanto Tessalonica intona il suo canto nascosta alla vista del pubblico (e a Cassandro). Il vincolo tra palcoscenico e platea risulta allora rinforzato grazie a un elemento ben più effimero del suono, ossia l'invisibilità della sua stessa sorgente.

È però soprattutto nella decima scena del terz'atto che il libretto romano differisce da quello viennese, secondo espedienti vòlti a rappresentare la crescente tensione tra i personaggi proprio in vista del momento che prepara l'agnizione (es. 4).[18]

Rispetto al dramma viennese, la rielaborazione romana aggiunge un'aria a Deidamia, interpolata in maniera tale da influire non soltanto

---

[18] Sebbene illustrato nella tabella, non trascrivo qui la scena II, 5, dove Tessalonica rifila a Deidamia il libro del canto per indurre Cassandro a credere che la voce udita appartenga appunto a Deidamia.

sulla percezione delle dinamiche affettive presenti in scena, ma addirittura sulla percezione dello stesso spazio scenico.

Visibili sul palcoscenico sono Deidamia e Cassandro. Cassandro ode per l'ennesima volta – fuori scena – il canto incantatore e, essendo Deidamia presente a fianco del principe, è infine dimostrato che la voce della quale egli è invaghito non possa appartenere alla detta Deidamia.

La fanciulla, promessa a Cassandro ma da quest'ultimo apprezzata soltanto in virtù del suo bell'aspetto (ricordiamo che Cassandro è vittima di un complotto ordito dalle due donne), è sdegnata dalle attenzioni che il promesso sposo rivolge alla misteriosa voce fuori campo.

In questo clima di accesa tensione Tessalonica e Deidamia intonano un'aria a testa (Tessalonica adagia la propria disillusione su una serie di mansueti ottonari, Deidamia sfoga in martellanti quinari il proprio sdegno verso Cassandro), e lo fanno "insieme", adottando un dispositivo a incastro secondo il quale le due fanciulle alternano il canto delle rispettive strofe, a segnalare che i due momenti di riflessione – e di affetti squisitamente contrastanti – si svolgono simultaneamente. Le arie sono inframmezzate da squarci di recitativo. Anche la musica si comporta differentemente. Tessalonica intona un canto di notevole intensità drammatica, dove il suo turbamento emerge dall'impiego di una linea melodica puntualmente frastagliata da pause (a ben vedere si tratta di una figura retorica affine alla *suspiratio*).[19]

Il canto "a parte" di Deidamia invece è più energico, tendenzialmente sillabico, ha carattere perentorio anche nelle sezioni più melismatiche.

Nell'esempio evidenzio in grassetto le strofe di Tessalonica, mentre quelle di Deidamia vengono sottolineate. Alla terza replica dell'intercalare, Tessalonica inopinatamente appare in scena, rivelandosi così a Cassandro come la fanciulla cantatrice.

Esempio 4 – N. Minato, *La Tessalonica* (III, 10).

TESSALONICA *che suona e canta di dentro.* CASSANDRO *e* DEIDAMIA.
S'ode suonare un leuto.

CASSANDRO	Oh che suono soave!
DEIDAMIA	Qualche dama in tal guisa
	rende l'ozio men grave.

Canta di dentro Tessalonica, Cassandro si mostra astratto da quella voce.

---

[19] *Tessalonica* 1683b, cc. 153*v* sq.

TESSALONICA   **Vo perdendo a poco a poco**   *[1ª strofa]*
la speranza di gioir,
cieco Amor si prende gioco
di tenermi tra i martir.
Vo perdendo ecc.

CASSANDRO   Che sento ahimè, quest'è la voce, o dio,
che rapisce il cor mio.

DEIDAMIA   (Ch'ei mi lasci così? Ch'ei vada insano
dietro l'eco d'un fiato?)

<u>(Vuo' che si penta</u>   *[1ª strofa: assente in Vienna73]*
<u>il dispietato,</u>
<u>se mi schernisce</u>
<u>o mi tradisce.</u>
<u>Il crudo ingrato</u>
<u>che mi tormenta</u>
<u>vuo' che si penta.)</u>

          Cassandro, sì t'accieca
una voce ch'oblii che meco stai?
CASSANDRO   Scusami, bella, errai.
DEIDAMIA   (Or incalzar conviene.)
Allor che godo di mirar quel ciglio
che come mio m'accende
un fiato ti sospende?
Férma. Più non si canta.

          Cassandro s'accosta a Deidamia dicendo:

CASSANDRO   Però non parto. Vedi
ogni cosa ha il suo tarlo…
(Io non so quel che parlo.)

          Canta di nuovo Tessalonica,
e di nuovo Cassandro astratto va verso la voce.

TESSALONICA   **So ch'invan pietade invoco**   *[2ª strofa]*
perché sempre ho da languir;
salamandra del mio foco,
penar deggio, e non morir.
Vo perdendo a poco a poco
la speranza di gioir.

DEIDAMIA   <u>(Se adesso ride,</u>   *[2ª strofa: assente in Vienna73]*
<u>farò che pianga.</u>
<u>Se di mia fede</u>
<u>ho tal mercede,</u>
<u>lo scelerato</u>

che mi tormenta
vuo' che si penta.)

Più soffrir non poss'io.
E che cos'è, Cassandro?
Così mi tratti? È questo
Quel che mi devi? Eh che non merti il bene
che con la destra mia
ti porge la Fortuna, e ancorché fosse
apparente e non certo
perché 'l perda due volte or te lo toglie.
Odi, e s'or non intendi,
osserva ciò ch'io dico
per riflettervi allora
che l'udirai più aperto:
perdi da ver ciò che t'ho in ombra offerto. *Parte*.

CASSANDRO Son fuor di me: cotesta
è sventura o follia?
Io non so quel che intenda,
io non so dove sia.
Lasso, ahimè son fatto gioco
de l'insania d'un desir.

III, 11 TESSALONICA *con l'instromento in mano cantando*, e CASSANDRO.

TESSALONICA **Vo perdendo a poco a poco** [*ripresa intercalare*]
la speranza del gioir.

CASSANDRO Che ascolto mai! che veggio!
[*segue recitativo*]

Si individuano dunque in scena situazioni differenti nelle quali
le percezioni sensoriali, uditive e visive dei personaggi, concorrono a
creare uno stato di caos (tabella 2):

1. Tessalonica: canta fuori scena, e non vede nulla e non ode
   altro che il proprio canto;
2. Cassandro: ode il canto di Tessalonica fuori scena senza individuarne la sorgente, vede Deidamia in scena senza però udire
   il suo canto;
3. Deidamia: ode il canto di Tessalonica fuori scena, ode
   Cassandro spasimare per quel canto; Deidamia reagisce into-
   nando un'aria a sua volta, ma a mo' di "a parte", sicché ella
   canta in scena sì in bella vista, ma intesa da nessuno eccetto il
   pubblico in sala;
4. il pubblico: posto al crocevia di tutti questi intrichi sensoriali,
   vede tutta la scena e tutti i personaggi (eccetto Tessalonica,

e in questo il pubblico partecipa almeno parzialmente dello sfasamento sensoriale di Cassandro) e ode il canto di tutti i personaggi.

In scena insomma coesistono situazioni caratterizzate da differenti livelli di "impressione sensoriale": da una parte la condizione di Tessalonica che canta sì, ma nella totale assenza di percezioni esterne, e che è quindi caratterizzata da un'impressione sensoriale di "grado zero"; all'estremo opposto il pubblico che, poiché vede e ode tutto, partecipa di tutte le espressioni e le impressioni che sussistono tra i personaggi: sia il canto fuori scena di Tessalonica sia il canto "a parte" di Deidamia sia l'afasico stordimento di Cassandro. Quest'ultimo è soggetto a un vero e proprio effetto parasinestetico: ode la voce fuori scena di Tessalonica mentre vede di fronte a sé Deidamia, la quale non può dunque costituire la sorgente del canto incantatore; nel constatare il netto scollamento tra la voce udita e la sua presunta sorgente, Cassandro è colto da vertigine.

Tab. 2 – Percezioni dei personaggi e del pubblico.

	Tessalonica	Cassandro	Deidamia	Pubblico
ode	---	Tessalonica	Tessalonica; Cassandro; sé stessa	Tessalonica; Deidamia, Cassandro
vede	---	Deidamia	Cassandro	Deidamia, Cassandro

Ce n'è abbastanza per notare come la musica di scena, ben lungi dal costituire un mero accessorio, sia invece nella *Tessalonica* eletta a strumento basilare che consente al dramma di rinforzare il flusso comunicativo tra personaggi e platea, il cosiddetto «flusso comunicativo esterno», in dialettica contrapposizione col «flusso interno» relativo invece ai processi comunicativi in atto tra i personaggi sulla scena.[20]

A questo proposito le accurate didascalie fornite dal libretto si rivelano un prezioso indice (ne offro un prospetto nella tabella 1, in *corsivo*), se pensiamo alla generale scarsità del loro impiego nel dramma per musica italiano del Seicento, nel quale – rispondendo a

---

[20] Maeder 1993, p. 29-30.

una consuetudine della drammaturgia classica – tutto ciò che importa alla comprensione del dramma deve essere dichiarato nel dialogo, perciò da intendersi dalla lettura del testo o dalla visione dello spettacolo.

La didascalia non offre soltanto un quadro d'ambiente ma prima di tutto utilissime indicazioni sulla gestione della musica di scena, contribuendo così all'operazione di rinforzo del flusso comunicativo palcoscenico-platea.

Inoltre, a tal proposito, svariati documenti d'archivio attestano per esempio non soltanto la collocazione di particolari strumenti musicali in scena bensì lo sfarzo della loro foggia, vòlto a distinguerli anche visivamente dagli strumenti orchestrali. D'altro canto, già nel testo del libretto, dai versi di Lemo veniamo a conoscenza di una profusione di elementi in scena afferenti al mondo musicale (es. 3). È questo per esempio il caso del liuto, uno tra gli strumenti più manipolati dall'eroina eponima, esibito in scena quale elemento di spicco e fascinazione, strumento di cui sappiamo, sia attraverso le didascalie sia grazie a documenti archivistici, che doveva apparire in scena dorato.[21]

L'evento insomma si realizza nella conquista di una spazialità complessa, definita in base alla dialettica presenza/assenza, sia in relazione all'ambiente fisico sia in relazione all'ambiente sonoro, circostanze in cui la risposta del pubblico gioca un ruolo fondamentale.

A tale proposito, se è vero che negli allestimenti viennesi spesso i cortigiani non soltanto costituivano il pubblico ma prendevano anche parte attiva allo spettacolo,[22] come cantanti, come danzatori, in una serie di eventi spettacolari orientati verso un progressivo dissolversi – in barba al palese anacronismo – della "quarta parete",[23] nel rifacimento romano della *Tessalonica* è però manifesta un'attenzione spiccata per il senso di una spazialità più plastica, sia in relazione al luogo fisico (movimenti dei personaggi in scena) sia allo "spazio psichico" che al precedente è preposto.

Si tratta insomma di ricreare uno spazio dove possano attivarsi flussi informazionali di differente natura e intensità: in questo spazio,

---

[21] Leggiamo nel libretto *Tessalonica* 1683a, I, 1: «*Tessalonica, preso il leuto, sedendosi a una fontana canta*»; II, 1: «*S'ode toccare un leuto*». A conferma che ciò fu realizzato nella messinscena cf. Tamburini 1997, p. 154, 462: «Lavori Col. 86 - *Conti de' mercanti e artisti* [...], Arch. Colonna, I.A.86: Si indora il leuto di Tessalonica» (scheda PerformArt D-002-182-267). A p. 153 Tamburini riporta i nomi di pittori e indoratori: Francesco Coralli e Domenico Paradisi.

[22] Della relazione tra spazio della messinscena e spazio dell'evento, così come del rapporto tra attore e spettatore, tratta diffusamente Biet 2013c, *passim*.

[23] Arcinoto precetto teorizzato da Diderot nel suo *De la poésie dramatique* (1758). Surgers 2012, p. 258-259.

l'interazione di dimensioni sensoriali simultanee e sovrapposte si rivela un'efficace operazione di cosmesi, in grado non soltanto di rinnovare il volto di una convenzione ormai arcinota al pubblico – la musica di scena – ma addirittura di ripensarla, come elemento fondante e propulsivo.

CONCLUSIONI

ANNE-MADELEINE GOULET, JOSÉ MARÍA DOMÍNGUEZ
ET ÉLODIE ORIOL

PERSPECTIVES

Au terme de cette enquête collective il est possible de dégager quelques grandes lignes d'une histoire des spectacles à Rome en contexte aristocratique. Le choix initial que nous avons fait de porter notre attention sur près d'une centaine d'années, marquées par une production de spectacles conséquente et peu institutionnalisée, s'est révélé fécond. La vaste enquête archivistique que nous avons lancée, qui ne s'est pas limitée aux sources traditionnelles de la musicologie et de l'histoire des arts du spectacle, tels les livrets et les partitions, mais qui a englobé, entre autres, les documents iconographiques, les documents comptables, les sources notariées, les correspondances, les écrits du for privé et les témoignages de la presse de l'époque, a permis de documenter de la manière la plus précise possible les dossiers présentés dans notre ouvrage. Conçue spécifiquement pour faciliter cette recherche, la base de données PerformArt a rendu possible la gestion et le traitement rationnel de la masse documentaire qui a été rassemblée. Au final ce sont plus de deux mille événements-spectacles qui ont pu être répertoriés et qui devraient fournir un socle intéressant pour des recherches ultérieures.

Dans la lecture des sources, nous nous sommes toujours efforcés de comprendre les objectifs des scripteurs, en tirant profit de ce qu'ils écrivaient, mais aussi de ce qu'ils passaient sous silence. Les *avvisi*, par exemple, constituent une mine d'informations pour le chercheur, souvent surpris par les éléments qui intéressaient les observateurs de l'époque et qui, aujourd'hui, ne paraissent pas centraux. Pour les interpréter correctement il importait d'avoir conscience de l'angle de vue adopté par les rédacteurs ou, pour recourir à un terme du langage photographique d'aujourd'hui, du « cadrage » choisi. Ce processus d'interprétation s'est accompagné d'une attention constante portée à la réalité socio-politique et aux normes de la société romaine de l'époque. Nous avons tenu compte des codes et des conventions qui prévalaient à Rome, en considérant les usages qu'en faisaient les individus, en fonction de leur position, de leurs trajectoires singulières, de leurs compétences ou encore de leurs desseins. Il s'agissait aussi de comprendre comment la société d'alors pensait sa propre réalité, en discernant les déterminations objectives qui pesaient sur les individus ainsi que les hiérarchies sociales où ils s'inscrivaient, lesquelles induisaient bien souvent des rapports de force méritant toute notre attention.

Le recours au concept de performance a permis un déplacement profitable de l'œuvre aux pratiques artistiques et sociales. Il ne s'agissait pas de s'inscrire contre une tradition critique indifférente à la manière dont les textes étaient représentés, mais bien de la compléter. Nous aurions pu utiliser le concept de « représentation », dans sa double acception, à savoir la mise en œuvre d'un spectacle, voire le spectacle lui-même, et l'action de rendre quelque chose présent à quelqu'un en montrant, en faisant savoir – les aristocrates, en organisant un spectacle, donnaient à voir leur condition, ils exhibaient leur rang, leur autorité, leur dignité. Mais la notion de performance a permis d'adopter une perspective plus large et nettement plus dense. Le fait d'observer la séquence performative dans son ensemble – ce que Christian Biet nomme la « séance » –, invitait à considérer le spectacle vivant au sein du moment de sociabilité tout entier et à placer le récepteur au rang des acteurs de la performance. Appliqué aux spectacles romains du XVIIe et du XVIIIe siècle, l'usage proprement pragmatique du concept de performance, ouvre donc un champ d'étude fertile. Cet usage, en mettant en relation, au sein d'analyses soigneusement contextualisées, les œuvres d'art, ceux qui les commanditaient ainsi que ceux qui les concevaient et les exécutaient, offre en définitive une vision très dynamique d'un épisode singulier de l'histoire des arts du spectacle.

Cette perspective permet de considérer à nouveaux frais la question du rapport entre aristocratie et pouvoir dans une ville dominée par l'Église, une cité où l'Église *était* l'État. Les membres des grandes familles nobles de l'époque apparaissaient en effet comme des acteurs décisifs d'échanges culturels, politiques, économiques et financiers dans une ville traversée par des jeux de pouvoir multiples. On a pu approfondir le rôle de figures d'envergure comme Lorenzo Onofrio Colonna ou le cardinal Ottoboni, qui méritent que l'on pousse encore plus loin l'investigation sur le rôle, déjà bien étudié, que ces derniers ont joué dans la diffusion de préférences culturelles singulières et le modelage d'identités propres à la ville de Rome. Au fil de notre ouvrage les commanditaires apparaissent dans leurs interrelations avec des personnes issues d'autres familles romaines ou d'autres villes d'Italie et d'Europe, mais aussi avec des artistes, des artisans et des commerçants de tous horizons. Au lieu de braquer les projecteurs uniquement sur le prince, notre approche fait surgir un réseau d'acteurs d'une diversité insoupçonnée, connectés les uns avec les autres sur le plan amical, familial et professionnel. Le cas des collèges est ici particulièrement significatif, car il met en lumière le maillage serré de relations sociales qui unissaient ces institutions à la noblesse. Lieux de formation, ces établissements organisaient des spectacles à vocation pédagogique et les familles aristocratiques romaines pouvaient participer à l'organisation de ces spectacles, que l'un de leurs rejetons y tienne un rôle ou qu'elles fournissent une contribution financière.

Loin d'empêcher l'esquisse d'un cadre d'ensemble, notre approche essentiellement micro-historique la rend au contraire possible. La confrontation des cas d'étude très divers fait surgir, sinon un modèle, du moins une façon de faire, une stratégie opératoire commune aux grandes familles romaines, fondée sur des procédés de réitération qui donnent une unité à des pratiques en apparence diversifiées, dont il faut mesurer toute la portée. Plus que la dimension esthétique du spectacle, c'est le phénomène social ritualisé qu'il constitue qui a retenu notre attention. Au sein du processus d'organisation, il faudrait encore réfléchir au degré d'initiative de chacun, à l'implication des uns et des autres. Le fait que l'on discerne un *modus operandi* caractéristique d'un groupe social ne signifie évidemment pas que ce moule commun ait empêché l'expression de préférences personnelles qui se manifestaient dans le choix des artistes, l'inclination pour tel ou tel type de voix, le goût pour certains instruments de musique ou encore la prédilection pour certains thèmes dans l'élaboration de l'argument des œuvres.

L'enquête pourrait à présent se poursuivre dans plusieurs directions. Il apparaît d'abord essentiel d'approfondir nos connaissances sur la fabrique même des spectacles à Rome, en démêlant l'écheveau des actions visiblement coordonnées, des opérations habiles, des manœuvres multiples qui donnèrent lieu aux productions fastueuses dont des traces existent, qu'il faut repérer et interpréter. Ces actions supposaient un ensemble de moyens, financiers et techniques, qui orientaient, à moyen et long terme, la production de spectacles, et qui sont encore largement méconnus. Elles engendraient des activités en cascade qui concernaient de très nombreux artisans spécialisés et qui, au sein de la ville, généraient une véritable économie du spectacle. Certes ces productions fondamentalement éphémères ne laissèrent pas de traces aussi éclatantes que celles des édifices qui furent construits à la même époque et qui, aujourd'hui encore et pour notre plus grand bonheur, marquent de leur empreinte l'espace public et contribuent à l'éclat de cette ville unique. Elles engageaient pourtant un volet des activités sociales de l'époque qui était tout sauf marginal. Cette dimension de la recherche gagnerait à être approfondie, à la lumière notamment des travaux de Richard Goldthwaite et de Renata Ago, qui, chacun à leur manière, renouvellent la façon de penser les rapports entre art et économie. En outre le déploiement de ces actions ne se comprend que si on les inscrit dans la recherche d'un but précis. Qu'avaient à gagner les familles aristocratiques romaines en organisant de tels spectacles ? Comment expliquer cette stratégie commune d'investissement culturel ? Dans les propos introductifs de cet ouvrage nous avons rappelé l'évolution de la ville de Rome au cours du XVIIe siècle : au milieu du siècle, la paix de Westphalie (1648) puis la signature de la paix des Pyrénées (1659), avaient sanctionné sa perte progressive de pouvoir dans ses relations avec les autres États européens. Les décennies suivantes virent s'installer entre les différentes maisons aristocratiques une compétition sur le terrain culturel. Dans une sorte de surenchère agonistique, le théâtre, musical ou non, offrait en particulier une scène de choix pour exposer la magnificence des divers lignages. Notre ouvrage mériterait donc d'être complété par un examen fouillé des buts que les aristocrates de l'époque poursuivaient en associant de façon étroite théâtre, musique et danse, avec force costumes, décors et effets spéciaux. Enfin, le parallèle qu'il est possible d'établir entre l'étude de ces pratiques et le mécénat dans nos sociétés modernes, en montrant quelle rentabilité politique ou symbolique les grandes familles romaines attendaient de pareils investissements, pourrait inviter à de nouvelles réflexions.

ROBERTO CIANCARELLI

POSTFAZIONE

La mia prima considerazione riguarda l'impresa alle radici di quest'opera, ovvero l'impossibilità che avverto come lettore a tenere distinte e separate le immagini di uno straordinario lavoro di équipe o – per meglio dire – di una "mente teatrale collettiva al lavoro" dai risultati materiali. Pensare a questo libro come impresa influenza, orienta e lascia scaturire una peculiare modalità di dialogo e di relazione con il testo che a me peraltro pare rivendicata esplicitamente nell'introduzione del volume e poi ribadita nelle diverse sezioni nei contributi dedicati a casi documentali trascelti come esemplari per restituire la storia del teatro romano aristocratico tra Seicento e Settecento.

Intendo dire che il libro per come è concepito e per le sfide imponenti che affronta implica un inevitabile spaesamento che induce il lettore in maniera significativa e feconda a spostare, a dislocare e integrare lo sguardo dai contenuti e dai temi trattati alla "fitta trama di conversazioni" da cui è scaturito. Prendendo in prestito questa formula warburghiana mi riferisco come è ovvio non soltanto all'insieme di scambi, discussioni, dibattiti, e appunto di "conversazioni" che hanno costellato preparazione, progettualità e organizzazione di questa impresa, ma anche e soprattutto alla stratificazione straordinaria, alla dismisura, mi verrebbe da dire, di studi, ricerche, approfondimenti, acquisizioni di conoscenze elaborate e messe a frutto nel testo.

Come dire, in altro modo, che dalla lettura del testo affiora in controluce quasi inevitabilmente un fiume carsico, una flora e un humus sommerso (qualcosa di analogo alla individuazione da parte di Stanislavskij, nel caso del testo drammatico, di uno strato ulteriore nascosto che agli attori viene richiesto di attraversare e esplorare e che il maestro russo con una definizione folgorante descrive come il romanzo che manca al dialogo teatrale) che occorre prendere in considerazione se ci si vuole accostare poi in particolare alle scelte metodologiche operate in via programmatica dagli autori del volume.

Questa modalità di lettura credo aiuti difatti a comprendere l'individuazione della *performance* come criterio guida, come «principio metodologico cautelativo», così come scrive nella sua ricca presentazione Anne-Madeleine Goulet, un principio metodologico che a mio parere funziona come tessuto connettivo capace di tenere annodate insieme le varietà di livelli e di piani che strutturano i racconti, la molteplicità di prospettive e di punti di vista che conferiscono ricchezza e complessità al testo, e di mettere in luce e riscontrare dialoghi latenti, nessi di continuità, così come scarti e differenze feconde che caratterizzano i diversi contributi.

Purtuttavia poiché, come spesso è stato ricordato, il teatro di antico regime a Roma nella vita dei cittadini oltre ad avere significato e valore di disciplina pedagogica, di compito sociale, di passione disseminata e diffusa, ha funzioni accreditate di rappresentanza e mediazione, ha potere di orientare comportamenti e competenze, di stabilire protocolli, etichette, codici e convenzioni sociali, per questi suoi caratteri specifici e peculiari, e per i suoi profili continuamente ridisegnati e scontornati, l'approccio performativo «come spazio di interpretazione che dischiude la possibilità di individuare un intreccio di fenomeni convergenti» appare adeguato alla posta in gioco, al proposito di nuove e inedite prospettive storiografiche così come è enunciato nel testo.

In questo caso l'analisi performativa piuttosto che assimilare, ricalcare o adottare lo stampo o il modello dei dialoghi tra teatro e antropologia che sono racchiusi nella felice e fortunata formula del "teatro oltre gli spettacoli", ovvero nella messa in crisi del primato degli spettacoli e nella valorizzazione di una categoria ampia di fenomeni che corrisponde al contesto del "fare teatro", penso possa essere ricollegata in maniera più pertinente a quell'idea di teatro come "specchio di civiltà" che risale nella storia della storiografia teatrale del Novecento a uno statuto fondativo della disciplina, a un orientamento critico e a una linea di ricerche promossa e inaugurata da Giovanni Macchia, uno dei padri fondatori degli studi italiani di teatro.

D'altra parte per lo storico del teatro la scelta dell'approccio performativo lascia spazio a domande e interrogativi (e insieme favorisce la possibilità di mettere in crisi una serie di pregiudizi che peraltro scaturiscono dalla presa d'atto dei più spensierati e stravaganti risultati dei *performance studies*).

Come risarcire dunque la specificità del fare teatro, come risalire la corrente degli sconfinamenti, degli arricchimenti operati dall'analisi performativa, come possibile riportare l'attenzione ai mezzi teatrali del tempo, ai profili del repertorio, ai comportamenti scenici, alle tecniche impiegate, alle persistenze della tradizione e alle tradizioni del nuovo che affiorano dalle eccezioni, dagli "scarti creativi", dalle invenzioni che si discostano dall'individuazione di un «possibile modello organizzativo spettacolare romano». Credo che a ragione si possa sostenere che l'efficacia della scelta dell'analisi performativa, documentata peraltro dai risultati raggiunti in questa straordinaria impresa, così come il lettore ha avuto modo di constatare, possa essere ulteriormente avvalorata come efficace strumento di conoscenze se correlata alle metodologie di indagine della "nebulosa teatro" formulate fin dagli anni Settanta dallo storico del teatro Fabrizio Cruciani. Nel 1991 in una sua presentazione al volume *Teatro. Guide bibliografiche* edito da Garzanti, Cruciani individuava nella divaricazione tra "opere" e "modi di operare", tra la settorialità e la parzialità delle testimonianze collegate alle opere e la possibilità di restituire al teatro continuità e durata nella storia che scaturisce dall'analisi dei modi di operare, una nuova e diversa prospettiva per gli studi teatrali.

Scriveva in quell'occasione Fabrizio Cruciani:

> I modi di operare esistono nella "durata" degli uomini di teatro e degli spettatori, nella civiltà che producono e di cui sono parte, nella tradizione in quanto sistema attivo (quando è un valore positivo) di creare relazioni con l'accaduto. In questo senso il teatro non è effimero, come non lo è l'operare degli uomini: il teatro è una categoria di lunga durata oltre l'evento presente dello spettacolo (p. 3).

Il rovesciamento di prospettiva operato da Fabrizio Cruciani fondato sui "tempi lunghi" della storia lascia affiorare conoscenze, punti di vista, prospettive e approfondimenti inaspettati e imprevisti. A questo riguardo può essere considerata come un caso esemplare la questione della proscrizione delle donne a calcare le scene ovvero il fenomeno del *cross casting* che, come ricavo dalla lettura del volume, interessa anche fasti e imprese del teatro musicale del tempo. Una consuetudine plurisecolare che si tramuta in un marchio distintivo del teatro romano che influenza le scelte del repertorio (è alle origini della diffusione e della fortuna delle rielaborazioni del teatro spagnolo del *siglo de oro* che contemplano continui travestimenti e sovrapposizioni di identità collegati ad altrettanti colpi di scena), e che proprio attraverso le interferenze, gli spaesamenti, i cortocircuiti, gli slittamenti di senso che si producono, contribuisce a rimodellare le forme della relazione teatrale in un sistema autoreferenziale come quello romano del tempo in cui tutti i protagonisti sono altrettanti cittadini identificabili e riconoscibili.

Se la si considera alla luce dei "tempi lunghi" del teatro, la viscosità e la persistenza della consuetudine di impiegare giovinetti nei ruoli femminili può aiutare ad esempio a spiegare le ragioni del fallimento dell'avventura romana di Goldoni al teatro Tordinona nel 1759 che di regola e non per caso viene addebitata proprio allo "scandalo e al tradimento del travestitismo", all'incongruenza e alla inadeguatezza di attori impiegati nelle parti femminili. La recitazione artificiosa dell'attore nei panni femminili che per Goldoni è sintomo di dabbenaggine e arretratezza teatrale, che è agli antipodi rispetto alle concezioni del suo teatro riformato, è destinata nel volgere di pochi anni a tramutarsi nell'incanto e nel fascino che uno spettatore come Goethe sperimenta assistendo nel 1778 a Roma proprio a una *Locandiera* con una Mirandolina

en travesti, alla *performance* di un attore che si spoglia di ogni intenzione caricaturale, che è capace, a suo giudizio, di accostarsi con i
mezzi dell'arte, ovvero rinunciando alle scorciatoie dell'imitazione, a
un'essenza sottile dell'energia femminile. In questo caso la conoscenza
di un fenomeno del passato (nella fattispecie e per l'appunto la consuetudine di lunga durata della recitazione *en travesti*) viene a essere arric-
chita dal confronto di due differenti e divergenti punti di vista, dalla
presa d'atto della compresenza dei due differenti "modi di operare",
quello dello spettatore e quello dell'artefice responsabile materiale dello
spettacolo, che rappresentano le distinte polarità, gli aspetti fondativi
del teatro che dal punto vista metodologico è necessario prendere in
considerazione e integrare nei percorsi di ricerca.

Con queste rapide considerazioni intendo soprattutto sottolineare
(e ribadire) la straordinaria apertura per gli studi che scaturisce da
questa impresa. Questo libro indica difatti la possibilità, inedita,
originale e mai esplorata in maniera organica e compiuta prima d'ora,
di connettere l'ambito del performativo agli studi storici, di mettere a
frutto e valorizzare la nozione di performativo come linea guida per
l'analisi degli eventi del passato. Cosa implica questa opzione? Dal
punto di vista storiografico rappresenta un peculiare avanzamento
degli studi poiché sottrae all'egemonia della contemporaneistica
(alle ideologie del contemporaneo) l'appannaggio di uno strumento
metodologico in grado di operare sconfinamenti, di stabilire intrecci
e raccordi fecondi e di favorire nuovi e diversi orientamenti critici. È
in questa prospettiva che il libro va valutato come una vera e propria
pietra miliare, come un prezioso e significativo snodo fondativo degli
studi.

Ma oltre l'esercizio della critica, oltre la necessità di incessanti
ripensamenti e di continue ridefinizioni degli strumenti d'indagine,
la fascinazione che il teatro di quegli anni esercita per lo storico è poi
racchiusa nelle tracce di memoria che è possibile disseppellire e nelle
immagini "in vita" che si materializzano: la scena di un ballo di *lavandare* in giardino, la ripetizione di un verso del convittore di un collegio,
la prova di un passo di danza di una giovinetta, i trionfi profumati di
mirto di un banchetto principesco. Immagini che sfumano e lasciano
spazio ad altrettanti frammenti in contrappunto. Ai ricordi delle veglie
teatrali nei sontuosi palazzi romani, alla "catena perpetua" di fatiche
teatrali che si protraggono anno dopo anno, o alla frenesia inquieta
di quella notte di Carnevale in cui la regina Cristina si avventura in
incognito nel teatrino più malfamato della città, che è un frammento
isolato e disperso capace purtuttavia di restituire i profili controversi
di Roma e della sua diversità, di racchiudere le visioni di una città
cosmopolita e provinciale, ripiegata su se stessa, "buio e cupo antro
del fanatismo", così come la descrive in quegli anni Voltaire, e insieme
aperta, trasgressiva e licenziosa capitale teatrale del mondo.

BIBLIOGRAPHIE GÉNÉRALE

La bibliographie générale contient l'ensemble des références utilisées par les auteurs de cet ouvrage. La deuxième section regroupe les textes avant 1800, tandis que la troisième rassemble les études publiées après 1800. Les références sont précédées de l'abréviation (nom de l'auteur principal et date de publication) sous laquelle elles sont mentionnées dans les différentes contributions. Dans le cas des œuvres musicales, nous avons opté, dans la deuxième section, pour la présentation suivante :

    titre (librettiste / compositeur), livret, lieu, éditeur, date.
    titre (librettiste / compositeur), partition (date), cote du ms (ou : fac-similé).

On trouvera ainsi :

    Pompeo 1683a = *Il Pompeo* (N. Minato / A. Scarlatti), livret : Rome, Tizzoni, 1683.
    Pompeo 1683b = *Il Pompeo* (N. Minato / A. Scarlatti), partition (Rome 1683) : B-Br, Ms. II 3962 (Mus Fétis 2519) (facs. in J. Roberts (dir.), *Handel sources : materials for the study of Handel's borrowing*, vol. 6, New York-Londres, 1986).

Pour les références complètes des livrets répertoriés, on consultera le site *Repertorio e archivio di libretti del melodramma italiano dal 1600 al 1900* (http://corago.unibo.it/).

Le classement des sources italiennes respecte la norme selon laquelle on ne tient pas compte de l'article défini : ainsi *Il Pompeo* est classé à la lettre P.

I. Archives et bibliothèques

A-Wgm = Vienne, Gesellschaft der Musikfreunde in Wien
A-Wn = Vienne, Österreichische Nationalbibliothek
B-Bc = Bruxelles, Conservatoire royal de Bruxelles, Bibliothèque
B-Br = Bruxelles, Bibliothèque royale de Belgique (KBR)
CH-CObodmer = Cologny (Genève), Fondation Martin Bodmer, Bibliotheca Bodmeriana
D-B = Berlin, Staatsbibliothek zu Berlin – Preußischer Kulturbesitz, Musikabteilung
D-Dl = Dresde, Sächsische Landesbibliothek – Staats – und Universitätsbibliothek (SLUB)
D-MÜs = Münster, Santini-Bibliothek
E-Mn = Madrid, Biblioteca nacional de España

F-LYm = Lyon, Bibliothèque municipale
F-Pn = Paris, Bibliothèque nationale de France, Département de la musique
F-Pn (manuscrits) = Paris, Bibliothèque nationale de France, Département des manuscrits
GB-Cfm = Cambridge, Bibliothèque du Fitzwilliam Museum
GB-Lbl = Londres, British Library
GB-Ob = Oxford, Bodleian Library
I-Bc = Bologne, Museo internazionale e biblioteca della musica
I-Bu = Bologne, Biblioteca universitaria
I-Fn = Florence, Biblioteca nazionale centrale
I-Fm = Florence, Biblioteca Marucelliana
I-Gas = Gênes, Archivio di Stato
I-MOe = Modène, Biblioteca Estense universitaria
I-Nc= Naples, Biblioteca del Conservatorio di Musica San Pietro a Majella
I-PAas = Parme, Archivio di Stato
I-Ra = Rome, Biblioteca Angelica
I-Rarsi = Rome, Archivum Romanum Societatis Iesu
I-Ras = Rome, Archivio di Stato
I-Ras, LdR = Rome, Archivio di Stato, Archivio Lante della Rovere
I-Rasc = Rome, Archivio Storico Capitolino
I-Rasma = Rome, Archivio di Santa Maria dell'Anima
I-Rasmom = Rome, Archivio del Sovrano Militare Ordine di Malta
I-Rc = Rome, Biblioteca Casanatense
I-Rcaetani = Rome, Archivio Fondazione Camillo Caetani
I-Rcn = Rome, Archivio del Collegio Nazareno
I-Rdp = Rome, Archivio Doria Pamphilj
I-Rli = Rome, Biblioteca dell'Accademia nazionale dei Lincei e Corsiniana
I-Rn = Rome, Biblioteca nazionale centrale
I-Rps = Rome, Archivio generale delle Scuole pie
I-Rvic = Rome, Archivio storico diocesano
I-Tn = Turin, Biblioteca nazionale universitaria
I-SUss A. C. = Subiaco, Biblioteca statale del Monumento nazionale di Santa Scolastica, Archivio Colonna
I-Vgc = Venise, Fondazione Giorgio Cini, Istituto per il Teatro e il Melodramma
I-Vnm = Venise, Biblioteca nazionale Marciana
P-La = Lisbonne, Biblioteca do Palácio nacional da Ajuda
P-Ln = Lisbonne, Biblioteca nacional de Portugal
P-Lan = Lisbonne, Arquivo nacional da Torre do Tombo
V-CVaav = Cité du Vatican, Archivio Apostolico Vaticano [anciennement Archivio Segreto Vaticano]
V-CVbav = Cité du Vatican, Biblioteca Apostolica Vaticana

II. Sources

Abelle 1708 = *L'Abelle* (P. Ottoboni / F. Amadei), livret : Rome, Antonio de' Rossi, 1708.
Adami 1711 = A. Adami, *Osservazioni per ben regolare il coro de i cantori della Cappella Pontificia*, Rome, Antonio de' Rossi, 1711.

Albani *et al.* 1722 = A. Albani *et. al.*, *Rime sulle nozze degli eccellentissi-mi signori D. Marc'Antonio Conti duca di Guadagnolo e donna Faustina Mattei dei duchi di Paganica dedicate alla medesima da Annibale Antonini napoletano*, Rome, 1722.

Amati 1609 = S. Amati, *Illustrissimo et excell.mo D. D. Marco Antonio Columnae Paliani, ac Taliacotii duci, regniq. Neapolitani magno comestabili. Paraenesis. Scipionis Amati à Tribiliano iuris V. D.*, Rome, Iacobum Mascardum, 1609.

Amati 1634 = S. Amati, *Censura al Maestro di camera di Francesco Sestini da Bibiena*, Liège, Henrico Hartes, 1634.

Amati 1648 = S. Amati, *Laconismo politico sopra il consiglio di coscienza, che combatte la ragione di stato*, Rome, Lodovico Grignani, 1648.

Arbeau 1596 = T. Arbeau, *Orchésographie*, Langres, J. Des Preys, 1596. Fac-similé édité à Genève, 1972.

Argomento dello Spergiuro vendicato 1645 = *Argomento dello Spergiuro vendicato, tragicomedia rappresentata da gli alunni, e convittori del Collegio Nazareno di Roma l'anno 1645, nelle ferie del Carnevale*, Rome, Francesco Cavalli, 1645.

Argomento di San Giovanni Calibita 1639 = *Argomento del dramma di San Giovanni Calibita, rappresentata* [*sic*] *dall'alunni del Colleggio Nazareno nella Casa delle Scuole pie di Roma, nelle vacanze del Carnevale l'anno 1639*, Rome, Antonio Landini, 1639.

Arianna 1685 = *L'Arianna* (C. Bani / B. Pasquini), livret : Rome, Eredi del Corbelletti, 1685.

Aristotele 1997 = Aristotele, *Poetica*. Traduction, introduction et notes par D. Lanza, Milan, 1997.

Artaserse 1730 = *Artaserse* (P. Metastasio / L. Vinci), livret : Rome, Zempel e de Mey, 1730.

Astinome 1719 = *Astinome* (A. J. Lerner? / C. F. Pollarolo), livret : Rome, Bernabò, 1719.

Bacilly 1668 = B. de Bacilly, *Remarques curieuses sur l'art de bien chanter*, Paris, l'Auteur, 1668.

Bentivoglio 1648 = G. Bentivoglio, *Memorie del cardinale Bentivoglio*, Venise, Baglioni, 1648.

Boccaccio 1967 = G. Boccaccio, *De mulieribus claris* [1362-63], dans V. Zaccaria (dir.), *Tutte le opere di Giovanni Boccaccio*, Milan, 1967.

Bouchard 1632 = J.-J. Bouchard, *Journal I, Le Carnaval à Rome en 1632*. Édité par E. Kanceff, Turin, 1976.

Bullarium Romanum = A. Tomassetti, *Bullarium diplomatum et privilegiorum Sanctorum Romanorum Pontificum*, 24 vol., Augustae Taurinorum [Turin], Sebastiano Franco [puis A. Vecco], 1857-1872.

Capitolo Generale 1637 = *Decreti del Capitolo Generale celebrato nell'anno del Sig. 1637*, dans *Archivum Scholarum Piarum*, 13, 1954, p. 35-56.

Capitolo Generale 1641 = *Capitolo Generale de' Chierici regolari poveri della Madre di Dio delle Scuole pie celebrato in Roma l'anno del Signore 1641*, dans *Archivum Scholarum Piarum*, 13, 1954, p. 57-79.

Caroso 1581 = F. Caroso, *Il ballarino*, Venise, Francesco Ziletti, 1581. Fac-similé édité à New York, 1967.

Caroso 1600 = F. Caroso, *Nobiltà di dame*, Venise, Muschio, 1600. Fac-similé édité à Bologne, 1986.

Caroso 1630 = F. Caroso, *Raccolta di varii balli*, Rome, Guglielmo Facciotti, 1630.

Cavalli 2019 = F. Cavalli, *Il Xerse*. Édité par H. Schulze, S. E. Stangalino, Cassel, 2019.

Clemenza 1697a = *La clemenza d'Augusto* (C. S. Capece / S. De Lucca – C. F. Pollarolo – G. Bononcini), livret : Rome, Eredi del Corbelletti, 1697.

Clemenza 1697b = *La clemenza d'Augusto* (C. S. Capece / S. De Lucca – C. F. Pollarolo – G. Bononcini), partition (Rome 1697) : E-Mn, M2257.

Constitutiones 1781 = *Constitutiones Religionis Clericorum Regularium Pauperum Matris Dei Scholarum Piarum*, Rome, Joannis Zempel, 1781.

Convito di Baldassar 1708 = *Convito di Baldassar* (P. A. Ginori / Carlo Francesco Pollarolo), livret : Rome, Antonio de' Rossi, 1708.

Corago 1983 = *Il corago, o vero Alcune osservazioni per metter bene in scena le composizioni drammatiche* [1630 ca.]. Édité par P. Fabbri, A. Pompilio, Florence, 1983.

Crescimbeni 1700 = G. M. Crescimbeni, *La bellezza della volgar poesia*, Rome, Giovanni Francesco Buagni, 1700.

Crescimbeni 1702-1711 = G. M. Crescimbeni, *Comentarj* [...] *intorno alla sua Istoria della volgar poesia*, 6 vol., Rome, Antonio de' Rossi, 1702-1711.

David penitente 1708 = *Il David penitente* (G. Buonaccorsi / F. Magini), livret : Rome, Antonio de' Rossi, 1708.

De Bellebat 1709 = De Bellebat, *Relation du voyage de Monseigneur André de Mello de Castro à la cour de Rome, en qualité de envoyé extraordinaire du Roi de Portugal Dom Jean*, Paris, Anisson rue S. Jacques, 1709.

De Brosses 1858 = Ch. De Brosses, *Lettres familières écrites d'Italie en 1739 et 1740*. Édité par R. Colomb, Paris, 1858.

Deseine 1713 = F.-J. Deseine, *Rome moderne*, Leyde, P. Vander, 1713.

Di Borbone 1753 = A. di Borbone, *Trattato intorno alla commedia ed altri spettacoli secondo la tradizione della Chiesa. Scritto in Francese dal ser.mo principe di Contì Armando di Borbone*, Rome, Antonio Fulgoni, 1753.

Dichiarazione 1706 = *Dichiarazione del teatro alzato nell'Oratorio della Santissima Comunione Generale sotto il titolo della Madonna della Pietà, e di S. Francesco Saverio presso al Collegio Romano per l'espositione del Santissimo Sacramento, i dì VIII, IX e X febbraio del corrente anno MDCCVI*, Rome, Giovanni Francesco Buagni, 1706.

Didone abbandonata 1726 = *Didone abbandonata* (P. Metastasio / L. Vinci), livret : Rome, Bernabò, 1726.

Doni 1763 = G. B. Doni, *Trattato della musica scenica*, Florence, Stamperia Imperiale, 1763.

Dufort 1728 = G. Dufort, *Trattato del ballo nobile*, Naples, Felice Mosca, 1728. Édité dans Lombardi 2001.

Epistolario Calasanzio 1950-1988 = L. Picanyol (dir.), *Epistolario di san Giuseppe Calasanzio*, 10 vol., Rome, 1950-1988.

Equicola 1525 = M. Equicola, *Libro di natura d'Amore*, Venise, Lorenzo Lorio da Portese, 1525.

Esattissima descrizione 1690 = [Anonimo], *Esattissima descrizione dell'apparato fatto fare dall'eminentiss. e reverendiss. signor prencipe, cardinale*

Pietro Ottobono [...] *nella chiesa di S. Lorenzo in Damaso per l'esposizione del Santissimo Sagramento. Il dì 2 di febbraio 1690*, Rome, Giovanni Francesco Buagni, 1690.

Farnace 1724 = *Farnace* (A. M. Lucchini / L. Vinci), livret : Rome, Bernabò, 1724.

Fausta restituita 1697 = *Fausta restituita all'impero* (N. Bonis / G. A. Perti – G. L. Lulier ?), livret : Rome, Domenico Antonio Ercole, 1697.

Feuillet 1700 = R.-A. Feuillet, *Chorégraphie ou l'Art de décrire la dance, par caractères, figures et signes démonstratifs. Recueil de dances composées par Mr. Feuillet. Recueil de dances composées par Mr. Pécour*, Paris, l'auteur et Michel Brunet, 1700. Fac-similé édité à New York, 1968.

Fontana 1668 = C. Fontana, *Risposta del signor Carlo Fontana*, Rome, Bernabò, 1668.

Furetière 1701 = A. Furetière, *Dictionnaire universel, contenant generalement tous les mots françois, tant vieux que modernes, & les termes des sciences et des arts*, vol. 1, La Haye-Rotterdam, A. et R. Leers, 1701.

Gerardi 1643 = A. Gerardi, *Descrittione delle feste fatte in Roma per la nascita del Delfino hora Ludovico XIV, Re di Francia, e di Navarra e del donativo mandato alla santa casa di Loreto. Con un breve racconto dell'essequie fatte al defonto Re suo padre*, Rome, L. Grignani, 1643.

Giardini 1696 = G. B. Giardini, *La Beata Margherita da Cortona, oratorio cantato nella cesarea Capella [sic] della S. C. R. M.tà dell'imperatore Leopoldo l'anno 1696. Poesia del signor Gio. Battista Giardini. Musica del signor Antonio Gianettini*, Vienne, Susanna Cristina veuve de Matteo Cosmerovio, 1696.

Gigli 1994 = G. Gigli, *Diario di Roma (1608-1670)*. Édité par M. Barberito, 2 vol., Rome, 1994.

Giochi troiani 1688 = *I giochi troiani* (C. S. Capece / B. Pasquini), livret : Rome, Carlo Giannini, 1688.

Giustino 1724 = *Giustino* (N. Beregan / A. Vivaldi), livret : Rome, Bernabò, 1724.

Goethe 1788 = W. Goethe, *Frauenrollen auf dem Römischen Theater durch Männer gespielt*, dans *Der Teutsche Merkur*, 1-2, novembre 1788.

Goethe 1896 = W. Goethe, *Goethes Werke (Weimarer Ausgabe), Schriften zur Kunst, 1788-1800*, 1re section, vol. 47, Weimar, Böhlau, 1896, p. 267-274.

Gravina 1731 = V. Gravina, *Della tragedia. Libro uno*, Naples, Felice Mosca, 1731. Fac-similé édité à Bologne, 1973.

Grétry 1789 = A.-E.-M. Grétry, *Mémoires, ou Essais sur la Musique*, I, Paris, l'auteur, 1789.

Grossatesta 2005 = G. Grossatesta, *Balletti In occasione delle felicissime Nozze di Sua Eccellenza La Signora Loredana Duodo con Sua Eccellenza il Signor Antonio Grimani Composti da Gaetano Grossatesta Maestro di Ballo in Venezia e dallo stesso Presentati all'Eccellentissimo Sposo*. Fac-similé édité à Lucques, 2005.

Introduzione all'Oratorio 1707 = *Introduzione all'Oratorio della Passione per la feria quinta della Settimana Santa* (P. Ottoboni / P. P. Bencini), livret : Rome, Antonio de' Rossi, 1707.

Introduzione all'Oratorio 1708 = *Introduzione all'Oratorio della passione di nostro signor Gesù Cristo* (P. Ottoboni / P. P. Bencini), livret : Rome, Antonio de' Rossi, 1708.

La Rochefoucauld 1871 = F. J. de La Rochefoucauld, *Correspondance de M. de la Rochefoucauld Ambassadeur à Rome (1744-1748)*. Publiée par le baron de Girardot, Nantes, 1871.

Lalande 1765-1767 = J. de Lalande, *Voyage en Italie fait dans les années 1765 & 1766*, VI, Paris, Desaint, 1769.

Lang 1727 = F. Lang, *Dissertatio de actione scenica, cum figuris eandem explicantibus, et observationibus quibusdam de arte comica*, Munich, Maria Magdalena Riedlin, 1727.

Laudibus Clementis XII 1730 = *Laudibus Clementis XII Pont. Max. Academia habita in Collegio Nazareno XV. Kal. Septembris MDCCXXX*, Rome, Hieronymi Mainardi, 1730.

Lucio Papirio 1714 = *Lucio Papirio* (A. Salvi / F. Gasparini), livret : Rome, Bernabò, 1714.

Mabil 1801 = L. Mabil, *Teoria dell'arte de' giardini*, Bassano, 1801.

Magri 1779 = G. Magri, *Trattato teorico-prattico di ballo*, Naples, Vincenzo Orsino, 1779. Édité dans Lombardi 2001.

Mancini – Mancini 1987 = H. et M. Mancini, *Mémoires d'Hortense et de Marie Mancini*. Édité par G. Doscot, Paris, 1987 (1re éd. 1965).

Marcello 1720 = B. Marcello, *Il teatro alla moda*. Édité par A. Marianni, Milan, 1959 (*Biblioteca Universale Rizzoli*, 1463).

Marco Attilio Regolo 1719 = *Marco Attilio Regolo* (M. Noris / A. Scarlatti), livret : Rome, Bernabò, 1719.

Martirio di Santa Caterina 1708 = *Il martirio di Santa Caterina* (F. Forzoni Accolti / A. Caldara), livret : Rome, Antonio de' Rossi, 1708.

Martirio di Santa Cecilia 1708 = *Il martirio di Santa Cecilia* (P. Ottoboni / A. Scarlatti), livret : Rome, Antonio de' Rossi, 1708.

Mattei 1779 = S. Mattei, *La filosofia della musica, o sia della musica de' Salmi. Dissertazione*, dans *Delle opere di Saverio Mattei*, vol. 5, *I libri poetici della Bibbia tradotti dall'ebraico originale ed adattati al gusto della poesia italiana*, Naples, Giuseppe Maria Porcelli, 1779 (3e éd.), p. 285-320.

Maurizio 1692 = *Il Maurizio* (A. Morselli - S. Stampiglia / D. Gabrielli - S. De Luca), livret : Rome, Francesco de Lazari, 1692.

Ménestrier 1681 = C.-F. Ménestrier, *Des représentations en musique anciennes et modernes*, Paris, René Guignard, 1681.

Metastasio 1781 = P. Metastasio, *Opere*, vol. 1, Venise, A. Zatta, 1781.

Molière 1878 = Molière, *Œuvres*. Édité par E. Despois, P. Ménard, Paris, 1878.

Molière 1972 = Molière, *Œuvres complètes*. Édité par G. Couton, Paris, 1972.

Monesio 1680 = G. B. Monesio, *La Baviera trionfante. Applauso festivo per la maggiorità del serenissimo elettore Massimiliano Emanuele*, Rome, Angelo Bernabò, 1680.

Montaiglon 1893 = *Correspondance des directeurs de l'Académie de France à Rome avec les surintendants des bâtiments*. Éditée par A. de Montaiglon, vol. 4, Paris, 1893.

Muratori 1821 = L. A. Muratori, *Della perfetta poesia italiana spiegata e dimostrata con varie osservazioni [...] con le annotazioni critiche di Anton Maria Salvini*, 4 vol., Milan, 1821.

Negri 1602 = C. Negri, *Le gratie d'amore*, Milan, Eredi di Pacifico Pontio - Gio. Battista Piccaglia, 1602. Fac-similé édité à New York, 1969 et Bologne, 1969.

Negri 1604 = C. Negri, *Nuove Inventioni di Balli*, Milan, Girolamo Bordone, 1604.

Odoacre 1687a = *L'Odoacre* (N. Bonis / G. Varischino), livret : Reggio, Vedrotti, 1687.

Odoacre 1687b = *L'Odoacre* (N. Bonis / G. Varischino), partition (Reggio 1687) : I-Vnm, It. IV, 376 (= 9900).

Oratorio per la Santissima Annunziata 1708 = *Oratorio per la Santissima Annunziata* (P. Ottoboni / A. Scarlatti), livret : Rome, Antonio de' Rossi, 1708.

Ottoboni 1690a = [Drammi per musica di Pietro Ottoboni], ms., 1689-90 : V-CVbav, Ott. lat. 2360.

Palma 1628 = M. Palma, *Anatomia d'amore profano*, Venise, Eredi Guerigli, 1628.

Per la Passione 1707 = *Per la Passione di Nostro Signore Gesù Cristo* (P. Ottoboni / A. Scarlatti), livret : Rome, Antonio de' Rossi, 1707.

Per la Passione 1708 = *Per la Passione di Nostro Signore Gesù Cristo* (P. Ottoboni / A. Scarlatti), livret : Rome, Antonio de' Rossi, 1708.

Perrault 1670 = C. Perrault, *Courses de testes et de bague faites par le Roy et par les princes et seigneurs de sa cour en l'année M. DC. LXII*, Paris, Imprimerie royale, 1670.

Perrault 1682 = C. Perrault, *Le banquet des dieux pour la naissance de Monseigneur le Duc de Bourgogne*, Paris, J.-B. Coignard, 1682.

Plaisirs de l'Isle enchantée 1664 = *Les Plaisirs de l'Isle enchantée, course de bague : collation ornée de machines; comédie meslée de danse et de musique, ballet du palais d'Alcine, feu d'artifice : et autres festes galantes et magnifiques : faites par le Roy à Versailles, le VII may MDCLXIV et continuées plusieurs autres jours*, Paris, Robert Ballard, 1664.

Plaisirs de l'Isle enchantée 1673 = *Les Plaisirs de l'Isle enchantée, course de bague : collation ornée de machines; comédie meslée de danse et de musique, ballet du palais d'Alcine, feu d'artifice : et autres festes galantes et magnifiques : faites par le Roy à Versailles, le VII may MDCLXIV et continuées plusieurs autres jours*, 1673.

Pöllnitz 1734 = K.-L. von Pöllnitz, *Mémoires [...] contenant les observations qu'il a faites dans ses voyages et le caractère des personnes qui composent les principales cours de l'Europe*, vol. 2, Liège, Joseph Demen, 1734.

Pompeo 1683a = *Il Pompeo* (N. Minato / A. Scarlatti), livret : Rome, Tizzoni, 1683.

Pompeo 1683b = *Il Pompeo* (N. Minato / A. Scarlatti), partition (Rome 1683) : B-Br, Ms. II 3962 (Mus Fétis 2519) (fac-similé in *Handel Sources: Materials for the Study of Handel's Borrowing*. Édité par J. Roberts, vol. 6, New York-Londres, 1986).

Posterla 1707 = F. Posterla, *Roma sacra e moderna*, Rome, Francesco Gonzaga, 1707.

Raguenet 1702 = F. Raguenet, *Paralèle des Italiens et des François, en ce qui regarde la Musique et les Opéra*, Paris, J. Moreau, 1702.

Rameau 1725 = P. Rameau, *Le Maître à danser*, Paris, Jean Villette, 1725. Fac-similé édité à New York, 1967.

Ratio studiorum 1979 = *Ratio atque institutio studiorum Societatis Iesu* [Rome, 1616]. *L'ordinamento scolastico dei collegi dei Gesuiti*. Édité par M. Salomone, Milan, 1979.

Ratio studiorum 1986 = *Ratio atque institutio studiorum Societatis Iesu (1586, 1591, 1599)*. Édité par L. Lukàcs, Rome, 1986 (*Monumenta Historica Societatis Iesu*, 129).

Ratio studiorum 1989 = *La «Ratio studiorum». Il metodo degli studi umanistici nei collegi dei gesuiti alla fine del secolo XVI*. Édité par G. Raffo, Milan, 1989.

Ratio studiorum 2002 = *Ratio atque institutio studiorum Societatis Iesu* [1599]. Édité par A. Bianchi, Milan, 2002.

Recueil des meilleurs airs 1708 = *Recueil des meilleurs airs italiens qui ont été publics* [*sic*] *depuis quelques années*, Paris : Christophe Ballard, 1708.

Relatione 1658 = *Nova vera e' compita relatione delle feste et allegrezze fatte per la nascita del figliuolo del Re di Spagna dove s'intende il successo di tutte l'allegrezze fatte da gl'eminentiss. card. et eccellent. prencipi, et sig. titolati della natione spagnuola*, Rome, Giacomo Dragondelli, 1658.

Relatione de' fuochi artificiati 1653 = *Relatione de' fuochi artificiati, e feste fatte in Roma per la coronatione in Rè de' Romani di Ferdinando IV. Rè d'Ungheria, e Boemia, primogenito della Maestà Cesarea di Ferdinando III., Austriaco. Dall'eminentissimo, e reverendissimo prencipe il signor Girolamo cardinal Colonna protettore del sac. rom. Imperio. Dal collegio germanico di S. Apollinare, e dalla chiesa dell'Anima della natione teutonica*, Rome, Francesco Cavalli, 1653.

Relatione de' fuochi artificiati 1658 = *Relazione de' fuochi artificiati e feste fatte in Roma per la nascita del serenissimo real prencipe delle Spagne, nella chiesa di S. Giacomo de' Spagnoli, di S. Maria Maggiore, di San Carlo de' Milanesi, di S. Maria di Monserrato degl'Aragonesi, e della Madonna di Constantinopoli della nazione Siciliana*, Rome, Francesco Cavalli, 1658.

Ripa 1645 = C. Ripa, *Iconologia* [...] *divisa in tre libri ne i quali si esprimono varie imagini di virtù, vitij, affetti, passioni humane* [...]. Édité par G. Z. Castellini, Venise, Cristoforo Tomasini, 1645.

Rospigliosi 1998 = G. Rospigliosi, *Melodrammi profani*. Édités par D. Romei, Florence, 1998.

Rospigliosi 1999 = G. Rospigliosi, *Melodrammi sacri*. Édités par D. Romei, Florence, 1999.

Rossini 1693 = P. Rossini, *Il Mercurio errante delle grandezze di Roma*, Rome, G. Molo, 1693.

Rossini 1704 = P. Rossini, *Il Mercurio errante delle grandezze di Roma, tanto antiche, che moderne*, Rome, Antonio de' Rossi, 1704 (2e éd.).

Rossini 1715 = G. P. Rossini, *Il Mercurio errante delle grandezze di Roma, tanto antiche, che moderne* [...], Rome, Zenobi, 1715 (3e éd.).

Sacrifitio d'Abramo 1708 = *Il sacrifitio d'Abramo* (G. Buonaccorsi / P. P. Bencini), livret : Rome, Antonio de' Rossi, 1708.

Santucci 1614 = E. Santucci, *Mastro da Ballo* [...]. *Diviso in Tre Trattati con il quale ogni scolaro potrà facilmente imparare ogni sorte di Ballo, senza altra scola*, Pérouse, 1614. Fac-similé édité à Hildesheim par B. Sparti, 2004.

Sbarra 1667 = F. Sbarra, *Il pomo d'oro: festa teatrale rappresentata in Vienna*, Vienne, Matteo Cosmerovio, 1667.

Scipione 1724 = *Scipione* (A. Zeno / L. A. Predieri), livret : Rome, Bernabò, 1724.

Sesostri, re d'Egitto 1718 = *Sesostri, re d'Egitto* (A. Zeno - P. Pariati / F. Gasparini), livret : Rome, Bernabò, 1718.

Shakespeare 2002 = W. Shakespeare, *The Tempest* [1610-1611], Cambridge, 2002.

Statira 1690 = *La Statira* (P. Ottoboni / A. Scarlatti), livret : Rome, Giovanni Francesco Buagni, 1690.

Telemaco 1718a = *Telemaco* (C. S. Capece / A. Scarlatti), livret : Rome, Bernabò, 1718.

Telemaco 1718b = *Telemaco* (C. S. Capece / A. Scarlatti), partition : A-Wn, Mus. Hs.16487.

Teodora Augusta 1692 = *Teodora Augusta* (A. Morselli / A. Scarlatti), livret : Naples, Domenico Antonio Parrino – Michele Luigi Mutii, 1692.

Teodora Augusta 1693 = *Teodora Augusta* (A. Morselli / A. Scarlatti), livret : Rome, Giuseppe Vannacci, 1693.

Tesauro 1654 = E. Tesauro, *Il cannocchiale aristotelico, o sia Idea dell'argutezze heroiche volgarmente chiamate imprese*, Turin, Giovanni Sinibaldo, 1654.

Tessalonica 1673 = *Tessalonica* (N. Minato / A. Draghi), livret : Vienne, Matteo Cosmerovio, 1673.

Tessalonica 1683a = *La Tessalonica* (N. Minato / B. Pasquini), livret : Rome, Carlo Giannini, 1683.

Tessalonica 1683b = *La Tessalonica* (N. Minato / B. Pasquini), partition (Rome 1683) : A-Wgm, Ms. IV.27719.

Tessalonica 1684 = *La Tessalonica* (N. Minato / B. Pasquini), livret : Naples, Giovanni Francesco Paci, 1684.

Tessalonica 1686 = *La Tessalonica* (N. Minato / B. Pasquini), livret : Florence, Pietro Matini, 1686.

Tito Sempronio Gracco 1720 = *Tito Sempronio Gracco* (S. Stampiglia / A. Scarlatti), livret : Rome, Bernabò, 1720.

Tosi 1723 = P. Tosi, *Opinioni de' cantori antichi, e moderni o sieno osservazioni sopra il canto figurato*, Bologne, Lelio Della Volpe, 1723.

Valdemaro 1726 = *Il Valdemaro* (A. Zeno / D. N. Sarro), livret : Rome, Bernabò, 1726.

Valesio 1977-1979 = F. Valesio, *Diario di Roma*. Édité par G. Scano avec la coll. de G. Graglia, 6 vol., Milan, 1977-1979.

Venceslao 1716 = *Il Venceslao* (A. Zeno / F. Mancini), livret : Rome, Bernabò, 1716.

Zappi – Maratti 1770 = F. Zappi, F. Maratti, *Rime di Giovanbattista Felice Zappi e di Faustina Maratti sua consorte*, I, Venise, G. Sorti, 1770.

Zeno 1752 = A. Zeno, *Lettere* [...] *nelle quali si contengono molte notizie attenenti all'istoria letteraria de' suoi tempi e si ragiona di libri, d'iscrizioni, di medaglie e d'ogni genere d'erudita antichità*, Venise, Pietro Valvasense, 1752.

Zeno 1785 = A. Zeno, *Lettere*, vol. 6, Venise, 1785.

III. Études publiées après 1800

Abramović 2016 = M. Abramović, *Durch Mauern gehen: Autobiographie*, Munich, 2016.

Acquaro Graziosi 1998 = M. T. Acquaro Graziosi, *Pietro Metastasio e l'Arcadia*, dans Onorati 1998, p. 49-61.

Ademollo 1883 = A. Ademollo, *Il carnevale di Roma nei secoli XVII e XVIII. Appunti storici con note e documenti*, Rome, 1883.

Ademollo 1888 = A. Ademollo, *I teatri di Roma nel secolo decimosettimo*, Rome, 1888.

Adorni – Onori – Venzo 2018 = G. Adorni, T. Onori, M. I. Venzo, *Laurearsi a Roma* in utroque iure. *Forestieri e stranieri nei primi Registra doctorum et decretorum*, dans S. Cabibbo, A. Serra (dir.), *Venire a Roma, restare a Roma. Forestieri e stranieri fra Quattro e Seicento*, Rome, 2018, p. 101-118.

Adorno 1994 = T. W. Adorno, *Analytical study of the NBC "Music Appreciation Hour"*, dans *The Musical Quarterly*, 78-2, 1994, p. 325-377.

Ago 1997 = R. Ago, *Sovrano pontefice e società di corte. Competizioni cerimoniali e politica nella seconda metà del XVII secolo*, dans Visceglia – Brice 1997, p. 223-238.

Ago 2003 = R. Ago, *Rome au XVIIᵉ siècle : un marché baroque*, dans *Genèses*, 50-1, 2003 p. 4-23.

Ago 2006 = R. Ago, *Il gusto delle cose. Una storia degli oggetti nella Roma del Seicento*, Rome, 2006.

Ahrendt – Ferraguto – Mahiet 2014 = R. Ahrendt, M. Ferraguto, D. Mahiet (dir.), *Music and diplomacy from the early modern era to the present*, New York, 2014.

Albala 2007 = K. Albala, *The banquet: dining in the great courts of late Renaissance Europe*, Urbana-Chicago, 2007.

Albareda 2010 = J. Albareda, *La guerra de Sucesión de España (1700-1714)*, Barcelone, 2010.

Alm 1993a = I. Alm, *Catalog of Venetian librettos*, Berkeley-Los Angeles-Oxford, 1993 (*Catalogs and bibliographies*, 9).

Alm 1993b = I. Alm, *Theatrical dance in seventeenth-century Venetian opera*, thèse de doctorat, Université de Californie, 1993.

Alm 1995 = I. Alm, *Humanism and theatrical dance in early opera*, dans *Musica disciplina*, 49, 1995, p. 79-93.

Alm 2003 = I. Alm, *Winged feet and mute eloquence: dance in seventeenth-century Venetian opera*, dans *Cambridge Opera Journal*, 15, 2003, p. 216-280.

Alonge 2000 = R. Alonge, *Introduzione*, dans R. Alonge, G. Davico Bonino (dir.), *Storia del teatro moderno e contemporaneo*, vol. 1, *La nascita del teatro moderno: Cinquecento-Seicento*, Turin, 2000, p. 19-25.

Amadei 1936 = E. Amadei, *Documenti sul teatro delle Dame nell'Archivio del S.M.O. di Malta in Roma*, dans *Archivi d'Italia e rassegna internazionale degli archivi*, 1, 1936, p. 42-53.

Amayden 1967 = T. Amayden, *La storia delle famiglie romane*, annotée par C. A. Bertini. Fac-similé édité à Bologne, 1967.

Ambrosio 2017 = L. Ambrosio, *Drammi, commedie e favole musicali all'ombra del Colosseo. Mode, forme e contesti dell'opera a Roma tra il 1668 e il 1689*, thèse de doctorat, Université de Pavie, 2017.

Amendola 2017 = N. Amendola, *La poesia di Giovanni Pietro Monesio, Giovanni Lotti e Lelio Orsini nella cantata da camera del XVII secolo*, thèse de doctorat, Université de Rome Tor Vergata / Université Johannes Gutenberg de Mayence, 2017.

Andretta 2015 = E. Andretta *et al.* (dir.), *Tramiti. Figure e strumenti della mediazione culturale nella prima età moderna*, Rome, 2015.

Angiolillo 2000 = M. Angiolillo, *Il trionfo della scenografia barocca*, Rome, 2000.

Angiolini 1998 = F. Angiolini, *Les noblesses italiennes à l'époque moderne. Approches et interprétations*. Trad. De J. Boutier, dans *Revue d'histoire moderne et contemporaine*, 45-1, 1998, p. 66-88.

Angiolini 2003 = F. Angiolini, *Il lungo Seicento (1609-1737). Declino o stabilità?*, dans E. Fasano Guarini (dir.), *Storia della civiltà toscana*, Florence, 2003, p. 70-75.

Annibaldi 1993 = C. Annibaldi (dir.), *La musica e il mondo. Mecenatismo e committenza musicale in Italia tra Quattro e Settecento*, Bologne, 1993 (*Polifonie: Musica e spettacolo nella storia*).

Annibaldi 1998 = C. Annibaldi, *Towards a theory of musical patronage in the Renaissance and Baroque: the perspective from anthropology and semiotics*, dans *Recercare*, 10, 1998, p. 173-182.

Annibaldi 1999 = C. Annibaldi, Compte rendu de John W. Hill, *Roman monody, cantata and opera from the circles around Cardinal Montalto*, dans *Early Music History*, 18, p. 365-398.

Anselmi 2014 = A. Anselmi (dir.), *I rapporti tra Roma e Madrid nei secoli XVI e XVII. Arte, diplomazia e politica*, Rome, 2014.

Antolini – Gialdroni 1996 = B. M. Antolini, T. Gialdroni, *L'opera nei teatri pubblici a Roma nella prima metà del Settecento: fonti documentarie e musicali*, dans Franchi 1996, p. 113-142.

Antolini – Morelli – Spagnuolo 1994 = B. M. Antolini, A. Morelli, V. V. Spagnuolo (dir.), *La musica a Roma attraverso le fonti d'archivio. Atti del convegno internazionale (Roma, 4-7 giugno 1992)*, Lucques, 1994.

Antolini 2011 = B. M. Antolini, *Committenza e occasioni di musica nella Roma del tardo Settecento*, dans P. Quintili (dir.), *Vivere tra città e campagna. I piaceri della Villa dal secolo XVIII al XXI. Atti della giornata di studi (Villa Mondragone, 16 novembre 2007)*, Milan, 2011, p. 97-107.

Antonucci – Tedesco 2016 = F. Antonucci, A. Tedesco, *La "Comedia nueva" e le scene italiane nel Seicento. Trame, drammaturgie, contesti a confronto*, Florence, 2016.

Apostolidès 1981 = J.-M. Apostolidès, *Le Roi-machine. Spectacle et politique au temps de Louis XIV*, Paris, 1981.

Arcangeli 1994 = A. Arcangeli, *La disciplina del corpo e la danza*, dans P. Prodi (dir.), *Disciplina dell'anima, disciplina del corpo e disciplina della società tra medioevo ed età moderna*, Bologne, 1994, p. 417-436 (*Quaderno*, 40).

Arizzoli-Clémentel 2013 = P. Arizzoli-Clementel (dir.), *Versailles*, Paris, 2013.

Armando 2004 = D. Armando, *Assetto territoriale e dinamiche dei poteri nel ducato di Sermoneta*, dans *Bonifacio VIII, i Caetani e la storia del Lazio*, Rome, 2004, p. 143-174.

Armellini 2004 = M. Armellini, *Tra Napoli, Roma e Venezia: note sull'*Artaserse *di Metastasio e i suoi debutti*, dans M. G. Miggiani (dir.), *Il canto di Metastasio. Atti del convegno di studi (Venezia, 14-16 dicembre 1999)*, Bologne, 2004, p. 115-200.

Armellini 2005 = M. Armellini, *«... Meco sola è l'innocenza | che mi porta a naufragar». Tradimento, abbandono e deriva degli affetti nell'*Artaserse *di Metastasio e Vinci*, dans Pitarresi 2005, p. 79-152.

Arrighi – Insabato 2000 = V. Arrighi, E. Insabato, *Tra storia e mito: la ricostruzione del passato familiare nella nobiltà toscana dei secoli XVI-XVIII*, dans *L'identità genealogica e araldica. Fonti, metodologie, interdisciplinarità, prospettive. Atti del XXIII congresso internazionale di scienze genealogica e araldica (Torino, Archivio di Stato, 21-26 settembre 1998)*, vol. 2, Rome, 2000, p. 1099-1121 (*Pubblicazioni degli Archivi di Stato, Saggi*, 64).

Asor Rosa 1968 = A. Asor Rosa (dir.), *Antologia della letteratura italiana*, vol. 4, *Il Settecento e l'Ottocento*, Milan, 1968 (1re éd. 1967).

Aston – Savona 1991 = E. Aston, G. Savona, *Theatre as sign-system: a semiotics of text and performance*, Londres, 1991.

Atkinson 2016 = N. Atkinson, *The noisy Renaissance: sound, architecture and Florentine urban life*, University Park (Penn.), 2016.

Attanasio 1994 = A. Attanasio, *La documentazione delle famiglie gentilizie romane negli studi storici: il caso dell'archivio Colonna*, dans *Archivi e archivistica a Roma dopo l'unità. Genesi storica, ordinamenti, interrelazioni. Atti del convegno (Roma, 12-14 marzo 1990)*, Rome, 1994, p. 360-379.

Ausenda 1975 = G. Ausenda, *Chierici regolari poveri della Madre di Dio delle Scuole pie*, dans G. Pelliccia, G. Rocca (dir.), *Dizionario degli istituti di perfezione*, vol. 2, Milan, 1975, p. 927-945.

Austin 1962 = J. L. Austin, *How to do things with words*, Cambridge (Mass.), 1962. Trad. fr. de F. Recanati et G. Lane, *Quand dire c'est faire*, Paris, 2002 (1re éd. 1970).

Austin 1975 = J. L. Austin, *How to do things with words. The William James lectures delivered at Harvard University in 1955*, Oxford, 1975.

Badolato 2016 = N. Badolato, *«All'occhio, all'udito ed al pensiero»: gli allestimenti operistici romani di Filippo Juvarra per Pietro Ottoboni e Maria Casimira di Polonia*, Turin, 2016 (Fondazione 1563 per l'arte e la cultura, Collana *Alti studi sull'età e la cultura del barocco*, 1.1).

Badolato 2018 = N. Badolato, *Filippo Juvarra e il rinnovamento del gusto teatrale e operistico a Roma nel primo Settecento*, dans G. Dardanello (dir.), *Cultura, arte e società al tempo di Juvarra*, Florence, 2018, p. 33-62.

Baldassarri 2001 = M. L. Baldassarri, *Musica a ballo a Bologna nel Settecento*, dans Mòllica 2001a, p. 132-147.

Barbier 2016 = P. Barbier, *Voyage dans la Rome baroque : le Vatican, les princes et les fêtes musicales*, Paris, 2016.

Barbieri 1989 = P. Barbieri, *Cembalaro, organaro, chitarraro e fabbricatore di corde armoniche nella Polyanthea technica di Pinaroli (1718-32). Con notizie sui liutai e cembalari operanti a Roma*, dans *Recercare*, 1, 1989, p. 123-209.

Barbieri 1995 = P. Barbieri, *Musica, tipografi e librai a Roma: tecnologie di stampa e integrazioni biografiche (1583-1833)*, dans *Recercare*, 7, 1995, p. 49-85.

Barbieri 2006 = P. Barbieri, *Roman and Neapolitan gut strings 1550-1950*, dans *Galpin Society Journal*, 59, 2006, p. 147-181.

Barnett – D'Ovidio – La Via 2007 = G. Barnett, A. D'Ovidio, S. La Via (dir.), *Arcangelo Corelli fra mito e realtà storica. Nuove prospettive d'indagine musicologica e interdisciplinare nel 350° anniversario della nascita*, 2 vol., Florence, 2007.

Bartholeyns – Golsenne 2009 = G. Bartholeyns, T. Golsenne, *Une théorie des actes d'image*, dans Dierkens – Bartholeyns – Golsenne 2009, p. 15-25.

Baschet 2009 = J. Baschet, *Prologue. Images en acte et agir social*, dans Dierkens – Bartholeyns – Golsenne 2009, p. 9-14.

Bassani 2012 = F. Bassani, *Musiche policorali nella chiesa del Gesù: aspetti di prassi esecutiva*, dans Giron-Panel – Goulet 2012, p. 357-377.

Basso 1995 = A. Basso (dir.), *Musica in scena: storia dello spettacolo musicale*, vol. 5, *L'arte della danza e del balletto*, Turin, 1995.

Battistelli 1986 = F. Battistelli, *Scenografia, scenotecnica e teatri: Sabbatini e Torelli*, dans F. Battistelli (dir.), *Arte e cultura nella provincia di Pesaro e Urbino. Dalle origini a oggi*, Venise, 1986, p. 377-386.

Bauman 1986 = R. Bauman, *Performance and event: contextual studies of oral narrative*, Cambridge, 1986.

Bauman 1992 = R. Bauman, *Folklore, cultural performance, and popular entertainment*, Oxford, 1992.

Becker 1982 = H. S. Becker, *Art worlds*, Berkeley-Londres, 1982.

Béguin 2003 = K. Béguin, *Les enjeux et les manifestations du mécénat aristocratique*, dans C. Cessac, M. Couvreur (dir.), *La Duchesse du Maine (1676-1753). Une mécène à la croisée des arts et des siècles*, Bruxelles, 2003, p. 23-35.

Bellina – Caruso 1998 = A. L. Bellina, C. Caruso, *Oltre il Barocco: la fondazione dell'Arcadia. Zeno e Metastasio: La riforma del melodramma*, dans E. Malato (dir.), *Storia della letteratura italiana*, vol. 6, *Il Settecento*, Rome, 1998, p. 239-312.

Belting 1998 = H. Belting, *Image et culte. Une histoire de l'image avant l'époque de l'art*. Trad. de F. Muller, Paris, 1998 = *Bild und Kult. Eine Geschichte des Bildes vor dem Zeitalter der Kunst*, Munich, 1990.

Bély 2015 = L. Bély, *L'art de la paix en Europe. Naissance de la diplomatie moderne*, Paris, 2015.

Benedetti 1997 = S. Benedetti, *Architettura in Arcadia: poetica e formatività*, dans *L'architettura dell'Arcadia nel Settecento Romano*, Rome, 1997, p. 83-96 (1re éd. 1991).

Benocci 2004 = C. Benocci, *Dalle donne illustri alle "belle dame"*, dans C. Benocci, T. di Carpegna Falconieri, *Le Belle. Ritratti di dame del Seicento e del Settecento nelle residenze feudali del Lazio*, Rome, 2004, p. 19-31.

Benocci 2009 = C. Benocci, *A pranzo con il cardinale Flavio Chigi: i manifesti politici e letterari, l'ottimo cibo, le belle donne*, dans I. van Kampen (dir.), *I Chigi a Formello. Il feudo, la storia e l'arte, catalogo della mostra (Formello, Sala Orsini di Palazzo Chigi, 14 novembre-31 dicembre 2009)*, Formello, 2009, p. 63-68.

Berti – Corswarem 2016 = M. Berti, E. Corswarem, *Il modello musicale delle chiese nazionali a Roma in epoca barocca: panoramica e nuove prospettive di ricerca*, dans A. Köller, S. Kubersky-Piredda (dir.), *Identità e rappresentazione. Le chiese nazionali a Roma, 1450-1650*, Rome, 2016, p. 233-247.

Berti – Corswarem 2019a = M. Berti, E. Corswarem (dir.), *Music and the identity process. The national churches of Rome and their networks in the early modern period*, Turnhout, 2019.

Berti – Corswarem 2019b = M. Berti, E. Corswarem, *Introduction*, dans Berti – Corswarem 2019a, p. 13-31.

Berti 2011 = M. Berti, *Un caso di committenza dell'Ambasciatore francese a Roma: il "Componimento Dramatico" di Jommelli e il quadro "Fête musicale" di Pannini per le nozze del Delfino di Francia (1747)*, dans *Fonti Musicali Italiane*, 16, 2011, p. 93-125.

Berti 2012 = M. Berti, *La vetrina del Re: il duca di Saint-Aignan, ambasciatore francese a Roma, tra musicofilia e politica del prestigio (1731-1741)*, dans G. Monari, *Mecenatismo e musica tra i secoli XVII e XVIII*, Lucques, 2012, p. 233-288.

Berti 2018 = M. Berti, *Europe in Rome/Rome in Europe: diplomacy as a network of cultural exchanges*, dans F. Ramel, C. Prévost-Thomas (dir.), *International relations, music and diplomacy. Sounds and voices on the international stage*, Cham, 2018, p. 23-41.

Berti 2019 = M. Berti, *Inside and outside a national church: music, ceremonies and nationality in early modern Rome*, dans V. De Lucca, Ch. Jeanneret (dir.), *The Grand Theatre of the world: music, space and the performance of identity in early modern Rome*, Londres, 2019, p. 181-195.

Bertini 1964 = A. Bertini, *Roma, Biblioteca Corsiniana e dell'Accademia nazionale dei Lincei. Catalogo dei fondi musicali Chiti e Corsiniano*, Milan, 1964.

Bertini 1967 = C. A. Bertini, «Introduzione», dans Amayden 1967.

Bianconi – Pestelli 1988 = L. Bianconi, G. Pestelli (dir.), *Storia dell'opera italiana*, vol. 5, *La spettacolarità*, Turin, 1988.

Bianconi – Walker 1975 = L. Bianconi, Th. Walker, *Dalla* Finta pazza *alla* Veremonda: *storie di Febiarmonici*, dans *Rivista italiana di musicologia*, 10, 1975, p. 379-454.

Bianconi – Walker 1984 = L. Bianconi, Th. Walker, *Production, consumption and political function of seventeenth-century opera*, dans *Early Music History*, 4, 1984, p. 209-296.

Bianconi 1991 = L. Bianconi, *Il Seicento*, Turin, 1991 (*Storia della musica*, 5).

Bianconi 1996 = L. Bianconi, *Music in the seventeenth century*, Cambridge, 1996 (traduction de Bianconi 1991).

Bianconi 2000 = L. Bianconi, *Illusione e simulazione: «La finta pazza»*, dans Milesi 2000, p. 77-85.

Bibliografia Romana 1880 = *Bibliografia Romana. Notizie della vita e delle opere degli scrittori romani dal secolo XI fino ai giorni nostri*, vol. 1, Rome, Tipografia Eredi Botta, 1880.

Biet 2013a = C. Biet, *Molière et l'affaire Tartuffe (1664-1669)*, dans *Histoire de la justice*, 23-1, 2013, p. 65-79.

Biet 2013b = C. Biet, *Séance, performance, assemblée et représentation : les jeux de regards au théâtre (XVIIᵉ-XXIᵉ siècle)*, dans *Littératures classiques*, 82, 2013, p. 79-97.

Biet 2013c = C. Biet, *Pour une extension du domaine de la performance (XVIIe-XXIe siècle). Événement théâtral, séance, comparution des instances*, dans *Communications*, 92, 2013, p. 21-35.

Biet 2019 = C. Biet, *Foyers, chauffoirs, chaleur et hétérogénéité des publics au théâtre. La séance comme contre-pouvoir ?*, dans Goulet 2019b, p. 211-225.

Biggi 2000 = M. I. Biggi, *Torelli a Venezia*, dans Milesi 2000, p. 33-40.

Bigliazzi 2002 = S. Bigliazzi, *Sull'esecuzione testuale. Dal testo letterario alla performance*, Pise, 2002.

Bignami Odier 1973 = J. Bignami Odier, *La Bibliothèque Vaticane de Sixte IV à Pie XI. Recherches sur l'histoire des collections de manuscrits*, Cité du Vatican, 1973.

Binni 1963 = W. Binni, *L'Arcadia e il Metastasio*, Florence, 1963.

Bizzocchi 1995 = R. Bizzocchi, *Genealogie incredibili. Scritti di storia nell'Europa moderna*, Bologne, 1995.

Bjurström 1961 = P. Bjurström, *Giacomo Torelli and Baroque stage design*, Stockholm, 1961.

Bjurström 2000 = P. Bjurström, *Nicodemus Tessin il Giovane. Descrizione delle macchine sceniche nei teatri veneziani, 1688*, dans Milesi 2000, p. 29-32.

Blichmann 2007 = D. Blichmann, «*So che un barbaro sei, né mi spaventi*». *Spunti esotici nella "Didone abbandonata" di Metastasio*, dans F. Cotticelli, P. Maione (dir.), *Le arti della scena e l'esotismo in età moderna / The performing arts and exoticism in the Modern Age*, Naples, 2007, p. 235-270.

Blichmann 2012 = D. Blichmann, *Die Macht der Oper – Oper für die Mächtigen. Römische und venezianische Opernfassungen von Dramen Pietro Metastasios bis 1730*, Mayence, 2012 (*Schriften zur Musikwissenschaft*, 20).

Blichmann 2018 = D. Blichmann, *The Stuart-Sobieska opera patronage in Rome: political propaganda in the Teatro Alibert (1720-1723)*, dans Rasch 2018, p. 107-152.

Blichmann 2019a = D. Blichmann, *L'abito spagnuolo di Metastasio (Teatro del Buen Retiro, 1747-1758). Spettacolarità esotica e la propaganda politica di Ferdinando VI e Maria Barbara di Braganza*, dans V. Sánchez Sánchez (dir.), *Intercambios musicales entre Italia y España en los siglos XVIII y XIX / Gli scambi musicali fra Italia e Spagna nei secoli XVIII e XIX*, Bologne, 2019, p. 217-258 (*Ad Parnassum Series*, 12).

Blichmann 2019b = D. Blichmann, *The Stuart-Sobieska opera patronage in Rome: The Teatro Alibert and considerations about music, singers and musicians (1720-1730)*, dans *MEFRIM*, 131-1, 2019, p. 177-200.

Blichmann 2020 = D. Blichmann, «*Io son de l'acque il Nume»: God of the rivers – God of the sea? Neptune in Italian Baroque stage performances and its different meaning in Rome and Venice*, dans P. Diez del Corral Corredoira (dir.), *A donde Neptuno reina: water and gods in the iconography of power during the Modern Era (XVI-XVII)*, Lisbonne, 2020, p. 177-234.

Bloch 2009 = M. Bloch, *Apologia della storia o Mestiere di storico*, traduit par G. Gouthier, Turin, 2009.

BNCF 2006 = Biblioteca nazionale centrale di Firenze, *Nuovo Soggettario. Guida al sistema italiano di indicizzazione per soggetto*, Milan, 2006.

Boiteux 1977 = M. Boiteux, *Carnaval annexé. Essai de lecture d'une fête romaine*, dans *Annales. Histoire, Sciences sociales*, 32-2, 1977, p. 356-380.

Boiteux 1985 = M. Boiteux, *Fêtes et traditions espagnoles à Rome au XVIIᵉ siècle*, dans Fagiolo – Madonna 1985, p. 117-134.

Boiteux 1992 = M. Boiteux, *Barocco e commemorazione. Tra durevole e effimero*, dans M. Fagiolo, M. L. Madonna (dir.), *Il barocco romano e l'Europa*, Rome, 1992, p. 697-720.

Boiteux 2010 = M. Boiteux, *Fêtes et animations au Palais Farnèse, XVIᵉ-XVIIIᵉ siècle*, dans *Palais Farnèse. (Catalogue de l'exposition, Florence-Milan, 2010)*, Arles-Florence, 2011, p. 232-247.

Bolduc 2016 = B. Bolduc, *La fête imprimée. Spectacles et cérémonies politiques (1549-1662)*, Paris, 2016 (*Lire le XVIIᵉ siècle*, 39).

Bombi 2015 = A. Bombi, *Águilas canoras: los jesuitas valencianos y la música (1573-1767)*, dans *Il Saggiatore musicale*, 22-2, 2015, p. 151-202.

Boncompagni Ludovisi 1904 = F. Boncompagni Ludovisi, *Le prime due ambasciate dei giapponesi a Roma*, dans *Civiltà Cattolica*, 55-3, 1904, p. 455-461.

Bonella 1995 = A. L. Bonella, *I libri di cucina del Collegio Nazareno di Roma (secolo XVII)*, dans *Gli archivi per la storia dell'alimentazione. Atti del convegno (Potenza-Matera, 5-8 settembre 1988)*, vol. 2, Rome, 1995, p. 1302-1317.

Borello 2016 = B. Borello, *Il posto di ciascuno. Fratelli e sorelle e fratellanze (XVI-XIX secolo)*, Rome, 2016 (*Studi del Dipartimento di Storia, Culture, Religioni - Sapienza Università di Roma*, 12).

Borgia 2006 = L. Borgia, *L'evento e l'ombra: fenomenologia del nuovo teatro italiano, 1959-1967*, Lucques, 2006.

Bortoletti – Sacchi 2018 = F. Bortoletti, A. Sacchi, *La performance della memoria. La scena del teatro come luogo di sopravvivenze, ritorni, tracce e fantasmi*, Bologne, 2018 (*Biblioteca di Scienze della Comunicazione*).

Boucher 2003 = J. Boucher, *La fête au XVIᵉ siècle*, dans M. Viallon-Schonevel (dir.), *La Fête au XVIᵉ siècle. Actes du Xᵉ Colloque du Puy-en-Velay*, Saint-Étienne, 2003, p. 9-18.

Bougnoux 1996 = D. Bougnoux, *Bis ! ou l'action spectrale*, dans D. Bougnoux (dir.), *La Querelle du spectacle*, numéro thématique des *Cahiers de médiologie*, 1, 1996, p. 15-27.

Bouhaïk-Gironès – Spina – Traversier 2018 = M. Bouhaïk-Gironès, O. Spina, M. Traversier (dir.), *La Mécanique de la représentation. Machines et effets spéciaux sur les scènes européennes (XVᵉ-XVIIIᵉ siècles)*, numéro thématique de la *Revue d'Histoire du Théâtre*, 278-2, 2018.

Bouquet 1976 = M.-T. Bouquet, *Il teatro di corte. Dalle origini al 1788*, dans A. Basso (dir.), *Storia del Teatro Regio di Torino*, vol. 1, Turin, 1976.

Bourdieu 1982a = P. Bourdieu, *Ce que parler veut dire*, Paris, 1982.

Bourdieu 1982b = P. Bourdieu, *Les rites comme acte d'institution*, dans *Actes de la recherche en sciences sociales*, 43, 1982, p. 58-63.

Boureau 1991 = A. Boureau, *Les cérémonies royales françaises entre performance juridique et compétence liturgique*, dans *Annales. Économies, Sociétés, Civilisations*, 46, 1991, p. 1253-1264.

Boutier – Marin 1998 = J. Boutier, B. Marin, *Regards sur l'historiographie récente de l'Italie moderne*, dans *Revue d'histoire moderne et contemporaine*, 45-1, 1998, p. 7-14.

Boutier 2019 = J. Boutier, *Perspectives*, dans Goulet 2019b, p. 419-427.

Bowens 1999 = J. A. Bowens, *Finding the music in musicology. Performance history and musical works*, dans N. Cook et M. Everist (dir.), *Rethinking music*, Oxford 1999, p. 424-451.

Brasão 1937 = E. Brasão, *D. João V e a Santa Sé. As relações diplomáticas de Portugal com o governo pontifício de 1706 a 1750*, Coimbra, 1937.

Braudel 1958 = F. Braudel, *Histoire et Sciences sociales : la longue durée*, dans *Annales. Économies, sociétés, civilisations*, 13-4, 1958, p. 723-753.

Braudel 2001 = F. Braudel, *Scritti sulla storia*, Milan, 2001.

Brenneke 1968 = A. Brenneke, *Archivistica. Contributo alla teoria ed alla storia archivistica europea*. Trad. de R. Perrella, Milan, 1968 [http://www.icar.beniculturali.it/biblio/pdf/Brenneke/brenneke.pdf].

Brice 2009 = C. Brice, *La Cour, les cours, quelques propositions*, dans *Hypothèses*, 1-12, 2009, p. 87-96.

Brizzi 1981a = G. P. Brizzi, *Caratteri ed evoluzione del teatro di collegio italiano (secc. XVII-XVIII)*, dans M. Rosa (dir.), *Cattolicesimo e lumi nel Settecento italiano*, Rome, 1981, p. 177-204.

Brizzi 1981b = G. P. Brizzi (dir.), *La* Ratio studiorum: *modelli culturali e pratiche educative dei gesuiti in Italia tra Cinque e Seicento*, Rome, 1981.

Broggio 2002 = P. Broggio, *L'Urbs e il mondo. Note sulla presenza degli stranieri nel Collegio Romano e sugli orizzonti geografici della "formazione romana" tra XVI e XVII secolo*, dans *Rivista di Storia della Chiesa in Italia*, 56-1, 2002, p. 81-120.

Broughton 2006 = V. Broughton, *Essential thesaurus construction*, Londres, 2006.

Brown 1987 = H. M. Brown, *Recent research in the Renaissance: criticism and patronage*, dans *Renaissance Quarterly*, 40-1, 1987, p. 1-10.

Brown 1995 = J. W. Brown, *On the road with the "suitcase aria": the transmission of borrowed arias in late seventeenth-century Italian opera revivals*, dans *Journal of Musicological Research*, 15-1, 1995, p. 3-23.

Brunelli 1943-1954 = B. Brunelli (dir.), *Tutte le opere di Pietro Metastasio*, 5 vol., Milan, 1943-1954.

Bruni *et al.* 1980 = B. Bruni *et al*, *Memorie storiche dell'Accademia degli Incolti*, Rome, 1978 (*Quaderni degli Accademici Incolti*, 1).

Bryant 1986 = L. Bryant, *The king and the city in the Parisian royal entry ceremony: politics, ritual and art in the Renaissance*, Genève, 1986.

Burke 2005 = P. Burke, *Performing history: the importance of occasions*, dans *Rethinking History*, 9-1, 2005, p. 35-52.

Burke 2012 = P. Burke, *Varieties of performance in seventeenth-century Italy*, dans Gillgren – Snickare 2012, p. 15-23.

Busiri-Vici 1906 = A. Busiri-Vici, *Sontuoso ricevimento ed artistico-poetico magnifico convito della nobiltà di Roma sparita*, Rome, 1906.

Bussels – Van Oostveldt 2019 = Stijn Bussels, B. Van Oostveldt, « *Le comportement rétabli* » *et la performance de la Pucelle de la ville dans les joyeuses entrées à Anvers*, dans Dekoninck *et al.* 2019a, p. 297-317 = version française de *"Restored behavior" and the performance of the city maiden in joyous entries into Antwerp*, dans A. L. Van Bruaene, A. Kavaler (dir.), *Netherlandish Culture of the sixteenth century. Urban Perspectives*, Turnhout, 2017, p. 147-166 (*Studies in European urban history*, 41).

Butler 1990 = J. Butler, *Gender trouble: feminism and the subversion of identity*, Londres-New York, 1990.

Butler 1993 = J. Butler, *Bodies that matter: on the discursive limits of sex*, Londres-New York, 1993.

Butler 2008 = M. Butler, *The Stuart court masque and political culture*, Cambridge, 2008.

Butt 1996 = J. Butt, *Acting up a text: the scholarship of performance and the performance of scholarship*, dans *Early Music*, 24-2, 1996, p. 323-328.

Butt 2002 = J. Butt, *Playing with history: the historical approach to musical performance*, Cambridge, 2002.

Caetani 1925 = G. Caetani, *Regesta chartarum*, I, Perugia, 1925 (*Documenti dell'Archivio Caetani*).

Cagli 1985a = B. Cagli (dir.), *Le muse galanti: la musica a Roma nel Settecento*, Rome, 1985.

Cagli 1985b = B. Cagli, *Produzione musicale e governo pontificio*, dans Cagli 1985a, p. 11-21.

Caira Lumetti 2005 = R. Caira Lumetti, *Le* Eruditioni per li cortigiani: *teoria e pratica del poeta cesareo Nicolò Minato*, dans L. Sannia Nowè, F. Cotticelli, R. Puggioni (dir.), *«Sentir e meditar». Omaggio a Elena Sala di Felice*, Rome, 2005, p. 67-73.

Cairo – Quilici 1981 = L. Cairo, P. Quilici, *Biblioteca teatrale dal '500 al '700. La raccolta della Biblioteca Casanatense*, Rome, 1981 (*Il Bibliotecario*, 5).

Cairo 1989 = L. Cairo, *Rappresentazioni sceniche nei palazzi della Roma settecentesca*, dans *Teatro a Roma nel Settecento* 1989, vol. 2, p. 783-791.

Calcagni et al. 1979 = O. Calcagni et al., *I regolamenti del Collegio Nazareno. Un contributo alla storia della pedagogia calasanziana*, Rome, 1979 (*Quaderni degli Accademici Incolti*, 2).

Calcaterra 2004 = F. Calcaterra, *La spina nel guanto. Corti e cortigiani nella Roma barocca*, Rome, 2004.

Caluori 1971 = E. Caluori, *The cantatas of Luigi Rossi*, thèse de doctorat, Université de Brandeis, 1971.

Calvitti – Viti 2009 = T. Calvitti, E. Viti, *Da ISO 2788 ai nuovi standard per la costruzione e l'interoperabilità dei vocabolari controllati*, dans *Bollettino AIB*, 49-3, 2009, p. 307-322.

Cametti 1938 = A. Cametti, *Il Teatro Tordinona poi di Apollo*, 2 vol., Rome-Tivoli, 1938.

Campóo Schelotto 2015 = D. Campóo Schelotto, *Danza y educación nobiliaria en el siglo XVIII: el "método" de la escuela de baile en el Real Seminario de Nobles de Madrid*, dans *Ars bilduma*, 5, 2015, p. 157-173.

Canepari 2017 = E. Canepari, *La construction du pouvoir local : élites municipales, liens sociaux et transactions économiques dans l'espace urbain : Rome, 1550-1650*, Rome, 2017.

Cannizzo 1990 = L. Cannizzo, *Vent'anni di storia di un teatro romano: il Capranica (1678-1698)*, dans R. Ciancarelli (dir.) *Il libro di teatro*, Rome, 1991, p. 31-45 (*Annali del dipartimento di musica e spettacolo dell'Università di Roma*).

Canova-Green 2018 = M.-Cl. Canova-Green, *Faire le roi. L'autre corps de Louis XIII*, Paris, 2018.

Cappelluti 2011 = D. Cappelluti, *La tragedia gesuitica tra retorica e pedagogia. L'esempio di Leonardo Cinnamo al Collegio dei Nobili di Napoli*, thèse de doctorat, Université de Salerno, 2011.

Carandini 1978 = S. Carandini, *Una società della festa: committenti, luoghi, occasioni, organizzazione, pubblico*, dans Fagiolo dell'Arco – Carandini 1977-1978, vol. 1, p. 283-455.

Carandini 1997 = S. Carandini, *Teatro e spettacolo nel Seicento*, Rome-Bari, 1997 (*Biblioteca Universale Laterza*, 306; 1ʳᵉ éd. 1990).

Carandini 2000 = S. Carandini, *L'effimero spirituale. Feste e manifestazioni religiose nella Roma dei papi in età moderna*, dans L. Fiorani, A. Prosperi (dir.), *Storia d'Italia. Annali XVI. Roma, la città del papa: vita civile e religiosa dal giubileo di Bonifacio VIII al giubileo di papa Wojtyła*, Turin, 2000, p. 520-553.

Careri 1987 = E. Careri, *Catalogo dei manoscritti musicali dell'Archivio Generale delle Scuole pie a San Pantaleo*, Rome, 1987.

Careri 1998 = E. Careri, *Catalogo del fondo musicale Chiti-Corsini della Biblioteca Corsiniana di Roma*, Rome, 1998.

Carlson 1996 = M. Carlson, *Performance: a critical introduction*, New York, 1996.

Carlson 2008 = M. Carlson, *Introduction: perspectives on performance. Germany and America*, dans Fischer-Lichte 2008, p. 1-10.

Carluccio 2010 = M. Carluccio, *Manuale di scenotecnica barocca: le macchine dell'infinito*, Bari 2010.

Carrer – Gentili-Tedeschi 2017 = P. Carrer, M. Gentili-Tedeschi, *Sartori, Claudio Giulio Maria*, dans *DBI*, vol. 90, Rome, 2017.

Carrier 2012 = D. Carrier, *Baroque rhetoric: the methodology*, dans Gillgren – Snickare 2012, p. 219-230.

Carrió-Invernizzi 2008 = D. Carrió-Invernizzi, *El gobierno de las imágenes. Ceremonial y mecenazgo en la Italia española de la segunda mitad del siglo XVII*, Madrid, 2008.

Caruso 1995 = C. Caruso, *Italian opera libretti 1679-1721: universality and flexibility of a literary genre*, dans M. Lutolf (dir.), *Alessandro Scarlatti und seine Zeit*, Berne, 1995, p. 21-37.

Casalini – Salvarani 2013 = C. Casalini, L. Salvarani, *Roma 1566. I collegi gesuiti alle origini del teatro barocco*, dans *Educazione. Giornale di pedagogia critica*, 2-1, 2013, p. 29-51.

Casanova 1928 = E. Casanova, *Archivistica*, Siene, 1928 (2ᵉ éd.).

Cassella 2013 = M. Cassella, *Dati aperti e ricerca scientifica: aspetti gestionali e normativi nel contesto dell'e-science*, dans *AIB studi*, 53-3, 2013, p. 223-228.

Cavaleri 2013 = P. Cavaleri, *La biblioteca crea significato. Thesaurus, termini e concetti*, Milan, 2013.

Cavazzini 2018 = P. Cavazzini, *Marketing strategies and the creation of taste in seventeenth-century Rome*, dans P. Coen (dir.), *The art market in Rome in the eighteenth century. A study in the social history of art*, Leyde, 2018, p. 68-85.

Cavazzini 2019 = P. Cavazzini, *Middle-class patronage, collecting, and the art market*, dans P. M. Jones, B. Wisch, S. Ditchfield (dir.), *A companion to early modern Rome, 1492-1692*, Leyde-Boston, 2019, p. 412-427.

Cencetti 1955 = G. Cencetti, *Archivi e scuole d'archivio dal 1765 al 1911. I precedenti storici e legislativi di un discusso problema*, dans *Rassegna degli Archivi di Stato*, 15, 1955, p. 5-31.

Ceriana Mayneri 1959 = C. Ceriana Mayneri, *I Lante Montefeltro della Rovere*, Milan, 1959.

Cerocchi 1991 = A. Cerocchi, *Il teatro Alibert o delle Dame: struttura e organizzazione*, dans P. Pinamonti (dir.), *Mozart, Padova e «La Betulia liberata»: committenza, interpretazione e fortuna nelle azioni sacre metastasiane del '700. Atti del convegno internazionale di studi (28-30 settembre 1989)*, Florence, 1991, p. 395-405.

Chaouche – Vialleton 2017 = S. Chaouche, J.-Y. Vialleton (dir.), *L'Éclairage au théâtre (XVIIe – XXIe siècles)*, numéro thématique de la *Revue d'Histoire du Théâtre*, 273, 2017.

Charansonnet 2013 = A. Charansonnet, *Mises en scène de la parole du prédicateur*, dans M. Bouhaïk-Gironnès, M.-A. Polo de Beaulieu (dir.), *Prédication et performance du XIIe au XVIe siècle*, Paris 2013, p. 19-45 (*Rencontres*, 65).

Chartier 1994 = R. Chartier, *George Dandin, ou le social en représentation*, dans *Annales. Histoire, Sciences Sociales*, 49-2, 1994, p. 277-309.

Chegai 1996 = A. Chegai, *Sul 'ballo analogo' settecentesco: una drammaturgia di confine fra opera e azione coreutica*, G. Morelli (dir.), *Creature di Prometeo. Il ballo teatrale. Dal divertimento al dramma. Studi offerti a Aurel M. Milloss*, Florence, 1996, p. 139-175.

Chegai 2018 = A. Chegai, *Pietro Metastasio*, dans S. Cappelletto (dir.), *Il contributo italiano alla storia del pensiero. Musica* [annexe IX de *L'Enciclopedia Italiana di Scienze, Lettere ed Arti*], Rome, 2018, p. 256-268.

Chevalley 1966 = S. Chevalley, *Les Plaisirs de l'île enchantée*, dans *Europe*, janvier-février 1966, p. 34-43.

Cheyronnaud 2018 = J. Cheyronnaud, *Le topos de "spectacle". Retour sur un projet*, dans Pedler – Cheyronnaud 2018, p. 195-209.

Chiarelli 1987 = A. Chiarelli, *I codici di musica della raccolta estense: ricostruzione dall'inventario settecentesco*, Florence, 1987.

Chiarle 1995 = A. Chiarle (dir.), *L'arte della danza ai tempi di Claudio Monteverdi*, Turin, 1995.

Chirico 2001 = T. Chirico, *Il salterio in Italia fra Seicento e Ottocento*, dans *Recercare*, 13, 2001, p. 147-199.

Chirico 2007 = T. Chirico, *L'inedita serenata alla regina Maria Casimira di Polonia: Pietro Ottoboni committente di cantate e serenate (1689-1708)*, dans Maccavino 2007, vol. 2, p. 397-449.

Chirico 2011 = T. Chirico, *La vicenda di Adonia nelle opere di Girolamo Frigimelica Roberti (1695) e Pietro Ottoboni (1699): un unico progetto ottoboniano?*, dans Engelhardt 2011, p. 218-262.

Chirico 2014 = T. Chirico, *«Una vesta larga […] tutta piena di merletto d'oro». Documenti inediti su costumi di allestimenti teatrali promossi a Roma dal cardinale Pietro Ottoboni (1689-1700)*, dans V. De Lucca (dir.), *Fashioning opera and musical theatre: stage costumes from the late Renaissance to 1900*, Venise, 2014, p. 28-53.

Chirico 2015 = T. Chirico, «Et iusti intrabunt in eam». *Committenza ottoboniana, macchine e musiche per la festa delle Quaranta ore (1690-1713)*, dans G. Olivieri, M. Vanscheeuwijck (dir.), *Arcomelo 2013. Studi nel terzo centenario della morte di Arcangelo Corelli (1653-1713)*, Lucques, 2015, p. 297-326.

Chirico 2018a = T. Chirico, *L'aquila bicipite e la musica. Pietro Ottoboni nell'epoca di Alessandro VIII (1688-1691) da documenti della Biblioteca Apostolica Vaticana*, thèse de doctorat, Université de Rome Tor Vergata, 2018.

Chirico 2018b = T. Chirico, *Serenate alla corte romana del cardinale Pietro Ottoboni (1667-1740) nell'epoca di Arcangelo Corelli: storia e proteizzazione di un genere*, dans Yordanova – Maione 2018, p. 137-192.

Chirico 2019a = T. Chirico, *Il testo oratoriale* La Fede trionfante per l'Eresia soggiogata da S. Antonio da Padova *di Paolo Campello (1643-1713)* dans N. Maccavino (dir.), *Dramma scolastico e oratorio nell'età barocca. Atti del Convegno internazionale di studi (Reggio Calabria, 5-6 ottobre 2012)*, Reggio Calabria, 2019, p. 119-165.

Chirico 2019b = T. Chirico, *Il cardinale Pietro Ottoboni, la diplomazia e la musica (1689-1721)*, dans I. Yordanova, P. Maione (dir.), *Diplomacy and aristocracy as patrons for music and theatre in Europe of the Ancien Régime*, Vienne, 2019, p. 155-188 (*Cadernos de Queluz*, 2).

Christout 1967 = M.-F. Christout, *Le ballet de cour de Louis XIV (1643-1672)*, Paris, 1967.

Christout 1987 = M.-F. Christout, *Le ballet de cour au XVIIᵉ siècle*, Genève, 1987.

Ciancarelli 2008 = R. Ciancarelli, *Sistemi teatrali nel Seicento. Strategie di comici e dilettanti nel teatro italiano del XVII secolo*, Rome, 2008.

Ciancarelli 2012 = R. Ciancarelli, *Roma capitale invisibile del teatro del Seicento*, dossier thématique de la revue *Teatro e Storia*, 1ʳᵉ partie, 33, 2012, p. 79-123.

Cianfrocca 2007 = G. Cianfrocca, *Roma 1604: la Breve relazione di Giuseppe Calasanzio*, dans C. Covato, M. I. Venzo (dir.), *Scuola e itinerari formativi dallo Stato pontificio a Roma capitale. L'istruzione primaria*, Milan, 2007, p. 59-81.

Cianfrocca 2010 = G. Cianfrocca, *Il Collegio Nazareno*, dans C. Covato, M. I. Venzo (dir.), *Scuola e itinerari formativi dallo Stato pontificio a Roma capitale. L'istruzione secondaria*, Milan, 2010, p. 55-72.

Cicali 2005 = G. Cicali, *Attori e ruoli dell'opera buffa italiana del Settecento*, Florence, 2005

Ciucci 2002 = G. Ciucci, *Storia di Roma dall'antichità a oggi. Roma moderna*, Rome, 2002.

Clark 2003 = J. Clark, *The Stuart presence at the opera in Rome*, dans Corp 2003, p. 85-93.

Clarke 2011 = J. Clarke, *La représentation de la paix et du pouvoir politique dans les prologues d'opéras et de pièces à machines, 1659-1678*, dans Dufourcet – Mazouer – Surgers 2011, p. 265-282.

Collina 1996 = B. Collina, *Esemplarità delle donne illustri fra Umanesimo e Controriforma*, dans *Donna, disciplina, creanza cristiana dal XV al XVII secolo*, Rome, 1996, p. 103-119.

Cont 2011-2012 = A. Cont, *Servizio al principe ed educazione cavalleresca. I paggi nelle corti italiane del Seicento*, dans *Studi secenteschi*, 52, 2011, p. 211-256; 53, 2012, p. 141-180.

Cont 2017 = A. Cont, *Evirati cantori e mondo nobiliare: un contributo allo studio delle dinamiche sociali dell'Italia barocca*, dans *Atti della Accademia Roveretana degli Agiati*, s. 9, 7, 2017, p. 165-188.

Cook – Schwartz 2002 = T. Cook, J. M. Schwartz, *Archives, records, and power: from (postmodern) theory to (archival) performance*, dans *Archival Science*, 2, 2002, p. 171-185.

Cook 2003 = N. Cook, *Music as performance*, dans M. Clayton, T. Herbert, R. Middleton (dir.), *The cultural study of music: a critical introduction*, New York-Londres, 2003, p. 204-214.

Cook 2013 = N. Cook, *Beyond the score: music as performance*, Oxford, 2013.

Copelli 2006 = G. Copelli 2006, *Manuale pratico di scenotecnica: le macchine teatrali*, Bologne, 2006.

Corp 2001 = E. Corp, *Handel, Scarlatti and the Stuarts: a response to David Hunter*, dans *Music & Letters*, 82-4, 2001, p. 556-558.

Corp 2003 = E. Corp (dir.), *The Stuart court in Rome. The legacy of exile*, Ashgate, 2003.

Corp 2005 = E. Corp, *Farinelli and the circle of Sicinio Pepoli: a link with the Stuart court in exile*, dans *Eighteenth-Century Music*, 2-2, 2005, p. 311-319.

Corp 2011 = E. Corp, *The Stuarts in Italy, 1719-1766: a royal court in permanent exile*, Cambridge, 2011.

Corswarem – Delfosse 2008 = E. Corswarem, A. Delfosse, *Les ruptures du quotidien sonore : une stratégie de pouvoir ? L'exemple liégeois dans la première moitié du XVIIe siècle*, dans L. Gauthier, M. Traversier (dir.), *Mélodies urbaines. La musique dans les villes d'Europe (XVIe-XIXe siècles)*, Paris, 2008, p. 45-65.

Corswarem 2019 = E. Corswarem, *Musique, espace et identité*, dans Dekoninck *et al.* 2019a, p. 223-234.

Cotticelli – Esposito 1987 = F. Cotticelli, M. Esposito, *La macchina teatrale tra gestione di corte ed impresa privata*, dans G. Cantone, F. C. Greco (dir.), *Il teatro del re. Il San Carlo da Napoli all'Europa*, Naples, 1987, p. 215-238.

Crain 1965 = G. F. Crain, *The operas of Bernardo Pasquini*, thèse de doctorat, Université de Yale, 1965.

Crescenzo 2019 = G. Crescenzo, *Der Triumph des Friedens. Eine Akademie mit geistlicher Kantate am Collegio Nazareno in Rom im Jahre 1741*, dans *Die Tonkunst*, 13-1, 2019, p. 80-144.

Cristina di Svezia e la musica 1998 = *Cristina di Svezia e la musica. Atti del convegno internazionale (Roma, 5-6 dicembre 1996)*, Rome, 1998 (*Atti dei convegni lincei*, 138).

Culley 1970 = T. D. Culley, *Jesuits and music*, Rome, 1970.

Curran 2009 = K. Curran, *Marriage, performance, and politics at the Jacobean court*, Farnham, 2009.

D'Amante 2013 = M. F. D'Amante, *Teatro educativo dei primi gesuiti: dalla retorica alla drammatizzazione*, dans *Educazione. Giornale di pedagogia critica*, 2-1, 2013, p. 55-74.

D'Ancona 1891 = A. D'Ancona, *Origini del teatro in Italia*, 2 vol., Turin, 1891 (1ʳᵉ éd. 1877).

Dahlhaus 2005 = C. Dahlhaus, *Drammaturgia dell'opera italiana*, Turin, 2005.

Danuser 2009 = H. Danuser, *Exekution – Interpretation – Performance: Zu einem begriffsgeschichtlichen Konflikt*, dans *Il Saggiatore musicale*, 16-1, 2009, p. 103-122.

Daolmi 2002 = D. Daolmi, Compte rendu de G. Rospigliosi, *Melodrammi profani. Édités par D. Romei, Florence, 1998*, et Id., *Melodrammi sacri. Édités par D. Romei, Florence, 1999*, dans *Il Saggiatore musicale*, 9, 2002, p. 230-249.

Daolmi 2004 = D. Daolmi, *Attorno a un dramma di Rospigliosi: le migrazioni europee di un soggetto di cappa e spada*, dans *Musica e storia*, 12-1, 2004, p. 103-145.

Daolmi 2006 = D. Daolmi, *La drammaturgia al servizio della scenotecnica. Le volubili scene dell'opera barberiniana*, dans *Il Saggiatore musicale*, 13, 2006, p. 5-62.

Davis – Postlewait 2003 = T. C. Davis, T. Postlewait (dir.), *Theatricality: theatre and performance theory*, Cambridge, 2003.

Davis 2008 = T. C. Davis (dir.), *The Cambridge companion to performance studies*, Cambridge, 2008.

DBI = *Dizionario biografico degli italiani*, 100 vol., Rome, 1960-2020.

De Angelis 1951 = A. De Angelis, *Il Teatro Alibert o delle Dame (1717-1863)*, Tivoli, 1951.

De Bellis 2007 = C. De Bellis, *La musica nel sogno arcadico della poesia: dai testi teorici di Gian Vincenzo Gravina e di Giovan Mario Crescimbeni*, dans Barnett – D'Ovidio – La Via 2007, vol. 1, p. 75-116.

De Certeau 1970 = M. de Certeau, *La possession de Loudun*, Paris, 1970.

De Dominicis 1923 = G. De Dominicis, *I teatri di Roma nell'età di Pio VI*, dans *Archivio della R. Società Romana di Storia Patria*, 46, 1923, p. 49-243.

De Frutos 2016 = L. De Frutos, *Paintings, fans and perfumed gloves: a witness to cultural exchanges at the courts of Paris, Rome, and Madrid*, dans J.-L. Palos, M. S. Sánchez (dir.), *Early modern dynastic marriages and cultural transfer*, Farnham, 2016, p. 189-212.

De Lucca – Jeanneret 2019 = V. De Lucca, C. Jeanneret (dir.), *The Grand Theater of the world: music, space, and the performance of identity in early modern Rome*, Londres, 2019.

De Lucca 2009 = V. De Lucca, «*Dalle sponde del Tebro alle rive dell'Adria*»: *Maria Mancini and Lorenzo Onofrio Colonna's patronage of music and theater between Rome and Venice (1659-1675)*, thèse de doctorat, Université de Princeton, 2009.

De Lucca 2011 = V. De Lucca, *L'Alcasta and the emergence of collective patronage in mid-seventeenth-century Rome*, dans *The Journal of Musicology*, 28-2, 2011, p. 195-230.

De Lucca 2013 = V. De Lucca, *Dressed to impress: the costumes for Antonio Cesti's* Orontea *in Rome (1661)*, dans *Early Music*, 41, 2013, p. 461-475.

De Lucca 2019 = V. De Lucca, *Costumes for balli in late seventeenth-century Roman opera*, dans H. Walsdorf, P. Dotlačilová (dir.), *Dance body costumes*, Leipzig, 2019, p. 79-101.

De Lucca 2020 = V. De Lucca, *The politics of princely entertainment: music and theater in the lives of Lorenzo Onofrio and Maria Mancini Colonna (1659-1689)*, New York, 2020.

De Marco – Heering 2018 = R. de Marco, C. Heering, *L'objet d'art et l'expérience du merveilleux mis en mots : le livre de fête comme laboratoire lexical*, dans M.-C. Heck, M. Freyssinet, S. Trouvé (dir.), *Lexicographie artistique : formes, usages et enjeux dans l'Europe moderne*, Montpellier, 2018, p. 333-346.

De Marinis 2008 = M. De Marinis, *Capire il teatro. Lineamenti di una nuova teatrologia*, Rome, 2008 (1ᵉ éd. 1988).

De Marinis 2011 = M. De Marinis, *New theatrology and performance studies. Starting points towards a dialogue*, dans *The Drama Review*, 55-4, 2011, p. 64-74.

De Marinis 2014a = M. De Marinis, *Il corpo dello spettatore. Performance studies e nuova teatrologia*, dans *Annali Online Lettere*, 9-2, 2014, p. 188-201.

De Marinis 2014b = M. De Marinis, *Performance e teatro. Dall'attore al performer, e ritorno?*, dans *Comunicazioni sociali*, 1, 2019, p. 29-46.

De Van 1998 = G. De Van, *Les jeux de l'action. La construction de l'intrigue dans les drames de Métastase*, dans *Paragone. Rivista mensile di arte figurativa e letteratura*, 49, 1998, p. 3-57.

De Van 2001 = G. De Van, *Il groviglio dell'intreccio: appunti sulla drammaturgia di Metastasio*, dans Sala Di Felice – Caira Lumetti 2001, p. 161-172.

De Vivo – Guidi – Silvestri 2015 = F. De Vivo, A. Guidi, A. Silvestri (dir.), *Archivi e archivisti in Italia tra medioevo ed età moderna*, Rome, 2015.

De Vivo – Guidi – Silvestri 2016 = F. De Vivo, A. Guidi, A. Silvestri (dir.), *Fonti per la storia degli archivi degli antichi Stati italiani*, Rome, 2016.

Debord 1992 = G. Debord, *La société du spectacle*, Paris, 1992 (1ᵉ éd. 1967).

Degrada 1987 = F. Degrada, *"Scuola napoletana" e "Opera napoletana": nascita, sviluppo e prospettive di un concetto storiografico*, dans B. Cagli, A. Ziino (dir.), *Il Teatro di San Carlo, 1737-1987*, vol. 2, *L'opera, il ballo*, Napoli, 1987, p. 9-20.

Dekoninck *et al.* 2019a = R. Dekoninck, M. Delbeke, A. Delfosse, C. Heering, K. Vermeir (dir.), *Cultures du spectacle baroque. Cadres, expériences et représentations des solennités religieuses entre Italie et anciens Pays-Bas*, Bruxelles-Rome, 2019 (Artes, 10).

Dekoninck *et al.* 2019b = R. Dekoninck, M. Delbeke, A. Delfosse, C. Heering, K. Vermeir, *Introduction*, dans Dekoninck *et al.* 2019a, p. 7-30.

Delaforce 2002 = A. Delaforce, *Art and patronage in eighteenth-century Portugal*, Cambridge, 2002.

Della Libera – Domínguez 2012 = L. Della Libera, J. M. Domínguez, *Nuove fonti per la vita musicale romana di fine Seicento: il Giornale e il Diario di Roma del Fondo Bolognetti all'Archivio Segreto Vaticano*, dans Giron-Panel – Goulet 2012, p. 121-185.

Della Libera 1995 = L. Della Libera, *La musica nella basilica di Santa Maria Maggiore a Roma, 1676-1712: nuovi documenti su Corelli e sugli organici vocali e strumentali*, dans *Recercare*, 7, 1995, p. 87-161.

Della Libera 2011a = L. Della Libera (dir.), A. Scarlatti, *La Santissima Annunziata. Oratorio in due parti*, Rome, 2011.

Della Libera 2011b = L. Della Libera, *Nuovi documenti biografici su Alessandro Scarlatti e la sua famiglia*, dans *Acta Musicologica*, 83-2, 2011, p. 205-222.

Della Libera 2015 = L. Della Libera, *Nuove fonti corelliane: il Fondo Bolognetti nell'Archivio Segreto Vaticano e i documenti nell'Archivum Societatis Iesu*, dans G. Olivieri, M. Vanscheeuwijck (dir.), *Arcomelo 2013. Studi nel terzo centenario della morte di Arcangelo Corelli*, Lucques, 2015, p. 327-369.

Della Libera 2018 = L. Della Libera, *La musica sacra romana di Alessandro Scarlatti*, Cassel, 2018.

Della Sciucca 2018 = M. Della Sciucca, *Giovanni Pierluigi da Palestrina*, dans S. Cappelletto (dir.), *Il contributo italiano alla storia del pensiero. Musica* [annexe IX de *L'Enciclopedia Italiana di Scienze, Lettere ed Arti*], Rome, 2018, p. 114-123.

Della Seta – Piperno 1981 = F. Della Seta, F. Piperno (dir.), *Francesco Gasparini (1661-1727). Atti del primo Convegno internazionale (Camaiore, 29 settembre-1° ottobre 1978)*, Florence, 1981 (*Quaderni della rivista italiana di musicologia*, 6).

Della Seta 1980 = F. Della Seta, *Il Relator Sincero (Cronache teatrali romane, 1739-1756)*, dans *Studi musicali*, 9-1, 1980, p. 73-116.

Della Seta 1981 = F. Della Seta, *Francesco Gasparini, virtuoso del principe Borghese?*, dans Della Seta – Piperno 1981, p. 215-243.

Della Seta 1982a = F. Della Seta, *La musica in Arcadia al tempo di Corelli*, dans Durante – Petrobelli 1982, p. 123-150.

Della Seta 1982b = F. Della Seta, *Le nozze del Tebro coll'Adria. Musicisti e pubblico tra Roma e Venezia*, dans G. Morelli (dir.), *L'invenzione del gusto: Corelli e Vivaldi. Mutazioni culturali, a Roma e Venezia, nel periodo post-barocco*, Milan, 1982, p. 142-149.

Della Seta 1983 = F. Della Seta, *I Borghese (1691-1730). La musica di una generazione*, dans *Note d'archivio per la storia musicale*, 1, 1983, p. 139-208.

Demeilliez 2010 = M. Demeilliez, « *Un plaisir sage et réglé* ». *Musiques et danses sur la scène des collèges parisiens (1640-1762)*, thèse de doctorat, Université Paris-Sorbonne, 2010.

Demeilliez *et al.* 2018 = M. Demeilliez, E. Doudet, M. Ferrand, É. Syssau (dir.), *Le théâtre au collège. Du collège de Navarre (Paris, XVe-XVIIIe s.) aux pratiques actuelles*, numéro spécial de la revue *European Drama and Performance Studies*, 11-2, 2018.

Dent 1960 = E. J. Dent, *Alessandro Scarlatti: his life and works*, Londres, 1960 (1re éd. 1905).

Deriu 1988 = F. Deriu, *Il paradigma teatrale. Teoria della performance e scienze sociali*, Rome, 1988.

Deriu 1999 = F. Deriu, *Lo "spettro ampio" delle attività performative*, dans Schechner 1999, p. 1-31.

Deriu 2016 = F. Deriu, *Toronto School's influence on the paradigm shift from theater studies to performance studies*, dans *Biblioteca teatrale*, 119-120, 2016, p. 105-123.

Deriu 2018 = F. Deriu, *La ricezione dei performance studies in Italia. Appunti di cronaca e riflessioni epistemologiche*, dans Guccini – Petrini 2018, p. 193-208.

Di Martino 2013 = M. Di Martino, *Introduzione: il ritorno dell'evento*, dans M. Di Martino (dir.), *La questione dell'evento nella filosofia contemporanea. Atti del ciclo di seminari di «associazionealetheia»*, Rome, 2013.

Di Sante 2015 = A. Di Sante, *L'Archivio della Fabbrica di S. Pietro in Vaticano*, dans G. Sabatini, S. Turriziani (dir.), *L'archivio della Fabbrica di San Pietro come fonte per la storia di Roma*, Rome, 2015, p. 21-47.

Di Simone 1980 = M. R. Di Simone, *La "Sapienza" romana nel Settecento. Organizzazione Universitaria e Insegnamento di Diritto*, Rome, 1980 (*Studi e fonti per la storia dell'Università di Roma*, 1).

Di Tondo 2011 = O. Di Tondo, *Il Seicento. Balletto aulico e danza teatrale*, dans Sasportes 2011, p. 71-116.

Di Tondo 2015 = O. Di Tondo, *Storia della danza in Occidente. Dall'antichità al Seicento*, Rome, 2015.

Dickinson – Hitchcock 1996 = W. Calvin Dickinson, E. R. Hitchcock (dir.), *The war of the Spanish Succession, 1702-1713: a selected bibliography*, Westport-Londres, 1996.

Dierkens – Bartholeyns – Golsenne 2009 = A. Dierkens, G. Bartholeyns, T. Golsenne (dir.), *La Performance des images*, Bruxelles, 2009 (*Problèmes d'histoire des religions*, 19).

Diez del Corral 2017 = P. Diez del Corral, *"Il dilettevole trattenimento": el teatro del cardenal Troyano Acquaviva en el palacio de España en Roma*, dans *Music in Art. International Journal for Music Iconography*, 42, 2017, p. 59-69.

Diez del Corral 2019 = P. Diez del Corral (dir.), *Politics and the Arts in Lisbon and Rome. The Roman Dream of John V of Portugal*, Liverpool, 2019.

Dixon 2006 = S. M. Dixon, *Between the real and the ideal: the Accademia degli Arcadi and its garden in eighteenth-century Rome*, Newark, 2006.

Doglio – Chiabò 1995 = F. Doglio, M. Chiabò (dir.), *I Gesuiti e i primordi del teatro barocco in Europa, Convegno di studi (Roma, 26-29 ottobre 1994), Anagni (30 ottobre 1994)*, Rome, 1995.

Domínguez 2011 = J. M. Domínguez, *Un pasticcio romano en la corte de Felipe V: El manuscrito M2257 de la Biblioteca Nacional de Madrid*, dans G. Pitarresi (dir.), *Il Pasticcio. Responsabilità d'autore e collaborazione nell'opera di età barocca. Atti del convegno internazionale di studi (Reggio Calabria, 2-3 ottobre 2009)*, Reggio Calabria, 2011, p. 87-110.

Domínguez 2013a = J. M. Domínguez, *Roma, Nápoles, Madrid. Mecenazgo musical del duque de Medinaceli (1687-1710)*, Cassel, 2013.

Domínguez 2013b = J. M. Domínguez, *Corelli, politics and music during the visit of Philip V to Naples in 1702*, dans *Eighteenth Century Music*, 10-1, 2013, p. 93-108.

Domínguez 2015 = J. M. Domínguez, *Política, ópera, apariencia: la temporada de carnaval en la Roma de Alejandro VIII, 1690*, dans R. Quirós, C. Bravo (dir.) *Los hilos de Penélope. Lealtad y fidelidades en la Monarquía de España, 1648-1714*, Valence, 2015, p. 257-267.

Domínguez 2018 = J. M. Domínguez, *Scarlatti, Alessandro*, dans *DBI*, vol. 91, Rome, 2018, p. 337-345.

Domínguez 2019 = J. M. Domínguez, *To obey the Pope and to serve the King: cardinals, identity and ceremony in the National Churches c. 1700*, dans Berti – Corswarem 2019a, p. 223-253.

Dosse 2010 = F. Dosse, *Renaissance de l'événement. Un défi pour l'historien : entre Sphinx et Phénix*, Paris, 2010.

Dubowy 2000 = N. Dubowy, *Opere di Draghi in Italia?*, dans E. Sala, D. Daolmi (dir.), «*Quel novo Cario, quel divin Orfeo*». *Antonio Draghi da Rimini a Vienna. Atti del convegno internazionale (Rimini, Palazzo Buonadrata, 5-7 ottobre 1998)*, Lucques, 2000, p. 225-252.

Dubowy 2014 = N. Dubowy, *La "Statira", una proposta di lettura*, dans L. Della Libera, P. Maione (dir.), *Devozione e passione: Alessandro Scarlatti nella Napoli e Roma barocca*, Naples, 2014, p. 225-241.

Duchein 1992 = M. Duchein, *The History of European archives and the development of the archival profession in Europe*, dans *American Archivist*, 55, 1992, p. 14-25.

Dufourcet – Mazouer – Surgers 2011 = M.-B. Dufourcet, Ch. Mazouer, A. Surgers (dir.), *Spectacles et pouvoirs dans l'Europe de l'Ancien Régime (XVIe-XVIIIe siècle). Actes du colloque (Université Michel de Montaigne-Bordeaux 3, 17-19 novembre 2009)*, Tübingen, 2011.

Dunning 1995 = A. Dunning (dir.), *Intorno a Locatelli: studi in occasione del tricentenario della nascita di Pietro Antonio Locatelli (1695-1764)*, 2 vol., Lucques, 1995.

Durante – Petrobelli 1982 = S. Durante, P. Petrobelli (dir.), *Nuovissimi studi corelliani. Atti del terzo congresso internazionale (Fusignano, 4-7 settembre 1980)*, Florence, 1982.

Durchhardt 1998 = H. Durchhardt (dir.), en coll. avec M. Schnettger, M. Vogt, *Der Friede von Rijswijk 1697*, Mayence, 1998 (*Veröffentlichungen des Instituts für Europäische Geschichte*, 47).

Eco 1977 = U. Eco, *Semiotics of theatrical performance*, dans *The Drama Review*, 21-1, 1977, p. 107-117.

Ehrmann-Herfort – Schnettger 2010 = S. Ehrmann-Herfort, M. Schnettger (dir.), *Georg Friedrich Händel in Rom. Beiträge der Internationalen Tagung am Deutschen Historischen Institut in Rom, 17.–20. Oktober 2007*, Cassel, 2010 (*Analecta musicologica*, 44).

Elias 1969 = N. Elias, *Die höfische Gesellschaft. Untersuchungen zur Soziologie des Königtums und der höfischen Aristokratie mit einer Einleitung*, Neuwied, 1969 = *La Société de cour*. Trad. de P. Kamnitzer et J. Etoré, Paris, 2008.

Elias 1981 = N. Elias, *Qu'est-ce que la sociologie?*, Paris, 1981 (1re éd. 1970).

Enciclopedia dello Spettacolo = *Enciclopedia dello Spettacolo*, 12 vol., Rome, 1954-1962.

Engelhardt – Flamm 2004 = M. Engelhardt, C. Flamm (dir.), *Musik in Rom im 17. und 18. Jahrhundert: Kirche und Fest / Musica a Roma nel Sei e Settecento: Chiesa e festa*, Laaber, 2004 (*Analecta musicologica*, 33).

Engelhardt 2011 = M. Engelhardt (dir.), *Musikstadt Rom. Geschichte – Forschung – Perspektiven*, Cassel, 2011 (*Analecta musicologica*, 45).

Espagne 2007 = M. Espagne, *Más allá del comparatismo. El método de las transferencias culturales*, dans *Revista de Historiografía*, 6-4, 2007, p. 4-13.

Fabbri 1961 = M. Fabbri, *Alessandro Scarlatti e il principe Ferdinando de' Medici*, Florence, 1961.

Fabbri 2003 = P. Fabbri, *Il secolo cantante: per una storia del libretto d'opera in Italia nel Seicento*, Rome, 2003 (1re éd. 1990).

Fabbri Dall'Oglio 2002 = M. A. Fabbri Dall'Oglio, *Il trionfo dell'effimero: lo sfarzo e il lusso dei banchetti visti nella cornice fastosa delle feste nella Roma barocca, lungo il percorso storico dell'evoluzione del gusto e della tavola nell'Italia fra Sei e Settecento*, Rome, 2002.

Fabris 2019 = D. Fabris, *Francesco Provenzale e le origini della "Scuola musicale napoletana"*, dans L. Fiorito (dir.), *Il secolo d'oro della musica a Napoli. Per un canone della Scuola musicale napoletana del '700*, vol. 1, Frattamaggiore, 2019, p. 15-41.

Fagiolo – Madonna 1985 = M. Fagiolo, M. L. Madonna (dir.), *Barocco romano e barocco italiano: il teatro, l'effimero, l'allegoria*, Rome, 1985.

Fagiolo 2007 = M. Fagiolo (dir.), *Le capitali della festa. Italia settentrionale*, Rome, 2007 (*Atlante tematico del Barocco in Italia*).

Fagiolo dell'Arco – Carandini 1977-1978 = M. Fagiolo dell'Arco, S. Carandini (dir.), *L'effimero barocco. Strutture della festa nella Roma del '600*, 2 vol., Rome, 1977-1978.

Fagiolo dell'Arco 1994 = M. Fagiolo dell'Arco (dir.), *Bibliografia della festa barocca a Roma*, Rome, 1994.

Fagiolo dell'Arco 1997 = M. Fagiolo dell'Arco (dir.), *Corpus delle feste a Roma. La festa barocca*, Rome, 1997.

Fagiolo dell'Arco 2004 = M. Fagiolo dell'Arco, *La festa barocca a Roma: sperimentalismo, politica, meraviglia*, dans Engelhardt – Flamm 2004, p. 1-40.

Farneti – Lenzi 2006 = F. Farneti, D. Lenzi (dir.), *Realtà e illusione nell'architettura dipinta. Quadraturismo e grande decorazione nella pittura di età barocca. Atti del convegno internazionale di studi (Lucca, 26-28 maggio 2005)*, Florence, 2006.

Fenlon 1980-1982 = I. Fenlon, *Music and patronage in sixteenth-century Mantua*, Cambridge, 1980-1982.

Fenlon 1995 = I. Fenlon, *The origins of the seventeenth-century staged ballo*, dans I. Fenlon, T. Carter (dir.), *"Con che soavità": essays on Italian opera, song and dance, 1580-1750*, Oxford, 1995, p. 13-40.

Fernandes 2015 = C. Fernandes, *Lázaro Leitão Aranha e la circolazione di modelli culturali e musicali tra Roma e Lisbona nel primo Settecento*, dans *Revisiting Baroque*, [en ligne] 2015 (ENBaCH-European Network for Baroque Cultural Heritage). DOI : 10.14615/enbach24.

Fernandes 2017 = C. Fernandes, *Música, cerimonial e representação política: Sant'Antonio dei Portoghesi no contexto das igrejas nacionais em Roma durante a época barroca (1683-1728)*, dans Ferreira – Cascudo 2017, p. 153-173.

Fernandes 2018 = C. Fernandes, *Scarlatti, Domenico*, dans *DBI*, vol. 91, Rome, 2018, p. 345-352.

Fernandes 2019 = C. Fernandes, *Portuguese celebrations in Rome, between the embassy and the national church: sacred and secular music for the glory of the king*, dans Berti – Corswarem 2019a, p. 305-328.

Fernández-Santos 2010 = J. Fernández-Santos Ortiz-Iribas, *The «buen gusto romano» of the Viceroys (2): Christoph Schor and Francesco Solimena, standard-bearers of Arcadian taste in the service of the duke of Medinaceli*, dans S. Schütze, F. Solinas (dir.), *Le Dessin Napolitain, Actes du colloque international (Paris, École normale supérieure, 6-8 mars 2008)*, Rome, 2010, p. 221-238.

Fernández-Santos 2014 = J. Fernández-Santos Ortiz-Iribas, *The politics of art or the art of politics? The marquis del Carpio in Rome and Naples (1677-1687)*, dans P. Baker-Bates, M. Pattenden (dir.), *The Spanish presence in sixteenth-century Italy. Images of Iberia*, Farnham, 2014, p. 199-228.

Ferraresi 2019 = R. Ferraresi, *La rifondazione degli studi teatrali in Italia dagli anni Sessanta al 1985*, Turin, 2019.

Ferreira – Cascudo 2017 = M. P. Ferreira, T. Cascudo (dir.), *Música e História: estudos em homenagem a Manuel Carlos de Brito*, Lisbonne, 2017.

Ferrero 1954 = G. G. Ferrero (dir.), *Marino e i marinisti*, Milan, 1954.

Ferrero 1994 = R. J. Ferrero, *The nobility of Rome, 1560-1700. A study of its composition, wealth, and investment*, thèse de doctorat, Université du Wisconsin, 1994.

Filippi 1994 = B. Filippi, «*...accompagnare il diletto d'un ragionevole trattenimento con l'utile di qualche giovevole ammaestramento...*». *Il teatro dei Gesuiti a Roma nel XVII secolo*, dans *Teatro e Storia*, 16, 1994, p. 91-128.

Filippini 2007 = O. Filippini, «*Sì per servizio della Sede Apostolica come per cautela di lui stesso*». *L'«offizio d'archivista» per Carlo Cartari, prefetto dell'archivio papale di Castel Sant'Angelo*, dans A. Jamme, O. Poncet (dir.), *Offices, écrit et papauté (XIIIᵉ-XVIIᵉ siècles)*, Rome, 2007 (*Collection de l'École française de Rome*, 386).

Filippini 2010 = O. Filippini, *Memoria della Chiesa, memoria dello Stato. Carlo Cartari (1614 – 1697) e l'Archivio di Castel Sant'Angelo*, Bologne, 2010.

Fiorani 2010 = C. Fiorani, *Il fondo economico dei Caetani, duchi di Sermoneta*, Rome, 2010 (*Archivio Caetani*, 1).

Fischer-Lichte 1983 = E. Fischer-Lichte, *Semiotik des Theaters*, 3 vol., Tübingen, 1983.

Fischer-Lichte 2008 = E. Fischer-Lichte, *The transformative power of performance: A new aesthetics*. Transl. S. I. Jain, New York, 2008 = *Ästhetik des Performativen*, Francfort, 2004.

Fischer-Lichte 2012 = E. Fischer-Lichte, *Transforming spectators into viri perculsi: baroque theatre as machinery for producing affects*, dans Gillgren – Snickare 2012, p. 87-97.

Fischer-Lichte 2014a = E. Fischer-Lichte, *The Routledge introduction to theatre and performance studies*. Édité par M. Arjomand, R. Mosse. Traduit par R. Mosse, New York, 2014.

Fischer-Lichte 2014b = E. Fischer Lichte, *Estetica del performativo. Una teoria del teatro e dell'arte*. Édité par T. Gusman Rome, 2014.

Floris 2008 = U. Floris, *Teorici, teologi e istrioni. Per e contro il teatro nella Francia del Cinque-Seicento*. Édité par L. Mulas, Rome, 2008.

Foa 1982 = A. Foa, *Confalonieri, Giovanni Battista*, dans *DBI*, vol. 27, Rome, 1982, p. 778-782.

Fogelberg Rota 2018 = S. Fogelberg Rota, *The Queen danced alone. Court ballet in Sweden during the reign of Queen Christina (1638-1654)*, Leyde, 2018.

Forment 2008 = B. Forment, *Moonlight on Endymion: in search of 'Arcadian opera', 1688-1721*, dans *Journal of Seventeenth-Century Music*, 14-1, 2008, p. 1-36.

Forment 2009 = B. Forment, *Surrounded by scenery. What Disney can teach us about visual immersion in the Dramma per musica*, dans C. Fischer (dir.), *Oper als «Gesamtkunstwerk» – zum Verhältnis der Künste im barocken Musiktheater*, Winterthur, 2009, p. 159-170 (*Basler Jahrbuch für historische Musikpraxis*, 33).

Forment 2010 = B. Forment, *The gods out of the machine and their comeback*, dans P. Brown, S. Ograjenšek, *Ancient drama in music for the modern stage*, New York, 2010, p. 193-209.

Foucault 1975 = M. Foucault, *Surveiller et punir*, Paris, 1975.

Fragnito 1994 = G. Fragnito, *Le corti cardinalizie nella Roma del Cinquecento*, dans *Rivista storica italiana*, 106, 1994, p. 5-41.

Franchi – Sartori 2007 = S. Franchi, O. Sartori, *Attività musicale nella chiesa nazionale di Sant'Antonio dei Portoghesi e altre musiche di committenza portoghese a Roma nei secoli XVII-XVIII*, dans R. Moffa, S. Saccomani (dir.), *«Musica se extendit ad omnia». Studi in onore di Alberto Basso in occasione del suo 75° compleanno*, Lucques, 2007, p. 211-279.

Franchi 1988 = S. Franchi, *Drammaturgia romana. Repertorio bibliografico cronologico dei testi drammatici pubblicati a Roma e nel Lazio. Secolo XVII*, Rome, 1988 (*Sussidi eruditi*, 42).

Franchi 1994-2002 = S. Franchi, *Le impressioni sceniche. Dizionario bio-bibliografico degli editori e stampatori romani e laziali di testi drammatici e libretti per musica dal 1579 al 1800*, 2 vol., Rome, 1994-2002 (*Sussidi eruditi*, 56-57).

Franchi 1996 = S. Franchi (dir.), *Il melodramma a Roma tra Sei e Settecento*, numéro spécial de la revue *Roma moderna e contemporanea*, 4-1, 1996.

Franchi 1997 = S. Franchi, *Drammaturgia romana II (1701-1750)*, Rome, 1997 (*Sussidi eruditi*, 45).

Franchi 1998 = S. Franchi, *Patroni, politica, impresari: le vicende storico-artistiche dei teatri romani e quelle della giovinezza di Metastasio fino alla partenza per Vienna*, dans Onorati 1998, p. 7-48.

Franchi 2002a = S. Franchi (dir.), *Percorsi dell'oratorio romano da "historia sacra" a melodramma spirituale*, Rome, 2002.

Franchi 2002b = S. Franchi, *Il principe Ruspoli: l'oratorio in Arcadia*, dans Franchi 2002a, p. 245-316.

Franchi 2005 = S. Franchi, *Un'opera per Cristina di Svezia: La vita umana di Giulio Rospigliosi e Marco Marazzoli. Simboli morali e allegoria cattolica nel dramma e nell'allestimento scenico*, dans S. Ehrmann-Herfort, M. Engelhardt (dir.), *"Vanitatis fuga, aeternitatis amor". Wolfgang Witzenmann zum 65. Geburtstag = Wolfgang Witzenmann in occasione del suo 65° compleanno*, Vienne-Cologne-Weimar, 2005, p. 261-287 (*Analecta musicologica*, 36).

Franchi 2006a = S. Franchi, *Annali della stampa musicale romana dei secoli XVI-XVIII*, Rome, 2006.

Franchi 2006b = S. Franchi, *Magini, Francesco*, dans *DBI*, vol. 67, Rome, 2006.

Franchi 2009 = S. Franchi, *Principi, cardinali e poeti per musica nella Roma di Urbano VIII*, dans Luisi 2009, p. 19-56.

Franchi 2012 = S. Franchi, *Mecenatismo musicale e poesia per musica a Roma nei primi decenni dell'Arcadia*, dans *Atti e memorie dell'Arcadia*, Rome, 2012, p. 81-116.

Frascarelli 2016a = D. Frascarelli, *L'arte del dissenso. Pittura e libertinismi nell'Italia del Seicento*, Turin, 2016.

Frascarelli 2016b = D. Frascarelli (dir.), *L'altro Seicento. Arte a Roma tra eterodossia, libertinismo e scienza. Atti del Convegno di Studi Accademia di Belle Arti di Roma (14-15 Maggio 2015)*, Rome, 2016.

Freedberg 1998 = D. Freedberg, *Le pouvoir des images*. Trad. de A. Girod, Paris, 1998 = *The Power of images. Studies in the history and theory of response*, Chicago-Londres, 1989.

Fulcher 2000 = J. F. Fulcher, *Concert et propagande politique en France au début du 20ᵉ siècle*, dans *Annales. Histoire, Sciences sociales*, 55, 2000, p. 389-413.

Furlotti 2014 = B. Furlotti, *Display in motion*, dans G. Feigenbaum, F. Freddolini (dir.), *Display of art in the Roman palace, 1550-1750*, Los Angeles, 2014, p. 146-156.

García López 2013 = D. García López, *A royal gift which «ha fatto gran rumore per la corte»: the apotheosis of Claudius as Philip IV of Spain's glory*, dans M. von Bernstorff, S. Kubersky-Piredda (dir.), *L'arte del dono. Scambi artistici e diplomazia tra Italia e Spagna, 1550-1650*, Rome, 2013, p. 223-238.

Gaullier-Bougassas 2014 = C. Gaullier-Bougassas (dir.), *La fascination pour Alexandre le Grand dans les littératures européennes (Xᵉ-XVIᵉ siècles). Réinventions d'un mythe*, 4 vol., Turnhout, 2014.

Gell 2009 = A. Gell, *L'art et ses agents. Une théorie anthropologique*. Trad. d'O. et S. Renault, Dijon, 2009 = *Art and agency. An anthropological theory*, Oxford-New York, 1998.

Getto 2000 = G. Getto, *Il barocco letterario in Italia*, Milan, 2000.

Gialdroni 2009 = T. M. Gialdroni (dir.), *La cantata da camera intorno agli anni italiani di Händel: problemi a prospettiva di ricerca. Atti del Convegno internazionale di studi (Roma, 12-14 ottobre 2007)*, Rome, 2009.

Gialdroni 2019 = T. M. Gialdroni, *Die Cantata und der Frieden im Kontext von »Clori«*, dans *Die Tonkunst*, 13-1, 2019, p. 28-36.

Gianfranceschi 2013 = M. Gianfranceschi, *Allegorie e Vanitas nei libretti per il teatro del cardinale Giulio Rospigliosi. Precisazioni e novità sui rapporti con Nicolas Poussin e Gianlorenzo Bernini*, in M. Gallo (dir.), *Prìncipi di Santa Romana Chiesa. I Cardinali e l'Arte*, vol. 2, Rome, 2013, p. 53-66.

Gianturco 1996 = C. Gianturco, *«Per richiamare e divertire gli spettatori dalla seria applicazione che l'azione richiede»: prologhi, intermedi e balli per il teatro di Tordinona*, dans Franchi 1996, p. 19-36.

Gianturco 1998 = C. Gianturco, *Cristina di Svezia scenarista per Alessandro Stradella*, dans *Cristina di Svezia 1998*, p. 45-70.

Gier 2004 = A. Gier, *Nicolò Minato, "I pazzi abderiti": amore (sintagmatico) e pazzia (paradigmatica)*, dans *Musica e storia*, 12-2, 2004, p. 389-399.

Giesey 1960 = R. Giesey, *The royal funeral ceremony in Renaissance France*, Genève, 1960.

Gillgren – Snickare 2012 = P. Gillgren, M. Snickare (dir.), *Performativity and performance in Baroque Rome*, Farnham, 2012.

Ginzburg 1992 = C. Ginzburg, *Spie. Radici di un paradigma indiziario*, dans C. Ginzburg, *Miti, emblemi e spie. Morfologia e storia*, Turin, 1992, p. 158-209 (1re éd. 1986; une toute première version de l'article était déjà parue dans *Rivista di storia contemporanea*, 7, 1978, p. 1-14).

Giordano G. 2008 = G. Giordano, *Two 18th-century Italian choreographies discovered in the Cia Fornaroli Collection at the New York Public Library*, dans U. Schottermüller, H. Weiner, M. Richter (dir.), *Vom Schäferidyll zur Revolution. Europäische Tanzkultur im 18. Jahrhundert. 2. Rothenfelser Tanzsymposion, 21.-25. Mai 2008*, Fribourg, 2008, p. 83-92.

Giordano G. 2011 = G. Giordano, *Una pagina coreografica nella decorazione settecentesca della Sala dei Cardinali nel Collegio San Carlo di Modena*, dans Pontremoli 2011, p. 133-148.

Giordano G. 2018 = G. Giordano, *"Il Teatro dell'Honore" «all'italiana», «alla francese», «alla spagnola». I balli dei convittori del Collegio dei Nobili di Parma tra il 1670 e il 1694*, dans *Acta Lauris*, 4, 2018, p. 9-94.

Giordano G. 2020 = G. Giordano, *La ricerca d'archivio al servizio della performance. Un PhD sul* choreographicscape *della Roma aristocratica tra Sei e Settecento all'interno del programma europeo PerformArt*, dans G. Bocchino, L. Sciortino (dir.), *Dance AND Research. Percorsi di ricerca nell'arte coreutica performativa*, Rome, 2020, p. 69-75.

Giordano G. à paraître = G. Giordano, *Italian balli in the French style. Choreographic sources of the early 18th century*, dans M.-F. Bouchon, R. Harris-Warrick, J.-N. Laurenti (dir.), *La danse française et son rayonnement (1600-1800) : nouvelles sources, nouvelles perspectives*, Paris, à paraître.

Giordano S. 2003 = S. Giordano, *Gualtieri, Filippo Antonio*, dans *DBI*, vol. 60, Rome, 2003.

Giovani 2017 = G. Giovani, *Col suggello delle pubbliche stampe toria editoriale della cantata da camera*, Rome, 2017.

Girardi 1990a = M. Girardi, *Da Venezia a Vienna: le «Facezie teatrali» di Nicolò Minato*, dans I. Cavallini (dir.), *Il diletto della scena e dell'armonia. Teatro e musica nelle Venezie dal '500 al '700*, Rovigo, 1990, p. 189-221.

Girardi 1990b = M. Girardi, *Elenco cronologico della produzione teatrale e dei melodrammi di Nicolò Minato rappresentati a Venezia (1650-1730) e a Vienna (1667-1699)*, dans I. Cavallini (dir.), *Il diletto della scena e dell'armonia. Teatro e musica nelle Venezie dal '500 al '700*, Rovigo, 1990, p. 222-266.

Giron-Panel – Goulet 2012 = C. Giron-Panel, A.-M. Goulet (dir.), *La Musique à Rome au XVIIe siècle. Études et perspectives de recherche*, Rome, 2012 (*Collection de l'École française de Rome*, 466).

Giron-Panel 2015 = C. Giron-Panel, *Musique et musiciennes à Venise : histoire sociale des* ospedali, Rome, 2015 (*BEFAR*, 363).

Glixon – Glixon 2006 = B. L. Glixon, J. E. Glixon, *Inventing the business of opera. The impresario and his world in seventeenth-century Venice*, Oxford, 2006.

Gnoli – Marino – Rosati 2006 = C. Gnoli, V. Marino, L. Rosati, *Organizzare la conoscenza. Dalle biblioteche all'architettura dell'informazione per il web*, Milan, 2006.

Goehr 1992 = L. Goehr, *The imaginary museum of musical works*, Oxford, 1992.

Goffman 1956 = E. Goffman, *The presentation of self in everyday life*, Édimbourg, 1956.

Goffman 1959 = E. Goffman, *The presentation of self in everyday life*, New York, 1959.

Goffman 1972 = E. Goffman, *Interaction ritual: essays on face-to-face behaviour*, Londres, 1972.

Goffman 1991 = E. Goffman, *Les cadres de l'expérience*. Trad. de I. Joseph, M. Dartevelle et P. Joseph, Paris, 1991 = *Frame analysis: an essay on the organization of the experience*, Londres, 1974.

Golzio 1939 = V. Golzio, *Documenti artistici sul Seicento nell'archivio Chigi*, Rome, 1939.

González-Teruel 2018 = A. González-Teruel, *Quattro approcci agli studi sull'utenza: user studies, information behaviour, information practice e information experience*, dans *AIB studi*, 58-3, 2018, p. 479-489.

Goody 2006 = J. Goody, *La peur des représentations. L'ambivalence à l'égard des images, du théâtre, de la fiction, des reliques et de la sexualité*. Trad. de P.-E. Dauzat, Paris, 2006 = *Representations and contradictions. Ambivalence toward images, theatre, fiction, relics and sexuality*, Oxford, 1997.

Goulet – Berti à paraître = A.-M. Goulet, M. Berti (dir.), *Noble magnificence. Cultures of the performing arts in Rome, 1644-1740*, Turnhout, à paraître (*Épitome musical*).

Goulet – Campos 2019 = A.-M. Goulet, R. Campos, *De la pertinence de la notion de foyer pour l'étude de la musique et des spectacles à Paris et à Versailles (1682-1715)*, dans Goulet 2019b, p. 7-25.

Goulet – Zur Nieden 2015 = A.-M. Goulet, G. Zur Nieden (dir.), *Europäische Musiker in Venedig, Rom und Neapel (1650-1750) / Musicisti europei a Venezia, Roma e Napoli (1650-1750)*, Cassel, 2015 (*Analecta musicologica*, 52).

Goulet 2012a = A.-M. Goulet, *La musique à Rome dans la seconde moitié du XVIIe siècle d'après les fonds d'archives familiales : le cas du fonds Lante Della Rovere*, dans Giron-Panel – Goulet 2012, p. 75-94.

Goulet 2012b = A.-M. Goulet, *Il caso della princesse des Ursins a Roma (1675-1701) tra separatezza e integrazione culturale*, dans *Recercare*, 23, 2012, p. 175-187.

Goulet 2014 = A.-M. Goulet, *Costumes, décors et machines dans l'Arsate (1683) d'Alessandro Scarlatti. Contribution à l'histoire de l'opéra à Rome au XVIIe siècle*, dans *Dix-septième siècle*, 262, 2014, p. 139-166.

Goulet 2015 = A.-M. Goulet, *Marie-Anne et Louise-Angélique de La Trémoille, princesses étrangères à Rome (1675-1701) : Choix culturels, artistiques et politiques*, dans Goulet – Zur Nieden 2015, p. 377-396.

Goulet 2017 = A.-M. Goulet, *Les coulisses de la magnificence princière. La princesse des Ursins et sa sœur, duchesses romaines (1675-1686)*, essai inédit dans le cadre d'une Habilitation à Diriger des Recherches soutenue à l'Université de Paris-Nanterre le 27 novembre 2017.

Goulet 2018 = A.-M. Goulet, *Music in late seventeenth-century Rome. The Palazzo Orsini as a performance space*, dans Knighton – Mazuela-Anguita 2018, p. 219-228.

Goulet 2019a = A.-M. Goulet, *Jeux d'échelle. De l'intérêt d'un financement ERC pour la recherche en SHS*, dans *La lettre de l'InSHS*, 60, 2019, p. 20-22.

Goulet 2019b = A.-M. Goulet (dir.), en coll. avec R. Campos, M. da Vinha et J. Duron, *Les foyers artistiques à la fin du règne de Louis XIV (1682-1715). Musique et spectacles*, Turnhout, 2019 (*Épitome musical*).

Goulet 2020 = A.-M. Goulet, *Un outil pour étudier les arts du spectacle de l'Ancien Régime : la base de données PerformArt*, dans M. Roussillon, C. Schuwey (dir.), *Écrire l'histoire des spectacles avec des bases de données en arts du spectacle*, numéro thématique de la *Revue d'Historiographie du Théâtre*, 2020, p. 15-44.

Gozzano 2004 = N. Gozzano, *La quadreria di Lorenzo Onofrio Colonna. Prestigio nobiliare e collezionismo nella Roma barocca*, Rome, 2004.

Gozzano 2015 = N. Gozzano, *Lo specchio della corte. Il maestro di casa. Gentiluomini al servizio del collezionismo a Roma nel Seicento*, Rome, 2015.

Griffin 1983 = T. Griffin, *The late Baroque serenata in Rome and Naples: a documentary study with emphasis on Alessandro Scarlatti*, thèse de doctorat, Université de Californie, 1983.

Griffin 2018 = T. Griffin, *A survey of Alessandro Scarlatti's late serenatas (1709–1723)*, dans Yordanova – Maione 2018, p. 195-242.

Grillo 2007 = M. Grillo, *Costruzione del thesaurus, analisi a faccette, categorie*, dans *Biblioteche oggi*, 25-6, 2007, p. 97-103.

Grillo 2015 = M. Grillo, *Indicizzazione semantica di bandi, manifesti e fogli volanti*, Cargeghe, 2015.

Grillo 2019 = M. Grillo, *Il thesaurus va in scena: una panoramica internazionale su KOS per le arti performative*, dans A. Lucarelli, A. Petrucciani, E. Viti (dir.), *Viaggi a bordo di una parola. Scritti sull'indicizzazione semantica in onore di Alberto Cheti*, Rome, 2019, p. 119-127.

Griseri 1981 = A. Griseri, *Arcadia: crisi e trasformazione fra Sei e Settecento*, dans *Storia dell'Arte italiana*, 6, Rome, 1981, 2-1, p. 527-595.

Grout 1979 = D. J. Grout, *Alessandro Scarlatti: an introduction to his operas*, Londres, 1979.

Gruppo di studio AIB CILW 2017 = Gruppo di studio AIB Catalogazione, indicizzazione, linked open data e web semantico (a cura di), *L'universo delle risorse culturali: lampi di genio e azioni concrete. Lightning talks presentati al Convegno AIB CILW 2016*, in *AIB studi*, 57-1, 2017, p. 9-117.

Gualdo 1981 = G. Gualdo, *Archivi di famiglie romane nell'Archivio Vaticano*, dans *Archivio della Società Romana di Storia Patria*, 104, 1981, p. 147-158.

Guarino 1988 = R. Guarino (dir.), *Teatro e culture della rappresentazione. Lo spettacolo in Italia nel Quattrocento*, Bologne, 1988.

Guarino 2000 = R. Guarino, *Torelli e il melodramma a Venezia: l'identità della scena*, dans Milesi 2000, p. 41-56.

Guccini – Petrini 2018 = G. Guccini, A. Petrini (dir), *Thinking the theatre. New theatrology and performance studies. Atti del convegno internazionale di studi (Torino, 29-30 maggio 2015)*, Bologne, 2018.

Guerra Lisi – Stefani 2016 = S. Guerra Lisi, G. Stefani, *Sinestesia: struttura che connette linguaggi e comportamenti*, Milan, 2016.

Guerrini – Possemato 2015 = M. Guerrini, T. Possemato, *Linked data per biblioteche, archivi e musei. Perché l'informazione sia del web e non solo nel web*, Milan, 2015.

Guidoboni 2014 = F. Guidoboni, *Giovanni Niccolò Servandoni (1695-1766). Architetto*, thèse de doctorat, Paris I Panthéon-Sorbonne, 2014.

Gvozdeva – Velten 2011 = K. Gvozdeva, H. Rudolf Velten (dir.), *Medialität der Prozession: Performanz ritueller Bewegung in Texten und Bildern der Vormoderne / Médialité de la procession : performance du mouvement rituel en textes et en images à l'époque pré-moderne*, Heidelberg, 2011.

Hagelstein 2013 = M. Hagelstein, *La non performativité de la performance*, dans *Klesis*, 28, 2013, p. 97-108.

Hager 1990 = M. Hager, *La funzione del linguaggio poetico nelle opere comiche di Amalteo, Draghi e Minato*, dans M. T. Muraro (dir.), *L'opera italiana a Vienna prima di Metastasio*, Florence, 1990, p. 17-30.

Hager 1991 = H. Hager, *Le opere letterarie di Carlo Fontana come autorappresentazione*, dans B. Contardi, G. Curcio (dir.), In urbe architectus. *Modelli, disegni, misure: la professione dell'architetto, Roma 1680-1750*, Rome, 1991, p. 155-160.

Hammond 1994 = F. Hammond, *Music & spectacle in Baroque Rome: Barberini patronage under Urban VIII*, New Haven, 1994.

Hammond 1998 = F. Hammond, *Barberini entertainments for queen Christina's arrival in Rome*, dans *Cristina di Svezia* 1998, p. 133-160.

Hammond 2010 = F. Hammond, *The ruined bridge. Studies in Barberini patronage of music and spectacle (1631-1679)*, Sterling Heights, 2010.

Hanley 1983 = S. Hanley, *The lit de justice of the kings of France*, Princeton, 1983.

Harper 2001 = J. Harper, *Beretta [Beretti, Berretta], Francesco*, dans *The new Grove dictionary of music and musicians*, vol. 3, Londres-New York, 2001, *ad vocem*.

Haskell 1963 = F. Haskell, *Patrons and painters: a study in the relations between Italian art and society in the age of the Baroque*, New York, 1963.

Haynes 2007 = B. Haynes, *The end of Early Music: a period performer's history of music for the twenty-first century*, Oxford, 2007.

Hazebroucq 2014 = H. Hazebroucq, *Quelle danse les personnages de Watteau dansent-ils ? La danse des « fêtes galantes » à la lumière des sources chorégraphiques du début du XVIIIe siècle*, dans V. Toutain-Quittelier, C. Rauseo (dir.), *Watteau au confluent des arts : esthétiques de la grâce*, Rennes, 2014, p. 297-313.

Heartz 2003 = D. Heartz, *Music in European capitals. The galant style, 1720-1780*, New York-Londres, 2003.

Heck 1999 = Th. F. Heck (dir.), *Picturing performance. The iconography of performing arts in concept and practice*, Rochester, 1999.

Heering 2016 = C. Heering, *Pratiques de montage et ornementalité dans les festivités éphémères au premier âge moderne*, dans *Entre textes et images : montage/démontage/remontage. Actes du colloque (Lyon, 20-22 novembre 2014)*, numéro spécial de la revue *Textimage - Le Conférencier*, 2016 : https://www.revue-textimage.com/conferencier/06_montage_demontage_remontage/heering1.html [consulté le 18 septembre 2018].

Heller 2003 = W. Heller, *Dancing desire on the Venetian stage*, dans *Cambridge Opera Journal*, 15, 2003, p. 281-295.

Heller 2004 = W. Heller, *Emblems of eloquence. Opera and women's voices in seventeenth-century Venice*, Berkeley, 2004.

Heller 2011 = W. Heller, *Ermiona and the ballo dei beozi*, dans Pontremoli 2011, p. 115-131.

Heller 2016 = W. Heller, *"Il favore degli dei" (1690): meta-opera and "Metamorphoses" at the Farnese court*, dans K. Gvozdeva, T. Korneeva, K. Ospovat (dir.), *Dramatic experience: the poetics of drama and the early modern public sphere(s)*, Leyde, 2016, p. 118-139.

Heller 2017 = W. Heller, *Rescuing Ariadne*, dans *Early Music*, 45, 2017, p. 377-391.

Herczog 2013 = J. Herczog, *Il perfetto melodramma spirituale. L'oratorio italiano nel suo periodo classico*, Rome, 2013.

Herrmann 1914 = M. Herrmann, *Forschung zur deutschen Theatergeschichte des Mittelalters und der Renaissance*, Berlin, 1914.

Heyink 2004 = R. Heyink, «Ad honorem nostrae nationis germanicae ac decorum almae urbis Romae». *Festa e musica come strumento della politica imperiale*, dans Engelhardt – Flamm 2004, p. 169-209.

Heyink 2010 = R. Heyink, *Fest und Musik als Mittel kaiserlicher Machtpolitik: das Haus Habsburg und die deutsche Nationalkirche in Rom S. Maria dell'Anima*, Tutzing, 2010.

Hill 1997 = J. W. Hill, *Roman monody, cantata and opera from the circles around Cardinal Montalto*, Oxford, 1997.

Hinz – Righi – Zardin 2004 = M. Hinz, R. Righi, D. Zardin (dir.), *I gesuiti e la* Ratio Studiorum, Rome, 2004.

Hodder 2012 = I. Hodder, *Entangled. An archaeology of the relationships between humans and things*, Oxford, 2012.

Holmes 1983 = W. C. Holmes (dir.), *La Statira by Pietro Ottoboni and Alessandro Scarlatti. Textual sources, with a documentary postscript*, New York, 1983.

Holmes 1985 = W. C. Holmes (dir.), *Alessandro Scarlatti, La Statira. The Operas of Alessandro Scarlatti*, 9, Cambridge, 1985.

Hov 2001 = L. Hov, *The 'women' of the Roman stage: as Goethe saw them*, dans *Theatre History Studies*, 21, 2010, p. 61-79.

Huron 2006 = D. Huron, *Sweet anticipation: music and the psychology of expectation*, Cambridge (Mass.)-Londres, 2006.

Imorde 2015 = *Edible Prestige*, dans M. Reed (dir.), *The edible monument: the art of food for festivals, exhibition catalogue (Los Angeles, Getty Research Institute, 13 October 2015-13 March 2016)*, Los Angeles, 2015, p. 101-123.

Ingold 2013 = T. Ingold, *Making: anthropology, archaeology, art and architecture*, Londres, 2013.

Ingold 2015 = T. Ingold, *The life of lines*, Londres, 2015.

Jeanneret 1987 = M. Jeanneret, *Des mets et des mots. Banquets et propos de table à la Renaissance*, Paris, 1987.

Jeanneret 2009 = C. Jeanneret, *Armoniose penne: per uno studio filologico sulle opere di copisti di cantate romane (1640-1680)*, dans Luisi 2009, p. 395-414.

Jeanneret 2017a = C. Jeanneret, *Das große Welttheater: Mariani und La Lisarda*, notes du programme du festival *Donaufestwochen*, Strudengau, 2017.

Jeanneret 2017b = C. Jeanneret, *L'objet-musique, paysage de la mémoire*, dans *Revue de Musicologie*, 103-1, p. 3-52.

Jemolo – Morelli 1977 = V. Jemolo, M. Morelli (dir.), *I manoscritti del Fondo S. Pantaleo*, Rome, 1977 (*Indici e cataloghi*, 21).

Jesurum 2018 = O. Jesurum, *I soggiorni romani di Francesco Galli Bibiena*, dans Rasch 2018, p. 57-67.

Kandare 2012 = C. Kandare, *CorpoReality: Queen Christina of Sweden and the embodiment of sovereignty*, dans Gillgren – Snickare 2012, p. 47-63.

Kanduth 1986 = E. Kanduth, *Das Libretto im Zeichen der Arcadia. Paradigmatisches in den Musikdramen Zenos (Pariatis) und Metastasios*, dans A. Gier (dir.), *Oper als Text. Romanistische Beiträge zur Libretto-Forschung*, Heidelberg, 1986, p. 33-53 (*Studia Romanica*, 63).

Keyser 1987 = D. Keyser, *Cross-sexual casting in Baroque opera musical and theatrical conventions*, dans *The Opera Quarterly*, 5-4, 1987, p. 46-57.

Kieven 2006 = E. Kieven, *Piazza di Spagna: dalla barcaccia alla scalinata*, dans M. Fagiolo, P. Portoghesi (dir.), *Roma barocca. Bernini, Borromini, Pietro da Cortona*, Milan, 2006, p. 242-247.

King – Prior 2013 = E. King, H. M. Prior (dir.), *Music and familiarity: listening, musicology and performance*, Londres-New York, 2013.

Kirkendale 1964 = U. Kirkendale, *The War of the Spanish Succession reflected in works of Antonio Caldara*, dans *Acta Musicologica*, 36-4, 1964, p. 221-233.

Kirkendale 1967 = U. Kirkendale, *The Ruspoli documents on Handel*, dans *Journal of the American Musicological Society*, 20, 1967, p. 222-273.

Kirkendale 2003 = U. Kirkendale, *Handel with Ruspoli: new documents from the Archivio Segreto Vaticano, December 1706 to December 1708*, dans *Studi musicali*, 32-2, 2003, p. 301-348.

Kirkendale 2007 = U. Kirkendale, *Antonio Caldara. Life and Venetian-Roman oratorios*. Revu et traduit par W. Kirkendale, Florence, 2007 (*Historiae Musicae Cultores*, 114).

Kirkendale 2017a = U. Kirkendale (dir.), *Georg Friedrich Händel, Francesco Maria Ruspoli e Roma*, Lucques, 2017 (*Saggi Ruspoli*, 1).

Kirkendale 2017b = U. Kirkendale, *I documenti di Francesco Maria Ruspoli su Händel*, dans Kirkendale 2017a, p. 1-78.

Knighton – Mazuela-Anguita 2018 = T. W. Knighton, A. Mazuela-Anguita (dir.), *Hearing the city in early modern Europe*, Turnhout, 2018.

Kramer 1990 = L. Kramer, *Music as cultural practice, 1800-1900*, Berkeley, 1990.

Krummholz 2017 = M. Krummholz, *Habsburgische Propaganda des kaiserlichen Botschafters am päpstlichen Hof am Beispiel der Gesandten Johann Wenzel von Gallas (1714-1719)*, dans W. Telesko (dir.), *Die Repräsentation der Habsburg-Lothringischen Dynastie in Musik, visuellen Medien und Architektur / Representing the Habsburg-Lorraine Dynasty in Music, Visual Media and Architecture. 1618-1918*, Vienne-Köln-Weimar, 2017, p. 263-283.

Kubler 2002 = G. Kubler, *La forma del tempo. La storia dell'arte e la storia delle cose*, Turin, 2002.

Kuntz 2019 = D. Kuntz, «S'unisca il Tago al Tebro, il Tebro al Tago»: the politics of Portuguese patronage in Alessandro Scarlatti's "La virtù negli amori", dans Diez del Corral 2019, p. 75-92.

Kuzmick Hansell 1988 = K. Kuzmick Hansell, *Il ballo teatrale e l'opera italiana*, dans Bianconi – Pestelli 1988, p. 175-190.

Kuzmick Hansell 2002 = K. Kuzmick Hansell, *Theatrical ballet and Italian opera*, dans L. Bianconi, G. Pestelli (dir.), *The history of Italian opera*, vol. 5, *Opera on stage*, Chicago-Londres, 2002 (traduction de Kuzmick Hansell 1988).

La Gorce 2000 = J. de La Gorce, *Torelli e gli scenografi del suo tempo*, dans Milesi 2000, p. 149-166.

La Gorce 2013 = J. de La Gorce, *Les fêtes prestigieuses du Roi-Soleil*, dans P. Arizzoli-Clémentel (dir.), *Versailles*, Paris, 2013, p. 207-215.

La Via 1995 = S. La Via, *Il cardinale Ottoboni e la musica: nuovi documenti (1700-1740)*, dans Dunning 1995, vol. 1, p. 319-526.

La Via 2007 = S. La Via, *Dalla «ragion poetica» di Gianvincenzo Gravina ai «bei concetti» musicali di Arcangelo Corelli. Teorie e prassi del «classicismo» romano oltre l'Arcadia*, dans Barnett – D'Ovidio – La Via 2007, vol. 1, p. 39-72.

Lamothe 2008 = V. C. Lamothe, *Dancing at a wedding: some thoughts on performance issues in Monteverdi's 'Lasciate i monti' (Orfeo, 1607)*, dans *Early Music*, 4, 2008, p. 533-545.

Landucci Gattinoni 2003 = F. Landucci Gattinoni, *L'arte del potere: vita e opere di Cassandro di Macedonia*, Stuttgart, 2003.

Lanfranchi – Careri 1987 = A. Lanfranchi, E. Careri, *Le cantate per la natività della Beata Vergine. Un secolo di musiche al Collegio Nazareno di Roma (1681-1784)*, dans Pirrotta – Ziino 1987, p. 297-347.

Laqueur 1990 = T. W. Laqueur, *Making sex: body and gender from the Greeks to Freud*, Cambridge (Mass.), 1990.

Lattanzi 2007 = A. Lattanzi, *La genesi di un pasticcio: «Madama l'umorista» di Pietro Guglielmi e Giovanni Paisiello*, dans F.-P. Russo (dir.), *Giovanni Paisiello e la cultura europea del suo tempo. Convegno internazionale di studi (Taranto, 20-23 giugno 2002)*, Lucques, 2007, p. 201-229 (*Strumenti della ricerca musicale*, 10).

Laurain-Portemer 1973 = M. Laurain-Portemer, *Absolutisme et népotisme. La surintendance de l'État ecclésiastique*, dans *Bibliothèque de l'École des Chartes*, 131-2, 1973, p. 487-568.

Lawson – Stowell 1999 = C. Lawson, R. Stowell (dir.), *Historical performance of music: an introduction*, Cambridge, 1999.

Lawson – Stowell 2012 = C. Lawson and R. Stowell (dir.), *The Cambridge history of musical performance*, Cambridge, 2012.

Le Goff 1999 = J. Le Goff, *Les « retours » dans l'historiographie française actuelle*, dans *Les Cahiers du Centre de Recherches Historiques*, 22, 1999, mis en ligne le 17 janvier 2009, consulté le 30 septembre 2019.

Le Roy Ladurie 1976 = E. Le Roy Ladurie, *Système de la cour (Versailles vers 1709)*, dans *L'Arc*, 65, 1976, p. 21-35.

Lebet 2014 = C. Lebet, *La pochette du maître à danser*, Fidenza, 2014.

Lecomte 2014 = N. Lecomte, *Entre cours et jardins d'illusion, le ballet en Europe (1515-1715)*, Pantin, 2014.

Leech-Wilkinson 2012 = D. Leech-Wilkinson, *Compositions, scores, performances, meanings*, dans *Music Theory Online*, 18-1, 2012 : https://mtosmt.org/issues/mto.12.18.1/mto.12.18.1.leech-wilkinson.html [consulté le 29 juin 2019]

Leferme-Falguières 2007 = F. Leferme-Falguières, *Les Courtisans. Une société de spectacle sous l'Ancien Régime*, Paris, 2007.

Leli 2020 = L. Leli, *Le donne della famiglia Lante della Rovere. Il contributo femminile alla formazione degli archivi familiari*, thèse de doctorat, Sapienza Université de Rome, 2020.

Lenzi – Bentini 2000 = D. Lenzi, J. Bentini (dir.), *I Bibiena. Una famiglia europea*, Venise, 2000.

Lenzi 1991 = D. Lenzi, *Ferdinando e Francesco Galli Bibiena. I "grandi padri" della veduta per angolo*, dans A. M. Matteucci, A. Stanzani (dir.), *Architetture dell'inganno*, Bologne, 1991, p. 91-110.

Lenzi 2000 = D. Lenzi, *La dinastia dei Galli Bibiena*, dans Lenzi – Bentini 2000, p. 19-36.

Leonetti 1882 = A. Leonetti, *Memorie del Collegio Nazareno eretto in Roma da S. Giuseppe Calasanzio per volonta e per opera di Michelangelo Tonti cardinal di Nazaret*, Bologne, 1882.

Lindgren – Murata 2018 = L. Lindgren, M. Murata, *The Barberini manuscripts of music*, Cité du Vatican, 2018 (*Studi e testi*, 527).

Lindgren – Schmidt 1980 = L. Lindgren, C. B. Schmidt, *A collection of 137 broadsides concerning theatre in late seventeenth-century Italy: an annotated catalogue*, dans *Harvard Library Bulletin*, 28-2, 1980, p. 185-233.

Lindgren 1972 = L. Lindgren, *A bibliographic scrutiny of dramatic works set by Giovanni and his brother Antonio Maria Bononcini*, thèse de doctorat, Université d'Harvard, 1972.

Lindgren 1977 = L. Lindgren, *I trionfi di Camilla*, dans *Studi musicali*, 6, 1977, p. 89-159.

Lindgren 1981 = L. Lindgren, *Le opere drammatiche "romane" di Francesco Gasparini 1689-1699*, dans Della Seta – Piperno 1981, p. 167-189.

Lindgren 1985 = L. Lindgren, *Il dramma musicale a Roma durante la carriera di Alessandro Scarlatti (1660-1725)*, dans Cagli 1985a, p. 35-57.

Lindgren 2001 = L. Lindgren, *Amadei, Filippo*, dans *The New Grove dictionary of music and musicians*, vol. 1, Londres-New York, 2001, *ad vocem*.

Lindgren 2016 = L. Lindgren, *Nineteen compilations of arias from sixty-two Venetian operas of 1667-1696, assembled for the Barberini family in Rome*, dans A. Borin, J. Melissa Cameron (dir.), *Fulgeat sol frontis decorae. Studi in onore di Michael Talbot*, Venise, 2016, p. 145-186.

Lionnet 1980 = J. Lionnet, *Les activités musicales de Flavio Chigi, cardinal neveu d'Alexandre VII*, dans *Studi musicali*, 9, 1980, p. 287-302.

Lionnet 1987 = J. Lionnet, *Performance practice in the Papal Chapel during the 17th century*, dans *Early Music*, 15, 1987, p. 4-15.

Lionnet 1993 = J. Lionnet, *The Borghese family and music during the first half of the seventeenth century*, dans *Music & Letters*, 74, 1993, p. 519-529.

Lionnet 2007a = J. Lionnet, *Monaci, Bartolomeo*, dans *Musiciens à Rome de 1570 à 1750* [base Philidor du CMBV, en ligne], 2007.

Lionnet 2007b = J. Lionnet, *Tiepoli, Pasqualino*, dans *Musiciens à Rome de 1570 à 1750* [base Philidor du CMBV, en ligne], 2007.

Lionnet 2018 = J. Lionnet, *«Parve che Sirio ... rimembrasse una florida primavera». Scritti sulla musica a Roma nel Seicento con un inedito*. Édité par G. Ciliberti, Bari, 2018.

Lista 2012 = G. Lista, *La performance historique. Le rôle du futurisme*, dans *Ligeia*, 2, 2012, p. 89-106.

Litta 1819-1883 = P. Litta, *Famiglie celebri italiane*, Milan, 1819-1883.

Lockwood 1984 = L. Lockwood, *Music in Renaissance Ferrara, 1400-1505: the creation of a musical center in the fifteenth century*, Cambridge, 1984.

Lodi 1923 = P. Lodi, *Catalogo delle opere musicali teoriche e pratiche di autori vissuti sino ai primi decenni del secolo XIX, esistenti nelle biblioteche e negli archivi pubblici e privati d'Italia: città di Modena*, Parme, 1923.

Lodolini 1997 = E. Lodolini, *Archivi privati, archivi personali, archivi familiari, ieri e oggi*, dans *Il futuro della memoria. Atti del convegno internazionale di studi sugli archivi di famiglie e di persone (Capri, 9-13 settembre 1991)*, vol. 1, Rome, 1997, p. 23-69 (*Pubblicazioni degli Archivi di Stato*, 45).

Lombardi 1991 = C. Lombardi, *Danza e buone maniere nella società dell'antico regime. Trattati e altri testi italiani tra 1580 e 1780*, Rome, 1991 (2e éd. Arezzo, 2000).

Lombardi 2000 = C. Lombardi, *Danza e buone maniere nella società dell'antico regime. Trattati e altri testi italiani tra 1580 e 1780*, Arezzo, 2000 (1re éd. Rome, 1991).

Lombardi 2001 = C. Lombardi (éd.), *Trattati di danza in Italia nel Settecento. G. B. Dufort, «Trattato del Ballo Nobile», Napoli 1728. G. Magri, «Trattato teorico-prattico di ballo», Napoli 1779. F. Sgai, «Al signor Gennaro Magri», Napoli 1779*, Naples, 2001.

Lorenzetti 1997 = S. Lorenzetti, *«Per animare agli esercizi nobili». Esperienza musicale e identità nobiliare nei collegi di educazione*, dans *Quaderni storici*, 32-2, 1997, p. 435-460.

Lorizzo 2010 = L. Lorizzo, *Pellegrino Peri. Il mercato dell'arte nella Roma barocca*, Rome, 2010.

Lucarelli 2010 = A. Lucarelli, *Nuovo Soggettario. Un servizio per le biblioteche italiane e il mondo della ricerca*, dans *Accademie e Biblioteche d'Italia*, n.s., 3-4, 2010, p. 69-81.

Lucarelli 2017 = A. Lucarelli, *Biblioteche digitali e specialisti del mondo antico. Collaborazioni nell'ambito dell'indicizzazione e della ricerca semantica*, dans P. Mastandrea (dir.), *Strumenti digitali e collaborativi per le Scienze dell'antichità*, Venise, 2017, p. 219-229.

Luin 1931 = E. J. Luin, *Antonio Giannettini e la musica a Modena alla fine del secolo XVII*, Modène, 1931.

Luisi 2009 = F. Luisi (dir.), *Francesco Buti tra Roma e Parigi: diplomazia, poesia, teatro. Atti del convegno internazionale di studi (Parma, 12-15 dicembre 2007)*, Rome, 2009.

Maccavino – Magaudda 2013 = N. Maccavino, A. Magaudda, *La religione giardiniera (Napoli, 1698) - Il giardino di rose (Roma, 1707): nuove acquisizioni*, dans N. Maccavino (dir.), *Devozione e Passione: Alessandro Scarlatti nel 350° anniversario della nascita. Atti del convegno internazionale di studi (Reggio Calabria, 8-9 ottobre 2010)*, Soveria Mannelli, 2013, p. 303-368.

Maccavino 2007 = N. Maccavino (dir.), *Serenata tra Seicento e Settecento: musica, poesia, scenotecnica. Atti del convegno internazionale di studi (Reggio Calabria, 16-17 maggio 2003)*, 2 vol., Reggio Calabria, 2007.

Maeder 1993 = C. Maeder, *Metastasio, l'«Olimpiade» e l'opera del Settecento*, Bologne, 1993.

Magaudda – Costantini 2011 = A. Magaudda, D. Costantini, *Musica e spettacolo nel Regno di Napoli attraverso lo spoglio della «Gazzetta» (1675-1768)*, Rome, 2011.

Maiorino 2005 = M. Maiorino, *Lonigo, Michele*, dans *DBI*, vol. 65, Rome, 2005.

Manfredi 2004 = T. Manfredi, *Juvarra, Filippo*, dans *DBI*, vol. 62, Rome, 2004.

Manfredi 2010 = T. Manfredi, *Mecenatismo e architettura per la musica nel primo Settecento romano: il cardinale Ottoboni, la regina di Polonia e il principe Ruspoli*, dans Ehrmann-Herfort – Schnettger 2010, p. 307-329.

Mango 2018 = L. Mango, *Una questione di confini, perimetri e barriere culturali*, dans Guccini – Petrini 2018, p. 127-137.

Mann 2008 = D. Mann, *Shakespeare's Women: Performance and Conception*, Cambridge, 2008.

Manodori Sagredo 2004 = A. Manodori Sagredo, *Il Collegio Nazareno, una scuola per tutti nella Roma del secolo XVII*, dans B. Santoni Tellini, A. Sagredo Manodori (dir.), *Luoghi della cultura nella Roma di Borromini*, Rome, 2004, p. 101-116.

Maravall 2002 = J. A. Maravall, *La cultura del barroco. Análisis de una estructura histórica*, Barcelone, 2002 (1re éd. 1975).

Marazzini 1993 = C. Marazzini, *Storia della lingua italiana. Il secondo Cinquecento e il Seicento*, Bologne, 1993.

Marchegiani 2017, *Sabbatini, Nicolò*, in *DBI*, Rome, 2017, vol. 89, p. 424-428.

Marconi 2004 = N. Marconi, *Edificando Roma barocca. Macchine, apparati, maestranze e cantieri tra XVI e XVIII secolo*, Rome, 2004.

Marcos 2019 = D. M. Marcos, *Beyond Policy: shaping the image of John V of Portugal in Rome*, dans Diez del Corral 2019, p. 17-41.

Marie 2018 = L. Marie, *Inventer l'acteur. Émotions et spectacle dans l'Europe des Lumières*, Paris, 2018.

Marin 1981 = L. Marin, *Le Portrait du roi*, Paris, 1981.

Marin 1993 = L. Marin, *Des pouvoirs de l'image*, Paris, 1993.

Marino 1985 = A. Marino, *I "libri delle case" di Roma. Il catasto del Monastero di S. Cecilia in Trastevere (1735)*, Rome, 1985.

Markstrom 2001 = K. Markstrom, *Vinci, Leonardo*, dans *The New Grove dictionary of music and musicians*, vol. 26, Londres-New York, 2001, p. 654-657.

Markstrom 2007 = K. Markstrom, *The operas of Leonardo Vinci, Napoletano*, Hillsdale (N.Y.), 2007.

Markuszewska 2013 = A. Markuszewska, *Alla Maestà Clementina Regina Della Gran Bretagna: the political significance of dedications on the example of selected operas staged in the Teatro d'Alibert in Rome (1720-1730)*, dans *Musicology Today*, 2013, p. 46-52.

Markuszewska 2016a = A. Markuszewska, *Serenatas and politics of remembrance: music at the court of Marie Casimire Sobieska in Rome (1699-1714)*, dans B. Over (dir.), *La Fortuna di Roma. Italienische Kantaten und römische Aristokratie um 1700 / Cantate italiane e aristocrazia romana intorno il 1700*, Cassel, 2016, p. 269-294.

Markuszewska 2016b = A. Markuszewska, *'Queen of Italy, Mother of the kings' or Adelaide on opera stages: a case study of Adelaide (Rome 1723)*, dans V. Katalinič (dir.), *Music migrations in the Early Modern Age: people, markets, patterns and styles*, Zagreb, 2016, p. 231-246.

Markuszewska 2017 = A. Markuszewska, *And all this because of 'the weakness of your sex': the marital vicissitudes of Maria Klementyna Sobieska Stuart, wife of the Old Pretender to the English throne*, dans A. Bues (dir.), *Frictions and failures. Cultural encounters in crisis*, Wiesbaden, 2017, p. 163-177.

Markuszewska 2018 = A. Markuszewska, *Nicola Porpora, a composer of drammi per musica dedicated to Maria Clementina Sobieska in Rome*, dans J. A. Chrościcki, Z. Flisowska, P. Migasiewicz (dir.), *I Sobieski a Roma. La famiglia reale polacca nella Città Eterna*, Varsovie, 2018, p. 250-293.

Martín Marcos 2011 = D. Martín Marcos, *El papado y la Guerra de Sucesión española*, Madrid, 2011.

Martinelli 1996 = V. Martinelli, *"Teatri sacri e profani" di Andrea Pozzo nella cultura prospettico-scenografica barocca*, dans V. De Feo, V. Martinelli (dir.), *Andrea Pozzo*, Milan, 1996, p. 93-113.

Martinetti 2016 = S. Martinetti, *Filippo Juvarra e l'elaborazione del gusto decorativo tra Roma e Torino (1704-1735)*, Turin, 2016 (Fondazione 1563 per l'arte e la cultura, Collana *Alti studi sull'età e la cultura del barocco*, 1.5).

Marx 1968 = H. J. Marx, *Die Musik am Hofe Pietro Kardinal Ottobonis unter Arcangelo Corelli*, dans F. Lippmann (dir.), *Studien zur italienisch-deutschen Musikgeschichte V*, Cologne-Graz, 1968, p. 104-177 (*Analecta Musicologica*, 5).

Marx 1983a = H. J. Marx, *Die «Giustificazioni della Casa Pamphilj» als Musikgeschichtliche Quelle*, dans *Studi musicali*, 12-1, 1983, p. 121-187.

Marx 1983b = H. J. Marx, *Händel in Rom – seine Beziehung zu Benedetto Card. Pamphilj*, dans *Händel-Jahrbuch*, 29, 1983, p. 107-118.

Marx 1993 = H. J. Marx, *La musica alla corte del cardinale Pietro Ottoboni all'epoca di Corelli*. Trad. it. (sans la liste des documents), dans Annibaldi 1993, p. 85-107 = Marx 1968.

Masini 2005 = R. Masini, *Il debito pubblico pontificio a fine Seicento. I monti camerali*, Rome, 2005.

Matitti 2013 = F. Matitti, *Ottoboni, Pietro*, dans *DBI*, vol. 79, Rome, 2013.

Mazza – Bianconi – Casali Pedrielli 2018 = A. Mazza, L. Bianconi, M. C. Casali Pedrielli, *Ritratto di Giuseppe Maria Segni detto "il Finalino"*, dans L. Bianconi *et al.*, *I ritratti del Museo della musica di Bologna*, Florence, 2018, p. 196-200.

McIver 2014 = K. McIver, *Cooking and eating in Renaissance Italy*, Lanham (Md.), 2014.

McKee 1989 = R. M. McKee, *A critical edition of Carlo Pallavicino's Il Vespasiano*, thèse de doctorat, Université de la Caroline du Nord, 1989.

Meazza 2008 = C. Meazza, *Di traverso in Jacques Derrida. In un certo attualismo nel dramma di differenza e* différance, Naples, 2008.

Meazza 2014 = C. Meazza, *L'evento esposto come evento d'eccezione. Materiali per un pensiero neocritico*, Rome, 2014.

Megale 2005 = T. Megale, *Strategie artistiche e orientamenti drammaturgici: gli interpreti del teatro rospigliosiano*, dans Romei 2005, p. 31-41.

Menchelli Buttini 1995 = F. Menchelli Buttini, Il Vespesiano *da Venezia (1678) a Napoli (1707): un contributo sull'opera a Napoli nel primo Settecento*, dans *Rivista italiana di musicologia*, 30-2, 1995, p. 335-358.

Merli 1988 = C. Merli, *Il palazzo del Collegio Nazareno: una villa di Angelo Maria Colocci*, dans *Architettura. Storia e documenti*, 1-2, 1988, p. 99-107.

Meucci 1994 = R. Meucci, *La costruzione di strumenti musicali a Roma tra XVII e XIX secolo, con notizie inedite sulla famiglia Biglioni*, dans Antolini – Morelli – Spagnuolo 1994, p. 581-594.

Meyer 1956 = L. B. Meyer, *Emotion and meaning in music*, Chicago, 1956.

Micheletti 2015 = M. Micheletti, *La fortuna del* Pompeo *di Alessandro Scarlatti*, dans *Studi musicali*, n.s., 6-1, 2015, p. 37-95

Migliorini 1987 = B. Migliorini, *Storia della lingua italiana*, Florence, 1987 (1re éd. 1961).

Mihalik 2016 = B. V. Mihalik, *The fall of an imperial ambassador: count Georg Adam von Martinitz and his recall from Rome*, dans *Theatrum Historiae*, 19, 2016, p. 247-273.

Milesi 2000 = F. Milesi (dir.), *Giacomo Torelli. L'invenzione scenica nell'Europa barocca, Catalogo della mostra (Fano, 8 luglio-30 settembre 2000)*, Fano, 2000.

Milovanovic – Maral 2009 = N. Milovanovic, A. Maral (dir.), *Louis XIV : l'homme et le roi, catalogue d'exposition (Château de Versailles, 19 octobre 2009-19 janvier 2010)*, Paris-Versailles, 2009.

Mischiati 1983 = O. Mischiati, *Una statistica della musica a Roma*, dans *Note d'archivio per la storia musicale*, 1, 1983, p. 209-227.

Mochi Onori – Schütze – Solinas 2007 = L. Mochi Onori, S. Schütze, F. Solinas (dir.), *I Barberini e la cultura europea del Seicento. Atti del convegno internazionale (Palazzo Barberini alle Quattro Fontane, 7-11 dicembre 2004)*, Rome, 2007.

Moine 1984 = M.-C. Moine, *Les fêtes à la cour du Roi Soleil*, Paris, 1984.

Moli Frigola 1991 = M. Moli Frigola, *La Lisboa romana de los siglos XVII-XVIII. Fiestas portuguesas en Roma en los siglos XVII-XVIII*, dans *Actas - I Congresso Internacional do Barroco*, Porto, 1991, p. 93-120.

Molinari 1968 = C. Molinari, *Le nozze degli dèi. Un saggio sul grande spettacolo italiano nel Seicento*, Rome, 1968.

Mòllica 2000 = F. Mòllica, *Tre secoli di danza in un collegio italiano. Il Collegio San Carlo di Modena 1626-1921*, Bologne, 2000 (*I libri della Società di Danza*, 2).

Mòllica 2001a = F. Mòllica (dir.), *Aspetti della cultura di danza nell'Europa del Settecento. Atti del Convegno "Bologna e la cultura europea di danza nel Settecento" (Bologna, 2-4 giugno 2000)*, Bologne, 2001 (*I libri della Società di Danza*, 3).

Mòllica 2001b = F. Mòllica, *L'occhio della città: danza a Bologna nel Sette-cento*, dans Mòllica 2001a, p. 157-165.

Montalto 1939 = L. Montalto, *Il Clementino. 1595-1875*, Rome, 1939.

Montalto 1955 = L. Montalto, *Un mecenate in Roma barocca: il Cardinale Benedetto Pamphili, 1653-1730*, Florence, 1955.

Montanari 1997 = T. Montanari, *Il cardinale Decio Azzolino e le collezioni d'arte di Cristina di Svezia*, dans *Studi secenteschi*, 38, 1997, p. 187-264.

Monteiro – Cardim 2005 = N. G. Monteiro, P. Cardim, *La diplomacia portu-guesa durante el Antiguo Régimen. Perfil sociológico y trayectorias*, dans *Cuadernos de Historia Moderna*, 30, p. 7-40.

Morelli A. 1984 = A. Morelli, *Alessandro Scarlatti maestro di cappella in Roma ed alcuni suoi oratori. Nuovi documenti*, dans un numéro spécial de *Note d'archivio per la storia musicale*, 2, 1984, p. 117-144.

Morelli A. 1986 = A. Morelli, *Il "Theatro spirituale" ed altre raccolte di testi per oratorio romani del Seicento*, dans *Rivista italiana di musicologia*, 21, 1986, p. 61-143.

Morelli A. 1991 = A. Morelli, *Antimo Liberati, Matteo Simonelli e la tradizione palestriniana a Roma nella seconda metà del Seicento*, dans L. Bianchi, G. Rostirolla (dir.), *Palestrina e la sua presenza nella musica e nella cultura europea dal suo tempo ad oggi. Atti del II convegno internazionale di studi palestriniani (Palestrina, 3-5 maggio 1986)*, Palestrina, 1991, p. 297-307.

Morelli A. 1994 = A. Morelli, *La musica a Roma nella seconda metà del Seicento attraverso l'Archivio Cartari-Febei*, dans Antolini – Morelli – Spagnuolo 1994, p. 107-136.

Morelli A. 1997a = A. Morelli, *La circolazione dell'oratorio italiano nel Seicento*, dans *Studi musicali*, 26, 1997, p. 105-186.

Morelli A. 1997b = A. Morelli, *Mecenatismo musicale nella Roma Barocca: il caso di Cristina di Svezia*, dans *Quaderni storici*, 31, 1997, p. 387-408.

Morelli A. 2002 = A. Morelli, *Gli oratori di Bernardo Pasquini: problemi di datazione e di committenza*, dans Franchi 2002a, p. 67-94.

Morelli A. 2004a = A. Morelli, *«Musica nobile e copiosa di voci et istromenti». Spazio architettonico, cantorie e palchi in relazione ai mutamenti di stile e prassi nella musica da chiesa fra Sei e Settecento*, dans Engelhardt – Flamm 2004, p. 293-334.

Morelli A. 2004b = A. Morelli, *"Un bell'oratorio all'uso di Roma": patronage and secular context of the oratorio in Baroque Rome*, dans C. Reardon, S. Parisi (dir.), *Music observed. Studies in memory of William C. Holmes*, Warren, 2004, p. 333-351.

Morelli A. 2008a = «Schola romana», «stil di cappella» e cerimoniale papale, dans G. Monari, F. Vizzaccaro (dir.), *Musici e istituzioni musicali a Roma nello Stato Pontificio nel tardo Rinascimento: attorno a Giovanni Maria Nanino. Atti della giornata di studi (Tivoli, Villa d'Este, 26 ottobre 2007)*, Tivoli, 2008, p. 121-131 (*Atti e memorie della Società tiburtina di storia e d'arte*, 81).

Morelli A. 2008b = A. Morelli, *Mariani, Giovanni Battista*, dans *DBI*, vol. 70, Rome, 2008.

Morelli A. 2009 = A. Morelli, *Per una storia materiale della cantata: conside-razioni sulle fonti manoscritte romane*, dans Luisi 2009, p. 381-394.

Morelli A. 2011 = A. Morelli, *Un modello di committenza musicale: i Borghese nella seconda metà del Seicento*, dans Engelhardt 2011, p. 204-217.

Morelli A. 2012a = A. Morelli, *La musica a Roma nel Seicento e la ricerca storica: un quarantennio di studi*, dans Giron-Panel – Goulet 2012, p. 1-13.

Morelli A. 2012b = A. Morelli, *Spaces for musical performance in seventeenth-century Roman residences*, dans D. Howard, L. Moretti (dir.), *The music room in early modern France and Italy: sound, space and object*, Oxford-New York-Auckland, 2012, p. 309-320.

Morelli A. 2016 = A. Morelli, *La virtù in corte. Bernardo Pasquini (1637-1710)*, Lucques, 2016.

Morelli A. 2017a = A. Morelli, *Teatro della vista e dell'udito: la musica e i suoi luoghi nell'età moderna*, Lucques, 2017.

Morelli A. 2017b = A. Morelli, *«Amor quando si fugge allor si trova»: un libretto per Scarlatti esordiente?*, dans *Il Saggiatore musicale*, 24-2, 2017, p. 229-238.

Morelli A. 2018 = A. Morelli, *Cantata e oratorio*, dans S. Cappelletto (dir.), *Il contributo italiano alla storia del pensiero. Musica* [annexe IX de *L'Enciclopedia Italiana di Scienze, Lettere ed Arti*], Rome, 2018, p. 179-186.

Morelli G. 1975 = G. Morelli, *Una celebre "cantarina" romana del Seicento: la Giorgina*, dans *Studi Secenteschi*, 15, 1975, p. 157-180.

Mori 1986 = E. Mori, *Dove gli eroi vanno a morir ballando, ovvero la danza a Roma nel Settecento*, dans *La danza italiana*, 4, 1986, p. 27-47.

Mori 1994 = E. Mori, *I Maccarani dal teatro di corte al teatro Alibert*, dans Antolini – Morelli – Spagnuolo 1994, p. 183-203.

Mori 1996 = E. Mori, *Vicende familiari e formazione di archivi: dai Maccarani ai Savorgnan di Brazzà*, dans *Rivista Storica del Lazio*, 4, 1996, p. 61-97.

Mori 2016 = E. Mori, *L'Archivio Orsini. La famiglia, la storia, l'inventario*, Rome, 2016 (*Carte scoperte*, 4).

Mourey 2007 = M.-T. Mourey, *Le corps du danseur au XVIIe siècle : de l'habit à l'habitus*, dans A. Verdier, O. Goetz, D. Doumergue (dir.), *Art et usages du costume de scène*, Vijon, 2007, p. 41-51.

Murata – Fabris 2015 = M. Murata, D. Fabris (dir.), *Passaggio in Italia. Music on the Grand Tour in the seventeenth century*, Turnhout, 2015.

Murata 1975 = M. Murata, *Operas for the papal court with texts by Giulio Rospigliosi*, thèse de doctorat, Université de Chicago, 1975.

Murata 1977 = M. Murata, *Il carnevale a Roma sotto Clemente IX Rospigliosi*, dans *Rivista Italiana di Musicologia*, 12, 1977, p. 83-99.

Murata 1979 = M. Murata, *Further remarks on Pasqualini and the music of MAP*, dans F. Lippman (dir.), avec la coll. de W. Witzenmann, *Studien zur italienisch-deutschen Musikgeschichte XII*, Laaber, 1979, p. 125-145 (*Analecta musicologica*, 19).

Murata 1981 = M. Murata, *Operas for the papal court, 1631-1668*, Ann Arbor (Mich.), 1981.

Murata 1990 = M. Murata, *Roman cantata scores as traces of musical culture and signs of its place in society*, dans L. Bianconi, F. Alberto Gallo, A. Pompilio, D. Restani (dir.), *Atti del XIV congresso della Società internazionale di musicologia: trasmissione e recezione delle forme di cultura musicale (Bologna, 27 agosto-1° settembre 1987; Ferrara-Parma, 30 agosto 1987)*, Turin, 1990, p. 272-284.

Murata 2012 = M. Murata, *Theatri intra theatrum, or the Church and the stage in seventeenth-century Rome*, dans Kr. K. Forney, J. L. Smith (dir.) *Sleuthing the muse: essays in honor of William F. Prizer*, Hillsdale-New York, 2012, p. 181-200.

Music performance 2014 = *Music performance and performativity*, numéro spécial de la revue *Musicology Australia*, 36-2, 2014.

Nagler 1952 = A. M. Nagler, *Sources of theatrical history*, New York, 1952.

Nagler 1959 = A. M. Nagler, *A source book in theatrical history*, New York, 1959.

Nagler 1964 = A. M. Nagler, *Theatre festivals of the Medici, 1539-1637*. Trad. de G. Hickenlooper, New Haven, 1964.

Napoli 1992 = M. C. Napoli, *Nobiltà e teatro. Dalle antiche Accademie alla nuova società drammatica*, dans Visceglia 1992, p. 340-354.

Natuzzi 1999 = E. Natuzzi, *Il teatro Capranica dall'inaugurazione al 1881*, Naples, 1999 (*Quaderni de La musica e Danza*, 12).

Naudeix 2018 = L. Naudeix (dir.), *La Première Querelle de la musique italienne 1702-1706*, Paris, 2018.

Negro 2004 = A. Negro (dir.), *Il ritratto segreto. Miti e simboli nella quadreria dell'Accademia degli Incolti al Collegio Nazareno: una collezione sconosciuta del Sei e Settecento romano, Catalogo della mostra (Accademia Nazionale di San Luca, 7 aprile-20 maggio 2004)*, Rome, 2004.

Nestola 2015 = B. Nestola, *Musica e stile francese nell'opera italiana tra Venezia, Roma e Napoli (1680-1715)*, dans Goulet – Zur Nieden 2015, p. 526-545.

Nestola 2019 = B. Nestola, *Gesture and acting in Roman opera at the end of the seventeenth century*, dans De Lucca – Jeanneret 2019, p. 48-63.

Neveu 1973 = B. Neveu (dir.), *Correspondance du nonce en France : Angelo Ranuzzi (1683-1689)*, Rome, 1973.

Nevile 1998 = J. Nevile, *Cavalieri's theatrical ballo "O che nuovo miracolo": a reconstruction*, dans *Dance Chronicle*, 21-3, 1998, p. 353-388.

Nevile 1999 = J. Nevile, *Cavalieri's theatrical ballo and the social dances of Caroso and Negri*, dans *Dance Chronicle*, 22-1, 1999, p. 119-133.

Nevile 2005 = J. Nevile, *Dancing with nuance. The eloquent body: dance and humanist culture in fifteenth-century Italy*, Bloomington, 2005.

Nigito 2008 = A. Nigito, *Alla corte dei Pamphilj. La musica a Roma tra Sei- e Settecento*, thèse de doctorat, Université de Zürich, 2008.

Nigito 2012 = A. Nigito, *Le lettere di Filippo Silva al principe Giovanni Andrea III Doria Landi (1684-1723)*, dans Giron-Panel – Goulet 2012, p. 187-250.

Nigito 2013 = A. Nigito, *La musica alla corte del principe Giovanni Battista Pamphilj (1648-1709)*, Cassel, 2013 (*MARS*, 1).

Nigito 2016 = A. Nigito, *«… in numero di centocinquanta»: The orchestra in the age of Corelli*, dans A. Pavanello (dir.), *Corelli als Modell. Internationales Symposium der Schola Cantorum Basiliensis (5.-7. Dezember 2013)*, Winterthur, 2016, p. 137-177.

Nigro 1993 = S. S. Nigro, *Della Dissimulazione onesta di Torquato Accetto*, dans A. Asor Rosa (dir.), *Letteratura italiana. Le opere*, vol. 2, *Dal Cinquecento al Settecento*, Turin, 1993, p. 973-990.

Nizet – Rigaux 2014 = J. Nizet, N. Rigaux, *La Sociologie de Erving Goffman*, Paris, 2014.

Noe 2004 = A. Noe, *Nicolò Minato: Werkverzeichnis*, Vienne, 2004.

Noehles 1985 = K. Noehles, *Teatri per le Quarantore e altari barocchi*, dans Fagiolo – Madonna 1985, p. 88-99.

Nora 1981 = P. Nora, *Il ritorno dell'avvenimento*, trad. it. de I. Mariani, dans J. Le Goff, p. Nora (dir.), *Fare Storia*, Turin, 1981.

Nordera 2020 = M. Nordera, *Illustrazioni o partiture corporee? Le tavole di Giovanni Mauro della Rovere per "Le Grazie d'Amore"*, dans A. Pontremoli, C. Gelmetti (dir.), *Un maestro di danza e la cultura del suo tempo*, Venise, 2020, p. 105-128.

Norman – Tierney – Llewellyn 2009 = J. Norman, E. Tierney, N. Llewellyn, *Performance and performativity*, dans M. Snodin, N. Llewellyn, *Baroque. Style in the age of magnificence, 1620-1800*, Londres, 2009.

Nussdorfer 1992 = L. Nussdorfer, *Civic politics in the Rome of Urban VIII*, Princeton, 1992.

Nussdorfer 2009 = L. Nussdorfer, *Brokers of public trust. Notaries in Early Modern Rome*, Baltimore, 2009.

Nussdorfer 2018 = L. Nussdorfer, *I notai della Curia Capitolina nel Seicento*, dans O. Verdi, R. Pittella (dir.), *Notai a Roma. Società e notai a Roma tra Medioevo ed età moderna. Atti della giornata di studio (Roma, 30 maggio 2017)*, Rome, 2018, p. 151-163.

Olin 2012 = M. Olin, *Diplomatic performances and the applied arts in seventeenth-century Rome*, dans Gillgren – Snickare 2012, p. 25-45.

Onnekink 2009 = D. Onnekink, *The last war of religion? The Dutch and the Nine Years War*, dans D. Onnekink (dir.), *War and religion after Westphalia, 1648-1713*, Aldershot, 2009, p. 69-88.

Onorati 1998 = F. Onorati (dir.), *Metastasio da Roma all'Europa. Incontro di studi (Roma, 21 Ottobre 1998)*, Rome, 1998 (*Collana della Fondazione Marco Besso*, 16).

O'Regan 1995 = N. O'Reagan, *The performance of Roman sacred polyphonic music in the late sixteenth and early seventeenth centuries: evidence from archival sources*, dans *Performance Practice Review*, 8, 1995, p. 107-146.

O'Regan 1996 = N. O'Regan, Compte rendu de F. Hammond, *Music & spectacle in Baroque Rome: Barberini patronage under Urban VIII*, dans *Music & Letters*, 77-4, 1996, p. 599-601.

O'Regan 2006 = N. O'Regan, *La musica nelle chiese e nelle confraternite di Roma nel Cinquecento* dans D. Bryant, E. Quaranta (dir.), *Produzione, circolazione e consumo. Consuetudine e quotidianità della polifonia sacra nelle chiese monastiche e parrocchiali dal tardo Medioevo alla fine degli antichi regimi*, Bologne, 2006, p. 67-117 (*Quaderni di Musica e storia*, 5).

O'Regan 2011 = N. O'Regan, *Music prints by Cristóbal de Morales and Tomás Luis de Victoria in surviving Roman inventories and archival records*, dans T. Knighton, B. Nelson (dir.), *Pure gold: Golden age sacred music in the Iberian world. A homage to Bruno Turner*, Cassel, 2011, p. 113-131.

O'Regan 2019 = N. O'Regan, *Cappella fissa – cappella mobile: the organisation of musicians for major feastdays at Rome's national churches*, dans Berti – Corswarem 2019a, p. 35-53.

Oriol 2012 = É. Oriol, *Les musiciens étrangers à Rome au XVIIIe siècle à partir des* Stati delle Anime. *Insertion urbaine et professionnelle*, dans *Histoire urbaine*, 33, 2012, p. 133-156.

Oriol 2014 = É. Oriol, *Vivre de la musique à Rome au XVIIIe siècle. Lieux, institutions et parcours individuels*, thèse de doctorat, Aix-Marseille Université/Sapienza Université de Rome, 2014.

Oriol 2015 = É. Oriol, *Musicisti e ballerini stranieri a Roma. Percorsi sociali e sviluppo delle carriere nella prima metà del Settecento*, dans Goulet – Zur Nieden 2015, p. 269-299.

Oriol 2016 = É. Oriol, *Engagements et circulation des artistes au XVIIIe siècle. Le cas des théâtres Alibert et Argentina de Rome*, dans M. Traversier (dir.), *Musiques nomades : objets, réseaux, itinéraires (Europe, XVIIe-XXe siècles)*, numéro thématique de *Diasporas*, 26, 2016, p. 93-113.

Oriol 2017 = É. Oriol, *Mecenatismo e sviluppo delle carriere musicali: il ruolo delle famiglie Acquaviva, Stuart e Albani nella Roma settecentesca*, dans B. Alfonzetti (dir.), *Settecento Romano. Reti del Classicismo arcadico*, Rome, 2017, p. 345-363.

Osiecka-Samsonowicz 2012 = H. Osiecka-Samsonowicz, *Polskie Uroczystości. w barokowym Rzymie (1587-1696)*, Varsovie, 2012.

Over 2016 = B. Over, *La Fortuna di Roma. Italienische Kantaten und römische Aristokratie um 1700*, Cassel, 2016.

Pagano – Bianchi 1972 = R. Pagano, L. Bianchi, *Alessandro Scarlatti*, Turin, 1972.

Pagano – Boyd – Hanley 2001 = R. Pagano, M. Boyd, E. Hanley, *Scarlatti, [Pietro] Alessandro [Gaspare]*, dans *The New Grove dictionary of music and musicians*, vol. 22, Londres-New York, 2001, ad vocem.

Pagano 1985 = R. Pagano, *Scarlatti Alessandro e Domenico. Due vite in una*, Milan, 1985.

Pagano 1993 = S. Pagano, *Archivi di famiglie romane e non romane nell'Archivio Segreto Vaticano: una indagine sull'«azienda famiglia»*, dans *Roma moderna e contemporanea*, 1-3, 1993, p. 189-231.

Pagano 2015 = R. Pagano, *Alessandro e Domenico Scarlatti. Due vite in una*, Lucques, 2015.

Panzanaro 2017 = V. Panzanaro, *Musica strumentale da ballo 'alla francese' nella Roma di fine Seicento*, thèse de doctorat, Sapienza Université de Rome, 2017.

Pappacena 2009 = F. Pappacena, *La danza classica. Le origini*, Rome-Bari, 2009.

Pappacena 2010 = F. Pappacena, *Il linguaggio della danza. Guida all'interpretazione delle fonti iconografiche della danza classica*, Rome, 2010.

Pappacena 2013 = F. Pappacena, *Dal libretto di balletto alle note per la messa in scena*, dans *Acting Archives Review*, 3-6, 2013, p. 1-25.

Pappacena 2015a = F. Pappacena, *Per una storia della danza. Danza italiana e/o francese? Ripensare il Settecento*, dans *Acting Archives Review*, 5-9, 2015, p. 84-156.

Pappacena 2015b = F. Pappacena, *Storia della danza in Occidente. Il Settecento e l'Ottocento*, Rome, 2015.

Pappacena 2019 = F. Pappacena (dir.), *Il ballo a Torino 1748-1762. Dalla 'Raccolta de' balli fatti nelle opere del Real Teatro'*, Lucques, 2019.

Pascual León 2018 = N. Pascual León, *A newly recovered collection of canzonettas (1679) by Wolfgang Caspar Printz*, dans *Journal of Seventeenth-Century Music*, 24-1, 2018 : https://sscm-jscm.org/jscm-issues/volume-24-no-1/pascual-newly-recovered-collection/ [consulté le 22 avril 2021].

Pastura Ruggiero 1989 = M. G. Pastura Ruggiero, *Fonti per la storia del teatro romano del Settecento conservate nell'Archivio di Stato di Roma*, dans *Teatro a Roma nel Settecento* 1989, vol. 2, p. 505-587.

Pastura Ruggiero 1994 = M. G. Pastura Ruggiero, *Legislazione pontificia sui teatri e spettacoli a Roma*, dans Antolini – Morelli – Spagnuolo 1994, p. 167-175.

Paviolo 2013 = M. G. Paviolo (dir.), *I testamenti dei Cardinali. Tiberio Muti (1574-1636)*, s.l., 2013.

Pearson 2013 = M. Pearson, *Marking Time. Performance, archaeology and the city*, Exeter, 2013.

Pedler – Cheyronnaud 2018 = E. Pedler, J. Cheyronnaud (dir.), *La forme spectacle*, Paris, 2018 (*Enquête*, 13).

Pedler 2018 = E. Pedler, *Faire spectacle. Avant-propos*, dans Pedler – Cheyronnaud 2018, p. 7-21.

Pelliccia 1985 = G. Pelliccia, *La scuola primaria a Roma dal secolo XVI al XIX. L'istruzione popolare e la catechesi ai fanciulli, nell'ambito della parrocchia e dello "Studium Urbis"*, Rome, 1985.

Pelliccia 2013 = C. Pelliccia, *«Mastro Marco Guidi Cembalaro». Nuovi documenti dall'Archivio Colonna di Subiaco*, dans *Fonti Musicali Italiane*, 18, 2013, p. 17-24.

Pelliccia 2015a = C. Pelliccia, *L'età di Filippo II Colonna (1689-1714). Mecenatismo e collezionismo musicale*, thèse de doctorat, Université de Rome Tor Vergata, 2015.

Pelliccia 2015b = C. Pelliccia, *La libraria musicale del cardinale Benedetto Pamphilj. Un inventario ritrovato*, dans *Fonti Musicali Italiane*, 20, 2015, p. 59-72.

Pelliccia 2016 = C. Pelliccia, *El regalo de cantatas para el marqués de Aytona y su valor diplomático en la corte de Nápoles (1688-1690)*, dans D. Carrió-Invernizzi (dir.), *Embajadores culturales. Transferencias y lealtades de la diplomacia española de la Edad Moderna*, Madrid, 2016, p. 321-344.

Pelliccia 2018 = C. Pelliccia, *Le cantate natalizie per il Palazzo Apostolico fra tradizione musicale e politiche pontificie. Uno sguardo ai topoi della pace*, dans Rasch 2018, p. 237-253.

Pelliccia 2020 = C. Pelliccia, *Le serenate romane di Giovanni Bononcini e Silvio Stampiglia per Lorenza de la Cerda Colonna*, dans M. Vanscheeuwijck (dir.), *The Bononcinis: from Modena to Europe (1666-1747) / I Bononcini da Modena all'Europa (1666-1747)*, Lucques, 2020, p. 229-240.

Perez 2018 = S. Perez, *Le Corps du roi. Incarner l'État de Philippe Auguste à Louis-Philippe*, Paris, 2018.

Petrocchi 1984 = G. Petrocchi (dir.), *Orfeo in Arcadia. Studi sul teatro a Roma nel Settecento*, Rome, 1984.

Petrucci 1977 = A. Petrucci, *Cartari, Carlo*, dans *DBI*, vol. 20, Rome, 1977.

Petrucci 1983 = F. Petrucci, *Contelori, Felice*, dans *DBI*, vol. 28, Rome, 1983.

Peyronnet 1976 = P. Peyronnet, *Le théâtre d'éducation des jésuites*, dans *Dix-Huitième Siècle*, 8, 1976, p. 107-120.

Phelan 1993 = P. Phelan, *Unmarked. The politics of performance*, New York, 1993.

Picanyol 1939 = L. Picanyol, *Le orazioni 'De Christi resurgentis gloria' del Collegio Nazareno*, dans *Rassegna di storia e bibliografia scolopica*, 5, 1939, p. 42-56.

Picanyol 1954 = L. Picanyol, *Atti dei Capitoli Generali celebrati in Roma negli anni 1637 e 1641 vivente S. Giuseppe Calasanzio*, dans *Archivum Scholarum Piarum*, 13, 1954, p. 31-79.

Piccialuti 1994 = M. Piccialuti, *Gli archivi gentilizi romani e la Soprintendenza archivistica per il Lazio*, dans *Archivi e archivistica a Roma dopo l'unità. Genesi storica, ordinamenti, interrelazioni. Atti del convegno (Roma, 12-14 marzo 1990)*, Rome, 1994, p. 332-359.

Piéjus 2007 = A. Piéjus (dir.), *Plaire et instruire. Le spectacle dans les collèges de l'Ancien Régime*, Rennes, 2007.

Piéjus 2008 = A. Piéjus (dir.), *Archéologie d'un spectacle jésuite :* Polymestor *et* Sigalion ou le secret *(1689)*, numéro thématique de la revue *XVIIᵉ siècle*, 238, 2008.

Piperno 1981 = F. Piperno, *Francesco Gasparini «virtuoso dell'eccellentissimo sig. principe Ruspoli»: contributo alla biografia gaspariniana (1716-1718)*, dans Della Seta – Piperno 1981, p. 191-214.

Piperno 1982 = F. Piperno, *«Anfione in Campidoglio». Presenza corelliana alle feste per i concorsi dell'Accademia del Disegno di San Luca*, dans Durante – Petrobelli 1982, p. 151-209.

Piperno 1990 = F. Piperno, *Venezia e Vienna. Produzione e circolazione dello spettacolo operistico*, dans M. T. Muraro (dir.), *L'opera italiana a Vienna prima di Metastasio*, Florence, 1990, p. 115-125.

Piperno 1992 = *Le système de production jusqu'en 1780*, dans L. Bianconi, G. Pestelli (dir.), *Histoire de l'opéra italien*, vol. 4, *Le système de production et ses implications professionnelles*, Liège, 1992, p. 3-81.

Piperno 1995 = F. Piperno, *«Su le sponde del Tebro»: eventi, mecenati e istituzioni musicali a Roma negli anni di Locatelli. Saggio di cronologia*, dans Dunning 1995, vol. 2, p. 793-877.

Piperno 1998 = F. Piperno, *Opera production to 1780*, dans L. Bianconi, G. Pestelli (dir.), *Opera production and its resources*, Chicago-Londres, 1998, p. 1-79.

Piperno 2015 = F. Piperno, *«L'armoniose idee della sua mente»: Corelli, the Arcadians, and the primacy of Rome*, dans Murata – Fabris 2015, p. 217-227.

Piperno 2017 = F. Piperno, *Senza parole. Strumenti e musica strumentale dall'Italia all'Europa* dans A. Chegai *et al.* (dir.), *Musiche nella storia. Dall'età di Dante alla Grande Guerra*, Rome, 2017, p. 189-253.

Pirrotta – Ziino 1987 = N. Pirrotta, A. Ziino (dir.), *Händel e gli Scarlatti a Roma. Atti del convegno di studi (Roma, 12-14 giugno 1985)*, Florence, 1987.

Pirrotta 1994 = N. Pirrotta, *Introduzione*, dans Antolini – Morelli – Spagnuolo 1994, p. 1-4.

Pitarresi 2005 = G. Pitarresi (dir.), *Leonardo Vinci e il suo tempo. Atti dei convegni internazionali di studi (Reggio Calabria, 10-12 giugno 2002; 4-5 giugno 2004)*, Reggio Calabria, 2005.

Polverini Fosi 1994 = I. Polverini Fosi, *Genealogie e storie di famiglie fiorentine nella Roma del Seicento*, dans *Istituzioni e società in Toscana nell'Età moderna. Atti delle Giornate di studio dedicate a Giuseppe Pansini (Firenze, 4-5 dicembre 1992)*, vol. 1, Rome, 1994, p. 179-195 (*Pubblicazioni degli Archivi di Stato, Saggi*, 31).

Pontremoli 1995 = A. Pontremoli, *La danza negli spettacoli dal Medioevo alla fine del Seicento*, dans Basso 1995, p. 3-36.

Pontremoli 2005 = A. Pontremoli, *Intermedio spettacolare e danza teatrale. A Milano fra Cinque e Seicento*, Milan, 2005.

Pontremoli 2011 = A. Pontremoli (dir.), *«Virtute et arte del danzare». Contributi di storia della danza in onore di Barbara Sparti*, Rome, 2011.

Pontremoli 2012 = A. Pontremoli, *La danza nelle corti di antico regime. Modelli culturali e processi di ricezione fra natura e arte*, Bari, 2012.

Poriss 2009 = H. Poriss, *Changing the score: arias, prima donnas, and the authority of performance*, Oxford, 2009.

Povoledo 1982 = E. Povoledo, *Spazio scenico, prospettiva e azione drammatica nel teatro barocco italiano*, dans A. Schnapper (dir.), *La scenografia barocca*, Bologne, 1982, p. 5-17 (*Atti del XXIV congresso internazionale di Storia dell'Arte*, 5).

Povoledo 1990 = E. Povoledo, *Per la nascita di un Delfino. Note sulla scenografia a Roma nel primo Seicento*, dans F. Luisi (dir.), *Studi in onore di Giulio Cattin*, Rome, 1990, p. 99-144.

Povoledo 1998 = E. Povoledo, *Aspetti dell'allestimento scenico a Roma al tempo di Cristina di Svezia*, dans *Cristina di Svezia e la musica* 1998, p. 169-215.

Powers 1961-1962 = H. S. Powers, Il Serse *trasformato*, dans *The Musical Quarterly*, 47-4, 1961, p. 481-492; 48-1, 1962, p. 73-92.

Pradier 2017 = J.-M. Pradier, *De la performance theory aux performance studies*, dans *Journal des anthropologues*, 148-149, 2017, p. 287-300.

Prats Arolas 2015 = I. Prats Arolas, *Music and communication in Enlightenment Rome: doctrine, instruction, socialization, and style in the vocal works of the Collegio Nazareno (1704-1784)*, thèse de doctorat, Université de l'Illinois à Urbana-Champaign, 2015.

Prest – Rowlands 2016 = J. Prest, G. Rowlands (dir.), *The third reign of Louis XIV, c. 1682-1715*, Londres, 2016.

Prest 2006 = J. Prest, *Theatre under Louis XIV. Cross-casting and the performance of gender in drama, ballet and opera*, New York, 2006.

Price 2002 = C. Price, *Pasticcio (opera)*, dans *The new Grove dictionary of music and musicians*, vol. 19, Londres-New York, 2001, ad vocem.

Prodi 1982 = P. Prodi, *Il sovrano pontefice. Un corpo e due anime: la monarchia papale nella prima età moderna*, Bologne, 1982.

Profeti 2009 = M. G. Profeti, *Commedie, riscritture, libretti: la Spagna e l'Europa*, Florence, 2009.

Pucci 1980 = A. Pucci, *La Congregazione Lauretana nel 350° anniversario del Collegio Nazareno*, Rome, 1980 (*Quaderni degli Accademici Incolti*, 4).

Quondam 1968 = A. Quondam, *Cultura e ideologia di Gianvincenzo Gravina*, Milan, 1968.

Quondam 1973 = A. Quondam, *L'istituzione Arcadia: sociologia e ideologia di un'accademia*, dans *Quaderni storici*, 23, 1973, p. 389-438.

Raggi 2014 = G. Raggi, *Filippo Juvarra a Lisbona: due progetti per un teatro regio e una complessa questione musicale*, dans *Filippo Juvarra: 1678-1736*, vol. 2, *Architetto in Europa*. Édité par E. Kieven et C. Ruggero Rome, 2014, p. 209-228.

Ragone 2004 = F. Ragone, *Lante, Pietro*, dans *DBI*, vol. 63, Rome, 2004.

Raieli – Innocenti 2005 = R. Raieli, P. Innocenti, *L'innovazione possibile nella prospettiva del MultiMedia Information Retrieval* (MMIR), dans *Bollettino AIB*, 45-1, 2005, p. 17-47.

Randolfi 2010 = R. Randolfi, *Palazzo Lante in piazza dei Caprettari*, Rome, 2010.

Rasch 2008 = R. Rasch (dir.), *The circulation of music in Europe 1600-1900: a collection of essays and case studies*, Berlin, 2008.

Rasch 2018 = R. Rasch (dir.), *Music and power in the Baroque era*, Turnhout, 2018 (*Music, Criticism & Politics*, 6).

Rava 1943 = A. Rava, *Il Teatro Alibert*, Rome, 1943 (*L'Urbe*, 3).

Reardon 2011 = C. Reardon, *Letters from the Road: Giulia Masotti and Cardinal Sigismondo Chigi*, dans *Journal of Seventeenth-Century Music*, 17-1, 2011 : http://sscm-jscm.org/jscm-issues/volume-17-no-1/letters-from-the-road-giulia-masotti-and-cardinal-sigismondo-chigi/ [consulté le 22 avril 2021].

Reardon 2016 = C. Reardon, *A sociable moment: opera and festive culture in Baroque Siena*, Oxford, 2016.

Reed 2015 = M. Reed, *Court and civic festivals*, dans M. Reed (dir.), *The edible monument: the art of food for festivals, exhibition catalogue (Los Angeles, Getty Research Institute, 13 October 2015-13 March 2016)*, Los Angeles, 2015, p. 27-71.

Revel 2001 = J. Revel, *Retour sur l'événement : un itinéraire historiographique*, dans J.-L. Fabiani (dir.), *Le goût de l'enquête : pour Jean-Claude Passeron*, Paris, 2001.

Reynolds 2006 = D. Reynolds, *International history, the cultural turn and the diplomatic twitch* dans *Cultural and Social History*, 3, 2006, p. 75-91.

Rezza – Stocchi 2008 = D. Rezza, M. Stocchi, *Il capitolo di San Pietro in Vaticano. Dalle origini al XX secolo*. Vol. 1 : *La storia e le persone*, Cité du Vatican, 2008 (*Archivum Sancti Petri. Studi e documenti sulla storia del capitolo Vaticano e del suo clero*, I.1).

Ribeiro 2014 = M. A. Ribeiro, *O itinerário de Pe. Manuel de Campos: a Roma barroca nas cartas de um jesuíta português (1721-1722)*, dans M. Mello, A. Romeiro (dir.), *Cultura, arte e história: a contribuição dos jesuítas entre os séculos XVI e XIX*, Belo Horizonte, 2014, p. 45-65.

Ribeiro 2019 = M. A. Ribeiro, *Politics, spectacle and propaganda: the political use of patronage and the press by John V's representatives in Rome during the first half of the eighteenth century*, dans Diez del Corral 2019, p. 43-73.

Rice 2000 = J. A. Rice, *The Roman intermezzo and Sacchini's "La contadina in corte"*, dans *Cambridge Opera Journal*, 12-2, 2000, p. 91-107.

Rice 2015 = J. A. Rice, *Theaterfeuer or sublime horreur. Operatic pyrotechnics in the eighteenth century*, dans B. Forment, C. Stalpaert (dir), *Theatrical heritage: challenges and opportunities*, Louvain, 2015, p. 23-40.

Riepe 2013 = J. Riepe, *Händel vor dem Fernrohr: die Italienreise*, Beeskow, Ortus, 2013.

Rinaldi 1978 = M. Rinaldi, *Due secoli di musica al Teatro Argentina*, Florence, 1978.

Rizzi – Zanzottera 2016 = E. Rizzi, S. Zanzottera, *Teatri di Roma. Lo spazio scenico nella città eterna dal Rinascimento a oggi*, Rome, 2016.

Roberti 1900-1901 = G. Roberti, *La musica in Italia nel sec. XVIII secondo le impressioni di viaggiatori stranieri*, dans *Rivista musicale italiana*, 7, 1900, p. 698-729; 8, 1901, p. 519-559.

Rocca – Borghini 1995 = S. V. Rocca, G. Borghini (dir.), *Giovanni V di Portogallo (1707-1750) e la cultura romana del suo tempo*, Rome, 1995.

Rocciolo 2008 = D. Rocciolo, *Confraternite e devoti a Roma in età moderna. Fonti e problemi storiografici*, dans B. Dompnier, P. Vismara (dir.), *Confréries et dévotions dans la catholicité moderne (mi-XVe-début XIXe siècle)*, Rome, 2008, p. 61-75 (*Collection de l'École française de Rome*, 393).

Roche 1997 = D. Roche, *Histoire des choses banales. Naissance de la consommation dans les sociétés traditionnelles (XVIIe-XIXe siècles)*, Paris, 1997.

Roma 2016 = A. Roma, *Giulio Rospigliosi, "San Bonifatio". Studi ed edizione critica*, thèse de doctorat, Sapienza Université de Rome, 2016.

Roma 2020 = A. Roma, *"San Bonifazio" di Giulio Rospigliosi (1638). Un melodramma nella Roma barberiniana*, Rome, 2020.

Roma à paraître = A. Roma, *Education to magnificence: aristocratic schooling and collegial academies in seventeenth- and eighteenth-century Rome*, dans Goulet – Berti à paraître.

Romano 2008 = A. Romano, *Rome, un chantier pour les savoirs de la catholicité post-tridentine*, dans *Revue d'histoire moderne et contemporaine*, 55-2, 2008, p. 101-120.

Romano 2010 = C. Romano, *Evento*, dans *Enciclopedia filosofica*, vol. 6, Milan, 2010, *ad vocem*.

Romei 2005 = D. Romei, *Lo spettacolo del sacro, la morale del profano: su Giulio Rospigliosi, papa Clemente IX. Atti del convegno internazionale (Pistoia, 22-23 settembre 2000)*, Florence, 2005.

Rosand 1991 = E. Rosand, *Opera in seventeenth century Venice. The creation of a genre*, Berkeley, 1991.

Rose 1959 = G. Rose, *The cantatas of Carissimi*, thèse de doctorat, Université de Yale, 1959.

Rosselli 1989 = J. Rosselli, *From princely service to the open market: singers of Italian opera and their patrons, 1600-1850*, dans *Cambridge Opera Journal*, 1-1, 1989, p. 1-32.

Rosselli 1992 = J. Rosselli, *Singers of Italian opera. The history of a profession*, Cambridge, 1992.

Rostirolla 1972 = G. Rostirolla, *Catalogo generale delle opere di Alessandro Scarlatti*, dans R. Pagano, L. Bianchi, *Alessandro Scarlatti*, Turin, 1972, p. 317-595.

Rostirolla 1984 = G. Rostirolla, *Maestri di Cappella, organisti, cantanti e strumentisti attivi in Roma nella metà del Settecento, da un manoscritto dell'Accademia Nazionale di S. Cecilia*, dans *Note d'archivio per la storia musicale*, 2, 1984, p. 195-269.

Rostirolla 1985 = G. Rostirolla, *L'editoria musicale a Roma nel Settecento*, dans Cagli 1985a, p. 121-176.

Rostirolla 1994 = G. Rostirolla *La professione di strumentista a Roma nel Sei e Settecento*, dans *Studi musicali*, 23-1, 1994, p. 87-174.

Rostirolla 1996 = G. Rostirolla, *Alcune note sulla professione di cantore e di cantante nella Roma del Sei e Settecento*, dans Franchi 1996, p. 37-74.

Rotondi 1987 = S. Rotondi, *Il teatro Tordinona. Storia, progetti, architettura*, Rome, 1987.

Ruffini 1986 = F. Ruffini, *Antropologia teatrale*, dans *Teatro e Storia*, 1, 1986, p. 3-23.

Ryszka-Komarnicka 2014 = A. Ryszka-Komarnicka, *Arcangelo Spagna's "perfetto melodramma spirituale" as seen on the example of two versions of his oratorio based on the Book of Judith*, dans *Musicologica Brunensia*, 49-1, 2014, p. 73-88.

Sabbatini – Volpini 2011 = R. Sabbatini, P. Volpini (dir.), *Sulla diplomazia in età moderna. Politica, economia, religione*, Milan, 2011 (*Guerra e pace in età moderna. Annali di storia militare europea*, 3).

Safarik 1996 = E. A. Safarik, avec la collab. de C. Pujia et A. Cera Sones, *Collezione dei dipinti Colonna : inventari 1611-1795*, Munich, 1996 (*Documents for the history of collecting. Italian inventories*, 2).

Sala Di Felice – Caira Lumetti 2001 = E. Sala Di Felice, R. Caira Lumetti (dir.), *Il melodramma di Pietro Metastasio. La poesia, la musica, la messa in scena e l'opera italiana nel Settecento. Atti del convegno (Roma, 2-5 dicembre 1998)*, Rome, 2001.

Sala di Felice 1985 = E. Sala di Felice, *Ragione ed affetti. Un equilibrio in movimento tra Arcadia e Illuminismo*, dans *Problemi. Periodico quadrimestrale di cultura*, 72, 1985, p. 53-67.

Salarelli 2012 = A. Salarelli, *Introduzione alla scienza dell'informazione*, Milan, 2012.

Sancassini 1956 = G. Sancassini, *Alessandro Canobbio archivista veronese (1530 c.-1608 c.)*, dans *Rassegna degli Archivi di Stato*, 16-2, 1956, p. 211-215.

Sandri 1950 = L. Sandri, *Il "De Archivis" di Baldassarre Bonifacio*, dans *Notizie degli Archivi di Stato*, 10, 1950, p. 95-111.

Sandri 1956-1957 = L. Sandri, *Nicolò Giussani ed il suo "Methodus archivorum seu modus eadem texendi ad disponendi"*, dans *Bullettino dell'Archivio paleografico italiano*, n.s., 2-3, 1956-1957, p. 329-342.

Sandri 1961 = L. Sandri, *La letteratura archivistica dei secc. XVII-XVIII (fonti e problemi)*, Naples, 1961.

Sanger – Kulbrandstad Walker 2012 = A. E. Sanger, S. T. Kulbrandstad Walker (dir.), *Sense and the senses in early modern art and cultural practice. Visual culture in early modernity*, Farnham, 2012.

Sanz Ayán 2009 = C. Sanz Ayán, *La fiesta cortesana en tiempos de Carlos II*, dans L. Ribot García, *Carlos II. El rey y su entorno cortesano*, Madrid, 2009, p. 241-268.

Sardoni 1986 = A. Sardoni, *La sirena e l'angelo. La danza barocca a Roma tra meraviglia ed edificazione morale*, dans *La danza italiana*, 4, 1986, p. 7-26.

Sardoni 1996 = A. Sardoni, «*Ut in voce sic in gestu*». *Danza e cultura barocca nei collegi gesuitici tra Roma e la Francia*, dans *Studi musicali*, 25, 1996, p. 303-316.

Sarnelli 2011 = M. Sarnelli, *Dai Barberini all'età dell'Arcadia. Nuove indagini sulla poetica drammaturgico-musicale sacra di Arcangelo Spagna*, dans Engelhardt 2011, p. 263-305.

Sartori 1990-1994 = C. Sartori, *I libretti italiani a stampa dalle origini al 1800*, 7 vol., Coni, 1990-1994.

Sartre 1976 = J.-P. Sartre, *L'Être et le néant. Essai d'ontologie phénoménologique*, Paris, 1976 (1ʳᵉ éd. 1943).

Sasportes 1986-1987-1989 = J. Sasportes (dir.), *La danza italiana*, 4 (1986), 5/6 (1987), 7 (1989).

Sasportes 2011 = J. Sasportes (dir.), *Storia della danza italiana dalle origini ai giorni nostri*, Turin, 2011.

Saunders 1985 = H. S. Saunders, *The repertoire of a Venetian opera house (1678-1714): the Teatro Grimani di San Giovanni Grisostomo*, thèse de doctorat, Université d'Harvard, 1985.

Sauter 2000 = W. Sauter, *The theatrical event: dynamics of performance and perception*, Iowa City, 2000.

Savage 1998 = R. Savage, *A dynastic marriage celebrated*, dans *Early Music*, 26-4, 1998, p. 632-635.

Savarese 1996 = N. Savarese, *L'arte segreta dell'attore. Un dizionario di antropologia teatrale*, Lecce, 1996.

Scaduto 1967 = M. Scaduto, *Il teatro gesuitico*, dans *Archivum Historicum Societatis Iesu*, 36, 1967, p. 194-215.

Scaduto 1969 = M. Scaduto, *Pedagogia e teatro*, dans *Archivum Historicum Societatis Iesu*, 38, 1969, p. 353-367.

Scandola 2016 = M. Scandola, *Archivisti al lavoro. La tradizione documentaria a Verona nei secoli XVII e XVIII tra chiesa, monastero e officio*, Milan, 2016 (*Historica*, 10).

Scano 1988 = G. Scano, *L'Archivio Capitolino*, dans *Archivio della Società Romana di Storia Patria*, 111, 1988, p. 381-446.

Scatizzi 2000 = P. Scatizzi, *I Colonna signori di Genazzano*, dans A. Bureca (dir.), *Il castello Colonna a Genazzano. Ricerche e Restauri*, Rome, 2000, p. 13-70.

Scatizzi 2011 = P. Scatizzi, *Introduzione storico-archivistica*, dans O. Baroncelli, F. Conticello, P. Scatizzi (dir.), *Archivio Giustiniani di Roma. Inventario*, Rome, 2011.

Schechner 1966 = R. Schechner, *Approaches to theory / Criticism*, dans *The Tulane Drama Review*, 10-4, 1966, p. 23-53.

Schechner 1968 = R. Schechner, *Six axioms for environmental theatre*, dans *The Drama Review*, 12-3, 1968, p. 41-64 = *La cavità teatrale*, trad. it., Bari, 1968, p. 21-72.

Schechner 1973a = R. Schechner, *Environmental theater*, New York 1973.

Schechner 1973b = R. Schechner, *Drama, script, theatre and performance*, dans *The Drama Review*, 17-3, 1973, p. 5-36 (repris dans Schechner 2003, p. 66-111), trad. it. : *Rappresentazione, teatro, "scritto", dramma*, dans *Terzo Programma*, 2-3, 1973, et nouvelle trad. it.: *Dramma, script, teatro e performance*, dans Schechner 1984, p. 77-111.

Schechner 1977 = R. Schechner, *Essays on performance theory: 1970-1976*, New York, 1977.

Schechner 1984 = R. Schechner, *La teoria della performance: 1970-1983*. Édité par V. Valentini, Rome, 1984.

Schechner 1988 = R. Schechner, *Performance theory*, New York, 1988 (2ᵉ éd., Londres-New York, 2003).

Schechner 1989 = R. Schechner, *PAJ Distorts the broad spectrum*, dans *The Drama Review*, 33-2, 1989, p. 4-9.

Schechner 1998 = R. Schechner, *What is performance studies anyway?*, dans P. Phelan, J. Lane (dir.), *The ends of performance*, New York, 1998, p. 357-362.

Schechner 1999 = R. Schechner, *Magnitudini della performance*. Édité par F. Deriu, Rome, 1999.

Schechner 2002 = R. Schechner, *Performance studies: an introduction*, Londres-New York, 2002 (2ᵉ éd., 2006; 3ᵉ éd. 2013).

Schechner 2003 = R. Schechner, *Performance theory*, Londres-New York, 2003 (1ʳᵉ éd., New York, 1988).

Schechner 2008 = R. Schechner, *Performance. Expérimentation et théorie du théâtre aux USA*. Édité par A. Cuisset et M. Pecorari sous la direction de C. Biet, Montreuil, 2008.

Schechner 2013 = R. Schechner, *Performance studies: an introduction*, Londres-New York, 2013 (1ʳᵉ éd., 2002; 2ᵉ éd., 2006).

Schiavo 1964 = A. Schiavo, *Il Palazzo della Cancelleria*, Rome, 1964.

Seifert 1985 = H. Seifert, *Die Oper am Wiener Kaiserhof im 17. Jahrhundert*, Tutzing, 1985.

Seifert 1990 = H. Seifert, *La politica culturale degli Asburgo e le relazioni musicali tra Venezia e Vienna*, dans M. T. Muraro (dir.), *L'opera italiana a Vienna prima di Metastasio*, Florence, 1990, p. 1-15.

Seifert 2000 = H. Seifert, *Da Rimini alla corte di Leopoldo, l'opera di Draghi in àmbito viennese*, dans E. Sala, D. Daolmi (dir.), *«Quel novo Cario, quel divin Orfeo». Antonio Draghi da Rimini a Vienna. Atti del convegno internazionale (Rimini, Palazzo Buonadrata, 5-7 ottobre 1998)*, Lucques, 2000, p. 3-14.

Selfridge-Field 2007 = E. Selfridge-Field, *A new chronology of Venetian opera and related genres, 1660-1760*, Stanford, 2007.

Serianni 2001 = L. Serianni, *Introduzione alla lingua poetica italiana*, Rome, 2001.

Shohet 2010 = L. Shohet, *Reading masques. The English masque and public culture in the seventeenth century*, Oxford, 2010.

Signorotto – Visceglia 1998 = G. Signorotto, M. A. Visceglia (dir.), *La corte di Roma tra Cinque e Seicento. "Teatro" della politica europea. Atti del convegno internazionale di studi (Roma, Università di Roma Tre, 22-23 marzo 1996)*, Rome, 1998.

Sinibaldi 1991 = F. Sinibaldi, *I modi produttivi del teatro pubblico a Roma nel Settecento*, thèse de doctorat, Sapienza Université de Rome, 1991.

Sinibaldi 1994 = F. Sinibaldi, *Proprietà, gestione e concorrenza nel teatro romano del Settecento: alcuni documenti inediti sul teatro Argentina dal fondo Sforza Cesarini*, dans Antolini – Morelli – Spagnuolo 1994, p. 205-219.

Small 1998 = C. Small, *Musicking: the meanings of performing and listening*, Middletown, 1998.

Smith [sans date] = P. H. Smith, *The Making and knowing project: intersections of craft making and scientific knowing* : http://www.makingandknowing.org/ [consulté le 1ᵉʳ juillet 2019].

Smith 2016 = P. H. Smith, *Historians in the laboratory: reconstruction of Renaissance art and technology in the making and knowing project*, dans *Art History*, 39-2, 2016, p. 210-233.

Smith 2017 = P. H. Smith, A. R. W. Meyers, H. J. Cook, *Ways of making and knowing. The material culture of empirical knowledge*, Chicago, 2017.

Smith 2019 = A. Smith, *Dreaming with open eyes. Opera, aesthetics, and perception in Arcadian Rome*, Berkeley, 2019.

Smither 1977 = H. E. Smither, *A history of the oratorio. The oratorio in the Baroque era*, vol. 1, Chapel Hill, 1977.

Smither 2001 = H. E. Smither, *Oratorio*, dans *The new Grove dictionary of music and musicians*, vol. 18, Londres-New York, 2001, *ad vocem*.

Smithers 1977-1978 = D. L. Smithers, *The baroque trumpet after 1721*, dans *Early Music*, 5, 1977, p. 177-183; 6, 1978, p. 356-361.

Solerti 1904-1905 = A. Solerti, *Gli albori del melodramma*, 3 vol., Milan, 1904-1905.

Sommer-Mathis 2015 = A. Sommer-Mathis, *Le feste celebrate in Europa per la liberazione di Vienna nel 1683*, dans R. Bösel *et al.* (dir.), *Innocenzo XI Odescalchi. Papa, politico, committente*, Rome, p. 363-373.

Sonneck 1914 = O. Sonneck, *Catalogue of opera librettos printed before 1800*, 2 vol., Washington, 1914.

Sparti 1996 = B. Sparti, *La "danza barocca" è soltanto francese?*, dans *Studi musicali*, 25, 1996, p. 283-302.

Sparti 2015 = B. Sparti, *Dance, dancers and dance-masters in Renaissance and Baroque Italy*. Édité par G. Giordano, A. Pontremoli, Bologne, 2015.

Spatz 2015 = B. Spatz, *What a body can do. Technique as knowledge, practice as research*, Londres, 2015.

Speck 2003 = C. Speck, *Das italienische Oratorium, 1625-1665. Musik und Dichtung*, Turnhout, 2003.

Spicola 2008 = M. Spicola, *Carlo Fontana architetto teatrale*, dans M. Fagiolo, G. Bonaccorso (dir.), *Studi sui Fontana: una dinastia di architetti ticinesi a Roma tra Manierismo e Barocco*, Rome, 2008, p. 181-210.

Spielmann 2013 = G. Spielmann, *L'"événement-spectacle". Pertinence du concept et de la théorie de la performance*, dans C. Biet, S. Roques (dir.), *Performance – Le corps exposé*, numéro thématique de la revue *Communications*, 92, 2013, p. 193-204.

Spina 2011 = O. Spina, *Disorders and inconveniences in this City. Le contrôle des spectacles par les autorités laïques et religieuses dans le Londres Tudor*, dans Dufourcet – Mazouer – Surgers 2011, p. 95-111.

Spina 2013 = O. Spina, *Une ville en scènes. Pouvoirs et spectacles à Londres sous les Tudor (1525-1603)*, Paris, 2013 (*Bibliothèque d'histoire de la Renaissance*, 2).

Spitzer – Zaslaw 2004 = J. Spitzer, N. Zaslaw, *The birth of the orchestra. History of an institution, 1650-1815*, Oxford, 2004.

Spitzer 1991 = J. Spitzer, *The birth of the orchestra in Rome: an iconographic study*, dans *Early Music*, 19-1, 1991, p. 9-27.

Staffieri 1990 = G. Staffieri, *Colligite Fragmenta. La vita musicale romana negli «Avvisi Marescotti» (1683-1707)*, Lucques, 1990.

Staffieri 2006 = G. Staffieri, *I drammi per musica di Pietro Ottoboni: il* Grand Siècle *del cardinale*, dans *Studi musicali*, 35-1, 2006, p. 129-192.

Staffieri 2007 = G. Staffieri, *Pietro Ottoboni, il mecenate-drammaturgo: strategie della committenza e scelte compositive*, dans Barnett – D'Ovidio – La Via 2007, vol. 1, p. 139-168.

Stangalino 2015 = S. E. Stangalino, *Un dramma filosofico per la corte di Leopoldo I:* Gl'atomi d'Epicuro *di Nicolò Minato*, dans S. E. Stangalino, N. Badolato, *Epicuro all'opera!*, dans M. Beretta, F. Citti, A. Iannucci (dir.), *Il culto di Epicuro. Testi, iconografia e paesaggio*, Florence, 2015, p. 256-275.

Stangalino 2018 = S. E. Stangalino, *Da Venezia e Vienna a Roma: drammi musicali per Lorenza de la Cerda Colonna*, dans *MEFRIM*, 130-2, 2018, p. 447-462.

Stangalino 2019 = S. E. Stangalino, *Introduzione* dans Nicolò Minato, *I drammi eroici veneziani: "Scipione Affricano", "Muzio Scevola", "Pompeo Magno"*. Édités par S. E. Stangalino, Paris, 2019, p. 9-90.

Stein 2007 = L. K. Stein, *«Una música de noche, que llaman aquí serenata»: A Spanish patron and the serenata in Rome and Naples*, dans Maccavino 2007, vol. 2, p. 333-372.

Stein 2015 = L. K. Stein, *Three Spaniards meet Italian opera in the age of the Spanish imperialism*, dans Murata – Fabris 2015, p. 231-247.

Stein 2016 = L. K. Stein, *¿Escuchando a Calderón? Arias y cantantes en* L'Aldimiro *y* La Psiche *de Alessandro Scarlatti*, dans Antonucci – Tedesco 2016, p. 199-219.

Steinhauer 2012 = J. Steinhauer, *Is Marina Abramović trying to create a performance art utopia?*, dans *Hyperallergic*, 7 mai 2012 : https://hyperallergic.com/51149/is-marina-abramovic-trying-to-create-a-performance-art-utopia [consulté le 2 juillet 2019].

Sternberg 2014 = G. Sternberg, *Status interaction during the reign of Louis XIV*, Oxford-New York, 2014.

Strohm 1974 = R. Strohm, *Händel in Italia: nuovi contributi*, dans *Rivista italiana di musicologia*, 9, 1974, p. 152-174.

Strohm 1976 = R. Strohm, *Italienische Opernarien des frühen Settecento (1720-1730)*, 2 vol., Cologne, 1976.

Strohm 1985 = R. Strohm, *Handel and his Italian opera texts*, dans R. Strohm, *Essays on Handel and Italian Opera*, Cambridge, 1985, p. 34-79.

Strohm 1995 = R. Strohm, *The Neapolitans in Venice*, dans I. Fenlon, T. Carter (dir.), *'Con che soavità': essays on Italian opera, song and dance, 1580-1750*, Oxford, 1995, p. 249-274.

Strohm 1997 = R. Strohm, *A context for Griselda: The Teatro Capranica in Rome, 1711-1724*, dans R. Strohm (dir.), *Dramma per musica. Italian opera seria of the eighteenth century*, New Haven-Londres, 1997, p. 33-60.

Strohm 2001 = R. Strohm (dir.), *The eighteenth-century diaspora of Italian music and musicians*, Turnhout, 2001.

Strohm 2008 = R. Strohm, *The operas of Antonio Vivaldi*, vol. 1, Florence, 2008.

Surgers 2012 = A. Surgers, *L'Automne de l'imagination. Splendeurs et misères de la représentation (XVIᵉ-XXIᵉ siècle)*, Bern, 2012.

Szabó-Jilek 1992 = I. Szabó-Jilek, *Bühnentechnik im 18. Jahrhundert*, dans G. J. Winkler (dir.), *Joseph Haydn und die Oper seiner Zeit. Bericht über das internationale Symposion im Rahmen der Haydn-Tage Winter 1988*, Eisenstadt, 1992, p. 39-47.

Tabacchi 1998 = S. Tabacchi, *Cardinali zelanti e fazioni cardinalizie tra Sei e Settecento*, dans Signorotto – Visceglia 1998, p. 139-165.

Talbot 2000 = M. Talbot (dir.), *The musical work. Reality or invention?*, Liverpool, 2000.

Tamburini 1994 = E. Tamburini, *La lira, la poesia, la voce e il teatro musicale del Seicento: note su alcune vicende biografiche e artistiche della baronessa Anna Rosalia Carusi*, dans Antolini – Morelli – Spagnuolo 1994, p. 419-431.

Tamburini 1996 = E. Tamburini, *Piante inedite del Teatro Alibert: i progetti di Francesco Galli Bibiena, i disegni di Pietro Paolo Coccetti. Con una riflessione sui teatri romani del Settecento*, dans *Biblioteca teatrale*, 37-38, 1996, p. 243-260.

Tamburini 1997 = E. Tamburini, *Due teatri per il Principe. Studi sulla committenza teatrale di Lorenzo Onofrio Colonna (1659-1689). Con un'ipotesi di ricostruzione del teatro «piccolo» elaborata in collaborazione con Sergio Rotondi*, Rome, 1997.

Tamburini 2001 = E. Tamburini, *«Naturalezza d'artificio» nella finzione scenica berniniana: la Comica del Cielo di Giulio Rospigliosi (1668)*, dans *Rassegna di architettura e urbanistica*, 98-100, 1999-2000, p. 106-147.

Tamburini 2009 = E. Tamburini, *Dietro la scena: comici, cantanti e letterati nell'Accademia romana degli Umoristi*, dans *Studi secenteschi*, 50, 2009, p. 89-112.

Tamburini 2012 = E. Tamburini, *Gian Lorenzo Bernini e il teatro dell'Arte*, Florence, 2012.

Tarr – Walker 1978 = E. H. Tarr, Th. Walker, "Bellici carmi, festivo fragor". *Die Verwendung der Trompete in der italienischen Oper des 17. Jahrhunderts*, dans *Hamburger Jahrbuch für Musikwissenschaft*, 3, 1978, p. 143-203.

Taruskin 1995 = R. Taruskin, *Text and act. Essays on music and performance*, Oxford, 1995.

Taruskin 2005 = R. Taruskin, *The Oxford history of Western music*, vol. 2, *The seventeenth and eighteenth centuries*, Oxford, 2005.

Tatti 2003 = M. Tatti, *L'antico mascherato. Roma antica e moderna nel Settecento: letteratura, melodramma, teatro*, Rome, 2003.

Tatti 2018 = M. Tatti, *Serenate e cantate nel sistema culturale romano del primo Settecento*, dans Yordanova – Maione 2018, p. 113-136.

Taviani 1969 = F. Taviani, *La commedia dell'arte e la società barocca. La fascinazione del teatro*, vol. 1, Rome, 1969.

Taviani 1990 = F. Taviani, *Centouno anni di teatro in libro*, dans *Teatro e Storia*, 5, 1990, p. 119-124.

Taviani 1993 = F. Taviani, *Attilia o lo spirito del testo*, dans *Il magistero di Giovanni Getto. Lo statuto degli studi sul teatro. Dalla storia del testo alla storia dello spettacolo. Atti dei convegni internazionali (Torino, 22 marzo 1991; Alba, 8-10 novembre 1991)*, Gênes, 1993, p. 217-286.

Taviani 1995 = F. Taviani, *Uomini di scena, uomini di libro. Introduzione alla letteratura teatrale del Novecento*, Bologne, 1995 (2ᵉ éd. 1997).

Tcharos 2002 = S. Tcharos, *Beyond the boundaries of opera: conceptions of musical drama in Rome, 1676-1710*, thèse de doctorat, Université de Princeton, 2002.

Tcharos 2011 = S. Tcharos, *Opera's orbit. Musical drama and the influence of opera in Arcadian Rome*, Cambridge, 2011.

Teatro a Roma nel Settecento 1989 = *Il teatro a Roma nel Settecento*, Rome, 1989 (*Biblioteca internazionale di cultura*, 21).

Tedesco 2007 = A. Tedesco, *Juan Francisco Pacheco V Duca di Uceda, uomo politico e mecenate tra Palermo, Roma e Vienna nell'epoca della guerra di successione spagnola*, dans A. Álvarez-Ossorio, B. J. García García, V. León (dir.), *La pérdida de Europa. La guerra de sucesión por la Monarquía de España*, Madrid, 2007, p. 491-548.

Tedesco 2017 = A. Tedesco, *Música política: los embajadores en la vida musical de los siglos XVII y XVIII*, dans Ferreira – Cascudo 2017, p. 143-153.

Termini 1970 = O. Termini, *Carlo Francesco Pollarolo: his life, time, and music with emphasis on the operas*, Ann Arbor (Mich.), 1970.

Tessari 1995 = R. Tessari, *Teatro e spettacolo nel Settecento*, Rome-Bari, 1995 (*Biblioteca Universale Laterza*, 424).

Thirouin 1997 = L. Thirouin, *L'Aveuglement salutaire. Le réquisitoire contre le théâtre dans la France classique*, Paris, 1997.

Tornitore 1988 = T. Tornitore, *Scambi di sensi: preistorie delle sinestesie, sec. XV-XVII*, Turin, 1988.

Tosi 1968 = M. Tosi, *La società romana dalla feudalità al patriziato (1816-1853)*, Rome, 1968.

Tozzi 1995 = L. Tozzi, *Il balletto in Italia*, dans Basso 1995, p. 39-87.

Tozzi 2002 = S. Tozzi, *Incisioni barocche di feste e avvenimenti. Giorni d'allegrezza*, Rome, 2002.

Traversier 2009 = M. Traversier, *Gouverner l'opéra : une histoire politique de la musique à Naples, 1767-1815*, Rome, 2009 (*Collection de l'École française de Rome*, 424).

Traversier 2018 = M. Traversier, *Techniques et techniciens du spectaculaire, XVᵉ-XVIIIᵉ siècles*, dans Bouhaïk-Gironès – Spina – Traversier 2018, p. 5-14.

Tsirpanlis 1983 = Z. N. Tsirpanlis, *Gli alunni del Collegio Greco di Roma (1576-1700): dati statistici e constatazioni generali*, dans A. Fyrigos (dir.), *Il Collegio Greco di Roma. Ricerche sugli alunni, la direzione, l'attività*, Rome, 1983, p. 1-22 (*Analecta Collegii Graecorum*, 1).

Turner 1968 = V. Turner, *The drums of affliction: a study of religious processes among the Ndembu of Zambia*, Oxford, 1968.

Turner 1969 = V. Turner, *The ritual process: structure and anti-structure*, Chicago, 1969.

Usula 2018 = N. Usula, «*Parti scannate*», i.e. *how singers learned and rehearsed operas during the second half of the seventeenth century*, communication non publiée donnée à la *18th Biennial International Conference on Baroque Music* (Crémone, 10-15 juillet 2018), avec une démonstration pratique des solistes de la *Cappella di San Petronio* de Bologne, dirigés par M. Vannelli.

Vale 2015 = T. L. Vale, *Arte e diplomacia. A vivência romana dos embaixadores joaninos*, Lisbonne, 2015.

Vale 2019 = T. L. Vale, *Da igreja e do palácio: estratégias e práticas de mecenato artístico dos cardeais joaninos entre Portugal, Itália e França*, Lisbonne, 2019.

Valentin 1978 = J.-M. Valentin, *Le théâtre des Jésuites dans les pays de langue allemande (1554-1680)*, Berne, 1978.

Valentin 1990 = J.-M. Valentin, *Theatrum catholicum. Les jésuites et la scène en Allemagne. Die Jesuiten und die Bühne im Deutschland des 16.-17. Jahrhunderts*, Nancy, 1990.

Valentin 1996 = J.-M. Valentin, *Les Jésuites et la scène :* Orphée, Pallas *et la* Renovatio mundi, dans L. de Vaucelles, L. Giard (dir.), *Les Jésuites à l'âge baroque. 1540-1640*, Grenoble, 1996, p. 131-142.

Valentini 1973 = V. Valentini, *Il dibattito sul teatro negli USA: Schechner e TDR (1956-1971)*, dans *Biblioteca teatrale*, 6-7, 1973, p. 148-251.

Van Damme 1995 = S. Van Damme, *Les livres du P. Claude-François Ménestrier (1631-1705) et leur cheminement*, dans *Revue d'histoire moderne et contemporaine*, 42, 1995, p. 5-45.

Van der Linden 2011 = H. van der Linden, *A bio-bibliographical approach to the circulation of Italian oratorio around 1700: the case of Francesco Pistocchi and* Il martirio di san Adriano, dans *Archiv für Musikwissenschaft*, 68-1, 2011, p. 29-60.

Van der Linden 2016 = H. van der Linden, *Benedetto Pamphilj in Bologna (1690–3): documents on his patronage of music*, dans *Royal Musical Association Research Chronicle*, 47, 2016, p. 87-144.

Vannucci 1998 = P. Vannucci, *Il Collegio Nazareno. MDCXXX-MCMXXX e in appendice «Cronistoria» dal 1930 al 1997 di Tullio Santelli*, Rome, 1998 (1re éd. 1930).

Vasco Rocca 2002 = S. Vasco Rocca, *Beni culturali e catalogazione. Principi teorici e percorsi di analisi*, Rome, 2002.

Venditti 2008 = G. Venditti, en coll. avec B. Quaglieri, *Archivio Boncompagni Ludovisi: inventario*, Cité du Vatican, 2008 (*Collectanea Archivi Vaticani*, 63).

Veneziani 2007 = S. Veneziani, *Maratti, Faustina*, dans *DBI*, vol. 69, Rome, 2007.

Veneziano 2016 = G. A. R. Veneziano, *La cantata da camera a Napoli in età vicereale. La produzione di Leonardo Vinci (1690-1730)*, thèse de doctorat, Université de Saragosse, 2016.

Veneziano 2019 = G. A. R. Veneziano, *Da Napoli a Roma: il Teatro Alibert come spazio performativo dinamico attraverso la produzione di Leonardo Vinci (1724-1730)*, dans *MEFRIM*, 131-1, 2019, p. 169-175.

Verger 1999 = J. Verger, *Gli uomini di cultura nel Medioevo*, Bologne, 1999.

Viale Ferrero 1968 = M. Viale Ferrero, *Disegni di Filippo Juvarra per il Teatro Capranica a Roma*, dans *Antichità viva*, 7, 1968, p. 11-20.

Viale Ferrero 1970 = M. Viale Ferrero, *Filippo Juvarra scenografo e architetto teatrale*, Turin, 1970.

Viale Ferrero 1981 = M. Viale Ferrero, *Scene di Filippo Juvarra per il "Lucio Papirio" di Francesco Gasparini (Roma, Teatro Capranica, 1713-1714)*, dans Della Seta – Piperno 1981, p. 245-257.

Viale Ferrero 1988 = M. Viale Ferrero, *Luogo teatrale e spazio scenico*, dans Bianconi – Pestelli 1988, p. 1-123.

Viale Ferrero 2000 = M. Viale Ferrero, *La metafora della scena*, dans Milesi 2000, p. 73-76.

Vicentini 2012 = C. Vicentini, *La teoria della recitazione. Dall'antichità al Settecento*, Venise, 2012.

Visceglia – Brice 1997 = M. A. Visceglia, C. Brice (dir.), *Cérémonial et rituel à Rome (XVIᵉ-XIXᵉ siècle)*, Rome, 1997 (*Collection de l'École française de Rome*, 231).

Visceglia 1992 = M. A. Visceglia (dir.), *Signori, patrizi, cavalieri in Italia centro-meridionale nell'Età moderna*, Rome-Bari, 1992.

Visceglia 2001 = M. A. Visceglia (dir.), *La nobiltà romana in età moderna. Profili istituzionali e pratiche sociali*, Rome, 2001.

Visceglia 2002 = M. A. Visceglia, *La città rituale. Roma e le sue cerimonie in età moderna*, Rome, 2002.

Visceglia 2016 = M. A. Visceglia, *«Le pretensioni hanno più capi dell'idra»: un bilancio sulla nobiltà romana*, dans A. Romano, S. Sebastiani (dir.), *La forza delle incertezze. Dialoghi storiografici con Jacques Revel*, Bologne, 2016, p. 229-268.

Visceglia 2018 = M. A. Visceglia, *Felice Contelori: un prefetto dell'Archivio Segreto Vaticano al servizio dei Barberini*, dans A. Gottsmann, P. Piatti, A. E. Rehberg (dir.), *Incorrupta monumenta Ecclesiam defendunt. Studi offerti a mons. Sergio Pagano, prefetto dell'Archivio Segreto Vaticano*, vol. 2, Cité du Vatican, 2018, p. 923-938 (*Collectanea Archivi Vaticani*, 107).

Volpicelli 1989 = L. Volpicelli, *Il Teatro del cardinale Ottoboni al Palazzo della Cancelleria*, dans *Teatro a Roma nel Settecento* 1989, vol. 2, p. 681-781.

Walker – Glixon 2001 = T. Walker, B. L. Glixon, *Giannettini [Gianettini, Zanettini, Zannettini], Antonio*, dans dans *The new Grove dictionary of music and musicians*, vol. 9, Londres-New York, 2001, *ad vocem*.

Warwick 2012 = G. Warwick, *Allegories of eros: Caravaggio's masque*, dans Gillgren – Snickare 2012, p. 137-155.

Weaver – Weaver 1978 = R. L. Weaver, N. W. Weaver, *A chronology of music in the Florentine theater, 1590-1750. Operas, prologues, finales, intermezzos and plays with incidental music*, Detroit, 1978.

Weiss 2013 = P. Weiss, *L'opera italiana nel '700*. Édité par R. Mellace, Rome, 2013.

Weißmann 2018 = T. Weißmann, *Gran teatro del mondo. Kunst, Klang und Musik im Dienst der internationalen Festkultur im barocken Rom um 1700*, Berlin, 2018 (*Unveröffentlichte Dissertation, Humboldt-Universität zu Berlin*).

Werner – Zimmerman 2003 = M. Werner, B. Zimmerman, « *Penser l'histoire croisée. Entre empirie et réflexivité* », dans *Annales. Histoire, Sciences sociales*, 58, 2003, p. 7-36.

Wilbourne 2016 = E. Wilbourne, *Seventeenth-century opera and the sound of the commedia dell'arte*, Chicago, 2016.

Wirth 2009 = J. Wirth, *Performativité de l'image*, dans Dierkens – Bartholeyns – Golsenne 2009, p. 125-135.

Witte 2008 = A. Witte, *The artful hermitage: the Palazzetto Farnese as a Counter-Reformation Diaeta*, Rome, 2008.

Worsdale 1981 = M. Worsdale, *Arti decorative, apparati, scenografie: Bernini inventore*, dans Comitato vaticano per l'anno berniniano (dir.), *Bernini in Vaticano: Braccio di Carlo Magno, catalogo della mostra (Roma, maggio-luglio 1981)*, Rome, 1981, p. 229-278.

Wright 1975 = J. Wright, *The secular cantatas of Francesco Mancini (1672-1736)*, thèse de doctorat, Université de New York, 1975.

Yordanova – Maione 2018 = I. Yordanova, P. Maione (dir.), *Serenata and festa teatrale in 18th Century Europe*, Vienne, 2018 (*Cadernos de Queluz*, 1).

Zambon 2011 = R. Zambon, *Il Settecento e il primo Ottocento. Dal ballo pantomimo al coreodramma*, dans Sasportes 2011, p. 117-182.

Zammar 2014 = L. Zammar, *Gian Lorenzo Bernini. A hypothesis about his machine of the rising sun*, dans E. Faccioli (dir.), *La dimensione del tragico nella cultura moderna e contemporanea*, Rome, 2014, p. 233-252 (*Arti dello Spettacolo / Performing Arts*, 3).

Zammar 2017 = L. Zammar, *Ricostruire lo spettacolo attraverso i documenti d'archivio*, dans D. Gavrilovich, L. Zammar (dir.), *New frontiers: live performances, archives and digital technology*, numéro spécial de la revue *Arti dello Spettacolo / Performing Arts*, 3, 2017, p. 80-90.

Zanetti 1960 = E. Zanetti, *Händel in Italia*, dans *L'Approdo musicale*, 12, 1960, p. 3-73.

Zanlonghi 2002 = G. Zanlonghi, *Teatri di formazione. Actio, parola e immagine nella scena gesuitica del Sei-Settecento a Milano*, Milan, 2002.

Zilli 2013 = A. M. Zilli, *Cristina di Svezia regina della musica a Roma. Le "cantarine" al suo servizio*, Rome, 2013.

Žižek 2014 = S. Žižek, *Event. Philosophy in Transit*, Londres, 2014.

Zorzi 1985 = L. Zorzi, *La crisi del melodramma alla fine dell'età barocca*, dans Fagiolo – Madonna 1985, p. 3-12.

Zur Nieden – Over 2016 = G. zur Nieden, B. Over (dir.), *Musicians' mobilities and music migrations in early modern Europe: biographical patterns and cultural exchanges*, Bielefeld, 2016.

IV. Normes internationales

ANSI – NISO 2005 = American National Standard Institute, National Information Standard Organization, *ANSI/NISO Z39.19-2005. Guidelines for the construction, format and management of monolingual controlled vocabularies*, Baltimore, 2005.

BSI 2005a = British Standard Institution, *BS 8723-1:2005 Structured vocabularies for information retrieval. Guide. Definitions, symbols and abbreviations*, Londres, 2005.

BSI 2005b = British Standard Institution, *BS 8723-2:2005 Structured vocabularies for information retrieval. Guide. Thesauri*, Londres, 2005.

BSI 2007a = British Standard Institution, *BS 8723-3:2007 Structured vocabularies for information retrieval. Guide. Vocabularies other than thesauri*, Londres, 2007.

BSI 2007b = British Standard Institution, *BS 8723-4:2007 Structured vocabularies for information retrieval. Guide. Interoperability between vocabularies*, Londres, 2007.

BSI 2008 = British Standard Institution, *BS 8723-5:2008 Structured vocabularies for information retrieval. Guide. Exchange formats and protocols for interoperability*, Londres, 2008.

ISO 1986 = International Organization for Standardization, *ISO 2788. Documentation: guidelines for establishment and development of monolingual thesauri*, 2ᵉ éd., [s.l.], 1986.

ISO 2013 = International Organization for Standardization, *ISO 25964. The international standard for thesauri and interoperability with other vocabularies*, Genève, 2013.

ABSTRACTS DEI CONTRIBUTI*

Christine JEANNERET, *Performance et performativité*, p. 51-60.

Le tournant performatif correspond à un changement de paradigme d'importance, et il est aujourd'hui utilisé dans diverses disciplines, telles que les arts du spectacle, la philosophie, la linguistique, l'anthropologie, la sociologie et les études de genre. La performance peut être définie comme tout ce qui n'est pas écrit : la corporalité, les mouvements, les interactions avec le public, la temporalité, l'éphémère et l'expérience qui ne peut être répétée. La performativité a d'abord été définie comme le pouvoir du langage de changer le monde et a rapidement été appliquée au corps dans les études de genre, qui considèrent le sexe et le genre comme des constructions sociales et culturelles. Ce chapitre présente d'abord les concepts fondateurs de performance et de performativité, puis les grandes lignes de leur historiographie, en se concentrant sur le théâtre et sur la musique. Pour terminer il propose quelques orientations futures pour la recherche, notamment l'idée de concevoir la recherche basée sur la pratique et une recherche incarnée comme les fondements d'une épistémologie.

The performative turn represents a new and powerful avenue of inquiry for scholarly analysis, and today it is used in various disciplines, such as the performing arts, philosophy, linguistics, anthropology, sociology, and gender studies. Performance can be defined as everything that is not written : corporality, movements, interactions with the audience, temporality, ephemerality and unrepeatable experience. Performativity was first defined as the power of language to change the world and was soon applied to the body in gender studies, considering both sex and gender as social and cultural constructions. The principal concepts of performance and performativity are presented in this chapter, along with a historiographical survey focusing on theatre and music. Finally, future directions of research are suggested, notably the idea of making as epistemology, practice-based research, and embodied research.

* Gli abstracts sono stati tradotti in inglese da Courtney Quaintance.

Aldo ROMA, *La storiografia del teatro in Italia e il concetto di "performance"*, p. 61-67.

Questo contributo ripercorre una breve storia della storiografia dello spettacolo in Italia dagli ultimi decenni del sec. XIX a oggi, attraverso i principali snodi che hanno segnato la progressiva definizione della disciplina e delle sue metodologie: dal graduale superamento della centralità del testo drammatico a favore dello studio delle condizioni materiali del teatro e della sua collocazione nella storia, dall'attenzione cioè verso i processi più che ai prodotti, fino alla ricezione del concetto di "performance". Riguardo a quest'ultimo aspetto, il contributo offre una panoramica delle differenti posizioni assunte dai maggiori studiosi italiani in merito ai *performance studies* di matrice statunitense e riflette sulle specificità della teatrologia europea, fortemente orientata alla comprensione degli artefatti culturali alla luce del loro contesto e della loro dimensione storica.

This contribution retraces a brief history of theatre historiography in Italy from the last decades of the nineteenth century to the present, focusing on the main ideas that have influenced the development of the discipline and its methodologies. This history begins with the gradual shift in critical focus away from the dramatic text and towards the study of the material conditions of theatre and its position in history—that is, a shift towards process rather than product—and then turns to the reception of the concept of performance. Regarding the latter, the article offers an overview of the different positions taken by leading Italian scholars regarding the performance studies originating in the United States. It concludes with a reflection on the specificity of European theatrology, strongly oriented towards an understanding of cultural artefacts in light of their context and historical dimension.

Orsetta BARONCELLI, *Operare come archivista in un archivio della nobiltà romana nel Seicento*, p. 69-83.

«Non perdere la memoria, chiama un archivista!». Questa freddura archivistica, facilmente applicabile anche ad archivisti di antico regime, contribuisce a mettere a fuoco, a suo modo, l'importanza di questa figura professionale, il cui ruolo nel processo di trasmissione della memoria è stato (ed è) troppo spesso misconosciuto. Il presente saggio – frutto di una ricerca svolta negli archivi della nobiltà romana del XVII secolo (famiglie Lante della Rovere, Orsini, Barberini, Colonna, Ruspoli, Marescotti, Caetani ecc.) – intende offrire un contributo alla ricostruzione prosopografica del personale degli archivi in età moderna, e più generale alla storia sociale dell'archivistica.

«Don't lose your memory, call an archivist!». This witticism, easily applicable even to archivists of the Old Regime, serves to bring into focus the importance of the figure of the professional archivist. The role of the archivist in the process of transmission of memory has been —and is—too often misunderstood. This essay is the result of research conducted in the archives of seventeenth-century Roman families, including the Lante della Rovere, Orsini, Barberini, Colonna, Ruspoli, Marescotti, Caetani etc. It intends to make a contribution to the prosopographical reconstruction of early modern archivists, and in more general terms, to the social history of archive keeping.

Manuela GRILLO, *La costruzione di un thesaurus per la "performance"*, p. 85-95.

Il contributo propone una riflessione sugli aspetti metodologici della redazione di un thesaurus per l'indicizzazione di documenti relativi alle arti performative nella Roma del Sei e Settecento. L'illustrazione delle caratteristiche dei thesauri e degli standard internazionali vigenti in materia è seguita dalla riflessione sulle accortezze metodologiche e tecniche dettate dal dominio disciplinare di riferimento: *in primis* si riflette sulla gestione di descrittori che rappresentano concetti moderni e descrittori rappresentanti concetti antichi. Per la loro rilevanza nella costruzione dell'albero thesaurale, si considerano poi la poligerarchia (condizione di un termine di avere due termini sovraordinati) e la disambiguazione (tecnica impiegata per distinguere i differenti significati di uno stesso termine). Il contributo entra nel vivo della costruzione di un thesaurus, con un corredo di termini esemplificativi e con la riflessione sulle principali criticità d'uso.

This contribution proposes a reflection on the methodological aspects of editing a thesaurus for indexing documents on the performing arts in seventeenth- and eighteenth-century Rome. A description of international standards for and characteristics of the thesaurus is followed by a reflection on the methodological and technical precautions dictated by the disciplinary domain of reference. Firstly, the contribution reflects on the handling of descriptors representing modern concepts and those representing ancient concepts. Then, it considers the importance of two concepts in constructing the thesaural tree: polyhierarchy (used to describe terms that have more than one parent term) and word sense disambiguation (used to distinguish the different meanings of a single term). Through a complete set of example terms and a reflection on the main issues of usage, the contribution offers an inside view of the process of constructing a thesaurus.

Guy SPIELMANN, *La fête baroque, archétype du macro-événement-spectacle*, p. 101-113.

Le projet PerformArt vise à relancer l'étude des fêtes des cours européennes à l'époque baroque, longtemps axée sur la seule recherche archivistique, en interrogeant le concept même de performance, qui est devenu une coquille plus ou moins vide dans laquelle les chercheurs de toutes les disciplines projettent leurs propres préoccupations et leurs préjugés. La notion d'"événement-spectacle", qui implique à la fois un agir performatif et un agir spectatif à un moment précis dans le temps et dans l'espace, ouvre des perspectives nouvelles pour la recherche sur les fêtes. Une approche fondée sur l'événement jette un éclairage entièrement nouveau sur le spectacle en tant que phénomène fondamental d'interaction sociale ; inversement, l'étude des fêtes de cour nous aide à mieux comprendre les événements-spectacles. En effet, la fête de cour, qui se situe à l'intersection de la politique, du divertissement, de l'économie, de l'esthétique et de l'interaction sociale, constitue une forme très complexe d'événement-spectacle.

The PerformArt project aims to revive scholarship on European court festivals in the Baroque era, long focused on archival research, by interrogating the very concept of performance, which has become a largely empty shell into which scholars of all disciplines project their own concerns and biases. The concept of 'spectacle event', a type of event that involves both performing and spectating during a specific moment in time and in a specific space, offers a new horizon for festival studies. An event-based approach sheds an entirely new light on spectacle as a fundamental phenomenon in social interaction; conversely, studying court festivals helps us better understand spectacle events. Indeed the court festival, which stands at the intersection of politics, entertainment, economics, aesthetics, and social interaction, constitutes a highly complex form of the spectacle event.

Michela Berti, *Definire l'"evento performativo": riflessioni sulle fonti da due casi della famiglia Vaini a Roma (1712 e 1725)*, p. 115-131.

Questo saggio delinea le differenze tra la "performance" e l'"evento performativo", prendendo le mosse da una riflessione sulla natura delle fonti rinvenute dallo storico. Per fare ciò, affronta in modo comparativo anche il concetto di "evento", nelle diverse accezioni desunte dalla storiografia tanto novecentesca quanto più recente. È inoltre affrontata una riflessione sul ruolo dello storico delle arti performative rispetto allo storico *tout court*.

This essay delineates the differences between performance and the performative event, beginning with a reflection on the nature of the sources discovered by the historian. To accomplish this delineation, the essay takes a comparative approach to the concept of the event in its various acceptations, drawing from both nineteenth-century and modern historiography. It also reflects on the role of the historian in the performing arts in comparison to that of the historian *tout court*.

Émilie Corswarem, *Musique et agentivité. De la création de nouveaux espaces dans la ville : le cas des fêtes dynastiques de l'Espagne et de l'Empire à Rome*, p. 133-146.

Dans le prolongement de la théorie des énoncés performatifs de John L. Austin, une série de concepts liés au noyau sémantique de l'action ont émergé. Celui d'«agency» (Gell 2009) est ici mobilisé. Agissant au même titre que les autres ingrédients de la fête baroque sur les spectateurs et sur le cadre urbain, la musique et le son peuvent en effet être envisagés pour leur «efficace» (Bartholeyns – Golsenne 2009). Cette contribution prend pour cas d'étude des fêtes politiques liées au protectorat exercé par le cardinal Girolamo Colonna (1604-1666). La musique et le son y constituent les points de départ d'une réflexion touchant au lieu et à l'espace de la fête. Ils permettent aussi de se départir de la traditionnelle dichotomie privé-public des espaces et de mettre en évidence des espaces «relationnels» rassemblant palais, rues et parvis autour d'un même événement à célébrer voire d'une même obédience politique.

As an extension of John L. Austin's theory of performative utterances, a series of concepts linked to the semantic kernel of action have emerged. That of 'agency' (Gell 2009) is brought to bear here. Acting in the same way as the other ingredients of baroque celebrations on the spectators and the urban framework, music and sound can in fact be considered for their 'efficace' (efficacity) (Bartholeyns – Golsenne 2009). This contribution takes as a case study the political celebrations linked to the protectorate exercised by Cardinal Girolamo Colonna (1604-1666). Music and sound constitute the departure points for a reflection concerning the place and the space of the celebration. They also make it possible to renounce the traditional private-public dichotomy and to bring to light 'relational' spaces associating palace, streets and forecourt around one single celebrated event, indeed one identical political obedience.

Teresa Chirico, *«Balconi dorati per i musici»: la prassi rappresentativa dell'oratorio alla corte del cardinale Pietro Ottoboni tra il 1690 e il 1708*, p. 151-165.

Documenti inediti e altre fonti – tra le quali due disegni di Filippo Juvarra creati intorno al 1708 – svelano in quale sala del Palazzo della Cancelleria avevano luogo gli allestimenti oratoriali patrocinati dal cardinale Pietro Ottoboni (1667-1740) e su quali strutture prendevano posto esecutori e spettatori. Gli oratori erano eseguiti con scenografie e macchine ma senza attori "viventi" mentre i cantanti si esibivano dietro le grate. Lo studio indaga su quel genere di "teatro", sull'impatto che ebbe sul pubblico e sulla sociabilità dei nobili a Roma, riflettendo sulle motivazioni che sottendevano i rapporti tra la musica e il visibile / invisibile nella performance oratoriale.

Through unpublished documents and other sources – including two drawings created by Filippo Juvarra around 1708 – this essay reveals which room in the Palazzo della Cancelleria was used for the staging of oratorios sponsored by the Cardinal Pietro Ottoboni (1667-1740), as well as which structures were used for both performers and spectators. Oratorios were produced with sets and stage machinery, but without actors; meanwhile, the singers performed behind screens. This study examines this "theatrical" genre, its impact on the audience, and its role in noble sociability in Rome. It also discusses the motivations underlying the relationship between music and the visible/invisible in oratorio performances.

Aldo ROMA, «*Per allevare li giovani nel timor di Dio e nelle lettere*»: *arti performative, educazione e controllo al Collegio Nazareno di Roma nel primo Seicento*, p. 167-185.

Nello sterminato panorama della storia delle arti performative fiorenti nella Roma barocca, il teatro e lo spettacolo nel contesto dei collegi rivestono un'importanza non secondaria, non solo per i loro esiti rappresentativi – spesso per nulla inferiori agli allestimenti dei teatri e dei palazzi nobiliari – ma soprattutto per il ruolo che ricoprirono, a partire dalla regolamentazione nella *Ratio studiorum* gesuitica, nell'educazione morale e culturale degli allievi. Questo studio intende presentare un primo frammento della ricerca sui documenti dell'Archivio del Collegio Nazareno, finalizzata al recupero della storia materiale delle arti performative ivi praticate. Attraverso l'esame di fonti contabili e normative che disciplinavano il cerimoniale di feste, accademie e *comedie*, si proporrà una riflessione sul rapporto tra teatro e meccanismi di controllo cui il collegio era sottoposto.

In the vast landscape of the history of the performing arts in baroque Rome, theatre and other entertainments in the context of the colleges take on primary importance, not only for the quality of the results – often at the level of productions in theatres and noble palaces – but above all for the role they played, beginning with the regulations in the Jesuit *Ratio studiorum*, in the moral and cultural education of college students. This study presents a preliminary section of a larger research project based on the documents from the archive of the Collegio Nazareno, aiming at reconstructing the material history of the performing arts' practice in the college. Through an examination of accounting records and regulations regarding the ceremonial protocol for celebrations, academic gatherings, and *comedie* (theatrical performances), the essay proposes a reflection on the relationship between theatre and the mechanisms of control governing the college.

Giulia Anna Romana VENEZIANO, *Ricostruire un teatro. Studio intorno all'*Artaserse *di Leonardo Vinci (Alibert 1730): aspettative e messinscena di uno spettacolo per il pubblico cosmopolita romano*, p. 187-200.

Lo studio si concentra sulla macchina produttiva di un teatro strategicamente importante nel panorama culturale romano del Settecento, il teatro Alibert / Delle Dame, allo scopo di ricostruirne la valenza e l'attività. L'opera *Artaserse* di Leonardo Vinci / Pietro Metastasio, rappresentata nel Carnevale del 1730, viene utilizzata come *study-case* per dimostrare come veniva pianificata la programmazione musicale attraverso una gestione impresariale audace ed indipendente che permise di valorizzare i parametri artistici ideali provenienti da Napoli. La sopravvivenza di una documentazione eccezionale ci permette di offrire una ricostruzione quasi tridimensionale di quella che fu la macchina organizzativa del teatro, dalla scelta dei cast alla tempistica necessaria alla redazione dei contratti per le rappresentazioni stagionali, dalle concessioni delle attività commerciali legate agli spettacoli alla scoperta degli organici necessari alle recite: una gestione utile per attrarre ed ottenere il sostegno delle famiglie più influenti nello scacchiere politico ed economico della città.

This study focuses on the production machine of a theatre of strategic importance in the seventeenth-century Roman cultural landscape, the Teatro Alibert (or "delle Dame"), in order to reconstruct its importance and activities. The opera *Artaserse* (music by Leonardo Vinci, libretto by Pietro Metastasio), performed for the 1730 Carnival festivities, is used as a case study to demonstrate how musical programming was planned by a bold and independent impresarial management that sought to showcase idealized artistic parameters from Naples. Thanks to the survival of exceptionally rich documentation, this essay is able to offer an almost three-dimensional reconstruction of the theatre's organizational machine: from the choice of casts to the necessary timeframes for the drafting of contracts for the performances each season, from the authorization of commercial activities tied to the shows to the staff necessary for performances. Ultimately, the documents reveal that such management was useful for obtaining and sustaining the support of the most influential families in the political and economic arena of the city.

Gloria GIORDANO, *Frammenti performativi nel "movementscape" della Roma tra Sei e Settecento: la formazione non professionale*, p. 207-222.

Tra Sei e Settecento anche a Roma, come nel resto della penisola, si assiste a una convivenza di stili coreografici che, influenzandosi tra loro, arricchiscono sotto varie angolazioni il repertorio di sala e di teatro. Attraverso il prisma di una lettura in diffrazione sono stati analizzati documenti d'archivio riferiti alla formazione coreutica non professionale, svolta nei palazzi e nei collegi nobiliari, con l'intento di far emergere quei processi performativi che compongono parte del *movementscape* della Roma dell'epoca.

In the Seventeenth and Eighteenth centuries, in Rome – as in the rest of the peninsula – we find the coexistence of multiple choreographic styles that, even as they influenced one another, enriched in various ways the repertoires of both private halls and public theatres. Through the prism of a diffractive reading, this essay analyses archival documents related to non-professional dance training that took place in palaces and noble colleges to reveal the performative processes that were part of the *movementscape* of early modern Rome.

Valeria DE LUCCA, *«Un nobilissimo e sottilissimo ingegno»: tracce di balli nelle opere del Teatro Colonna (1683-1688)*, p. 223-237.

I balli teatrali, che costituiscono un elemento fondamentale del dramma per musica dell'età primo moderna a Roma, sono tra le forme più effimere di spettacolo e, ancora oggi, tra le più difficili da ricostruire. Lo studioso che voglia esaminare la *performance* dei balli, infatti, deve spesso affrontare la difficoltà metodologica costituita non solo dalla quasi totale assenza di tracce di coreografie, ma anche da quella di partiture che trasmettano la musica che le accompagnava, nella maggior parte dei casi andata perduta. Attraverso il raffronto incrociato delle tracce materiali che i balli hanno lasciato nei documenti d'archivio della famiglia Colonna, trattati coevi e libretti d'opera, mi propongo di recuperare e rievocare aspetti considerati persi della *performance* dei balli delle opere prodotte nel teatro della famiglia romana tra il 1683 e il 1688.

Still today, theatrical *balli*, a fundamental element of the *dramma per musica* in early modern Rome, are some of the most ephemeral and difficult to reconstruct forms of performance. In fact, a scholar seeking to analyse the performance of *balli* must often tackle the methodological challenge posed by the almost complete absence not only of evidence for choreography but also of musical scores. Through the cross-referencing of material traces of *balli* in the Colonna family archives, in contemporary treatises, and in opera librettos, this essay recovers and recreates aspects—previously considered to be lost—of the performance of *balli* in the operas produced in the Colonna family's theatre from 1683 to 1688.

Diana BLICHMANN, *Effetti scenografici e macchine spettacolari nelle "performance" pubbliche nella Roma del primo Settecento*, p. 239-279.

A partire dal 1700 ca. erano in atto in Italia dei cambiamenti drammaturgici e scenografici iniziati dall'Accademia dell'Arcadia che avrebbero mutato gli sfarzosi effetti scenografici e le macchine spettacolari nei drammi per musica a favore di una più spiccata semplicità e verosimiglianza scenica, rivolta verso rappresentazioni teatrali "utili". Nonostante ciò, durante diverse rappresentazioni teatrali nei teatri pubblici a Roma, la spettacolarità rimase fondamentale. Con la comparsa di divinità (Teatro Capranica) e personificazioni allegoriche (Teatro Alibert) "in machina", gli architetti scenografi realizzavano nei punti cruciali del dramma una parte decisiva della performance. In questo studio ci si interroga sull'estetica degli effetti e delle macchine spettacolari all'interno delle performance attraverso libretti, manoscritti musicali, fonti archivistiche e iconografiche. Ci si chiede se gli eventi spettacolari, le divinità e personificazioni "in machina" siano stati dei media supplementari dello spettacolo oppure portatori autonomi di precisi messaggi. Attraverso la presenza delle macchine in due teatri diversi saranno analizzati due "modelli spettacolari".

In Italy by around 1700, dramaturgical and scenographic changes initiated by the Accademia dell'Arcadia were in progress that would transform the elaborate scenographic effects and stage machinery being used in *drammi per musica* into simpler and more verisimilar scenography intended for commercial theatrical productions. Despite these changes, spectacularity would remain fundamental in many of the productions mounted in Rome's public theatres. Through the appearance "in machina" (using stage machinery) of deities – at the Teatro Capranica – and allegorical personifications

– at the Teatro Alibert – at pivotal moments in the plot, set designers created a crucial part of the performance. This study takes an inside look at these performances by examining the aesthetics of stage effects and machinery through librettos, musical manuscripts, and archival and iconographic sources. It asks whether the spectacular events, deities, and personifications "in machina" used in these performances were auxiliary media or if instead they were autonomous vehicles of precise messages. Finally, the study analyses two types of "spectacular templates" through the presence of stage machinery in two different theatres.

Alexandra Nigito, Ex partibus totum: le «parti cavate» come specchio della vita musicale romana tra Sei e Settecento, p. 281-314.

Muovendo dalle numerose giustificazioni per la copiatura di manoscritti musicali, conservate negli archivi gentilizi della Roma barocca, il contributo affronta la questione delle parti staccate. Attraverso l'esame di un *corpus* di ventisette manoscritti di sicura provenienza romana, relativo a drammi, cantate e oratori degli anni 1685-1733, è stato possibile osservare come questo *medium* abitualmente trascurato, al di là della sua prevedibile importanza ai fini della restituzione di un testo criticamente corretto e di una più accurata ricostruzione dell'evento musicale, dischiuda nuove prospettive di ricerca sul fronte della *performance* e dei riflessi che i nuovi orientamenti compositivi ebbero sulla nascente organizzazione orchestrale. Oltre ad integrare le nostre conoscenze riguardo alle date di esecuzione e ai nominativi dei musicisti coinvolti negli eventi spettacolari, il repertorio in esame ha infatti fornito nuove indicazioni su aspetti della prassi esecutiva, quali dinamiche e impiego di tutti e soli; sulla composizione e l'entità degli organici strumentali, con particolare riferimento a forme e modi di partecipazione di strumenti non specificati espressamente in partitura, come l'oboe o il contrabbasso; e sulla progressiva scomparsa del concertino in funzione preminente a favore di due compagini distinte ma omogenee di violini primi e secondi, significative dell'imporsi di un nuovo gusto musicale.

Beginning with the numerous *giustificazioni* (household records) for the copying of musical manuscripts that are held in the archives of aristocratic families of baroque Rome, this contribution tackles the issue of vocal and instrumental parts. Through an examination of a corpus of twenty-seven manuscripts with secure Roman provenance pertaining to dramas, cantatas, and oratorios from the years 1685 to 1733, this essay shows how this overlooked medium, beyond its obvious importance for both the recovery of correct critical editions and a more accurate reconstruction of musical events, reveals new research perspectives on performance as well as the repercussions of new compositional techniques on the birth of the modern orchestra. In addition to rounding out our knowledge of dates and names of musicians participating in specific performance events, the sources studied in this essay offer new information on some aspects of performance practice, namely the dynamics and use of *tutti* and *solo* passages. These sources also shed light on the composition and size of instrumental ensembles, with particular reference to forms and modes of participation of instruments not precisely identified in the score, such as the oboe or the double bass. Finally, these sources reveal a progressive disappearance of the concertino in a leading role in favour of two distinct but homogeneous groups of first and second violins, belying the emergence of a new musical style.

Christine JEANNERET, *Un triomphe gastronomique : banquet et performance dans le jardin de Flavio Chigi en 1668*, p. 319-336.

En août 1668, Flavio Chigi organisa un banquet spectaculaire dans son *Casino alle Quattro Fontane* pour célébrer la nouvelle famille papale, les Rospigliosi. Ce spectacle en plein air commença dans l'après-midi, avec une parade du cardinal qui défila dans la ville en carrosse, accompagné des dames Chigi et Rospigliosi, prenant ainsi symboliquement possession du territoire de Rome. Le soir, un banquet fut organisé par Carlo Fontana avec des sculptures alimentaires sophistiquées, des parfums, de la musique ainsi que des machines ingénieuses dont certaines produisaient des éclairs. Les invités et les artistes, ainsi que le jardin et la nourriture, furent littéralement mis en scène au sein d'une chorégraphie élaborée, destinée à montrer la puissance du cardinal Chigi. Pour finir, les monuments comestibles éphémères furent ingérés par les invités. Grâce à de nouveaux documents d'archives et à une approche inspirée des études de la performance et de la performativité du genre, ce chapitre jette un éclairage nouveau sur ce banquet.

In August 1668, Flavio Chigi organised a spectacular banquet in his Casino alle Quattro Fontane to celebrate the new papal family, the Rospigliosi. This outdoor performance began in the afternoon, with the cardinal parading through the city in a carriage, accompanied by the Chigi and Rospigliosi noblewomen, symbolically taking possession of the territory of Rome. At night, a banquet was staged by Carlo Fontana with sophisticated food sculptures, ingenious lightning-producing and theatrical machines, fragrances and music. The guests and the artists, along with the garden and the food, were literally staged with elaborate choreography aimed at displaying Chigi's power. The ephemeral edible monuments were finally ingested by the guests. Based on new archival documents, this chapter sheds new light on this banquet from perspectives of performance studies.

Chiara PELLICCIA, La clemenza d'Augusto *(Roma, 1697):"performance", politica e patronage per l'ultima stagione secentesca del Tordinona*, p. 337-351.

La clemenza d'Augusto, rappresentata a Roma al Tordinona nel 1697, è tra le opere secentesche romane più documentate e studiate. Basandosi sull'idea di *performance* come spazio di relazione, questo capitolo analizza le relazioni tra tutti gli attori coinvolti inquadrando l'opera nella stagione teatrale e quest'ultima nel contesto romano, ed evidenziando tensioni sociopolitiche e dinamiche culturali oltre il fatto spettacolare. Il contributo segue i differenti percorsi operativi convergenti intenzionalmente intorno all'evento-spettacolo, e rilegge in tale prospettiva anche le istanze "personalizzate" del *patronage* e la dimensione drammaturgico-musicale. Emerge uno spaccato di quella dimensione di Roma come "gran teatro del mondo", *performative society* integrale, fortemente caratterizzante il modello spettacolare romano.

La clemenza d'Augusto, performed in 1697 at the Teatro Tordinona in Rome, is one of the most documented and studied seventeenth-century Roman operas. Drawing on the idea of performance as relational space, this chapter contextualises *La clemenza* as part of the 1697 theatrical season in Rome and highlights sociopolitical tensions and cultural dynamics beyond the theatrical event to analyse the relationships between all parties involved. The contribution also traces the various operational strategies that were intentionally deployed in organizing the performance event, and, from that perspective, rereads the 'personalised' motivations of patronage as well as the opera's dramaturgical-musical dimension. From this rereading, a cross-section emerges of Rome's role as the 'great theatre of the world' and of the performative society that was a fundamental characteristic of the Roman performance model during this period.

Cristina FERNANDES, *Eventi-spettacolo nella cerchia di André de Melo e Castro, ambasciatore portoghese a Roma (1718-1728): aspetti materiali, sociali e politici della "performance"*, p. 353-375.

Scopo del contributo è lo studio di una serie di «eventi-spettacolo» nella cerchia dell'ambasciatore del Portogallo presso la Santa Sede, André de Melo e Castro, durante il decennio 1718-1728. L'arco temporale considerato ci permette di esaminare le tracce lasciateci dalle *performance* nelle fonti d'archivio sia in una prospettiva sincronica, a partire da una serie di micro-eventi correlati tra loro, sia in una prospettiva diacronica, attraverso la successione di diversi eventi-spettacolo. L'analisi di queste tracce della *performance* (musicale, teatrale, coreografica) è la base per una riflessione sulla relazione tra gli spettacoli e la storia socio-politica, tenendo in considerazione somiglianze e differenze con le pratiche culturali dell'aristocrazia romana. Partendo da un quadro più ampio, particolare attenzione sarà data a quegli eventi-spettacolo (cantate, pastorali, commedie all'improvviso, balli ecc.) svoltisi presso il Palazzo Cesarini, residenza dell'aristocratico e diplomatico portoghese al servizio del re Giovanni V.

This contribution studies a series of performance events that took place from 1718 to 1728 in the circle of the Ambassador of Portugal to the Holy See, André de Melo e Castro. The period considered allows to examine the evidence left in the archives by these performances both from a synchronic perspective as a series of micro-events related to one another, and from a diachronic perspective through the succession of multiple performance events. Through the analysis of this evidence for musical, theatrical, and choreographic performance, the study reflects on the social and political context for these performances, considering their similarities to and differences from the cultural practices of the Roman aristocracy. The contribution begins with a more general analysis of the bigger picture, but then focuses in particular on performance events (cantatas, pastorals, *commedie all'improvviso*, balls, etc.) that took place at Palazzo Cesarini, the residence of the aristocratic Ambassador in the service of King John V of Portugal.

Huub VAN DER LINDEN, *Arie e cantanti tra continuità e cambiamenti: Pistocchi e la stagione 1693 del Teatro Tordinona*, p. 383-404.

Il contributo prende spunto da due peculiarità del dramma per musica del Seicento: il continuo processo di revisione a cui erano sottoposti libretti e partiture durante la loro circolazione e il ruolo dei cantanti nel determinare sia questo processo sia la percezione, da parte del pubblico, di questo genere come concreta rappresentazione. Per valutare le opere dal punto di vista della loro rappresentazione, in luogo di focalizzare l'attenzione esclusivamente sulle modifiche apportate a testi e musiche nelle varie rappresentazioni, il presente studio si propone di analizzare, in maniera più sistematica di come è stato fatto finora, quelle modifiche testuali e musicali insieme a cambiamenti e continuità nei cast dei cantanti. A questo scopo vengono esaminate le due opere del Carnevale del 1693 al Teatro Tordinona: *Il Seleuco* e *Il Vespasiano*. Si tracciano le arie sostitutive e i cast delle varie produzioni che conducono alla rappresentazione romana, incrociando i dati della continuità e sostituzione di arie con i cantanti che le eseguivano. Così facendo, emerge una visione più dettagliata della correlazione tra la sostituzione di arie e di cantanti, nonché dei modi in cui la combinazione di questi due elementi plasmava l'esperienza di ascolto del pubblico. Il contributo si sofferma in particolare sul castrato Francesco Antonio Pistocchi, che sembra aver giocato un ruolo centrale nella stagione romana.

This contribution takes two characteristics of seventeenth-century opera as its starting point: the constant process of revisions of the librettos and music that the works underwent during their circulation, and the role of singers in this process and in audiences' perception of the genre as actual performances. Instead of focusing only on changes in the text and music of various performances, the statement is made that, in order to judge these works as actual performances, the changes and continuities in the cast must be taken into account in a far more systematic way than has been done so far. This study looks at the case of the two operas that constituted the 1693 season at the Teatro Tordinona: *Il Seleuco* and *Il Vespasiano*. It traces the aria replacements and singers of a series of performances of these works during the years leading up to their performance in Rome, cross-referencing the continuities and replacements of arias with the singers that sang them. In so doing, a more nuanced view emerges of the correlation between singers and aria replacements, and of the ways in which the combination of those two elements shaped audiences' listening experiences. The contribution focuses in particular on the castrato Francesco Antonio Pistocchi, who appears to have played a central role in the Roman season.

Barbara Nestola, *I ruoli femminili per Bartolomeo Montalcino in due opere romane di Alessandro Scarlatti: indagine sulla relazione tra repertorio e interprete*, p. 405-418.

Il contributo tratta la questione del *cross-casting*, espressione che designa la pratica di far interpretare ad attori o cantanti personaggi di sesso opposto, ed elemento distintivo dell'opera romana del Sei e Settecento, in due opere di Alessandro Scarlatti: *Il Pompeo* (1683) e *La Statira* (1690), l'una patrocinata da Lorenzo Onofrio Colonna e l'altra dal cardinale Pietro Ottoboni. Il contralto Bartolomeo Monaci, detto Montalcino, vi interpretò rispettivamente le parti di seconda e prima donna. Queste ultime sono analizzate alla luce della nozione del ruolo, inteso come convergenza tra l'insieme delle capacità dell'interprete (vocalità, eloquenza, fisionomia, capacità attoriali) e la parte che gli è destinata.

This contribution considers the question of cross-casting, the practice of casting actors or singers as characters of the opposite sex, a distinctive element of seventeenth- and eighteenth-century Roman opera. It will focus in particular on two operas by Alessandro Scarlatti: *Il Pompeo* (1683), sponsored by Lorenzo Onofrio Colonna, and *La Statira* (1690), sponsored by Cardinal Pietro Ottoboni. These operas featured the contralto Bartolomeo Monaci, also known as Montalcino, in the roles of seconda and prima donna, respectively. Montalcino's parts are analysed using the notion of the role, understood here as the convergence between the skillset of the performer (vocality, eloquence, physiognomy, acting skills) and the part intended for him.

Sara Elisa Stangalino, *"Strategie parasinestetiche" nella* Tessalonica *di Nicolò Minato (Vienna 1673 / Roma 1683)*, p. 419-435.

Nel 1683 a Palazzo Colonna in Roma va in scena *La Tessalonica*, dramma per musica di Nicolò Minato e Bernardo Pasquini, dedicato alla giovanissima Lorenza de la Cerda Colonna; nei fatti si tratta della ripresa dell'omonimo dramma inscenato a Vienna nel 1673 con musica di Antonio Draghi. Le operazioni di taglia-cuci svolte in vista del riallestimento romano muovono riflessioni circa una nuova concezione della spazialità, intesa sia come spazio scenico sia come luogo complessivo dell'evento. Si fa focus sulle strategie messe in atto dal drammaturgo nella gestione dell'"ambiente sonoro", donde emerge un peculiare impiego della convenzione della "musica di scena" che nella *Tessalonica* non si configura tanto come mero agente ricreativo quanto come vero e proprio elemento fondante, sia per la gestione dell'intrigo sia come principale regolatore delle dinamiche in fieri tra attori e spettatori.

In 1683, *La Tessalonica*, a *dramma per musica* composed by Bernardo Pasquini to a libretto by Nicolò Minato and dedicated to the very young Lorenza de la Cerda Colonna, was performed in the Palazzo Colonna in Rome. In fact, the performance was a revival of the eponymous drama staged in Vienna in 1673 with music by Antonio Draghi. This article highlights the cut-and-paste procedures employed for the Roman revival as a catalyst for reflections on a new conception of spatiality, understood both as theatrical space and as the space in which the event takes place. It focuses on the strategies implemented by the librettist in negotiating the sonic environment, which resulted in a peculiar use of the convention of *musica di scena*. In *La Tessalonica* this music is configured not as a mere recreational agent but instead as a fundamental element of the drama, both for management of the plot and as the principal regulator of the emergent dynamic between actors and audience.

INDICI

FONTI E DOCUMENTI D'ARCHIVIO

Cette table regroupe l'ensemble des documents cités dans cet ouvrage (documents d'archive, sources musicales, livrets, sources iconographiques). Les données sont classées selon la hiérarchie suivante: pays, ville, institution de conservation, fonds ou collection, éléments d'identification, le cas échéant identifiant dans la base de données PerformArt, enfin page et numéro de note ou de figure dans le livre.

B. Pasquini, Roma 1693), source musicale: p. 389, n. 20

——, n° 6, air «Per mirar chi al sol da luce», *Il Vespasiano* (G. C. Corradi / C. Pallavicino, Roma 1693), source musicale: p. 401, n. 43

Hs. 3863 I. II., cantate *Umanità e Lucifero*, «E qual d'intorno io miro all'alte sfere» (? / P. Scarlatti, Roma 1706), source musicale: p. 310, n. 60

Hs. 3926 I. II., cantate *La gioia nel seno d'Abramo*, «Abramo il tuo sembiante» (S. Stampiglia / A. Scarlatti, Roma 1705), source musicale: p. 297-298; 305; 312

Hs. 3951, n° 6, air «Vò sugl'occhi del mio ben», *Il Seleuco* (A. Morselli, S. Stampiglia / C. F. Pollarolo, B. Pasquini, Roma 1693), source musicale: p. 389, n. 19

——, n° 16, air «Perdei per un crin d'oro», *Il Vespasiano* (G. C. Corradi / C. Pallavicino, Roma 1693), source musicale: p. 393, n. 35; 401, n. 45

AUTRICHE

Hs. 19120, *L'Artaserse* (P. Metastasio / L. Vinci, Roma 1730), source musicale: p. 189, n. 8

Misc.143-GF/3, gravure de Lodovico Burnacini, *Le banquet des dieux*, dans *Il pomo d'oro* (F. Sbarra / A. Cesti, Vienna 1668), acte I, sc. 4-5: p. 335, fig. 5

Musiksammlung, Coll. Kiesewetter

SA.68.C.24, *L'Artaserse* (P. Metastasio / L. Vinci, Roma 1730), source musicale: p. 189, n. 8

Sammlung von Handschriften und alten Drucken

77.N.7 (vol. 1697), Corriere Ordinario (27 febbraio 1697), Avviso da Roma 9 febbraio 1697 [D-061-890-132]: p. 347, n. 48

——, Avviso da Roma 19 gennaio 1697 [D-061-830-186]: p. 340, n. 13

BELGIQUE

FRANCE

Paris

Bibliothèque nationale de France

Département de la musique
Ms. Fr. 640 : p. 59, n. 26
Ms. Fr. 7892 : p. 111, n. 22

GRANDE-BRETAGNE

Londres

British Library

Add. 22101, *L'Amor eroico fra pastori = La Pastorella* (P. Ottoboni / C. Cesarini, G.L. Lulier, G. Bononcini, Roma 1696 = A. Scarlatti, Roma 1705), source musicale : p. 164, n. 67

Oxford

Bodleian Library

Mus. Sch. E.388, *Arie del S.r Card. Otthoboni: arie di La costanza nell'amor divino, overo la Santa Rosalia* (P. Ottoboni? / S. De Luca-F. Lanciani-F. Gasparini, Roma 1696), source musicale : p. 299, n. 44

ITALIE

Bologne

Biblioteca Universitaria

A.V.Tab.I.F.III.50.1, *La Tessalonica* (N. Minato / B. Pasquini, Naples 1684), livret : p. 420, n. 4

Museo internazionale e biblioteca della musica

Lo.4899, *Didio Giuliano* (L. Lotti / B. Sabadini, Piacenza 1687), livret : p. 246, fig. 3 et 4

Lo.5117, *Il Ciro* (P. Ottoboni / A. Scarlatti, Roma 1712), livret : p. 249, fig. 6

Lo.7215, *La Tessalonica* (N. Minato / B. Pasquini, Firenze 1686), livret : p. 420, n. 4

Lo.7404, *Teodosio il giovane* (P. Ottoboni / F. Amadei, Roma 1711), livret : p. 250, fig. 5

V.291, f. 141*r*-146*r*, air «Perdei per un crin d'oro», *Il Vespasiano* (G. C. Corradi / C. Pallavicino, Roma 1693), source musicale : p. 393, n. 35

Florence

Biblioteca Marucelliana

Mel.2267.12, *L'Artaserse* (P. Metastasio / L. Vinci, Roma 1730), livret : p. 189, n. 8

Biblioteca nazionale centrale

1298.6, *La Statira* (P. Ottoboni / A. Scarlatti, Roma 1690), livret [D-022-590-194] : p. 413, n. 32

Modène

Biblioteca Estense universitaria

70.E.9.9, *La Tessalonica* (N. Minato / B. Pasquini, Roma 1683), livret : p. 420, n. 4

MUS.F.894, *Il Vespasiano* (G. C. Corradi / C. Pallavicino, Venezia 1678), source musicale : p. 391, n. 24

MUS.F.898, *Il Vespasiano* (G. C. Corradi / C. Pallavicino, Modena-Milano 1685), source musicale : p. 391, n. 24; 393, n. 29; 401, n. 41

MUS.F.1056, *La Maddalena* (? / A. Scarlatti, Modena 1686), source musicale : p. 307

MUS.F.1058, *Il martirio di Santa Teodosia* (? / A. Scarlatti, Roma s.d.; Modena 1685), source musicale: p. 308

MUS.F.1152, cantate *Eco amoroso*, «Arsi già d'una fiamma» (G. F. Apolloni / A. Stradella), source musicale: p. 329, n. 50

MUS.G.292, *La pace fra Tolomeo e Seleuco* (A. Aureli / B. Sabadini, Piacenza 1691), source musicale: p. 388, n. 16

——, n° 11, air «Col versar sì belle lagrime», *La pace fra Tolomeo e Seleuco* (A. Morselli, A. Aureli / B. Sabadini, Piacenza 1691), source musicale: p. 389, n. 20

——, n° 17, air «Io sento a poco a poco», *La pace fra Tolomeo e Seleuco* (A. Aureli / B. Sabadini, Piacenza 1691), source musicale: p. 389, n. 17

——, n° 21, air «Lungi o lumi lusinghieri», *La pace fra Tolomeo e Seleuco* (A. Aureli / B. Sabadini, Piacenza 1691), source musicale: p. 388, n. 15

MUS.G.296, f. 34r-36r, air «Di fiere serpi», *Il Pausania* (G. Frisari / AA. VV, Crema 1692), source musicale: p. 393, n. 33

NAPLES

Biblioteca del Conservatorio di Musica San Pietro a Majella

Cantate 182/35, cantate *La Rosa*, «Il bianco piè della più bella diva» (B. Pamphilij / F. Mancini), source musicale: p. 253

PARME

Archivio di Stato

Carteggio farnesiano estero

b. 531, lettera del 3 dicembre 1692: p. 400, n. 39

ROME

Archivio del Collegio Nazareno

vol. 65, *Entrata ed esito dell'Venerabile Collegio Nazareno dal 20 maggio 1631 a tutto li 12 maggio 1643*, p. 126 [D-048-600-162]: p. 178, n. 40

vol. 66, *Entrata ed esito dell'Venerabile Collegio Nazareno dal 13 maggio 1643 a tutto luglio 1646* [D-048-850-131]: p. 174, n. 27; 178, n. 40; 179, n. 44 et 45; 180, n. 47-49

vol. 82, f. 42r-42v, *Introito ed esito delle contribuzioni de' signori convittori per le spese straordinarie [...] dall'anno 1718 a tutto 1733* [D-049-600-135]: p. 213, n. 22

——, f. 48r (gennaio 1720) [D-062-620-154]: p. 182, n. 51

——, f. 49r (gennaio 1720) [D-062-620-154]: p. 182, n. 52

——, f. 53r (febbraio 1721) [D-062-660-118]: p. 182, n. 51

——, f. 54r (febbraio 1721) [D-062-660-118]: p. 182, n. 52

——, f. 59r (febbraio 1722) [D-062-670-109]: p. 180, n. 50

——, f. 64v (febbraio 1723) [D-062-680-197]: p. 182, n. 50

——, f. 70v (marzo 1724) [D-062-700-179]: p. 182, n. 50

——, f. 76v (febbraio 1725) [D-062-720-161]: p. 182, n. 50

——, f. 110v-114v [D-062-790-195]: p. 362, n. 42

——, f. 121r-126v [D-062-810-177]: p. 296, n. 40

vol. 146, *Registro di spesa dalli anni 1631 al 1646* [D-133-720-184]: p. 173, n. 27; 178, n. 39; 179, n. 43

——, p. 184 [D-133-560-134]: p. 178, n. 42

vol. 151, *Registro de' mandati cominciato a novembre 1680 a tutto il primo gennaro 1695*, f. 1*r* [D-114-650-178]: p. 178, n. 42; 184, n. 57

vol. 217, f. n.n. [D-113-860-113]: p. 213, n. 22

vol. 245, f. 190-204: 200*r, Sindicato* [...] *dell'administratione fatta dal reverendo padre Stefano de' Angelis* [...], *quale comincia alli 13 di maggio 1643 a tutto giugno 1646* [D-046-820-115]: p. 183, n. 55; 184, n. 56

——, f. 204*r* [D-046-820-115]: p. 184, n. 56

——, f. 226-230, *Inventario delle robbe et altre massaritie esistenti nel palazzo e giardino delli illustrissimi signori Muti esistente a Capo le Case in loco detto gli Horti Salustiani affittato al Collegio Nazzareno di Roma dall'Illustrissimo signor Girolamo Muti*: p. 177, n. 36

b. 323, *Appunti e memorie*, fasc. E, *Teatro*, f. n.n. [mutilo] [D-069-400-163]: p. 174, n. 29, 31; 182, n. 51, 53

b. 331, *Tutti gli atti economici, residui generali*, fasc. *1756/2*, p. 5-28 e f. n.n. [mutilo] [D-060-190-110]: p. 173, n. 29; 174, n. 30 et 31

b. 341, *Giustificazioni 1644-1699*, fasc. *1699*, sottofasc. *e, Spese di illuminazione*, f. n.n. [D-114-710-124]: p. 179, n. 42

Archivio del Sovrano Militare Ordine di Malta

Ricetta di Roma, Teatro Alibert

b. 421 (Libro Mastro A), f. 12*sx* [D-004-770-130]: p. 252, n. 37

——, f. 29*sx* [D-004-920-189]: p. 252, n. 36

——, f. 33*sx* [D-004-930-180]: p. 253, n. 40; 254, n. 46

——, f. 35*sx* [D-083-400-173]: p. 253, n. 41

——, f. 37*sx* [D-000-721-932]: p. 192, n. 21; 197, n. 33

——, f. 37*sx-dx* [D-005-270-165]: p. 253, n. 41; 254, n. 44

——, f. 44*sx* [D-083-530-153]: p. 265, n. 88; 267, n. 93

——, f. 58*sx* [D-000-691-959]: p. 193, n. 24

——, f. 62*sx* [D-007-250-129]: p. 192, n. 20

——, f. 70*sx, Spese di comparse sul palco* [D-004-940-171]: p. 253, n. 43; 254, n. 47

——, f. 71*sx* [D-004-950-162]: p. 254, n. 45

b. 422, f. 70*sx* [D-083-320-148]: p. 252, n. 34

b. 423, Entrata/Uscita 1730/1737, f. 132*sx*: p. 194, n. 28

——, f. 57: p. 192, n. 23

b. 434 (Libro Mastro D 1729), f. 73: p. 199, n. 40

——, f. 78: p. 195, n. 31

b. 441, f. 4*sx-dx* [D-007-550-150]: p. 263, n. 76; 265, n. 88

——, p. 7, 10 [D-031-450-174]: p. 264, n. 80

——, p. 5-8, 16 (n° 78, 88, 98, 122) [D-026-570-104]: p. 263, n. 77

——, p. 11 (n° 158, 161, 164) [D-037-380-172]: p. 263, n. 79

——, p. 33, *Denari riscossi delli palchetti affittati per tutto il carnevale et altro*: p. 267, n. 93

s.b., Libro Mastro A, *Dall'anno 1725 a tutto l'anno 1729*, f. 28*dx*: p. 198, n. 35

——, f. 61*sx*: p. 193, n. 27

——, f. 89*sx*: p. 192, n. 22

s.b., Libro Mastro B 1730, f. 41*dx*: p. 193, n. 25

——, f. 90*sx* e *dx*, foglietto aggiunto volante datato 3 maggio 1732: p. 193, n. 25

Archivio di Santa Maria dell'Anima

A VI 4 (Decreta), f. 75*v*-76*r*: p. 139, n. 28 et 31

D I 3 (Liber mandatorum), f. 70*v*: p. 139, n. 31

Archivio di Stato

Archivio Cenci Bolognetti

C-10, b. 2, giustificazione n° 253 [D-069-560-116]: p. 346, n. 44

Archivio Cartari Febei

serie V, b. 275: p. 71, n. 8

Archivio Lante della Rovere

b. 263, fasc. mandati dell'eredità [D-003-642-214]: p. 126, n. 40

b. 264 [D-002-742-248]: p. 127, n. 47

b. 310: p. 80, n. 63

b. 457, fasc. relativo al 22 marzo 1696 [D-007-562-275]: p. 71, n. 10; 80, n. 62

b. 601, lettera del 16 giugno 1687 inviata da Pisa dal cavalier Guglielmo Rau ad Antonio Lante della Rovere: p. 80, n. 65; 80, n. 66

b. 606 (1710-1719): p. 124, n. 30

b. 696: p. 71, n. 11

b. 916 (pagamenti del 29 settembre 1678) [D-009-752-244]: p. 71, n. 9

—— (pagamenti del 23 aprile 1679) [D-009-642-246]: p. 71, n. 9

b. 988, f. 63*r* [D-003-492-252]: p. 212, n. 18

——, f. 68*r* [D-003-502-243]: p. 212, n. 18; 218, n. 45

——, f. 80*r* [D-003-522-225]: p. 212, n. 18; 216, n. 34

——, f. 84*r* [D-003-542-207]: p. 212, n. 18

——, f. 102 [D-003-572-277]: p. 212, n. 18

Trenta Notai Capitolini

Uff. 9 (Perugini), fasc. 611, f. 505: p. 199, n. 38

Archivio Doria Pamphilj

sc. 3, b. 7, n° 171: p. 287, n. 13

sc. 3, b. 15, n° 94 (1713): p. 286, n. 10

sc. 93, b. 44, int. 10, n.n., lettera di Filippo Silva, Roma, 1 febbraio 1722 [D-076-830-169]: p. 366, n. 62

Archivio Fondazione Camillo Caetani

Archivio Caetani

b. 284, filza 128 [D-037-930-162]: p. 213, n. 21

b. 305, fasc. 387-2 [D-037-830-155]: p. 213, n. 21

——, filza 174 [D-036-350-129]: p. 213, n. 21

Miscellanea

135/480: p. 72, n. 12

Archivio generale delle Scuole pie

REG. M. 1a, cantate *Or che all'aure del giorno* (? / G. Amadori, Roma s.d.), source musicale: p. 299; 310; 312

REG. M. 1b, cantate *E quali odo d'intorno* (? / G. Amadori, Roma 1705), source musicale: p. 289-290; 310; 313

REG. M. 1c, cantate *Grazia e Mondo*, «Torna, deh torna omai» (? /

G. Amadori, Roma 1706), source musicale : p. 299; 303; 310-311

REG. M. 2a, cantate *L'Innocenza e Cherubino*, «Care delizie» (? / G. Amadori, Roma 1707), source musicale : p. 301; 303; 310

REG. M. 2b, cantate *Sapienza e amore*, «O bel foco di quel Dio» (? / G. Amadori, Roma 1709), source musicale : p. 297; 311-312

REG. M. 3a, cantate *Diana e Apollo*, «O selve amiche» (? / G. Amadori, Roma 1710), source musicale : p. 295; 303; 311; 313

REG. M. 3b, cantate *Eliso, amico Eliso* (? / G. Amadori, Roma 1712), source musicale : p. 299; 311; 313

REG. M. 7a, cantate *Maria e Amor Divino*, «Or che dal sen della Divina mente» (? / ?, Roma s.d.-1733), source musicale : p. 294; 296; 311; 313

REG. M. 7b, cantate *Tirsi e Mopso*, «Ecco l'alba e sereno più dell'usato (? / ?, Roma s.d.), particelle : p. 289; 296; 312

REG. M. 10e, *L'amante del Cielo, Santa Rosalia* (P. Ottoboni / S. De Luca, F. Lanciani, F. Gasparini, Roma 1699), source musicale : p. 299-301; 302; 310

REG. M. 16c, cantate *Fede e Fortezza*, «A mia stanca navicella» (? / F. Gasparini, Roma s.d.-1718), source musicale : p. 303-304, n. 46; 311; 313

REG. M. 35, cantate *Umanità e Lucifero*, «E qual d'intorno io miro all'alte sfere» (? / P. Scarlatti, Roma 1704-1719-1725), source musicale : p. 294-295; 304; 306; 310; 310, n. 61; 312

REG. M. 37a, cantate *Eternità e Tempo*, «Son l'origine di tutti» (? / G. Valentini, Roma 1723), source musicale : p. 311

REG. M. 37b, cantate *Fama e Fede*, «Amica e cara Fede, ascolta» (? / G. Valentini, Roma 1724-1730), source musicale : p. 293-294; 296; 311; 313

Archivio Storico Capitolino

Archivio della Camera Capitolina

Credenzone XIV, b. 18, f. 110*r* [D-118-850-181]: p. 191, n. 17

Archivio generale Urbano

Sez. 8, Prot. da 59 a 63, cause del notaio del teatro Alibert Francesco Saverio Simonetti : p. 197, n. 34

Archivio Maccarani

b. 52, Ristretto degli Istrumenti verificanti la provenienza del Teatro d'Alibert ora detto Delle Dame ne Signori presenti Consoci (28 novembre 1725) : p. 190, n. 14

Archivio Orsini

serie III, b. 509, fasc. giustificazione n° 194, mandati a Giovanni Antonio Gatti [D-000-332-283]: p. 212, n. 20

serie III, b. 524 : p. 72, n. 17

Archivio storico diocesano

Parrocchia dei Santi XII Apostoli

Stati delle Anime, b. 53 (1668-1680), f. 94*v*; 129*v*, 143*v*, 188*r* [D-000-532-394]: p. 213, n. 20

Parrocchia di San Lorenzo in Lucina

Stati delle Anime, b. 20 (1720), f. 25 [D-000-792-257]: p. 213, n. 21

——, f. 112*v*-115*v* [D-000-802-248]: p. 199, n. 41

Parrocchia di San Marcello

b. 1689-1711 (vol. 7), f. 75*v* [D-004-952-296]: p. 122, n. 27

Parrocchia di San Nicola ai Cesarini

b. 1717-1723 (vol. 7), [D-135-120-185]: p. 361, n. 36

Segreteria del tribunale del Vicariato

Rubricellone degli atti della segreteria del tribunale del Vicariato: p. 82, n. 69

Archivium Romanum Societatis Iesu

b. 155, fasc. I, f. 135 [D-000-281-164]: p. 217, n. 37

b. 241 [D-009-462-214]: p. 122, n. 25

Biblioteca Angelica

Fondo Arcadia

ms. 17, f. 301*r* e sq. [D-116-500-162]: p. 126, n. 42

Biblioteca Casanatense

Comm. 460/1, *Il Pompeo* (N. Minato / A. Scarlatti, Rome 1683), livret [D-002-380-147]: p. 407, n. 10

Per.est.358, fasc. n° 1954, *Diario ordinario*, pp. 2-3 [D-006-802-280]: p. 191, n. 16

Vol.Misc. 1335.24, *La Ninfa del Tajo* (? / A. Scarlatti, Roma 1721), livret [D-077-470-175]: p. 364, n. 53

Biblioteca dell'Accademia nazionale dei Lincei e Corsiniana

Musica

A 19, *L'amore divino trionfante nella morte di Cristo* (? / F. Mancini, Roma 1700), source musicale: p. 286, n. 12; 308; 314

A 19bis, air «Sorge l'alba», *Oratorio con stromenti* (? / ?), source musicale: p. 309; 314

A 20, cantate *La Rosa*, «Il bianco piè della più bella diva» (B. Pamphilij / F. Mancini), source musicale: p. 308

A 23, cantate *Or che dal morto giorno* (? / ?), source musicale: p. 308

C 13, cantate *Daliso e Nice*, «Daliso, intorno a queste» (? / A. Caldara, s.l. 1710?), source musicale: p. 308

M 15/2, airs de *Il Seleuco* (A. Morselli, S. Stampiglia / C. F. Pollarolo, B. Pasquini, Roma 1693), source musicale: p. 388, n. 16

——, f. 69-74, air «Col versar sì belle lagrime», *Il Seleuco* (A. Morselli, S. Stampiglia / C. F. Pollarolo, B. Pasquini, Roma 1693), source musicale: p. 389, n. 20

——, n° 1, air «Perdei per un crin d'oro», *Il Vespasiano* (G. C. Corradi / C. Pallavicino, Roma 1693), source musicale: p. 393, n. 35; 401, n. 45

M 15/3, f. 25-29, air «Tratto qui da un cieco nume», *Il Seleuco* (A. Morselli, S. Stampiglia / C. F. Pollarolo, B. Pasquini, Roma 1693), source musicale: p. 389, n. 18

S 14, *Il martirio di Santa Teodosia* (? / A. Scarlatti, Roma s.d.; Modena 1685), source musicale: p. 286; 308

S 15, *La Maddalena* (? / A. Scarlatti, Roma 1685), source musicale: p. 286; 306-308

Biblioteca nazionale centrale

Manoscritti e Rari

34.1.A.6.7, *La costanza nell'amor divino, overo la Santa Rosalia* (P. Ottoboni / S. De Luca-F. Lanciani-F. Gasparini, Roma 1696), livret: p. 292, n. 24

35.4.K.9.7, *L'amante del cielo* (*Santa Rosalia*) (P. Ottoboni / S. De Luca-F. Lanciani-F. Gasparini, Roma 1699), livret: p. 292

35.6.B.17.2, *favola pastorale La Tigrena* (? / F. Gasparini, Roma 1724), livret [D-077-210-118]: p. 368, n. 67

35.9.K.18.2, *La Santa Rosalia* (P. Ottoboni / S. De Luca-F. Lanciani-F. Gasparini, Roma 1695), livret: p. 292

35.10.A.7.1, *L'Artaserse* (P. Metastasio / L. Vinci, Roma 1730), livret: p. 189, n. 8; 194, fig. 1

MISC.VAL.703.7, *La Giuditta* (? / F. A. de Almeida, Roma 1726), livret [D-077-300-134]: p. 373, n. 92

S.Pant.5, *Lo spergiuro vendicato, tragicommedia* (Rome 1645) [D-114-660-169]: p. 179, n. 45

Vitt.Em.789 (Avvisi Marescotti), f. 60r-v, Avviso di Roma, 4 febbraio 1696: p. 342, n. 21

——, f. 93r-v, Avviso di Roma, 2 giugno 1696: p. 350, n. 58

——, f. 99v-100r, Avviso di Roma, 23 giugno 1696: p. 342, n. 22

——, f. 109r, Avviso di Roma, 4 agosto 1696: p. 350, n. 58

——, f. 111r, Avviso di Roma, 11 agosto 1696: p. 350, n. 58

——, f. 119r, Avviso di Roma, 8 settembre 1696: p. 351, n. 58

——, f. 123r, Avviso di Roma, 22 settembre 1696: p. 351, n. 58

——, f. 129r, Avviso di Roma, 20 ottobre 1696: p. 351, n. 58

——, f. 131r, Avviso di Roma, 29 ottobre 1696: p. 351, n. 58

——, f. 142r, Avviso di Roma, 1 dicembre 1696: p. 347, n. 50

——, f. 155r, Avviso di Roma, 26 gennaio 1697: p. 341, n. 16

——, f. 158v, Avviso di Roma, 9 febbraio 1697: p. 347, n. 48

——, f. 159r-v, Avviso di Roma, 2 febbraio 1697: p. 341, n. 19; 343, n. 30

——, f. 163, Avviso di Roma, 23 febbraio 1697: p. 343, n. 31

SUBIACO

Biblioteca statale del Monumento nazionale di Santa Scolastica

Archivio Colonna

Carteggi, Filippo Colonna, 1696, Lettere di Angelo Bernardino Mauro (Napoli), 17 e 24 luglio, 7 e 14 agosto, 27 novembre 1696: p. 344, n. 34

——, Lettere di Pompeo Azzolino (Napoli), 24 luglio e 4 agosto 1696: p. 344, n. 34

——, Lettera di Angelo Bernardino Mauro (Napoli), 27 novembre 1696: p. 346, n. 45

Carteggi, Filippo Colonna, 1697, Lettera della Duchessa di San Pietro (Genova), 9 febbraio 1697: p. 346, n. 47

I.A.66: p. 232, n. 25

I.A.68: p. 235, n. 34 et 35

I.A.70: p. 235, n. 34

I.A.76: p. 230, n. 20

I.A.97, n° 119: p. 345, n. 39

I.A.98, n° 196, Settembre 1696: p. 346, n. 43

I.A.100, n° 9: p. 345, n. 39

——, n° 21, Conto di Giovanni Bellone acquarolo: p. 347, n. 49

——, n° 30 [D-061-230-144]: p. 345, n. 39

——, n° 112, Conto di Giovanni Conti ferraro [D-062-200-144]: p. 344, n. 35; 345, n. 40

——, n° 126 [D-081-890-174]: p. 345, n. 37

I.A.101, n° 123, Conto di Giovanni Canavese [D-061-290-187]: p. 345, n. 36

I.A.103, n° 244 [D-081-840-122]: p. 345, n. 38, n. 40

——, n° 247, Febbraio 1697: p. 345, n. 42

Inventario III. QB.19: p. 231, n. 22

Sez. 0, serie 6, b. 2: p. 73, n. 23

TURIN

Biblioteca nazionale universitaria

Ris.59.4, f. 23*r* [I], dessin de Filippo Juvarra, *L'oratorio nella Settimana Santa in Teatro del s.r card. Ottoboni: p. 151, n.* 4; 161, fig. 2, n. 58; 162, fig. 3

——, f. 56(2), dessin de Filippo Juvarra, *Atrio corrispondente a' giardini in casa di Lucio Papirio* (Roma 1714): p. 257, fig. 8

——, f. 81*r* [1], dessin de Filippo Juvarra, *E.o Ottoboni per l'oratorii della Settimana Santa nella sua gran sala: p. 151, n.* 4; 153, fig. 1, n. 11

VENISE

Biblioteca nazionale Marciana

215C 032.1, tav. II, gravure de G. Giorgi, *Bellerofonte* (V. Nolfi / F. Sacrati, Venezia 1642), livret: p. 244, fig. 2

Dramm.0832.001, *Tessalonica* (N. Minato/A. Draghi, Vienne 1673), livret: p. 420, n. 4

It. IV, 244-246 (= 9815-9817), *L'Artaserse* (P. Metastasio / L. Vinci, Roma 1730), source musicale : p. 189, n. 8

It. IV, 462 (= 9986), *Il Vespasiano* (G. C. Corradi / C. Pallavicino, Venezia 1680), source musicale: p. 391, n. 24

It. IV, 560 (= 9840), cantate *Eco amoroso*, «Arsi già d'una fiamma» (G. F. Apolloni / A. Stradella), source musicale : p. 329, n. 50

Fondazione Giorgio Cini, Istituto per il Teatro e il Melodramma

R o l a n d i

MUS 2A LAZ, *Sant'Ermenegildo* (S. Lazarini / F. Beretta, Roma 1678, 1694), livret: p. 157, n. 38

ROL.0650.08, *L'Artaserse* (P. Metastasio / L. Vinci, Roma 1730), livret : p. 189, n. 8

PORTUGAL

LISBONNE

Arquivo Nacional da Torre do Tombo

A r m á r i o   J e s u í t i c o

liv. 27 [D-077-510-139]: p. 63, n. 63

Biblioteca do Palácio Nacional da Ajuda

49-VI-9, f. 62 [D-113-980-102]: p. 373, n. 91

49-VI-20, f. 333*v*, «Lavori fatti nel 2° ordine [...] del teatro della Pace»: p. 359, n. 23

——, f. 334-335*v*: p. 363, n. 45 et 46

——, f. 335*v*: p. 361, n. 37; 363, n. 48

——, f. 397, f. 400-401*v*, *Conto e misura dei lavori fatti [...] in occasione del Festino fatto nel passato Carnevale* (1719), [D-081-350-175]: p. 363, n. 44

——, f. 355 et 368*v* sq., Lavori nei palchetti nel Teatro Capranica nel 1724 : p. 359, n. 23

——, f. 379, Lavori nei teatri Capranica e Alibert nel 1726: p. 359, n. 23

——, f. 379, Lavori nel palchetto in Santa Lucia della Tinta: p. 359, n. 23

——, f. 383, Lavori nel teatro Alibert: p. 359, n. 23

——, f. 421*v*, *Lavori fatti in occasione della Cantata fatta nel Camerone di Udienza per il Compleannos* [sic] *di Sua Maestà* [D-081-370-157]: p. 364, n. 51

——, f. 423 [D-081-380-148]: p. 366, n. 61

49-VI-29 (171b), f. 306 [D-014-190-188]: p. 364, n. 50

49-VII-1 (18), f. 29: p. 367, n. 65

—— (25a et 25b), f. 40: p. 367, n. 65

—— (29), f. 65: p. 367, n. 65

—— (242), f. 522: ricevuta da G. Marchese: p. 369, n. 73

—— (247), spese con materiali di costruzione e pittori: p. 369, n. 73

—— (251a), spese per i «colori», per il «teatrino»: p. 369, n. 73

—— (252), f. 547 [D-077-790-178]: p. 372, n. 86

—— (263), f. 562-565 [D-081-010-190]: p. 370, n. 74

—— (265), f. 567, ricevuta firmata da Virgilio Cimapane per l'assistenza «nella Musica et Orchestre della Pastorale recitata nel Palazzo del Sig. Ambasciatore» (14.01.1724): p. 369, n. 70

—— (271) [D-014-260-125]: p. 372, n. 88

—— (277a), f. 592 sq., Lista de Sonatori ch'anno sonato nella Pastorale (...) 3 e 4 Gennaro 1724 [D-000-291-058]: p. 370, n. 75

—— (284), f. 607: p. 368, n. 66

—— (285), f. 609 [D-083-630-160]: p. 370, n. 77

—— (287), f. 613-629 [D-077-810-160]: p. 369, n. 72

—— (667): p. 372, n. 87

—— Pagamenti per i teatri Capranica e Alibert (1725-1726): p. 359, n. 24

49-VII-3 a 7, Libri delle Mesate: p. 362, n. 41

49-VII-4, f. 41 et f. 77-79 [D-015-460-112]: p. 362, n. 41

49-VII-10, f. 77-78 [D-091-070-157]: p. 358, n. 21

49-VII-11 (1727), f. 89*v*: p. 358, n. 21

49-IX-9, f. 30 et f. 43 [D-084-250-184]: p. 357, n. 12

49-IX-21, f. 145: p. 364, n. 51

——, f. 148 [D-084-220-114]: p. 364, n. 51

——, Pagamenti per i teatri Capranica e Alibert (1725-1726): p. 359, n. 24

Biblioteca nacional de Portugal

Reservados

PBA 157, f. 214-215, lettera da Melo e Castro, Roma, 7 febbraio 1719: p. 359, n. 25

SUISSE

Cologny (Genève)

Fondation Martin Bodmer, Bibliotheca Bodmeriana

Ms.11635, *Martirio di Santa Cecilia* (? / A. Scarlatti, Roma 1708), source musicale: p. 154, n. 12

——, fasc. 12, feuillet inséré entre f. 764 et f. 765 [D-067-710-132]: p. 324, n. 20

——, fasc. 12, f. 767 [D-067-730-114]: p. 324, n. 28

——, fasc. 12, f. 771*r*-772*v* [D-066-660-107]: p. 324, n. 30

——, fasc. 12, f. 773 [D-066-670-195]: p. 324, n. 31

——, fasc. 12, f. 774 [D-066-680-186]: p. 324, n. 30

——, fasc. 12, f. 776*r*-777*v* [D-067-570-161]: p. 324, n. 20

——, fasc. 12, f. 781*v* [D-066-700-168]: p. 323, n. 17

——, fasc. 12, f. 782*v* [D-066-700-168]: p. 323, n. 16

b. 690, fasc. 1, f. 76*r*-77*v* [D-066-930-155]: p. 324, n. 27

——, fasc. 1, f. 134*v* [D-066-940-146]: p. 325, n. 36

——, fasc. 1, f. 135*v*, 139*v* [D-066-940-146]: p. 325, n. 37

——, fasc. 1, f. 139 [D-066-940-146]: p. 325, n. 38

——, fasc. 4, f. 376*r*-391*v* [D-067-470-154]: p. 323, n. 18

——, fasc. 4, f. 381 [D-067-470-154]: p. 319, n. 1

——, fasc. 4, f. 392-393 [D-067-470-154]: p. 323, n. 18

——, fasc. 12, f. 801-802 [D-085-020-170]: p. 325, n. 35

——, fasc. 12, f. 874 [D-067-560-170]: p. 325, n. 37

b. 1077, f. 55*r* [D-000-082-314]: p. 214, n. 23

b. 1077, f. 55*r* [D-014-010-156]: p. 214, n. 23

b. 1085, f. 227*r* [D-000-312-301]: p. 212, n. 20

Barberiniani Latini

4169, f. 100, air «Sei caro a queste luci», *Furio Camillo* (M. Noris / G. A. Perti, Roma 1696), source musicale: p. 392, n. 31

4171, f. 165-170, air «Vò sugl'occhi del mio ben», *Il Seleuco* (A. Morselli, S. Stampiglia / C. F. Pollarolo, B. Pasquini, Roma 1693), source musicale: p. 389, n. 19

4172, *Il Vespasiano* (G. C. Corradi / C. Pallavicino, Roma 1693), source musicale: p. 390, n. 23; 401, n. 42

——, f. 1-3*v*, air «Sì sì vincerò», *Il Vespasiano* (G. C. Corradi / C. Pallavicino, Roma 1693), source musicale: p. 392, n. 26

——, f. 19-20*v*, air «Ferma il piè deh non partir», *Il Vespasiano* (G. C. Corradi / C. Pallavicino, Roma 1693), source musicale: p. 401, n. 43

——, f. 24*v*-27, air «Per uscir da tante pene, cieco Dio che far dovrò?», *Il Vespasiano* (G. C. Corradi / C. Pallavicino, Fabriano 1692), source musicale: p. 401, n. 44

——, f. 34*v*-35*v*, air «Chi non vede il sol ch'adoro», *Il Vespasiano* (G. C. Corradi / C. Pallavicino, Roma 1693), source musicale: p. 401, n. 42

——, f. 39-40, air «Sei destinato a piangere», *Il Vespasiano* (G. C. Corradi / C. Pallavicino, Fabriano 1692), source musicale: p. 401, n. 45

——, f. 52-55, air «Miei spirti a l'armi, né già vi disarmi», *Il Vespasiano* (G. C. Corradi / C. Pallavicino, Fabriano 1692), source musicale: p. 402, n. 47 et 51

——, f. 60*v*-61*v*, duo «T'abbraccio ti stringo», *Il Vespasiano* (G. C. Corradi / C. Pallavicino, Roma 1693), source musicale: p. 401, n. 41

PERSONE, ENTI E FAMIGLIE

Dans la présente table, les souverains, qu'il s'agisse de rois, de reines ou de princes souverains d'états indépendants, tels les ducs de Modène et de Parme ou le grand-duc de Toscane, ont été indexés sous la forme suivante: nom propre, nombre ordinal, maison, titre royal.

OPERE

LUOGHI

SOMMARIO

Achevé d'imprimer
en septembre 2021
sur les presses de
Estilo Estugraf
Impresores, S.L.
Ciempozuelos (Madrid)
Espagne